일본어 잡지로 본 조선영화 5

일제강점기 영화자료총서 12

일본어 잡지로 본 조선영화 5

한국영상자료원 한국영화사연구소 엮음

Korean Film Archive
한국영상자료원

발간사

『일본어 잡지로 본 조선영화』 시리즈가 이제 다섯 번째 권을 맞이합니다.
일본의 여러 도서관과 박물관에 산재해 있는 일본어 영화잡지에서
조선영화 관련 기사를 발굴·정리하여 번역한 이 시리즈는,
일제강점기 주요 영화 관련 기사를 묶은 『신문기사로 본 조선영화』 시리즈와 함께 한국영화사
연구 토대를 성실히 구축해가고 있는 성과물로 평가받고 있습니다.

올해 내놓는 『일본어 잡지로 본 조선영화』 5권은, 『영화순보』를 대상으로
조선영화에 관한 기사들뿐만 아니라 일제의 '영화국책' 전반에 관한 기사들까지 조사해
함께 수록했던 3권과 4권의 발간 의도를 더 확장해,
일제의 영화국책이 실제로 각 부문에서 어떻게 운용되었는지 깊숙이 파악하고자 했습니다.
바로 1942년에서 1943년까지 『영화순보』에 연재된 '사단법인 영화배급사 직원양성소
강연록'입니다. 이번 5권 역시 일제 시기 한국영화사를 연구하는 학자들에게 가장 중요한
참고문헌이 되리라 기대하고 있습니다.

한국영상자료원은 향후에도 한국영화사의 사료들을 발굴하고 공개하는 임무를 게을리 하지
않을 것입니다. 끊임없는 기대와 격려로 지켜봐주시길 부탁드립니다.

이병훈
한국영상자료원장

서문

2010년 출간을 시작한 『일본어 잡지로 본 조선영화』 시리즈가 5년차를 맞았고, 그 다섯 번째 권을 내놓게 되었다. 일제 말 전시체제기에 발간되었던 영화잡지 『영화순보(映画旬報)』의 1941, 1942년 발간분에서 조선영화 관련 기사를 조사해 번역한 3권과 1943년 발간분의 조선영화 관련 기사를 수록한 4권에 이어, 이번 5권도 『영화순보』의 기사를 대상으로 삼았다. 바로 1942년 9월부터 1943년 3월까지 18회에 걸쳐 연재된 '사단법인 영화배급사 직원양성소 강연록'으로, 일제의 영화국책 실상을 심도 깊게 보여주는 사료들이다.

1권의 서문에서도 밝힌 바 있듯이, 2010년 이 시리즈의 발간이 착수될 수 있었던 것은 2006년 일본 현지 조사원을 통해 『키네마순보』 등 일본어 영화잡지들에 수록된 조선영화 관련 기사들을 조사, 수집해 관련 사료가 확보된 덕분이었다. 이를 계기로 이 시리즈의 기획자는 그동안 한국영화사 구성에 절대적 우위를 차지한 한국어 사료의 한계를 넘어, 다른 관점들을 읽어낼 수 있는 혹은 그간 알지 못한 사실(史實)을 담고 있는 일본어 사료에 대한 확대 조사의 필요성을 감지할 수 있었다. 이러한 학문적인 관심은 기획자가 2008년 여름 도쿄, 그리고 2010~2011년 사이에 11개월간 교토에서 직접 체류 조사하는 기회로 이어나갈 수 있었다. 이 시리즈의 연구진인 양인실 박사와의 공동 조사 작업도 이 시기에 집중적으로 이루어졌다.

그렇다고 해서 일본어로 된 식민지 조선영화 관련 사료들이 일본에만 소장되어 있는 것은 아니다. 일본어 사료에 대한 관심을 확장하다 보니, 한국영상자료원 내에도 발굴의 손길을 기다리는 여러 일본어 문헌들이 기증, 소장되어 있음을 뒤늦게 파악할 수 있었다. 특히 이번 5권 작업과 직접적인 연관이 있는, 2008년 영상자료원의 한국영화박물관 설립 준비 과정에서 발견된 『사단법인 영화배급사 제1회 직원양성소 강연록』이라는 낡은 책자를 예로 들 수 있다. 정식 출판된 책이라기보다 직원양성소의 교과서로 추정되는 86쪽짜리 얇은 자료집인데, 당시에 이 책자를 처음 접한 기획자가 가장 흥미롭게 생각한 부분은 표지에 기록된 정보였다. 고사과(考査課)라는 부서명의 직인, 그리고 본인의 책임을 표시하는 자필 이름과 함께 한 사람의 인장이 찍혀 있었다. 그 주인공은 바로 성동호이다. 그는 1921년 우미관 견습변사를 시작으로 식민지기 조선인 극장가의 대표 변사로 잘 알려진 인물로, 1939년 무렵 제일극장을 공동 경영하다가 1942년 5월 1일에 설립된 사단법인 조선영화배급사에 입사하게 된다. 그 후 1944년 4월 7일 사단법인 조선영화제작주식회사가 법인 조선영배로 흡수되어 만들어진 사단법인 조선영화사에 몸담다 해방을 맞았다.

현재 영상자료원 한국영화박물관에 전시되어 있는 이 강연록 책자는, 말하자면 법인 조선영배의 총무부 고사과에 근무 중이던 성동호가 업무 참고서로 삼기 위해 지녔던 책자로 추측해볼 수 있을 것이다. 혹은 기존 영화인이었지만, 국책회사인 조선영배에 입사해 교육받는 과정에서 사용한 자료일 수도 있다. 한 조선영화인의 소장품에 불과할 수 있는 이 강연록은 사실상 일제의 국책영화 시스템과 강하게 연계되었던 조선영화계라는 당시 맥락을 잘 보여주는 사료이기도 하다. 일제가 1942년 2월 6일 영화배급을 일원화하기 위해 설립하고, 4월 1일 본격적인 업무를 개시한 사단법인 영화배급사의 교육용 책자를, 조선영배의 직원들도 당연히 지니고 있었을 것이기 때문이다.

이처럼 2008년 기획자가 이 책자의 존재를 처음 알게 되었을 때, 어렴풋이 일제가 영화국책을 실현하기 위해 실제로 각 영화 부문을 어떻게 관리했는지를 파악할 귀중한 사료로 주목하긴 했지만, 번역이나 발간 사업의 대상으로 기획하지는 못한 채 후일의 작업으로 간직하고 있었다. 이 강연록이 다시 빛을 보게 된 것은 2012년, 2013년 『일본어 잡지로 본 조선영화』3, 4권의 발간 작업을 진행하면서이다. 연구진이 『영화순보』3년치 기사를 일일이 검토하다 마주친 것이 바로 「영화배급사 직원양성소 강연록」이라는 부제로 1942년에서 1943년에 걸쳐 영상자료원이 소장한 책자와 같은 내용으로 연재된 기사들이었다. 검토와 번역 과정을 거친 강연록 내용들이 이번 5권으로 기획되기까지 꽤 시간이 흐른 셈이지만, 이렇게 관련 연구자들과 결국 만날 수 있게 되어 연구진은 다행이라 생각한다.

영상자료원이 소장한 책자 『사단법인 영화배급사 제1회 직원양성소 강연록』은 마지막 장에 출판 정보가 없는 것으로 보아, 정식 출판된 단행본이라기보다 내부 직원용 자료집으로 추정된다. 모두 11개의 챕터로 구성되어 있는데, 『영화순보』1943년 3월 11일호에 마지막 연재로 게재된 「영화행정 30년」이 가장 처음에 배치되어 있고, 「국민오락과 영화」, 「영화행정에 대해서」, 「영화신체제의 정신」, 「영화배급의 본질과 실제」, 「영화흥행개론(1)(2)」, 「영화관에서의 흥행」, 「일본문화영화 약사」, 「문화영화의 인정」, 「영사과학상식」, 「이동영사의 사명」 순으로 구성되어 있다.

한편 이번 5권에 수록된 『영화순보』의 기사는 1942년 9월 1일호의 「영화신체제의 정신」으로 연재가 시작되어, 2회로 나눠 게재된 「영화흥행개론」을 포함, 모두 18회에 걸쳐 진행되었다. 구체적으로 비교하면, 1942년 10월 1일호 「뉴스영화의 제작」, 1942년 10월 21일호 「영화검열제도의 연구」, 1942년 11월 11일호 「영화배급과 국토계획」, 1942년 11월 21일호 「영화배급사의 관재사무」, 1942년 11월 21일호 「영화배급사의 창고사무」, 1942년 12월 11일호 「추축국의 영화체제」 등 모두 6개의 기사가 책자에는 포함되지 않은 것이다. 추측건대, 관재사무, 창고사무 같은 세부적인 업무 내용보다 영화국책의 큰 그림에서 영화배급사의 실제 행정이나 영화신체제하의 문화영화의 역할이 더 중요하게 간주된 것으로 보인다. 물론 두 버전의 관계는 정확히 파악할 순 없지만, 1942년 6월경 3개월 과정으로 제1회 직원양성소의 인력을 위한 강연이 진행되었고, 이를 녹취해 1942년 9월부터 『영화순보』에 '사단법인 영화배급사 직원양성소 강연록'이 연재되었으며, 이를 책자로 묶어 이후 직원양성소의 교재나 영화배급사의 업무용 참고자료로 활용된 것으로 추정된다. 『영화순보』에서 연재된 조판이, 쪽 번호만 다를 뿐 책자에도 그대로 적용되어 있기 때문에 가능한 추측이다.

『영화순보』의 기사가 수록된 마지막 자료집이 될 이번 5권 역시, 향후 식민지기 영화 연구에 있어 일순위의 참고문헌으로 역할하리라 기대한다. 영화신체제 1주년 시점에서 신체제의 실제 진행과정과 방법론을 여실히 보여주는, 1942년 9월 1일호의 「영화신체제 일지」, 「영화신체제 1주년 약사」, 그리고 1942년 9월 11일호의 「기획심의회에의 대망(待望)」 등의 기사를 강연록 외에 부가적으로 수록한 것도 그런 이유에서이다.

이 책에는 지난 시리즈와 동일한 연구진이 참여했으며, 권말에는 양인실이 작성한 해제 원고를 실었다. 그는 「통제와 관리 측면에서 본 영화국책」이라는 글에서, 기존의 상업영화가 일제의 국민적 오락으로서의 영화로 취체되고 관리되는 측면을 영배 강연록의 내용을 바탕으로 검토하고 있다. 전시체제기 일제의 영화국책 실상을 살피는 데 좋은 안내글이 되리라 생각한다.

한국영상자료원의 빠듯한 예산 내에서 우려와 기대 속에 착수한 이 시리즈의 발간이 5년간 이어진 것은, 관련 분야 국내외 연구자들의 기대와 칭찬이 없었다면 불가능한 일이었을 것이다. 내년에 발간될 6권은, 1930년대 『키네마순보』의 영인본 발간으로 추가 조사된 내용 등 여러 영화잡지에서 발굴된 조선영화 관련 기사들이 한 번 더 묶일 예정이다. 기획자가 개인 연구를 위해 2년간 다시 교토에서 머물게 되어, 이제 후임자가 이 시리즈를 잇게 된다.

조선/한국영화사 연구의 시야 확대에 일조하고 있는 『일본어 잡지로 본 조선영화』 시리즈에 더 큰 관심과 격려 부탁드린다.

연구진을 대표해서
정종화

일러두기

1. 이 책은 '일제강점기 영화자료총서' 시리즈의 열두 번째 권으로 기획된 『일본어 잡지로 본 조선영화』의 제5권입니다. 『영화순보(映画旬報)』(1941년 1월 1일 창간~1943년 11월 21일 종간)에서 1942년 9월부터 1943년 3월까지 연재된 '사단법인 영화배급사 직원양성소 강연록' 기사를 중심으로 번역해 수록했습니다.

2. 이 책의 연구진은 이와테대학(岩手大学) 인문사회과학부 교수 양인실과 한국영상자료원 한국영화사연구소 선임연구원 정종화입니다. 정종화가 연구 기획 및 진행을, 양인실이 수록된 일본어 자료의 번역을 맡았고, 양인실과 정종화가 함께 교정을 본 후, 책임 편집은 정종화가 맡았습니다.

3. 이 책에 실린 조선에서 개봉된 일본영화와 서양영화의 제작정보는 다음의 데이터베이스를 참고했음을 밝힙니다.
   - 일본문화청 일본영화정보시스템(Japanese Cinema Database) [http://www.japanese-cinema-db.jp]
   - 일본영화데이터베이스(JMDB) [http://www.jmdb.ne.jp]
   - 키네마순보 영화데이터베이스 [http://www.kinenote.com]
   - The Internet Movie Database [http://www.imdb.com]

4. 일본식 이름의 경우, 훈독과 음독의 두 가지 방법으로 읽을 수 있어 독음 표기에 어려움이 있었습니다. 사전이나 자료에 기록이 남아 있는 경우 그 표기를 따랐지만, 그렇지 못한 경우에는 최대한 일반적으로 통용되는 독음으로 표기했습니다. 특히 일본영화인의 일본어 음독은 다음의 데이터베이스를 참고했음을 밝힙니다.
   - allcinema Movie&DVD Database [http://www.allcinema.net/prog/index2.php]
   - Movie Walker [http://movie.walkerplus.com]

5. 일본어의 한글 표기는 문교부 고시 제85-11호(1986.1.7) 국립국어원 외래어표기법 '일본어의 가나와 한글 대조표'와 '일본어의 표기'를 따랐습니다.

6. 영화명, 인명, 영화사명, 극장명, 지명 등 원문의 일본어나 한자는 맨 처음에 등장할 때 한 번씩만 괄호 속에 명기하는 것으로 원칙으로 삼았습니다. 대신 원문에 있는 괄호는 구별을 위해 대괄호([ ])로 표기했습니다. 한편 본문에서 영화명, 연극명, 곡명은 모두 화살괄호(〈 〉)로, 해제 원고에서 도서와 잡지명은 겹낫표(『 』)로, 기사명과 논문명은 홑낫표(「 」)로 표기했습니다.

7. 강연 내용을 옮긴 원본 기사의 특성을 살려 구어체나 비문을 크게 수정하지 않는 방향으로 편집했습니다. 또한 원본에서 지면 관계상의 이유로 단락을 나누지 않고 문장이 계속 이어지는 경우에는 가독성을 위해 ●로 표시를 하고 임의로 문단을 나눴음을 밝힙니다.

8. 이 책은 2차 저작물이므로 본문에 실린 기사를 인용하실 경우 기사 원문의 출처와 함께 이 책에서 인용하였음을 반드시 명기해주시기 바랍니다.

차례

영화순보

映画旬報

1942년

영화신체제 일지

쇼와 16년[1]

8월

1일   자산동결의 영향으로 생필름 생산이 불능인 상태로 판명되다.

2일   프랑스령 인도차이나 방면 시찰 중인 후와(不破) 정보국 과장에게 귀국 명령이 내려지다.

7일   밤에 후와 과장이 귀경하다. 이후 연일 관계 관청 대책 협의에 들어가다.

16일 차관회의 석상에서 히사토미(久富) 차장이 경과보고를 진행해, 기도(城戶), 우에무라(植村), 오하시(大橋)의 업자대표, 정보국에 출두, 가와즈라(川面) 제5부장이 비공식적으로 그동안의 사정을 설명하고 영화계 혁신이라는 급무에 대해 하달하다.

18일 영화협회의 상무이사회에서 정식으로 관청 측의 의향을 공표, 이후 대일본영화연합회의 극영화업자들이 연일 협의에 들어가다.

23일 극영화 업자대표가 정보국에 '영화통제회' 설치라는 답신안도 제출하다.

25일 정보국이 새롭게 당국안을 제시하다.

27일 정보국이 문화영화 업자에게 이야기하다.

28일 관청영화연락협의회가 열려 경과가 보고되다.

30일 가와즈라 제5부장이 방송, 일반의 협력을 요청하다.

9월

4일   관청 측 극영화 업자대표 13명과 제1회 관민간담회를 개최, 이후 4회에 걸쳐 진행되다.

15일 후와 과장이 호가쿠자(邦樂座)의 흥행자대회에서 연설.

18일 정보국이 정부의 최후안을 차관회의의 양해(諒解)를 구하기 위해 제출.

19일 관청 측 업자에게 최후안을 제시하다.

27일 문화영화통합 제1차 간담회가 열리다. 그 후 수차에 걸쳐 진행되다.

30일 극영화회사통합실행협의회 및 영화배급기관설립준비협의회의 설치가 결정되다.

10월

15일 제1차 극영화통합협의회가 열리다. 그 후 수차에 걸쳐 진행되다.

21일 제1차 배급기관설립협의회가 열리다. 그 후 수차에 걸쳐 진행되다.

11월

4일 제3회사통합소위원회가 열리다. 이후 수차에 걸쳐 진행되다.

17일 극영화통합협의회에서 제3회사의 통합이 구체화되다.

24일 배급기관설립준비위원회.

12월

2일 배급기관설립준비소위원회가 열리다.

3일 제3회사소위원회가 열리다.

8일 대동아전쟁(大東亞戰爭)[2]이 발발하다. 제3회사통합에 관해 정보국에게 최종적으로 회답을 끝내다.

9일 영배(映配)[3] 규정에 관해 흥행자의 의견을 조정하다.

11일 제3회사발기인회가 열리다.

12일 문화영화 통합이 1사안으로 결정되다.

13일 제3회사, 사명을 대일본영화제작주식회사, 대강(大綱) 등이 결정되다.

16일 문화영화통합창립준비위원을 임명하다.

27일 우에무라 야스지(植村泰二) 씨가 영배 사장을 정식으로 승낙하다.

쇼와 17년

1월

6일 다이에이(大映) 창립총회 개최.

14일 영배 설립에 관한 관민간담회 열리다.

16일 문화영화통합위원회가 열리다.

23일　도부현(道府縣) 흥행협회 영화부 연락위원회 총회.

2월

5일　영화신기구 준비가 일단 완료에 즈음하여, 정보국 업자를 데이코쿠(帝國) 호텔에
　　초대.

6일　영배 사원 창립총회.

18일　다이에이가 인사를 결정하다.

21일　문화영화통합신위원을 임명.

26일　신코(新興), 다이토(大都) 임시총회를 개최, 제3회사 합병을 의결하다.

3월

7일　제1회 임시영화배급심의회를 개최.

31일　영배와 다이에이의 업무허가를 내리다.

4월

1일　영배와 다이에이가 업무를 개시하다.

6월

30일　다이에이임시총회를 개최, 자본 증가가 결정되다.

8월

15일　신체제 1주년을 기해 생필름 배급 증량을 정보국에서 발표하다.

---

1)　1941년. 쇼와 원년은 1926년이다.

2)　태평양전쟁.

3)　1942년 2월 6일 영화배급을 일원화하기 위해 설립한 사단법인 영화배급사를 말한다. 본격적인 업무를 개시한 것은 같은 해 4월 1일이다.

1942년 9월 1일 | 영화신체제 1주년 특집, 제58호 | 18~19쪽

영화신체제 1주년 약사

일본의 영화사에서 이번 1년 동안 만큼 중요한 시간은 일찍이 없었다. 여기에는 영화계가 과거의 모든 것과 결별하여 새로운 시대로 비약하려는 고뇌의 한 페이지가 남아 있다. 우리 나라에 영화가 도래한 지 40년이라고 하는데, 그동안 많은 변천을 거쳤고 모두 모든 선인이 남기신 위업 위에 지금까지의 영화기업이 흥륭(興隆)할 수 있었다. 그것을 생각하면 이 기업의 흥륭을 한꺼번에 변화시키려고 했던 이런 혁신의 움직임은 너무나도 무자비한 것인지도 모른다. 더군다나 이런 감상의 추억이 허용되는 것도 이제는 과거의 일이다.

우리의 개인적인 의지나 감정을 넘은 시대를 개조하려는 커다란 역사의 흐름, 그 굉장한 힘이 영화계 혁신에 대한 채찍으로 지금 절실하게 느껴지고 있다.

여기에 지난 1년의 과정을 거슬러 올라, 재출발에 대한 각오를 새롭게 하고 싶다.

신체제의 전야

작년 7월 말에 돌연히 행해진 대일, 대미 자산동결은 영화의 중요 자재인 생필름의 원료 공급에도 중대한 지장을 초래하게 됐다. 그 결과, 민간수급용 생필름이 생산 불능이라는 말까지 듣는 상태가 8월에 들어서자마자 확인되기에 이르렀다. 그 때문에 정보국을 비롯하여 영화 관계 관청에서는 급히 이 대책을 강구하기 위해 협의했지만, 그 결과로 얻은 결론은 '전시하에는 영화도 역시 탄환이어야 한다. 앞으로 만들어야 하는 영화에는 한 편의 불발탄도 허용되지 않는다', 그러려면 당국도 업계에 대해서 최소한도의 생필름을 확보하는 일에 노력해야 한다는 것이었다.

그러나 탄환과도 비유되는 영화를 만들어내는 것은 현존의 영화기구로서는 도저히 불가능하다. 지금이야말로 영화기업의 다년에 걸친 많은 폐해에 혁신의 칼을 휘둘러 현안의 기업 재편성을 단행하는 좋은 기회라고 영화행정 당국이 확신을 심화하기에 이른 것이다.

영화신체제 선언

8월 16일 정보국이 업계대표의 우에무라, 기도, 오하시의 세 명을 비공식적으로 부른 석상에서 가와즈라 제5부장의 소위 '민간수급용(民需用) 필름 1 자(尺)⁴⁾도 없음'이라는 유명한 말

---

4)   1자(尺)는 약 30.3센티미터 정도다. 척이라고도 부른다.

로 시작된 신체제 선언은 이렇게 해서 업계 혁신을 향한 폭탄 발의(動議)가 됐다. 이와 동시에 당일의 차관회의에서는 히사토미 정보국 차장이 그동안의 경과를 설명했다. 그 후 18일에 다시 대일본영화협회 상무이사회에서 정식으로 그동안의 설명이 있었고 업계 혁신이 급무라고 하달됐다. 여기에는 업계 측이 시급히 대책안을 만들어 제출했으면 좋겠다는 요망과 당국이 의도하는 제작기구의 정비, 배급일원화기구의 확립 등에 대한 암시가 이미 포함되어 있었다.

이 통지는 영화계로서는 정말 청천벽력 같은 것이었다. 영화계 전체의 불안은 말할 것도 없고 그중에서도 기업가들은 그 색깔을 잃어버리고 말았다. 이후 영화사업연합회에서 매일 긴급회의가 열린 결과, 23일에 극영화회사 대표는 정보국에 출두해서, 이런 종류의 일로서는 아무튼 이례적인 스피드로 마지막에 일치를 본 '영화통제회' 설치안을 가와즈라 부장에게 답신했다. 업자 측은 이 통제회안을 더 이상 나올 게 없는 증거라고 했고, 당국 또한 여기에 심심한 경의를 표했다. 그러나 당국은 일단 이 안에 대한 고려를 약속했을 뿐, 그 이상 아무런 언급도 없이 당일 회견을 끝냈다. 같은 달 25일에 다시 정보국으로부터 앞에서 말한 대표자들에게 호출이 왔고 업자의 통제회안은 각하됐으며, 다시 당국안이 통지됐다. 이 당국안은

극영화 제작 2개사, 제작 편수 월 각 2편·연 합계 48편, 프린트 수 50편. 문화영화 1개사, 제작 편수 48편[그중 니치에이(日映)[5] 12편], 배급은 앞에서 말한 3개사 및 니치에이의 4개사 출자로 이루어진 일원화기관

등을 대체적인 방향으로 한 것이며, 더 나아가 이와 동시에 관청 영화행정의 일원화, 기획지도기관의 설립, 소위 말하는 관청영화 제작의 폐지 등, 당국 스스로도 영화계 혁신을 단행하는 선두에 서서 모범을 보이려는 의지를 나타냈다. 당국이 업자의 통제회안을 각하한 이유는 이것이 자칫하면 그 순간만 넘기려는 대안에 지나지 않는다는 것과 그 점진적인 개혁 방향에 아무것도 기대할 수 없다는 점에 있었다고 생각한다. 더욱이 당국이 앞에서 말한 것처럼 과감한 결단안을 내릴 수 있었던 것은 스스로 확신을 가지고 세상에 던질 만한 혁신안을 그때

---

5) 니혼영화사, 즉 니혼에이가샤(日本映画社)의 약칭이다. 1939년 일본에서 영화법이 제정됐을 때 영화상영 전후 반드시 뉴스영화를 상영하도록 했는데, 1940년 4월에 기존의 아사히신문사(朝日新聞社)와 오사카마이니치신문사(大阪毎日新聞社), 요미우리신문사(読売新聞社), 그리고 동맹통신사(同盟通信社)의 뉴스영화 부문이 통합되어 사단법인 일본뉴스영화사(社団法人日本ニュース映画社)가 만들어졌다. 1941년 동사는 도호와 쇼치쿠의 문화영화 부문과 각 문화영화 제작사까지 흡수하여 사단법인 니혼에이가샤(社団法人日本映画社)로 개칭하고 일주일에 1편 꼴로 뉴스영화와 다량의 선전영화를 제작했다. 전후인 1946년에는 주식회사 니혼에이가샤로 개칭했다. 전후의 경영 부진으로 1951년 도호의 완전 출자 방식으로 주식회사 니혼에이가신샤(株式会社日本映画新社)로 개칭, 2009년까지 존속했다.

이미 준비하고 있었던 것에 따른다. 또 이 당국안은 어디까지나 시안의 의미를 가질 뿐이며, 더 나아가 이에 대한 업계 측의 의견을 충분히 덧붙여나갈 방침이었다고 기술하고 있다.

이 당국안이 발표된 이후, 영화계는 전혀 새로운 곤란에 조우했다. 업계가 이 혁신안에 응할 만한 아무런 준비도 없었기 때문이다. 이와 같은 경과는 주로 극영화 제작사를 대상으로 하는 움직임이었는데, 이 혁신안에 따라 남겨졌던 문화영화, 교육영화 제작계의 혁신 방향도 명확해졌다.

같은 달 27일에 당국은 처음으로 이들 문화영화, 교육영화 업자대표를 모아서 이렇게 통달하고, 신체제 실현에 매진하게 됐다.

최종적 단행안을 내리다

업계 측이 당국의 혁신안에 응할 아무런 준비도 없었다는 것은 앞에서 말한 대로다. 특히 이 혁신안을 실행에 옮긴다고 할 경우 가장 곤란이 예상되는 것은, 그 결과로 행해질 제작회사의 개폐 통합을 어떻게 처리할 것인가라는 문제였다. 생각했던 대로 이 문제야말로 업계 혁신을 단행하기 위한 최초이자 최후의 난관이 된 것인데, 업계 측이 이 당국안을 받아들이고 나서 얼마 지나지 않아 이 문제에 대한 자주적 해결은 도저히 곤란하다는 것이 판명됐다. 그렇다면 이 당국안을 반납하고 정부의 최종 결단을 기다려야 하는가 어떤가, 이런 고뇌 상태에서 탈피하기 위해 마지막 방책으로서 채택된 것이 관민간담회의 개최다. 이즈음부터 업자 측의 위원장 격인 나가타 마사이치(永田雅一)의 활약이 두드러졌다. 업자 측은 모든 해결을 이 간담회로 넘겼고 관청 측도 또 될 수 있는 한 원조를 약속했다. 간담회의 출석자는

관청 측 가와즈라 정보국 제5부장, 후와 동 제2과장, 마쓰우라(松浦) 정보관, 나카노(中野) 내무사무관, 나카무라(中村) 문부사무관, 미하시(三橋) 동 사회교육관, 육군 보도부 구로다(黒田) 중위, 해군군무국 가라키(唐木) 소좌, 업계 측 기도 쇼치쿠 전무, 오타니(大谷) 동 상무, 우에무라 도호(東寶) 사장, 오하시 동 사무, 오카(岡) 동 취체이사, 오쿠라(大蔵) 닛카쓰 상무, 요시다(吉田) 동 대표이사, 노무라(野村) 신코 상무, 나가타(永田) 동 촬영소장[위원장], 하타노(波多野) 동 지배인, 가와이(河合) 다이토 전무, 쓰루타(鶴田) 동 전무

등으로 첫날은 9월 4일에 간다학사회관(神田學士會館)에서 열렸다. 계속해서 같은 달 10일까지 전후 네 번에 걸쳐 최저 4, 5시간에서 길게는 8시간이나 걸리는 큰 회의였다. 이 토의의 중심이 된 것은 당국의 제작 2개 사안에 대한 업자 측의 3개 사안, 제작 편수 4편안에 대한 6편

안, 그 대안으로서 프린트는 50편에 대해 30편으로 하는 안, 배급회사는 공익법인인가 영리법인인가 등이었는데, 이 회의에서는 결국 결론에는 이르지 못한 채 정부의 최종 결단만을 기다리게 됐다. 그러나 이 회의가 영화기업계의 최고 두뇌를 망라한 공전의 구성원이었고, 기업을 재편성하는 구상을 만들어내기 위한 관민일치의 협력회의와도 비슷하여, 시종일관 논의 검토에 있는 힘을 다하며 혁신 실행을 한걸음 더 촉진하는 데 중요한 의의를 가졌다는 점에서 특히 기억할 만하다.

이 최후의 회의에서 8일이 지난 9월 19일에 당국은 간다기시기념관(神田岸記念館)에 업자 대표들이 모일 것을 요청하며 최종안을 발표했다. 이 발표와 동시에 당일 차관회의에서 히사토미 정보국 차장은 동 안을 설명하고 양해를 구했다. 이에 따르면

> 극영화 제작 3개사, 제작 편수 월 6편, 배급은 공익법인 1개사, 그리고 회사통합은 쇼치쿠(松竹)가 고아(興亞)를 합병하여 1개사, 도호가 난오(南旺), 도하쓰(東發), 다이호(大寶), 다카라즈카(寶塚)영화를 합병해서 1개사, 닛카쓰(日活), 신코, 다이토가 합병해서 1개사

라는 것이었다. 간담회에서의 업자 측의 희망은 거의 절반 이상 ▶18쪽 달성된 셈으로 업계는 오랜만에 한시름 놓은 상태였다.

그러나 이 최종안을 당초의 개혁안과 비교하면 모든 점에서 현저하게 혁신적 성격이 줄어들었다는 것을 부정할 수는 없었다.

그리고 이 발표가 끝남과 동시에 히사토미 차장은 쇼치쿠의 오타니 사장, 시라이 부사장을 불러 협력을 요청, 우에무라 도호 사장과도 간담했다. 한편 업자 측도 이번 결단안을 전폭적으로 지지하고 20일 각사 대표는 히사토미 차장, 가와즈라 제5부장을 방문하여 그 뜻을 회답했다.

회사통합의 경과

이렇게 해서 문제는 드디어 회사통합의 구체적 방책으로 가게 되는데, 그 촉진을 꾀하기 위해 정보국의 주창으로 두 가지 신체제준비회, 다시 말하자면 '극영화회사통합실행협의회(劇映畫會社統合實行協議會)'와 '영화배급기관설립준비협의회(映畫配給機關設立準備協議會)'가 발족됐다. 그리고 이는 9월 30일에 관민간담회에서 결정, 이들 협의회는 우선 제1차 극영화통합협의회가 10월 15일에 열렸고, 이어서 제1차 배급기관설립협의회가 같은 달 21일에 열려 각각 발족했다. 극영화통합에서는 쇼치쿠 중심의 제1회사, 도호 중심의 제2회사는 일단 문제

는 없었다.

그러나 뜻밖에 닛카쓰 중역들 사이에 내분이 일어나, 극영화통합에 지장을 초래하게 됐다. 소위 말하는 제3회사는 이때부터 이미 다난한 길이 예상됐다. 그래서 정보국에서도 특히 이 제3회사 통합에는 소위원회를 설치하여 촉진을 꾀하게 됐다.

닛카쓰 중역 간의 분쟁은 결국 구 중역의 총 사직, 대주주인 쇼치쿠, 도호[6]의 연립내각에 따른 신 중역으로 낙착됐다.

그러나 제3회사를 통합하는 곤란은 아직 해결되지 않았다. 원래 이 통합은 쇼치쿠계 자본의 신코와, 쇼치쿠, 도호[7] 양계 자본에 의한 닛카쓰와, 그리고 다이토가 합병되는 복잡한 자본관계가 작용하여 이 기술적 해결에 점점 더 곤란을 연상시킬 뿐이었다. 게다가 한동안 닛카쓰 문제의 낙착으로 통합이 전진되기를 기대했던 때에 갑자기 닛카쓰의 화의채권(和議債權) 문제가 일어났다. 결국 이는 닛카쓰에서 제작 부문만을 떼어내고 이를 제3회사에 현물 출자하는 것으로 해결됐는데, 이 출자해야 하는 현물의 자산평가에 다시 난항이 계속됐고, 이렇게 극영화통합은 생각지 않았던 장애물에만 2개월을 낭비하는 상태였다.

이보다 먼저 문화영화의 통합은 당국의 최종안 발표 후 얼마 되지 않은 9월 27일 제1회 관민간담회가 열렸다. 정보국은 우선 이 통합에 참가해야 하는 곳으로 유력 35개사를 지정, 그 이외의 주지야영화(十字屋映畵), 후지스튜디오(富士スタヂオ) 및 쇼치쿠, 도호의 각 문화영화부는 그 후 니치에이에 흡수, 또 3개 신문 영화부에도 니치에이 참가를 종용하게 됐다.

그러나 문화영화의 통합도 우여곡절을 거쳐 업자 내부의 불통일이나 당국의 1개사 방침에 대한 3개사안의 대두 등 연내에는 도저히 일치되지 않을 형세였다.

비슷한 무렵 외국영화 수입기관[당시 존속하고 있던 미국영화 8개사를 제외한다] 설립 문제도 방인(邦人)업자 8개사를 모체로 하여 협의가 진행되고 있었다.

대동아전쟁 발발 이후

이들 회사통합이 잠깐 결말에 이르려고 하던 그때 마침 12월 8일의 대동아전쟁 발발을 맞이했다. 영화계의 형세는 이를 계기로 하여 급격히 전환되어 신체제 진행을 자칫하면 저해할 것 같았던 지금까지의 암운이 일소되고, 모든 현안은 모두 실행에 옮겨졌다.

닛카쓰 문제에 애를 먹던 제3회사도 현물 출자의 평가를 완료하고 12월 11일에 제1회 발

---

6)   원문은 다카라즈카(寶塚)로 오식되어 있다.
7)   원문은 다카라즈카로 오식되어 있다.

기인회를 열었으며, 같은 달 13일의 발기인회에서는 '대일본영화제작주식회사(大日本映畫製作株式會社)'의 회사명 및 정관의 대강을 결정했다. 이 정관에서 동사를 정보국 감독하에 두고 중역의 임면(任免), 정관의 변경 등으로 주주의 독단을 허용하지 않는 규정을 설치한 것은 쇼치쿠, 도호가 아닌 국책회사로서의 성격을 뚜렷하게 추가한 것으로 주목됐다. 그 결과, 우선 자본금 10만 원(圓)[8]의 주식회사로 탄생하게 됐고 새로운 해를 맞이하여 1월 6일 창립총회를 완료했다. 신 중역으로는

> 전무 나가타 마사이치, 동 가와이 류사이(河合龍齋), 상무 하타노 게이조(波多野敬三), 동 로쿠샤 오사무(六車修), 동 고모노 나오미(薦野直實),[9] 동 후지타 헤이지(藤田平二), 이사 쓰루타 마고베(鶴田孫兵衛), 동 하야시 히로타카(林弘高), 동 소가 마사후미(曾我正史)

등이 취임했다. 당분간 사장을 두지 않고 나가타, 가와이 두 전무의 사무대리이다. 이때부터 즉시 3개사의 합병 준비로 전환하여 4월 1일부터 새로 발족했는데 그 후 자본 증가 절차가 완료되기를 기다렸다가 6월 4일에 열린 주주총회에서 정식으로 3개사 합병에 의한 자본금 770만 원을 결정했다.

제1회사의 쇼치쿠[고아를 흡수], 제2회사의 도호[난오, 도하쓰, 다이호, 다카라즈카영화를 흡수]는 모두 문제없이 예정대로 새로 발족했다.

배급일원화기구는 그 후 수차례의 준비협의회를 거쳐 연내에는 정관안 및 업무규정요강안의 작성을 모두 완료했다. 이 업무규정요강안에 따르면 전문 15개 항목에 걸쳐 배급사의 권한, 배급조건과 요금, 흥행지도, 배급수입의 분배 등의 대강을 규정하여 이번 영화기업 재편성에 즈음해서 당국이 품은 혁신의 근본이념을 매우 명료하게 읽어낼 수 있는 것으로 주목을 끌었다. 극영화 제작회사가 2개사에서 3개사로 개정됐을 때, 그 혁신적 성질이 어느 정도 약해진 느낌이 없지는 않았다는 생각에 사로잡혔던 사람도 이 새로운 배급기구의 출현은 기존의 제작, 배급, 흥행의 모든 관계에 큰 변화를 초래하는 것이라고 재고할 수밖에 없었다.

대동아전쟁 발발 후 얼마 되지 않아, 일찍이 정보국이 신 배급사 사장에 취임하기를 간청했던 우에무라 도호 사장은 27일 정식으로 승낙을 회답, 신년 1월 16일에는 다음과 같은 새로

---

8)   일본어에서는 '엔'으로 읽는다.

9)   고모노 나오미(薦野直美)의 오식으로 보인다.

운 이사진용이 결정됐다.

상무이사 가나자시 에이이치(金指英一)[니치에이], 치바 요시조(千葉吉造)[쇼치쿠], 이사 사쇼 쇼자부로(佐生正三郞)[도에이], 노무라 신(野村新)[신코], 아베 다쓰고로(安部辰五郞)[다이토]

그리고 2월 6일 사원총회를 개최하여 정식으로 영화배급사가 탄생했다. 영화배급사는 이때부터 즉시 활동을 개시하고 제반의 준비를 완료한 후 드디어 4월 1일부터 업무를 개시하게 된 것이다.

문화영화 통합도 대동아전쟁 발발을 계기로 하여 업자 측은 종래의 중도까지 진행된 문제를 모두 방기하고 관청 원안의 1개사로 결정, 순조롭게 진행되기 시작한 것처럼 보였는데, 이것이 다시 이른바 요코시네(橫シネ) 문제로 암초에 걸려 아직 미해결인 채로 남아 있다.

외국영화 수입기관은 이 또한 자본금액 문제 및 그 외로 난항을 계속하고 있었지만 잠정적으로 25만 원의 현금 출자로 인가, 7월 11일에 '외국영화주식회사(外國映畵株式會社)' 설립총회를 개최했다. 사장에는 산에이샤(三映社)의 야마자키 우사부로(山崎宇三郞) 씨가 취임했다. 이 회사는 단순히 수입회사로서뿐만 아니라 외국영화 무역의 일원화를 꾀하려는 점이 주목할 만한 부분이다.

시련에서 약진으로

이렇게 해서 4월 1일의 배급일원화기구 발족을 계기로 하여 영화계 신체제는 일부 미해결 문제를 남긴 채 사실상 발족을 이루어 건설의 첫발을 내딛었다.

소위 말하는 홍백 2계통에 따른 배급 신기구로의 전환 결과는, 과거 4개월의 사례로 봐도 매달 전국 흥행 총수입 1천만 원을 확보, 당초 업계 측이 가장 걱정했던 경영이라는 점에서는 뚜렷하게 안정성을 보증받게 됐다. 그러나 문제는 오히려 앞으로일 것이다.

원래 영화계 혁신의 최대 동기는 탄환과도 비유될 만한 영화를 만드는 것에 있었고 또 현재 이를 차치하고 영화의 사명을 생각할 수는 없다. 그럼에도 불구하고 일본영화의 질적 빈곤은 여전히 극복되지 않은 상태다. 이 당연한 사명을 달성하지 않는 한 혹 제2, 제3의 혁신을 필요로 하는 사태가 오지 않는다고도 할 수 없다.

또 배급일원화기구의 확립은 공정한 영화문화 보급이라는 새로운 사명을 향하고 있고, 다른 면에서 이번 통제에서 잊혀진 흥행 부문의 쇄신을 의미하는 것으로서 기대되는 부분이 있다. 이는 결코 흥행수입의 증대를 목표로 한 것이 아니라 오히려 종래의 영리주의 배급제도를 따르면 잊히기 십상인 방면으로 배급에 주력하는 것이다.

마침 이 1주년을 기념하여 생필름 증배라는 낭보가 발표된 것은 영화계의 앞날에 실로 경하할 만한 일이라고 해야 하겠다.

1942년 9월 1일 | 영화신체제 1주년 특집, 제58호 | 39~46쪽

영화신체제의 정신
[영화배급사 직원양성소 강연록]

쓰무라 히데오(津村秀夫)

1.

영화신체제의 정신이란 이를테면 국내 문제로서의 영화신체제라고 생각하기 십상이고, 또한 작년 8월에 발발한 영화신체제의 움직임이란 국내의 영화개혁이었습니다. 거기에는 틀림이 없지만, 그러나 뜻하지 않게 12월 8일 이후의 국면[10]은 일변하여, 일본의 영화계의 부담이라고 할까요, 영화계의 사명은 매우 커졌습니다. 작년 8월에 생각하고 있었던 것 정도로는 계산이 맞지 않게 된 것입니다. 공영권에 대한 문화, 그중에서도 중요한 임무를 지닌 영화공작이 지금 여러 가지 이야기되고 있지만 여기에는 국내 문제가 선결입니다. 그렇다면 국내 문제에만 몰두하면 되는가 하면 그렇지도 않지만, 우선은 국내 문제가 선결돼야 합니다. 이번 신체제에서 그런 의미로 아무래도 공영권에서 장래 영화정책을 시행해야 한다는 기초도 우선 만들어졌지만, 그러나 아직 그것만으로는 신체제의 방법으로서 부족한 점도 있습니다. 생각해보면 작년 8월에 그것이 시작됐다는 것은 아시다시피 국제정세가 긴박하여 생필름의 극단적인 결핍 상태를 초래했고 이것은 쉽지 않은 일이 되리라는 것이 계기였습니다. 그러므로 계기라고 하면 국내 문제였다고 말할 수 있지만, 그 생필름의 결핍을 초래한 원인을 찾아보면 결국 더 큰 문제는 국제적인 큰 틀입니다. 일본과 미국 간의 정세가 이런 일본의 영화신체제에 발화점을 붙이게 했고, 근원을 찾아가면 결국은 영화신체제라고 해도 단순한 국내 문제는 아닙니다. 지금에 와서 생각해보면 공영권에 대한 영화정책으로서의 전제도 된 것인데, 이렇게 연결 지점을 가지고 있기도 합니다. 그러나 그것이 시작됐을 때에는 12월 8일의 일을 우선 계산에 넣어서 시작했다고는 할 수 없습니다. 그 후의 상태를 고려해 설계했다고는 할 수 없습니다.

오늘날까지 해온 영화신체제의 결실을 맺은 것을 하나하나 점검해보면 우선 극영화회사

---

10) 1941년 12월 8일(미국 시간으로 7일) 오전 7시 50분에 일본군이 하와이 진주만을 기습 폭격해 태평양전쟁이 발발한 것을 일컫는다.

가 통합되어 월 6편의 극영화가 됐습니다. 문화영화는 4편이 됐습니다. 이런 제한을 근저로 그로부터 모든 것을 여러 가지 생각할 수 있게 됐습니다. 그리고 4편의 문화영화 제작으로 현재와 같은 — 현재란 그 당시를 말하는데, 약 40개사 정도의 프로덕션이 유력했고, 여러 군소 프로덕션을 헤아리면 백 수십 개사가 되어 문화영화의 난립 상태였습니다. 이래서는 도저히 어떻게 해나갈 수 없다는 것을 알게 됐습니다. 그리고 극영화 쪽도 아시다시피 쇼치쿠, 도호 외에 다이토, 신코, 닛카쓰가 있었고, 큰 것은 이것뿐이지만, 그 외에도 당시에는 다이호영화(大寶映画), 난오영화(南旺映画), 도쿄발성(東京發声)도 있었습니다. 이것을 어떻게 통합하면 회사를 세울 수 있을까. 이와 동시에 일본영화의 과거의 세계적인 남작(濫作) 상태도 여기에서 개선할 수 있을까. 그런 문제가 됐습니다. 한 편 한 편의 영화가 전시하에서 국민에 대한 위로도 되고 동시에 국민에게 정신적인 영양소를 공급하여 이를 지도하는 영화를 제작하는 방향으로 가지고 갈 수 있도록 한 것입니다.

여기에서 일단 성공한 것은 극영화의 통합입니다. 신코, 다이토, 닛카쓰가 대일본영화제작주식회사(大日本映画製作株式會社)가 됐습니다. 흔히 약칭으로 다이에이(大映). 이 통합에 대한 가장 큰 문제는 닛카쓰가 재정상 매우 불량한 회사여서 막대한 화의(和議)의 채무를 가지고 있었습니다. 이 때문에 촬영소뿐인 제작기구를 다이에이로 흡수 통합하고 채무는 닛카쓰라는 회사를 남겨 이행시키게 했습니다. 그러나 신코에도 채무가 있었습니다. 오늘날 다이에이의 성립은 영화신체제의 성공의 하나로 매우 좋은 일이며, 이 세 회사가 희생을 하여 통합해 준 것은 많이 인정받아야 한다고 생각하지만 — 단지 통합기술상으로는 이 새로운 회사가 시작되고 나서 7백만 원의 차입금을 짊어지고 나가게 된 것은 굉장한 수고라고 생각합니다. 이 점은 다이에이에 대해 동정할 만한 점입니다. 그래서 고아영화(興亞映画)가 쇼치쿠에 붙게 됐고, 도쿄발성이나 난오 및 다이호가 도호에 붙어 여기에 3개 극영화회사가 만들어진 것입니다. 이 극영화회사가 만들어졌고 매월 2편씩 제작합니다.

그다음으로 배급통제가 만들어진 것은 이 영화신체제 중에서 가장 큰 성공 중 하나이며, 일본의 영화사(史), 영화사업계의 역사를 뒤돌아보면 이번 배급통제는 그 역사상에서 수 페이지를 사용해도 좋을 정도의 대사건입니다. 여기에서 일본의 영화계는 뒤집혔다고 말해도 좋을 것입니다.

그 외에 목하 진행 중인 문화영화 통합이 있고 또 영화제작을 관청 쪽에서 어떻게 지도하는가 하는 기획심의회 기관을 설치하는 문제도 있습니다. 거기에 덧붙여 아까 말씀드린 직접적 영화신체제는 아니지만 요컨대 대동아전쟁의 발발에 따라 ▶39쪽 일어나는 공영권에 대한 영화정책, 예를 들면 남양영화협회(南洋映画協会)라든가 니혼영화사(日本映畵社)의 강화 확충

이 당연히 문제가 됩니다. 그뿐만 아니라 공영권 정책에는 막대한 자금이 필요합니다. 그것이 과연 지금까지의 일본영화계의 자본, 그 작은 규모로 시행할 수 있는지 어떤지. 또 그중에는 성격이 좋지 않은 자본도 있고, 이런 자본으로 과연 공영권의 영화정책이라는 국가적 큰일을 할 수 있는가. 더 나아가 최강의 대적인 미국영화계, 미국영화의 성격과 미국영화계의 기업적인 스케일의 크기, 이런 것에 대항할 수 있는가. 미국영화의 과거의 영향을 씻어내고 여기에 새로운 정신을 심어나갈 수 있는가 하는 문제가 전개됐습니다. 이것과 연결해서 만주의 만영(滿映), 북지나(北支)의 화북전영(華北電影) 및 중지나(中支)의 중화전영(中華電影), 대륙에서 영화를 제작하고 있는 이런 것이 공영권에 대해 어떻게 해줄 것인지, 이런 문제가 전개됐습니다.

사실을 말하자면 영화신체제의 정신이란 그런 부분까지 생각해야 합니다. 오늘날의 영화신체제는 빨리 이런 부분까지 가야 합니다.

2.

배급사란 작품 상영상의 새로운 질서를 만드는 것뿐만 아니라, 그 바탕에 더 큰 하나의 이상이 있습니다.

이것은 무슨 말인가 하면, 일본의 영화계는 대체로 미국영화계의 영향을 받아서 회사가 극영화를 제작하는 것과 그것을 자신의 계통관에 배급하는 업무와, 더 나아가 자신의 계통관을 경영하고 거기에서 이윤을 올린다는 관의 경영, 이 세 가지 일을 하나의 영화회사에서 했었습니다.

일본의 영화사업의 역사에서 형태를 갖춘 하나의 주식회사로서 나타난 것은 닛카쓰가 가장 오래된 역사를 지니고 있습니다. 그 외에도 다이쇼 시대[11]에는 다이쇼가쓰에이(大正活映)라든가, 마키노(マキノ)라든가, 곳카쓰(國活)라든가, 데이키네(帝キネ)라든가, 많은 영화회사가 나타났다가 금세 사라졌습니다. 닛카쓰 다음에 쇼치쿠가 나타났고 그것이 많이 성공하여 오늘날의 규모를 이룬 것입니다. 더 나아가 신코가 생기고 다이토영화가 생기고, 그리고 도호가 다른 의미에서 더 새롭게, 일본의 영화계에서는 자본의 위력을 정말 발휘할 수 있는 새로운 회사로 생겨났습니다. 이들 3개사가 오늘날까지 계속 발전해온 것인데, 이 발전 과정을 생각해보면 당시에는 이 회사들이 제작을 하고 배급을 하고 관의 경영을 하는 이 세 가지 일을 한 회사에서 하지 않으면 도무지 성공할 수 없었습니다.

---

11)　다이쇼(大正) 시대는 다이쇼 천황이 통치한 1912년 7월 30일부터 1926년 12월 25일까지를 가리킨다.

예를 들면 닛카쓰라는 회사에 대해 새로 생긴 쇼치쿠가 저만큼의 성공을 거둔 것은 하나는 가마타(蒲田)의 촬영소가 헨리 고타니(ヘンリー·小谷)와 같은 미국에서 기술을 배운 기사를 새롭게 고용하고 오사나이 가오루(小山内薰)의 영화연구소가 많은 공적을 남겨 다수의 훌륭한 영화인을 배출했고 그것이 가마타 영화의 중추를 이뤘다는 성공은 있지만, 또 하나 잊어서는 안 되는 것은 쇼치쿠가 연극 쪽에서 이미 흥행의 경험을 가지고 있었다는 점입니다. 흥행계에 대한 하나의 지식이 만들어져 있었던 것입니다. 이 지반 위에서 활약했기 때문에 쇼치쿠 키네마가 성장했습니다. 그 당시에는 아무리 뛰어난 작품을 만들어도 배급망이 완성되지 않은 회사는 도저히 살아남을 수 없었습니다.

다이쇼 시대에서 쇼와[12] 초기에 걸쳐 소규모의 이른바 독립 프로덕션도 많이 생겼습니다. 두세 가지 예를 들어도 미국의 유니버설과 제휴한 반도 쓰마사부로(坂東妻三郎)[13]의 프로덕션, 치에조프로덕션(千恵蔵プロダクション) 등이 있었습니다. 이들은 상당히 오랫동안 지속됐습니다. 그리고 간주로(寛壽郎)의 프로덕션도 있었습니다. 독립 프로덕션이 꽤 유행했던 시대로, 이리에 다카코(入江たか子)조차도 독립 프로덕션을 가졌습니다. 이런 독립 프로덕션은 모두 수명이 짧아 대개 2, 3년 안에 문을 닫는 것이 통례였습니다. 예를 들면 눈 깜짝할 사이에 만들어져 금방 문을 닫은 후지영화(不二映画)도, 왜 문을 닫았나 하면 배급망을 가지고 있지 않았다는 것이 가장 유력한 원인입니다. 그런데 닛카쓰도 쇼치쿠도 그 점에서는 강력한 전국적 배급망을 가지고 있었습니다.

배급망을 확실하게 쥐고 있던 점이 영화사업으로서는 성공하는 중요한 것입니다. 따라서 자유경쟁이 시작되고 영화관의 획득이 성행했습니다. 가능하면 직영관으로 하지만 직영관으로 하지 않고도 보합관(步合館)이 있습니다. 아무튼 자신의 계통으로서 정기적으로 작품을 배급해갑니다. 이렇게 세력권을 보다 크게 확장하는 것이 영화회사로서는 가장 중요한 정책이었습니다. 그 정책을 행하는 하나의 유력한 수단으로서 될 수 있는 한 인기스타를 많이 보유했습니다. 경우에 따라서는 어떤 회사에서 인기스타가 인기가 있으면 이를 빼돌리면서까지 싸웠습니다. 도호라는 새로운 회사는 극히 단시일에 일본의 영화계에 큰 지반을 만들었

---

12) 쇼와(昭和)는 일본의 연호로, 쇼와 시대는 쇼와 천황이 통치한 1926년 12월 25일부터 1989년 1월 7일까지를 가리킨다.

13) 반도 쓰마사부로(1901~1953)는 일본의 가부키 배우이자, 영화배우로, 반즈마(坂妻)라는 애칭으로 불렸다. 1916년 무대에 서기 시작했고 1920년부터 반도 요지로(坂東要二郎)라는 이름으로 영화에 출연했다. 1925년에 교토 우즈마사(京都太秦)에 반즈마프로덕션을 설립하고 영화제작을 시작했다. 1926년에는 우즈마사에 촬영소를 설립하고, 미국의 유니버설과 배급에 대한 제휴를 맺었다. 반즈마프로덕션이 신코키네마에 합류된 1935년, 일본영화가 토키 시대에 진입하며 그의 인기도 떨어졌다.

습니다. 이는 왜냐하면 제군들도 아마 기억하고 계실 테지만 수년 전에 대량의 감독과 스타들을 빼돌렸습니다. 덴지로(傳次郎)도 빼내고, 하세가와 가즈오(長谷川和夫)도 빼냈으며, 이리에 다카코도 빼냈고, 야마다 고스즈(山田五十鈴)도 빼냈습니다. 감독진을 봐도 그곳에 있는 상당히 유명한 감독은 모두 기존의 회사에서 어느 정도의 성공을 거둔 사람들이며 그런 사람들이 그곳에 다수 참가했습니다. 새롭게 만들어진 회사로서 구 회사에 대항하는 데 신진을 육성할 여유가 없었습니다. 아무튼 기성 영화인을 가지고 싸운 것인데, 그뿐만 아니라 영화관의 자기 배급망을 획득하기 위해서도 대스타 대감독을 영입하는 것이 가장 강력한 효과가 있는 수단이었던 것입니다. 예를 들면 덴지로가 닛카쓰에서 도호로 옮겼다는 것만으로도 얼마나 닛카쓰계 영화관이 동요했는지는 제군들이 상상하는 그 이상입니다. 하세가와 가즈오가 쇼치쿠에서 도호로 옮긴 것만으로 종래에는 쇼치쿠계의 강력한 지반이었던 관이 많이 동요하는, 그 영향력이란 큰 것이었습니다. 도호의 마지막 빼내오기 사건은 지금 생각해보면 조금의 예상조차 할 수 없을 정도로, 상상되지 않을 정도로 맹렬했습니다. 각 영화회사가 자유경쟁에 따라 그런 영화관 망의 확대 강화에 광분하는 것은 단순히 그것만으로 폐해가 있을 뿐 아니라 그것이 작품 제작에 어떤 영향을 주는지도 생각해주셨으면 합니다.

　작품 배급의 영화 경제적 면에서 지금까지의 시스템이라면 일본의 영화경제는 도저히 분석할 수 없습니다. 지금까지의 배급망에 대해 이루어지고 있는 영화경제가, 도호의 경우에는 새로운 시스템으로 하고 있으니 수학적으로도 즉시 분석할 수 있지만, 쇼치쿠나 닛카쓰의 경우에는 외부에서는 좀처럼 이해할 수 없는 여러 가지 복잡한 내용을 가지고 있어서 그중에는 배급상의 영화경제가 매우 불명확한 것이 많이 있습니다. 그래서 회사에 따라서는 필름을 빌려주는 요금 하나를 예로 들어봐도 차이가 많아 항상 관주 측과 회사 측과의 충돌을 야기해왔습니다. 일본이 영화를 향상시키려면 우선 영화경제 문제에 대해서도 이를 고려해야 합니다. ▶40쪽 명확히 세상에 공개해도 창피하지 않을 내면을 가지고 있어야 합니다. 그런데 영화경제 방면은 지금까지는 하나의 암흑시대였고, 이것만큼은 외부에서 좀처럼 파헤칠 수 없는 복잡한 것이었습니다. 배급통제를 한다는 것은 우선 영화경제에서 보면 새롭게 형태를 갖추기 시작한다는 것입니다.

　지금 말씀드린 것처럼 그것은 작품 제작에도 큰 영향을 미칩니다. 스타를 빼내고 뛰어난 재능을 지닌 배우들의 매력을 이용하는 것은 영화제작에 필요한 것이고, 굳이 말하자면 지금까지의 일본영화계에서는 평론계에서도 배우 문제는 비교적 등한시돼온 게 아닌가 하고 생각합니다. 감독이나 각본은 매우 중대시돼왔지만 이것은 예전의 반동이어서, 저속한 스타 시스템 시대가 다이쇼 시대에 있었고 그것에 대해 영화에 관한 평론이 반발하여 감독의 지위나 감독의 일을 크게 인정해왔습니다. 그런데 굳이 말하자면 이것이 점점 지나쳐 배우의 힘이나 배우의 매력을 여차하면 등한시하는 경향이 지금 나타나고 있는 정도입니다. 배우의 힘은 매우 큰 것이고 영화에서는 스타 시스템도 한꺼번에 없앨 수는 없습니다. 그런데 왜 스타 시스템이 안 되는가 하면 큰 스타를 판다는 목적만으로 기획의 내용을 결정하기도 하고 또 시나리오도 시나리오 스스로의 형태는 없어도 그 스타를 팔기 좋게 비교적 허술한 시나리오로 끼워 맞춥니다. 그래서 감독도 우선 스타를 팔기 위해 자기를 희생하여 봉사하는 것을 스타 시스템이라고 했는데, 우리가 배격해온 것은 이런 형태의 작품입니다. 관의 획득을 위해서는 이 시스템이 강행됩니다. 이렇게 되면 다이쇼 시대의 폐해를 또 재개하는 것이 되고 여기에서 결국 스타 빼내오기나 감독을 빼내오는 것이 일본영화계에서 바로 혼란을 일으키므로, 여기에 폐해가 있다는 것을 세상이 조금씩 인정해온 것입니다. 그러나 이를 어떻게 막을 것인지 어떻게 이런 사태를 야기했는지를 말하자면, 지금 말씀드린 것처럼 근본은 영화관의 배급망을 확대 강화한다는 회사의 방침이 있고 거기에서 일어난 것이니 우선 이를 개선해야 하는 것입니다.

동시에 이런 자신들의 계통 배급망에만 작품을 배급하는 시스템이면 가령 일본에 5개 회사가 있어서 일본 전국의 5분의 1의 배급망에 어떤 작품이 상영된다고 했을 때, 그것이 매우 뛰어난 영화라고 해도 그 5분의 1의 배급망에서만 상영되고 다른 회사의 계통관에서는 전혀 상대해주지 않습니다. 이에 대해 눈앞의 적이라고 하여 경쟁합니다. 그런데 지금 일본영화계의 이상은 국민 전체가 지식계급이라든가 노무계급이라든가 그런 구별 없이 청소년도 감상할 수 있고 충분히 의미가 있으며 흥미가 있는 것, 그래서 어른도 볼 수 있는 그런, 국민 일반이 공통으로 감상할 수 있는 영화를 만드는 것입니다. 예를 들면 극영화뿐만 아니라 문화영화라고 해도 지금부터는 일부 계통뿐만 아니라 전국적으로 상영해야 합니다. 오늘날 나타나고 있는 계발선전영화(啓發宣傳映畵)도 계속 제작되고 있습니다. 또 뉴스영화도 영화법에서 규정하는 강제상영으로서 전국 영화관에서 상영됩니다. 오직 극영화만이 그런 식으로 제한된 관에서 상영되고 있는 것은 제1영화경제로서도 발전성이 매우 적습니다. 일본의 영화는 해외시장이 없습니다. 그것이 일본영화의 발전을 속박하는 하나의 원인이라는 것이 지금까지의 논의였습니다. 사실 그것은 틀림없습니다. 그러나 해외시장은 둘째 치고 일본의 국내 시장조차도 이를 일부러 분할하여 더 좁은 범위에서 경쟁하고 있습니다. 이대로는 언제까지나 일본의 영화경제가 발전하지 않을 것이며 막대한 제작비를 들일 수 없으니 자연히 변변치 않은 제작물과 작품의 범람을 초래하는 결과가 됩니다. 이런 사정에서 지금까지의 시스템은 가령 생필름 부족이라는 오늘날의 사태가 없었더라도 당연히 언젠가는 개혁해야 하는 것이었습니다.

그리고 각 회사가 감독이나 스타를 돈으로 묶어두고 이를 독점하고 있었습니다. 영화 기예가(技藝家) 및 기술자를 독점하는 것은 일본영화계의 가장 나쁜 습관입니다. 미국의 영화계에서도 물론 그런 독점적 계약은 행해지고 있지만 동시에 한 회사에 계약되어 있더라도 여러 조건으로 다른 회사에 배우를 빌려주고 있습니다. 여기에는 융통성이 있습니다. 또 독일영화계에도 프랑스영화계에도 일본같이 한 회사에 고용되면 다른 회사에 전혀 못나간다는 고루하고 완고한 규정은 없습니다. 그래서 일본에서는 기술자나 기예가가 원래 별로 없음에도 불구하고 그들 회사가 각자 세력권을 정해 자신들의 연합을 만들고 그 연합 내에서 기예가나 기술가를 속박하고 있습니다. 그렇게 되면 시나리오 하나를 영화화할 경우에도 캐스팅을 짤 때에도 얼마나 자유롭지 못한지, 전 일본영화계에서 우수한, 더 적절한 배우를 골라 캐스팅을 짠다면 매우 재미있는 영화가 될 것 같은 경우에도 쇼치쿠나 닛카쓰나 도호라는 각자의 세력권 내에서 배우를 생각하면 당연히 여기에는 만들어지기 전부터 무리가 있는 것입니다. 오가이(鷗外)[14]의 소설을 영화화한다고 해도 그것이 성공할지 어떨지는 어떤 배우로 어떻게 캐스팅을 짜느냐가 우선 중요한 것입니다. 이것을 단지 자신의 회사에서 인기가 있는, 또는 팔아야 하는 인기스타만을 써서 영화화하는 것은 영화를 만들기 전부터 이미 무리가 있는 것입니다. 오늘날까지의 일본영화계의 정세에서 말하자면 [지금도 그렇지만] 요컨대 인기스타를 일정 기간 차례대로 돌리는데 감독이 여러 시나리오를 만들어 많고 적음(多少)은 있지만 나오는 인물들은 모두 동일한 인기스타이고 단지 조합이 여러 형태로 바뀔 뿐 작품적으로 매우 협소한 것을 만들어왔고 현재도 만들고 있습니다.

배급사 당사자가 생각하면 또는 생각해보지 않았을지 모르지만, 제가 생각하기에는 배급통제를 한 이상은 이대로는 안 된다고 생각합니다. 역시 그 기예가나 기술자의 독점 상태인 현상을 타파하고 우수한 사람은 자유계약을 하여 1년에 2편이나 3편을 약속하고, 그런 계약을 하더라도 이것이 끝나면 또 다른 회사와 계약할 수 있게 하여 여기에 새로운 바람을 불어넣어야 합니다. 특히 일본영화계는 제군들도 알고 있듯이, 상당히 다른 차이점을 생각한다면 프랑스영화계와 비교해도 그런데, 조연층이 매우 빈약합니다. 빈약한데 한 회사가 독점하고 있으니 조연의 다양성이 더욱 빈약합니다. 조연이 풍부하지 않다는 것은 깊이 있는 영화를 만들 수 없다는 것입니다. 가벼운 영화를 만들기 쉽습니다. 주연배우도 필요하지만 조연진이 빈약하다는 것은 아무래도 하나의 영화작품으로서는 가벼운 것이 되기 마련입니다. 예를 들면 이런 것도 ▶41쪽 생각할 수 있습니다. 조연은 한 작품에 처음부터 끝까지 나오는 것은 아닙니

---

14) 모리 오가이(森鷗外, 1862~1922)는 메이지(明治) 및 다이쇼기를 대표하는 소설가이자 평론가, 번역가이다. 육군 군의 및 관료로도 활동했다. 대표작으로 1890년 1월 『국민의 벗(国民之友)』에 발표한 소설 「무희(舞姫)」 등이 있다.

다. 그러나 개성을 지닌 조연은 극히 몇 장면만이어도 필요합니다. 그 장면이 있는지 없는지에 따라 크게 달라지는 경우도 있습니다. 장래에는 매우 훌륭한 개성을 지닌 조연은 어느 회사에서도 수시로 출장하여 출연할 수 있도록 했으면 좋겠습니다. 지금의 배급통제는 어쨌든 이외에도 여러 가지 큰 문제가 더 있습니다. 좀처럼 거기까지는 아직 도달하지 못하고 있습니다. 현재 단계에서 이런 것을 금방 요구하는 것은 무리지만 배급통제를 한 이상 장래에는 어떻게든 그곳까지 도달해야 합니다.

아까 말씀드린 배급통제의 경제적인 문제인데, 이는 혹시 제군도 잡지 등에서 공부했을지도 모르겠습니다. 아무튼 영화관의 수익을 전국 개봉관뿐만 아니라 2번관에서 말단까지 모든 수익의 5할 7부 5리는 배급사 쪽에 돌려준다, 이렇게 해서 4할 3부 5리만 영화관 측에서 획득하고 경비를 양쪽에서 서로 절반으로 나눈다는 대체적인 기준이 만들어졌습니다. 그래서 배급사로 들어가는 5할 7부 5리의 수익금 중 이번에는 1할의 수수료를 제외한 나머지를 각 영화 제작회사에 돌려주는 것입니다. 다시 말하자면 극영화 제작회사에도 문화영화 제작회사에도 또 뉴스의 니혼영화사 쪽에도 돌려주는 것입니다. 그래서 영화배급사가 수수료로 획득한 부분의 이익은, 이를 1년으로 계산하면 막대한 것이 되는데, 배급사는 공익법인이니 이 이익은 별도로 출자자에게 배당할 필요는 없습니다. 이 이익을 어떻게 사용할 것인가가 또한 배급사의 성격을 결정하는 데 중요합니다. 여기에서 생각해야 하는 것은 배급사의 성격인데 대동아전쟁 이후 일본은 남방에 대한 영화공작이라는 큰 사명을 짊어져왔습니다. 지금 남방에 대한 영화공작으로 우선 무엇을 할지 또 어떤 곳에 어떤 자금을 쓸 것인지 하는 것을 생각해보면 영화배급사가 해야 하는 일은 경제적으로 보더라도 또 일본영화계의 새 기구의 입장에서 보더라도 당연한 것입니다.

3.

지금까지는 니혼뉴스(日本ニュース) ─ 지금의 니혼영화사도 남방 각지에 지사를 만들고 있습니다. 하노이에는 원래 있었는데 지금은 사이공에도 있습니다. 쇼난토(照南島)[15]에도 있습니다. 앞으로는 마닐라에도 물론 만들 것입니다. 니혼뉴스 쪽은 자신들 쪽에서 남방 각지에는 지점을 많이 설치하고, 카메라맨을 배치하여 일을 하고 있습니다. 그런 관계로 현재는 배급사보다도 니혼영화사 쪽이 남방 영화공작에는 진출해 있습니다. 그러나 앞으로는 절차적

---

15) 싱가포르의 일본어 이름이다.

으로도 배급사 쪽이 진출해야 합니다.

여기에서 생각해야 하는 것은 남양영화협회가 만들어졌다는 점입니다. 동 협회는 20만 원 정도만 들인 규모가 작은 회사인데, 이것이 만들어졌을 때에는 프랑스령 인도차이나와 태국을 주 대상으로 하여 여기에 일본의 뉴스영화나 문화영화나 극영화를 가지고 간다는 목적이었습니다. 이것은 쇼치쿠, 도호 및 도와상사(東和商事), 이 만큼의 회사가 출자한 주식회사입니다. 그것이 대동아전쟁 이후 니혼영화사가 당연히 해야 하는 또 분담해야 하는 일이라고 해서, 니혼영화사가 그 주식의 대부분을 부담했고 현재 남양영화협회는 이를테면 니혼영화사의 하나의 동생과도 같은 관계로 활동하고 있습니다. 어쨌든 작은 규모이지만 지금 눈앞에서 일어나고 있는 필요한 일을 처리하기 위해 남방에 사람들을 파견해서 일을 하는데, 이 남양영화협회를 생각하면 이 정도로 작은 데에서 과연 일본의 공영권의 영화공작을 할 수 있는가. 2, 30만 원은커녕 100만 원 정도의 돈이어도 푼돈이라고 해도 틀리지 않는 것이며, 남양영화협회에서 공영권의 문화공작을 하기 위해서는 자본금은 차치하고서라도 해마다 사용하는 자금이 항상 어떤 경로에서든지 점점 많이 들어오고, 자금을 융통해서 돈을 사용할 수 있는 만큼의 신용을 가진 하나의 기관이 돼야 합니다. 그러기 위해서는 어떤 조직으로 할 것인가. 과연 주식 조직으로 좋은지 어떤지가 상당한 문제이며 여기에는 관청 쪽에서도 각종 대책을 만들고 있다고 합니다. 아무튼 이 일의 성격에서 보면 국책기관입니다. 그것은 산업 방면에서 만주의 만철(滿鐵), 북지나의 북지나교통회사(北支交通會社)가 오늘날 활동하고 있는 것과 마찬가지의 의미이며 훌륭한 국책기관입니다. 그 원칙을 생각하면 남양영화협회의 조직이 얼마나 변했는지 변하지 않았는지와 관계없이 공영권의 영화정책을 시행하는 중심으로서 이것이 영화배급사 및 니혼영화사와 연결하여 하루 속히 활동을 개시하고 좋은 성격의, 그리고 스케일이 큰 자금을 획득해야 합니다. 서두에서 제가 말씀드렸는데, 남방에 대한 제작이라는 점에서는 일본의 종래 영화회사의 자본만으로는 되지 않습니다. 그 안에는 상당히 우수한 자본도 있지만 또 그 반면에 매우 성질이 좋지 않은 자본이 있습니다. 그리고 또 그 스케일도 매우 작습니다. 이상적으로 보면 민간의 상당한 재벌이 국가적 일에 봉사한다는 정도의 의미로 이익을 무시하고 이 남방공작을 위해 새롭게 만든 기관에 돈을 쏟아부었으면 좋겠습니다.

영화는 가령 작품만 아무리 좋은 것을 만든다고 해도 영화관을 잡지 못하면 문화공작은 할 수 없습니다. 남방에서는 말레이 반도나 자바, 태국, 프랑스령 인도차이나는 물론인데, 원래 영화관 사업에 지반을 가지고 있는 것은 화교입니다. 그래서 영화관이 모두 이쪽 마음대로는 되지 않으므로 강제적으로 위협하듯이 이 필름을 사용해라, 이제 미국영화를 사용해서는 안 된다, 이런 것이 만들어졌다, 이것이 필요하니 이 필름을 사용하라고 하며 강제적으로 상영시키는 것도 못할 것은 없지만, 그러나 진정으로 영화공작을 하려면 우선 영화관을 일본인의 손에 넣어야 합니다. 장래에는 남방 각지의 유력한 영화관도 점점 일본의 민간인이 매수해야 합니다. 다만 통제 없이 누구나 다 개인적으로 이 사업에 뛰어들어서는 곤란하니 역시 남양영화협회를 대신할 만한 남양 방면에 대한 대규모 배급통제기관이 그런 영화관을 매수하고 배급과 동시에 관의 경영에 뛰어들지 않으면 아마 일본의 영화공작은 정말 철저한 위력을 발휘할 수 없으리라 생각합니다.

이렇게 생각하면 앞길은 아직 요원하지만 우선 남양영화협회를 확대 강화하여 현재까지의 조직을 새롭게 하는 것이 선결문제입니다. 이것은 조속히 실현되리라 생각합니다.

아까 말씀드렸듯이, 중화에는 중화영화사(中華映畵社)가 있어 앞의 도와상사의 가와기타 나가마사(川喜多長政) 씨가 부사장으로 있으며, 남경(南京)의 국민정부의 선전부장 임백생(林伯生) 씨가 사장으로 있으며, 그래서 국민정부가 절반을 출자하고 있습니다. 이 중화영화사와 북지나의 화북전영 ― 중화 쪽은 100만 원의 자본, 화북 쪽은 60만 원입니다 ― 만주의 만주영화협회, 이 삼 형제 중에서는 가장 오래됐고 가장 큰 것이 만주영화협회입니다. 대륙 방면은 그 만주영화협회가 중심이 됩니다. 만주영화협회가 화북전영에도 중화영화사에도 ▶42쪽 출자를 하고 있습니다. 이 세 기관으로 구성된 대륙영화(大陸映畵)의 연맹이 최근에 만들어졌다고 합니다. 아무튼 세 회사가 손을 잡고, 거기에 일본영화계를 대표하여 영화배급사가 협력해야 합니다. 배급사는 작품을 그쪽에 내는 관계로 밀접한 부분이 있습니다. 그래서 배급사와 이 대륙 3개사가 손을 잡고 상해영화(上海映畵)도 점점 남방으로 보내야 합니다.

만주영화협회, 화북전영 및 중화영화에서, 지금 저쪽에서 극영화를 제작하고 있는 것은, 중화가 대동아전쟁 이후 상해의 프로덕션을 통합하여 하나의 중화연합제편공사(中華聯合製片公司)라는 통합체를 만들어 이를 지도하고 있습니다. 만주영화협회 쪽에서는 일본의 각 촬영소와 협력하여 극영화를 만들고 만주는 물론 내지에서도 이를 상영하고 있습니다. 화북만은 아직 극영화를 만들고 있지 않습니다. 만들고 있는 것은 뉴스영화의 촬영입니다. 주로 영화관 경영과 순회영사에 협력하고 있습니다. 중화영화사 쪽에서도 역시 그런데, 대동아전쟁 이후 상해 조계에 있는 적산(敵産) 관리로 많은 영화관을 일본이 관리하게 됐는데, 군으로부터 그 관리를 위탁받아 중화전영이 그 영화관을 경영하고 있습니다. 화북과 중화전영은 지금도 말씀드렸듯이 순회영사, 이것은 일본군 점령지 중 교통이 불편한 곳까지 점점 들어가고 있습니다. 일본의 이동문화협회나 농산어촌문화협회가 시골에서 영사운동을 하는 것과 마찬가지로 전선(前線)이 발전함에 따라 점점 사진을 가지고 돌아다니게 되는데, 이는 주로 일본영화입니다. 극영화 및 뉴스영화인데, 다시 말하자면 이런 순회영사가 큰 일거리입니다.

    그래서 극영화를 제작하지 않는 것은 화북전영뿐인데, 중화 쪽은 지금 말씀드렸듯이 상해의 조계에 있는 프로덕션을 손에 넣었기 때문에 이를 사용하여 중국인 스스로가 만드는 지나영화를 지도하고 있습니다. 지금 일본의 정보국에서 할당된 필름이 겨우 매달 2편밖에 없습니다. 그러나 예전부터의 생필름 비축도 있고, 이번 봄 이후에 몇몇 촬영소를 통합하여 통합체가 만들어진 이후 매달 6편의 극영화를 상해에서 만들고 있습니다. 앞으로도 6편 만드는 것을 지속해나가고 싶다는 의향인데, 이들 작품은 프린트를 6벌 인화하지만 그 대신 남지나(南支那)나 중부지나뿐만 아니라, 역시 만주영화협회에도 프린트를 보내야 합니다. 화북전영에도 만주영화협회에도 보내는, 다시 말하자면 상해영화를 만주에서 볼 수 있는 것입니다. 그러나 이 상해영화 제작이라는 것은 이뿐만 아니라 남방 화교에 대해서도 사명을 지고 있습니다. 화교들에게 어떤 영화를 보여줄 것인가 하면 지금 당장 일본영화를 보여주는 것보다도 지나어를 사용하여 중국인 스스로가 만든 상해영화를 가지고 가는 쪽이 당면 문제로서는 적절하고 필요하기 때문입니다. 이 상해의 프로덕션 사람들은 작년 12월 8일까지는 적성(敵性)이었습니다. 그중에는 항일적인 영화를 만들지 않으면 중경(重慶) 측의 표적이 되어 암살되거나 위험하다고 하여 항일적 태도를 취하고 있던 사람도 있어서, 반드시 모두가 진정한 항일이라고는 할 수 없습니다. 그러나 어쨌든 지금까지는 적 측 진영에 있었습니다. 우리 나라가 대동아전쟁 이후 상해의 조계를 접수했지만 이때 방치했다면 이들 영화인은 조금씩 도망갔을지도 모릅니다. 이를 막을 세력이 필요했습니다. 너희들 시골로 돌아가거나 중경으로 도망가면 안 되어, 여기에서 태도를 고쳐 자국인 중화민국을 위해 중국 민중을 위해 영화를 만들어야 할 때다, 또 남양 방면에 있는 너희들의 동포를 위해 영화를 만들어야 한다는 것으로 설득했습니다. 이들 영화예술가들을 분산시키지 않고 그대로 상해에서 일을 계속할 수 있게 하기까지는 상당한 노력이 필요했습니다. 그들은 자칫하면 도망가버릴 것 같은 태도였는데, 이를 막고 화평진영(和平陣營)에 참가시킨 것은 중화전영의 공적 중 하나입니다. 그래서 그들이 정말로 일본 측 설명에 따라 영화인으로서의 자신의 사명을 깨닫고 하나가 되어 왕정위(汪精衛) 주석에게 가서 앞으로 중국 민중을 위해 영화를 만들겠다고 맹세했습니다. 이에 왕 주석도 매우 기뻐했다고 합니다. 자신으로서는 중경의 군인이 여기에 귀순한 것과 마찬가지로 문화인이 귀순해 오는 것은 고마운 일이라고 기뻐했다고 합니다. 아무튼 상해영화라는 것은 결코 경시해서는 안 됩니다. 예전에는 북지나는 물론 만주에도 미국영화와 동시에 상해영화가 들어와서 매우 기뻐했었습니다. 그것이 항일적이 됐기 때문에 만주에서도 북지나에서도 상해영화 유입을 금지했는데, 그러나 아무래도 토키로서는 국어의 문제가 있어서 중국인에게 보여주는 것은 중국인이 만든 지나어 토키가 중요하다고 생각하게 됐습니다. 앞으로는 일본영화도 더 많이 중국어 자막[16]을 만들어 대륙에 가지고 가야 하는데, 이와 병행하여 상해영화를 크게 활용해야 한다고 생각합니다. 이는 결코 일본을 위해서뿐만 아니라 중국인을 위해서 필요한 것입니다. 그러면 상해영화를 잘 지도할 수 있는가 하면, 그리 간단하게 할 수 있다고 생각한다면 오산입니다. 역시 여기에는 5년이나 10년의 시간을 들이지 않으면 지금까지 미국영화의 영향을 많이 받으며 자란 상해영화라는 작품의 성격을 바꾸는 일은 그리 좀처럼 간단하게는 할 수 없다고 생각합니다. 관념적으로는 가령 바뀐다고 해도 작품의 내용에서 이것이 정말 미국영화의 독소에서 완전히 벗어난 것이라고 하기까지는 그리 간단하게는 안 됩니다.

대륙 관계와의 문제와 남방에 대한 영화공작은 그 정도로 하겠는데, 나머지 남아 있는 영화신체제 문제로는 문화영화의 통합 문제와 기획의 심의기관, 두 가지가 있습니다.

이 문화영화의 통합 문제는 여러 가지 우여곡절이 있어서 이를 상세하게 이야기하기에는 지금이 적당한 시기가 아니라고 생각합니다. 그것이 어떤 상태가 되어 있는지 여기에서 말씀드리지는 않겠습니다. 극영화가 통합되고 배급통제라는 가장 어려운 문제가 의외로 거침없이 풀렸고 아무튼 지금까지 신체제를 시행해왔습니다. 이로써 이제 영화신체제의 절반 이상이 성공했다고 할 수 있습니다. 그러나 문화영화 쪽은 비교적 어려운데 이를 잘 성립시켜 니혼영화사 이외에 한 회사 또는 두 회사의 문화영화 프로덕션을 만들고, 그렇게 해서 니혼영화사는 매달 1편, 바로 지금 상영하는 것 같은 〈여기에서도 싸우고 있다(此處でも戰ってゐる)〉 혹은 〈대동아 건설의 서곡(大東亜建設の序曲)〉[17]이라든가 〈궤멸하는 중경 진영(潰滅する重慶陣営)〉[18]이라든가 이런 계발선전영화를 1편, 그리고 순수한 문화영화 프로덕션 쪽에서는 매달 3편의 작품을 만든다는 대강만은 만들어져 있습니다. 그러나 무엇보다 지금 남아 있는 35개사의 문화영화 프로덕션을 어떻게 통합할 것인가 하는 점에서 여러 문제가 분규하고 있습니다. 좀처럼 이것이 술술 풀리지는 않고 있습니다.

4.

이제 남은 하나는 영화기획의 지도를 어떻게 할 것인가. 지도기관을 설치하는 ▶43쪽 것이

---

16) 원문에서는 슈퍼임포즈(スーパー・インポーズ, superimpose). 이중인화, 즉 자막을 화면에 겹치는 것을 말한다.

17) 〈대동아 건설의 서곡(大東亜建設の序曲)〉(영화배급사[映画配給社] 배급, 니혼영화사·일본상사영화[日本商事映画] 제작, 정보국 감수, 나카노 다카오[中野考夫] 구성·편집, 1942.7.2)

18) 〈궤멸하는 중경 진영(潰滅する重慶陣営)〉(영화배급사, 니혼영화사·중화전영[中華電影] 제작, 육군성·지나파견군보도부 감수, 저간작전최고사령부[浙贛作戰最高司令部] 지도), 1942.7.9)

작년 가을 관청 측 설명이었습니다. 그래서 관청 측에서도 생각하고 있지만 영화기획의 심의 기관이 아직 설치되지 않은 것은 매우 유감입니다. 원래 배급통제가 시행되기 전에 우선 영화 기획지도가 먼저 이루어져야 합니다. 그래서 배급통제가 시작되고 배급통제에 의해 세상에 나온 영화는, 다시 말하자면 4월부터 나온 영화는 작년 가을부터 대체로 이미 시작된 기획지 도에 따라 지도되어 이상한 부분들이 불거지지 않도록 하지 않으면, 4월부터 시작된 영화신 체제는 반쪽짜리가 됩니다. 4월 1일부터 배급통제를 하고 있는데 이렇게 해서 일본영화가 얼 마나 바뀌었는가, 영화신체제는 조금도 바람직하지 않지 않은가라는 논의도 나타나고 있습 니다. 그런데 그 근본에는, 배급통제는 하지만 작품을 지도하는 방면이 아직 정비되지 않았고 그 기관이 만들어지지 않았기 때문에 여러 마찰들을 초래하고 있는 것입니다. 특히 영화신체 제가 시작되고 나서 배급통제망을 통과한 작품에 매우 진부한 기획조차 상당히 많이 나오고 있습니다. 이는 영화회사 측에서도 크게 반성했으면 하는데, 동시에 이는 어떻게든지 기획을 지도하고 시나리오가 완성된 것을 단지 검열하는 것이 아니라 기획 당초부터 우선 검토해야 만 개선되리라 생각합니다. 그러나 이는 뿌리 깊은 문제이니 실제 방법도 어렵습니다. 그렇다 면 기획지도를 해서 일본영화가 금방 좋아지는가 하면 그렇지도 않은데, 아무튼 이것을 시행 하지 않으면 현 상황에서는 가령 배급통제를 하거나 영화신체제가 돼도 변함없이 예전과 같 은 작품들이 나와서, 5년이나 6년 역행했다고 생각되는 일본영화조차 많이 나오는 그런 유감 스러운 사태를 초래하게 됩니다.

　　그러나 지금 상황에서 말하자면, 영화배급사의 고민은 오히려 작품 부족에 있습니다. 지 금까지는 쇼치쿠도 도호도 매주 2편씩 개봉하여 8편의 영화를 매달 만들어왔습니다. 그것이 작년도에는 생필름이 할당제도로 바뀌어 많이 감소했는데, 그렇다고 해도 적어도 매달 4, 5 편은 만들었습니다. 그래서 그것이 매달 2편이 되니 왜 능률이 저하되는가, 그리고 더 나아가 작품을 시한에 맞추지 못하는 사태를 초래한 것은 이상하지 않은가 하고 생각하게 됩니다. 그 러나 기획이 검열에 번번이 걸려 통과되지 않습니다. 시나리오의 사전검열이 통과되지 않는 다는 것이 원인 중 하나입니다. 이와 동시에 이 중에는 촬영소를 정리하여 줄였다는 점도 있 습니다. 예를 들면 오늘날 시모가모(下賀茂) 같은 곳은 제작을 거의 하고 있지 않습니다. 도호 의 교토(京都)도 제작을 하고 있지 않습니다. 촬영소가 줄어든 것도 원인이지만 또 하나 생각 해야 하는 것은 촬영소의 제작 진행인데, 매달 4편을 만들고 있던 곳에서 가령 2편을 만들게 된다고 그만큼 능률이 많이 오르는 것도 아닙니다. 종래는 한 촬영소에서는 반드시 매주 개봉 을 하기 위해 4편을 만들었습니다. 이에 비하면 현재는 오후나(大船)라고 할 것 같으면 고아영 화가 제작능률이 낮고 1년에 4편 정도였으니 오후나의 부담도 크지만, 그렇다고 해도 예전의 오후나에서 4편 만들던 것을 생각하면, 현재 가령 매달 2편 만들어도 그렇게 부담이 되지는 않을 것이고 많이 경감된 것처럼 생각됩니다. 그러나 실상은 제작이 많이 늦어져 능률이 오르지 않고 있습니다. 이는 촬영소 능률의 특수한 사정에도 원인이 있습니다. 한 조가 야외촬영에 가 있는 동안 다른 조가 세트촬영을 하고, 로케이션대가 돌아오면 또 한쪽이 외출하는 식으로 변통을 하는데, 예전에는 자주 야간촬영을 강행하는 노동도 있었기 때문입니다. 요즘에는 촬영소의 노동시간도 많이 까다로워져서 야간촬영은 원칙적으로 하지 않도록 되어 있습니다. 이런 조절도 있지만 아무튼 지금 영화배급사의 고민, 동시에 영화계의 문제는 작품을 기한에 맞출 수 없다는 현상입니다. 6편을 완강하게 주장한 것은 제작자 측입니다. 원안은 4편이었는데 그것을 업자 측의 취지로 6편으로 한 것인데, 그렇게 하면서 실은 작품을 기한에 맞출 수 없는 추세입니다. 각사 매달 2편이 좀처럼 나오지 않습니다. ●

　오늘은 억지로 강행하여 시한에 맞췄다고 하는데, 영화배급의 통제기술에서 보면 작품의 비축분을 가지고 있지 않은 것은 매우 타격이 큽니다. 예를 들면 지금이 7월이라고 하면 8월, 9월, 10월경에 나올 작품은 이미 확실하게 정해두어야 합니다. 이상적으로는 앞으로 3개월 동안의 영화가 이미 만들어져 있다면 매우 편합니다. 다시 말하자면 작품을 보고 그 영화의 성격을 파악하여 여러 가지 상영의 조합을 생각하는 것입니다. 백(白)과 홍(紅)의 배합에서 보면 8월의 백은 무엇을 가지고 있고 홍은 무엇을 가지고 있다, 이것이 또 불합리하지 않도록 9월에는 이렇게 하고 10월에는 이렇게 하자는 식에 대해 영화를 보고 나서 여러 프로그램을 생각하는 것이 배급통제를 할 때에는 필요 불가결합니다. 극영화와 달리 문화영화는 비축분이 많습니다. 비축분을 서로 맞춰보고 적당한 것을 조합해나갑니다. 그리하여 우선 첫 번째 보급이라는 의미에서 영화선전을 충분히 할 수 있습니다. 여기에 한두 달의 기간이 있다면 영화를 보지 않은 채 선전하는 일은 없어질 것입니다. 영화를 보고 난 후의 선전에 진정한 의미가 있습니다.

　오늘날 같은 상태에서는 어떤 좋지 않은 상황이 당장 일어날 것인지 가장 걱정스러운 일은, 예를 들면 8월이라면 8월의 셋째 주로 예정되어 있던 영화가 그때가 돼서 완성이 안 됐다는 것 같은 일이 일어납니다. 이렇게 되면 그 주간은 금방 바꿔야 합니다. 중고품의 프린트를 상영하는 최후 수단도 있지만 아무튼 그 자리에서는 혼란에 빠집니다. 예를 들면 겨우 4, 5일 전에 기한을 못 맞춘다는 식이 되면 배급사의 혼란은 커집니다. 그뿐만 아니라 극영화는 문화영화와의 관계에서 매우 어렵습니다. 예를 들면 해군이 힘을 다해 〈승전의 기초(戰捷の基礎)〉[19]

---

19)　〈승리의 기초(勝利の基礎)〉(해군성 후원, 영화배급사, 리켄과학영화사[理研科学映画社], 나카가와 노리오[中川順夫], 1942.5.7)

라는 에타지마(江田島)의 사관학교를 그린 문화영화를 만들었습니다. 이것은 장차 해군사관으로 살아갈 일본 청년을 될 수 있는 한 많이 그리고 싶다는 생각에서 에타지마 정신을 불어넣기 위해 만든 것입니다. 이와 함께 현재 일본이 여러 해전에서 거두고 있는 승리의 기초가 어디에 있는지를 국민에게 알리고 싶었습니다. 따라서 이는 국민학교뿐만 아니라 중학교에도 여학교의 생도들에게도 꼭 보여주고 싶은 것이었습니다. 그래서 해군기념일을 목표로 예정하고 있었습니다. 그런데 이것이 〈남쪽에서 돌아온 사람(南から帰った人)〉[20]과 조합된 프로그램으로 예정됐던 것인데 이 극영화 쪽은 의외로 비일반용이었습니다. 비일반용이 되면 14세 미만은 볼 수 없게 되니 국민학교 생도에게 보여주고 싶은 문화영화가 비일반용 극영화에 연루되어 희생양으로 바쳐지는 결과가 된 것입니다. 이는 문화영화 쪽에서 보면 큰 불만입니다. 극영화가 비일반영화가 됐기 때문에 문화영화를 만든 쪽의 취지도 국민들에게 철저하게 하지 못하는 결과를 초래했을 뿐만 아니라, 이는 문화영화 프로덕션으로서는 그 자체가 작품이 초래하는 수익에도 영향을 미치게 됩니다. 작품이 가져오는 수익을 문화영화가 극영화에 의해 좌우된다는 불합리를 방지하는 방법은 ▶44쪽 영화배급사에서도 생각하고 있습니다. 그러나 지금 말씀드린 것처럼 청소년에게 보여주고 싶은 문화영화를 보여줄 수 없는 결과가 된 것은 큰 문제라고 하지 않을 수 없습니다. 이것도 극영화 쪽이 두 달이나 세 달분의 비축분이 있다면 배급사 쪽은 작품을 보고 이를 문부성 쪽에 물어봐서 추천이 될지 비일반이 될지 혹은 일반이 될지까지 물어본 후에 그런 스케줄을 짜면 됩니다. 그러면 매우 편할 것입니다. 예를 들면 극영화에서 매우 긴 작품이 있어서 시간을 초과하는 부분이 있다고 하면, 이것이 가령 문부성 추천영화로 결정되면 2시간 반의 흥행시간이어도 그 시간을 초과해서 문화영화를 덧붙일 수도 있고, 추천영화일 경우에는 그 흥행에서는 시간관계상 문화영화를 생략해도 좋습니다. 이런 장점이 주어집니다. 그러나 비일반인지 일반인지 이런 인정(認定)조차 알 수 없고 개봉되기 4, 5일 전에 비로소 그것이 결정되어 황급하게 서두르는 일이 빈번히 일어납니다. 이런 일에서 생각해봐도 영화배급통제에서 보면 작품의 비축분을 가지고 있는 것이 무엇보다 중요합니다.

지금과 같은 현상으로 가면 과연 비축분을 가령 2편이나 3편을 가지는 단계까지 갈 수 있을까. 이는 지금 이대로는 도저히 안 됩니다. 역시 당일이나 그 달로 작품을 개봉해야 하는데,

---

일본영화정보시스템(Japanese Cinema Database)은 〈승리의 기초〉로 기록하고 있다.

20) 〈남쪽에서 돌아온 사람(南から帰った人)〉(영화배급사, 도호 기누타[東宝砧], 사이토 도라지로[斎藤寅次郎], 모리 마사키[毛利正樹], 1942.5.7)

이는 아무래도 기획심의가 많이 진척되고 각 회사에서도 적어도 올해라면 올해 1년 동안의 스케줄은 대체로 전년도 말에 결정되고 그 안에서 일시적으로 빠지거나 더해지는 작품도 나오겠지만 어쨌든 기획을 일찍 세우게 됩니다. 영화기획 쪽 스케줄이 속히 완성되지 않으면 자연히 제작도 늦어지게 됩니다. 영화기획 쪽 스케줄을 일찍 편성하도록 독촉해야 합니다. 영화회사의 제작 스케줄을 편성할 때 장래에는 영화배급사의, 다시 말하자면 배급을 통제하는 쪽 수뇌부의 의견도 역시 덧붙여야 한다고 생각합니다. 기획을 심의할 경우에는 직접 완성된 작품을 여러 가지로 조합하여 배급하는 당사자인 영화배급사의 의향도 이 기획심사에 추가돼야 한다고 생각합니다. 단, 그 대신 영화배급사에 요구되는 것은 각 극영화 제작회사에 대해 강력한 지도력을 가져야 한다는 것입니다. 그 정도의 권위를 세우지 못하면 지금 말씀드린 것처럼 각사의 스케줄에 대해 간섭하거나 또는 이를 지도한다는 것은 도저히 불가능합니다.

이런 문제로 영화배급통제에 관해서는 앞으로 넘어야만 할 산들이 아직 많습니다. 아까 잠시 말씀드린 문화영화가 흥행성적상에서 극영화의 영향을 받고 있는데 이를 어떻게 해서 불합리를 해결할 것인가. 지금 배급사의 대책은 문화영화 프로덕션에 지불해야 할 돈은 전 수익의 5할 7분 5리를 관 측에서 돌려받고, 그중에서 수수료 1할을 제외하고 나머지 금액의 8할을 극영화에, 1할을 뉴스에, 1할을 문화영화에 나누는 식입니다. 더군다나 그 1할의 반액만 줍니다. 그때의 50%는 자신 쪽에 보류해둡니다. 반만 프로덕션에 줍니다. 이렇게 해서 배급회사의 내부에 축적된 절반의 수익금은, 이를 새롭게 일정한 기간 내에 심사해서 문화영화가 우수함에도 불구하고 극영화가 불량하기 때문에 이를테면 같은 운명을 짊어져야 한다는 이런 불행한 문화영화의 역작에는 그에 해당하는 분을 보충해주기 위해서 상여(賞與)를 줍니다. 또 문화영화가 매우 형편없음에도 불구하고 극영화가 흥행가치를 가지고 있기 때문에 이익을 얻었다고 하여 의외의 이익을 가져온 문화영화에 대해서는 남은 반액을 그대로 주지 말아야 합니다. 다시 말하자면 불행한 문화영화 쪽으로 돌려주는 것입니다. 이런 식으로 어떻게든 모순을 교정하는 하나의 방법이 강구되고 있습니다. 그에 대해서는 상당히 많이 생각되고 있는데, 단 이 경우에 한 가지 문제가 되는 것은 어떤 문화영화가 잘 만들어졌음에도 불구하고 피해를 입었는가 혹은 어떤 문화영화는 좋지 않음에도 불구하고 수익을 얻었는가 하는 판정, 이것은 그 작품 그 자체의 힘인지 극영화 덕택인지 판정을 하는 것, 이것을 대체 어디에서 할 것인가 혹은 누가 어떤 기준으로 할 것인지가 문제가 됩니다. 그 점을 배급통제 쪽에서 신중하게 생각하지 않으면 문화영화 제작에 종사하는 사람들에게 불만을 주게 됩니다. 그래서 현재 다른 방법이 강구되고 있는데 그것은 생략하겠습니다. 지금 말씀드린 것처럼 문화영화 프로덕션은 아직 통합체가 만들어지지 않았습니다. 작품은 재작년에 만들어진 다량의 비축분이 있어서 이를 처리하고 있는 시대이니 문화영화계 쪽은 진정한 의미에서 엉거주춤한 상태라고 해도 좋을 것입니다. 문화영화 통합이 잘 이루어져서 드디어 궤도에 올라서면 배급통제의 기술상으로 수익금을 합리적으로 잘 주는 것, 이것이야말로 중심을 정하고 나서 해야 할 일입니다.

우선 지금의 배급통제에 남겨진 과제는 위와 같은 정도인데 아직 배급사로서는 선전을 어떻게 할 것인가, 배급사로서 전국 영화관에 호령해서 어떤 선전을 할 것인가 하는 점도 중요한 일입니다. 그것도 앞에서 말했듯이 작품의 비축분이 있어서 적어도 한 달 정도 시간이 있으면 여러 가지가 가능하지만 지금은 어찌됐든 5, 6일 전에 또는 기껏해야 10일 전에 완성되니 어찌할 도리가 없습니다.

5.

제가 생각하고 있는 점은, 우선 배급사로서 해야 하는 일은 영화관의 프로그램을 어떻게든 이용하느냐는 것입니다. 지금까지 프로그램의 편집은 이른바 영화팬을 상대로 해서 만들어져왔다고 해도 좋을 텐데, 프로그램을 사용해서 우선해야 하는 일은 가령 역작이 나타나서 꼭 국민들에게 보여줘야 하는 영화가 완성됐을 경우에 그런 작품의 감상지도를 프로그램에서 행합니다. 감상지도에 대해서는 영화관의 보통 관객을 상대로 하니 매우 알기 쉬운 내용으로 쓴 감상 시 요령을 영화관의 프로그램에 넣는 것입니다.

그리고 문화영화에 대해서 해설을 합니다. 지금의 문화영화는 대체로 어정쩡한 작품이 많은데 그것은 일본의 문화영화 작가들에게 전문성이 없기 때문입니다. 예를 들면 개구리의 생활이라고 하면 개구리의 생활을 찍는다고 생각하고, 그다음에 꽁치라고 하면 꽁치를, 혹은 도로라고 하면 도로를 다루는 식이어서 무엇이든 다하는 작가가 매우 많습니다. 그 점에서는 미키 시게루(三木茂) 씨 등은 〈흙에 산다(土に生きる)〉[21]를 찍어보고 이런 것은 한 편으로는 안 되고 몇 편이나 찍어야 한다며 한 사물을 일단 파악하고 전문가가 되는 것이 필요하다는 것을 통감했다고 합니다. 또 이노우에 칸(井上莞)이라는 사람은 〈하늘의 소년병(空の少年兵)〉[22]과 〈바다독수리(海鷲)〉[23]를 만들면서 공중촬영, 항공기에 관한 영화 경험을 쌓았습니다. 아무튼

---

21)   〈흙에 산다(土に生きる)〉(도호문화영화부, 미키 시게루[三木茂], 1941.10.22)
22)   〈하늘의 소년병(空の少年兵)〉(대일본문화영화협회[大日本文化映画協会] 배급, 게이주쓰영화사[芸術映画社], 이노우에 칸[井上莞], 4권, 1942.4.25)
23)   〈바다독수리(海鷲)〉(영화배급사, 게이쓰영화사, 이노우에 칸, 4권, 1942.5.21)

이런 것이 금방 또 다른 것으로 옮겨가게 되면 매우 피상적이고 천박한 문화영화가 만들어집니다. 그러므로 ▶45쪽 이것은 전문가가 없는 상황에도 기인하지만 아무튼 일본의 문화영화는 충분하게 소화되지 않은 애매모호한 지식을 주려고 합니다. 볼거리는 보면서 무언가 안 듯한 기분이 들지만 영화관을 나오면 좀처럼 스스로는 알 수 없는 점이 많이 있습니다. 문화영화도 하나의 사회교육이라는 원칙에서 국가가 강제로 상영하고 있는 것입니다. 무릇 교육이란 여러 의미에서 의문을 품게 하는 것이 중요하며 의문을 품게 하고 이에 대해 교육하는 자가 그 의문을 풀고 가르칩니다. 여기에서 처음으로 지식은 그 사람의 것이 되는 것입니다. 지식이 그 사람의 것이 됨과 동시에 머리의 훈련이 됩니다. 다시 말하자면 의문을 품게 하는 것은 머리 훈련의 하나입니다. 머리 훈련이 잘되지 않으면 의문을 품지 않게 되고 의문을 품더라도 재미없는 의문을 품게 됩니다. 요컨대 사물을 보는 방법이 세련되고 날카로워지면 의문을 품는 방법이 매우 깊이가 있어집니다. 지금의 문화영화를 보고 있으면 국민은 영화관을 나올 때에는 무언가 이해한 듯한 기분이 들지만 사실을 말하자면 아직 여러 점에서 의문이 있을 것입니다. 그 남겨진 의문을 그대로 가진 채 전차를 타고 돌아가버리는 결과가 됩니다. 그 사람이 이해하지 못했는가 하면, 대체로 자신은 영리해졌다고 생각합니다. 하지만 그 지식은 매우 불확실한 것입니다. ●

　문화영화가 주는 지식 ― 문화영화는 지식만을 주는 것이 아니라 직감력에도 호소하는 것인데, 지식이라는 면에서 말하자면 그 주어진 지식을 아무튼 일단 머리에 정착시키는 것이 필요합니다. 이것이 단지 막연하게 들어가 막연하게 사라지고 마는, 흩어지고 마는 것이면 곤란합니다. 그렇게 정착하기 위해서는 어떻게 하면 좋은가, 혹은 품고 있는 의문을 풀기 위해서는 어떻게 하면 좋은지를 생각하면 아무튼 이 문화영화 감상을 보조하는 방법이 있어야 합니다. 이상적으로 말하자면 영화관 프로그램에 당장 필요 없더라도 그 영화를 보는 한 곳곳에 해설을 해주는 것이 필요합니다. 예를 들면 최근에 〈바다의 백성(海の民)〉[24]이라는 류큐(琉球)의 생활을 그린 문화영화를 봤는데 그 안에 류큐 사람들의 집 지붕에 도깨비 머리 따위의 일종의 장식이 붙어 있습니다. 이것은 부적의 의미인데 그 인형을 매우 재미있다고 생각했습니다. 그리고 어부가 바다에 나갑니다. 나무를 잘라 만든 통나무배를 사용하여 통나무배의 한가운데에 세 줄의 줄기를 붙여서 파도 모양의 선을 그리는데 그 선을 보면 남양민족이 잘 사용하는 여러 모양과 비슷한 것이 있어서 그 선의 형태를 매우 재미있다고 생각했습니다. 그러나

---

24)　〈바다의 백성·오키나와 섬 이야기(海の民·沖縄島物語)〉(도아발성뉴스영화제작소[東亜発声ニュース映画製作所], 무라타 다쓰지[村田達二], 1942.7.16)

아나운서는 설명하지 않습니다. 그때는 야나기다 구니오(柳田國男)[25] 선생님의 활약으로 민속학이 매우 활발했는데 그런 민속이나 풍속에서 매우 전통적인 부분은 단지 사진을 보고 그대로 지나치고 마는 것은 재미없으니 그 영화를 본 것을 계기로 하여 국민들이 민속에 흥미를 가지게 됐으면 합니다. ●

영화를 보는 것은 하나의 체험이니 그곳에서 하나의 의문을 품는다면 그 기회를 잡고 지식을 추구해야 합니다. 지금의 〈바다의 백성〉에서 말하자면 도깨비 머리의 인형이 지붕에 붙어 있는 것이라든가 혹은 배 옆의 모양이라든가 이런 것을 해설하는 것이 매우 중요합니다. 그런 것은 전혀 민속적 영화뿐만 아니라 일본의 중공업에 대한 영화, 그런 산업상의 문화영화에서도 역시 극히 친밀하게 이해할 수 있도록 해설을 덧붙여 주는 것이 문화영화를 볼거리로 제공할 때 필요하다고 생각합니다. 이것은 배급통제가 결코 선전이 아니라 하나의 계발운동이어야 하며, 그런 의미에서 프로그램을 이용하는 것도 생각해야 합니다.

6.

배급통제는 우선 그 정도인데, 요컨대 작년 정보국이 성명을 낸 영화신체제의 항목은 지금 말씀드렸듯이 대체로 난관이던 배급통제도 극영화 통합도 이루어졌습니다. 이외에는 문화영화와 기획지도라는 것이 남아 있습니다. 그래서 아직 영화신체제는 완성된 것은 아닙니다. 그뿐만 아니라 제가 처음에 말씀드렸듯이 12월 8일 이후의 새로운 국면에서 영화신체제의 구상 그 자체가 또 확대 강화되고 있습니다. 그래서 아까 말씀드린 남방공영권에 대한 공작 및 이와 대륙과의 관계도 나오게 됐습니다. 이렇게 가면 일본의 영화신체제는 좀처럼 완성되지 않을 것입니다. 하나를 정리하면 또 그로부터 발전해서 새로운 큰일이 나오는데 남방 건설이 진행됨에 따라 이 영화신체제의 구상도 또 점점 변화해오고 있다고 생각합니다. 이런 전망이니 여기에서 영화신체제의 진정한 완성에는 이를테면 앞으로 몇십 년이 걸릴지 알 수 없을 정도의 결의를 가져도 좋다고 생각합니다.

왜 제가 이렇게 말하냐면 저는 일본에서는 국산필름의 자급자족뿐만 아니라 그 필름을 좋게 하여 대륙뿐만 아니라 남방 각 지방에 국산필름을 공급하고 그 큰일을 위해서는 우선 일

---

25) 야나기다 구니오(1875~1962)는 기존의 문헌 중심 민속학을 비판하며, 현지조사에 의한 민속자료 수집의 중요성을 설파하여 일본민속학을 확립한 일본의 민속학자이자 관료였다. 대표 저서로는 도호쿠(東北) 지역의 전승문학을 기록한 『도노이야기(遠野物語)』와 달팽이(カタツムリ)를 부르는 명칭이 지역에 따라 다르게 분포한다는 것을 증명하여, 방언이 긴키(近畿) 지역에서 다른 지방으로 전파했다는 방언주권론(方言周圈論)을 제창한 『와우고(蝸牛考)』 등이 있다.

본의 영화과학을 발달시켜야 한다고 생각합니다. 가장 뒤처진 생필름 제조로 말하더라도 혹은 촬영기 제조, 영사기 제조, 촬영기는 렌즈가 가장 어렵습니다. 그런데 그 외 녹음 쪽도 그렇습니다. 지금처럼 제대로 들리지 않거나 말을 이해할 수 없는 토키로는 어떻게도 안 되니, 요컨대 영화과학에서 가장 뒤처진 것을 통감하고 새롭게 훌륭한 것을 건설하는 것을 저 나름대로는 영화신체제 안에 들어간다고 생각하고 있습니다. 왜 그렇게 생각하냐면 이 공영권이라는 큰 무대를 생각하면 당연히 이 영화과학의 진흥은 일본의 영화사업의 근저를 이루는 것, 영화문화의 근저를 이루는 것입니다. 영화과학이 오늘날 같은 것이어서는 어떻게 할 수가 없습니다. 일본의 과학은 아무튼 항공기 제조라고 해도 제함 기술이라고 해도 세계열강에 뒤처지지 않을 만큼의 위력을 가지고 있습니다. 일본인의 머리가 얼마나 우수한 것인가는, 우선 대동아전쟁에서 여실히 보이고 있는데, 왜 일본의 영화과학이 뒤처져 있는지를 생각해보면 사회 일반이 영화과학을 요구하지 않았고 국가도 영화과학 쪽은 장려하지 않는 경향이 많이 있었습니다. 그래서 항공기 일에 진진하는 청년은 세상에서 크게 인정받게 되는 그런 것도 필요하지만, 그러나 오늘날의 시대는 영화과학 쪽을 다시 확립하려는 청년도 많이 필요합니다. 그 때문에 영화과학연구소가 국가적 연구소이든 민간 연구소이든 어찌됐든 대규모 작품을 만들어야 합니다. 저는 그것도 오늘날의 영화신제체 속에 들어간다고 생각합니다. 따라서 이를 실현하려면 훌륭한 영화과학을 완성하기 위해서는 앞으로 10년이 걸릴지 20년이 걸릴지 알 수 없다고 해도 과언이 아니라고 생각합니다.

기획심의회에의 대망(待望)

미즈마치 세이지(水町青磁)

일본영화의 40여 년 역사는 젊다고는 하지만 여러 변환의 흔적을 생각하게 하는데 쇼와 16년 8월 16일의, 이른바 영화신체제의 발족만큼 큰 변혁은 일찍이 없었다.

영화사업이 국가의 방침과 연결되는 이상 이만큼 도리에 맞는 처치는 없었으며, 일본영화의 새로운 출발도 예상되어 우리는 이 영화의 신세기라고도 할 만한 것에 크게 기대를 걸었다. 그리고 특필할 만한 것은 12월 8일의 세계적인 정세의 비약이 일본영화가 가야 할 방향을 명확히 보여줬다는 것이다. 사업적인 정비 부분에 하나의 시대적 이념을 덧붙일 수 있었던 점 또한 이 영화계 혁신의 의의를 깊이 있게 해준다.

그리고 만 1년, 내가 작년의 그 당시에 품었던 기대나 기뻐할 만한 예상을 과연 만족시켰다고 할 수 있을까. 나는 지금에 와서야 말이지만 작년 8월에는 다음과 같은 작품이 사업형태의 변혁의 중심에서, 비교적 활발히 등장했던 것을 생각했다.

〈그대여 함께 노래하자(君よ共に歌はん)〉[26] 〈춤추는 구로시오(躍る黒潮)〉[27] 〈비녀(簪)〉[28][이상 쇼치쿠], 〈결혼의 생태(結婚の生態)〉[29] 〈유키코와 나쓰요(雪子と夏代)〉[30] 〈남자유정(男子有情)〉[31] 〈여학생기(女學生記)〉[32][이상 도호], 〈하나마루 고도리마루(花丸小鳥丸)〉[33] 〈신몬 다쓰고로(新門辰五郎)〉[34] 〈북극광(北極光)〉[35][이상 신코], 〈전격 2중주(電撃二重奏)〉[36] 〈유령수예사

---

26) 〈그대여 함께 노래하자(君よ共に歌はん)〉(쇼치쿠 오후나[松竹大船], 히루카와 이세요[蛭川伊勢夫], 1941). 원문은 〈그대와 함께 노래하자(君と共に歌はん)〉로 기록되어 있다.

27) 〈춤추는 구로시오(躍る黒潮)〉(쇼치쿠 오후나, 사사키 게이스케[佐々木啓祐], 1941)

28) 〈비녀(簪)〉(쇼치쿠 오후나, 시미즈 히로시[清水宏], 1941)

29) 〈결혼의 생태(結婚の生態)〉(도호영화[東宝映画] 배급, 난오영화[南旺映画], 이마이 다다시[今井正], 1941)

30) 〈유키코와 나쓰요(雪子と夏代)〉(도호 도쿄[東宝東京], 아오야기 노부오[青柳信雄], 1941)

31) 〈남자유정(男子有情)〉(도호영화 배급, 다이호영화[大宝映画], 이시다 다미조[石田民三], 1941)

32) 〈여학생기(女学生記)〉(도쿄발성영화제작소[東京発声映画製作所], 무라타 다케오[村田武雄], 1941)

33) 〈하나마루 고도리마루(花丸小鳥丸)〉(신코 교토[新興京都], 요시다 신지[吉田信二], 1941)

34) 〈신몬 다쓰고로(新門辰五郎)〉(신코 교토, 우시하라 기요히코[牛原虚彦], 1941)

35) 〈북극광(北極光)〉(신코 도쿄, 다나카 시게오[田中重雄], 1941)

36) 〈전격 2중주(電撃二重奏)〉(닛카쓰 다카가와[日活多摩川], 시마 고지[島耕二], 1941)

(幽霊水藝師)〉³⁷⁾ 〈간토검호진(関東剣豪陣)〉³⁸⁾[이상 닛카쓰]

이들이 반드시 좋은 작품인 것은 아니다. 오히려 평범한 작품이었다. 그런데 올해 8월은 어땠을까.

〈영원한 웃는 얼굴(久遠の笑顔)〉³⁹⁾ 〈고하루교겐(小春狂言)〉⁴⁰⁾[도호], 〈맹세의 항구(誓ひの港)〉⁴¹⁾[쇼치쿠]
〈괭이갈매기의 항구(海猫の港)〉⁴²⁾ 〈추억의 기록(思出の記)〉⁴³⁾ 〈이가의 물에 비친 달(伊賀の水月)〉⁴⁴⁾[다이에이]

이런 작품을 보고 영화혁신의 실상은 오히려 낙관을 허용하지 않는다는 것을 느꼈다. 작품 규모가 줄었고 활기를 잃고 있는 것을 알 수 있다. 특히 쇼치쿠처럼 겨우 한 작품을 발표했을 뿐이고 그 작품조차도 작년의 〈춤추는 구로시오〉에 비해서 얼마나 새로운 시대에 즉응하는 부분을 가지고 있다고 할 수 있을까. 수적으로 봐도 월 6편으로, 작년의 반에도 미치지 못한다. 남작을 피해서 월 6편이었고 더욱이 이에 따라 구체제 시대의 월 십수 편에 필적할 만한 내용과 형식이 요구될 터인데, 결과는 그 반대로 수나 양이 감소했으며, 질도 같이 저하되고 있다.

이 원인은 대체 무엇일까.

가장 큰 원인으로서 제작사 3개사, 배급사 1개사라는 기업 형태의 정비가 제1기의 완성을 봤지만, 직접 작품 자체에 대한 지도정신을 가지는 기관은 결여된 상태라고 말하지 않을 수 없다. 상품으로서의 영화의 운용은 공정한 국가의 기업정비의 노선에 따를 수 있게 됐지만, 그런데 그 상품의 내용에 대해서는 반드시 국가의 직접적인 지도를 받는 것은 아니다. 물

---

37) 〈우몬 포물첩 유령수예사(右門捕物帖 幽霊水芸師)〉(닛카쓰 교토, 스가누마 간지[菅沼完二], 1941)

38) 〈간토검호진(関東剣豪陣)〉(닛카쓰 교토, 다자키 고이치[田崎浩一], 1941)

39) 〈영원한 웃는 얼굴(久遠の笑顔)〉(영화배급사, 도호, 와타나베 구니오[渡辺邦男], 1942)

40) 〈고하루교겐(小春狂言)〉(영화배급사, 도호, 아오야기 노부오, 1942)

41) 〈맹세의 항구(誓ひの港)〉(영화배급사, 쇼치쿠 오후나, 오바 히데오[大庭秀雄], 1942)

42) 〈괭이갈매기의 항구(海猫の港)〉(영화배급사, 다이에이 교토 제2촬영소, 지바 야스키[千葉泰樹], 1942)

43) 〈추억의 기록(思出の記)〉(영화배급사, 다이에이 교토 제1촬영소, 오자키 마사후사[小崎政房], 1942)

44) 〈이가의 물에 비친 달(伊賀の水月)〉(영화배급사, 다이에이 교토 제1촬영소, 이케다 도미야스[池田富保], 1942). '물에 비친 달(水月)'은 병법(兵法)의 하나로 물에 비친 달처럼 서로가 대치하고 있는 상황을 말한다.

론 정보국이나 내무, 문부, 그 외 육해군 각 성이, 각각의 작품에 대해서 각 관청의 소정의 방침에 근거한 의견을 종종 제출하는데, 그것도 임시 혹은 순간적이며 어떤 하나의 불가결한 지도기관으로서의 설비나 기능은 아직 설치되지 않았다. 굳이 그것과 비슷한 것을 찾는다면 문화지도로서의 정보국 제5부 2과의 영화관계사항과, 이 부서의 제4부 각본의 사전검열이나 필름검열의 그것인데, 이들은 둘 다 국가기관으로서 직책을 완료했다고는 하지만 이를테면 법령적이며 영화만의 지도이념, 지도정신에 근거하기보다도 다른 모든 문화지도, 검열사무로서의 법문상의 정당한 처리를 첫째 의의로 삼고 있으니 스스로 법문 조문에 어긋나지 않게, 다시 말하자면 영화 자체에서는 소극적인 지도기관의 역할을 수행하고 있음에 지나지 않는다고 해야 한다. 물론 법령 정신이 지도이념을 지니고 있지 않을 리는 없지만 그것은 궁극의 법정신에는 합치할지도 모르지만 즉각적인 지도효과를 기대하기에는 이르지 못한다.

그래서 영화의 경우에도, 제5부가 어떤 종류의 지도를 시행한다고 해도 민간 제작자와의 협동 의지에 근거하기보다도 어느 일정한 국가방침으로서 법문적, 법령적 입장을 뚜렷하게 나타내지 않는 일은 불가능하며, 또 제4부에서 보면 조령과 서로 맞춰본다는 다분히 취체적 색채를 더더욱 띨 수밖에 없다. 따라서 매달 6편의 작품이 단순히 그런 법문적인 지도 내지 검열을 받은 것만으로 상품화되고 배급사로 보내지고 전국으로 유통되는 구조만으로는, 가장 중요한 부분을 결여한 것 같은 통제가 될 수밖에 없는 위험성이 다분히 있다.

지금 나는 영화를 상품이라고 불렀지만 그것은 사실 현 상태로는 상품 외에는 다른 명칭이 없기 때문이다. 통제를 위해 작품의 수량이나 내용이 단일화된 것뿐이기 때문이다. 그리고 그 때문에 앞에서 말한 것처럼 매우 염려할 만한 작품의 내용적, 질적 저하를 초래하고 있는 것이다.

영화가 문화재인 것, 결전체제하에서는 문화탄(文化彈)이라는 것에 대해서는 누구나 항상 입버릇처럼 말하면서 그 실효를 발휘하지 못하는 것은, 기업적 정비가 주가 되고 그 기업의 근본인 작품 제작의 실제에 정보국이나 그 외가 직접적으로 관여할 수 없는 편파성에 있다. 이렇게 말하는 것은 현재와 같은 입장에서의 관여방법은, 다른 것으로 예를 들자면 통조림 공업에서 깡통을 사용하지 않고 병으로 만들어야 한다는 것과 같은 것이며, 국책 시행을 처리하는 것에 그치고 있어 문화 그 자체에 직접 손을 대서 지도하는 정신은 없는 것과 마찬가지인 것이다.

그래서 나는 신체제 발족 당시, 자주 전달됐던 '기획심의회' 설립안을 다시 여기에서 연상하지 않을 수 없다. 기획심의회를 어떤 구상으로 설립했는가는 당시에도 상당히 문제가 됐는데, 1년을 경과한 현재, 어떻게 됐는지 모두 어딘가로 사라져버린 채이다.

그러나 영화의 사명은 점점 중대함을 더해가고 있는 시기에 관의(官意)와 민의가 벽을 허물고 하나가 되는 것은 필수이며, 그 상설이 불가결한 기관으로서 어떤 명칭이 되더라도 그 당시의 '기획심의회' 같은 것을 설치해야 한다고 생각한다. 다시 말하자면 현재의 정보국 내의 법령적인 소극적 효과를 보다 적극적으로 영화제작 방면에 돌리는 기관이 필요한 것이다.

그것은 현재의 예를 들자면 정보국이 '국민영화' 제작에 관여한 경우와 같은 것이다. 다만 국민영화는 다분히 제5부 2과의 하나의 사업에 지나지 않아 어떤 한계를 생각할 수 있음에 대해서, 우리가 생각하는 것은, 그 같은 의지에 근거함과 동시에 민의도 항상 포함하는 상비적인 기관의 필요이다. 월 6편 내지, 이번의 증배에 따른 7편의 작품에 대해서 어느 한 편을 국민영화와 마찬가지로 관민협력의 열의로 제작에 임해야 하는 것이 당연하며, 그중에서 특히 또 국민영화를 선택하는 것은 사업으로서 계속돼야 한다고 생각하는 것이다.

그런데 그 기관의 구성을 어떻게 할지는 ▶6쪽 꽤 많은 다양한 경우를 생각할 수 있지만, 상식적으로는 관과 민과의 협력회의 식이 될 것이다. 그리고 구성원은 관청 측은 정보국원과 관할 부장, 영화 관련 직원이 될 것이며 민간 측도 또 각 제작회사의 수뇌부, 배급사의 수뇌부로 결정될 것이다. 그리고 또 소수의 선출된 문화인들이 참가할 것이다.

그러나 그 상식적인 구성이 꼭 타당하지 않다고는 할 수 없지만, 어딘지 석연치 않은 부분은 없는가. 다시 말하자면 상식에 의해 그 종류의 기관에 가장 필요한 지도정신의 방도가 협소하여 힘들게 되지는 않을까 하는 것이다. 원래 관민합성(合成)의 협력기관이 어떤 매너리즘에 빠지기 쉬운 것은 역시 그 이름만 있고 실질적으로 협력하려는 적극적인 의지가 결여되어 있기 때문이다. 지도정신이라고 해도 관의 안에만 존재하는 것이 아니라, 민의 속에도 강렬하게 포함되어 있으니 그 양쪽이 각자의 입장에서 의도하는 것을 서로 토론함으로써 비로소 그 기관을 통한 지도정신이 나와야 하는 것이다. 그렇기에 한번 상설기관이 되면 관 측은 관의 입장에서 민간 측의 의견을 단순한 진정으로 듣거나, 민간 측은 또 관 측의 의견을 즉시 결정시키는 지도원리로만 함부로 믿으면서 모처럼 서로의 의지가 일치점에 달했을 때에는 양쪽의 골격을 잃은 잔해로만 '협조'가 성립되는 경우가 종종 있다. 다시 말하자면 상설기관이 항상 자리만 차지하고 있는 것은 그 때문이며, 가장 좋은 예시가 일본영화협회의 운용이 진척되지 않는 것도 그 때문이다.

여기까지 썼을 때 통신이 보도하는 바에 따르면, 그 문제의 '기획심의회'가 드디어 생길 것 같은 분위기이다. 그래서 앞에서 이야기한 '어딘가로 사라져버린 채'라는 말은 취소해도 좋겠지만, 그런데 겨우 예의 보도에 따르면 각사의 수뇌부를 모아서 안의 완성을 서두르고 있는 정도이니 구체적이 되기까지는 역시 상당한 시일을 필요로 한다고 봐야 한다.

그러나 이런 것은 하루라도 빨리 되는 것이 좋으며, 신중을 기하는 것은 물론 나쁘지 않지만 그 때문에 또 1년이나 연장돼서는 지금 시대에는 유형무형의 커다란 손실이니, 작년 12월 8일의 미증유의 쇼크에 의해 제3계 회사가 한 번에 성립에 매진한 것처럼 일각이라도 빨리 설치돼야 한다고 생각한다.

조사해보니 작년 8월 16일 이후부터 올해 8월 16일까지 만 1년 동안 제작되고 상영된 작품은 딱 98편이다. 이 수는 작년에 비해서는 약 반수 이하로 격감한 것이지만 그렇다고 해도 결코 적은 수는 아니다. 한 작품이 8천 자 내외로 한정되어 있으니 네가⁴⁵⁾와 포지⁴⁶⁾의 총사용량은 상당한 것이며 전시물자의 소모상으로 보더라도 가볍게 간과할 수 없다. 더욱이 그것이 문화탄이며 실효를 발휘한 작품은 어느 정도인지를 생각하면 우리는 또한 침울해지지 않을 수 없다. 그리고 주목할 만한 것은 이른바 '국민영화'가 그 98편 중에서 제1급 작품만 있는 건 아니라고 해도 다른 90몇 편에 비하면 역시 여러 의미에서 걸출한 부분을 가지고 있다는 것이다. 이것은 정보국의 영화에 대한 열의를 입증하기에 충분하며, 이런 의미에서 말하더라도 내가 앞에서 말한 것같이 기획심의회의 설립은 꼭 필요하다고 생각한다. 그와 동시에 필름 증배의 노파심과는 별도로, 국가의 필수품으로서 신체제 소기의 성명대로 국민 필견의 작품에는 프린트를 추가 인화하고 증배하는 조치(處置) 등도 계속 취했으면 한다.

내가 〈아버지 있어(父ありき)〉⁴⁷⁾를 국민영화로서 어느 정도의 수준이라고, 어느 좌담회에서 이야기한 것은 그때의 다른 국민영화에 대한 각 제작자의 인식이 조금은 얼토당토않아서 특히 그것을 지적한 것이다. 그런데 지금 와서 생각해보면 이제는 〈아버지 있어〉가 거짓 없는 혹은 제대로 된 국민영화의 칭호에 어울린다는 것은 누구나가 수긍할 것이다.

그리고 기획심의회가 생기면, 그렇게 단순히 민간 측이 국민영화에 대한 제멋대로의 과도한 생각만으로 편협하고 재미없는 작품을 만드는 일은 사라질 것이며, 또 관 측에서도 어떤 작품이 국민영화가 돼야 하는가를 제작 이전에 해답할 수 있는 것이다.

오늘날 항간에 넘치는 영화의 '재미없음'에 대해서도 기획심의회로서는 절호의 연구자료이며 검토자료이며 심의항목이다.

우리가 이 글을 음미하고 또 음미하여 비평을 쓰기보다도 그 전에, 그것을 연구하고 검토

---

45)　촬영용 원본 필름(negative film)을 말한다.

46)　영사용 프린트(positive film)를 말한다.

47)　〈아버지 있어(父ありき)〉(영화배급사, 쇼치쿠 오후나, 오즈 야스지로[小津安二郎], 1942)

하고 심의한다면 얼마나 도움이 많이 될 것인가.

〈영원한 웃는 얼굴〉에도 〈괭이갈매기의 항구〉에도 〈여덟 처녀의 노래(八處女の歌)〉[48]에도 말을 맞춘 듯이 '가업(のれん)'[49]를 지키는 무기력한 노인이 당연하게 나온다. 또는 모처럼의 연애를 포기하고 돈을 위한 결혼을 하거나 예기(藝妓)가 아닌 게이샤(藝者)가 되는 딸이 나온다. '가업'이나 노인이나 사랑을 포기하면서 거기에 비극이 일어나고 비극에 의해, 국민을 무언가 감동시키는 것 같은 구조의 작품이 너무 많은데, 이것도 역시 심의해서 좋을 문제다. 재미있게 만들려고 하지 않고서는 재미있을 리가 없다. 웃고 싶을 때 억지로 화를 내거나 울거나 하는 것이 이 시대의 영화 주제라고 착각하고 있다. 그리고 그 반동으로 불건전한 〈기다리고 있던 남자(待って居た男)〉[50]나 〈부계도(婦系圖)〉[51]가 유행한다. 이들은 조금이라도 감정을 꾸미지 않고 표현하는 사람이 출연하는 것만으로 국민은 그쪽을 기뻐할 것이다. 게다가 내재하고 있는 것은 젊은 생명으로 넘쳐나는 것이 아니라 인생의 이면에 탁하게 고여 있는 연애의 때나 앙금을 조금 저어 보여주는 것에 지나지 않는다. 그 영향을 생각해도 실로 전율하지 않을 수 없다. 이 두 가지 경향에 대해서도 심의해야 할 수많은 문제가 있다. 그것은 국민오락의 문제라고 하는 막연한 관점에 서서 해결될 만한 것은 아니다. 역시 관민의 열이 있는 노력에 따라 생겨난 하나의 '지도정신'의 입장에서 심의돼야 비로소 오늘날의 국민에 대한 인식이 나온다고 믿는다. 따라서 좋은 심의회의 구성에는 각계를 통해서 여론의 대표자인 사람들이 바람직하며 상설기관의 운용에 대해서는 영화정세에 정통한 전문적이며 또한 숙달된 인물이 필요할 것이다. [8.28]

---

48) 〈여덟 처녀의 노래(八處女の歌)〉(영화배급사, 다이에이 교토 제1촬영소, 고이시 에이이치[小石栄一], 1942)

49) 'のれん'은 가게입구에 걸린 상호 이름을 말하는데, 여기서는 문맥상 가업으로 번역했다.

50) 〈기다리고 있던 남자(待って居た男)〉(영화배급사, 도호, 마키노 마사히로[マキノ正博], 1942)

51) 〈부계도(婦系図)〉(영화배급사, 도호, 마키노 마사히로, 1942)

1942년 9월 11일 | 제59호 | 27~34쪽

영화행정에 대해서
[영화배급사 직원양성소 강연록]

내무성 검열과 정보국 정보관 이토 가메오(伊藤龜雄)

영화행정에 대해 이야기를 하라는 지명이 있었는데, 저는 별로 준비를 해오지 못했습니다. 그러나 내무성이 현재 하고 있는 영화행정, 또 저의 직무 관계에서 정보국 정보관을 겸무하고 있는데, 내각총리대신이 쇼와 15년[52] 12월부터 영화법의 여러 항목에 대해 내무대신, 문부대신과 공동 관리 사항이 됐고, 그런 관계에서 우리들 내무성에 있는 자가 정보국을 겸무하게 됐습니다. 그래서 공관(共管) 사항에 대해 그 일을 맡고 있으므로 편의상 영화법 중에서 내무총리대신이 관여하는 영화행정에 대해서도 이야기를 해드리겠습니다.

영화는 이미 아시다시피 메이지 29년,[53] 1896년에 프랑스인 뤼미에르에 의해 만들어진 시네마토그래프가 처음 우리 나라에 수입됐고, 이어서 에디슨에 의해 만들어진 바이타스코프가 수입됐습니다. 여기에는 다른 설이 있는데 대체로 이 설이 확실하지 않을까 하고 생각하고 있습니다. 이어서 30년경 촬영기가 수입되고, 처음으로 일본에서 영화가 제작되어, 메이지 32년경 만들어진 영화가 지금 일본의 영화사상 국보적 존재로 남아 있습니다. 이미 아시다시피 9대째 이치카와 단주로(市川團十郎), 5대째 오노에 기쿠고로(尾上菊五郎) 및 지금의 6대째 오노에 기쿠고로에 의한 무대가 그대로 촬영된 〈단풍놀이(紅葉狩)〉[54]가 메이지 32년경에 일본에서 만들어졌다고 합니다. 그런데 그 후 메이지 37, 38년의 러일전쟁이 발발함에 따라, 러일전쟁의 실황을 촬영하였는데 그중에 외국인 기사에 의해 촬영된 것 및 그 외 일본인에 의해 촬영된 것이 많이 있었습니다. 메이지 30년대의 영화행정에 대해서는 오늘날 그다지 상세하지는 않습니다. 기록에 남아 있는 것 중에는 메이지 33년에 효고현청(兵庫縣廳)이 사용료 및 수수료 징수조례를 정하고 이 규칙에 따라 여러 사용료라든가 수수료를 징수했습니다. 그 안에 필름검열 수수료라는 항목이 있었고, 이것은 필름 10돈(匁)[55]에 대해 1전(錢)[56]의 수수료를 징

---

52) 1940년.

53) 메이지 1년은 1868년이다.

54) 〈단풍놀이(紅葉狩)〉는 1899년에 촬영, 1903년에 최초 공개된 기록영화로, 현재 일본에 보존된 가장 오래된 영상물이다. 6분 길이 영상으로, 2009년 일본에서 영화필름으로는 처음으로 중요문화재로 지정됐다.

수했다는 기록이 있는데, 이것이 아마 일본에서 영화법규상 나타난 첫 규칙이 아닌가 합니다. 메이지 40년대가 되면 해외에서 수입되는 영화 수가 점차 증가하게 되고 동시에 국내에서도 실사영화, 극영화가 점차 제작되게 됐습니다. 메이지 36년 10월에 지금 아사쿠사(浅草)에 있는 덴키칸(電氣館)이 일본에 첫 영화상설흥행장으로 건설됩니다. 그리고 30년대에는 경시청 관내에서는 전문상설영화흥행장은 하나도 만들어지지 않았습니다. 40년대가 되어 점차 영화관이 설치됐습니다. 영화가 극영화의 방면으로 발전함과 동시에 이에 따라 경찰이 관여할 만한 문제가 야기됐습니다. 메이지 44, 45년경에는 물론 경시청 내부에서는 통일된 검열을 실시하지 않았습니다. 각 경찰에서 개별적으로 검열을 하고 있었습니다. 경찰서에서 풍기주임(風紀住任)과 같은 사람들이 각 영화흥행장에 출장하여 흥행 개시 전에 영화를 일단 검열하고 그에 따라 일반인이 관람해도 좋을지의 가부를 판단했습니다. 그래서 당시의 기록을 조사해보면 44, 45년경 각 경찰서에서 공안풍속상 부적당하다고 인정하여 그 상영을 금지한 것이 상당히 남아 있었습니다. ●

　　메이지 45년 말 다이쇼 원년 10월에 프랑스 에클레어 회사에서 만든 〈지고마(ジゴマ)〉[57]라는 영화가 수입됐습니다. 이것은 아마 여러분 중에도 아시는 분이 계시겠지만 닉 카터라는 탐정과 악한 지고마와의 갈등을 그린 것입니다. 오늘날의 진보한 관객, 혹은 영화에서 보면 실로 시시한 아이들 장난 같은 영화였는데 당시의 유치한 관객들 사이에서 많은 흥미를 불러일으켰습니다. 범인이 도주할 때의 변장술, 혹은 도주 방법 등이 속임수로 촬영됐고 그것이 특히 청소년들에게 많은 흥미를 불러일으킨 것입니다. 이 영화는 다이쇼 원년 10월 아사쿠사에서 상영됐고 약 20일 동안 상영한 결과, 경시청 관내에서의 상영은 금지됐습니다. 그런데 그 영화를 본 관중, 특히 소년들 사이에는 큰 흥미를 환기시킴과 동시에 자신들의 생활 속에서 범인의 범죄 방법, 수단을 모방하고 싶다는 호기심이 일어났고, 그 때문에 여러 범죄가 일어났습니다. 이에 따라 경시청에서는 점차 영화의 존재, 다시 말하자면 경찰상 취체대상으로서의 영화에 대해 새롭게 인식하게 됐습니다. 다이쇼 6년이 되어 아무래도 각 경찰서의 개개 검열로는 경찰취체를 철저하게 할 수 없다는, 그런 청 내의 의견이 모아져, 활동사진취체규칙이라는 경시청령을 발포했습니다. 이것이 우리 나라에서의 영화행정의 제1단계라고 해도 좋을 것입니다. 이 취체규칙 중에는 영화검열을 갑종, 을종으로 나누어 갑종 영화에 대해서는

---

55)　일본의 척관법에 있어 질량의 단위. 1돈은 3.75그램이다.

56)　일본어에서는 '센'으로 읽는다.

57)　〈Zigomar〉(Société Française des Films Éclair, Victorin-Hippolyte Jasset, 1911)

15세 미만은 볼 수 없다는 규정을 정했습니다. 여기에서 이 규칙이 시행되자마자 영화행정상에서는 큰 반향을 불렀습니다. 그 결과로서 필연적으로 영화 입장자가 감소하고 동시에 영화흥행장에서 시행되는 각종 경찰취체사항이 감소한 것입니다. 참고로 말씀드리면 다이쇼 6년에 경시청 관내에서의, 영화흥행장에서 영화의 직접적인 영향에 따른 범죄가 60건에 달했습니다. 그런데 다이쇼 7년에는 그것이 133건으로 증가했습니다. 정말 모순처럼 느껴지지만 영화가 경시청의 일원적 취체대상이 됐기 때문에 그 영향을 ▶27쪽 종래보다도 한층 더 검토한 결과 이 반대의 숫자가 나타났다는 것을 말씀드리고 있습니다. 그리고 당시에 영화흥행장 안에서 일어났던 범죄인데, 이는 다이쇼 6년에는 경시청 관내에 59개의 상설영화흥행장이 존재하고 있었고, 이 영화흥행장 안에서 행해지는 경찰 사고가 4천 건 이상이었습니다. 이 사실로 보더라도 당시 영화가 얼마나 취체대상으로서 국가로부터 위험시되고 있었는지 명확하게 알 수 있습니다. ●

다이쇼 6년에 경시청 관내에서 영화흥행장에 입장한 관객은 약 1천만 명이 있었습니다. 나중에 말씀드리겠지만 작년 1년 동안에 경시청 관내의 영화흥행장 3백 수십 몇 개에 입장한 그 입장자가 약 1억입니다. 다이쇼 6년의 10배입니다. 이 숫자를 보더라도 우리 나라의 영화 발달이 얼마나 굉장한 것이었나를 이해하실 수 있으리라 생각합니다. 아무튼 다이쇼 6년에 영화가 경시청 내부에서 일원적으로 검열을 시행하게 됐습니다. 그러나 각 부현(府縣)의 대부분이 영화에 대해서는 취체대상으로 삼지 않았던 곳이 많았습니다. 그 후 다이쇼 9년에 이르러 돌연히 종래의 갑종 을종의 검열제도가 철폐됐습니다. 이유는 여러 가지 있지만 그 주된 것을 보면 갑종 을종의 제도는 일본의 가족제도의 미풍에 반하는, 다시 말하자면 부모가 어린 자녀를 데리고 가도 부모는 볼 수 있지만 자녀는 영화흥행장에 들어갈 수 없다거나 또 자녀는 을종 영화흥행장에 관심이 없습니다. 그 결과로서 오히려 영화보다 더 폐해가 많은 다른 흥행 물이나 오락 방면으로 가고 말거나, 혹은 연령을 위조하여 입장하는 자가 늘어났습니다. 또 갑종 을종의 구별은 질의 문제가 아니라 요컨대 정도의 문제입니다. 이런 여러 이유에서 이 제도가 갑자기 철폐되어 오늘날 우리들 영화행정에 관여하고 있는 자들이 생각하면 이 제도의 철폐가 일본영화의 발전을 상당히 저해한 게 아닌가 하고 뼈저리게 느끼고 있는 바입니다. 그 후 다이쇼 10년이 되기까지는 각 부현이 점차 검열을 행하게 됐는데 각 부현이 독자적 입장에서 별도로 행하고 있었습니다. 그래서 예를 들면 경시청에서 공안풍속상 지장을 주는 영화로서 상영금지를 한 영화여도 로쿠고(六鄉)의 철교[58]를 하나 건넌 가나가와현(神奈川県)에서

---

58) 도쿄도와 가나가와현의 경계에 있는 다마가와(多摩川)에 놓여 있는 다리이다.

는 아무런 지장 없이 상영되는 모순이 있었던 것입니다. 또 그 영화를 검열하기 위해 각 부현에 검열하는 사람 및 기계를 준비해야 하고 또 검열을 받는 쪽으로 말하자면 부현마다 검열을 달리하는 결과로서 어떤 부현의 검열을 표준으로 영화를 만들어야 하는지 혹은 수입해야 하는지 망설이게 됐습니다. 또 많은 노력과 경비를 필요로 했습니다. 그 후 점차 영화 세력이 증대하여 경찰취체 대상으로서 각 부현에 검열을 위탁한다는 것은 국가로서는 도저히 불가능한 상태였습니다. 그래서 다이쇼 14년[59] 7월 1일에 내무성은 활동사진필름검열규칙을 시행하고 이 규칙에 따라 전국 영화검열 사무를 내무대신 밑에서 일원적으로 맡아 검열하게 한 것입니다. 이것이 우리 나라의 영화행정의 제2단계에 속하지 않나 생각합니다.

그 후 영화가 점점 발달했습니다. 그러나 국가는 단순히, 이른바 소극적인 경찰취체의 관점, 즉 내무대신은 공안풍속 및 보건상의 입장에서만 영화검열을 행하고 있었습니다. 보건상이라고 하면, 속된 말로 비가 내리는 영화를 말하는데 당시 이런 영화가 많이 나타났기 때문에 특히 이런 규정이 만들어졌습니다. 내무대신이 행하는 영화행정은 지금 말씀드린 소위 소극적인 입장에서만 행해졌습니다. 그 외 국가는 영화에 대해서는 관세법에 의거하여 행하는 수입영화에 대한 검열, 문부대신이 우량영화에 대해 행하는 추천인정(推薦認定), 이 세 가지 관점에서만 접하고 있었습니다. 이 동안 외국에서는 어떤 영화행정이 집행됐는지 이것은 여러분 중에도 알고 계신 분이 많으리라 생각하는데 이 기회에 참고로 말씀드리고 싶습니다.

소비에트에서는 1917년에 레닌이 정권을 장악하자마자 다음 해 18년에는 교육인민위원부에 영화국을 설치하고, 19년에는 영화사업이 국유화됐으며 더 나아가 영화에 대한 학교를 설립했습니다. '우리들에게 가장 중요한 예술은 영화다'라는 원칙하에 영화를 선전도구의 제1선에 세운 것입니다. 이탈리아에서는 1922년 무솔리니가 수상 인장을 두르자마자 곧 문화영화 제작에 관심을 기울였고, 또 국제교육영화연구소를 설립하여 '영화는 오늘날 우리들에게 가장 좋은 무기다'라는 원칙하에 영화를 파쇼국가의 선전도구로서 제1선에 세워 그 기능을 발휘시키고 있습니다. 그리고 1934년에는 보도선전성 안에 영화총감독국을 만들어 영화사무를 통일했습니다. 맹방 독일에서는 1933년에 힌덴부르크 대통령하에 히틀러 총통이 재상 인수(印綬)를 두르자마자 사상의 승리는 국민 사이에 선전이 대규모로 이루어지면 질수록 빠르다는 생각에서 영화, 라디오, 신문 등의 문화재를 그 통제하에 두고 그 기능을 전부 발휘시켰습니다. 동년 7월에는 임시영화평의회 설립에 관한 법률을 공포하고 나치의 문화정책에

---

59)   1925년.

흔쾌히 참가하는 자에 대해서만 영화인으로서의 존재를 허용했습니다. 고토쿠(康德)[60] 4년[쇼와 12년]에는 맹방 만주국(滿洲國)에서 영화법을 설정하고 이 법률에 따라 영화를 국책수행의 제1선으로 삼았습니다. 이렇게 각국에서는 적극적으로 영화가 지닌 가장 좋은 기능을 채용하여 이를 국책수행의 기관으로 만들거나 혹은 선전에 계발에 산업에 모든 방면에서 이 이용을 도모해왔습니다.

오직 우리 나라에서는 오랫동안 경찰취체만의 관점에서 그 가장 중요한 부분을 접촉해왔는데 해를 거듭할수록 영화의 발전은 두드러지고, 특히 쇼와 6년의 만주사변과 쇼와 12년의 지나사변이 발발하자마자 영화가 그 본래의 기능을 발휘하여 뉴스영화나 혹은 기록영화, 극영화로서, 전선(前線) 보도에 혹은 국민정신 앙양에 모든 방면에서 그 면목을 발휘하게 됐습니다. 이렇게 해서 쇼와 14년의 제74회 의회[61]에 내무(內務), 문부(文部), 후생(厚生) 3성(省)의 입안으로 영화법이 제출됐고 순조롭게 동 의회를 통과하여 동년 4월 5일에는 재가를 받아 공포됐습니다. 9월 말일에는 이에 수반되는 내무, 문부, 후생의 3성령으로서 영화법 시행규칙이 공포됐고, 쇼와 14년 1월에는 우리 나라에서 처음인 문화입법으로서 영화법이 시행됐습니다. 이것이 우리 나라의 영화행정의 제3단계라고 할 수 있다고 생각합니다. 순서대로 아주 간단히 영화법이 제정 공포되기까지의 경과를 참고로 말씀드리는 바입니다.

영화법 제1조에는 "본 법은 국민문화의 진전에 이바지하기 위해 영화의 질적 향상을 촉구하며 영화사업의 건전한 발전을 도모하는 것을 목적으로 한다"고 되어 있습니다. 이것이 영화법의 근본정신입니다. 이 영화법 정신을 바탕으로 영화행정, 영화제작, 영화배급, 영화상영이 행해져야 합니다. 국민문화란 단적으로 말하자면 다름이 아니라 건국 이래의 우리 국체의 구현이라고 생각합니다. 이 정신을 근본으로 하여 우리 문화는 일본의 역사와 민족의 지능, 언어, 풍토, 그런 것에 따라 배양돼온 것이고 또 다년간 우리 문화를 점점 발전시키기 위해 ▶28쪽 외국문화를 섭취하고 순화해왔습니다. 대체로 국민문화는 한 개인의, 국가와 민족을 떠난 추상적 이념의 소산이어서는 안 됩니다. 우리 국민문화는 빛나는(皇輝) 3천 년의 역사를 가지는 국체에 광채를 점점 더해야 한다고 생각합니다. 여러 설을 말하는 사람도 있지만 결국 우리 국민문화는 황운을 보필하고 떠받드는 것이어야 한다고 생각합니다. 이런 이념하에 창

---

60) 고토쿠는 만주국의 연호(年號)였다. 고토쿠 1년은 만주국이 제정(帝政)으로 이행한 1934년을 말한다.

61) 1889년의 대일본제국헌법 발포에서 1947년 일본국헌법으로 개정될 때까지 설치된 의회다. 중의원과 귀족원을 합쳐 의회라고 한다. 제1회 의회는 1890년 11월 29일, 마지막 의회는 1947년 3월 31일의 제92회 의회이며, 제74회 의회는 1938년 12월 26일부터 1939년 3월 25일까지의 통상(通常)의회였다.

조된 영화야말로 진정한 국민문화재로서 다룰 수 있다고 생각합니다. 영화법은 이 제1조의 정신을 근본으로 삼아 제2조 이하에서 이 실현을 기하기 위한 구체적인 방책이 규정된 것이며 그 주 조항에 대해 말씀드려 보겠습니다. ●

그런데 50년 가까이 영화의 제작사업 및 배급사업이 자유기업으로 방임돼왔습니다. 우리들 모두 오랫동안 영화행정에 관여해왔는데 영화법이 시행되고 나서야 비로소 허가사업이 됐기 때문에 종래 이들 영화사업을 영위해왔다는 신고서가 있어서 알게 된 것이지 아마 이 만큼의 숫자가 있다는 것은 그다지 생각하지 않았을 것입니다. 영화법의 경과규정에 의해 쇼와 14년 10월 1일 현재, 즉 영화법 시행 당일에 영화제작업 및 배급업을 영위해온 사람들에 대해서는 자신들이 종래 사업을 경영해왔다는 것을 관계 대신에게 신고함에 따라 쇼와 15년 9월 말일까지는 그 일을 계속하는 것을 인정한 것입니다. 이 규정에 따라 신고한 수는 제작업은 2백 건 이상, 배급업에 대해서는 3백 건 이상에 달하고 있습니다. 그중에는 물론 영화법이 시행된다는 것을 예견하고 신속히 영화제작업 또는 배급업을 영위하는 것처럼 위장해서 신고한 자도 적지 않을 거라고 생각합니다. 또 어떤 영화제작에 대한 제작기구 등을 가지고 있지 않으면서 단순히 간판 하나만 올리고 있었던 자들도 그 안에는 아직 다수 있지 않았나 하고 생각합니다. ●

그 후 1년이 경과한 후에 각각의 업무에 대해 허가신청이 없으면 그 일을 계속 영위할 수 없게 됐습니다. 이 규정에 따라 허가신청이 있었던 자가 제작업에서는 160건에 달하고 있습니다. 이 숫자를 봐도 일본의 영화제작업이 과거에 얼마나 경영 약체이며 얼토당토않은 것이었는지를 상상하실 수 있으리라 생각합니다. 맹방 독일에서는 1936년에서 1938년까지 그 사이에 주요 영화제작업이 13곳 있었는데 히틀러 총통은 이 영화제작업을 정리하고 우파,[62] 토비스[63]의 두 회사로 통합했습니다. 그 이유는 불필요한 약체 영화제작업이 다수 존재하는 것은 결국 영화의 질적 저하를 초래할 뿐만 아니라 국가의 문화정책 방향을 잘못 이끄는 부분이 있다는 관점에서 영화제작업을 통합한 것입니다. ●

이상에서 허가신청이 있었던 자에 대해서 관계 각 성의 영화행정에 관여하고 있던 자가 모여 신중하게 그 허가방침을 검토했습니다. 그래서 작년 5월에 우선 극영화를 제작하는 5개사, 문화영화를 주로 제작하는 9개사에 대해 제1회 제작업으로서의 허가를 줬습니다. 물론

---

[62] UFA의 정식 명칭은 Universum Film AG이다. 1917년 제1차 세계대전용 프로파간다 영화를 제작하기 위해 베를린에 설립된 독일 국영 영화기업이다.

[63] Tobis의 정식 명칭은 Tobis Tonbild-Syndikat AG이다. 1927년 설립되어 1933년 이후 나치의 영향하에 있었으며, 1942년 UFA에 통합됐다.

그 전에 쇼와 15년 6월에는 니혼영화사[당시 니혼뉴스영화사라고 칭했습니다]에 대해 시사영화 제작업으로서의 설립을 허가했습니다. 이전의 14개사와 합해 도합 15개사가 허가된 것입니다. 그중의 5개사는 도호, 쇼치쿠, 닛카쓰, 다이토, 신코이며, 9개사는 도니치(東日), 아사히(朝日), 요미우리(讀賣), 덴쓰(電通)의 4개 신문사와 도아발성(東亞發聲), 요코하마시네마(橫濱シネマ), 리켄과학영화(理硏科學映画), 주지야(十字屋), 아사히영화(朝日映畵)의 5개사입니다. 이 허가 기준은 여러 가지 검토한 결과 과거의 업적, 예를 들면 영화법 시행 이후 국민지능의 계배(啓培), 국민정신의 함양에 이바지하는 소위 문화영화에 대해서 문부성이 인정한 것입니다. 이 인정 건수가 얼마나 있는지, 자본의 정도, 또 제작기구 — 물론 물적, 인적 기구입니다 — 에 어떤 것을 가지고 있는지, 영화에 대한 제작태도는 어떠한지, 그런 여러 관점에서 종합하여 이 9개사를 선정하고 허가를 준 것입니다. ●

그 후 작년 7월경에 영화계에 갑자기 큰 문제가 야기됐습니다. 이미 여러분이 아시는 것처럼 종래 일본에서 제작되던 생필름의 수량이 주로 이를 만드는 원료 관계상 어쩔 수 없이 상당히 감소하지 않을까 하는 문제가 나왔습니다. 또 동시에 지나사변이 진전되고 있고 생필름 제작에 필요한 여러 원료, 이것은 전쟁을 수행하는 데에도 상당히 중요한 물질입니다. 이들 부분에서 생각해보면 종래처럼 제작업이 존재하면 자재 관계에서 도저히 이를 배급할 수 없다는 결론이 나왔고, 또 동시에 다수의 영화제작업이 존재한다면 정말로 진정한 국민문화재로서 국가의 진보 발전, 혹은 국민이 정말 가지고 있는 문화재로서의 영화를 창조하는 것은 불가능하다는 여러 문제가 나왔습니다. 그래서 관계 각 성이 모여 종래 제작업의 허가방침에 대해 생각을 근본적으로 시정할 필요를 절감하게 됐습니다. 그 결과로 극영화 제작업에 대해서는 그 후 여러 우여곡절을 거쳐 오늘날 극영화 제작업자의 신체제가 만들어진 것입니다. 도호, 다이에이, 쇼치쿠의 3개사가 그 결과로 생긴 신체제의 극영화 제작회사입니다. 문화영화의 제작회사에서는 작년 12월에 종래 문화영화 제작에 관여해온 가장 중요한 35개사와 주로 정보국의 관계 담당자와의 사이에 여러 가지를 간담한 결과, 이를 한 회사로 통합한다는 근본적 방침이 결정된 것입니다. 그런데 그 후 여러 문제가 발생해서 이것이 아직 실현에 이르지 못한 상황입니다. 만약 이것이 한 회사로 통합됐다면 대체로 극영화는 도호, 쇼치쿠, 다이에이의 3개사, 문화영화는 1개사, 뉴스영화, 기록영화, 문화영화는 니혼영화 1개사, 이 5개사로 한정됐을 것입니다. 영화의 배급업에 대해서는 올해 4월 1일로 여러분이 소속되어 있던 사단법인 영화배급사가 탄생했습니다. 영화가 아무리 국민문화재로서 훌륭한 것을 만들어낸다고 해도 이를 국민에게 제공하는 배급방법에서 잘못이 있거나 이에 수반되지 않으면 아무런 의미를 지니지 못할 뿐만 아니라 이것이 진실로 국민문화재로서의 효과를 발휘할 수 없게 됩

니다. ●

　재작년 12월 20일 현재로서 우리 나라의 상설영화흥행장은 2,360여 군데 있고 이것이 전국의 각 부현에 분산되어 있습니다. 그중에 주요 부현은 도쿄부(東京府)로, 여기에는 310여 곳이 있습니다. 이 영화흥행장에 입장한 관중 총수는 쇼와 13년에는 3억 5천만, 그것이 쇼와 14년에는 4억 2천만, 쇼와 15년에는 4억 4천만, 쇼와 16년에는 4억 7천 7백만 명으로 증가했습니다. 그중 약 1억이 경시청 관내, 즉 도쿄부의 영화흥행장에 입장한 수입니다. 또 도쿄부, 오사카부(大阪府), 아이치현(愛知縣), 효고현(兵庫縣), 교토부(京都府), 후쿠오카현(福岡縣)의 6대 부현에 입장한 총수는 2억 6천 7백만 명이고, 이 6대 부현에 입장한 수가 나머지 부현보다도 훨씬 큰 숫자입니다. 경시청 관내, 즉 도쿄부의 인구는 약 7백만 명이라고 하는데, 가령 그중 350만 명이 영화흥행장에 입장한 수라고 가정하면 한 사람이 약 30회를 봐야 1억이 됩니다. 따라서 영화가 아무리 국민문화재라고 해도 진정으로 국민이 가진 것이 됐나 하는 부분은 큰 의문이 아닐 수 없습니다. ●

　현재 전국의 시와 마을은 약 1만 1천이 있는데 쇼와 13년의 조사에 따르면 영화흥행장이 존재하는 지역은 ▶29쪽 약 650곳 정도밖에 없다고 합니다. 1만여 개 도시는 영화흥행장이 없습니다. 또 영화흥행장이 소재하는 지역 인구와 소재하지 않는 지역의 인구, 내지의 인구를 대체로 7천만 명이라고 하면 그중 4천만 명이 영화흥행장이 존재하지 않는 지역의 인구입니다. 그런 점을 생각하면 작년 영화흥행장의 입장자가 숫자상으로는 4억 7천 7백만이었는데 내지 인구 7천만 중 얼마나 되는 수가 이 영화흥행장에 들어가는지는 크게 검토를 필요로 하지 않나 생각합니다. 이런 의미에서 아무래도 국가에서 배급기구의 철저한 확립이라는 점을 생각해야 합니다. 그 결과로 올해 4월 1일을 기해 사단법인 영화배급사가 영화의 적정 원활한 배급을 도모하여 국민문화의 진전에 기여한다는 목적하에 설립되어 우리들 모두 매우 기쁘게 생각하고 있습니다. 앞으로 영화배급사가 실은 영화가 향상됐고 이와 동시에 이 향상된 영화를 될 수 있는 한 널리 국민들에게 보여준다는 것을 근본방침으로 하여 그 사업을 진행해주었으면 합니다.

　다음으로 영화법 순서에 따라 매우 재미없는 이야기가 되는데, 내각총리대신 및 내무대신이 주로 관계한 항목에 대해서 말씀드리겠습니다.

　영화법 제5조에 "영화제작업자의 영화제작에 관한 업종으로서 주무대신이 지정한 종류의 업무에 종사하려는 자는 명령이 정하는 곳에 따라 등록을 해야 한다"는 규정이 있습니다. 그 규정에 따라 현재 영화제작에 관한 업종으로서 연기, 연출, 촬영의 각 업무에 관련하는 자에 대해서는 내무대신에게 등록하는 것이 필요합니다. 이 사항은 내무대신의 전속사항에 속합니다. 이 등록에서 각각의 업무에 대해 과연 적정한 기능을 지니는가의 여부에 대해서는 내무대신이 지정한 자가 발행하는 기능증명서를 첨부하도록 하고 있습니다. 내무대신이 지정한 단체는 재단법인 일본영화협회입니다. 이 협회는 쇼와 10년에 관민합동 단체로서 영화를 국민문화재로서 발전시키기 위해 설립된 공익법인입니다. 내무대신이 이 협회에 기능심사를 위촉했습니다. 쇼와 14년 10월 1일 현재 각각의 업무에 업(業)으로서 종사하고 있는 사람에 대해서는 그 기득권을 일단 인정하고 쇼와 15년 4월 1일에 제1회 등록을 했습니다. 그 후 매년 두 번 대일본영화협회에서 각각의 업무의 기능심사를 하여 적당한 자에 대해서는 기능증명서를 발행하고 있습니다. 이 기능증명서를 첨부해서 내무대신에게 각각의 업무자가 등록을 신청하도록 되어 있습니다. 지금까지 등록한 자는 연출자 약 430명, 연기자 2600명, 촬영자 480명입니다. 이 사람들에게 현재 국가가 각각의 업무에 종사할 수 있는 자격을 인정하고 있습니다. ●

　이 등록제도가 실행되고 나서 약 2년 2개월여가 지났는데 그 사이에 이 등록업무자 중 약 60명이 등록업무자로서 품위를 실추시켰다는 불명예스러운 일로 업무정지 및 취소처분을 받았습니다. 그 대부분은 도박이라든가 그 외 파렴치 범죄를 저질렀기 때문에 이 불명예스러운 처분을 받은 자가 많았습니다. 종래 우리 나라의 영화제작 관계자에 대해 생각해보면 특히 연기 관계자에 대해서 보더라도 제작업자가 예를 들면 학생 등에서 스포츠로 이름을 알렸던 자 혹은 여급 등으로 얼굴이 예쁜 그런 인물들을 구석구석에서 찾아냈었고 바로 영화스타로 만든 예가 적지 않았습니다. 그런 일이 오랫동안 일본영화계에서 이루어져온 것입니다. 그러나 이렇게 해서는 일본영화가 나아지지 않는다는 것을 확실히 말씀드릴 수 있다고 생각합니다. 역시 영화제작에 대해서 가장 중요한 부분을 담당할 수 있는 사람들은 각각의 기능이라든가 경험이라든가 또 그 인격에서 정말 훌륭한 소질을 가지고 있는 사람을 골라야 한다고 생각합니다. 그래서 국가는 등록제도를 실행한 것입니다. 그러나 등록제도 실시 후 지금까지 상당한 불명예스러운 사람들이 나왔다는 것은 우리들 영화행정에 관여하는 자로서 너무나도 지극히 유감이라고 생각합니다. 물론 이미 등록을 한 사람들 중에는 기능, 인격 등의 점에서 훌륭한 사람들은 적지 않지만 이 등록제도의 완전한 성과는 앞으로 몇 년 후에 기대해야 한다고 생각합니다. 이미 등록을 한 이 사람들에 대해서도 재교육기관을 만들어 그 인격에서 그 기능에서 새로운 관점에서 교육을 할 필요가 있다는 의견이 여러 각 방면에서 나오고 있는데, 대일본영화협회 등에서도 앞으로의 영화계에서 이들 업무에 관련하는 사람들뿐만 아니라 이미 이 업종에 종사하고 있는 사람들에 대해서도 재교육기관의 필요를 느끼고 목하 여러 가지를 검토하고 있는 상황입니다.

영화법 제9조에 "영화제작업자가 주무대신 지정 종류의 영화를 제작하려고 할 때에는 촬영 개시 전 명령이 정하는 사항을 주무대신에게 신청해야 한다. 신청을 하는 사항의 주요 부분을 변경할 때에도 역시 같다. 주무대신은 공안 또는 풍속상 필요하다고 인정할 때에는 전항 규정에 따라 신청을 한 사항의 변경을 명할 수 있다." 이것은 이른바 사전검열제도입니다. 현재에는 영화법 시행규칙에 의해 극영화를 제작할 경우 촬영 개시 전에 지정한 사항에 대해 신고를 하게 되어 있습니다. 그것은 각본입니다. 극영화를 제작할 경우에 각본에 대해 여러 항목을 설정하여 신고를 명하고 있습니다. 영화의 제목 또는 연출자라든가 주 연기자, 영화 내용, 촬영 개시 시기 및 제작 종료 시기 등 여러 가지를 지정하여 신청하도록 하고 있습니다.

각본의 심사방법에 대해 극히 간단하게 말씀드리도록 하겠습니다. 우선 각본에는 영화 내용을 나타내는 개요를 쓰도록 하고 있습니다. 또 영화 내용이 무엇을 묘사하고 무엇을 호소하려고 하는지 하는 주제, 제작의도를 쓰게 하고 있습니다. 우리가 각본을 심사할 경우에는 그 영화 내용이 과연 공안풍속상의 관점에서 지장이 없는지를 가장 먼저 판단하고 있습니다. 영화검열 시 불합격 기준에 대해서는 영화법의 제27조, 수출영화에 대해서는 26조에 열거되어 있습니다. 그런데 우선 각본을 심사할 경우에도 대체로 이 규칙에 따라 검열을 하고 있습니다. 더 나아가 지금 말씀드린 제작의도가 과연 타당한지의 여부를 검토하고 있습니다. 또 그 영화 내용이 제작의도에 합치하는지 여부도 검토하고 있습니다. 종래의 예를 들어 말씀드리면 제작의도가 매우 훌륭하면서도 그 내용이 정말 맞지 않는 것이 적지 않았습니다. 관청이 아주 마음에 들어 할 것 같은 영합적인 제작의도가 쓰여 있고 그 내용의 중심이 빗나간 작품 그리고 전혀 반대인 작품이 없다고는 할 수 없는 것입니다. 그다음은 그 영화의 각본이 가지고 있는 내용이 예술적으로 혹은 오락적으로 또 지도적 혹은 교화적으로 봐서 어느 정도의 가치를 가지고 있는지 어떤지를 판단합니다. 그다음으로 그 각본을 실제 제작할 때 관여하는 연출자 혹은 연기자가 그 영화를 훌륭한 작품으로 만드는 데 과연 적당한지 어떤지 그런 것도 일단 고려하고 있습니다. ▶30쪽 다음으로 전체적으로 적극성이 있는지 소극적인 퇴(退) ×[64]적인 점은 없는지 또 전체적으로 명랑성이 있는지 아닌지 매우 어둡고 음침한 것이 아닌지 어떤지 또 과연 건전성이 있는지 어떤지, 불건전한 것은 아닌지 이런 점도 검토합니다. 다음에는 각본의 내용이 관객 대상 가치에서 어떤 가치가 있는지 이런 것도 검토합니다. 물론 영합적인

---

64) 원문 글자 지워짐.

— 관객의 저조한 취미를 맞춘 듯한 — 영화는 처음부터 배척해야 한다는 것은 말할 필요도 없습니다. 그러나 영화는 관객을 무시하고 만들어서는 안 된다고 생각합니다. 매우 독선적이고 제멋대로이고 편파적이어서 혼자만 이해하면 된다는 영화는 영화로서의 진정한 가치는 없다고 생각합니다. 따라서 관객 대상 가치라는 것도 검토합니다. 또 시국 가치라는 점은 어떤지 하는 것도 생각해봅니다. 수년 전에는 물론 영화의 내용은 시국 가치가 적은 것이어도 괜찮았을지도 모릅니다. 그러나 오늘날의 대동아전하에서 다루는 영화는 그 방향이 있다고 생각합니다. 과연 시국 가치에서 지장은 없는지 이런 것도 검토합니다. 또 제작 태도입니다. 제작 태도에서 정말 국민의 문화재로서의 영화를 만들 작정으로 하고 있는지 어떤지 그런 것도 검토합니다. ●

  대체로 지금 말씀드린 관점에서 각본 내용을 판단하여 이것이 시비를 결정하고 있습니다. 이 규정에 따라 올해 들어 6월 말일까지 약 50건의 각본 신청이 있었습니다. 그중 영화화된 것은 39건입니다. 작년에는 280건 있었는데, 그중 206건 정도 영화화됐습니다. 영화가 만들어지고 나서 공중의 관람에 제공되기 위해서는 물론 검열을 해야 하는데, 실제 문제로서 막대한 비용을 들이며 게다가 오늘날처럼 생필름 혹은 자재가 부족한 때 전체적으로 상영금지, 혹은 대부분에 걸쳐 커트가 필요한 영화가 만들어진다는 것은 국가의 영화행정에서는 실로 좋지 않다고 하지 않을 수 없습니다. 따라서 우리는 완성된 영화가 검열에서도 어느 정도 지장이 없는 작품을 만들고 싶은 생각에서 각본의 검열은 신중한 태도로 하고 있습니다. 지금 검열을 담당하고 있는 직원은 13명인데, 극영화 경우에는 도호, 다이에이, 쇼치쿠, 이 세 반(班)으로 사람을 나누고 더 나아가 별개로 담당자를 결정해서 그 각 반 회사 담당자가 반드시 각본을 검토하고 회의에서 가부를 결정하게 되어 있습니다. ●

  영화의 좋고 나쁨은 각본에 의해 결정된다고 합니다. 저는 꼭 각본에만 의존해서 그 영화의 진정한 가치가 결정될지 어떨지가 절대적이라고는 말씀드릴 수 없다고 생각합니다. 그렇지만 어쨌든 각본이 훌륭하면 영화에서도 훌륭한 작품이 완성된다는 것은 대체로 틀림없다고 생각합니다. 오늘날 뭐니 뭐니 해도 각본을 만드는 사람이 매우 적고 또 그것을 낳는 인적 기구 또 그 조직이 외국의 예시 등과 비교하면 매우 열악하다는 것을 말씀드릴 수 있습니다. 그것은 종래 영화제작업자 분들이 각본을 매우 간단하게 보고 있고 별로 중요시하지 않는다는 점이 오늘날 각본의 빈약이라는 문제의 가장 큰 결함일 것입니다. 촬영소에 따라서는 우리들 쪽에서 각본 검열을 신중하게 하면 그다음에 만들 수 있는 영화가 없다든가 어떻게 해서든지 빨리 통과시켜주었으면 좋겠다고 말하는 사람들도 없지는 않습니다. 이런 일본영화계의 현상에서도 정말 좋은 영화를 만들어야 한다는 것은 우리들도 통감하고 있습니다. 국가로서도 훌륭한 각본을 낳기 위해서는 조직적이고 근본적인 방책을 세워갈 필요가 있지 않은가 생각하고 있습니다. 예를 들면 각 대학의 문과에는 각본과 — 각본과가 아니더라도 각본에 관한 강좌를 설치하는 것이 좋지 않을까, 기본적으로 그에 대해서 충분한 지식을 가진 사람들이 각본을 만드는 시대라도 오지 않으면 종래처럼 취향이라든가 취미로 각본을 쓰는 사람들만으로는 훌륭한 작품을 만들어내는 것은 어렵지 않을까 생각하고 있습니다.

영화법 제12조에 "주무대신은 필요하다고 인정할 때에는 명령이 정하는 곳에 따라 영화 배급업자에 대해 외국영화의 배급에 관해 그 종류 또는 수량의 제한을 행할 수 있다"는 법문이 있습니다. 이 규정에 따라 쇼와 15년부터 외국영화를 배급하는 배급업자에 대해서는 배급하는 영화의 수량을 제한하고 있습니다. 종래 우리 나라에서는 외국영화 수입에 대해서는 관세정율법(關稅定率法)에 근거해 세관 관리의 검열만 행했었습니다. 그 후 쇼와 12년 7월에 지나사변이 발발하고 2개월 뒤에 영화 수입에 대해서는 외환관리법의 적용을 받았습니다. 그때까지는 세관에서 검열을 받고 더 나아가 수입세를 지불하면 마음대로 얼마든지 수입할 수 있었습니다. 외국 여러 나라에서는 예를 들면 외국영화에 대해서는 할당제, 그런 방법을 사용하여 국내에서 상영할 자국제작 영화, 외국영화에 대해서는 일정한 할당을 규정하여 그 통제를 행하고 있습니다. 그러나 우리 나라에서는 쇼와 12년의 외환관리법을 적용받기까지는 국가는 수입을 허가한 외국영화에 대해서 검열상 지장이 없으면 무제한으로 그 상영을 허용한다는 방침을 집행하고 있었습니다. 따라서 가장 많이 외국영화를 수입한 해에는 4, 5백 편에 달하는 해도 있었습니다. 그래서 영화업에서는 외국영화의 배급에 관해 수량을 통제하게 됐습니다. 즉 국내에서 아직 상영된 적이 없는 외국영화의 배급에 대해서는 그 전년의 10월 말일까지 관계 대신에게 할당 신청을 하고, 그 할당 신청이 있었던 업자에 대해서 과거의 업적, 자본력 등을 참조한 것을 바탕으로 배급영화의 수량을 할당하게 됐습니다. 쇼와 15년에는 극영화에 대해서만 이 배급통제를 행했는데 문화영화에 대해서는 검열을 통과한 것은 아무런 제한 없이 배급할 수 있도록 했습니다. 쇼와 15년에는 외국영화 배급업자에 대해서 120편의 새로운 극영화 배급을 인정한 것입니다. 종래 일본의 흥행장에서 개봉된 적이 없는 극영화, 이것을 120편 배급할당을 했습니다. 그중 80편은 미국 8개사에 대해 할당을 했습니다. 그 외 40편에 대해서는 일본계의 배급업자, 이미 외국영화를 배급하고 있던 영화배급업자에 대해 할당을 했습니다. 이 120편의 숫자를 산출한 근거를 말씀드리겠는데 종래 일본에서 제작되고 있던 영화는 많은 해에는 6백 편 정도에 달하고 있습니다. 그중 5분의 1, 즉 120편입니다. 여기에 대체적 근거를 둔 것입니다. 더 나아가 당시 외국 극영화를 전문으로 상영하고 있던 영화흥행장은 도호, 쇼치쿠의 2계통으로 나뉩니다. 영화법에 근거한 상영제한규정에 따라 1년 동안 새로운 극영화는 상설의 한 영화흥행장에서는 50편을 넘을 수 없다는 규정이 있습니다. 도호, 쇼치쿠의 2계통에 50편씩의 새로운 영화를 상영시킨다면 양쪽 모두 합쳐서 1백 편을 필요로 하게 됩니다. 그러나 1백 편의 배급만 인정하면 매우 빈약한 상태가 되니 영화법이 정 말 목적으로 삼는, 이른바 영화에 의한 국민문화의 향상에 대해서도 자칫하면 ▶31쪽 역행하는 결과를 초래하는 것은 아닌가, 또 작품이 부족하기 때문에 그 결과 외국영화의 부당한 가격 상승을 초래하지 않을지, 이런 여러 관점에서 각각 10편씩의 여유를 예상하여 1계통 60편, 도 합 120편이라는 기본을 만든 것입니다. 또 한 달에 10편, 이는 중요한 근거는 아니지만 이것 으로 도합 1년에 120편, 이런 여러 생각에서 외국영화의 쇼와 15년 배급을 120편으로 한정한 것입니다. ●

  그러나 지나사변이 점점 진전하고 일본의 돈을 외국에 보내는 데 국가가 상당히 고려해 야 하는 시대에 다다름과 동시에 대장성(大藏省)에서는 외환관리를 점점 강화해왔습니다. 쇼 와 15년에는 우리들 쪽에서는 120편의 배급을 인정했지만 결국 새로운 외국 극영화는 32편 밖에 배급되지 않았습니다. 쇼와 16년에는 이를 71편으로 줄이고 그중의 40편은 미국 8개사 에 대해 배급을 인정하고 31편은 주로 유럽영화의 배급업자에게 할당했습니다. 그 40편의 할 당 근거는 쇼와 13년에 대장성이 미국 8개사가 국내에서 소유한 재일(在日) 자금에 대한 일정 조건하에 어느 시기에 미국영화의 프린트 비용 1피트에 대해 1센트 반으로 하고, 3만 불에 상 당하는 2백만 피트의 영화 수입을 인정했습니다. 이에 따라 미국 8개사가 재작년 우리가 할당 하기 전에 미국에 영화 수입대금으로 송금할 수 있는 약 6천 불 가까이의, 아직 수입이 되지 않았던 프린트 비용의 나머지를 가지고 있었습니다. 이것을 근거로 하여 대체로 1편의 영화 를 9천 피트로 예상하고 이것을 1자를 1센트 반으로 환산하여 40편의 미국영화 배급을 인정 한 것입니다. 유럽영화의 배급업자에 대해 인정한 31편은 만주영화협회 — 만주국의 국책회 사입니다 — 이 회사가 만독경제협정(滿獨經濟協定)에 따라 약 30편을 수입하는데, 이 숫자를 근거로 하여 31편을 인정한 것입니다. 이 71편 중 작년 일본에서 배급된 새로운 극영화는 24 편 밖에 없습니다. 그중 10편은 미국영화, 나머지 10편은 유럽영화, 그 외 아르헨티나영화 등 4편입니다.

  우리는 이들 외국 극영화에 대해서는 어떤 검열태도를 취해왔는지를 말씀드리고 싶습니 다. 그런데 외국영화에 대해서는 물론 우리 나라의 공안풍속의 관점에서 봐서 구체적으로 말 씀드리자면 영화법의 제27조에 대해 볼 때 과연 지장이 없는지 어떤지를 판단하는 것이 첫 번 째입니다. 그런데 그다음은 그 영화 내용이 일본의 국민문화의 관점에서 어떻게 공헌하는가를 판단합니다. 또 제작기술에 대해서 타산지석으로 일본영화의 질적 향상에 무언가 공헌하는 부분이 있는지 어떤지 이런 점에서 보고 외국영화 검열에 임해왔습니다. 올해는 작년 말 대동아전쟁이 발발하자마자 미국 8개사가 속히 그 업종을 폐지했고 배급업자로서의 폐업신청을 제출했습니다. 일본에서 오랫동안 외국영화 시장을 거의 독점적으로 해온 이 8개사가 일본 땅에서 완전히 그림자를 감추고 말았습니다. 또 작년 말에 다른 일본의 배급업자에서 올해 중의 극영화 배급할당신청이 있었는데 올해 4월에 영화배급사가 탄생한다는 전망이 나왔습니다. 따라서 이들 각각의 업자에 대해서는 특히 잠정적인 조치로서 3편의 극영화를 할당했을 뿐이고 그 외의 업자에게는 1편도 할당하지 않고 그대로 행해왔습니다. 그리고 이 4월에 배급사가 탄생했고, 이 영화배급사에 대해 16편의 외국 극영화를 할당했습니다. 그 근거로 신체제의 영화체제에 따라 도호, 쇼치쿠, 다이에이가 제작하는 극영화는 월 6편이 됐습니다. 따라서 대체로 월 4주간 일주일마다 새로운 극영화를 2계통으로 상영하게 되면 여기에 극영화 1편이 부족합니다. ●

또 유럽 혹은 공영권 방면의 극영화를 일본에 진출시키는 것도 생각해봐야 합니다. 일본의 회사는 아니지만 만주국 국책회사로서 만영이 탄생했습니다. 만영 작품 중에는 일본영화와 같은 영화를 만들고 있는 것도 있습니다. 또 북지나에는 화북전영공사, 중지나에는 중화전영공사가 있는데, 그런 영화는 물론 외국영화이지만 실질적으로는 일본의 영화와 다를 바가 없는 작품도 2, 3편 만들고 있습니다. 이런 것을 생각해서 한 달에 2편, 1년에 60편, 이것은 5월부터의 계산으로 한 달 2편으로 하여 결국 16편의 외국 극영화를 할당한 것입니다. 물론 그중에는 유럽 및 공영권 영화도 포함하고 있습니다. 그런데 이 16편의 할당 중에 영화배급사에서 자발적으로 공영권 영화 및 추축국(樞軸國) 영화, 즉 유럽을 통해서 배급 수량에 대해 신청이 있었습니다. 올해는 이상과 같은 방침에 따라 할당을 행하는 중입니다. 일본에서의 이 미개봉 유럽 극영화, 주로 독일영화인데 그것은 독일대사관이 재류 독일인을 위문하기 위해 수입한 것이 몇 종류 있습니다. 또한 12개국 및 그 외의 나라, 예를 들면 이탈리아 혹은 프랑스 등의 영화도 남아 있습니다. 따라서 이들 중에서 올해는 유럽영화가 선택되는 게 아닐까 싶습니다. 물론 이들 영화에 대해서도 원칙적인 방침은 일본의 국민문화에 어떤 형태로 공헌하는 것, 일본영화의 질적 향상에서 타산지석이 되는 것, 이런 의도하에 선택돼야 한다고 생각합니다. 공영권 영화에 대해서는 지금 말씀드린 중화 및 만영 등에 의해 만들어진 영화 그 외 프랑스령 인도차이나 혹은 쇼난토 혹은 자바, 필리핀 그런 방면에도 제작소가 존재합니다. 그런데 장래에는 이들 방면에서 만들어진 극영화도 수입되지 않을까 예상되고 있습니다.

앞뒤가 바뀌었지만 제16조에 "주무대신은 필요하다고 인정할 때에는 명령이 정하는 곳에 따라 영화흥행자에 대해 외국영화 상영에 관한 그 종류 또는 수량의 제한을 할 수 있다"는 법문이 있습니다. 아까 말씀드린 것처럼 영화법 시행규칙에 따라 한 상설영화흥행장에서는 1년 동안에 새로운 영화는 50편 이상을 상영할 수 없다고 규정되어 있습니다. 그러나 이미 올해 이 5월 이후는 16편의 새로운 극영화만 내무행정이 미치는 범위에서 상영할 수 있습니다. 따라서 이 조문은 현재의 일본의 영화계의 정세에서 보면 전혀 의미 없는 존재가 됐습니다.

또 17조에는 "행정관청은 위해예방위생교육 및 그 외 공익보호상 필요하다고 인정할 때에는 명령이 정하는 곳에 따라 영화흥행자 및 그 외 영화의 상영을 행하는 자에 흥행시간 영사방법 입장자의 범위 그 외 영화상영에 관해 제한을 할 수 있다"는 조문이 있습니다. 이 규정에 따라 영화법 시행규칙 중에는 여러 흥행취체규정이 있습니다. 예를 들면 영화흥행자 및 그 외 영화를 상영하는 자가 통례로 계속해서 6시간의 영사를 하여 영사기 2대 이상을 사용할 경우에는 영사기사를 3명 이상 사용해야 하고, 그 외의 경우에는 2명을 사용해야 한다는 규정, 혹은 1분간의 회전속도는 27.4미터의 속도를 넘어서는 안 되며 영사기에는 자동안전장치를 붙여두어야 합니다. 영사하는 자는 지방장관의 면허를 받을 필요가 있다는 규정이 있습니다. 그중에서 가장 중요한 것은 영화의 흥행시간의 제한입니다. 종래 일본에서는 영화의 흥행시간이 ▶32쪽 매우 길었습니다. 쇼와 12, 13년경까지는 영화의 상설흥행장에서는 대체로 4시간 정도, 그 전에는 5시간, 많은 것은 7시간 정도였습니다. 그 때문에 보건 위생의 관점에서는 물론이고 또 영화의 질적 향상이라는 점에서 봐도 가장 중요시돼야 할 문제인 것입니다. 이것은 작년 영화법의 제18조의 주무대신은 공익상 특히 필요하다고 인정할 때에는 영화제작업자, 영화배급업자 또는 영화흥행자에 대해 제작해야 하는 영화의 종류 또는 수량의 제한, 영화배급 조정, 설비 개량 또는 부정경쟁 방지에 관해 필요한 사항을 명할 수 있다는 규정에 근거하여 내무총리대신, 내무대신, 문부대신의 세 대신의 이름으로 쇼치쿠, 도호, 닛카쓰, 신코, 다이에이, 난오, 도하쓰, 젠쇼(全勝), 고쿠토(極東), 다카라즈카의 10개사에 대해 1년에 제작해야 할 영화의 수량을 제한한 것입니다. 이 근본 목적은 영화의 질적 향상이 이 제작 제한에 의해 이루어진다는 부분에 있었던 것입니다. 지금까지는 일반 흥행에서도 극영화 2편을 상영하는 것을 일본 흥행의 관례로 삼고 있었습니다. 마침 이 제한이 이루어지기 전인 쇼와 14년에 일본에서 만들어진 장편 극영화가 543편입니다. 그중 다이토가 1백여 편, 쇼치쿠, 닛카쓰가 90여 편, 도호가 70여 편, 그리고 고쿠토, 젠쇼 그 각각이 50편 전후입니다. 이 고쿠토, 젠쇼라는 것은 나중에 젠쇼가 다이호(大寶)라고 개명했고 도호가 매수했습니다. 신체제에 따라 도호로 합

병됐는데 고쿠토는 나중에 고아키네마(興亞キネマ)라고 개명했고 쇼치쿠로 합병됐습니다. 이 2개사에 의해 만들어진 14년의 극영화는 각각 50편입니다. ●

　같은 해 쇼와 14년에 미국의 8개사가 만든 극영화가 367편입니다. 그중 파라마운트는 대체로 일본의 당시 외환상장(爲替相場)으로 환산하면 1억 원의 자본을 가지고 있었습니다. 이 파라마운트가 쇼와 14년에 배급한 극영화가 약 50편입니다. 물론 물적 기구라든가 혹은 자본이라든가 그것에만 의존해서는 훌륭한 영화는 만들어지지 않습니다. 그러나 일본에서 10만 원의 자본을 가지는 회사가 1년에 50편씩 영화를 만드는데, 다른 한편에서 1억 원의 자본을 가지는 회사가 50편을 만드는 것을 보면 아무리 일본의 영화를 좋게 하려고 생각해도 좋은 영화는 만들 수가 없습니다. 그래서 쇼와 16년에 이 영화법의 제18조에 근거해서 극영화 제작에 대한 제한을 실행했습니다. 결국 도호, 쇼치쿠, 닛카쓰, 다이토, 신코, 이 5개사에 대해서는 장편 극영화 1년에 24편씩, 단편 극영화가 12편씩, 젠쇼, 고쿠토에 대해서는 장편영화 12편씩 단편영화가 6편씩, 그리고 난오, 도하쓰에 대해서는 장편영화 6편씩, 단편영화 3편씩, 다카라즈카영화는 장편영화가 2편, 단편영화가 1편, 계 장편영화 278편으로 제작을 제한했습니다. 그러나 아까 말씀드렸듯이 그 후 7월에 이르러 자재 관계, 사변의 진전에서 일본영화계에 큰 문제가 생겼으므로 결국 이 제작에 대한 제한은 완전하게 실행되지 못한 채로 끝났습니다. ●

　이처럼 일본에서는 실력 이상으로 다량의 영화가 만들어졌고 세계에서 가장 많은 수의 극영화가 만들어져왔습니다. 이것은 결국 일주일의 흥행제 또는 상영시간이 길었기 때문에, 이런 관점에서 그만큼의 수량의 영화를 만들어내야 했던 것입니다. 따라서 이런 일본영화를 향상시키기 위해 또는 보건 위생의 관점에서 흥행시간의 제한을 행했습니다. 영화법 시행규칙에 따라 영화법이 시행되던 당시에는 3시간으로 한정됐습니다. 이 3시간 중에 국민지능의 계배(啓培), 국민정신의 함양에 공헌하는 소위 말하는 문화영화[250미터 이상]의 강제상영을 명합니다. 그 후 시사영화 ― 이것은 국민으로서 지녀야 하는 국내외의 필수 지식을 얻게 하는 영화, 이것이 이른바 시사영화이며, 주무대신 ― 문부대신의 인정을 받은 작품입니다. 이 것도 강제상영을 명한 것입니다. 그 후 3시간의 흥행시간으로는 일본 극영화의 향상을 기할 수 없다는 여러 가지 생각이 나왔습니다. 그래서 결국 2시간 반으로 한정됐습니다. 지금은 2시간 반 안에 시사영화와 문화영화를 합쳐서 상영해야 한다고 규정됐습니다. 이 2시간 반으로 한정했을 경우에 제작회사보다도 오히려 흥행자 측의 불안과 반대가 있었습니다. 도회지는 둘째 치고 지방 관객에게는 영화의 질적 내용보다도 양적 내용을 환영하는 이런 경향이 다분히 있었습니다. 종래보다 흥행시간이 단축된다면 관객이 감소하여 갑자기 수입이 줄어들지 않을까 하는 불안을 가지고 있었던 것입니다. 그러나 이것이 실행되자마자 불안은 한편의 기우에 지나지 않았다는 사실이 명확해졌습니다. 오히려 흥행시간의 감소는 여러 의미에서 더 좋은 결과를 가져왔습니다. 예를 들면 전기의 절약, 흥행횟수가 더 많아져서 거기에서 오히려 수입이 늘어나는 것 같은, 흥행자 측에는 기대하지 않았던 좋은 결과가 나온 것입니다. 올해 만들어진 극영화를 보면 극영화의 미터 수가 점점 줄어드는 게 아닐까 하고 생각할 수 있습니다. 이는 물론 지금 각사에 대한 생필름의 배급이 대체로 8천 피트를 표준으로 하여 배급되고 있는 현 상황을 말합니다. 따라서 그렇기 때문에 긴 영화를 만들 경우에 그쪽으로 필름을 융통하므로 짧은 영화도 나올 수 있지만, 대체적으로 일반적으로 짧아지는 경향이 있는 것 같습니다. 이 흥행시간 문제에 대해서는 장래 2시간 반이 꼭 적당한지 아닌지에 대해서 조금 더 충분한 검토를 요하는 것이라고 생각하고 있습니다. 제가 이 자리에서 너무 경솔한 것은 말씀드릴 수 없지만 흥행시간은 오늘날 일본에서 만들어진 극영화의 길이만 생각해볼 경우에는 더 짧아져도 된다고 생각하고 있습니다. ●

　아까 말씀드렸듯이 일본 내지의 상설영화흥행장은 재작년 12월 20일 현재 2360여 곳이고, 그 입장자 수가 4억 4천만 명입니다. 작년에는 4억 7천 7백만 명이었습니다. 이 4억 4천만이라는 숫자는 쇼와 13년의 독일의 입장자 수에 필적합니다. 쇼와 13년에 독일의 상설영화흥행장은 6천 백 곳인데…… 현재는 다소 증가하고 있을지 모르지만…… 그 입장자 수가 4억 4천만입니다. 지금 말씀드렸듯이 입장자 수가 우연히 독일과 같은 수치를 나타내고 있습니다. 그래서 저는 예전에 어느 독일인과 만났을 때 일본에서 2천 3백의 영화흥행장에 입장한 숫자가 독일에서는 6천 1백 곳의 영화흥행장에 입장한다는 것을 말씀드렸더니 그때 그 사람은, 우리들의 영화흥행장은 일본과 같은 영화흥행은 하지 않는다, 흥행을 시작할 때까지 입장자를 전부 입장시키고 영화가 시작하면 입장자는 입장시키지 않는다는 방침을 집행하고 있으며, 따라서 그것이 이 숫자로 나타난 것이라고 생각한다고 말했습니다. 이런 점에서 생각해보면 일본의 영화흥행은 아직 나은 편이라고 생각합니다. 예를 들면 오봉(お盆)이라든가 이른바 대목이라든가 일요일 등의 영화흥행장을 보면 입추의 여지가 전혀 없는 상황을 가끔 볼 수 있습니다. 이것은 오랫동안 일본의 영화흥행이 이런 관습을 행해왔기 때문이며 오늘날 금세 이것을 독일처럼 바꾸는 것은 ▶33쪽 큰 문제가 될 것입니다. 그러나 일본의 현재와 같은 흥행이어서는 안 되는 점이 많이 있습니다. 정말로 영화가 향상되고 이와 동시에 역시 영화를 진정으로 국민들이 받아들일 수 있도록 훌륭한 영화흥행장에서 느긋한 마음으로 감상할 수 있는 설비를 생각해야 합니다.

　영화의 흥행, 또 영화와 연결된 여러 사회악, 범죄가 있다는 것을 잊어서는 안 됩니다. 이것은 일본뿐만이 아닙니다. 이것은 영화를 상영하는 장소와 관계해서, 또 영화의 성질 등의 점에서 그런 문제가 관련되는 것은 어쩔 수 없다고 생각합니다. 그러나 쇼와 15년 8부현의 보고에 따르면 영화의 직접적 영향에 의한 범죄가 약 20건 입니다. 따라서 이 숫자가 모두 영화의 직접 영향에 의한 범죄인지 아닌지는 의문이지만 그중에 3명이 여자입니다. 이것은 우리들 영화검열에 관여하는 자로서 진정 유감이지만 영화의 직접 영향에 의해 범죄를 저지르는 자가 아직 상당히 있다는 것입니다. 그러나 이것도 종래의 예에서 말씀드리면 점차 감소하고 있다고 말씀드릴 수 있습니다. 쇼와 14년에는 49명, 즉 전년의 반수 이하가 됐습니다. 영화로부터 직접적으로 영향을 받는 범죄가 점차 감소하고 있는 것은 좋은 경향이지만 또 영화를 관람하기 위한 범죄도 상당히 있습니다. 오늘날의 국민생활상에서 영화는 완전히 생활필수품적 존재가 됐습니다. 오늘날 우리의 생활 속에서 영화를 떼어낼 수 없는 상태가 됐습니다. 따라서 이 영화를 보고 싶기 때문에 생겨나는 범죄도 상당히 있다고 생각할 수 있습니다. 쇼와 15년에는 영화를 보고 싶다는 이유로 범죄를 행한 자가 274건에 달합니다. 그중 대부분인 219건이 절도입니다. 또 영화흥행장 내의 범죄, 이것은 장소적인 관계, 흥행장 내의 환경이라고 할 수 있는데, 흥행장은 대부분 어둡습니다. 그리고 영화를 보고 있는 경우에 그쪽에 주의력을 집중하여 넋 놓고 있어 자신의 소지품을 생각하지 않는 사람이 있습니다. 넋 놓고 있는 기회를 틈타 절도 혹은 소매치기를 하는 사람이 상당수 있습니다. 영화흥행장의 범죄자가 쇼와 15년에는 421명, 그중 360명이 절도와 소매치기입니다. 영화에 의한 직접적인 범죄자의 연령은 대체로 12, 13세에서 16, 17세가 대부분을 차지하고 있습니다. 이른바 영화를 보고 싶기 때문에 범죄를 저지른 자는 11세에서 20세 정도가 많고 그중 14세가 가장 많아서 31명, 16세가 26명, 17세가 27명의 숫자를 나타내고 있습니다. 최근에 건축된 진보한 영화흥행장은 조명, 그 외 위생 등의 점에서 훌륭한 건물이 완성됐는데, 종래의 영화흥행장, 특히 다른 연극 연예 방면으로부터 개조된 곳에는 설비가 정말 불완전한 곳이 없지 않아 있습니다. 특히 조명은 무척 어두운 곳이 많습니다. 이런 환경을 이용한 범죄가 상당히 많습니다. 이런 점에서 생각해보면 일본의 영화흥행장 소재지 또는 흥행 방법, 흥행장 내의 설비, 이런 문제에 대해서는 장래의 영화흥행상에 가장 중요한 문제라고 생각해나가야 합니다.

실은 영화법 중에 내각총리대신, 내무대신이 같이 관여한 주요 사항에 대해 간단히 말씀드릴 예정이었는데 아무것도 준비하지 않고 갑자기 왔기 때문에 불필요한 부분이 더 많아졌습니다. 아직 말씀드리고 싶은 것은 있지만 오늘은 이 정도로 해두고 앞으로 기회가 있으면 같이 관여한 주요 사항에 대해 참고로 말씀드리고 싶습니다.

1942년 9월 21일 | 제60호 | 31~34쪽

이동영사의 사명
[영화배급사 직원양성소 강연록]

영화배급사 보급과장 호시노 지로키치(星野二郎吉)

1.

이동영사라고 하면 광범위한 의미에서는 매우 큰 것입니다. 각 신문사에서 행하고 있는 영사, 또는 각 관청이 각각의 의도에 따라 행하고 있는 선전이동영사, 이렇게 매우 광범위한 것입니다. 그러나 이동영사에 대해서는 소위 말하는 순업이동영사(巡業移動映寫)와 우리가 말하는 이동영사의 두 가지로 엄밀하게 분류할 수 있습니다. 순업하는 사람들의 이동영사는 영화관의 일종의 연장이며 영리흥행이 목적입니다. 일주일 동안 매일은 불가능하니 일주일 중 3일을 정기적으로 한다든가, 그렇지 않으면 한 달에 두 번이라던가, 혹은 한 달에 한 번 이동영사를 행합니다. 이를 행하는 장소는 가설흥행장이며 이는 신청을 해야 하는데, 가설흥행장을 정기적으로 순업하는 사람들이 기계와 필름을 가지고 돌아다닙니다. 이는 생각하기에 따라서는 소규모 극장의 연장입니다. 소위 말하는 상설관의 연장인 것입니다. 우리가 말하는 이동영사와는 다릅니다. 우리가 말하는 이동영사는 흥행수익을 전혀 염두에 두지 않으며, 정치적 목적 또는 경제적 목적 혹은 선전선무, 이런 목적을 위해서 행합니다. 원칙적으로는 이런 것입니다. 그래서 상설관은 제일 좋은 기계, 제일 좋은 장치를 가지고 있으니 상설관이 있는 곳에서는 상설관을 이용하는 것이 원칙입니다. 상설관이 없는 곳에 처음으로 35밀리의 휴대용 기계를 가져갑니다. 더 나아가 교통기관이라든가 그 외의 이유로 도저히 35밀리가 불가능한 경우에는 16밀리를 가지고 가는 것이 원칙이라고 저는 생각합니다.

그런데 우리 나라의 이동영사의 역사를 보면, 이것은 또 매우 역사가 짧습니다. 그러나 쭉 거슬러 올라가면 약 30년 정도 전에 도쿄니치니치 오사카마이니치(東日大毎)[65]가 교육활동

---

[65] 도쿄니치니치신문(東京日日新聞)은 오사카마이니치신문(大阪毎日新聞)의 도쿄지사다. 줄여서 각각 도니치(東日), 다이마이(大毎)로 부른다. 도니치는 도쿄 최초의 일간신문으로 1872년에 창간됐다. 정부를 옹호하는 어용신문으로 비판을 받아 판매 부수가 줄고 이후 여러 차례 경영자가 바뀌다가, 1911년에 다이마이가 도니치를 매수하여 도쿄로 진출하면서 도니치는 다이마이의 도쿄지사가 됐다. 1924년 다이마이는 〈다이마이키네마뉴스(大毎キネマニュース)〉를 제작하여 전국 영화관에서 상영했고, 1933년에는 〈다이마이도니치 키네마뉴스(大毎東日キネマニュース)〉로 개칭했으며, 1935년에는 외국통신사와 제휴하여 〈도니치다이마이국제뉴스(東日大毎国際ニュース)〉로 개칭하고 매주 상영했다. 1940년 4월 뉴

사진대회라는 명목하에 도쿄의 가메이도(龜戶)를 출발하여 가까운 현 각지를 돈 것이 그 시작이라고 생각합니다. 이것이 일본에서는 조금 계획적으로 행해진 이동영사의 최초가 아닐까 싶습니다. 더 거슬러 올라가면 뭐라고 할까요, 역사는 반복된다고 하지만 가장 첫 활동사진이라는 것을 생각해보면 혹은 그 당시의 필름이라는 것을 생각해보면, 볼거리(見世物)가 될 수는 없었습니다. 흥행의 대상이 될 수는 없었습니다. 하나의 발명품으로서 여기저기 다니고 있었습니다. 이것이 혹은 활동사진의 진정한 시초일지도 모르지만, 그 시대에 대한 상세한 것은 저는 모릅니다. 문헌에 조금씩 나타난 것이 예의 도쿄니치니치 오사카마이니치며, 지금으로부터 30년 전에 시작됐습니다. 그리고 그 시절이 되면 대항의식이라고 할까요, 아사히신문(朝日新聞)이 이를 신문지의 연장이라는 각도에서 다루었는데, 당시 지금 현재의 폐하가 외유(外遊)에서 노시던 내용의 필름을 가지고 돌렸으며, 영화계에 상당한 쇼크를 안겼습니다. 그것이 드디어 뉴스영화가 발달한 시초였다고 생각합니다. 그리고 여러분도 아시다시피 그 후 신문사가 자신들의 판매 부수를 확대하기 위한 선전도구로서 또 영화문화에 의해 대중을 획득하기 위해서 이 부분을 매우 중요시하여 각 신문사 모두 이동영사에 힘을 기울이기 시작한 것입니다. 한편 우체국, 건강상담소 혹은 이에 유사한 것이 보건 위생 또는 저축 장려 등의 의미에서 왕성하게 이 문제를 다루고 각 관청이 휴대용 영사기를 지니고 관청의 예산으로 필름을 만들어 이동영사를 하게 됐습니다. 이렇게 해서 이 정세가 오늘날까지 이어지고 있는 것 같습니다. 한편 최근에 학교의 영화교육에 대해 말이 많은데, 문부성에서는 영화교육 시간을 정식 과목으로 넣고 있으며, 이런 부문에서도 도니치 혹은 교육 토키가 활발히 활약하기 시작했습니다. 이는 상주지(常駐地)에서 가장 처음에 영사를 실시하는 학교의 사환이 영사시설을 가지러 오고, 그 학교에서 영사가 끝나면 다른 학교의 사환이나 생도가 근로봉사로 자신의 학교에 기계를 운반하며 영사기사는 그 학교에 가서 영사하는 일이 현재 시행되고 있습니다. 지금까지 말씀드렸듯이 여러 이동영사단체 또는 교육적 순회영사, 혹은 관청의 이동영사라는 것은 정리가 안 된 상태이고 아직 예전 그대로의 형태로 있습니다.

한편 이동영사에 대해서 우리의 우방 만주국으로 눈을 돌리면, 만주국에서는 만영의 창립과 동시에 이동영사가 매우 중요한 부문으로 취급됐습니다. 그러나 만주국에서는 영화관이 전국에서 일본영화 상영계와 만계(滿系), 요컨대 지나영화를 상영하는 곳인데 이를 합쳐도 120, 130이 되지 못합니다. 지금은 조금 많아져서 170, 180인데, 아직 200에는 이르지 못했을 것입니다. 그래서 이동영사는 영화관에 대한 전제로서 이루어지고 있는데, 이 점에서 우리 나

스영화 통제로 제작이 종료됐다.

라와 방법이 많이 다릅니다. 즉, 만주의 이른바 보급개발은 영화관을 마련하는 전제로 이루어지고 있는 것이며, 우선 만철 연선(沿線)에서 인구 1만 이상의 지역에 대해 매달 1회 이동영사를 합니다. 그리고 그 이하의 곳에는 두 달에 한 번 하는 정기적 순업을 행하고 있습니다. 이는 우리가 말하는 이동영사와는 달리 뭐라고 할까, 상설관·직영관 증설에 대한 전제이므로 돈을 받고 있습니다. 돈을 받고 상영하는 것은 그 부근의 대중이 영화를 ▶31쪽 얼마나 감상할 것인가, 어느 정도의 돈을 낼 것인가 하는 부분을 참고로 하기 위해 항상 입장료를 받고 있습니다. 그래서 채산이 좀 맞는다고 생각할 때에는 이를 상설관화하는 것입니다. 이런 정기적인 순회영사가 만철 연선에서 행해지고 있습니다. 더 나아가 오지 또는 소만 국경 혹은 집단이민의 부락 등에서는 특수이동영사라는 이름으로 우리가 현재 시행하고 있는 이동영사와 약간 비슷한 성질을 가지고 있고, 수익을 전혀 도외시하며 건전한 오락을 제공하거나 또는 계몽선전이라는 의미에서 행하고 있습니다. 만주에서는 점차 치안이 확보되고 있다고는 하지만 변경(邊境) 지역(土地)에 가면 가끔 비적의 습격 등이 있어서 한두 달 동안 소식이 끊기는 일이 결코 희귀한 일이 아닌 상황입니다. 실로 수고스러운 일이라고 생각합니다.

더 나아가 지금 약간 남쪽으로 내려가서 옆의 중화에서는, 북지나에서 이것은 특수한 존재인데, 군이 병사들 중 기술자를 선발한 49여(數) 반(班)의 이동영사반을 가지고 있습니다. 그리고 군 자체의 위안 또는 점령 지역의 선무선전이라는 목적을 위해 신민회(新民會)와 제휴하거나 하면서 활발한 활약을 하고 있습니다. 이와 병행하여 화북전영공사는 북지나의 배급통제회사인데 여기도 20여 반을 가지고 있고 이와 병행하여 활약하고 있는 상황입니다. 더 나아가 중지나, 남지나로 내려가면 중화에서는 이미 아시다시피 중화전영공사, 일본어로 중화영화주식회사라고 하는데, 여기가 배급통제를 하고 있습니다. 현재 이곳에 그 밑으로 13반이 있습니다. 그리고 이것이 흥아원(興亞院)[66] 및 남경 정부의 보조금을 얻어 이동영사에 종사하고 있습니다. 여기도 북지나와 마찬가지로 전선에서의 황군장병의 위문, 선무공작 방면에서 활약하고 있습니다. 남지나에 가면 그곳은 이미 아시다시피 화교의 출신지여서 매우 일찍부터 대만총독부가 화교에 대한 공작의 일환으로 남지나를 주목하고 있었습니다. 그래서 지금 대만총독부 정보부의 별동반인 공영회(共榮會)가 해남도(海南島), 또는 광동(廣東)을 중심으로 활약하고 있습니다. 그러나 그 반의 수는 매우 적습니다. 광동에는 중화영화의 남지나지사가 있고 여기도 반을 가지고 있는데, 여기에서 거론할 정도의 것은 아닙니다. 현재는 2반입니다.

---

66) 제1차 고노에 내각이 1938년 중국 대륙 등 점령지의 정무, 개발 사업을 통일 지휘하기 위해 설립한 내각 직속 기관. 1942년에 대동아성이 설치되면서 폐지됐다.

일본 내지에서는 대개 산간벽지라고 해도 100볼트의 전선이 있습니다. 전압은 떨어져서 100볼트가 안 될지도 모르지만 전기가 없는 마을은 셀 수 있을 정도뿐입니다. 그런데 대륙으로 한발 건너가면 전기가 있는 마을이 귀하고 전기가 없는 마을이 매우 많습니다. 전기는 직류이거나 교류이거나 혹은 100볼트나 200볼트로 규격이 통일되어 있지 않아 대륙의 이동영사의 문제를 생각하면 홈라이트 — 휴대용 발전기입니다. 홈라이트를 생각해야 하는 상태입니다. 그래서 홈라이트를 운반하는 여분의 사람들이 있다는 점이 내지와 다릅니다. 유감스럽게도 일본의 현재 공업 상태로는 아직 완전한 홈라이트가 없는데, 이 점은 우리가 계속 안타깝게 생각하고 있는 바입니다. 전에 제가 상해에서 본 홈라이트는 한 손으로 옮길 수 있는 매우 간단한 것인데 미국제였습니다. 그런데 3시간이나 4시간동안 지속해서 전기를 일으키고 영사기를 움직여도 고장 한 번 나지 않는 대단한 물건이었습니다. 우리 나라에서는 아직 그런 것은 나오지 않았고, 겨우 출력 1킬로와트 내지 1킬로와트 반의 홈라이트가 있는데 6, 7명의 사람들이 달려들지 않으면 들어 올릴 수 없는 상황이어서 오래 이동하는 경우에는 실로 곤란합니다.

한편 우방 독일은 약 1천 반의 이동영사대를 가지고 있습니다. 그리고 각각 기계화되어 있고 차에 실려 있기 때문에 곳곳에서 활약하고 있습니다. 이것도 지금으로부터 약 11, 12년 전 나치의 발흥과 동시에 나치 당원이 열심히 지도하면서 시작됐습니다. 그 당시의 반 수는 기껏해야 1반이나 2반이었는데, 당시에는 유태인과 그 외가 방해를 해서 좀처럼 급속한 발전은 이루지 못했습니다. 일단 나치가 정권을 획득하자마자 이것이 급속히 발전하여 현재에는 약 1천의 영사반이 기계화되어 차로 왕성하게 활약하고 있습니다. 특히 제2차 유럽대전[67]이 시작된 이후 이들 대부분은 전선에 출동하여 선무선전의 공작에 종사하고 있습니다. 그래서 국내에는 극히 조금밖에 남아 있지 않다는 것을 통신에서 봤습니다. 어느 정도인지 명확한 것은 독일대사관에 가도 알 수가 없다고 말합니다.

이탈리아의 이동영사에 대해서는 문헌도 없고 이탈리아대사관에 가도 요령(要領)을 얻지 못했습니다.

뭐랄까요, 지금은 우리들과 서로 사이좋게 지내려 하고 있지만 끊임없이 이상하게 멀어지고 있는 옆 나라 소비에트 러시아에는 약 1만 반의 이동영사대가 편성되어 있습니다. 이것은 철도 연선은 선전열차라는 열차를 편성하여 선전물 또는 필름을 특설차량에 싣고 철도 연선에서 이동영사를 하고 있습니다. 그 외 각 주의 주도, 국도 연변에서는 자동차대(隊)가 활약

---

67) 제2차 세계대전을 말한다.

하고 있습니다. 더 나아가 그보다 안으로 들어가면 짐마차에 싣고 집단농장 또는 국가가 관리하는 공장, 이런 곳들을 돌고 있습니다. 제게 러시아의 이동영사조직에 대해서는 꽤 자세한 자료가 있는데 실로 참고가 될 점이 많은 것 같습니다. 그래서 제1차 5개년 계획이 저렇게 훌륭하게 수행됐다는 것도 그 공적의 반은 소비에트 러시아의 이동영사 덕택이었다고 말하기조차 합니다. 이미 아시다시피 러시아에는 4억 이상의 국민이 있는데 문자를 이해하는 사람은 우리 나라나 독일 등과 비교하면 매우 적어서 우리 나라보다 영화에 의한 선무공작이 한층 더 중요시되고 있는 것입니다. 그리고 소비에트 러시아에서는 영사망 건설의 건설위원이 당원 중에서 나와서 각 주(州) 각 부에 배속되어 끊임없는 이동영사 스케줄 편성을 담당하고 있습니다. 이 건설위원은 몇 월 며칠에는 어느 마을에서 이동영사를 한다는 스케줄을 세움과 동시에 정치공작에도 관련하고 있어 그 활약은 실로 눈부신 부분이 있습니다.

그리고 미국에서는 순업 일을 하는 사람들이 있는데 그 발달이 상당한 것이고 이것도 자동차에 모든 것을 싣고 마을에서 마을로 순업하며 다니는 것입니다. 정부가 이동영사를 하고 있는지 어떤지는 알 수 없습니다.

2.

이동영사를 완전히 행하기 위해서는 특수한 훈련이 필요하다고 생각합니다. 순업 일을 하는 사람들처럼 관객이 와서 돈을 지불하면 그것으로 된다는 듯한 태도여서는 안 된다고 생각합니다. 그러나 어떻게 하면 이동영사가 성공할 것인가, 어떤 조직을 가지면 좋을 것인지에 대해서는 앞으로 차차 ▶32쪽 검토하고, 그럼으로써 훌륭한 조직을 만들려는 게 현 상황이어서 아직 이것이면 되겠다는 제도는 확립하지 못했습니다.

우리 나라에서의 제 단체에 대해서는 전에 신문사 혹은 관청 방면을 말씀드렸는데 그 외에 대정익찬회의 선전부, 이것이 이동문화협회와 연계하여 16밀리 이동영사를 왕성하게 활용하고 있습니다. 이는 장래 옛날의 군관청의 소재지, 그곳에 1반씩을 상주시켜 일본 전국에 6백 반의 조직으로 해나가려는 것이 목표입니다. 이것이 6개년 계획으로 재작년에 시작됐습니다. 더 나아가 농산어촌문화협회라는 것이 있습니다. 또 산업보국회 같은 것이 실시반을 만들어 왕성하게 활약하려고 했는데 마침 그때 우리 나라의 영화신체제 또는 필름 자재의 통제, 배급 문제에 부딪혀서 지금은 혼돈 상태입니다.

한편 우리가 말하는 이동영사는 비영리사업이며 정치경제의 관계상 반드시 없으면 안 되고, 이렇게 있어야 한다는 것에서 출발해서 거의 적자입니다. 그런 의미에서 지금까지의 영리회사인 배급회사에는 이런 조직이 없었습니다.

단 한 회사, 도호영화주식회사가 결연히 이동영사를 시작했는데, 그 역사는 기껏해야 1년하고 조금 지난 정도입니다. 그래서 소유하고 있는 반의 숫자도 18반 정도뿐입니다. 그러나 저는 도호의 사람은 아니므로 진정한 목표라든가 정신은 모르겠지만 추측해보면 아마 도호의 이동영사반은 도호의 마크를 널리 팔기 위해 혹은 도호가 국민들에게 ― 다른 회사는 아닌데 우리는 이만큼 협력하고 있다는 제스처이기도 했다고 생각합니다. 만약 그렇지 않다면 지금은 조금 큰 조직을 가졌을 것입니다. 그러나 아무튼 영리회사로서 18반의 이동영사반을 가졌다는 것은 당시로서는 용감한 행동이었다고 생각합니다.

더 나아가 작년 말에 니혼영화사가 뉴스영화와 문화영화의 보급발달, 보급선전, 혹은 계몽운동, 그런 면에서 이동영사를 다루기 위해 전국에서 약 25반의 조직을 만드는 일에 착수했습니다. 그런데 그때 영사기사가 좀처럼 모이지 않아 실제로 잠깐 활약한 것은 5반뿐입니다.

그리고 올해 4월 1일이 되면서 드디어 배급통제가 시작됐고 뉴스영화, 문화영화 및 극영화가 영화배급회사에 인수됨과 동시에 니혼영화사의 이동영사반, 도호영화의 이동영사반도 지금의 영화배급사로 이어졌고 그것을 바탕으로 하여 보급개발부가 존재하게 됐습니다.

그런데 여러 사정이 있어서 올해 4월 1일에 우리 나라가 소유한 것은 일본 전국에 겨우 10반뿐입니다. 도쿄에 2반, 홋카이도에 2반, 나고야에 2반이고, 그것이 순차적으로 여러 사람이 열심히 노력하고 이해심 있는 상사가 찬성함에 따라 이번 7월 1일에는 이미 전국에서 약 90반을 움직일 수 있는 상황에 이른 것입니다. 아마 영화배급사에 대해서는, 여러분이 혹시 지금까지의 강의에서 들으셨을지 모르겠지만, 업무부 등에서는 예의 개봉 번선(番線)의 결정이 점차 아래로 영향을 미침에 따라 업무부의 일은 재미없어지거나 기계화되리라고 생각합니다. 장래에 우리 회사의 성격을 살펴보면 보급개발부의 발전은 실로 흥미 있는 문제라고 생각합니다. 다행히 사장을 포함하여 각 이사들, 간부 분들은 매우 깊이 이해를 해주셔서 장래에는 일본의 이동영사의 중심 세력을 이루려는 노력을 거듭하고 있는 바입니다. 그러나 유감스럽게도 혹시 이것도 어느 강의에서 들으셨을지 모르겠지만 필름 자재의 결핍 때문에 35밀리의 이동영사는 현재 우리 회사로서는 멈춰야 할지도 모르는 상태에 이르렀습니다.

그렇다면 이를 장래에 어떻게 할 것인가 하면 장래에 우리 나라의 이동영사는 35밀리를 대신하여 점차 16밀리로 전환해가리라고 예상됩니다. 그러나 16밀리의 이동영사와 35밀리의 이동영사를 비교하면 교통 운반은 확실히 16밀리가 뛰어나지만 축사(縮寫) 기술이 조잡하고 또 기계기술이 아직 발달하지 않은 점 등에서 봤을 때 35밀리 쪽이 훨씬 화면이 선명하고 음향도 좋습니다. 현재 필름의 종류도 매우 많은데 16밀리는 아직 부족하지만 장래에는 아까 말씀드린 것 같은 필름 자재 관계, 또는 앞으로도 점점 심각해질 교통기관의 열악함, 또한 우리 나라의 미개한 도로망, 아직도 시골에 가면 수레가 다니는 듯한 현과 도가 곳곳에 존재하고 있습니다. 대형 자동차가 다니지 않는다는 점을 생각하면 조직이 커지면 커질수록 16밀리로 이행한다고 상상할 수 있습니다.

그래서 영화배급사의 보급개발부가 이동영사를 행한다면 영화배급사 자신이 상영망을 건설해나가야 한다고 생각합니다. 어느 면에서 영화배급사는 흥행자에 대해 배급을 통제하고 있으니, 올바른 흥행을 하고 있는 사람들을 무리하게 압박하는 것 같은 일은 피해야 한다고 생각합니다. 그것이 제일 처음에 서술한 부분인, 이른바 상설관이 존재하는 곳에서는 상설관을 극도로 이용한다는 것입니다. 극도로 이용한다는 것은 흥행에만 이용하는 것이 전혀 아니라 오전 중에 놀고 있는 시간을 소국민의 영화교실로 한다든지 또는 정치집회의 영사회에 이용하게 해야 하는 것도 또한 보급개발부가 해야 하는 일이라고 생각하는 것입니다. 그래서 가설흥행장이 없는 곳, 상설관이 없는 곳에 우리들의 이동영사반이 나가는 것이 올바른 절차가 아닌가 하고 생각합니다. 이미 4월 1일에 개봉된 영화가 십몇 주 도중에 더 이상 영화관에 걸리지 않는 상황입니다. 점점 더 영화관을 이용하여 필름을 회전시키는 것이 목적이어야 하는데, 그러나 지금 그것이 불가능한 딜레마에 빠져 있는 것입니다. 그래서 영사망을 확립하는 일에 대해서는 일손도 부족하여 거기까지 조직되고 있지 않습니다. 익찬회라든가, 군(郡)의 농회(農會)라든가, 혹은 건강보건협회라든가 공공단체 등의 조직을 통해서 이와 제휴하여 행하고 있습니다. 그러나 이 상태는 과도적인 것이며 다행히 이런 공공단체가 이동영사를 이해하고 사람들이 언제나 열심히 해주면 좋겠지만 그런 사람들이 없는 곳도 있습니다. 또 장소에 따라서는 그런 사람들이 관청 직원 등의 전출로 인해 열심히 하지 않는 사람들로 바뀌게 되면 모처럼의 계획이 도중에 수포로 돌아갑니다. 요컨대 영사망 확립을 공공단체에 의존한다는 것에 매우 위험성이 있고 불안함도 있어서 이는 장래 우리 회사의 보급개발부 스스로의 손에 의해 ▶33쪽 아무래도 확립해야 하는 문제라고 생각합니다.

그리고 아무리 상영망이 훌륭하게 확립되더라도 그런 사람들은 어떤 경우에는 오퍼레이터이고 어떤 경우에는 우리 사무직원입니다. 오퍼레이터의 경우에는 직접 스스로가 확립한 영사망으로 대중을 접하지만, 우리가 이런 스케줄을 만들고 책상 위에서 이런 것을 생각하는 것은 추상적이며, 직접 대중들과 부딪히는 것은 영사기사인 것입니다. 그 점에서 영사기사의 훈련은 하루도 늦출 수 없는 문제입니다. 지금 현재, 4월 1일부터 출발하여 겨우 10반을 바탕으로 하여 오늘날 90반이 됐습니다. 이 과정을 보더라도 새로운 영사기사가 새로운 조직, 훈련 밑에서 90반이 된 것이 아니라는 것은 여러분이 금방 상상할 수 있었을 것입니다. 이 90반

의 영사에 종사하는 영사기사는 혹은 아까 말씀드린 순업하는 사람들을 정리하여 만들어진 영사기사이거나 혹은 '와카모토(わかもと)' 같은 화장품 선전광고를 위한 이동영사를 하고 있던 사람들이며 혹은 더 나아가 영화관에서 흘러 들어온 사람들이며 처음부터 이동영사의 기사로서 훈련을 받고 조직된 사람들은 아니라는 것입니다. 장래 이 사람들을 훈련하고 기술의 향상과 더불어 소질 향상과 수련에 대해서는 이 또한 영화배급사의 큰 문제 중 하나입니다. 지금 여러분이 받고 있는 교육이 영사기사 부분에서도 다루어져야 한다고 생각합니다.

다음으로 농촌에 혹은 공장에 제공하는 영화의 선정에 대해서는 우리는 현실 문제로서 하루의 영사가 끝나면 좌담회를 열거나 혹은 가끔 우리가 모여 어떤 것을 제공하면 좋은지에 대해 계속 신경을 써왔습니다. 그러나 장래 큰 조직 아래서 이를 실행에 옮긴다고 한다면 관민 공동으로 프로그램의 편성심의회라고 할까 그런 것을 가질 필요가 있지 않나 싶습니다.

이런 것이 혼연일체를 이루어 비로소 이동영사의 완전한 조직 및 완전한 영사 목적을 달성하게 된다고 확신하고 있습니다. 그래서 차차 그런 방향으로 나가기 위해 오늘날 우리 보급개발에 종사하고 있는 이들은 노력하고 있는 현황입니다.

그리고 필름 자재의 문제인데 필름 자재와 폭약의 원료라는 것이 일치하는 점이 많아 현재 시국하에서는 이동영사는 필요하지만 그를 위해 필름을 새로 인화하는 짓은 허용되지 않습니다. 그러나 우리가 완전한 조직을 가지고 일을 완전히 수행해나간다면 그 실적에 따라서는 혹은 말하기에 따라서는 충분하지는 않지만 얼마간이라도 그 방면으로 돌려주지 않을까 혹은 그런 방법이 있지 않을까 하고 생각하고 있습니다. 35밀리에 의한 이동영사는 제일 처음에 말씀드린 커다란 목표에서 보면 점차 16밀리로 이행해 가지 않을까 싶지만 거기까지 가기에는 상당한 유예기간이 존재할 것 같습니다.

지금 한 가지 생각할 수 있는 것은, 이동영사를 위해서는 가능한 한 경영조직을 간략하게 해야 합니다. 실제로 이동영사에 종사하는 것은 영사반이고 이를 움직이기 위해서 여러 복잡한 기구를 만드는 것은 곤란합니다. 실제로 한 반이 몸 바쳐 싸우는데, 그 총후에서 많은 사람들이 일한다는 것, 이것은 피해야 하는 일이 아닐까 싶습니다. 요컨대 그를 위한 경영조직에서는 가능한 한 사람을 적게 쓰고 정말로 제1선에서 활약하는 이동영사반 사람들은 점점 늘려야 한다고 생각합니다. 이런 목표를 향해 우리는 노력하고 있는 상황입니다.

혹시 이 안에는 장래에 보급개발로 지망할 분도 있지 않을까 합니다. 보급개발은 이동영사반과 함께 산에 가거나 바다로 가거나 혹은 스키를 타고 가거나 하니 재미있을 거라고 생각하면 큰 오산입니다. 실제로 이동영사반의 노고는 말이나 글로 이루 다할 수 없습니다. 지금은 더운 낮 동안은 그 밤을 위해서 이동하며 걷는 여행으로 시간을 보냅니다. 저녁에는 일찍

영사 준비를 시작합니다. 백성들은 숯을 굽는 곳에서부터 혹은 들판에서부터 회장으로 모이는 시간이 8시, 9시입니다. 약 2시간의 한 프로그램을 서둘러 영사하여 끝나면 11시 혹은 12시입니다. 그리고 더 나아가 좌담회를 하거나 혹은 그날의 일보(日報)를 작성하거나 하고 다음 날은 또 아침 일찍부터 그다음 목적지를 향해 출발합니다. 영사반은 실로 힘든 일에 종사하고 있습니다. 이런 영사반에 잘 익숙해지면 좋지만 빈둥거리며 사무를 하거나 자신의 취향에 맞춰 그 영사반과 행동을 같이한다는 것은 이를 움직이게 하는 우리 입장에서는 허용되지 않습니다. 따라서 우리들 그를 위한 직원이라는 이들은 업무부 혹은 그 외의 부문에서 보면 매우 힘든 일일지 모릅니다. 그런 일이 요청되고 있습니다. 지금까지의 영화회사에서는 이런 면은 허술했습니다. 우선 보급개발부는 그런 생활태도부터 고쳐나가야 합니다.

1942년 9월 21일 | 제60호 | 35~40쪽

영화배급의 본질과 실제
[영화배급사 직원양성소 강연록]

우다 다쓰오(宇多龍雄)

저는 영화배급의 본질과 실제라는 제목으로 영화배급은 어떤 것인가, 영화란 무엇인가, 영화배급이란 무엇인가에 대해 대체로 말씀드리겠습니다. 그다음으로 영화배급이 이른바 구체제의 자유배급 시대에, 다시 말하자면 통제되지 않았던 이전에는 어떤 식으로 이루어졌는가, 그것도 실무상의 방법이 아니라 어렵게 말하자면 이론적이라고 할까요, 이론적으로 이렇게 해야 한다고 생각됐고, 이런 이념하에 이루어졌다는 이야기를 하고 거기에서 나온 여러 문제를 다루겠습니다. 그다음으로 배급이 통제되고 일원화되고 나서의 영화배급의 실제 문제, 그것도 업무상의 여러 문제가 아니라 소위 말하는 이론적, 관념적이라고 할까요, 그런 의미의 제 문제를 들어보려고 생각하고 있습니다. 통제되고 나서의 여러 문제에 대해서는 다른 분들이 의견을 말했을 텐데, 단지 단순히 이런 문제가 일어났다, 혹은 현재 일어나고 있다는 것을 말씀드리는 정도로 하여, 이것은 이렇게 조치해야 한다는 식의 실무적인 것은 될 수 있는 한 피하려고 합니다.

우선 처음으로 영화배급의 본질부터 말씀드리겠습니다. 영화배급, 혹은 영화란 무엇인가, 여러분은 알고 계십니까. 배급하는 영화, 영화배급의 목적물은 무엇인가. 이것은 아무것도 아닌 것 같은 문제이면서 좀처럼 파악하기 어려운 문제입니다. 영화란 무엇인가 하면 대개의 사람들은 필름이라고 생각하겠지요. 그러나 필름이 아닙니다. 영화배급의 목적물은 유체물(有體物)인 필름이 아닌 것입니다. 이것은 지금까지 영화배급에 관여해온 사람들도 아마 8할 정도는 그런 일에 무관심해왔기 때문이기도 하겠지만, 영화배급이란 결국 영사용의 포지필름을 배급해가는 것이다, 영사용 포지필름의 제작과 흥행자 사이에 선 배급기능이다, 이런 식으로 생각하고 있는 사람이 많습니다. 그러나 실은 배급되는 영화, 영화배급의 목적물은 이런 것이 아닙니다. 영화란 형태상으로 보이는 것에서 말하자면 가늘고 긴 농담(濃淡)이 있는 에멀션을 가지며 양측에 구멍을 뚫은 셀룰로이드 제품임에 틀림없지만, 배급의 목적물인 영화라는 것은 셀룰로이드 제품 그 자체가 아니라 유체물인 영사용 포지필름, 이른바 프린트를 중개로 하여 그것을 영사기에 걸어 영사하는 일에 의해 스크린 위에 나타나는 그림과 소리,

이것이 영화의 본질입니다. 영화란 결코 유체물은 아니며 스크린 위에 비추어지는 움직이는 것처럼 보이는 그림과 기계적으로 재현(再製)되는 소리, 그것이 배급의 목적물인 영화입니다. 물론 영화를 배급하기 위해서는 그 방법으로서 중개물로, 영사용 포지필름이 필요합니다. 그러나 배급의 목적물은 프린트 그 자체가 아니라 무체물(無體物)입니다. 이를 명확히 인식해주셨으면 합니다. 그렇다면 실제 영화배급 운용에서 실무는 영사용 포지필름을 배급하는 일이기 때문에 유체물인 프린트에 중점을 두기 마련인데 영화의 본질은 어디까지나 무체물이라는 것을 확실하게 기억해두셨으면 합니다.

그렇다면 그 무체물인 영화의 배급이란 무엇인가 하면, 유체물인 프린트를 빌려주거나 사거나 하지는 않고, 무체물인 영화를 빌려주거나 또 매각하는 것이고, 영화란 제작되면 그것은 하나의 저작물이 됩니다. 이에 의문을 품으시는 일은 없으리라고 생각하지만 영화가 저작물의 하나인 것은 문제가 없다고 치고, 영화를 제작한 제작자는 그 영화의 저작자가 됩니다. 저작자란 저작권법에 의해 그 저작물에 대해 저작권을 향수(享受)하는 것입니다. 저작권을 경제적으로 배타적으로 독점할 수 있습니다. 그 저작권의 일부라고 할까, 기능이라는 단어를 법률상 사용하고 있는데, 저작권의 기능으로서 복사권, 복제권, 흥행권이라는 권리를, 다시 말하자면 저작권에서 파생하는 권리를 향수하고 있는 것입니다. 배급권이라는 것, 이것은 법률상 어떤 것인지 명확하게는 모르겠지만, 어쨌든 배급권이라는 단어로 나타내는 권리도 당연히 저작권에 포함돼야 하는 것입니다. ●

그런데 영화배급이 통제되어 영화배급사에 일원화된 오늘날에는 저작권의 기능으로서의 배급권의 대부분이 영화배급사의 손에 넘어가버렸다고 생각합니다. 그러니 현재는 소위 배급권이 영화의 저작권에서 제외되고 있습니다. 영화의 저작권, 즉 제작자는 배급권은 가지고 있지 않다고 해석되고 있습니다. 그러나 통제 이전의 자유배급 시대에는 배급권도 물론 당연히 저작자가 향수하고 있었습니다. 그래서 영화의 배급이란 무엇인가 하면, 결국 신체제가 되고 나서는 저작권자는 영화배급사가, 그 향수하고 있는 배급권을 발동하여 배급권의 일부라고 생각되는 흥행권이라든가 상영권이라든가 하는 것을 행사합니다. 행사하는 방법으로서는 영사용 포지필름을 매개로 하여 상영권, 흥행권을 분양합니다. 시간적으로 혹은 장소적으로 제한을 두고 일시적으로 그 상영권이나 흥행권을 이전하는 것입니다. 그 행위가 영화배급의 본질이라고 저는 생각합니다. 물론 그 행위 뒤에는 그것을 매개하는 프린트라는 것이 있습니다. 그러나 배급 목적이 프린트가 아니라는 것은 아까 말씀드린 대로이고, 스크린 위에 재생되는 그림과 소리가 영화의 본질이고, 저작권에서 파생하는 흥행권, ▶35쪽 상영권을 시간적으로 장소적으로 제한을 더해 허락하고 분양하는 행위가 영화배급의 본질이라고 생각하는 것입니다.

따라서 영화배급에서 생겨나는 배급수입이란 결국 그 상영권, 흥행권을 제3자에게 분양하고, 장소적으로 시간적으로 제한을 더해 허락한 대가로 권리소유자가 취득하는 대가이며, 영화배급의 본질에서 동떨어진 영사용 포지필름, 프린트의 단순한 사용손료(損料)는 아닙니다. 가격 등 통제령 등으로 일률적으로 영화의 임대료를 ─ 임대료라는 말을 사용하니 프린트의 사용손료와 동일하게 간주되는데 ─ 배급수입을 일정한 금액으로 고정시키려고 해도 유체물에 대한 배급대상이 아니기 때문에 통제령으로 100% 억제하는 것은 불가능한 일이며, 또 실제로 도리도 아니라고 생각합니다. 실제로 여러 문제가 일어났는데 결국 영화의 배급수입, 주로 임대요금인데 이에 대해 적용되지 않았습니다. 즉 유체물인 포지필름은 어디까지나 중개물이고 배급되는 영화란 소리와 그림이며, 그 소리와 그림을 상영하고 흥행하는 권리를 분양한 대가가 영화의 배급수입이며 임대요금이기 때문에 이러한 생각이 저는 영화배급에 대한 올바른 사고라고 생각합니다. 이것으로 영화 자체의 본질, 영화의 배급이란 무엇인가에 대해서는 대체로 알 수 있으리라고 생각합니다.

다음으로 제작과 배급의 한계에 대해 잠깐 말씀드리겠습니다. 영화제작은 어디에서 끝나는가, 영화를 배급하기 위해서는 아무래도 영사용 프린트를 복제해서 많이 만들어야 하는데 그것을 복제하는 과정은 제작인가 배급인가 하는 것입니다. 이것은 어느 쪽이든 상관없는 문제인데, 이 문제의 결정에 따라 현재처럼 제작도 통제되고 배급도 통제되는 상태에서, 많이 복제한 프린트에 사용되는 생필름이 어디에 배급되는가, 상공업에서 제작업에 배급돼야 하는가, 배급자 즉 영화배급사에 배급돼야 하는가 하는 문제까지 진행되고 있습니다.

저는 이렇게 생각합니다. 영화제작은 처음 한 편의 포지필름이 완성됨으로써 그 영화의 제작은 완성되는 것이라고 생각합니다. 왜냐하면 아까도 영화의 본질에 대해서 말씀드렸듯이 영화의 제작이란 결국 포지필름을 만드는 것이 아니라 재생되는 그림과 소리를 제작하는 것이 목적이어야 하며, 그 저작물인 그림과 소리를 재생하기 위한 한 편의 포지프린트가 있다면 그것으로 제작은 완성됐다고 할 수 있을 것입니다. 예를 들면 연극의 각본, 무대극(芝居)의 각본이란 활판이나 등사판을 이용하여 전혀 많이 복사하지 않더라도 원고용지에 쓰인 것만으로 완성되는 것입니다. 단, 그 각본을 실제 연극에서 연출할 경우에 필요하니 배우들이 요점만 메모하거나 어떤 경우에는 활자로 인쇄하거나 등사판으로 찍거나 하는 것인데, 연출을 위한 편의상 복제는 있어도 복제하지 않은 채 원고용지에 쓰인 것으로 이미 그 연극의 각본은 저작물로서 완성된 것이라고 생각합니다. 물론 각본의 형식으로 읽히는 목적으로 출판되는 일도 있지만, 사실상 예외 없이 출판되고 있지만 연극을 연출하기 위한 각본이란 그 각본대로 읽히지 않아도 되는데, 출판은 다른 문제입니다. 영화도 이와 마찬가지로 몇 편이나 프린트가 없더라도 연극의 경우에 단순히 원고용지에 펜과 잉크로 쓰인 것만으로 저작이 완성되고 있는 것과 마찬가지로, 한 편의 포지프린트가 완성되기만 하면 이제 그것으로 제작은 완성됐다고 봐야 한다고 생각합니다. 그렇다면 결국 영화의 제작이란 최초의 한 편의 포지프린트가 완성되고, 따라서 제작의 한계는 여기까지이고 다수의 프린트를 복사한다는 것은 배급의 필요에서 행해지는 것이므로 배급 부문의 직능이라고 생각하고 싶습니다.

현재는 극영화의 제작회사가 3개사로 통제되고, 제작 편수는 대체로 각사 모두 월 2편씩으로 되어 있으며, 이에 대해 포지의 생필름이 평등하게 할당배급이 되고 있지만, 제작회사는 자신의 곳에 할당배급이 되는 생필름이면서, 영화배급사가 그 배급에 필요한 수량의 프린트의 추가 인화(燒增)를 요구함으로써 비로소 복제권을 행사할 수 있고, 스스로의 자유의지로 프린트 편수를 증가시키거나 감소시키는 것을 요구할 수는 없습니다. 증감(增減)해서 인화할 수는 있지만 요구 편수량 이상으로 인화하더라도 영화배급사는 요구 편수밖에 배급하지 않는 상태입니다. 생필름의 현물은 배급되더라도 그 사용은 전부 영화배급사의 결정에 따라야 하는 상황이고, 이런 상황에서 생각해도 영화의 제작이란 어디까지나 처음 한 편의 프린트가 완성되고 그것으로 종료되는 것이며, 프린트를 많이 인화한다는 것은 배급상의 편의를 위한 것입니다. 이는 배급 부문의 직능이며 오히려 그 인화에 필요한 생필름이 제작 부문에 배급된다는 것이 이상한 게 아닌가 하고 저는 생각하고 있습니다. 따라서 영화의 배급이란 본질적으로 말하자면 제작자로부터 처음 한 편의 프린트를 받고, 제작된 처음 한 편의 프린트를 중개로 하여 그 영화의 위탁을 받으며 이렇게 해서 배급의 편의상 그 영화의 필요 수량의 프린트를 추가 인화하고 여기에서 배급의 직능이 시작되는 게 아닌가 싶습니다.

이렇게 생각하면 영화의 저작권자에게 남겨진 저작권 기능이라는 것이 매우 미약합니다. 이 문제에 대해서는 앞으로 크게 문제가 되리라 생각합니다.

그리고 다음으로 영화배급의 기능에 대해 말씀드리겠습니다. 영화배급이란 어떤 일을 하는가, 배급이란 원래 생산과 소비 사이에서 연락을 취하는 것인데, 영화의 경우에는 어디까지가 배급이고 어디까지가 소비인가 매우 애매모호합니다. 그것은 다른 모든 기업에서도 마찬가지이며 배급 기능이란 때로는 분화하고 때로는 합성되어 항상 획연(劃然)하지 않은 것이 당연합니다. 영화배급인 경우에도 극히 대략적으로 나누면 제일 위에 우선 생산자로서의 제작자가 있고 그다음에 소비자와 생산자 사이에 들어가서 각종 연락을 하는 배급기관이 있습니다. 그 배급기관에 따라 제작자와 연락을 유지하고 있는 흥행기관, 상영기관이 그 밑에 있습니다. 영화의 배급기관이란 흥행 혹은 상영기관과 제작기관 사이에서 연락을 취하는 것이 그 기능인데, 흥행기관이나 상영기관이란 결국 소비자는 아닙니다. 결국 마지막 소비자는 어디까지나 관객이어야 하는 것입니다. 그러면 흥행자가 다른 여러 사업에서 말하는, 일종의 가공을 하는 기능을 가지고 있다고도 생각할 수 있습니다. 흥행자도 또 일종의 배급기관이라고 간과하지 않을 수도 없습니다. 그리고 영화의 배급기관이라고 해서 앞에서도 이야기한 배급의 편리를 위한 포지프린트를 — 복제하는 것은 사실 저작권자인 제작자라 하더라도 — 복제를 요구해서 복제한다는 것은, 일종의 생산자로서의 기능을 가지고 있다고도 생각할 수 있습니다. 기능상에서 말하자면 이렇게 흥행자도 어느 경우에는 소비자이며 ▶36쪽 어떤 경우에는 배급기관이라는 식으로 생각할 수 있습니다.

지금 영화배급사라는 것이 생겨서 영화배급을 일원적으로 통제한 경우, 이 통제된 배급이 어느 한도까지 미치는가, 다시 말하자면 흥행자가 가지고 있는 배급기능적 색채를 어느 정도까지 통제하는가라는 점이 매우 문제일 것이라고 생각합니다. 어떤 사람은 흥행 부문은 지금 말한 가공적 기능 등 소비자보다도 오히려 배급기관으로서의 기능을 아마도 가지고 있으니, 영화배급사가 흥행 부문도 포함하지 않으면 영화배급통제가 확립되지 않았다고 왕성하게 말하고 있지만, 저는 그렇게는 생각할 수 없습니다. 영화배급사가 현재와 같은 방법으로 배급을 하고 있다면 흥행 부문이 가지고 있는 배급적 기능은 어느 정도까지라고 하기보다도 거의 대부분이 영화배급사에 흡수돼버립니다. 따라서 흥행 부문까지도 어느 정도 그 통제하에 둘 수 있다고 사실로 보여주고 있는 것입니다. 예를 들면 홍계 백계의 두 배급 계통으로 나누고 말았다든가, 번선(番線)을 결정하고 말았다든가, 두 계통의 프로그램을 결정하고 번선에 따라 전국으로 보낸다든가 하는 것은 대부분이 흥행자 각자의 요구에 따른 것이 아니라 영화배급사가 공정하게 결정한 것이며, 그뿐만이 아니라 그런 영화배급회사가 채택하고 있는 방침, 방법에 따라 흥행자가 가지고 있는 배급적 기능은 거의 없어졌고, 저는 현재처럼 배급 부문만 일원화됨에 따라 어느 정도까지 필요 한도의 영화배급 기능은 통제를 확립할 수 있지 않는가 하고 생각합니다.

이야기를 앞으로 돌려 원칙적으로 말하자면 영화기업에서도 그 기업의 화물(貨物)과 마찬가지로 생산과 소비는 꽤 동떨어져 있습니다. 영화에서의 생산은 제작자이며, 소비자의 마지막(終極)은 관중입니다. 관중과 소비자 사이에는 관념적으로도 물리적으로도 매우 간격이 있습니다. 그 간격의 거리를 물리적으로도 관념적으로도 제거하는 것이 영화배급의 사회적 기능인 것입니다. 그런데 그 영화배급 기능에서 가장 중요한 것을 대체로 저는 세 가지로 나눌 수 있다고 생각합니다. 첫 번째로 제작자와 소비자 사이의 관념적인 연락 기능입니다. 두 번째로 물리적인 연락 기능, 세 번째로 점유권 이전의 기능, 이것은 이제 다른 화물에서도 항상 반드시 행해지고 있는 것인데, 특히 영화의 경우에는 관념적 연락 기능, 물리적 연락 기능, 점유권 이전 기능, 이 세 가지가 중요하다고 생각합니다.

첫 번째의 관념적 연락 기능이란 수급(需給) 관계의 조사 탐지에 의해 영화에 대한 관념을 양쪽에 전달하는 일로, 다시 말하자면 소비자인 대중이 어떤 영화를 요구하고 있는지 같은 일은, 실제로 소비자와 직접 절충을 하지 않는 제작자에게는 미지일 경우가 많지만, 그것을 배급기관이 연결해줍니다. 그리고 제작 부문에서 어떤 방침으로 제작되고 어떤 영화가 만들어지는가, 언제쯤에 완성되는가 하는 일을 일반 대중은 모릅니다. 이를 관객이라고 해야 하는 일반 대중에게 알립니다. 여기에는 여러 방법이 있는데, 예를 들면 선전이라든가 광고라든가 하는 방법은 그것이 제작기관에서 행하는 것이어도, 배급기관에서 행하는 것이어도, 흥행자가 행하는 것이어도, 또 그 목표가 흥행자여도, 일반 대중이어도, 이는 결국 영화배급의 중대한 관념적 연락 기능의 하나라고 생각합니다. 그런 관념적 연락이 행해짐으로써 비로소 소비자가 어떤 영화가 제작되고 있는지를 알 수 있고, 이 경우의 소비자는 일반 관객 대중이어도 흥행자여도 됩니다. 그런 영화라면 일반 대중에게서 이 연락으로 재미있을 것 같으니 보고 싶다는 수요가 일어나게 될 것입니다. 흥행자라면 그런 영화라면 상영하자는 수요가 일어날 것입니다. 또 이와는 반대로 일반 관객이 어떤 영화를 요구하고 있는지를 제작자에게 전달합니다. 이는 제작자 스스로 배급 부문을 가지고 흥행 부문을 가지고 있던 구체제 시대에서는 극영화의 제작자는 자사의 배급 부문이나 흥행 부문에서의 내부적 연락에 따라 탐지할 수 있었지만, 신체제로 바뀌고 나서 자사 직속의 흥행 부문, 즉 직영관 이외로부터는 직접 전달 연락을 받을 수 없게 됐습니다. 아무래도 신배급기관인 영화배급사가 이런 연락을 해야 합니다. 또 구체제 시대의 문화영화의 제작자는 자신의 배급 부문도 흥행 부문도 갖지 않고 있으며 게다가 그런 점에서 연락을 잘해주는 배급기관도 없었습니다. 이것이 지금 비축되어 있는 매우 많은 양의 문화영화의 질이 나빠진 원인 중 하나라고도 생각할 수 있다고 저는 봅니다. 더 나아가서는 일본의 문화영화의 발전이 생각만큼 되지 않았던 하나의 원인이라고도 생각할 수 있다고 저는 보고 있습니다.

그래서 그런 관념적 연락 기능이 행해지면, 여기에서 시작되어 제2의 물리적 연락 기능이 행해집니다. 그 물리적이라는 것은 품질적, 또 수량상에서, 장소상에서, 그리고 시간적인 상황에서, 반드시 적절한 말은 아닌 듯하지만, 아무튼 관념만은 아닌 실무상의 연락이 행해지고 있습니다.

영화사업의 경제조직에서도 제작자와 일반 관객과는 영화를 중심으로 하여 물리적으로 떨어져 있습니다. 이 물리적 거리를 제거하지 않으면 영화의 사회적, 경제적 유동은 행해질 리가 없습니다. 제작자가 제작한 영화가 조금도 물리적으로 이동하지 않고 있다면 일반 관중이 그 영화를 보는 것은 가능할 리가 없습니다. 이렇게 해서 배급의 실무로서 물리적 연락 기능이 행해지는 것입니다.

우선 품질적 연락, 이것은 단순히 영화를 혹은 중개물인 프린트를 가지고 가거나 가지고 오는 것이 아니라 어떤 영화가 어느 곳의 제작자의 손으로 제작되어 이를 어느 수요자에게 배급할 것인가 하는 연락 기능이어서, 이것은 현재의 극영화로 말한다면 쇼치쿠에서는 이런 영화를 만들었고 도호에서는 이런 영화를 만들었는데 흥행기관에서는 홍계와 백계의 2계통이 있으니 쇼치쿠의 작품은 홍계에서 백계로 돌리고 도호 작품은 백계로 돌리는 일입니다. 혹은 문화영화에 대해서도 말할 수 있는데, 문화영화의 비축이 이만큼 있고 이 중에서 어느 것을 어느 극영화와 동시에 개봉한다는 식의, 품질을 선별하는 기능, 그 품질의 선별이란 매우 손이 많이 가는 일이며 이것 등이 영화배급사로서의 실제 업무상, 실무상 가장 중요한 일의 하나라고 생각합니다.

다음으로 수량적 연락, 이것도 중요한 문제입니다. 생산자가 공급할 수 있는 품질의 수량과 소비자가 요구하는 품질의 수량이라는 것은 항상 일치하지 않는 것입니다. 영화의 경우에도 제작자가 제작할 수 있는 영화의 종류는 이미 아시다시피 매달 극영화 6편에 문화영화 4편, 극영화의 프린트 편수 월액 180편, 문화영화의 프린트 편수는 200편으로 제한을 받고 있는데, 흥행 부문은 어떤 제한을 받고 있지 않기 때문에 그 수요 수량은 구체제 시대와 조금도 바뀌지 않았습니다. 그 수급의 수량적 장해(障害)를 제거하기 위해서는, 이것은 매우 곤란한 일인데, 다른 상품 등으로 한번 전 생산품을 중앙시장에서 모으고 그런 후에 이것을 할당 분할하는 것처럼, 영화에서도 필연적으로 배급을 일원화하여 과대한 수요에 대해서 적정하게 분산해가려는 목적하에 우리 영화배급사가 생겼다고 저는 생각하고 있습니다. 또 이와는 전혀 반대로 문화영화는 지금 매우 많이 비축되어 있고 이 비축분을 어떻게 소화해갈 것인가 하는, 이전과는 전혀 정반대의 수량적 장해를 제거하는 기능을 수행해야 하는 것입니다. 왜 이런 식으로 문화영화의 비축이 ▶37쪽 많은가 하면, 하나는 문화영화 제작자가 소비 수량을 고려하지 않은 채 무제한으로 제작했습니다. 소비 수량을 고려하지 않은 채 무제한으로 제작한다는 것은 과거의 문화영화의 배급 기능이 관념적으로 연락이 불충분했다는 중요한 증거입니다. 만약 과거의 문화영화의 배급 기능에서 관념적 연락이 소비자에서 생산자로 그 수요의 수량이라는 점에서 충분히 행해지고 있다면 문화영화가 그만큼 생산과잉은 되지 않을 것입니다. 또 과거의 문화영화의 배급기관이 그 물리적, 수량적 연락 기능을 적절하게 발휘하고 있다면, 즉 수요에 대한 공급과잉이라는 수량적 장해를 제거하기 위해서 적절한 방법을 취하고 있다면 이만큼의 비축분은 생기지 않았을 것입니다. 아무튼 지금까지의 배급 기능은 유감인 부분이 있었기 때문에, 그것만이 원인은 아니지만 그 결과로서 필요 이상의 비축분이 있습니다. 이 과잉 수량을 어떤 식으로 소화해나갈 것인가, 예를 들면 매주의 개봉 편수를 늘리는 식으로 이 조절을 도모하는 것 같은 기능에 대해 수량적 연락 기능이란 말을 지금 사용하고 있습니다. 그런데 요컨대 통제를 받지 않았던 시대에도 제작에 통제가 행해진 현재에는 물론 생산과 소비가 수량적으로 항상 다르니 그것을 조절하는 기능입니다.

이는 전혀 다른 문제인데, 왜 비축분을 소화해야 하는가 하는 문제입니다. 나중에 시간적 연락 부분에서 말씀드리겠는데, 비축분은 어느 정도까지 절대로 필요합니다. 그러나 필요 이상의 비축분은 사장 재고(デッド·ストック)[68]가 아니더라도 피해야 합니다. 왜냐하면 특히 문화영화의 경우 등은 사회정세의 변화에 따른 작품가치의 저하라는 것을 생각할 수 있다는 것, 또 지금 하나는 금융 관계의 문제입니다. 사회정세는 이 1년 동안 180도의 회전을 하고 있습니다. 1년 전의 제작품이 대동아전쟁하에서 제작 당시의 가치를 유지할 수 있을까. 또 문화영화 제작자는 대부분 약소자본에 의한 것으로 영화에 투하되는 제작비가 1년 동안이나 잠자고 있는 것이 좋을 리가 없습니다. 이런 의미에서 필요 이상의 비축분은 소화해나가야 합니다.

그리고 다음으로 장소적인 연락 기능, 이는 이제 다른 산업과 전부 마찬가지이며 생산자와 소비자는 항상 장소적으로 격리되어 있는데, 그 거리를 줄이고 거리의 격리를 제거하는 기능입니다. 영화배급의 경우에 이것은 이제 이론상 가장 간단한 문제이며 완성된 영화를 제작자가 영화배급사에 납입하고 영화배급사가 각 지점을 경유해서 이를 흥행자에게, 그리고 더나아가 일반 관객에게 배급하고 분산합니다. 다시 말하자면 운송(輸送)입니다. 이 운송이란 물리적인 배급 기능 중에서도 이론상에서는 간단하지만 실무상에서 보면 가장 중요한 것으로, 아마 배급이라는 직분이 생긴 원인은 이 장소적 격리였다고 해도 과언이 아니라고 생각하는데, 영화배급의 경우에도 이 장소적 연락 기능이, 다시 말하자면 운송이 표면에 나타난 영화배급의 실무로서 가장 중심을 이루는 것이 아닌가 하고 생각합니다. 영화배급사에서는 업무부 선정과 및 관재부(管財部) 창고과가 오직 이 일에 전념하고 있다고 해석됩니다. 그러나

---

68) dead stock. 팔리다가 남은 상품을 말한다.

예전부터 운송 능률을 높이는 일은 배급 능률을 높이는 일이라고까지 말할 정도로 이 장소적 연락 기능은 중요하다고 할 수 있습니다.

그리고 그다음으로 시간적 연락 기능. 시간적 연락 기능이란 무엇인가 하면 다시 말하자면 저장 기능입니다. 영화배급의 경우에 저장 기능이란 가장 좋은 예를 들자면, 바다의 기념일, 해군기념일, 육군기념일, 항공기념일에는 반드시 그 기념할 만한 사항을 강조하는 것 같은 영화를 상영하는 일이 요청됩니다. 이럴 때에는 적당한 영화를 어느 정도 전에 제작해두고 이를 비축하거나 혹은 비축 작품 중에서 적당한 영화를 선출해나가는 등, 제작과 상영을, 다시 말하자면 생산과 소비를 시간적으로 조절해나가야 하는 것입니다. 또 지금 영화배급사가 행하고 있는 극영화의 제작 완료와 개봉일의 관계, 이것은 구체제 시대와 비교해서 아무런 진보도 없는데, 원인은 한마디로 말해서 비축분을 가질 수 없기 때문이라고, 시간적 연락 기능이 충분히 발휘되지 않았기 때문이라고 할 수 있지 않나 싶습니다. 아까 문화영화의 비축분에 대해 말씀드렸는데 원활한 정기적 배급을 확립하기 위해서는 아무래도 어느 정도의 비축분은 절대로 필요한 것입니다. 문화영화처럼 다량의 비축분은 곤란하지만 말입니다.

지금까지 말씀드린 품질적 연락, 수량적인 연락, 장소적인 연락 및 시간적 연락이라는 모든 영화의 실무적인 방면에서 본 연락 기능, 이것이 관념적 연락에 따라 생기는 수급에 대한 물리적 연락 기능입니다.

그리고 제3의 점유이전 기능이란 물리적 연락 기능이 행해질 경우에 반드시 영화라면 영화의 점유권이 이전하는 것입니다. 어떤 물건(品物) 처리가 다른 사람에게 맡겨진 경우, 다시 말하자면 배급이 실현될 경우에는 점유권이 이전돼야 합니다. 아까 영화배급이란 무엇인가 하는 부분에서 말씀드렸습니다. 영화의 흥행권의 장소적, 시간적 제한을 덧붙인 일시적인 이전이란 점유권 이전을 의미합니다. 우선 영화가 제작자로부터 배급기관에 양도할 때 점유권이 이전하며, 그러고 나서 배급기관에서 흥행자에게 분산될 때 더 나아가 일시적이기는 해도 점유권이 이전되며 흥행권이 이전되는 그런 권리의 이전이라는 기능입니다. 이것이 지금까지의 자유배급 시대에는 실로 중요한 문제여서 이 권리가 이전됨과 동시에 권리의 이전에 대한 대가로 항상 돈을 지불했습니다. 이것도 다른 모든 산업과 마찬가지인데, 생산 부문에서 배급 부문에 물건(品物)이 전해지면 반드시 거기에서 대가가 지불됩니다. 화폐로 이전된 점령권이 보충되고, 영화의 경우에도 마찬가지로 제작과 배급과 흥행을 모두 자신의 손으로 통합하고 있는 종합영화회사라고 할 수 있는 것과는 별도로 본질적으로 제작과 배급과 흥행을 따로 생각하면, 제작자가 배급자에게 영화를 건네주고 배급자는 그 영화의 대가를 돈으로 지불하여 영화와 돈의 교환이 이루어집니다. 배급자가 흥행자에게 영화를 배급하는 경우에도 마찬가지로 흥행권이 일시적으로 이전함과 동시에 그 대가로서 돈을 지불합니다. 점령권의 문제는 차치하고서라도 그 돈이 지불된다는 것이 중요하며, 배급자는 흥행자로부터 될 수 있는 한 많은 돈을 받고 제작자에게는 될 수 있는 한 적은 돈을 지불하면 그곳에서 영리가 발생합니다. 이 영리에 눈을 돌린 상인이 혹은 사업가가 배급기관을 경영하게 되면 아무래도 배급의 사회적 기능 등은 모두 잊어버리고 오직 영화와 돈과의 교환에 의한 금전의 증식만이 근본 목적이 돼버리는 것입니다. 이것은 현재의 돈과 물건과의 교환, 즉 금전을 매개로 하는 교환경제 사회에서는 오히려 당연한 일이라고 해도 좋은데 지금까지의 자유배급 시대에는 배급 업무를 진행한 결과 영리가 발생하는 것이 아니라 영리를 목적으로 하여 배급업무를 행했습니다. 따라서 영리적이 아닌 배급은 그것이 아무리 사회적으로 효과가 크다고 해도 행해지지 않는 것같이, 영화배급의 사회적 기능은 불행히도 지금까지의 자유배급 시대에는 유감인 점이 매우 많았습니다. 단, 또 하나 영화배급이라는 이율이 좋은 일을 방편으로서 영리를 행해왔다고 해도 좋을 정도의 경우가 매우 많았던 것입니다. 그 점에 관해서는 배급 부문을 통일함에 따라, 게다가 독점된 ▶38쪽 배급을 공익법인인 영화배급사에게 하게 하고, 영리를 목적으로 하지 않는 일이 매우 의의가 있는 게 아닌가 싶습니다.

여기에서 대체로 영화배급 기능에 관한 이야기를 마치고, 이번에는 영화배급기관. 그것은 과거의 자유배급 시대에서는 영리적 배급기관이었습니다. 영리적 배급기관이란 지금 말씀드린 대로 권리의 이전에서 여차하면 영화배급 본래의 목적은 잊어버리며 영리를 제1목적으로 하여 영리를 위하여 배급이라는 사회적, 경제적 직분을 이용하는 것 같은 경향이 있었습니다. 지금까지의 영화배급기관에서는 대부분 전부가 영리적 배급기관이었습니다. 이 때문에 여러 가지 폐해가 일어났습니다. 그러나 폐해만이 아니라 영화배급의 극히 이율이 좋은 영리성을 위해 영화사업이 많이 발달했다고도 할 수 있습니다. 영리성이 있으니까 영화사업에 대자본을 투자하게 됐고, 제작에 돈을 들이게도 됐으며, 기술의 향상도 도모되며, 작품의 진보는 더 나아가 관객층을 늘리고, 흥행장의 경영을 안정시키는 등 셀 수 없을 만큼의 직접·간접의 공적도 생각해야 합니다만, 이에 덧붙여 각종 기업이 국가목적을 향해 나가야 할 때가 되어 폐해 쪽이 많이 두드러졌습니다. 특히 영리적 배급기관이라는 것이 독립해 있으면 또 단독이라면 아직 그 폐해도 그다지 눈에 띄지 않을 테지만, 이것이 대부분 제작회사에 직속한 기관이거나 흥행 부문을 가지고 있거나 해서 영화가 생산되어 일반 관객에 의해 소비되기까지의 모든 요소요소를 잡고 있어서 모든 곳곳의 교환경제에서 오직 당당하게 이익을 추구하거나, 또 무슨 무슨 블록이라는 트러스트를 만들거나, 혹은 6개사 연맹이라는 일종의 카르텔 같은 것을 결성하게 되면 그 폐해는 매우 커집니다. [지금 여기에서 말하는 폐해라는 것은 영화배급 본래의 사회적 기능을 수행할 때의 폐해라는 의미에 지나지 않습니다.] 물론 트러스트나 카르텔의 공적은 충분히 있었지만 폐해 쪽이 오히려 커지고 맙니다. 그것은 왜냐하면 영리적인 배급업자란 영화배급의 사회적 사명 등이 어찌됐든 오직 자신의 이익만 추구하기 위한 트러스트이고 카르텔이니, 그 반면에 폐해는 한곳에 집중되어 매우 강대한 것이 돼버리기 때문입니다.

영리적 배급기관과 대조적으로 공공적 배급기관이라는 것을 생각할 수 있습니다. 영리를 도외시하고 오직 배급의 사회적 직분을 완수하는 것으로 배급을 진행하는 기관입니다. 그러나 이런 비영리적 배급기관은 경제적으로 봐도 절대로 자발적으로는 발생하지 않습니다. 무언가 이 공공적 배급기관이라는 것은 큰 목적 ― 이라기보다 동기라고 할까, 기회가 없으면 결성되지 않은 것이며, 그것은 재정적인 이유라든가 사회정책적 이유라든가 현재와 같은 전쟁경제적 이유라든가 하는 이유로, 그리고 공공적 배급기관이 생겨나는 것이 보통이며, 영화의 배급이 공공적 배급기관인 사단법인 영화배급사로 통일됐다는 것도 결국 재정적 이유, 사회정책적 이유, 전쟁경제적 이유의 이 세 가지가 모두 관련되어 있다고 생각합니다. 이 세 가지 중에서 가장 강한 것은 전쟁경제적 이유와 사회정책적 이유인데, 전쟁경제적 이유란 우선 첫 번째로 누구나 잘 알고 있는 배급 자재의 부족, 다시 말하자면 생필름의 생산 감소입니다. 사회정책적 이유란 영리적 배급기관의 불균형을 초래하는 조절방법으로 물가의 앙등(昂騰)이 있는데, 저물가 대책을 수행하기 위해 아무래도 이런 영리적 배급기관은 바람직하지 않다고 하게 됩니다. 또 영리적 배급기관에서 꽤 한쪽으로 치우쳐서 배급 자재가 분산되어 있는데, 이를 영리적 견지에서 떨어져서 공공적 입장에서 예를 들면 인구적으로 혹은 중점주의적으로 공정하게 국가목적을 첨부해서 분산해가려는 것으로 영화관의 도회 집중을 타파해야 한다든가, 이 사회정책적 이유에서 영화의 배급을 영리적 기관에서 공공적 기관으로 옮기자는 것은 꽤 예전부터 생각돼온 일이라고 합니다.

재정적 이유는, 이것은 제작기관의 통합과도 또 흥행 부문과의 관계도 중대하여 앞에서 말한 배급 자재의 부족에서 지금까지처럼 각사가 각각의 작품만으로는 결국 자사 계통 흥행장의 수요를 채울 수 없습니다. 수요를 채울 수 없는 흥행장은 아마 경제적으로 곤란해져 흥행장이 쓰러지면 결국은 제작자도 설 수 없게 됩니다. 그런 일이라도 되면 영화기업 전체는 소멸하고 맙니다. 여기에서 배급기관을 통합하여 하나로 하고, 하나라고 해도 이것이 영리적 배급기관이라면 오히려 그 독점력을 영리적으로 이용하는 일로 영화기업 전체에 악영향을 미칠 우려가 있으니 아무래도 공공적 배급기관으로서 영화기업 전체를 이 위기에서 탈출시키는 일이 재정적 이유라고 할 수 있다고 봅니다.

영화의 공공적 배급기관으로서 생겨난 사단법인 영화배급사의 중대한 임무의 첫 번째를 저는 이 영화기업 전체의 재정적 위기를 극복하는 것이라고 생각하고 있습니다.

제 이야기는 다음으로 영화배급의 조직이라는 것에 들어가는데 이에 대해서는 업무 관계자나 기타 각 부과의 실무에 임하고 있는 분들에게 맡기도록 하겠습니다.

대체로 영화배급은 다른 물품의 배급과 매우 다른 점이 있어서 여러분은 배급에 대해 여러 학교 등에서 배우셨으리라고 생각하지만 조만간 누군가의 손으로 영화배급학이라고 할 만한 하나의 학문으로서 체계가 잡힌 것을 준비해주셨으면 좋겠습니다.

지금까지는 영화배급의 본질이라는 것으로, 영화배급이란 무엇을 하는 일인가, 어떤 기능을 가지고 있는가 등 지금까지 제가 경험한 일, 생각한 일, 공부한 일을 여러 가지 말씀드렸습니다만, 아직 시간이 있으니 이번에는 영화배급의 실제에 대해서 말씀드리겠습니다. 우선 자유배급 시대의 실제 문제 — 실제 문제라고 해도 처음에 말씀드린 대로 실제적 문제가 아니라 이론적인 일, 이념의 문제인데, 자유배급 시대의 실제 문제의 이론적 설명이나 그 이념 등이 통제배급 시대의 오늘날 어떤 필요가 있는가 하고 생각하시는 분도 있을지도 모르겠습니다. 그러나 자유배급 시대의 여러 실제 문제를 연구하는 일에 의해 현재의 영화계 전체의 정세를 볼 필요가 있다고 생각합니다. 이렇게 말하는 것은 영화신체제의 오늘날에도 배급기관을 제외하고는 제작 부문에서도 소비 부문, 즉 흥행 부문에서도 아직 영리가 인정되고 있는 현재의 정세이니 공공사업인 배급 부문, 영화배급사에서 제작 부문을 보거나 흥행 부문을 볼 경우에는 아무래도 지금까지의 자유배급 시대의 배급의 이론, 이념에서 추측해서 생각해야 할 경우가 많습니다. 영화배급사로 되고 나서 이것 이것은 이런 이론에서 이런 식으로 됐으니, 라고 말을 해도 아직 영리업자인 제작자 혹은 흥행자는 이를 금방은 납득할 ▶39쪽 수 없습니다. 새로운 이론, 이념에서는 납득하지 못하니 이를 납득시키기 위해서는 그 옛날 머리를 — 오래되고 새롭지는 않은 것이지만 자유배급 시대의 이론 또는 그 이론의 근원을 이루는 숫자로 설명하지 않으면 좀처럼 납득하지 않습니다. 그런 의미에서 자유배급 시대의 여러 실제 문제를 다루는 일은 결코 무의미한 일이 아니라고 생각하고 있습니다. 영화배급사는 아직 창립된 지 얼마 지나지 않았고 공익사업으로서의 배급의 목적은 극히 일부분밖에 달성되지 않았습니다. 앞으로 영화배급사가 완수해야 하는 영화배급상의 통제사항이라는 것은, 또 해결해나가야 하는 통제의 장해가 되는 제 문제는 태산처럼 많습니다. 그 태산처럼 많이 있는 어려운 일을 처리해나갈 때 지금까지의 자유배급 시대의 실제 문제를 100% 참고해나가야 한다고 생각합니다.

실제 지금의 영화배급사가 4월에 시작됐고 현재에 이르기까지의 4개월 동안 힘을 다해 이룬 일은 극히 미미한 것입니다. 그러나 시작하고 있는 일은 많습니다. 높은 이상을 가지고 시작한 것이지만 항상 그 이상과는 동떨어진 현실에 부딪히는 것입니다. 이렇게 해야 한다고 말하면서도 현실 문제에 부딪히면 그것을 밀고 나갈 수 없고 그 때문에 임시조치를 취하거나 편의상의 잠정처리 방법을 취하는 식으로 해온 일이 매우 많습니다. 그러니 영화배급사가 지금까지 해온 일에 대해서는 모두가 만족할 수는 없습니다. 매우 안타까운 일이지만 안타까운 일밖에 할 수 없는 실제 문제가 많습니다. 그 안타까운 영화배급사의 방식조차도 제작자나 흥행자에게는 매우 지나친, 자신들과는 매우 동떨어진 것처럼 생각되기 마련입니다. 그러므로 앞으로 여러분이 영화배급사 일을 이상을 높게 가지고 하실 때 반드시 틀림없이 여러 장애(障碍)에 부딪힐 것이지만 그럴 경우에 자유배급 시대의 실제 문제라는 일이 모든 경우에 제 경험에서 추측해서 매우 도움이 되리라고 생각합니다.

지금 저는 영화배급사가 업무를 개시하기 전부터 여기 일을 하고 있었는데, 결국 번선을 정하는 일에 대해서도, 계통을 2계통으로 하는 일에 대해서도, 그리고 한 달에 6편밖에 만들 수 없는 영화를 2계통으로 나눠서 한 작품 한 주간의 흥행 일수를 원칙으로 하는 일에 대해서도 일주간 흥행을 하면 한 달 6편을 한 계통에 3편씩 나누게 되니 한 달에 한 편이 부족해지는데, 이런 계통을 결정함에 대해서도 결국 과거의 여러 기록이나 통계를 주요 재료로 하여 결정했다고 해도 과언은 아닙니다. 예를 들면 2계통이라고 해도 1계통에 대해 월 3편밖에 새로운 작품을 만들 수 없고, 그렇다면 10일간 흥행을 한다면 좋지 않을까 하고 처음에 생각합니다. 그러나 10일간 흥행이란 실제로는 어떤가 하면, 지금까지의 10일간 흥행의 기록통계가 있습니다. 그러면 그 일주일 동안의 기록통계를 비교해보면 항상 불합리한 점이 많습니다. 특히 일요일이 한 번밖에 없는 10일간과 두 번이 있는 10일간이 있습니다. 그리고 한편으로는 흥행성적에서 일요일은 평일과 비교해서 어느 정도로 좋은가, 일주일이나 10일의 전 흥행성적의 몇 %가 일요일에 집중하는가 하는 통계도 만들 수 있습니다. 그런 여러 가지에서 귀납하여 10일간 흥행을 채용하는 것은 불가능하고 1주일 단위는 절대로 변경할 수 없다는 결론에 이르렀는데, 이것은 과거의 자유배급 시대의 실제를 충분히 연구했으니까 그런 귀납결론이 만들어진 것이며 과거의 영화배급의 실제 문제는 이런 의미에서 여러분이 앞으로 영화배급 일을 하실 때에도 매우 도움이 많이 되지 않나 싶습니다.

1942년 10월 1일 | 제61호 | 45~50쪽

뉴스영화의 제작

[영화배급사 직원양성소 강연록]

니혼영화사 이사 이토 야스오(伊藤恭雄)

서설

일본의 뉴스영화는 세계 제일의 뉴스영화라고 자신하고 있습니다. 무슨 말인가 하면, 외국의 뉴스영화는 인위적인 내용이 매우 많습니다. 여러분도 외국의 뉴스영화가 일본에 왔을 때 본 적이 있으리라고 생각하지만 실로 거짓이 많습니다. 그러나 일본의 뉴스영화는 결코 거짓을 다루지는 않습니다. 그 점은 일본의 뉴스영화가 크게 자부해도 좋다고 생각합니다. 우리나라의 대본영(大本營)[69]의 전과(戰果) 발표가 결코 거짓이 없는 것과 마찬가지로 일본의 뉴스영화에도 결코 거짓이 없습니다. 이것만큼 강한 것은 없는데 그렇기 때문에야말로 일본이 대동아전쟁에서 커다란 전과를 올렸고 그렇기 때문에 일본 뉴스를 오늘날 세계에서 인정해주는 것입니다. 외국의 뉴스영화의 전쟁 장면에서, 비행기로 폭격하려는 비행기 안의 조종사가 클로즈업되어, 한 사람의 조종사가 매우 긴장한 얼굴을 하고 조종하는 장면이 자주 있습니다. 그리고 또 한 달밖에 안 지났는데 다른 전선에서 그 얼굴이 나타납니다. 그것은 영화편집으로서 극영화라면 허용되지만 뉴스영화에 한해서 다른 전선 장면에 그 전의 전선 장면을 사용한다는 것은 결코 허용될 만한 일이 아니며, 이런 식으로 매우 거짓이 많습니다. 그리고 외국의 뉴스영화에는 연습을 전쟁이라고 보여주는 기교가 자주 있습니다. 훌륭한 기록영화에도 그런 일이 자주 있어서 지금까지 일본인은 바보 취급을 매우 당해왔습니다. 그리고 그때에는 일본의 뉴스영화는 박력이 없다든가 여러 영화팬으로부터 공격을 받은 일이 있는데, 그것은 거짓을 보고 기뻐하는 사람의 공격이며, 진정함을 보여주는 뉴스영화 쪽은 거짓으로 만든 뉴스영화와 비교해서 어느 쪽이 나은지는 금방 아셨으리라고 생각합니다. 일본의 뉴스영화, 다시 말하자면 니혼뉴스는 절대로 거짓은 만들지 않습니다. 지금까지 외국의 뉴스영화와 일본의

---

69) 대본영은 전시 중에 육군 및 해군을 통솔하던 천황 직속 최고통수기관(最高統帥機關)이다. 1893년에 법제화, 1894년 청일전쟁을 통솔하기 위해 설치됐다. 1937년 11월에 대본영과 정부와의 협의를 위해 대본영정부연락회의가 만들어졌고, 1944년 8월 최고전쟁지도회의로 개칭됐다. 설치와 폐지를 거듭하던 대본영은 1945년 9월 13일에 폐지됐다.

뉴스영화와 비교할 기회가 그다지 없어서 이런저런 말을 들어왔는데 이번 대동아전쟁이 시작되고 여기에 훌륭히 외국의 뉴스영화와 비교할 기회가 만들어진 것입니다.

무슨 말인가 하면, 대동아전쟁은 홍콩이든지 쇼난토든지 마닐라든지 일단 근대 도시이고, 근대 도시를 배경으로 하여 니혼뉴스는 일본 황군의 활약을 많이 보여왔습니다. 딱 외국의 전쟁과 같은 배경이라고는 할 수 없지만 꽤 비슷한 배경이 나오고 그 앞에서 황군의 용감한 활약이 나타나니 역시 일본의 뉴스가 훌륭하다는 것을 겨우 알게 됐다고 나한테 말하는 사람이 있는데, 그건 그렇지 하고 생각합니다. 지금까지의 지나사변 때에는 가도 가도 황량한 광야 같은 것뿐이었는데, 이번에는 제1차 세계대전과 같은 배경에서 뉴스 카메라맨이 활약하고 황군의 진격 모습을 촬영한 것을 니혼뉴스에서 보여줬기 때문에, 역시 니혼뉴스는 이런 것과 비교해도 결코 꿀리지 않는다는 얘기를 요즘 자주 듣게 됩니다. 그래서 우리는 이런 것에서 비교해보고 처음 이해했다는 것에는 불만이지만 일단 여러분에게 인정을 받았다는 것은 매우 고맙게 생각하고 있습니다. 그래서 지금 외국의 뉴스는, 우리는 가끔 자신의 회사에서 보는데 여러분은 보실 수 없을지 모르겠지만, 실로 거짓이 많습니다. 예를 들면 최근에 우리가 외국의 낙하산부대의 뉴스영화를 봤는데, 이번 2월에 우리가 내보낸 해군의 낙하산부대의 활약과 비교해보면 모두 화제도 되지 않을 정도였습니다. 외국의 낙하산부대의 뉴스영화는 매우 거짓이 많아 우리들 전문가가 보면 바보 같아서 볼 마음이 들지 않습니다. 게다가 일본의 낙하산부대의 활약과 비교해보면 말이 되지 않습니다. 그것은 다시 말하자면 일본의 낙하산부대의 황군의 용감한 활약과 저 당당한 낙하 모습은 물론이거니와 그것을 한 사람의 인간이 촬영하여 저렇게 훌륭한 뉴스영화로 만든 것은 정말, 우리는 세계의 뉴스영화계에 자랑해도 좋을 것이라고 생각합니다. 일본의 뉴스영화에 거짓이 없다는 것은 대체로 대동아전쟁 전에 알려져 있었습니다. ●

이런 예가 있습니다. 우리의 호시노(星野) 이사가 전에 미국으로 기계를 사러 갔는데 때마침 그 무렵에는 일본 해군의 비행기가 버마 루트를 매일 매일 폭격했을 때이고 버마 루트를 많이 분쇄했는데, 그런 것을 일본의 신문이 발표해도 중경 정부는 물론이거니와 미국과 영국에서는 저것은 거짓이라고 활발하게 라디오나 신문에서 말했습니다. 그러나 마침 그 무렵 호시노 군이 미국에 있었는데 버마 루트 폭격이라는 뉴스영화가 미국에 전해졌습니다. 그때 저쪽 뉴스영화회사 전부가 버마 루트 폭격의 뉴스를 채용하여 전국의 상설관에서 상영했습니다. 그런데 그 다음 날부터 라디오도 신문도 잠잠해져버렸다고 합니다. 이런 식으로 일본의 뉴스영화에는 결코 거짓이 없다는 신뢰를 가지고 있습니다. 거짓을 사용하지 ▶45쪽 않겠다는 신념을 지니고 우리는 일본의 뉴스영화를 만들어가자고 생각하고 있습니다.

극영화의 경우에도 그런데, 지금 우리는 뉴스영화의 경우에는 필리핀판, 말레이 반도판, 프랑스령 인도차이나판, 태국판, 버마판, 광동어판으로 만들어 보내고 있는데, 극영화는 지금 남양협회가 보내고 있습니다. 그런데 마닐라라든가 필리핀의 주민은 그런 영화는 그다지 좋아하지 않으니 될 수 있는 한 그쪽이 좋아할 만한 영화를 가지고 가야 하지 않겠냐는 방침이 자주 있는 것 같은데, 저는 그것은 반대입니다. 아무튼 어디까지나 일본적이며 저쪽이 마음에 들든 아니든 간에 일본의 강한 국력의 당당함, 높은 문화 정도를 보여주는 영화라면 점점 더 많이 보내서 일본적으로 주민을 교육시켜야 한다고 생각합니다. 그 증거로 미국이 그곳에서 세력을 확장하고 있을 때에는 미국인은 결코 필리핀에 영합한 극영화를 가져가서 영화 정책을 펼친 것이 아니라 어디까지나 미국인적인 것을 가지고 가서 사용했기 때문에 필리핀이 미국적으로 돼버린 것입니다. 앞으로 일본이 그곳에서 정치를 해야 하는 이상 어디까지나 일본적인 영화로 그들을 교육해야 한다고 생각합니다.

뉴스영화의 재료

1. 기획적인 것

이것은 예컨대 해군기념일이라든가 사변기념이라든가 하는 것으로 미리 계획할 수 있는 것으로, 미리 이에 상응한 계획적 편집을 하는 것인데, 이는 비교적 쉽습니다. 그런데 뉴스영화는 최고 1천 자 정도의 길이에 몇 가지 항목을 넣어야 하니 그런 계획적인 작품에서도 짧은 가짓수로 묘사해야 한다는 문제가 있습니다. 그러므로 촬영할 때에도 편집할 때에도 그 재료가 강조하는 점을 잘 포착하는 것이 매우 중요합니다. 그와 동시에 이런 행사물은 뉴스적 색채를 잃지 않도록 하는 것이 제일 필요합니다. 지금처럼 국책뉴스가 되면 이런 부분이 매우 중요시되며, 흥미라는 점에서 보면 약할지도 모르지만 이런 행사물에 의존해서 계발적 또는 선전적 방면을 강조해야 합니다. 이것은 어떤 것인가 하면, 일본의 뉴스는 지정상영 대상입니다. 니혼뉴스를 상영하지 않으면 상설관은 영업정지가 되며 절대로 필름을 돌려야만 합니다. 그리고 니혼뉴스도 발행일로부터 2개월 이내의 작품만 강제상영 대상이므로 2개월 전의 작품을 트는 것도 안 됩니다. 그래서 니혼뉴스는 발행일로부터 2개월 동안만 강제상영 대상이 됩니다. 그 이후는 필름을 돌리더라도 필름을 돌린 것이 되지 않으며 역시 영업정지를 당합니다. 그만큼 중요한 것이니 이런 행사물 같은 것도 매우 신중하게 취급해야 합니다. 이것이 재료 중에서 하나의 항목입니다.

2. 뉴스적인 것

이는 신문에서 말하는 사회적 재료입니다. 재작년까지는 이 뉴스는 신문사가 했는데 도쿄니치니치 오사카마이니치의 국제뉴스, 아사히 세계뉴스, 요미우리(讀賣)뉴스, 동맹뉴스의 4개 뉴스를 신문사 및 통신사가 만들었습니다. 그때의 뉴스적 재료란 이 니혼뉴스와는 성질이나 성격이 대우 다른 것인데, 아무리 뉴스라고 하더라도 재빨리 그것을 다루는 것만으로는 안 되며 니혼뉴스에서는 이런 부분을 대동아전쟁하의 국민 전체에 보여서 그 효과라든가 영향 또는 더 나아가 해외에 소개할 때의 영향도 잘 염두에 두고 이를 다뤄야 합니다. 신문사 시대에는 기차가 충돌하면 '그거다' 하고 바로 가서 다음 뉴스에 대대적으로 그 참상을 다뤘는데, 니혼뉴스가 되고 나서는 그런 기차의 충돌은 국민 전체에게 보여 나쁜 영향을 준다든가 나쁜 효과를 가져온다고 생각하여 그런 것을 다룰 수 없게 됐습니다. 그러므로 요즘의 뉴스에는 그런 재해가 조금도 다루어지지 않습니다. 그것은 전시하의 국민 전체, 또는 해외에 그것이 소개되고 나서의 영향을 생각하기 때문에 그런 것은 다루지 않는 것입니다. 그 좋은 예로서는 지지난 주에 상해에서 스파이 검거라는 뉴스가 있었는데, 그런 전개 방식은 그 자체를 피상적으로 표면만 본다면 신문사 시대의 뉴스에는 자주 있었던 전개 방식이었습니다. 그리고 그런 작품을 우습게 다루어서는 안 되며, 상해 스파이 검거 뉴스는 일본의 국민 전체에게 보여서 어떤 영향을 줄 것인가를 잘 생각해서 신중에 신중을 거듭하여 그것을 채용한 것이었고, 덕분에 그 뉴스는 각 방면에서 매우 호평을 받았습니다. 우리는 그것을 다룰 때에는 꽤 신중하게 생각을 했습니다. 일본의 뉴스는 저런 재료를 앞으로 다뤄야 하는가 아닌가를 생각하기도 했는데, 그런 제작 태도는 이렇게 일본은 스파이를 검거하고 있어! 이렇게 상해에는 스파이가 있어! 그러니 모두 방첩에 주의해야 한다는 경고를 발하는 의미에서 아나운스도 다루고 화면도 다룬 것입니다. 그런데 아직 세상에는 뉴스영화를 보는 안목이 없는지 저것을 거짓이라고 하는 사람이 있었습니다. 그런데 저것은 결코 거짓이 아니었습니다. 저런 장면을 찍을 수 있을 리가 없고 저런 연기가 가능할 리가 없습니다. 저것은 정말입니다. 카메라맨 2명은 3일 밤낮으로 자지 않고 촬영했으며, 결코 거짓이 아닙니다. '뉴스적인 것'의 취급은 대체로 그렇습니다.

3. 행사물

이번에는 행사물의 문제입니다. 황송한 이야기입니다만, 황제가 친히 행한 검열, 관병식이 우선 이 항목에 들어갑니다. 보통은 스포츠, 전람회, 강연회, 가두 행진, 제례라는 일반적으로 예정되어 있는 것이며, 요컨대 일반 행사의 행사물을 다룬 것입니다. 이는 재료로서는 촬영 조건조차 좋으면 비교적 용이하게 취재할 수 있는데, 이런 것의 촬영에는 카메라맨의 머리가 매우 문제가 되어 카메라맨의 뉴스 센스가 매우 중요합니다. 강연회 같은 것을 개회에서 폐회까지 전부 찍으면 필름은 몇천 자, 몇만 자가 있어도 끝이 없는데, 여기에서 어디어디가 필요하다는 것을 카메라맨이 스스로 생각하고 촬영하며 더 나아가 전체 분위기를 표현, 보도 가능한 컷을 찍어야 합니다. 이럴 때 뉴스 카메라맨의 머리가 제일 필요하니 뉴스 카메라맨이 된 지 얼마 되지 않는 사람은 어디에서부터 찍기 시작하고 어디에서 끝내야 좋을지 판단할 수 없지만 익숙해지면 그런 것도 가능합니다. 다시 말하자면 편집자가 필요한 장면을 잘 이해하여 찍는 것이 제일 필요합니다.

그리고 이럴 때 가장 필요한 것은 클로즈업입니다. 이 클로즈업은 웬만큼 많이 찍어두지 않으면 나중에 편집할 때 매우 곤란해집니다. 예를 들면 침울한 예이기는 하지만 장례식 장면 등을 찍을 때 미망인이라든가 유족이 분향합니다. 유족 중에 어머니나 미망인 또는 미망인이 자식을 안고 ▶46쪽 분향하는 장면을 클로즈업하는 것은, 이 한 컷으로 보는 사람의 마음을 꽉 짓누르는 장면인데, 이런 것이 카메라맨의 기술입니다. 최근에 보셔서 아실 거라고 생각하는데, 지난달인가 지지난달의 신문회에서 보도전사의 위령제가 히비야 공회당에서 있었는데 우리 쪽 카메라맨도 두 명이 전사하여 같이 제를 올렸습니다. 그때 우리 카메라맨의 유족이 와 있어서 미망인이나 유족 대표자가 분향할 때 줄 서 있는 미망인이나 유족이 눈물을 흘리는 장면을 찍었는데, 그 장면만으로 전체가 한 항목이 되어 살아났습니다. 이런 것은 독일의 뉴스가 잘하는데 독일 뉴스는 클로즈업을 찍게 하기 위한 사람을 고용하고 있다고 생각할 정도로 클로즈업이 능숙합니다. 이 클로즈업의 문제에 대해서인데 내가 도쿄니치니치에 있을 때 도니치 국제뉴스를 하고 있던 지나사변 즈음에 상해에서 철로관리국을 바다의 성난 독수리(海の荒鷲)[70]가 폭파시킨 적이 있습니다. 그때는 4개사 시대로 경쟁이 매우 심한 시대여서, 그 뉴스는 4개사 모두 가지고 있었습니다. 그것을 편집할 때 대체로 영화편집에는 일단 정석이 있어서 그런 클로즈업을 다룰 때에는 클로즈업 전에 철로국이 파괴되기 전의 롱컷을 넣은 후에 폭파 클로즈업으로 되는 것이 일반적인 편집입니다. 그런데 나는 그때 편집자에게 명령하여, 요컨대 효과가 있다면 클로즈업은 필요 없지 않은가, 즉시 바다의 성난 독수리가 날아와서 펑하고 폭파하는 장면을 넣으면 그 도중에 파괴되지 않은 철로국의 컷 따위 필요 없지 않냐고 말을 해도 역시 그렇지는 않았습니다. 영화의 상식으로서 필요하다고 하는 것인데, 아무튼 그런 것은 따로 떼어내어 즉시 클로즈업시키면 어떨까 하여 무리하게 길게 정지시켜 만들

---

70) 일본의 해군항공대를 뜻한다. 해군은 중일전쟁 때 중화민국 공군의 폭격기 부대에 의해 상당한 피해를 입었다.

었습니다. 아무튼 4개사를 비교해보지 않겠냐고 하여 영화뉴스관에 가보니 내 기분으로는 관중은 도니치의 뉴스가 가장 박력이 있다고 생각해주셨다고 생각합니다. 이것은 틀렸을지도 모르지만 나는 그렇게 믿고 있습니다. 그때 영화회사 사람은, 도니치의 이토는 엉망진창인 편집을 했다, 저것은 영화를 모르는 것이라고 말했는데, 나는 모른다는 말을 들어도 괜찮다고 생각하고 있습니다. 그때 영화의 연출자를 만났으므로 나는 크게 허세를 부리며 이렇게 말했습니다. 무성영화 시대에 그리피스라는 감독이 있었다, 〈짓밟힌 꽃〉[71]이라든가 그런 명작을 남긴 미국 감독입니다. 이 사람은 영화의 클로즈업을 발견하여 제일 먼저 사용한 감독입니다. 그리피스가 클로즈업을 발견하여 그것을 채용했을 때에는 그 이전의 영화감독은 필시 클로즈업에 불평을 말했을 것이다, 이렇게 머리에서 올라가면서 크게 스크린에 나타나고 울거나 웃거나 하는 것은 이상하다, 전체가 나오지 않으면 이상하다고 하여 불평을 했을지도 모른다, 그러나 현재는 그 클로즈업을 누구도 이상하게 생각하지 않고 평범하게 당연하게 보고 있지 않습니까? 나와 그리피스를 비교하는 것은 주제넘지만 뉴스영화에 그런 것을 처음으로 다룬 것은 우리이며, 앞으로 오랫동안 일본의 뉴스영화에 그런 것이 일반적으로 다뤄질 시대가 올지도 모릅니다.

4. 전황

그리고 다음은 전황, 이것이 제일 중요합니다. 우리 쪽 카메라맨, 또는 육해공의 보도반이 목숨을 걸고 촬영한 육해공의 전황뉴스입니다. 지금 어떤 식으로 뉴스 카메라맨을 배치하고 있는지를 말씀드리면, 이번 대동아전쟁에서는 해군은 전부 징용입니다. 전부 군속으로 출발했는데 우리 쪽 사원이 대부분이며 그들이 군속으로 가게 된 셈입니다. 육군 쪽은 징용의 군속팀(組)과 순전히 본사의 특파원팀의 양쪽으로 나뉩니다. 그 세 팀이 전선에 나가 있습니다. 그래서 지금 전체적으로 카메라맨으로 나가 있는 사람은 상당수에 달하고 있습니다.

이 전황뉴스는 대동아전쟁이 일어난 후에 매우 위력을 발휘해왔는데, 니혼뉴스는 대동아전쟁 후 크게 활약을 하여 위력이라고나 할까, 효과를 유감없이 발휘하고 있습니다. 이것이 4개사 시대처럼 경쟁이 있다면 이렇게 유감없이 효과를 발휘할 수는 없었다고 생각합니다. 이는 정말로 4개사가 통제되어 하나가 된 덕분이며, 4개사 시대라면 도니치에는 수마트라가 있었고 아사히는 홍콩뿐이었고 전체적으로는 골고루 분포되지 않아 부분적으로 오는 각사의 뉴스만 가능했었다고 생각합니다. 이것이 통제된 덕분에 군에서 절대적인 원조를 받게 돼서

---

71)　〈Broken Blossoms〉(United Artists, D.W. Griffith, 1919)

재료도 매우 빨리 손에 넣게 됐습니다. 예를 들면 알류산군도[72] 등의 뉴스는 놀랄 만큼 빨랐다고 생각합니다. 이는 군에서 열심히 운송해주었기 때문입니다. 그러므로 뉴스영화의 본격적 활용은 지나사변에서 대동아전쟁에 본격적으로 활용됐다고 해도 좋을 정도이며, 지나사변과 대동아전쟁 앞에서는 정말로 뉴스영화의 활용이라는 것은 비교도 할 수 없습니다. 단, 전황뉴스 촬영은 물론 병사와 함께 행동을 함께하니 목숨이 노려지고 있는 것은 병사도 카메라맨도 조금도 다르지 않습니다. 다만 카메라맨의 특질은 촬영한 필름을 나중에 운송 연락하는 것이 매우 큰일이어서 이 일에 고생을 하는 것입니다. 본사 특파원으로 간 카메라맨은 반드시 한 사람의 연락병을 데리고 가서 자신이 촬영한 것을 더 많이 후방으로 보냅니다. 그러나 지금은 4개사 시대와 달리 연락원이어도 군이 붙여주니 매우 고마운 일인데, 촬영한 것은 군대가 연락원을 수반하여 후방으로 더 많이 보내주고 이렇게 해서 일본으로 보내오는 것입니다. 대체로 전부 비행기로 옵니다.

촬영

촬영은 다음의 세 가지 조건으로 합니다. 싱글이란 그림(繪)과 소리가 한 장의 필름에 담겨 있는 것이며, 소리의 네거티브와 그림의 네거티브를 따로따로 촬영하는 것이 더블입니다. 왜 더블이 필요한가 말씀드리면, 극영화는 모두 더블인데 뉴스에서 싱글을 찍는 일이 자주 있습니다. 싱글이라면 하나의 기계로 부속품이 적고 휴대가 편리한데, 더블은 부속품이 많고 휴대가 불편합니다. 종래 극영화는 모두 더블입니다. 뉴스는 싱글로 촬영해도 편집할 때 소리와 그림을 나누어 더블로 하는 것이 상식입니다.

토키촬영의 이야기를 하겠습니다. 뉴스는 이것도 여러분은 알고 계시리라 생각하는데, 원칙적으로 전부 동시녹음을 해야 한다고 나는 생각합니다. 그러나 기술상이나 실제 문제로서 전부를 동시녹음으로 하는 것은 불가능하기 때문에 사일런트로 촬영하여 소리와 그림을 만드는 경우가 대부분입니다. 또 하나 토키와 사일런트를 병용할 경우가 매우 많은데, 예를 들면 강연회 등은 사일런트로 찍는 것과 동시녹음으로 찍는 것을 병용하여 나중에 다시 편집하게 됩니다. 아무튼 토키촬영의 범위는 관병식이라든가 강연회 같은 것이 당연한데 ▶47쪽 얼

---

72)   알류산열도(Aleutian Islands)를 말한다. 1942년 6월 3일부터 7일까지 일본군은 알류산열도의 일부 섬에 대한 공격을 개시하여 점령하게 되는데, 이 전투로 미국은 처음으로 자신들의 영토를 일본에 빼앗기게 된다. 1942년 8월에서 1943년 5월에 걸쳐 미국이 반격하여 1943년 8월에는 상실했던 영토를 모두 되찾았다.

핏 생각하면 소리의 요소가 없는 경우에도 동시녹음으로 찍어서 오히려 효과가 나타나는 경우가 지금까지의 경험으로는 자주 있었습니다. 어떤 일인가 하면, 예를 들어 조인식 같은 경우에는 조인 장면은 매우 정숙하여 소리는 조금도 나지 않아야 하는데 접시 소리, 종이 소리 등의 잡음이 있어서 그런 분위기를 자아내기 위해 동시녹음기를 넣어두면 잡음이 분위기로서 매우 효과가 있을 때가 있습니다. 또한 가두 행진의 경우에 전차 소리라든가 자전거 소리 등을 거리의 잡음으로 찍어두면 가두 촬영 장면에 이 소리를 중첩시키면 효과가 있는 경우가 있습니다. 제일 명확한 예를 들자면 국기관의 스모를 찍을 때에는 와아 하는 환성이 얼마나 효과를 거두고 있는지 모릅니다. 그렇게 토키라는 촬영기는 뉴스에서는 병용하고 있습니다.

　　다음은 사일런트의 문제인데, 현재의 뉴스촬영의 경우에 사일런트로 찍을 경우에도 필름의 회전은 토키회전으로 하고 있습니다. 무슨 말인가 하면, 토키 촬영기의 회전은 1초간에 24프레임, 사일런트는 16프레임입니다. 그러나 뉴스는 그림과 소리를 만드는 관계상 사일런트 기계로도 24프레임의 회전으로 촬영을 하는 것입니다. 그래서 나중에 매우 정교한 기술에 의존해서 그림과 소리를 붙입니다. 이를 보통 후시녹음이라고 합니다. 그것이 기술이 매우 정교해지면 동시녹음과 조금도 다를 바 없는 효과를 낼 수 있습니다. 현재의 대동아전쟁 뉴스는 대부분 사일런트로 촬영하고 나중에 소리를 덧붙이고 있는데, 촬영기는 아이모[73]라는 휴대 촬영기로 작은 기계입니다. 휴대가 매우 편리하기 때문에 거의 대부분은 아이모라는 기계를 사용하고 있습니다. 그런데 이는 국산이 아니므로 일본 전국의 민간에 있는 이 기계는 우리 쪽에서 대부분 사 모았기 때문에 항간에는 거의 없어서 지금 곤란해하고 있습니다. 그래도 우리 쪽은 그 기계가 모자라서 아직도 매일 찾아다니고 있습니다. 왜냐하면 전쟁에 가 있기 때문에 아이모가 점점 없어집니다. 그러나 아무래도 보충이 불가능하니 지금 어떻게 해야 할지를 모르는 상황입니다. 그래서 우리 쪽에서 네리마(練馬)에 있는 전 후지스튜디오라는 후지필름의 사진공장을 매수했으므로 그곳에서 아이모 제조에 착수하기 시작했는데, 아직 실제로 사용할 수 있는 수준은 아닙니다. 조금 무거워서 곤란해하고 있습니다. 대체로 지금까지 일본의 영화계에서 그런 기재 방면의 연구는 많이 부족했으므로 실로 낭패입니다. 촬영소에서도 기계는 점점 많이 사용하여 낡아지고 파손되는데 여유분이 조금도 없습니다. 그래서 늦었지만 이번에 우리뿐만 아니라 극영화 쪽도 영화배급자 쪽도 열심히 이런 기재 방면의 연구를 시작하려 하고 있습니다. 대체로 지금 일본에서 사용하고 있는 촬영기는 백인들이 사용하는 것을 표준으로 하여 만들어졌습니다. 그래서 무게만 하더라도 백인이 들면 아무것도 아니지만

---

73)　아이모(Eyemo)는 벨 앤 하웰 사(Bell & Howell Co.)가 1925년부터 만든 35밀리 영화 필름 카메라이다.

일본인이 들면 매우 무겁습니다. 그러니 이런 것에서도 일본의 영화계는 연구를 하여 일본인이 사용하는 카메라의 중량을 표준으로 해야 한다고 생각합니다. 다만 지금까지는 일본에서도 만들어진 것은 미국의 기계를 그대로 만드는 것만 생각했습니다. 그래서는 미국의 기계를 흉내 낸 것에 지나지 않으니 진정으로 일본식 카메라를 만들도록 해야 합니다. 예를 들면 영화의 편집법이나 촬영이나 연기나 지금까지의 극영화는 모두 미영영화를 따라간 것에 불과하여, 그래서는 안 된다고 생각합니다. 앞으로는 영화의 촬영기술이나 표현방법이나 편집방법이나 이것들은 모두 일본을 주체로 하는 대동아적인 편집법이 나와야 한다고 생각합니다.

다음은 소형인데, 이것이 표준형 토키뉴스에 이용 가능한지에 대한 불신이 있었지만, 지금 일본에서도 현재의 기술로 8밀리나 16밀리나 훌륭하게 35밀리의 표준형으로 확대할 수 있습니다. 다만 여기에서 곤란한 것은, 소형촬영은 대체로 회전이 사일런트의 회전이기 때문에 표준형으로 확대해서 토키에 사용하면 동작이 매우 빨라지게 됩니다. 이것은 어떤 이유인가 하면, 대체로 16밀리의 400자(尺), 8밀리의 200자가 표준형의 1천 자에 해당하는 셈입니다. 그렇기 때문에 표준형의 1천 자인 작품은 16밀리로는 400자로 완성됩니다. 8밀리라면 200자로 내용을 전부 담을 수 있습니다. 그만큼의 차이가 있기 때문에 아무래도 조금 무리가 있습니다. 왜 소형을 중요시해야 하는가 하면 아무래도 촬영해야 하는 사건이 오사카에서 일어났는데 지금부터 가는 것은 시간에 맞지 않을 경우가 있습니다. 이럴 때 그 지역 사람이 8밀리나 16밀리로 촬영하는 경우가 자주 있습니다. 그것을 사거나 팔거나 해서 표준형으로 확대해서 사용하는 것입니다. 그런 8밀리나 16밀리의 소유자 리스트가 완성됐으므로 만약 그 장면을 찍어달라고 부탁하면 촬영해줄 사람이 꽤 있습니다. 그러니 16밀리와 8밀리는 중요시해야 합니다.

편집

이는 우리에게 가장 중요한 일입니다. 편집이란 극영화로 말하자면 이른바 연출의 일종입니다. 다시 말하자면 연출에 편집이라는 기술이 수반되는 것을 뉴스영화에서는 편집이라고 합니다. 뉴스영화에 한해서 편집에 연출이라는 방면이 더해진 셈입니다. 이렇게 해서 뉴스영화의 편집이라는 것은 마치 신문의 한 페이지를 만드는 것과 같습니다. 한 항목을 거의 편집한 것을 6개나 7개 합하여 전체로 구성하는 것입니다. 그것은 신문에서 가장 톱인 3단 기사를 넣고 다음으로 2단 기사를 넣어서 한 세트로 하는 것과 같아서, 4개나 5개가 완성되면 첫 번째, 두 번째, 마지막에 무엇을 사용할 것인지를 정하는 것이 편집입니다. 다만 어제도 말씀드렸듯이 뉴스의 편집은 극영화의 편집과 달라서 영화의 지금까지의 문법을 많이 무시해야 하니 여기에는 많은 대담함이 필요합니다. 대체로 극영화에서도 그렇다고 생각하는데, 영화의 문법은 아직 실제로 확립되어 있지 않습니다…… . 그러니 뉴스의 편집은 포인트를 캐치하는 것이 중요합니다. 그리고 뉴스영화에는 아나운스가 들어가는데 화면과 아나운스와의 관계라든가 동시녹음과 무성과의 장면의 연결이라는 문제 등은 머릿속에서 끊임없이 스크린에 비춰지는 효과를 그리지 않으면 큰 문제가 일어납니다. 그러니 이 편집이 뉴스 제작과정 중에서 가장 효과 여부를 쥐고 있습니다. 이를 잘못하면 뉴스영화는 엉망이 돼버립니다. ●

　대부분의 경우 편집자는 실제 촬영을 보지 않으니 촬영했을 때의 분위기도 충분히 염두에 두어야 합니다. 촬영자의 의도를 이해하고 편집하지 않으면 어처구니없는 실수가 일어납니다. 이것은 내밀한 이야기인데 우리가 오랫동안 하고 있는 동안 일반인들은 눈치 채지 못하는 실수가 많이 있었습니다. 예를 들면 내가 강연하고 있는 장면을 클로즈업 시킨다든지, 강연자가 5, 6명 있어서 강연하는 중에 청중의 컷을 더 많이 넣어야 해서 강연자를 찍고 청중을 찍고 또 다음 강연자를 찍고 청중을 찍었습니다. 그것을 전부 촬영한 것을 편집자가 편집했는데, 머리를 명확하게 하지 않으면 강연자가 강연하고 있는 도중에 그 강연자가 청중과 섞여 보이는 경우가 있으니 주의를 많이 해야 합니다. 이렇게 지금 뉴스영화의 편집자는 정말로 ▶ 48쪽 시국을 인식하여 사건에 대해 적확한 판단을 내리는 사람이 아니면 뉴스영화의 편집은 맡길 수 없습니다. 아무튼 이를 크게 말하자면 이런 국책회사의 뉴스영화의 편집자는 국가 그 자체가 그야말로 진정 신뢰해도 좋을 것 같은 사람으로 하지 않으면 큰 잘못이 일어나리라고 생각합니다. 그래서 적어도 우리는 국가가 우리에게 맡겨주었다는 명예와 감격으로 지금 일하는 것입니다. 이런 우리의 신념이 만약 잘못되어 있다면 국민 대중에게 미치는 영향은 매우 클 것입니다. 우리는 그런 중대한 역할을 맡고 있다는 광영으로 매일 열심이 일하고 있는 것입니다.

　그다음은 녹음인데, 녹음은 어떻게 하는지에 대해서는 아실 거라고 생각하는데 일단 말씀드리겠습니다. 지금의 니혼뉴스는 대체로 전쟁물이 거의 대부분이어서 전선에서 촬영한 네가필름이 매주 약 1만 자 가까이 옵니다. 그리고 월요일 오후 12시가 마감입니다. 마감하면 여러 항목의 재료가 1만 자 가깝게 현상되어 완성됩니다. 오전 1시경에는 전부 완성됩니다. 왜 그렇게 빨리 완성되냐면 모든 사람들이 현상을 하고 있기 때문입니다. 하루에 1천 2백 자나 1천 5백 자밖에 할 수 없고 아침까지는 1만 자 가까운 재료가 책상 위에 즐비합니다. 게다가 러시 프린트라고 해서, 내용을 보기 위해서 보는 포지티브 필름 1만 자를 계속 스크린에 비추고 이를 머릿속에 넣어서 편집에 임하는 것입니다. 아시리라 생각합니다만 매주 뉴스는 대체로 9백 자에서 1천 자이니 10분의 1로 다시 편집하는 셈입니다. 1만 자의 필름이라면 그 컷수는 2백에서 3백 정도입니다. 그러니 머리가 나쁜 편집자는 지금까지의 컷을 잘 정리하여 책상 위에 늘어놓고 한참을 생각합니다. 그러나 한참을 생각하면 시간이 걸려서 기한에 맞지 않으니, 물론 처음부터 그렇게 할 수는 없겠지만, 언제까지나 편집이 불가능한, 1시간 지나도 가위를 사용할 수 없는 사람은 대체로 전망이 없습니다. 그런 사람은 다른 부문으로 돌리고 있습니다. 대체로 지금 15명의 편집자가 있어서 매주 돌아가며 일을 하고 있습니다. 익숙한 사람은 1만 자를 다 보여주면 즉시 가위를 넣습니다. 아무튼 1만 자 ─ 2백 간(間)[74] 정도의 길이이니, 나중에 새로 편집한다고 생각해도 어디에 어느 장면이 있는지 모르니 굉장한 대담함이 필요합니다. ●

처음에 1만 자를 5천 자 정도로 줄이고 또 한 편이 스크린에 걸리면 그것을 3천 자 정도로 결국에는 9백 자 정도의 한 편의 네가, 러시 프린트가 완성되면, 소리 넣기 ─ 녹음이 있습니다. 대포 소리, 트럭 소리같이 소리를 붙입니다. 이것은 어떻게 하는가 하면, 이 정도의 대포 소리는 이런 소리, 전차 소리는 이런 소리, 40에서 50리를 달리는 자동차 소리는 이렇다고 필름에 각각의 소리를 넣습니다. 이를 합쳐서 소리를 붙이는 것입니다. 음악은 지금 레코드를 사용하고 있습니다. 진군의 경우에는 이 음악이 가장 잘 맞고, 전선의 병대가 식사를 할 때에는 이것이 가장 잘 맞는다며 전문 음악가가 작곡을 합니다. 그러면 반주음악도 완성되고 대포 소리의 의성음도 완성됩니다. ●

설명문의 경우에는 우리 쪽은 지금 대학을 졸업하고 신문학회에 가입한 사람을 쓰고 있는데 지금까지의 경험으로는 이 사람이 가장 좋습니다. 그리고 신문사에 있던 사람, 그런 사람에게 맡기고 있습니다. 지금 4명이 있습니다. 그리고 아나운스 문장을 만들어 아나운스를 넣으면 소리 부분은 전부 완성됩니다. 그런데 아나운스 문장은 귀로 듣는 문장이며 읽는 문장이 아니기 때문에 주의를 잘 기울여야 합니다. 읽으면 알 수 있어도 들어서는 알기 어려운 문구가 있습니다. 그것을 교정에 교정을 거듭하여 만드는데, 따로 편집과장이 있어서 이것으로 좋다고 하면 드디어 실물을 만들게 됩니다. 그 무렵이면 마침 화요일 오전 5시나 6시 정도가 됩니다. 그리고 나서 이번에는 드디어 실물을 접하게 됩니다. 이것은 어떤 식으로 하는가 하면, 이 방의 두 배 정도의 무대에 이쪽으로는 스크린, 이쪽으로 영사기가 있고 그 위에 녹음이라는 소리를 넣는 곳이 있어서 아나운서는 마이크로폰을 두고 여기에서 이것을 읽게 되는데 그림의 장면마다 딱딱 맞춰야 하니 스크린 쪽을 보면서 이것을 읽습니다. 우리 쪽에서는 지금

---

74)　1간(間)은 6척으로, 1.81818미터에 해당한다.

전에 방송국에 있던 마에다(前田) 아나운서를 쓰고 있습니다. 원래는 아나운서를 빌렸었는데 지금은 마에다 아나운서를 전속으로 삼고 있습니다. 그 외 모집한 아나운서가 3명 있는데, 한 사람은 여성입니다. 그런데 지금은 여성에게 아나운스를 시키는 것은 곤란하여 현재 쉬게 하고 있습니다. 세 명 모두 지금 훌륭해져서 늦어도 다다음주 정도부터 다른 사람의 목소리가 나오리라고 생각합니다. 나는 마에다 아나운서가 일본 제일이라고 생각합니다. 다만 신체가 비대하여 철야를 해야 하기 때문에 몸이 버티지를 못해 곤란해하고 있습니다. 이 사람은 아나운스는 잘하지만 혀가 짧아 피곤해지면 몇 번이나 새로 해야 해서 필름을 낭비하는 결점이 있습니다. 그리고 음악은 생음악을 사용해야 하는데 지금의 제도로는 그럴 만한 시간이 없어서 레코드를 사용하고 있습니다. 그러나 반주음악은 단지 반주뿐만 아니라 효과음을 내기 위해서도 존재하므로 연구에 연구를 거듭해서 반주음악을 연구해야 한다고 생각합니다. 최근에 우리가 매우 흡족했고 일반 대중들도 매우 칭찬한 것은 해군의 낙하산부대가 활약하는 음악입니다. 낙하산이 펼쳐질 때의 기분을 그 음악이 잘 도와서 효과를 내고 있습니다. 그런 식으로 음악은 뉴스에 매우 중대하다고 나는 생각합니다.

뉴스영화의 사명

이것은 우리 회사뿐만 아니라 영화배급사에도 같은 사명을 지니고 있다고 할 수 있는데, 앞으로 일본의 영화계에서 활약할 사람은 이런 인식만은 정말 명확하게 해주었으면 좋겠습니다. 우리 회사와 영화배급사 같은 국책회사에서는 정말로 사원이 시국을 인식하는 것이 제일 필요하며 꼭 그런 사명을 지니고 일해주어야 합니다.

뉴스영화의 사명에 대해서 대내적인 문제를 우선 말씀드리겠습니다. 뉴스영화는 뉴스이니 영화에 관련한 보도라는 것은 논의할 여지도 없습니다. 다만 이 경우 뉴스영화, 다시 말하자면 영화의 뉴스, 라디오의 뉴스, 신문의 뉴스라는 식으로 각각 보도수단이 달라지는데 보도 내용은 조금도 달라지지 않는다고 생각합니다. 이 세 가지가 하나가 되어 보도보국(報道報國)을 해야 한다고 나는 생각합니다. 다만 이것은 말할 수 있습니다. 라디오에서 보도할 수 있는 것이어도 영화뉴스에서는 불가능한 것이 있습니다. 또한 신문에서는 취급할 수 있지만 라디오에서는 취급할 수 없는 것이 있습니다. 그렇기 때문에 라디오에서도 신문에서도 취급할 수 없지만 뉴스영화에서만은 취급할 수 있는 것이 가끔 있습니다. 그러나 뉴스영화는 보도가 제일인데 재작년 뉴스영화의 4개사가 왜 통제됐는가 하는 문제가 일어났습니다. 뉴스의 강제상영에 대한 문제인데, 이것이 뉴스영화의 앞으로의 사명을 보여준다고 나는 생각합니다. 그래서 뉴스영화는 단순한 보도뿐만 아니라 보도를 통해서 또는 뉴스영화적 재료로 국책이 향하는 곳을 대중에게 알리는 것이라고 생각합니다. 위의 뜻을 하달하는 것이라고 나는 생각합니다. 더 강하게 말하자면 진정 시국을 인식시키는 수단으로 뉴스영화는 사용되고 있다고 생각합니다. 여기에 뉴스영화의 ▶49쪽 커다란 사명이 있습니다. 다만 우리가 생각해야 하는 것은 영화가 가지는 대중성과 흥미성인데 그것을 충분히 살려 그 속에서 말하려고 하는 것을 말하지 않으면 효과가 없다고 생각합니다. 다시 말하자면, 뉴스영화는 국가가 국민에게 부여하는 영양품이지 약품은 아니라는 것입니다. 국민이 기뻐하며 그것을 보지 않으면 아무 효과도 없으니 이 점을 잘 생각해서 우리는 편집하고 제작해야 합니다. 대내적으로는 그런 사명을 지니고 있다고 생각합니다.

그리고 또 하나는 뉴스영화 속에 취급되는 재료 중에서 문화 면의 재료는 매우 많이 있습니다. 예를 들면 다빈치전 등은 문화 면의 재료입니다. 그러나 뉴스영화가 문화적 재료가 아니더라도 뉴스영화 그 자체가 현재 얼마나 국민의 문화적 수준을 높여왔는지는 알고 있을 거라고 생각합니다. 게다가 앞으로도 뉴스영화에 의존해서 국민의 문화적 교양이라든가 생활 내용을 많이 향상시키는 것이 가능하다는 것은 우리가 자화자찬하면서 확신하고 있는 점입니다.

그리고 대외적, 해외적 문제인데, 대내적인 사명도 중요하지만 또 해외적 사명도 또한 매우 중요합니다. 그래서 우리는 앞으로 계속 이런 해외적 사명의 중요성을 되짚어보고 특히 적극적으로 새로운 일을 했으면 합니다. 그 때문에 현재 대동아공영권 내를 위한 프랑스령 인도차이나판, 태국판, 말레이 반도판, 마닐라판, 버마판, 광동어판 뉴스를 월 2권씩 만들고 있습니다. 이는 아나운스도 타이틀도 그 나라의 언어로 하고 있고 내용은 니혼뉴스와는 다르며 편집도 다릅니다. 다만 영어는 조금도 사용하고 있지 않습니다. 모두 그 원주민의 언어를 사용하고 있습니다. 그리고 다음 달 말경부터 매주 니혼뉴스 이외에 대동아뉴스를 월 1편씩 만듭니다. 이는 뉴스 이외에 대동아공영권의 건설이라든가 사명이라든가의 테마를 하나씩 다루어 매달 발행할 예정입니다. 이 외에 지금 대동아전쟁의 기록영화를 만들고 있습니다. 이번 1월경에 〈대동아전쟁 격멸전기(大東亞戰爭擊滅戰記)〉[75]를 만들었는데, 다음 달에는 〈말레 전기(マレー戰記)〉,[76] 그리고 〈버마 전기(ビルマ戰記)〉[77]를 완성하여, 이것이 영화배급사에 배급됩니

---

75) 〈대동아전쟁 격멸전기(大東亞戰爭擊滅戰記)〉(정보국 감수, 영화배급사, 니혼영화사 제작, 다카기 도시로[高木俊郎] 구성, 1942). 서장 〈대동아전쟁은 이렇게 해서 일어났다(大東亜戦争は斯くして起こった)〉 2권과 제1부 〈불타는 태평양: 개전에서 마닐라 함락까지(燃ゆる太平洋: 開戦からマニラ陥落まで)〉 7권으로 구성.

76) 〈말레 전기·쇼난토 탄생(マレー戰記·昭南島誕生)〉(육군성 후원, 영화배급사, 니혼영화사 제작, 미키 시게루 구성, 5권,

다. 그런 이유로 우리 일은 매우 중대한 일이니, 우리의 미숙한 점을 더 많이 젊은 청년층이 주문하거나 충고해주면 우리는 기꺼이 귀를 기울이겠습니다.

마지막으로 우리 회사의 기구도 알아두면 무엇이든 참고가 되리라고 생각하니 기구에 대해 말씀드리겠습니다.

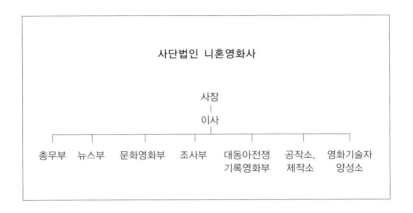

니혼영화사는 원래 니혼뉴스영화사라고 했다는 것은 알고 있으리라 생각합니다. 총무부는 영화배급사의 총무국과 같습니다. 제작회사이니 뉴스부, 문화영화부가 있습니다. 조사부는 아마 같을 것입니다. 대동아전쟁 기록영화부는 지나사변 처음부터 대동아전쟁이 발전하는 것을 기록으로 남겼고, 이를 일본의 보존영화로 남기기 위해 이런 부가 있습니다. 공작소는 영화기계의 공작, 제작을 하고 있습니다. 제작소는 현상처. 영화기술자양성소는 여기와 같은 양성소입니다.

자본금은 4개사를 통합했기 때문에 도쿄니치니치 오사카마이니치, 아사히, 요미우리, 동맹, 정부, 이 다섯 방면에서 출자한 사단법인회사입니다.

1942)

77) 〈버마 전기(ビルマ戦記)〉(육군성 감수, 영화배급사, 니혼영화사 제작, 육군 보도반원 · 니혼영화사 특파원 촬영, 9권, 1942)

1942년 10월 11일 | 제62호 | 32~38쪽

문화영화의 인정
[영화배급사 직원양성소 강연록]

문부성 사회교육관 미하시 아이요시(三橋逢吉)

제가 말씀드릴 제목은 '문화영화의 인정(認定)에 대해서'라는 것인데, 저는 인정을 통해서 문화영화에 대한 여러 문제를 말씀드리고 싶습니다.

대체적인 이야기의 요점을 말씀드리면 우선 문화영화란 어떤 것인가, 문화영화의 본질론을 이야기하고, 다음으로 문화영화는 어떤 식으로 현재 제작되어 배급되고 있는지, 문화영화사업 및 그 약간의 문제에 대해, 그리고 마지막으로 문화영화는 어떤 식으로 기획돼야 하는가, 문화영화 기획론에 관해 말씀드리고 싶습니다.

문화영화는 어떤 것인가에 대해서는 여러분도 이미 아시다시피 아직 이런 것이라는 일정한 설은 없습니다. 여러 가지로 해석되고 여러 가지로 받아들여지고 있습니다. 예를 들어 말씀드리자면, 문화영화의 '문화'라는 점에 중점을 두고 문화영화란 문화적 의의와 가치가 있는 영화라고 해석되기도 합니다. 문화영화는 과학영화가 본체라고 생각되기도 합니다. 혹은 문화영화는 과정을 다루는 것이라는 논의도 있습니다. 각각의 주장에는 그 나름의 일리가 있지만 현재 일본에서는 문화영화는 역시 영화법 정신에 따라 만들어진 영화입니다.

그러면 영화법에서는 문화영화를 어떤 식으로 생각하고 있냐면, 영화법은 문화영화를 '국민정신의 함양 또는 국민지능의 계배(啓培)에 이바지하는 영화'라고 하고 있습니다. 이것은 영화시행규칙의 제35조 제1항에 규정하는 부분인데, '국민정신의 함양 또는 국민지능의 계배에 이바지하는 영화'는 모든 영화에 대해서 말하는 부분이며, 그만큼 아직 문화영화를 명확히 정의하지는 못하고 있습니다.

그래서 영화법 규정에 근거하여 문부성이 문화영화 인정을 시작함에 있어서 문화영화란 이런 것이라고 제작자에게 명시할 필요에서 발표된 문화영화의 범위 및 표준에 대해 검토할 필요가 있습니다. 이 범위 및 표준의 요점을 보면 우선 제일 처음에 문화영화는 정치, 국방, 교육, 학예, 산업, 보건 등에 관한 영화이고, 다음으로 극영화는 아니라는 점을 들 수 있습니다. 그 외에 여러 가지 요건을 들고 있는데, 이상의 두 가지를 기본으로 생각해보면, 우선 문화영화는 정치, 국방, 교육, 학예, 산업, 보건 부분에 관한 사항을 다루며 국민지도에 이바지한 영화에 따라 그 범위가 대체로 제시됐다고 생각합니다.

　더 나아가 문화영화는 극영화가 아니라는 하나의 기준에 따라 그 성격이 명시됩니다. 그러나 극이라는 말은 충분히 숙성되지 않은 단어이며 무엇이 극인가 하면 이것도 매우 여러 가지로 생각할 수 있어서 그것만으로 문화영화의 본질을 명확하게 할 수 없지만, 그 정신은 요컨대 문화영화는 픽션을 포함하지 않는 것입니다. 즉, 허구를 포함하지 않는 작품이라는 것이 그 근본에서 생각되고 있습니다. 이미 아시다시피 극영화는 픽션에서 성립된 것인데, 문화영화는 현실에서 취재하여 현실의 사실을 국민에게 알린다는 점에 중점을 두고 있습니다. 여기에서 문화영화의 특질을 도출하고 있습니다. 그러나 문화영화는 그 표현형식에서 연기를 절대로 허용하지 않는가 하면 이것은 실제 문제로서 극적인 수법을 완전히 배제할 수 없고, 또 배제할 필요도 없습니다. 그래서 전체로서 현실의 사실을 전달할 때 그것을 왜곡하지 않는 범위에서 그런 수법의 부분적인 사용을 허용하고 있습니다.

　그래서 문화영화는 지금 말씀드린 것처럼, 영화법의 정신에서 연역(演繹)하여 본래 허구 혹은 가상(假構)을 포함하지 않는 작품입니다. 현실에서 취재하여 현실의 사실을 알림으로써 국민의 지능을 계배하고 더 나아가 국민정신의 함양을 도모하려는 영화라고 할 수 있습니다. 그리고 사실 이런 방향으로 정해져 있습니다.

　그리고 문화영화 인정에 대해서는 더 상세한 기술적인 인정표준을 두거나 혹은 취재한 내용의 정확함을 요구하거나 혹은 영화적 기법에 맞춰 적정해야 한다는 점을 강조하고 있습니다. 이들 점에 대해서는 이미 여러 가지가 발표되고 있으니 여기에서 자세하게 말씀드릴 필요도 없다고 생각합니다.

　요컨대 문화영화는 영화법 정신에 근거하여 그 성격이 정해지고 있는데 문화영화는 영화법에 따라 문부대신이 문화영화로서 인정한 것이라고 되어 있습니다. 그러므로 현실에서는 문부대신의 이름으로 문화영화라고 인정하는 행위가 필요합니다. 따라서 문화영화의 인정사무가 문화영화인지 아닌지를 결정하게 됩니다. 그래서 일본의 영화는 문부성의 인정에 따라 문화영화인지 어떤지를 결정하는 결과가 됩니다. ▶32쪽 그러나 이것은 미리 양해를 구하자면 영화법에서 말하는 문화영화이며 그 영화법의 문화영화는 강제상영의 대상이 될 수 있다는 것입니다. 다시 말하자면 문부대신이 문화영화라고 인정한 것에 대해서는 영화법에 따라 강제상영의 대상이 될 수 있습니다. 그 외의 부분에서도 문화영화가 성립되지 않는 것은 아니지만 그것이 문화영화라고 생각돼도 인정 행위가 이루어지지 않는 이상은 강제상영의 대상이 될 수 없습니다. 따라서 실제로는 제작업자는 물론 배급업자 및 상영자도 강제상영의 대상이 될 수 없는 문화영화를 다루는 일은 없으니, 영화법에 의한 문화영화가 되면 인정한 문화영화가 되고 더 나아가 실제적으로도 문화영화는 이외에 없습니다. 그래서 문부성의 인정은 우리 나라에서 문화영화를 결정하는 것이며, 그 방향이나 내용의 전개 여부는 그 인정에 따라 결정해나가는 형태를 갖추고 있는 것입니다.

이상에서 말씀드린 것에 따라, 대체로 문화영화에 대한 사고방식, 다시 말하자면 영화법에 따른 문화영화의 사고방식에 대해 이해해주셨으리라 생각하는데, 이와 관련해서 실제 면에서 조금 더 말씀드리고 싶습니다.

아까도 말씀드린 문화영화와 극영화의 구별인데, 실제로 이 구별은 꽤 어렵습니다. 배우의 연기가 들어갔다고 해서 곧 문화영화가 아니라고 할 수 없는 것은 아까 말씀드린 대로입니다. 그래서 극영화인가 문화영화인가 그 판정에 고민하는 경우가 실제로는 매우 많습니다. 원래 문화영화도 극영화도 오직 한 방향으로 이런 것이어야 한다는 입장에서 규정되고 있는 것이니 실제 면에서 극영화와 문화영화를 구별하기 어려운 작품이 많은 것은 당연합니다. 그래서 실제로는 그 영화 전체를 보고 어떤 의도로 만들어졌는가, 또 무엇에 중점을 두었다고 받아들여지는가라는 점에서 판단해서 결정하고 있습니다. 이 무렵의 극영화를 봐도 배경이 되는 여러 가지 요소가 그 극에서 매우 중대한 요소가 되는 경우가 많습니다. 예를 들면 〈말(馬)〉[78]이라는 극영화 혹은 〈흙과 병사(土と兵隊)〉[79]를 보더라도 소위 말하는 문화영화적 요소가 매우 많습니다. 이들은 명확하게 극영화라고 인정되고 있지만, 장래에는 문화영화인지 극영화인지 구별하기가 사실상 매우 어려운 작품도 나오지 않을까 생각합니다. 현재의 문화영화와 극영화의 구분방법이 과연 앞으로도 계속 올바른 것일지 어떨지에 대해서는 여러 가지로 생각해야 하는 부분도 있습니다. 그러나 현재 생각되고 있는 픽션이 포함되지 않았다는 개념에서 세워진 문화영화에 대해서도 아직 조금 더 그 내용에 대해서 발전시켜야 하는 부분이 있다고 생각합니다. 따라서 우선 현재 규정한 문화영화의 방향을 보다 충실하게 하는 것이 문화영화뿐만 아니라 영화 전반의 발전에 대해 중요하다고 생각하고 있습니다.

최근 문화영화와 어깨를 나란히 하고 있다는 것에 계발선전영화라는 것이 있습니다. 무엇인가 국책적인 내용을 담은 작품은 소위 말하는 계발선전영화로서 취급되고 있는 것 같습니다. 그러나 내용적으로 국책에 관한 것이 담겨 있다고 해서 그것이 문화영화와 완전히 구별되는 의미의 계발선전영화라고는 생각할 수 없습니다. 국민을 계발하고 국책을 선전하는 의미라면 현재의 극영화 부문에서도 계발선전영화는 있을 수 있고 또 문화영화 부분에서도 있

---

78) 〈말(馬)〉(도호 도쿄, 영화과학연구소[合資会社映画科学研究所], 야마모토 가지로[山本嘉次郎], 1941)

79) 〈흙과 병사(土と兵隊)〉(닛카쓰 다마가와, 다사카 도모타카[田坂具隆], 1939)

을 수 있습니다. 오히려 문화영화는 그 시대 시대의 요구에 응해서 국민지능의 계배, 국민정신을 함양해나가야 하는 목적을 가지고 있는 것입니다. 따라서 문화영화야말로 소위 말하는 계발선전영화라고 전면적으로 말할 수 있습니다. 저는 계발선전영화가 문화영화의 일부분에 지나지 않는다고 생각합니다. 혹은 계발선전영화를 억지로 생각한다면 정치성이 매우 농후한 작품, 그리고 또 현재성이 매우 농후한 작품, 따라서 그 영화를 보고 금세 생활화하는, 다시 말하자면 국민생활에 직접 영향을 줄 수 있는 작품이라고 할 수 있을지도 모릅니다. 그러나 그 하나하나를 분석해보면 그것은 모두 문화영화가 가지고 있는 요소이며 또 문화영화에서 그런 목적을 충분히 달성할 수 있다고 생각할 수 있으니, 저는 계발선전영화를 특히 문화영화와 따로 떨어뜨려 별개로 보지 않습니다. 구체적으로 어떤 것이 계발선전영화인지 어떻게 문화영화와 구별할 것인가 하는 것이 명시되지 않는 한 계발선전영화는 문화영화의 일부분이라고 생각하지 않을 수 없습니다.

이상 극영화, 계발선전영화와의 관계에서 문화영화의 성질을 되짚어보고 고찰했는데 이에 따라 조금이라도 문화영화의 개념이 더 명료해지지 않았을까 하고 생각하여 말씀드린 바입니다.

이상으로 문화영화의 본질이 ─ 본질이라는 것은 조금 과장이지만 ─ 어떤 것인지에 대해 말씀드렸는데, 그 내용 내지 경향에 대해 조금 말씀드리겠습니다. 문화영화의 내용은 천차만별이어서 모든 것을 포함할 수 있고 제한은 없습니다. 그 목적이 국민지능의 계배, 국민정신의 함양이라는 부분에 있으니 널리 취재하고 국민생활에 영향을 끼치며 이를 생활해나가는 부분에 의미가 있다고 생각합니다. 현재까지 일본의 문화영화가 어떤 경로를 걸어왔는지에 대해서는, 상세는 이미 잡지 『문화영화(文化映畵)』에 「문화영화의 원류와 그 전개」라는 제목하에 2회에 걸쳐 발표해두었으니 거기로 양보하고 다음으로 그 대략을 서술해보겠습니다.

문화영화 인정 개시 초기에는 문화영화는 아직 이른바 암중모색의 시대여서 여러 시도가 행해지고 있었는데, 당시에는 진기한 재료를 다루어 영화화하는 수단을 취했습니다. 실제 영화에 담긴 것이 보는 사람의 생활에 무언가 도움이 되는, 유익함에 문화영화의 의의가 있는데 초기에는 무언가 진기한 소재를 선택하여 그 진기함으로 사람들을 매혹시킨다는 계획이 나왔습니다. 따라서 초기 작품의 대부분은 진기한 것이라는 부분에만 중점을 두었고 그런 것도 있고 저런 것도 있다는 식으로 지금 보는 사람들에게 진기하다는 느낌을 주려는 작품이 많았습니다. 그러나 단순히 보는 이들에게 진기한 것을 많이 알린다고 해도, 그것이 생활문화를 건설해가는 의미에서는 즉시 도움이 되지 않는 것이 많았습니다.

그래서 인정 당국으로서는 그 제작 방면에서 단순히 진기한 것을 캐내기 위해 돌아다니는 것보다 오히려 우리 주위에 문화영화로서 다룰 만한 소재가 많이 있으니 그것을 다루어 조금 더 파헤쳐나가야 한다고 하여 이를 제작지도방침으로 삼아온 것입니다. 그 뒤로 점점 우리 주변에 있는 것을 캐내게 됐고 더 나아가 그것을 파헤쳐나가게 됐습니다. 게다가 최근 작품에는 깊이에 덧붙여 소재도 널리 구하게 됐습니다. 다시 말하자면 국민의 모든 계층, 모든 지역의 사람들이 보고 거기에서 국민적 감격을 깨닫는 방향으로 만들어온 것입니다. 예를 들면 〈섬(島)〉[80]이라는 문화영화를 보시면 거기에서 모든 계층, 모든 지역의 일본 국민의 공감과 감격이 느껴집니다. 더 나아가 대동아전쟁이 ▶33쪽 발발함과 동시에 문화영화는 한층 더 비약하는 기운을 지향해왔습니다.

조잡하지만 본질론은 대체로 이 정도로 하고 이번에는 문화영화사업 부분에 대해서 말씀드리도록 하겠습니다.

문화영화는 아까 말씀드린 것처럼 영화법에 따라 강제상영을 하게 됐습니다. 영화법이 시행된 것은 쇼와 14년 10월부터인데 그 당시에 문화영화 제작을 하고 있던 업자는 약 2백 정도 있었습니다. 우리 나라의 문화영화는 영화법 이전에 이미 조금씩 발전하고 있는 상황이었습니다. 역사적으로 보면 문화영화는 쇼와 초기 무렵에 독일에서 들어온 〈미와 힘으로의 길(美と力への道)〉[81]이라는 영화에 쿨투르 필름[82]이라는 명칭이 붙어 있었기 때문에 여기에서 직역한 단어가 생겼고 더 나아가 영화가 만들어지게 된 것입니다. 문화영화는 독일에서 조금씩 발달했고 이에 따라 일본에서도 발달해왔습니다. 영화법 이전에 이미 〈북진일본(北進日本)〉[83]이라든가 〈남쪽의 생명선(南の生命線)〉[84]이라든가 하는 상당한 장편의 문화영화가 나왔고 또 지나사변의 기록영화로서 〈상해(上海)〉[85] 〈남경(南京)〉[86] 〈북경(北京)〉[87]이라는 전쟁의 기록을 지역적으로 정리한 우수한 문화영화가 나왔습니다. 이렇게 해서 영화법 시행 당시에 지금 말

---

80) 〈섬(島)〉(리켄과학영화사, 시모무라 겐지[下村兼史], 1941)

81) 〈Wege zu Kraft und Schönheit(Golden Road to Health and Beauty)〉(Kulturabteilung · UFA, Nicholas Kaufmann · Wilhelm Prager, 1925)

82) Kultur Film.

83) 〈북진일본(北進日本)〉(산에이샤[三映社] 배급, 도쿄니치니치 오사카마이니치[東日大毎] · 요코하마시네마상회[横浜シネマ商会] 제작, 1934)

84) 〈바다의 생명선(海の生命線)〉(산에이샤 배급, 요코하마시네마상회 제작, 아오치 주조[青地忠三], 1933)을 지칭하는 것으로 보인다.

85) 〈상해(上海)〉(도호영화문화영화부[東宝映画文化映画部], 가메이 후미오[亀井文夫], 1938)

86) 〈남경(南京)〉(도호영화문화영화부, 아키모토 켄[秋元憲] 편집, 1938)

87) 〈북경(北京)〉(도호영화문화영화부, 가메이 후미오, 1938)

씀드린 것같이 제작자가 2백 정도가 된 것입니다.

　대체로 문화영화를 제작하고 있는 업자는 당시에는 큰 회사 속의 문화영화부를 제외하고 대체로 극히 소자본에 지나지 않았습니다. 그때까지는 영화제작업이 크게 성장하는 곳은 크게 성장했는데, 주로 극영화 제작에 임했으며 낙오돼가는 곳은 낙오돼가면서 단편이나 실사영화를 만들고 있었습니다. 그리고 이들이 더 나아가 문화영화로 전향해간 것입니다. 따라서 당시의 문화영화 제작은 그렇게 점점 침전해가는 경향의 회사와 큰 극영화회사에서 다루던 문화영화부 및 각 신문사의 영화부 등이 섞여 있었습니다.

　영화법에 따라 문화영화를 강제상영하게 되면서 인정된 문화영화에 대해서는 특전이 주어지게 되니 영화법은 이상에서 말씀드린 소프로덕션의 문화영화업자들을 웃게 했습니다. 그들은 여기에 이르러 비로소 봄이 왔다고 생각하는 상황이었습니다. 인정은 10월 1일부터 시작됐는데 인정에 대해 그 당시에 이런 식으로 생각되고 있었습니다. 영화법에 따라 문화영화는 강제상영을 하는데 문화영화가 될 법한 영화는 점점 발달하고 있다고는 하지만 아무래도 아직 양이 적습니다. 양이 적으니 모처럼 법률을 시행하더라도 실시가 불가능하지 않을까 하여 인정은 될 수 있는 한 쉽게 하고 지금까지 나온 이른바 문화영화라는 것은 대부분 인정하며, 영화법을 실시하는 데 지장이 없게 할 것이라고 합니다. 사실 당시에는 이런 우려가 영화법 조문에도 나타나 있는데, 그것은 문부대신이 추천한 영화를 상영할 경우에는 문화영화를 상영하지 않아도 좋다는 조항이 있는 것입니다. 바꿔 말하자면 추천영화는 문화영화의 대용이 된다는 것인데 문화영화가 적을 것이라는 점도 고려하여 그런 규정이 만들어졌다고 생각합니다. ●

　그런 상태였는데 처음으로 인정사무를 받아들여 영화를 심사해보니 빈약한 작품이 너무 많았습니다. 이 빈약한 작품을 처음부터 인정한다면 도저히 일본의 문화영화를 급속하게 진보시킬 수 없다고 생각하여 인정을 개시함과 동시에 단호하게 떨어뜨렸습니다. 초기에 어떤 달은 30%대만 통과한 적도 있습니다. 대체로 50, 60% 정도밖에 통과하지 못했습니다. 제작회사에는 대공황을 초래했지만, 빈약한 작품에 대해서 얼굴을 맞대고 뭐라고도 할 수 없으니 그렇게 엄중하게 하면 수량이 부족하지 않을까, 영화법 실시가 위기라고 왕성하게 견제를 받게 됐습니다. 그러나 어떻게든 잘해나갈 수 있다는 확신이 있었기 때문에 상당히 분발하여 인정 수준을 내리지 않았습니다. 그러나 이런 식으로 해도 당시에는 일반의 수준이 낮았기 때문에 나중에 생각해보면 통과한 작품에 대해 불만인 것이 매우 많았습니다. 그 뒤에는 배급 및 그 외의 관계에서 인정문화영화가 남아돌게 됐고 현재는 너무 많아 비축분의 처분에 곤란한 상태가 됐습니다. 그래서 현재는 제작자 분들도 인정 정도를 높여달라고 말해올 정도입니다.

처음에는 인정 정도가 높다고 하여 비난을 받았고 각종 견제가 이루어졌던 것을 생각하면 격세지감이 있습니다.

그래서 문화영화에 대해 인정 부분에서 생각하여 제작, 배급업을 어떻게 해나갈 것인가가 문제가 됩니다. 영화법에 따르면 영화법 시행 초기에 현재 제작업에 종사하고 있던 자는 일단 신고를 해두면 1년 동안 그대로 일을 할 수 있습니다. 그리고 더 나아가 계속해서 일을 하려는 자는 그 기간 중, 즉 쇼와 15년 9월 30일까지 업종허가 신청을 내야 합니다. 행정관청은 그 신청에 근거하여 허가하게 됩니다. 배급업도 같은 원칙입니다. 그래서 제작, 배급을 어떻게 설계해갈 것인지가 당시의 큰 문제가 되고 있습니다.

그래서 제작업이 당시에 — 쇼와 14년, 15년 — 2백 이상이나 있었으니 이를 몇 개로 정리한다면 일본의 문화영화는 정상적으로 발달해갈 것인가가 여러 부분에서 검토됐습니다. 당시 일본의 문화영화 제작업은 대체로 10에서 15 정도 있으면 된다고 생각됐으므로 실상을 고려하여 전체를 20이나 많아도 30 이내로 통합시켜 그 범위에서 허용해가려고 한 것입니다. 이런 생각으로 재작년부터 업계의 실상을 조사하기 시작하여 작년 봄에 십수 개사가 업종허가를 받았습니다.

배급업자에 대해서도 제작업자와 마찬가지로 매우 숫자가 많습니다. 한편 제작업자가 매우 많은데다가 배급업자도 매우 많아서, 만들어진 영화가 합리적으로 배급되지 않았습니다. 매우 조건이 좋은 제작자, 예를 들면 당시의 도호 등의 문화영화부에서 제작된 것은 물론 기술도 지혜도 발전해 있으니 좋은 작품을 만들 수 있습니다. 게다가 그런 큰 회사에는 회사의 영화배급 루트가 있습니다. 그러니 그 회사에서 만든 작품은 회사의 배급 루트에서 상영하면 당연히 채산이 맞을 거라고 전망할 수 있습니다. 그러나 그렇지 않은 작은 업자는 극히 빈약한 조건하에서 제작하고, 게다가 만들기는 해도 루트를 가지고 있지 않아 어딘가에 팔아야 합니다. 파는 곳은 앞에서 이야기한 큰 회사의 루트 혹은 각 영화관이며, 일일이 교섭해야 하는 상태입니다. 따라서 배급은 매우 불리한 상황에 놓이니 이렇게 문화영화 제작은 수지가 맞지 않는 것이 당시의 실정이었습니다.

이런 불합리한 상태로는 안 되니 우선 배급기구부터 합리화시켜나가기로 생각했습니다. 극영화 배급기구에 손을 대는 것은 당시 지극히 어려운 일이라고 생각했으므로 우선 문화영화의 배급합리화가 문제가 됐습니다. 먼저 니혼뉴스사 — 현재의 니혼영화사 — 가 만들어질 때 뉴스 이외의 문화영화의 ▶34쪽 배급을 사업의 하나로서 생각하고 있었으니 니혼뉴스사로 문화영화 배급을 일원적으로 하게 해서 작년 봄부터 실시한 것입니다. 그래서 니혼뉴스사는 뉴스만을 만드는 것이 아니라 문화영화 배급도 한다고 하여 니혼영화사라고 개칭한 것입니다. 이러는 동안 여러 문제도 있었지만 대체로 이상의 과정으로 배급일원화가 이루어진 것입니다.

이렇게 해서 문화영화는 그 제작과 배급 양쪽에서 점차 새로운 체제를 정비해간 것인데, 여기에서 갑자기 일어난 것이 작년 봄 이후의 영화신체제 운동입니다. 아시다시피 영화신체제 운동은 직접적 동인으로서는 영화의 자재 부족으로 인한 것입니다. 작년 8월 초에 국제관계가 매우 긴박한 상황이 되어, 폭탄과 같은 재료로 만들어지는 생필름에 대해 장래 전망이 불투명한 상태가 된 것입니다. 다시 말하자면 동년 9월 이후에는 생필름을 1피트도 생산할 수 없을지도 모른다는 매우 절박한 사태에 처한 것입니다. 만약 그렇게 되면 큰일입니다. 조금이라도 생필름을 획득하여 총후의 국민에게 건전한 위안거리를 제공하지 못한다면 장기전을 견디지 못하는 결과를 초래하지 않는다고도 할 수 없습니다. 책임 관청으로서는 단순히 물건이 없다고 하여 방치할 수는 없습니다. 그래서 최소한도로 어느 정도 필요한지를 우선 생각하고 거기에 적합하게 어떤 기구를 만들면 좋을지, 이런 절박한 것을 생각해야 하는 것입니다. 그리고 이미 영화계의 형세(狀勢) 개선에 대해서는 여러 가지로 이상적인 안이 생각되고 있는데, 한꺼번에 현실을 뛰어넘어 이상안에 도달하는 것은 각종 곤란한 문제도 있으니 보류하고 있는 중입니다. 모든 것을 멈춰야 하는 상황이 되면 여기에 하나의 이상을 기초로 하여 새로운 태세를 정비해나가야 해서, 지금 말씀드린 현실적 문제와 일본의 영화계 건설의 이상을 감안하여 영화계 전체의 기구 정비가 검토되기에 이르렀습니다.

여기에서 문화영화 부문은 어떻게 됐는지를 말씀드리도록 하겠습니다.

문화영화 부문은 이미 배급기구는 아직 과도기이기는 하지만, 아무튼 니혼영화사에 의해 일원화됐습니다. 제작 부문에서 어떻게 다룰 것인가가 주요 문제입니다. 극영화 쪽은 회사도 적고 이미 작은 회사들은 대체로 큰 회사가 포용하게 됐습니다. 기정방침을 점점 수행함으로써 어느 지점까지 신체제 운동에 즉응하여 그 이상을 실현시키는 상태가 된 것입니다. 그러나 문화영화에서는 적어도 20개사 정도로 정리하려고 합니다. 이미 허가한 곳이 12, 13개사입니다. 허가하지 않은 곳도 5개사나 10개사를 정리하여 하나의 제작회사로 만들어 그 회사에 허가를 내리는 방침에서 수시로 상담하고 있습니다. 이런 상태에서 새로운 정세가 일어난 것입니다. 지금 이를 새로운 정세에 즉응하여 정리하면서 어떤 방법을 취할 것인가에 대해 여러 논의가 행해지고 있습니다.

문화영화 제작자를 정리하는 것에 대해 전부를 한 회사로 하면 좋을지 혹은 몇 개 회사로 하면 좋을지에 대해서는 상당한 논의가 이루어졌습니다. 한 회사인가 몇 개 회사인가에 대해서는 문화영화를 국가가 어떻게 생각하는가, 그 사고방식에 따라 혹은 한 회사일지 혹은 복수의 회사일지가 성립합니다. 이탈리아의 루체[88]처럼 국가권력하에 제작기구를 하나로 통합하고, 그곳을 국가의지를 발표하는 기관으로 삼는다면 모든 것을 한 회사로 하면 되지만, 그러나 국가가 스스로 돈을 투자하고 스스로 기구를 만드는 일 없이 임의로 하나로 통합하려 한다면, 당연히 복수의 회사라는 것이 일단 현 상황에서 생각할 수 있는 것입니다. 그렇지만 현실문제로서 정부는 문화영화 제작업자의 정비에 대해서는, 한편으로 니혼영화사를 확충 강화함과 동시에 그 후 통합되고 있는 것을 더 통합하여 전체를 하나로 한다는 목표를 제시한 것입니다. 물론 이 문화영화의 1사(一社) 통합안에 대해서는 정부로서도 실상에 맞춰 이 이상의 안이 있다면 여지없이 고려해보겠다고 성명하여 민간업자와 간담에 들어갔습니다.

이후 1년이 지난 현재에 이르기까지, 문화영화계는 — 극영화는 이미 3개사가 성립하고 각각 새로운 조직하에 제작을 시작하고 있는데도 불구하고 — 아직 여전히 같은 상태입니다. 이것은 종래의 과정에서 여러 문제도 있지만 결국에 정부가 1사안을 냈습니다. 이에 대해 민간은 한 회사로는 안 된다, 회사 몇 개가 있어야 실제로 통합될 수 있다는 의견을 가지고 있어 대립하고 있는 것입니다. 조금 거슬러 올라가 경과를 보면 작년 12월 8일,[89] 대동아전쟁의 발발 직후에 이런 상태가 된 이상 하루빨리 통합하지 않으면 안 되니 업계의 의지에 따라 한 회사로 가려고 한 것입니다. 그러나 막상 실행에 옮겨보니 좀처럼 안이 성립되지 않고 여러 이해관계가 착종(錯綜)하여 일치하지 않으며 또 인적 결합도 좀처럼 잘 진행되지 않았습니다. 이런 관계로 정부에서도 한 회사로 통합한다는 약속은 했지만 정리되지 않아 여전히 혼돈스러운 상태에 있습니다. 최근 이에 덧붙여 유쾌하지 않은 여러 풍문까지도 들었습니다. 그러나 사소한 부분은 어찌됐든 업계 관계 모두는 결코 문제의 본질을 잊어버려서는 안 되고 또 실제 잊어버리지는 않았으므로 지금 정부 측에서는 신중하게 대책을 고구하고 있습니다. 업계에서도 그 통합을 얼마나 달성하는가를 검토하여 정말 좋은 문화영화를 만들 수 있는 실제적인 기구에 대한 플랜을 진지하게 생각하고 있는 것이 현재의 상황입니다. 가까운 장래에 일본에 정말 좋은 문화영화를 만들 수 있는 제작기구가 만들어지리라 믿으며 또 기대하고 있는 바입니다.

업종의 허가, 신체제에 의한 업종의 통합 등 어지러울 정도로 변하는 움직임하에 문화영화 제작은 어땠는지 보면, 통합이 이루어지지 않았기 때문에 새로운 작품이 활발하게 못 나오는 슬퍼해야 할 상황에 처해 있습니다. 대동아전쟁 후에 문화영화의 중요성은 배가되고 있음

---

88)   Luce(L'Unione Cinematografica Educativa).
89)   원문에는 12년으로 오식되어 있다.

에도 불구하고 이런 상황이며, 그리고 새로운 작품이 생각처럼 나오지 않는 일에 대해서는 유감이기 그지없습니다. 작년에 신체제 문제가 일어난 후에 문화영화에 대해서는 우선 통합이 결정되고 나서 자재를 건네려는 생각으로 생필름을 건네주지 않았습니다. 따라서 당시 사용하다 남은 것으로 각 제작업자는 약간의 영화를 제작할 수 있었는데, 그 후에 결국 그것을 다 쓰고 말았고 새로운 생필름이 들어오지 않았기 때문에 새로운 작품을 만들 수 없는 상태가 된 것입니다. 통합이 이루어져서 생필름이 조금씩 제작자에게 건네지고 시국에 즉응한 문화영화가 많이 나타나서 문화영화의 진정한 힘을 발휘할 수 있는 날이 기다려집니다.

1년 동안이나 자재를 받지 못한 채 아주 조금 밖에 만들 수 없음에도 불구하고, 왜 문화영화는 곤란에 처하지 않고 흥행할 수 있었을까. 그리고 오래된 작품을 재상영한 것이 아니라 새로운 작품을 상영하고 있었는데, 아까 잠깐 말씀드린 것처럼 문화영화가 한때 매우 많이 만들어져서 비축분이 있었기 때문입니다. 많이 만들어졌다는 것은 쇼와 15년 9월 말까지 제작업 허가신청을 하게 했는데 그 신청에 있어서 무언가 과거의 실적이 없으면 허가를 받지 못하지 않을까 ▶35쪽 하는 걱정에서 1편이나 2편 정도 만들어두라고 하여 당시 왕성하게 만들어진 것입니다. 그런 관계에서 인정된 작품도 많아 문화영화는 그 후 수량은 조금씩 남아돌게 됐습니다. 현재로는 배급이 니혼영화사로부터 전체적으로 일원화된 영화배급사로 이관했고 거기서 수십 편의 비축분이 있는 상태입니다. 1주일에 4편을 처리한다고 해도 상당한 일수가 걸리는 상황입니다. 그러니 사실 전혀 제작되지 않더라도 그럭저럭 해나갈 수 있습니다. 오히려 더 많이 제작되면 곤란하다는 식의 이상한 상태입니다. 배급상영 부분에서는 아무 지장도 없습니다. 그러나 문화영화는 아까도 말씀드렸듯이, 국민정신의 함양, 국민지능의 계배라는 큰 목적을 가진 것이니 될 수 있는 한 그 시기 시기에 적합한 것을 상영하고 그렇게 해서 국민계발 부분에 노력해야 하기 때문에, 훨씬 이전에 만들어진 작품을 이끌어내서 상영해야 한다는 것은 그다지 바람직하지 않습니다. 물론 인정을 받은 작품이니 3개월이나 4개월 정도로 지장을 많이 주는 것은 물론 없지만, 지금 말씀드렸듯이 본래에는 그때그때 적극적으로 협력하여 시국 인식을 강화해나가야 하며 이런 작품이 배급돼야 한다고 생각합니다.

그런 의미에서 현재 제작업자가 통합되지 않고 있는 것은 우리 나라의 문화영화를 위해서는 슬퍼해야 할 상태라고 생각합니다. 그러나 1년 동안이나 무엇을 꾸물대서 통합되지 않았는가에 대해 생각하면 여기에는 여러 원인도 있어서 하나같이 회사 측이 나쁘다고도 할 수 없습니다. 혹은 방법이 나빴다고 하여 정부만을 책망할 수도 없을 것입니다. 여기에는 너무 숫자가 많았던 것도 또 큰 원인일 것입니다. 그런 일들이 오랜 시간을 낭비시켰다고 생각할 수 있고 혹은 1년이나 걸리지 않았다면 처음부터 통합되지 않는 문제는 아니었다고도 생각할 수 있습니다. 그 무엇이라도 1년이나 지나버렸으니 하루속히 문화영화 통합이 이루어져 새로 발족하는 것이 바람직합니다.

다음으로 문화영화 기획의 문제가 있습니다. 어떤 문화영화를 만들 것인가 하는 것이 장래에 남겨진 큰 문제입니다.

문화영화의 지도에 대해서는 아까도 말씀드렸듯이 이후 인정 당국이 처리해왔습니다. 문화영화를 직접 다루는 관청은 현재 문부성 이외에는 없습니다. 따라서 문부성에서 문화영화 제작자에 대해 문화영화 경향을 조사하고 이를 알리고 또 문화영화가 갈 만한 방향에 대해 여러 가지 지시를 해왔습니다.

그 하나로서 재작년 봄 이후, 제작업자가 매우 많았기 때문에 기획이 겹치고 같은 소재에 대해 여기저기에서 시험해보는 상태가 됐으므로 이런 낭비를 줄이기 위해 업계의 자주적 방법을 요망하여 재작년 봄에 결성된 문화영화 제작업의 자주적 단체인 문화영화협회에 따라 서로의 제작기획을 가져와서 그 겹치는 부분을 막고 낭비를 줄이도록 해왔습니다. 더 나아가 문화영화협회 후에 니치에이를 중심으로 기획에 낭비가 없도록 여러 알선을 해온 것입니다.

더 나아가 작년 여름 전에 이미 자재가 줄어들었으므로 문부성에서도 기획이 겹치는 것을 막고 동시에 그 내용을 검토하고 나서 실제 촬영에 착수시킬 의도하에 제작업자에 대해 영화기획을 전부 문부성에 신고하도록 하고 시나리오에 대해서 문부성이 충분히 검토하여 바람직하지 않은 것에는 여러 지시를 내리거나 또한 만들지 못하도록 주의하고 있습니다.

작년 9월 이후의 작품에 대해서 지도를 실시해왔는데, 인정에서 시나리오를 보고 여러 의견을 낸다고 해도 사실상 중간까지 만들어버린 상황도 있을 것입니다. 대체로 만들어버리는 것 같습니다. 그중에는 정책적으로 이미 만들기 시작했거나 또 만들고 말았는데, 그러나 일단 문부성에 가지고 가서 시나리오를 보여주지 않으면 나중에 좋지 않을 거라고 생각하거나 또는 난처할 거라고 생각했는지 가지고 옵니다. 시나리오가 좋지 않으니 만들지 말아달라고 말해도, 내무성의 사전검열과 달리 문부성 지도하는 것이니 만들어온 것을 거부할 이유가 없습니다. 그 때문에 만들었지만 인정을 받지 못해 곤란한 작품도 많이 있습니다.

이전부터 여러 방면에서 문화영화의 사전검열을 해달라는 요망이 있었습니다. 영화법에 따라 내무성은 극영화에 대해서는 사전검열을 행하고 있었습니다. 촬영의 일정 기일 전에 시나리오를 제공받아 사전검열을 합니다. 사전검열 결과 승인이 되면 비로소 촬영에 들어가게 됩니다. 문화영화에 대해서는 이런 규정이 없습니다. 그러나 실제 문제로서 문화영화에 대한 사전검열은 매우 어렵습니다. 극영화는 상당 정도까지 시나리오에 지시된 내용으로 그 극의

내용을 알 수 있습니다. 그러나 문화영화는 여러 조건에 지배를 받습니다. 항상 실내 세트로 촬영하는 것이 아니라 오히려 밖에 나가 자연과 씨름하는 일이 많습니다. 따라서 자연적 조건에 지배받는 일이 많아 상세하게 시나리오에 지시를 하더라도 그대로 가지 않는 경우가 지극히 많습니다. 그래서 시나리오를 승인해도 그대로의 작품이 만들어진다고는 생각할 수 없습니다. 이런 점에서 보면 극영화의 시나리오 사전검열과 비교하여 문화영화 쪽은 훨씬 곤란합니다. 예를 들면 여러분이 〈어떤 날의 갯벌(或る日の干潟)〉[90]을 보면 알 수 있는데, 〈어떤 날의 갯벌〉의 시나리오는 정확한 작품이 완성되어 있었을 리가 없습니다. 아마 몇 줄 안 되는 것이었다고 생각합니다. 그런 작품은 현지에 가면 현지의 조건에 지배당합니다. 거기에 간 사람들의 수완에 의해 이렇게 완성되는 것이어서 그것을 처음부터 철저하게 시나리오로 만드는 것은 사실 매우 어렵다고 생각합니다. 완성된 작품이 시나리오와 많이 다르니 시나리오의 사전검열만으로는 부족해진다고 생각합니다. 극영화도 문화영화보다는 시나리오의 사전검열을 행하기 쉽다고 말씀드렸지만 읽는 사람은 그 시나리오에 따라 여러 이미지를 머릿속에 그려보는 것입니다. 보는 사람의 이미지와 만드는 사람의 이미지가 잘 맞아 떨어지면 좋겠지만 맞지 않는 경우가 있을 수 있습니다. 문자로 쓰인 것을 보고 당연히 이렇게 표현돼야 한다고 생각하는 부분이 감독의 해석에 따라 완전히 다른 것이 될 수도 있습니다. 사실 사전검열을 한 작품이, 저렇게 된 것은 어떤 이유에서인가 생각하게 되는 문제의 작품이 있었다고 우리는 가끔 듣습니다. 시나리오 그 자체는 그런 것이 아니고 저렇게 해석돼야 한다고 생각하는 것인데, 그것이 감독에 의해서 해석되는 방향이 달랐던 예시를 새삼스레 설명하는 것입니다. 사실 있을 수 있다고 생각합니다. 극영화여도 시나리오의 해석으로 극히 다른 작품이 될 수 있다면 문화영화에서는 그런 일이 훨씬 더 많이 폭넓게 일어날 수 있다고 생각합니다. 그래서 저는 사실상 문화영화의 사전검열은 지극히 어렵다고 ▶36쪽 생각합니다. 또 실시한다고 하더라도 법률을 바꿔야 합니다. 오히려 현재는 지도가 중요하니 이 부분에서 먼저 시나리오의 검토를 시작한 것입니다.

　　지금 앞에서 말씀드렸듯이 사전검열과 같은 명확한 규정에 따르는 것이 아니어서 모처럼 이쪽에서 검토하여 의견을 말해도 그 의견이 실제로 반영되지 않는 일이 많은 것은 매우 유감입니다. 장래에 이를 어떻게 해야 하는가에 대해서는 연구해야 될 문제라고 생각합니다. 기획지도기관의 확립 이것이 어떻게든 달성돼야 하는 문제라고 생각하고 있습니다.

　　이 기획지도기관은 이번 신체제의 이념 중에서도 중요한 첫 번째 항목으로 다뤄지고 있

---

90)　〈어떤 날의 갯벌(或日の干潟)〉(리켄과학영화사, 시모무라 겐지, 1940, 2권)

습니다. 불행히도 아직 완성되지 못했지만, 이는 신체제에서는 불가결한 기구이며 그 확립을 보지 않고 신체제를 완성했다고는 할 수 없습니다.

　문화영화는 이미 말씀드렸듯이 현 시국하에서 이 대동아전쟁 완수를 어떻게 구현해갈 것인가에 대해 우리들 국민의 지도상 매우 중대한 역할을 지니고 있습니다. 그래서 구체적으로 문화영화의 앞으로의 기획은 어떤 방향으로 가지고 가야 할지에 대해 이것저것 생각하고 있습니다. 장래 영화기획은 결국 완성되리라고 생각되는 지도기관이 담당하도록 한다고 해도 당장의 문제에 대해서 우견을 말해 보도록 하겠습니다. 대체로 저는 문화영화에 대해서는 현 단계와 장래의 단계 두 가지로 생각해서 대처해야 한다고 생각합니다.

　현 단계에서는 문화영화가 총후의 국민이 국책 완수를 위해 어떤 것을 실제 생활 면에서 해야만 하는가를 여러 가지 가르쳐나가야 한다고 생각합니다. 또 문화영화는 국내 사람들뿐만 아니라 동아공영권 내의 사람들에게도 영향을 미치는 것으로 생각해나가야 한다고 생각합니다. 그러기 위해서는 현재 각 방면에서 이루어지고 있는 전투 상태를 알리는 것도 필수 사항입니다. 그리고 더 나아가 그 전투가 있었던 지역이 어떻게 착실하게 부흥되고 있는가, 그 부흥이 어떤 방면에서 일어나고 있는가, 다시 말하자면 일본이 이상으로 삼는, 더 나아가서는 아시아 민족이 이상으로 삼는 대동아공영권 확립 방향에서 부흥하고 있는 상황을 알린다는 것이 큰 의의가 있는 일이라고 생각합니다. 예를 들면 홍콩에서의 전투를 알리는 것은 공영권 전체에 걸치는 각 민족에 대해 필요합니다. 그리고 또 홍콩이 일본이 이상으로 삼는 부분을 향해 착실하게 부흥하고 있는 그 상황을 알리는 것도 필요합니다. 각 민족은 이에 따라 나아가야 할 방향이 명시된다고 생각합니다. 문화영화는 이런 기획을 담아 공영권 각 민족에게 영향을 미친다고 생각해나가야 합니다.

　현 단계에서의 문화영화에 대해서는 여전히 많이 고구해야 할 문제는 있지만 이상으로 그만하도록 하고, 아울러 장래의 영화를 생각해보면 장래에는 문화영화가 대동아영화 — 저는 전에 공영권영화라는 이름을 말했는데 — 이런 성격을 가져야 한다고 생각합니다. 대동아영화의 성격이란 단순히 일본 국내의 일부분의 사항을 가지고 와서 그것을 일반에게 알리며 거기에서 무언가의 시사점을 주는 것만이 아니라 일본의 국내 사항도 단순히 일본의 국내만의 관점에서 생각하지 말고 동아공영권 전체의 면에서 관찰하는 영화라는 의미이며 모든 사물에 대해 이렇게 생각해나감으로써 비로소 의의를 명확하게 파악할 수 있다는 것을 알리는 것이어야 한다고 생각합니다.

　예를 들면 현재까지의 영화를 보고 있으면 철새를 다루더라도 일본에 건너온 새의 생태만을 비추고 철새를 설명하고 있는데, 그 철새도 동아공영권 내의 이동 상황을 파악함으로써 진정한 철새의 생태를 파악할 수 있습니다. 거기에 또 새를 통해서 동아공영권 전체의 일관성이라는 것을 느낄 수 있다고 생각합니다. 어떤 종류의 나무를 다루더라도 동아공영권 전체와 연관해서 생각해가도록, 영화의 사고방식을 가져간다면 거기에 대동아공영권의 성격이 나타나고 있다고 생각합니다.

이런 영화가 만들어짐으로써 비로소 문화영화는 의의가 있습니다. 물론 문화영화가 강제상영되는 지역은 일본 국토뿐이지만, 단순히 그것으로 된다고 생각하면 안 됩니다. 지금 말씀드린 것 같은 성격을 가지고 그 영화가 일본 국내에도 상영될 수 있고 또 동아공영권 전체에 상영될 수 있도록 해야 한다고 생각합니다. 저는 앞으로의 문화영화는 그런 성격을 가지고 나서야 처음으로 진정한 의미의 문화영화라고 할 수 있다고 생각하고 있습니다. 그러니 장래에는 국내의 진기한 사물을 잘게 쪼개서 이것저것 표현하는 것뿐인 작품은 지양하고 지금 말한 것 같은 시점을 동아공영권 전체로 확대하여 생각하는 영화가 아니면 안 될 것이라고 생각하고 있습니다.

이상 문화영화의 장래에 대해 제 생각을 말씀드렸는데 문화영화의 장래에는 아무래도 그 제작지도기관이 문제가 됩니다. 여기에서 마지막으로 그 지도기관의 구상과 운영에 대해 사견을 말씀드리도록 하겠습니다.

문화영화의 지도기관에 대해서는 두 가지 생각이 있다고 생각합니다. 모든 것을 정부에서 지도한다는 생각, 다시 말하자면 정부 안 ― 정부란 내무성, 문부성, 정보국 어디에서 해도 되니, 그런 것은 지금 문제가 아니라고 하고 ― 에서 담당 직원이 문화영화의 기획을 검토하고 지도해간다는 생각과, 민간에서 자주적으로 해나간다는 생각이 있습니다. 물론 민간만으로는 불가능해서 적당한 단체, 예컨대 대일본영화협회에서 민간의 유식자가 주체가 되어 관청 사람들도 그곳에 들어가서 국가방침을 거기에 반영시키게 하여 관민일체가 된 지도기관이라는 것입니다. 여기에서 결국은 관청의 기관과 관민일체 지도기관과의 두 가지를 생각하게 됩니다.

어느 쪽이 나은가에 대해서는 여러 가지 검토해야 할 여지가 있다고 생각합니다. 어느 쪽인가는 단순히 결정할 수 없다고 생각합니다. 물론 '지도'라는 것에 대해서는 그 중핵은 사람의 문제이니 사람만 괜찮은 이로 충분히 얻을 수 있으면 그 기구는 어떤 것이어도 상관없습니다. 그러나 영화가 예술작품인 이상 각 방면의 사람들의 창의를 살릴 연구가 이루어져야 한다고 생각합니다. 관청이 기획지도를 하고 관리가 중책을 맡아서 창의를 잃는다고는 생각할 수 없지만 가끔 그런 염려를 하는 경향이 확실히 있습니다. 만약 관청이 한다면 그런 염려를 어떻게 부식시킬 것인가, 민간에서 한다고 하면 그 민간의 자의를 어떻게 시정해나갈 것인가,

구체화에 대해서 여러 가지 고려해야 할 점이 있습니다. 어느 쪽이든지 지도기관은 영화제작에 가장 중요한 것이므로 충분히 검토한 뒤에, 게다가 가까운 장래에 설치돼야 합니다. 그리고 지도기관의 운영에 대해 생각하면 여러 일이 요망됩니다. 목하 잠정적인 조치로서 인정 당국으로서 문부성이 지도기관을 대행하고 있는데, 아까 말씀드렸듯이 안 된다고 할 경우에 이를 멈추게 할 수는 없습니다. 여기에 지도기관에서는 승인하지 않는 시나리오에 대해서는 그 제작에 필요한 자재를 배급하지 않도록 해야 합니다. ▶37쪽

제작지도기관은 문화영화뿐만 아니라 물론 극영화의 지도도 하는데 극영화의 제작기획과 문화영화의 제작기획은 항상 비교해나가야 합니다. 배급상영의 경우 이상적으로서는 극영화의 방향과 문화영화의 방향이 대체로 일치해야 합니다. 그러기 위해서는 기획에서 이미 그것이 고려돼야 합니다.

더 나아가 문화영화, 극영화 모두 항상 기획방침이 결정되어 있어야 한다고 생각합니다. 1년 동안이 아니라 1년을 상반기와 하반기로 나누어도 좋고 더 나아가 더 짧게 나누어도 좋지만, 그 기간 동안 어떤 제작기획을 가지고 갈 것인지 그 근본방침이 수립돼야 한다고 생각합니다. 예를 들면 어떤 기간에 영화에 의한 '출정 병사에 대한 감사'가 방침으로 세워진다면 문화영화에서도 극영화에서도 그 방향으로 가지고 가야 합니다. 따로따로 만들어지는 작품을 하나하나 처음부터 기획하는 것이 아니라 각 제작회사에 그런 방침으로 하라고 지시하는 것입니다. 그리고 언제부터 언제까지는 이런 것을 만든다는 것으로 전체의 수평적 연락을 취해나가야 합니다. 만약 상영 시에 문화영화는 저쪽을 지향하고 극영화는 이쪽을 지향한다면 영화의 효과는 없습니다. 그러나 문화영화와 극영화의 방향을 먼저 정해둘 경우에도 문화영화에는 문화영화의 특징이 있고 극영화에는 극영화의 특징이 있습니다. 따라서 전반적인 계획 하에 영화기획을 하나하나 검토하여 서로 조화를 이루고 서로 보완하는 작품을 제작시켜야 하는 것은 당연합니다.

이런 기획에 근거하여 제작을 시킴과 동시에, 제작완성에서 배급상영 시기까지 오랜 시간을 두어야 한다고 생각합니다. 지금은, ― 지금이라고 하기보다 저는 20년 동안을 알고 있으니 ― 지금도라고 말하고 싶습니다만, 개봉 직전에 검열에 가지고 와서 느닷없이 검열을 통과하고 금방 영화관으로 가져가는 상태입니다. 게다가 예외 없이 모든 영화가 그렇습니다. 이런 상태는 20년 동안 혹은 일본에서 영화가 제작되기 시작한 이래일지도 모릅니다. 이래서는 영화배급상영에 대해 충분히 검토할 여유가 없고 따라서 적정한 배급상영은 바랄 수 없게 됩니다. 적어도 배급기획을 충분히 살릴 만큼의 기간으로 제작을 마칠 수 있게 하지 않으면 영화를 활용할 수 없다고 생각합니다.

하물며 극영화와 문화영화를 배급하는데, 현재보다 더 적정한 배급을 해나가지 않으면 효과는 나타나지 않습니다. 효과가 나타나는 상영까지 가고 나서 비로소 영화는 탄환이라고 할 수 있습니다. 영화가 탄환이라는 것은 음악은 군수품이라는 것과 마찬가지로 유행어처럼 됐습니다. 현재는 군사와 관련되지 않는 것이 없으니 특히 군사와 관련해서 말하면 매우 확실히 와 닿지만 단순히 그것을 제창하는 것만으로는 시국에 편승하는 것과 하나도 다를 바가 없습니다. 오히려 그것을 어떻게 반영할 것인가, 그 반영 방법에 따라 탄환도 되고 말랑말랑한 구약경단(蒟蒻玉)이 되기도 합니다.

영화를 활용하기 위해서는 영화를 기획조사하고 영화가 궁극적으로 살아 세상에서 활동할 수 있도록 해야 합니다. 영화의 기획, 제작, 배급의 세 부분이 서로 조화를 이루고 유기적으로 일체가 되어 움직이지 않으면 영화는 죽어버립니다. 예를 들면 최근 들은 이야기로 진위는 모르겠지만, 어떤 관청에서 〈해군 체조(海軍體操)〉[91]라는 영화를 전 국민에게 보여줄 생각으로 문화영화로 만들어 상영했는데, 그때 세트가 된 영화가 비일반영화였기 때문에 특히 보여주고 싶었던 청소년들은 보지 못했다는 것입니다. 그런 사례는 몇 번이나 들려옵니다. 그렇다면 그런 경우에는 극영화, 문화영화는 서로를 죽이고 그 특질을 활용하지 못하고 있는 것입니다. 이는 영화를 탄환이 아니라 말랑말랑한 구약경단으로 만들고 있는 예입니다. 그 잘못은 배급사에 있는지, 제작자에게 있는지가 문제는 아니고 전체 기구가 유기적으로 운용되지 않았기 때문이라고 생각합니다.

영화신체제 확립에 임해서는 우선 기획 부분에서 이미 말씀드렸듯이 더욱더 제작, 배급 면을 통해 유기적으로 영화를 살리도록 해야 합니다. 만약 이것이 불가능하다면 어떤 훌륭한 기구를 만들더라도 어떤 훌륭한 사람이 그 중책을 맡더라도 영화신체제는 실패라고 생각합니다. 아무튼 영화는 활용하고 이용함으로써 탄환이 된다는 것을 명심해야 합니다.

---

91) 〈해군과 체조(海軍と體操)〉로 추정된다. 〈해군과 체조(海軍と体操)〉(영화배급사, 해군성교육국[海軍省教育局]·닛카쓰다마카와, 1942, 5권)

1942년 10월 21일 | 제63호 | 27~30쪽

영화검열제도의 연구
[영화배급사 직원양성소 강연록]

내무성 영화검열관 쓰카하라 마사쓰네(塚原政恒)

우리 나라의 검열이 오늘날까지 이른 경과와, 외국의 검열제도는 대체 어떻게 되어 있는가, 그 비교 및 영화법이 시행되고 나서 이루어지고 있는 일본의 검열 내용 등에 대해서 이야기하도록 하겠습니다.

일본에 영화가 들어오고 나서 벌써 40, 50년이 경과했습니다. 그런데 소위 말하는 검열이 문제가 된 것은 메이지 44년[92]에 프랑스영화 〈지고마〉가 아사쿠사 긴류칸(金龍館)에서 상영됐을 때였는데, 도회의 청소년들에게 주는 악영향이 매우 컸습니다. 그것이 당시의 사회문제가 되어 결국 〈지고마〉의 상영은 금지됐습니다. 저는 보지 않았기 때문에 모르겠지만 아무튼 당시 지고마적이라는 말이 생길 정도로 사회의 풍습교화(風敎)에 매우 좋지 않은 영향을 주었습니다. 그때부터 검열이 매우 까다로워졌습니다.

그 당시에는 검열이 도쿄라면 경시청, 지방이라면 현청이라든가 각 경찰에서 영화의 상영이나 제한, 커트 등을 자유롭게 할 수 있었습니다. 도쿄에서 허용되더라도 오사카에 가면 상영할 수 없다든지, 또 도쿄에서 잘려도 오사카에 가서 또 다른 부분이 잘리는 등 각 지방에 따라 제한이 매우 복잡했으니 어떻게든 그것을 통일해야 한다는 요청이 주로 영화업자 쪽에서 나왔는데, 좀처럼 실현되지 못했습니다. 그러나 다이쇼 14년[93] 7월 1일부터 내무성의 경보국(警保局)에서 이를 통일해서 내무성 영화검열을 통과한 작품은 일본 전국 어디에 가도 통용한다는 제도가 만들어졌습니다.

이렇게 해서 오늘날에는 검열의 완전한 일원화가 만들어졌습니다.

이미 아시다시피 우리 나라에서는 영화검열이 경찰취체로 되어 있습니다. 경보국에서 하고 있으니 어느 쪽이냐면 공안풍속을 주로 하는 경찰취체라는 점에서 시작되고 있는 것입니다. 오늘날에는 더 넓은 의미에서의 검열이 됐는데 쇼와 14년 10월 1일부터 영화법이 시행되고 나서 이는 단순히 경찰취체가 아니라 검열의 의의가 매우 확대됐고, 종래에는 매우 소극

---

92)   1911년.

93)   1925년.

적인 취체였던 것이 영화가 발달함에 따라 당국이 매우 적극적으로 지도해나간다는 입장으로 치환됐습니다. 동시에 영화제작자나 영화업자에 대해서도 당국이 적극적으로 손을 쓰는 구조가 됐습니다.

일본의 검열제도에 대해서는 나중에 말씀드리겠지만, 그러면 외국의 검열제도는 어떻게 되어 있는지에 대해서도 비교 대조해서 알아둘 필요가 있다고 생각합니다. 주로 영국, 독일, 미국, 이탈리아, 소비에트, 이 5개국의 검열 상태에 대해 이야기하도록 하겠습니다.

우선 영국인데, 일반적으로 외국에서는 관청에서 검열하고 있는 곳은 비교적 적고 대체로 민간에서 그런 위원회 같은 것이 만들어지고 거기에 영화의 제작업계가 위촉하여 그곳에서 검열을 하는 것이 원칙입니다. 영국에서는 브리티시 보드 오브 센서스[영국영화검열소], 이것이 영국의 영화협회 비슷한 곳인데, 활동사진조합이 있어서 이에 의해 설립된 것이며, 정부로부터 허가를 받고 면허를 취득하여 정부의 검열을 대행하고 있는 형태입니다. 그런데 사실상은 정부로부터도 업계로부터도 독립된 존재입니다. 여기에는 장관 1명, 그 외에 검열관이 4명 있습니다. 이들을 어떤 방면에서 뽑았는지에 대해서는 잘 모르겠지만 대체로 사회적으로 매우 지위가 있는 평론가라든가 변호사라든가 정부의 도서검열 등을 하고 있는 관리라든가 하는 사람들 4명이 검열을 하고 있습니다.

영국에서는 꽤 이전부터 영화를 두 가지로 나누어 오늘날 일본에서 하고 있는 비일반과 일반, 유니버설과 어덜트, 이런 인정을 하고 있고, 영국은 이미 아시다시피 영화의 75%가 미국영화를 다루고 있습니다. 그래서 주로 수입영화를 검열하는 것이 대부분의 문제일 것이라고 생각합니다.

영국은 이 정도로 하고 독일에서는 어떤 식으로 하고 있는지 말씀드리자면, 독일에서도 1927, 1928년경까지는 중앙교육협회라는 곳이 있었는데, 일본에서 말하는 제국교육회입니다. 이곳의 분신(分身)으로 중앙영화국이 베를린에 있으며 뮌헨에도 뮌헨영화국이 존재하여 이 두 곳이 검열 일을 하고 있습니다. 그 외에 교육영화국이 있습니다. 대체로 교육계가 매우 까다로워 조금씩 검열이 이루어지게 된 것인데, 독일은 교육이 매우 왕성한 곳이니 그런 경과를 가지고 있는 것이라고 생각합니다.

그것이 1930년대가 되면, 나치스[94] 세상의 조금 전인데 베를린에 영화검열국이 생깁니다. 여기에서 주로 검열을 하고 있습니다. 여기에서는 검열주임이 1명 있고 그 외에 한 영화에 대해 4명의 검열 입회인이 검열을 하고 있습니다. 그 4명의 검열 입회인은 영화업자 1명과 예

---

[94]   Nazis. 아돌프 히틀러를 당수로 하여 1933~1945년 정권을 장악한 독일의 파시즘 정당.

술가라든가 문학자라든가 상당히 지명도 있는 작가라든가 기술가로부터 뽑힌 사람이 1명, 더 나아가 국민교육에 임하는 자, 일본에서 말씀드리면 시의 사회교육 ▶27쪽 주사(主事)라는 사람이 1명, 그리고 다른 1명은 사회사업 또는 소년보호에 해당하는 대표자, 이 4명이 입회인이 되어 검열관이 검열한 것에 대해 서로 의견을 교환하는 방법으로 검열을 합니다.

더 나아가 베를린에는 상급검열소라는 곳이 있습니다. 외국에서는 일반적으로 그렇지만 배심제도를 채용하고 있으니, 그 영화검열소에서 검열을 받아 예를 들면 거부 처분이 된다든가 매우 다량의 커트를 당한다든가 하는 경우에는 이를 상고할 수 있습니다. 다시 말하자면 상급검열소에 이를 또 가지고 가서 그곳에서 다시 검토하는 제도가 만들어져 있습니다. 이는 미국, 독일, 프랑스 등지에서도 하고 있는데 이번에 나치가 되고 나서 나치정책에 반대하는 영화는 적극적으로 거리낌 없이 처분하고 있다고 합니다.

독일의 검열은 제1차 대전 이전까지는 완전히 경찰사무였으며, 역시 우리 나라의 그것과 마찬가지로 공안을 흩트리지 않고 풍속양습을 유지하는 것이 그 목적이었는데, 대전 후에는 제정(帝政)이 붕괴되면서 금방 유태인의 영향으로 영화가 타락하고 사회풍기의 퇴폐를 초래하여 유식자들의 비난을 받았습니다. 히틀러 정권이 시작되자마자 나치스 영화법은 금방 이를 시정하고 이에 규정된 영화검열은 경찰사무에 그치지 않고 나치스의 이데올로기에 따라 한층 더 전진을 하게 됐습니다. 여기에서는 영화는 모든 영리주의적 타산에 따라 제작되는 것, 그리고 독일민족 향상을 위한 모티프가 되는 요소가 없는 영화 또는 예술적이지 않다고 단정되는 영화는 상영을 금지할 수 있다고 되어 있습니다. 그리고 독일에서는 외국의 수입영화에 대해서는 많은 제한을 두고 있습니다. 수입영화의 검열은 매우 까다롭습니다.

다음은 이탈리아인데, 이탈리아에서는 무솔리니의 세상이 되고 나서 1928년에 칙령(勅令)으로 영화위원회가 설립됐습니다. 여기에서 검열을 하고 있고 내무성의 경찰 당국자가 3명, 재판관이 1명, 경제대신, 즉 대장대신(大藏大臣)이 임명한 관리가 1명, 이 5명으로 영화의 검열위원회를 조직했습니다. 이것이 1931년이 되면서 영화업자 1명과 파쇼 대표자가 1명 — 이는 다시 말하자면 파쇼 정책에 반대하거나 풍자하는 영화를 적극적으로 배격하겠다는 의미일 것입니다 — 그리고 수도사 대표자가 1명, 어머니회의 이사라고 하는 여자가 1명으로, 역시 이탈리아도 상급검열위원회가 있어서 여기에 불복한 자는 또 상급기관위원회에 가지고 갈 수 있습니다.

그렇다면 미국은 과연 어떻게 되어 있는가 하면, 미국에는 통일된 검열소가 없습니다. 미국의 정치기구가 그런 식으로 되어 있는 탓도 있지만, 각 주에 검열소가 민간으로 설치되어 있습니다. 이것도 각 주 모든 곳에 있는 것은 아닙니다. 플로리다, 캔자스, 메릴랜드, 매사추세

츠, 뉴욕, 펜실베이니아, 오하이오, 이 7개 주와 27개 도시에 검열소를 설치하고 있는데 뉴욕에 있는 국민영화검열소 ― 내셔널 보드 오브 리뷰 ― 이곳이 미국에서는 가장 국민들이 신용을 하여 내셔널 보드 오브 리뷰가 인가한 마크가 들어가 있으면 이것은 내무성의 검열허가마크와 같은 효과가 있습니다. 단지 이는 민간에서 설립한 것이고 일본처럼 정부에서 하는 것과 다르니 진정한 신용은 아니지만 이 국민영화검열소의 인가를 얻은 작품은 종래 미국에서는 관청의 검열과 같은 정도의 효력을 가지고 있다고 합니다.

그렇다면 미국에서는 어떤 사람들이 영화검열위원이 되는가 하면 미국이라는 곳은 아시다시피 영화사업이 매우 활발한 곳입니다. 그리고 검열이 까다롭기로도 세계에서 거의 제일 까다로운데, 일본에서는 자주 일본의 검열이 실로 깐깐하다고 항간에서 말하지만 일본의 검열은 그다지 깐깐한 게 아니며 미국 검열 쪽이 훨씬 깐깐합니다.

미국에서는 여자의 권력이 강한데, 외국에서는 일반적으로 그렇지만 각 검열소에는 부인단체의 대표자라는 사람이 매우 열심이고, 그 외 목사라든가, 의사라든가, 변호사라든가, 사회사업가, 대학교수, 이런 사람들이 반드시 여기에 참가하여 매우 까다롭게 말합니다. 미국에서도 업자가 많이 곤란해하는데 다행히도 이는 관청에서 하는 사무와 달라 민간의 영화제작업자가 설립했으니 검열에 임하는 사람들은 대체로 무급이고 봉사적으로 나오고 있는 셈입니다. 그렇기 때문에 매우 까다롭게 말을 합니다.

그런데 미국에서도 그렇게 까다로운 말을 들으면 곤란하니, 검열을 각 영화회사의 영사실에서 하려는 계획이 있는데, 그것이 검열실을 가지고 있지 않으니 아무래도 매우 엉성해서, 의식적으로 업자 쪽에서 검열위원을 모으거나 모으지 않기도 합니다. 그러므로 결국 실수가 매우 많습니다. 갱영화나 에로영화 등이 비교적 많이 나오는 것은 그런 실수가 있기 때문이라고 생각합니다. 그러나 잘 모르겠지만 미국에서는 일반 가정에서 영화에 대해 매우 비판하는 힘이 있어서 어린이 등이 그런 영화를 절대로 보지 못하게 하고 있습니다.

그리고 또 미국에서는 검열 전에 헤이즈[95]라는 사람이 있는데, 이 사람이 회장이 되어 미국 영화사업단체에 대해 영화를 제작할 경우에는 반드시 이것만은 지켜야 한다는 윤리적 규정을 만들어, 반드시 이를 준수하며 반드시 영화제작에 임한다는 서약을 각 회사가 하고 있습니다. 결국 그것을 검열하는 것이 되는 셈인데 이것이 과연 준수되고 있는지 어떤지를 검열하

---

95)　윌 헤이즈(Will Hays, 1879~1954)는 1922년 미국영화제작자 및 배급업자협회(Motion Picture Producers and Distributors of America, MPPDA) 초대회장으로 취임, 1930년 미국영화의 자체 검열제도인 12개의 영화제작규범(Production Code)을 만들었다. 이를 '헤이즈 코드(The Hays Code)'라 부른다.

거나 또 헤이즈라는 남자를 중심으로 한 위원회가 있어서 영화가 완성되어 네거티브인 채로 현상실에 보내지기 전에 검열하는 제도가 있습니다. 이에 따라 대체로 일단 검열이 이루어지고 있는데, 완성된 것이 또 검열위원회에 걸립니다. 거기에서 매우 까다로운 문제가 일어납니다. 네거티브로 현상실에 보내지기 전이니 프린트를 많이 만들기 전이어서 그만큼 손해가 적을 것입니다. 일본 등지에서라면 종래 영화법이 생기기 전에는 만들어진 작품을 잘랐는데, 한 편의 네거티브에서 프린트 30편이나 40편을 보통 인화하여 이를 한꺼번에 자르게 되면 매우 방대한 필름이 낭비가 되는데 이를 방지하는 의미입니다.

그리고 소비에트는 어떤 식으로 하고 있는가 하면, 자세한 것은 말씀드리지 않겠지만, 소비에트에서는 문부성 관리(役人)가 3명 정도 입회하고 있고, 게페우[96]의 관리가 1명, 그리고 같은 명수 정도의 직업동맹이라는 예술가 동료, 예를 들면 이번에도 신문 등에 나왔었는데 일리아 에렌부르그[97] 같은 문예작가의 대표적 인물이 이에 참가하고 있습니다. 이는 소비에트의 인민위원회의 인민위원령이라고 할까요, 일본에서 말하는 칙령에 따라 그 위원회가 설립됐고 소비에트의 영화는 사변 전에 일본에 많이 들어와서 보셨던 것처럼 소비에트의 ▶28쪽 선전영화를 만들고 있으니 검열이라고 해도 국가에서 영화를 만들고 있는 셈이어서 검열은 그다지 필요하지 않은데, 반소비에트적 분자도 있어 그것을 감시하기 위해 게페우가 눈을 번뜩이고 있는 것입니다.

대체로 이렇게 외국의 검열에 대해 일단 지식을 가지신 후에 이번에는 일본에서 어떤 식의 검열을 하고 있는가 하는 본 주제에 들어가겠습니다. 그런데 일본에서는 현재 내무성이 경보국에 영화검열실을 만들었는데, 이것이 지금은 검열과 소속이 됐습니다. 여기서 내무성 관리가 검열을 합니다. 검열관은 현재 13명 있고, 그 위에 매우 오래 전부터 검열을 해온 이사관, 그리고 사무관이 1명, 이 사무관이 결국 검열관 주임이 되는데, 관청에서 검열을 하고 있는 것이 일본 검열의 특징입니다.

영화법이 만들어지고 나서 문부성 등에도 영화의 인정이라는 것이 생겼고 일반용, 비일반용의 인정을 문부성 쪽에서도 한다고 하고 있습니다. 그리고 지금은 없어졌지만 문부성에 영화위원회가 있어서 이것은 아시다시피 각 사회의 대표적인 특히 영화 전문가가 아닌 사람, 다시 말하자면 대학교 건축교수라든가, 작가라든가, 문예평론가로서는 다니카와 데쓰조(谷

---

96)   G.P.U. 구 소련의 비밀경찰인 국가정치보안부를 말한다.

97)   일리아 그레고례비치 에렌부르그(Ilya Grigoryevich Ehrenburg, 1891~1967). 소련의 작가·평론가. 대표작으로는 『파리함락』(1941~1942), 『회상록: 인간·세월·생활』(1960~1965) 등이 있다.

川徹三)[98] 씨라든가, 도쿄대학교 건축학 교수 기시다 히데토(岸田日出刀)[99] 씨, 그 외 작가, 소설가, 음악가, 그런 사람들을 골라 주로 문부성 추천영화의 인정을 하고 있었습니다. 그 외 영화제작자 측에서도 여기에 많이 참가하고 있습니다. 그리고 유명한 감독이라든가 영화행정에 관해 직접이나 간접적으로 터치하고 있는 사람들은 오늘날 매우 범위가 넓어졌습니다. 검열사무에 직접 임하는 일은 내무성 관리가 하고 있지만, 넓은 의미에서의 영화행정은 결국 그런 광범위한 범위에서 뽑힌 사람들이 관민일치로 행해지고 있다고 생각하면 될 것입니다.

우리 쪽에서는 12명의 검열관이 대체로 1명씩 담당이 있어서 영화가 신청되면 대본이 각 검열관에게 건네집니다. 종래에 이런 식으로 영화가 제한되지 않던 이전이면 아시다시피 외국영화는 1년에 몇백 편이 들어오고 또 일본에서 제작되는 영화는 1년에 5백 편 정도 있었습니다. 세계에서 가장 많았고 그 무렵에는 매우 분주했는데 오늘날에는 영화가 매우 적으니 한 주사관이 보고, 다른 4명씩 두 반으로 나누어 보고 있어, 4명으로 1편의 영화를 검열합니다. 그래서 여러 가지 의견을 논의하고 자를 곳은 자른다는 방침을 취하고 있습니다. 그리고 이것은 관청에서 관리가 하는 것이니 잘리는 부분은 이미 절대적인 것으로 내무성 검열 도장을 찍게 되면 이를 업계에서 항의를 신청하거나 해서 원래대로 돌려놓는 것은 불가능합니다.

그런데 오늘날에는 정보국이 설립되고 나서 정보국과 내무성과 양쪽에서 검열사무를 하고 있으니 결국 총리대신과 내무대신이 검열한다고 되어 있고, 이것을 단지 우리가 대행하고 있는 것뿐이며, 절대권이 결국 여기에 부여돼온 셈입니다. 그러나 일반적으로 한 검열관의 개인적인 주관에 따라 어떻게도 된다는 비난이 있는데 아까도 말씀드렸듯이 결코 그런 일은 없습니다.

더욱이 지금도 검열이 위기일 경우에는, 이는 대체로 알 수 있는데, 영화제작자 측에서 상사인 검열과장 등에게 진정이라고 할까요, 그 경우 거기에서 판정이 서지 않을 경우에는 과장이나 국장 등 위로 갑니다. 경우에 따라서는 내무대신까지 보는 경우가 있는데 이런 경우는 잘 없습니다.

그리고 또 영화법이 생기고 나서 제한을 받아 제작자가 매우 손해를 입는 경우가 많으니 어떻게든 제한을 줄이고 싶다는 이유에서 시나리오의 사전검열이 쇼와 14년 10월 1일부터 생겼습니다. 오늘날에는 그것은 의미가 매우 다른데, 당시는 가능한 한 제한을 받지 않는 작

---

98) 다니카와 데쓰조(谷川徹三, 1895~1989). 철학자이며 번역·평론 활동을 했다. 호세대학교(法政大學) 총장을 역임했다.

99) 기시다 히데토(岸田日出刀, 1899~1966). 일본의 다이쇼·메이지 시대를 대표하는 건축가. 간토대지진 이후 도쿄대학교 캠퍼스 재건 시 야스다강당(安田講堂) 등을 설계한 것으로 유명하다.

품을 처음부터 이런 것을 만들면 어떤가 하는 정도로 시나리오의 사전검열이라는 제도를 만들었습니다. 이는 촬영 개시 10일 전까지 내무성의 검열관이 보고 대체로 이 정도면 괜찮을 것이다, 여기는 안 된다, 이런 신은 잘랐으면 좋겠다는 주문을 내고 그것으로 각본이 나오면 촬영을 시작해도 됩니다. 또 이번에 그것이 영화가 되면 아무래도 시나리오에서는 잘 모르는 부분이 있거나 그런 것이 영화에서는 아무래도 재미가 없으니 검열에 걸리는 경우도 많이 있습니다. 그럴 경우에는 이를 검열로 자를 수 있습니다. 될 수 있는 한 커트하는 부분을 적게 하려는 것이 시나리오의 사전검열의 시작이었습니다.

오늘날에도 계속 이렇게 하고 있습니다. 오늘날에는 1년에 일본영화는 72편이고, 외국영화는 거의 들어오지 않습니다. 최근 만영을 통해 독일영화가 30편 정도 들어왔는데, 현재 상태에서는 그 외 새로운 미국영화는 전혀 허용이 안 되니 독일대사관에 있는 작품이라든가, 이탈리아 대사관에 있는 작품 같은 것이 1백 편 정도 있는데, 이런 것을 외국영화의 배급사에서 사서 거기서 일본영화에 조금씩 섞어서 상영해갈 것이라고 생각합니다. 외국영화 쪽은 검열은 수적으로 말하면 거의 문제가 되지 않을 것이라고 생각합니다.

종래에 얼마나 검열을 하고 있었는가 하면 지금은 표준이 되지 않지만 통계가 그다지 새로운 것이 없어 쇼와 13년의 기록이라고 생각되는데, 1편을 1건으로 해서 쇼와 13년에는 1년에 4만 6,778건, 권 수로 하면 11만 3,488건, 이를 미터로 하면 2,601만 3,629미터라는 매우 방대한 자 수가 되어 있습니다. 이를 검열관 10명이라고 하고 어느 정도로 하고 있는가 보면 한 사람이 1년에 4천 건, 1만 권 정도를 검열한 셈입니다. 한 달로 치면 한 사람이 약 22만 미터 정도의 검열을 한 셈입니다. 매우 방대한 숫자입니다. 이를 전부 처음부터 보고 있었다면 아침 점심 저녁 계속해서 봐도 전부 볼 수 없을 정도인데, 그중에는 프린트가 있어서 1편에 30편이라면 30편의 프린트 수가 있으니 이것도 포함한 것입니다. 영화법이 만들어질 때까지는 사변 전부터 일본이 세계에서도 가장 많았고 매우 방대한 양을 검열로 처리하고 있었습니다. 이 중에는 반드시 표준형 필름만 있는 것이 아니라 9밀리 반, 16밀리라는 소형필름 검열도 전부 포함됩니다.

마지막으로 우리가 현재 우리 나라의 영화를 앞으로 어떤 방침으로 검열 및 제작 지도를 해나갈 것인가 하는 점과 일본영화를 향상시키기 위해서는 어떻게 하면 좋을까 하는 점에 대해서 약간만 말씀드리도록 하겠습니다.

오늘날에는 앞에서 말씀드린 것처럼 우리 나라의 검열도 단순히 종래처럼 경찰취체에 그치지 않고 공안풍속의 취체에서 한발 전진하여 지도적으로 적극적으로 제작자 측에 손을 쓰고 있습니다. 가까운 장래에는 영화의 기획심의회가 설립되어, 일본영화가 나가야 하는 대강을 결정할 것인데 그것은 어디까지나 큰 방침으로 결정되는 것이니 한 편 한 편에 대해 심의를 거듭해간다고 하는 것은 사실상 불가능한 일입니다. 그렇기 때문에 각본의 사전검열은 어디까지나 검열이 짊어져야 ▶29쪽 하는 일입니다.

　따라서 영화검열관이라는 것은 영화비평가나 일반 감상가처럼 자유로운 입장에서 영화의 육성(育成)을 전망할 수 없으니 언제나 영화와 떨어질 수 없는 관계를 지속해나가야 하는 입장인 것입니다. 한 편의 영화를 만들기 위한 시나리오부터 검토에 검토를 거듭해서 완성된 것이 어떤 식으로 연출될 것인지 관객에 대해 어떤 감명을 줄 것인지 또 어떤 영향을 줄 것인지를 미리 판정해두어야 하는 역할입니다. 자주 인용되지만 마침 훌륭한 오케스트라의 지휘자가 신작의 관현악보를 눈으로 읽고 그 연주 효과를 판단하는 것과 같은 것으로 실제 시나리오의 사전검열의 어려움은 이와 비슷하다고 할 수 있을 것입니다. 원래 검열관은 훌륭한 오케스트라의 지도자는 아니므로 그가 시도할 수 있는 능력보다도 많은 것을 기대하는 것은 물론 무리입니다.

　그러나 이 정도는 말할 수 있습니다. 모든 영화비평가, 영화감상가를 통틀어 아무리 열심인 사람들이라고 해도 영화검열관만큼 24시간 영화를 접하고 영화를 생각하고 관객을 생각하고 제작자를 접하고 있는 사람은 없을 것입니다. 왜냐하면 검열관은 문화영화, 극영화를 포함하여 뉴스교육영화, 아마추어가 찍은 8밀리에 이르기까지 일본에서 상영된 모든 영화를 대부분 봐야 하기 때문입니다. 그렇기 때문에 그동안에 검열관에게는 마침 오케스트라의 지도자가 새로운 악보에서 음악 소리를 읽을 수 있듯이 시나리오에서 대체적 이미지를 파악할 수 있는 기술을 획득하는 능력이 생깁니다. 유감이지만 우리는 지금까지 오늘날까지 재미없다고 판정한 시나리오에서 우수한 영화가 만들어지는 일을 경험하지 못했고, 또 우리 나라 시나리오의 빈약함은 우수하지 않은 시나리오를 떨어뜨릴 만큼의 준비도 안 되어 있습니다.

　우리는 의도에 맞지 않는 영화 시나리오를 각하시키지 않고 결국 개정을 명하는 일이 있는데, 우리 검열관이라고 해도 신도 아니고 훌륭한 창작 능력을 가지고 있는 것은 물론 아니니 공안풍속상의 개정 이외에는 될 수 있는 한 개개인의 문제는 건드리지 않도록 하고 있는데, [과도하다고 하면 과도한] 시나리오에는 가끔 개정을 명하는 일이 있습니다.

　그러나 우리가 그 창작자의 예술적 작의를 존중하는 것은 물론이며 그 소재로 선택된 테마를 어디까지나 살리려고 노력하는 것은 물론인데 여기에는 많은 문제가 남아 있습니다.

　말할 필요도 없이 영화가 가진 사명은 어디까지나 일반 국민을 대상으로 하여 생각해야 합니다. 그러나 대중오락으로서의 영화라는 종래까지의 생각은 그대로인 채로, 더 나아가 그 임무는 단순히 대중오락으로서의 분야에 그치지 않고 영화는 국민을 국가의 강력한 의지로 교화하고 계몽을 해야 합니다.

우리는 따라서 국력총력전을 수행하기 위해 필요한 탄환과 마찬가지로 국가의 무기로서 영화를 생각해야 합니다. 그러나 일본 민중의 교화계몽을 위해 건설적인 의지나 고도한 정신 등만 담은 영화는 소위 말하는 설교영화 등이라고 불리며 국민 대중에게 받아들여지지 않은 채이며, 또 한쪽에서 보면 영화는 국민 대중과 떨어져서 생각할 수 없으니 영화는 어디까지나 국민 대중을 대상으로 생각하고 국민이 영화를 떠나 다른 오락으로 달려가는 것을 적극적으로 경계해야 합니다. 그래서 반드시 국민들이 국책영화에만 계속 매달리는 게 아니라 건전한 오락영화 작성에도 충분한 주의와 노력을 들이고 있는 바입니다.

그러나 여기에서 주의해야 하는 것은 오락영화의 해석인데, 단순히 경박한 사회풍자나 익살과 같은 저속한 희극을 의미하는 것이 아니며 또 단순히 영리주의적 목적을 위해 만들어지고 대중을 획득하기 위해 스타들을 채용하는, 눈물을 짜내는 영화를 의미하는 것은 절대 아닙니다.

여기에서 요구돼야 하는 것은 까다롭게 말하자면 우선 '일본 민족의 향상 발전을 위해 충실한 국민생활'이 그려지는 것이 바람직합니다. 시대극, 현대극을 통틀어 일본인이 아니면 할 수 없거나 또는 일본 민족이 아니면 감지할 수 없는 국민생활이 있습니다. 이것은 다다미 위에서 무대 조로 큰소리치는 우국(憂國)의 말이 아니더라도 구미풍의 서양식 방에서 양복을 입은 남녀의 회화(會話)에도 있을 것입니다.

상세히 말하자면 '일본 민족 발전을 위해 협력하는 국민생활에서 들끓는 환희와 희망'이 연출돼야 합니다. 일찍이 전쟁 전에 우리 나라를 풍미하던 자유주의나 개인주의적 경향이나 유럽적 퇴폐적인 정신은 이 경우 당연히 버려야 합니다. 따라서 영화가 가지는 '침울함'은 허용되지 않습니다. 영화는 비극이어도 다시 일어서는 희망으로 넘치고 밝은 앞길이 요구되는 것입니다.

다음에는 '애국심의 발휘'가 요구됩니다. 국난에 몸을 바치는 충용한 황군장병은 물론이고 총후에 있는 국민들이 한시도 잊지 못하는 것은 애국심일 것입니다. 이런 소박함이 전장에서 총후에서 강조돼야 합니다.

또 '창조에 대한 기쁨'이나 '건설에 대한 전진'이라는 과제가 요청됩니다. 모든 고난 후에 새로 만들어지는 것에 대한 환희, 그것에는 파괴에서 건설로 또 무에서 유로 전진하는 국민생활이 노래돼야 합니다.

이때 한 사람도 한가한 이(有閑人)가 있으면 안 되는데도 불구하고, 아무것도 하지 않고 어슬렁거리며 가끔 다른 사람에게 경고를 하는 능력이 있어도 결국은 아무것도 할 수 없는 주인

공은 등장할 수 없습니다. 여기에는 어떤 일에도 굴하지 않는 철인과 같은 힘과 고도의 정신의 소유자로 항상 적극적인 의지와 행동을 가진 주인공이 요청되고 있습니다.

그러나 생각해보면 종래의 영화에서도 어떤 의미에서는 계몽적이고 국민에 대해 지도성을 가지지 않는 작품은 없었습니다. 그러나 오늘날에는 이런 소극적인 의미를 가지는 영화는 필요 없고, 그 영화가 권선징악을 철저하게 주의시키고 있더라도 명확한 악의 장면이나 그런 경우는 해악을 준다고 간주됩니다. 오늘날에는 결과적으로 권선(勸善)이어도 그 경과가 문제되는 것입니다.

지금까지의 말을 정리해본다면 오늘날의 검열방침은 대체로 세 가지, 다시 말하자면 일본 민족의 향상 발전을 위해 적극적으로 가치가 있는 것, 다시 말하자면 국책 수행상 가치가 있는가 어떤가 하는 것과, 두 번째는 영화법의 제1조에 있는 국민문화의 신장에 기여할 것, [이것은 넓은 의미에서는 제작된 모든 영화가 이런 의미를 당연히 포함해야 하는데] 바꿔 말하자면 예술적으로 뛰어난 작품이라는 것이 그 주요 의의를 포함합니다. 또 국민운동에서 가장 넓은 의미에서도 국민적 의의를 가지는가 어떤가로 구별하여 이것을 병행하여 진행해야 합니다.

한마디로 말하자면 국책영화, 예술영화, 국민영화[건전오락영화]로 크게 구별하여 여기에 건설함을 이해함에 애정, 화합, 고매한 정신, 애국심, 희망, 환희가 담겨져야 합니다.

그러나 국책영화이기 때문에 너무나도 일반 국민에게 강제적인 중압감을 주는 것이나 너무나도 예술을 위한 예술영화나 뒤에서 돌려 표현하는 영화(低徊趣味映畵), 또 대중에게 아부하는 국민영화 같은 경향은 절대로 배격해야 합니다.

일본영화가 향상 발전해가기 위해서는 아직 많은 곤란이 있습니다. 결국 검열 당국이 아무리 노력을 해도 제작자가 또 관중이 자각하지 않으면 안 됩니다. 아무리 정부가 적극적으로 손을 쓴다고 해도 새로 만들어내는 것은 제작자이며, 키우는 것은 비평가이며, 감상자는 일반 대중입니다. 한 나라의 문화의 향상은 하루아침에 그 성과를 볼 수는 없습니다. 특히 모든 기술과 종합적인 것을 요구하는 영화는 그중에서 가장 곤란한 것이라고 해야 할 것입니다.

1942년 10월 21일 | 제63호 | 31~38쪽

영화관에서의 흥행

[영화배급사 직원양성소 강연록]

하야시 고이치(林高一)

제1장 서론

영화관의 흥행이란 아시다시피 영화회사에 우선 제작소가 있고 거기서 만들어낸 필름이 배급회사의 손에 맡겨진 후에, 그로부터 더 나아가 필름이 영화관에 배급이 되며 그러고 나서 흥행이 출발하는 것입니다. 단독 장사(商賣)가 아닌 것입니다. 소위 말하는 제작, 배급, 흥행이라는 순서로 이루어지는 것이니 흥행론이라든가 흥행학이라는 단독 분야는 사실은 성립하지 않을지도 모릅니다. 흥행 이야기를 하면 아무래도 배급 이야기도 같이 해야 하고 배급 이야기를 하면 그 기세로 제작 쪽까지 거슬러가야 합니다. 그리고 더 나아가 그 제작, 배급, 흥행이라는 세 가지 부문만으로 유지될 수 있는가 하면, 이것만으로는 꼭 완전한 것은 아닙니다. 왜냐하면 흥행은 일반 대중을 상대로 장사를 하는 것이며 그 대외적 관계는 일반 사회와의 관계가 됩니다. '흥행 사회' 대 '일반 사회'가 나옵니다. 이를 오늘날의 과학적 연구로 구체적으로 다룬다면 아까 말씀드린 세 가지 부문 외에 일반 사회와의 관계까지 다뤄야 합니다. 그 네 가지 관계에서 처음으로 흥행학다운 것이 생기는 게 아닐까 합니다. 이것은 저 개인의 생각인데 지금까지 불행히도 흥행에 관한 과학적인 연구 서류를 거의 볼 수 없습니다. 따라서 오늘의 이야기도 저 개인의 독단적 비계통적인 이야기가 되리라고 생각하니 미리 양해해주셨으면 합니다.

정의

우선 흥행의 정의를 전체적으로 알아두는 편이 편리하다고 생각하여 그 정의를 영화법 시행세칙 중에서 찾았습니다. 여러분 앞에 있는 영화법 시행세칙의 첫 번째 페이지를 하나 펼쳐주셨으면 합니다. 제1조의 제2항에 '영화흥행이란 영리를 목적으로 하고 영화를 공중의 관람에 제공하기 위해 상영하는 것을 말한다'고 쓰여 있습니다. 그러므로 이를 흥행의 정의라고 생각하시면 지장 없으리라 생각합니다.

연혁

그럼 흥행은 언제 즈음부터 시작됐는가 하는 이야기를 개략하면, 일본에서는 메이지 29년[100]에 키네토스코프와 시네마토그래프가 수입됐습니다. 왠지 그다지 모양이 확실하지 않은, 실로 진기한 것이었는데, 기록에 따르면 이것이 오늘날의 영화의 원조인 것처럼 생각되고 있습니다. 그리고 메이지 30년이 되어 바이타스코프가 수입되어 비로소 일본에서 흥행한 것입니다. 이 키네토스코프, 시네마토그래프, 바이타스코프라는 매우 원시적인 것이 메이지 29년에서 30년에 걸쳐 수입됐고 그것이 일본의 공중(公衆) 앞에서 처음으로 공개됐습니다. 그 당시의 모습에 대해서는 『일본영화(日本映畫)』 6월호 이후에 다나카 준이치로(田中純一郞) 씨가 쓴 기사가 있으니 그것을 참고로 하면 좋을 것입니다. 또 하즈미 쓰네오(筈見恒夫) 씨의 『영화 50년사』도 참고가 됩니다. 그 당시의 모습에 관해서는 억측이 많아서 어떤 것이 과연 올바른지 아직 확실히 결론 나지 않은 것이 많은 것 같습니다. 그런데 지금 말씀드린 두 개의 참고 자료 외에 꽤 이전에 발행된 『세계영화예술발달사』가 있습니다. 그중에 일본영화 초기에 대해 실려 있습니다. 처음에는 그런 원시적 기계를 가지고 계통도 아무것도 없이 닥치는 대로 볼거리 식으로 보이면서 다녔던 것인데, 그것이 점점 발달해서 순업 형식을 취하게 됐고 지방 흥행을 해서 여러 장사로 변해온 것입니다. 그래서 점점 발전하여 상설관이 생겼고 활동사진이란 이름을 사용하게 됐으며 겨우 40년 정도 사이에 오늘날 같은 융성을 보기에 이르렀습니다. 흥행의 원시 형태가 오늘날의 이동영사 형식을 답습하고 있는 것은 재미있는 일이라고 생각합니다.

두말할 나위도 없이 흥행은 일반 대중을 상대로 하며, 그래서 영화관이 발달한 토지를 잘 연구해보면 대체로 화류계라든가 신사불각이 있는 것입니다. 축제 등에서 사람들이 매우 많이 모이는 곳에서 흥행이 발달하게 됩니다. 다시 말하자면 그렇게 정기적으로 사람들이 많이 모이는 곳을 겨냥해서 장사를 해온 것입니다. 오늘날도 소위 말하는 번화가라는 곳이 있습니다. 제국 도시의 3대 번화가라고 해서 긴자(銀座), 아사쿠사, 신주쿠(新宿), 이 부근이 영화가로서 가장 발달하고 있는데, 이는 당연한 것입니다.

제2장 흥행의 고정적 조건

그럼 본 주제로 들어가서 우선 첫 번째로 흥행의 고정적 조건이라는 항목부터 이야기하

---

100) 1896년.

겠습니다.

어떤 것을 말하는가 하면, 흥행은 나중에 말하는 유동적 조건과 고정적 조건의 두 가지로 나눌 수 있다고 생각합니다. 그것을 더 설명하면 우선 고정적 조건이란 흥행요소가 되는 움직일 수 없는 부분입니다. 고정된 ▶31쪽 요소입니다. 다시 말하자면 흥행장 소재지라든가, 흥행장 설비라든가, 반영구적인, 소위 말하는 부동산적인 것입니다. 일단 만들어두면 수리는 별도로 하고 대체로 반영구적으로 사용할 수 있는 것 같은 건축 일반 등입니다. 그런 것을 고정적 조건으로 여기에 제시해둔 것입니다. 그중에서 우선 극장 연혁을 예로 들어보겠습니다.

영화관의 영고성쇠를 처음에 운명 짓는 것은 뭐니 뭐니 해도 극장 자체의 물적 조건이라고 생각합니다. 다시 한 번 자세하게 말하자면 그 극장이 어디에 있는가 하는 장소입니다. 장소라고 해도 아까 말씀드린 3대 번화가에 있다고 해도 그 번화가에서 어떤 위치에 그 영화관이 위치하는가 하는 것입니다. 그리고 정원수(定員數)라든가, 영사기의 설비라든가, 그에 부수적인 발성장치의 여부, 냉방난방의 유무, 이런 것들이 대체로 그 영화관이 번성할지 그렇지 않을지 하는 것을 좌우하는 중대한 하나의 기초가 된다고 생각합니다.

이런 것은 아까 말씀드린 것처럼 한 번 짓고 나면 웬만큼의 대수리라든가 대변동을 초래하지 않는 한 더 이상 거의 움직이지 않는 것이며, 그 움직이지 않는 것을 기초로 하여 흥행은 모든 기획을 세워나가야 합니다. 그렇지 않으면 사물의 기준을 만들 수 없습니다. 가끔 흥행을 여러 가지로 논하는 경우에 그 기초적인 것을 잊기 마련입니다. 마치 모두가 공기를 호흡하면서 공기의 존재를 무시해버리기 마련인 것과 마찬가지로 너무나도 당연한 사항이어서 그 기초적 조건을 망각하는 일이 종종 있는 것입니다.

이른바 흥행은 변화무쌍하다고 자주 말하는데 다시 말하자면 관객이 많이 들어오거나 그렇지 않거나 합니다. 그런 경우가 많기 때문입니다. 마치 주식이라도 하는 기분으로 생각하기 마련인데, 그것은 고정적 요소를 너무 생각하지 않았기 때문이 아닌가 싶습니다. 동시에 왜 그 고정적 조건을 지금까지 무시하기 십상이었는가. 그 일례로 대체로 영화관을 건축함에 있어서 어떤 목적으로 이번 영화관을 만들려고 했는가와 같은 명확한 목표를 가지고 목수가 짓는 일은 지금까지 거의 없었다고 생각합니다. 무엇이 되던지 영화관류의 건물을 하나 만들면 장래에 돈을 벌 수 있는 수단으로 괜찮지 않을까 하는 막연한 기분으로 짓는 경우가 많았다고 생각합니다. 혹은 어떤 전차회사가 땅값을 올릴 방책으로 얼토당토않은 곳에 영화관이나 오락장을 짓고 소위 말하는 승객 수의 증가를 꾀하는 것 같은 회사정책을 위해 영화관을 짓는 경우가 있을 수 있는데, 이렇듯 영화 자체의 명확한 흥행 본래의 목적을 가지지 않은 채 흥행장을 건축하거나 하는 것이 아까 말씀드린 조건을 무시하는 결과가 된 것입니다.

그러나 이것은 지극히 초기적이고 과도적인 현상이며, 점점 그것이 합리화되고 기업화돼왔습니다. 예를 들면 도쿄다카라즈카(東京寶塚)주식회사는 도호영화를 상영하기 위한 흥행장을 처음부터 목표로 하여 소위 말하는 도호색이라는 올바르고 명랑하다는 슬로건에 합치하는 부분의, 독특한 건축양식을 스스로 고안하여 이를 짓는 방법을 취해왔습니다. 쇼치쿠는 쇼치쿠로서 쇼치쿠영화의 개봉장 같은 것을 처음부터 생각해서 이에 합치하는 조건을 구비한 극장을 만들어나갑니다. 그런 방법으로 점점 변해온 것입니다. 이런 방법이 점점 흥행을 합리화하거나 또는 영리를 사업화해나가는 원인이 됩니다.

또 하나 예를 들면 니혼극장(日本劇場)입니다. 그것은 처음에 영화관을 할 생각었는지 레뷰극장으로 할 생각이었는지, 물론 영사기와 스크린을 구비해놓았으니 영화도 하려는 생각은 있었겠지만 어떤 방침으로 세워졌는지 처음에는 잘 몰랐습니다. 과연 그것이 이익에 맞는지 어떤지조차 예측되지 않았습니다. 그러므로 도중에 철골을 드러낸 채 비를 맞는 시대가 얼마 동안 있었습니다. 그래서 제국 도시의 한가운데에 저런 해골이 세워져 있으면 볼품없다고 하여 무리하게 자본을 쏟아부어 완성했는데, 첫 작품은 채플린의 〈거리의 등불(街の灯)〉[101]이라든가 〈캐벌케이드(カヴァルケード)〉[102]라는 영화에 어트랙션을 덧붙여 화려하게 개장한 것입니다. 처음에는 극장이 매우 크다는 진기함으로 손님을 끌 수 있었지만 그런 영업방침이나 극장 건축에 대한 명확한 장래의 방침이 없었기 때문에 결국 경영은 위기에 빠졌습니다. 그리고 닛카쓰가 직영하기 시작했을 때가 제일 위기였고 관객이 20, 30명 들락날락하며 모여 있는 곳에 영화를 영사하고 있었던 적이 있습니다. 이렇게 개장 당시에는 참담한 부분이 있었습니다. 그것이 예의 도쿄다카라즈카의 손에 넘어가고 나서 비로소 흥행다운 흥행으로 옮기게 된 것입니다. 그러나 저것은 영화관으로서 너무 컸습니다. 미국 등지에는 여러 극장이 있어 니치게키(日劇) 정도의 극장도 물론 많이 있지만 그것은 순수한 영화관으로서는 맞지 않습니다. 여러분도 보셨다시피 레뷰를 볼 때에는 어느 적정 정도가 있어야 좋은데, 영화를 볼 때에는 너무 멀거나 3층 높이에서 보면 골짜기의 바닥을 보는 것처럼 보기 힘듭니다. 상당히 우수한 영사기를 구비해도 화면의 각도가 잘 맞지 않거나 소리가 좋지 않거나 여러 결함이 나옵니다. 그래서 다카라즈카도 방책을 강구하여 여기는 영화전문관으로는 아무래도 성립하지 않는다고 생각한 것입니다. 아무래도 어트랙션을 덧붙이지 않으면 안 됩니다. 그것도 첨부물(お添え物)에 불과한 짧은 어트랙션으로는 안 됩니다. 저 극장을 가득 채우기 위해서는 본격적인

---

101) 〈시티 라이트(City Lights)〉(United Artists, Charlie Chaplin, 1931)

102) 〈캐벌케이드(Cavalcade)〉(20th Century Fox Film Co., Frank Lloyd, 1933)

레뷰와 쇼, 미국식의 작품[내용이 아닙니다]을 연결해야 유지할 수 있다는 것을 깨달았고, 이렇게 해서 니치게키 댄싱팀을 발안한 것입니다. 이는 하타 도요키치(秦豊吉) 씨의 공적인데 이것이 오늘날의 니치게키가 번창하게 된 중대한 원인이라고 생각합니다. 이렇게 극장은 하나의 고정된 움직이지 않는 조건을 구비하고 있습니다. 그것을 어떻게 잘 이용해서 독특한 부분을 거기에서 이끌어낼 것인가가 흥행의 성공과 실패를 결정하는 열쇠가 되지 않나 싶습니다.

저는 일찍이 신주쿠에 있는 신주쿠영화극장(新宿映畵劇場)에서 3년 동안 일한 적이 있습니다. 이 영화관은 쇼와 12년[103] 7월에 개장했는데 건축양식은 소위 말하는 도호색을 지닌 곳이었고, 그래서 도호영화주식회사가 이에 착안하여 그곳을 직영관으로서 개장한 것입니다. 그러나 당시 도호의 영업방침은 소위 말하는 요금 균일주의였습니다. 50전 균일을 주 무기로 하고 있었습니다. 차등을 두지 않습니다. 그 방침을 바꿀 수 없는 관계로 아무래도 수입을 많이 올리기 위해서는 수용력이 크지 않으면 성공할 수 없습니다. 니치게키와 같은 큰 영화관에서 처음으로 누구나 다 50전을 내면 선착순으로 아무데나 앉을 수 있다는 것을 주 무기로 하여 관객으로 가득 채울 수 있었습니다. 이 신주쿠영화극장은 706명밖에 수용하지 못했습니다. 따라서 50전 균일로 손님을 불러 아무리 밀어 넣더라도 뻔한 것입니다. 건축양식은 소위 말하는 도호색이지만 그런 요금상의 구속이 있습니다. 이렇게 말하는 것은 결국 정원수에서 오는 구속이라고도 할 수 있는데, 요금 쪽은 영업방침만 바꾸면 움직일 수 없는 것은 아닙니다. 그러나 정원은 갑자기 바꿀 수 없는 것입니다. 따라서 양쪽 다 바꾸기 힘들다는 악조건이 있기 때문에 결국 그 극장은 도호영화의 ▶32쪽 개봉장으로서 성공하지 못했습니다. 매주 매주 많은 적자를 내고 있던 적이 있습니다. 그런데 그 후 한 집 건너 옆 건물인 다이도쿄(大東京) — 지금은 신주쿠도호로 되어 있는데 — 이곳은 신코키네마(新興キネマ) 영화를 개봉하고 있었는데, 뜻밖에 도호가 손에 넣어 직영관으로 삼을 수 있었습니다. 그래서 신주쿠영화극장은 어떻게 할 것인가 하는 문제가 일어났습니다. 그 당시 양화의 개봉관으로 할 것인가, 혹은 고전물의 명화극장으로 할 것인가, 혹은 도호의 2번관으로 할 것인가 여러 설이 있었는데, 결국은 그 극장(小屋)의 위치인 것입니다. 번화가 속의 위치가 매우 좋지 않았습니다. 아시다시피 이세탄(伊勢丹) 앞 대로의 가장 구석에 있습니다. 좋지 않은 위치와 정원수가 적다는 것, 이것은 움직일 수 없는 조건입니다. 이를 보완하기 위해서는 독특한 방법으로 그 길을 지나는 손님을 잡는 것밖에 방법이 없습니다. 이렇게 해서 생각한 끝에 당시 유행했던 뉴스극장으로 삼은 것입니다. 지나사변 당시의 일이니 뉴스가 장사가 된 것은 물론이지만, 프로그램을 매우 자유자

---

103) 1937년.

재로 편성할 수 있었습니다. 단편이라면 무엇을 해도 좋았습니다. 도호영화의 보통 직영관이라면 아무래도 도호영화를 개봉해야 한다는 구속이 있는데 뉴스영화관은 그것이 없는 만큼 프로그램이 자유로웠습니다. 이에 착안하여 그럼 뉴스영화관을 하면 좋지 않을까 하여 문화 뉴스극장이라는 이름을 붙였고 간판을 새로 칠하여 장사를 시작했습니다. 그런데 당시 뉴스가 매우 인기가 있었던 관계도 있지만 개설 당시의 영업자가 열심히 영업을 해서 관객이 많이 들었습니다. 그 극장의 설비, 다시 말하자면 고정조건인데 이에 순응하여 자유자재의 프로그램을 짜나갔습니다. 그것이 신주쿠의 관객층의 취향에 맞아 성공한 것입니다.

　　이는 한두 가지 예인데 이런 극장의 한 가지 정해진 조건이 운명 짓는 조건에 어떻게 적응할 것인가가 몇 번이나 말하지만 흥행의 가장 기초가 되지 않나 싶습니다.

　　일전에 여러분은 히비야를 견학하셔서 아셨듯이, 그 주변은 처음에 극장은 아무것도 없었습니다. 긴자 부근에는 소위 말하는 흥행가가 예전부터 없었던 것입니다. 데이게키(帝劇)가 홀로 이상한 곳에 있고 호라쿠자(邦樂座)가 유라쿠자(有楽座) 시대부터 고독한 그림자를 드리우며 그곳에서 장사를 하고 있었습니다. 그것이 다카라즈카 계열의 진출로 앞에서 말씀드린 어뮤즈먼트 센터가 기획되고, 그리하여 마루노우치(丸の内) 주변에 집중적으로 그런 극장이 만들어졌습니다. 왜 이렇게 집중주의가 됐는가 하면 오와리초(尾張町)[104] 근처에 극장을 세울 여지가 없습니다. 그래서 유라쿠초(有楽町)에서 도쿄다카라즈카, 그 근처의 공터를 이용해서 장사를 하는 수밖에 방법이 없었습니다. 거기에는 흘러가듯 긴자를 지나가는 정말 많은 사람들을 어떻게 그곳까지 이끌어갈 것인가가 문제가 됐습니다. 한 채나 두 채의 힘으로 손님을 그곳까지 이끄는 것은 웬만한 흡인력이 없으면 어렵습니다. 다행히도 매우 강력한 영화라면 관객은 어디에서부터든 와주지만 매주 그런 훌륭한 영화는 만들어낼 수 없고 영업적 균형을 취하기 위해서는 영화가 조금 좋지 않더라도 손님들이 와줘야 장사가 성립됩니다. 그래서 생각한 끝에 블록의 힘으로 4초메 부근에서부터 손님을 강인하게 저곳까지 이끌어가려고 생각한 것이 예의 어뮤즈먼트 센터입니다. 다카라즈카, 히비야를 만들고 유라쿠초를 만들고 데이게키를 손에 넣어 저곳에는 대오락집단 같은 것을 형성한 것입니다. 이상한 일은 히비야 근처의 산만했던 사람들의 흐름이 이즈음에는 사람들로 붐비게 된 것입니다. 과연 그것이 어뮤즈먼트 센터의 전면적 공적인지 아닌지는 의문인데 아마 그것이 어느 정도 성공하고 있다고 생각합니다.

---

104)　오와리초는 도쿄도(東京都) 주오쿠(中央区)의 긴자 5초메(銀座5丁目)와 6초메(6丁目) 부근의 옛 지명이다. 에도(江戸) 시대
　　에 붙여진 이름인데 1930년에 오와리초 1초메는 긴자 5초메, 오와리초 2초메가 긴자 6초메로 변경됐다.

소위 말하는 흥행가로서 아사쿠사가 왜 유명한가 하면, 이것은 앞에서 말했듯이 아사쿠사라는 토지는 역사가 오래됐고 예전부터 센소지(淺草寺)에 참배하는 사람들이 많이 있어 교통량이 많았던 곳입니다. 그런 역사적인 곳도 있지만 그곳에 착안하여 예전부터 흥행가가 형성되어 있습니다. 효탄지(瓢箪池)[105] 앞 근처에 즐비해 있는 영화관을 보시면 확실히 시골에서 올라온 관광객에게는 매력적입니다. 그래서 영화를 좋아하는 사람도 — 싫어하는 사람이면 곤란하지만 다소라도 관심을 가지고 있는 사람은 길을 돌아가더라도 그곳을 지납니다. 이는 여러분이 잘 아시다시피 그 만큼의 집단을 가지고 있으면 영화거리로서 손색없는 것입니다.

그 점에서 신개간지(新開地)인 시부야나 신주쿠는 이런 이상적 영화거리를 만들기에는 조금 곤란하고, 따라서 극장의 설비라든가 프로그램에 대한 고민이라든가 여기에서 직접 관객을 접하는 접객직원(接客ガール)이라든가 지배인의 역량이 상당하지 않으면 손님이 그냥 지나칠 우려가 있습니다. 이는 지금도 그렇지만 시부야나 신주쿠, 특히 신주쿠의 교통량은 일본 제일이라고 합니다. 신주쿠역에서 타거나 내리는 승객의 수는 도쿄역보다 많다고 합니다. 그 정도의 교통량을 가지고 있습니다. 그러나 사람의 수가 많다는 것과 흥행이 성공하는 것은 관계가 없어서, 그 많은 사람들을 어떻게 영화관으로 이끌어 올 것인가는 아까 말씀드린 영화관 블록이 형성되어 있다면 하나의 힘이 되지만, 그렇지 않다면 그 영화관 자체가 각각 특징을 가진 방침으로 경영해야 매력이 있습니다. 저는 신주쿠에 3년 이상 살고 있으므로 그 주변의 손님을 잘 보고 있는데, 이는 여담이지만 신주쿠의 관객층은 실로 변덕스럽습니다. 웬만큼 좋은 것을 상영하고 요금도 보통 이하 — 지금은 정해져 있지만 — 가 아니면 그곳을 지나쳐버립니다. 그 주변의 사람들은 사는 집은 신주쿠 근처이지만 일하는 곳은 마루노우치일 경우가 많습니다. 따라서 영화를 보는 경우에는 마루노우치에서 끝내고 맙니다. 시간이 되면 회사를 나와 오늘은 영화라도 볼까 하며 히비야에 가거나 니치게키에 가거나 긴자극장에 가거나 탈 것을 이용하여 재빨리 신주쿠를 지나쳐 집으로 돌아갑니다. 그러니 그 지나치는 손님이 긴자에서 볼일을 보지 않고 신주쿠에서 멈출 수 있게 하기 위해서는 웬만큼 독특한 방법을 취하지 않으면 성공할 수 없습니다. 그 대신 교통량이 많으니 그 기획이 성공하면 얼마든지 손님이 옵니다. 신주쿠에 니치게키 급의 대극장이 있더라도, 방법에 따라서는 충분히 성공할 수 있는 지역입니다. 그리고 그 지역의 불가사의한 점은 여러 성질의 극장이 각각 성공하고 있다는 것입니다. 아까 말씀드린 신주쿠영화극장과 같은 방법, 혹은 데이토자(帝都座)라든가 쇼치쿠칸(松竹館)이라든가 하는 극장은 물론이고 고온자(光音座)와 같은 독특한 명화극장(名畵劇場)이

---

105) 당시 흥행가였던 아사쿠사 6구 옆의 연못. 1951년에 메워져 토지로 매각됐다.

또 굉장히 성공했습니다. 아사히뉴스(朝日ニュース) 같은 뉴스관은 물론이고 무엇이든 성립됩니다. 그 외 라쿠고(落語)의 스에히로자(末廣座)가 있고 물랑루즈가 있어서 각각 훌륭하게 영업을 하고 있습니다. 얼마나 많은 종류의 인종이 저곳에 개입되어 있는지를 알 수 있습니다.

제3장 흥행의 유동적 조건

이것으로 흥행의 고정적 조건이라는 항목은 일단 끝내고, 이번에는 유동적 조건 쪽으로 이야기를 옮기겠습니다. 아까 말씀드렸듯이 흥행은 예측하기 곤란한 것(水物)이라고, 이를 철칙처럼 하는 말을 들으면 전부 유동적 조건처럼 생각되지만, 이는 잘못된 것이며 아까 말한 고정적 부분이 있는 것입니다. 그렇게 해서 그 고정적 조건 위에 서서 유동적 조건을 살리는 것이 흥행인 것입니다. ▶33쪽

그럼 유동적 조건이란 어떤 것인가 하면, 그 극장을 매체로 하는 여러 영업방침이 있습니다. 탁 털어놓고 말하자면 영업방침 일반입니다. 예를 들면 기획이라든가 더 구체적으로 말하면 프로그램이라든가 선전이라든가, 영업 일반, 그리고 인사 관계에 이르기까지, 이것은 유동적 조건이 됩니다. 그 직접 지배하는 인간의 생각 여하에 따라 어떻게도 바꾸어갈 수 있는 조건이고 요소입니다.

그 요소 중에서 주요한 것을 지금 들어보면 우선 뭐니 뭐니 해도 큰 문제는 상영프로그램입니다. 그 프로그램의 기초를 이루는 것은 배급 부문이고 더 거슬러 올라 제작 부문입니다. 그러니 제작, 배급 부문까지 어떻게 하든 거슬러 올라가야 하는데 제작에 관해 배급에 관해서는 각각 전문가 분들이 상세하게 설명해주시리라고 생각하니 그냥 지나치는 정도로 해두겠습니다.

제작·배급·감상 부문과의 관계

단 아까 말한 것을 반복하는 것이 되는데 제작, 배급과의 관계는 어떤 것인가 그것을 말씀드리겠습니다.

우선 촬영소에서 영화가 제작됩니다. 그것이 배급사로 건네지고 그러고 나서 상설관에 필름이 배급됩니다. 이를 일반인이 감상합니다. 이런 순서로 일반적으로 생각되고 있습니다. 그러나 장사하는 사람이 이야기하는 것은 아무튼 세 가지뿐입니다. '감상'을 거의 문제로 삼지 않는 듯한 생각을 드러내는데 '감상'을 잊는 것은 매우 중대한 실수가 되리라고 생각합니다. 왜냐하면 '제작'은 어디에서 오는가 하면 하늘에서 떨어지는 것이 아니고 땅에서 쏟아나

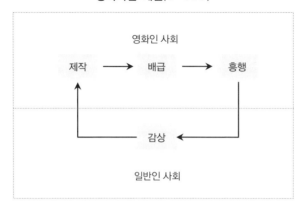

영화사업 계열(サーキット)

영화인 사회

제작 → 배급 → 흥행

감상

일반인 사회

는 것도 아닙니다. 가능한 한 제작소의 프로듀서나 시나리오 라이터나 연출자가 각각의 예술적 양심하에 영화를 제작한 것인데, 더 나아가 그 요소가 되는 것은 일반 사회입니다. 일반 사회에서 영화를 보는 사람들의 반향에서 영향을 받습니다. 이 '감상'에서 오는 것입니다. 물론 '감상'에서뿐만 아니라 일반 사회에서도 들어오는 것인데, 이것은 일반 대중이나 일반 사회로 봐도 무방할 것입니다. 그런 네 가지 관계가 순환하여 처음으로 그곳에서 흥행이라는 것이 하나의 계통 중에 생깁니다. 이것만을 따로 생각하려고 하니 흥행이 변하기 쉬운 것이 돼버리지 않나 하고 생각합니다. 또 이 네 가지 관계의 이야기만 하자면 이것은 물론 두 가지로[제작, 배급, 흥행과 감상] 크게 구별할 수 있습니다. '제작, 배급, 흥행'은 이를테면 영화인 사회입니다. 이것(감상)은 일반인 사회, 그래서 '제작, 배급, 흥행'만을 논의하면 일반인은 알 수 없는 이야기가 되고 맙니다. 일반 사회와의 관계를 조금도 논하지 않는 것이 됩니다. 그러니 아무래도 흥행이나 배급이나 제작을 정말로 과학적으로 연구하려고 한다면 아무래도 이 네 관계를 끌어내야 합니다. 이는 스스로 그렇게 생각하고 있습니다. 저는 이를 임시로 '영화사업 계열'이라고 부릅니다.

원래 이야기로 돌아가서 영화흥행의 유동적 조건은 지금 말씀드린 것처럼 프로그램이 매우 중요한 요소입니다. 그리고 일반영업방침, 선전, 이것도 물론 중요한 문제입니다. 이것은 나중에 각론 부분에 들어가서 서술하겠습니다.

흥행의 인적 요소

흥행에서 가장 중요한 것은 인적 요소입니다. 인적 요소라면 거기서 일하는 사람에 대한 것입니다. 영화관의 인적 요소가 어떤 것인가 하면 우선 극장의 책임자인 '지배인'이 있습니다. 혹은 이를 '주임'이라는 이름으로 부르는 곳도 있습니다. 제각기이지만 일반적으로 부르는 말은 지배인입니다. 미국의 매니저라는 명칭의 번역어라고 생각하는데 지배인이 일반적으로 잘 통하는 것 같습니다. 지배인이라고 하면 매우 큰 권력을 지니고 있는 것처럼 생각하기 마련인데 그것은 이 단어가 나온 원래의 미국의 이야기이며 일본의 영화관의 지배인은 아직 권한이 그다지 없습니다. 실제로 강력한 권력은 아마 어느 영화관에도 없다고 생각합니다. 아무튼 지배인이 있고 그 밑에 영업담당, 선전담당 그리고 회계와 서무, 회계와 서무는 대체로 혼자서 겸하는 곳이 많다고 합니다. 영화관의 직원은 여러분이 들어가시면 안내해주는 여자 분만 있는 것처럼 보이는데, 정말 그대로이며, 실제 사무적 종업원은 매우 적습니다. 그 때문에 잔업을 많이 하는 경향이 있는데 상당히 큰 영화관 중에는 두 명이나 세 명이 정리하고 있는 곳이 있습니다. 휴일을 거의 갖지 못하는 것이 영화관의 일이니 이것은 중대한 보건상의 문제입니다. 아무튼 구성 멤버는 지금 말씀드린 것과 같습니다. 그 나머지는 안내담당, 영사담당, 영사와 직접 관계가 있는 전기담당, 전기담당은 보통 냉방이나 난방이나 그런 기계를 포함해서 하고 있습니다. 그리고 예전부터의 전통으로 무대 앞에서 일하는 사람들이 있습니다. 이들은 출입구에서 신발을 맡는 일만 했었는데 현재는 신발을 벗는 곳이 거의 없으니 결국 일을 바꿔 잡일담당이 됐습니다. 앞에서 일하는 사람들은 대체로 어느 극장에나 있다고 합니다. 이렇게 앞에서 일하는 사람들이 있는가 하면 반대로 무대 뒤에서 일하는 사람들이 또 있습니다. 이들은 문자 그대로 뒤에서 일을 하는데 잡일을 겸해서 지금까지 왕성하게 행해졌던 어트랙션의 시중, 다시 말하자면 실연할 때의 잡일만 했던 것입니다. 이 정도가 직원의 구성요소입니다.

아까 말씀드린 것처럼 일본의 극장에서 왜 지배인의 권력이 그다지 강하지 못한가 하면, 지배인은 잡일이 매우 많으니 아무튼 훌륭한 사람은 지배인이 되려고 하지 않습니다. 게다가 지배인을 통괄(統括)하는 지위가 되어 자신은 직접 간섭하지 않겠다는 그런 조직이 되기 십상입니다. 예를 들면 직영관이 많이 있습니다. 도호라면 도호, 쇼치쿠라면 쇼치쿠의 직영관은 본사의 어느 정도 중요한 지위의 사람이 직접 관을 경영합니다. 실제로는 경영하는 것이지만 잡일이 매우 많으니 가령 지배인을 두어서 그에게 전부 시키는 그런 형태를 취합니다. 그러니 이름은 지배인이어도 직영관의 경우에는 명령은 본사의 어떤 특수한 직위의 사람들이 내리는 체계입니다. 또한 개인 경영일 경우에도 극장주가 스스로 하지 않고 어떤 고용인을 사용하여 그 고용인 중에서 비교적 우수한 자를 지배인으로 삼습니다. 그런 규정은 아마 어디에나 있으리라 생각합니다. 그러니 지배인은 심할 경우에는 단순히 극장을 지키는 사람이 되기 십상인 것입니다. 이렇게 된 또 하나의 원인은 직영관의 경우에는 특히 그러하지만, 프로그램을 통제할 필요가 있는데, 지배인의 말을 하나하나 존중해서는 프로그램을 통제할 수 없습니다. 지금은 프로그램이라고 해도 홍계 백계가 결정되어 상영순서(番線)를 따라가는 것뿐이며 문제는 없지만 예전에는 선택의 여지가 다소 있었습니다. 어떤 영화는 매우 약하고 흡인력이 약할 경우에는 ▶34쪽 일정 기간이 오기까지 그것을 보류하고 개봉을 연기하는 융통성을 발휘했습니다. 융통성을 어디까지 발휘할 것인가를 직접 지배인의 판단에 맡기면 각각 제멋대로 이야기를 합니다. 정말 우수한 지배인이 있어서 의견을 구하고 그 의견을 채용한다면 문제가 없지만, 꼭 그렇지만도 않다면 통제할 수 없게 됩니다. 같은 직영관이면서 신주쿠는 A를 하고 아사쿠사는 B를 하게 되면 관객을 혼돈시키는 것뿐만 아니라 그 외에 지장을 초래합니다. 그런 통제적 의미에서 지배인의 권력을 어느 정도 보류하려는 경향이 있습니다. 그렇게 해서 프로그램의 자유가 그다지 많지 않으면 지배인은 어떤 곳에서 수완을 인정받느냐면 결국 종업원의 통솔력이라든가 선전에 관한 여러 가지 방법이라든가 장내의 여러 설비를 고안합니다. 설비라고 해도 많이 바꿀 수 없는 설비는 어쩔 수 없지만, 그런 부엌살림 같은 일이 많습니다. 그런 곳에서 역량을 발휘하는 것입니다.

아직 여러 이야기가 있지만 시간이 없으니 각론으로 옮겨가겠습니다.

제4장 각론

각론을 임시로 나누어 각론의 A로서 기획론, 기획론이라고 하면 프로그램 편성론이 됩니다. 기획이란 이론이고 프로그램 편성은 실제입니다. 각론의 B가 선전론, 각론의 C가 영업 및 영출(映出). 제작소의 '연출'을 말합니다. 감독입니다. 그 연출에 대해 영화관에서 만들어진 영화를 어떻게 하면 가장 효과적으로 관객에게 보일 수 있는가 하는 방법, 거기에 임시로 '영출'이라는 이름을 붙인 것입니다. 각론의 D로서 감상비판, 이 네 가지에 대해 대체적으로 어림잡아 말씀드리겠습니다.

흥행기획론

기획론이라고 해도 지금까지 말한 것처럼 제작상의 기획처럼 자유분방한 기획은 세우기 힘듭니다. 왜냐하면 제작, 배급이라는 코스를 거슬러온 관계상 여기에서부터 가져오는 것 이외에는 다른 방법이 없습니다. 여기[배급]에서 받을 수밖에 없습니다. 따라서 프로그램 편성이라고 해도 4월 1일부터는 여기[배급]에서 통제하는 관계로 여기[흥행]에서 논의를 끼워 넣

을 여지는 없습니다. 프로그램상에서는 왕년의 흥행론으로서는 문제가 됐지만 현재는 문제가 거의 없다고 생각합니다. 그러니 흥행에서의 기획은 흥행 부문에서 세우는 것이 아니라 오히려 반 이상은 배급 부문에서 세우게 됩니다. 이것은 이번 배급통제에 따라 흥행의 일부로 흡수된 것입니다. 현재의 흥행기획은 홍백 2계통으로 나누어진 관계로 그 이외에 필름이 없으니 어떤 조합을 하면 강력한 프로그램을 만들 수 있는가라는 왕년의 자유주의적 방법으로는 불가능합니다. 2편 상영이라는 사치스러운 일은 불가능합니다. 왕년에는 대체로 영화를 2편 상영하고 나머지는 뉴스를 첨부하거나 단편을 첨부했습니다. 따라서 그 조합에 여러 가지 방법이 있었습니다. 예를 들면 1편의 강력한 대중성이 있는 영화를 가지고 오고 나머지 1편은 극히 고급스럽고 소품스러운 작품을 세트물로 해서 내는 그런 방법이 있었습니다. 또 마찬가지로 각각 절반의 힘을 가지고 있는 작품을 더하여 하나의 프로그램으로 공개합니다. 그런 방법도 있었습니다. 혹은 내용에 따라 나누어 희극이라면 희극만 모아, 희극주간이라든가 문화영화대회라든가 이런 방법도 있었습니다. 다카세 아저씨(高勢オッサン)[106] 주간이라는 방법도 허용됐습니다. 지금은 1편이니 이런 것은 좀처럼 불가능합니다. 단, 문제가 되는 것은 적은 수의 배급영화를 어떻게 공평하게 홍백으로 나누어 영화관에 배급할 것인가가 오히려 기획의 근본이 됐습니다. 단, 문화영화와의 조합은 생각할 수 있습니다. 이 영화에는 이 문화영화를 첨부하면 보다 효과적이라는 부분을 연구할 여지는 아직 많이 있으리라고 생각합니다. 그러나 아마도 지금의 영화배급사로서는 홍백 2계통을 어떻게 공평하게 할 것인가가 무엇보다 큰 문제라고 생각합니다. 그것은 영화관에 대한 공평함뿐만 아니라 어떤 지역과 어느 지역의 균형을 맞추기 위해서도, 또 될 수 있는 한 대중들에게 평균적으로 영화를 보여주려는 방침에서 봐도 어쩔 수 없다고 생각합니다.

단, 영화배급 업무규정 중에 있는데 여기에 번선외극장이라는 것이 있습니다. 대체로 이번 제도에 따라 개봉관은 어디이고 2번관은 어디이며 3번관은 어디라는 식으로 정해지고 그 순서에 따라 영화가 유통됩니다. 그 흐름에 따르지 않고 독특한 방법을 쓸 수 있는 극장이 수는 적지만 존재합니다. 소위 말하는 번선외극장이라고 부르고 있습니다. 그곳에서는 프로그램이 아직 자유입니다. 그러므로 아까의 이야기로 돌아가는데, 그런 곳의 지배인은 어떤 의미

---

106) 원문은 다카세(高瀬)로 오식하고 있다. 다카세 미노루(高勢實乗, 1897~1947)는 무성영화 시대부터 활약하던 배우다. 1905년 7세 때 무대로 데뷔한 후, 17세 때인 1915년 처음 영화에 출연했다. 1921년에는 다카세영화연구소를 설립했지만 3개월 만에 끝났고, 토키 도입 이후 〈나는 이길수 없어(わしゃかなわんよ)〉〈저기요 아저씨(アーノネおっさん)〉 등의 개그로 유명해졌다. '저기요 아저씨(アーノネのオッサン)'는 다카세 미노루의 애칭으로, 여기에서는 그의 희극영화주간을 지칭하는 것이다.

에서 가장 보람이 있지 않나 싶습니다. 자신의 의견을 말하기가 제일 쉽고 수완을 발휘할 수 있으니 그런 곳에서 공부하면 영화흥행의 가장 좋은 재료를 얻을 수 있지 않나 싶습니다. 쇼치쿠라면 쇼치쿠의 직영관에서 지금까지와 같은 방법으로 쇼치쿠의 영화만 상영하면 아무래도 편향된 공부가 되니 공부하기에는 불편하다고 생각합니다. 여러분이 이번에 실습하실 때 여러 극장에 배속되리라 생각하는데, 그런 번선외극장은 매우 재미있지 않을까 싶습니다. 물론 개봉관도 중요합니다.

번선외극장과 또 하나는 소위 말하는 뉴스관입니다. 단편만 하고 있는 곳, 혹은 시간이 긴 문화영화를 하고 있는 곳, 이런 곳도 또한 프로그램이 비교적 자유롭습니다. 이는 특수론이 되는데 이런 관에 한해 특수한 프로그램이라는 독특한 것을 짤 수 있습니다. 예를 들면 문화영화주간이라든가 만화대회라든가 만화는 지금 거의 없지만…… 혹은 그때그때의 테마를 파악하여 방첩주간이라든가, 그런 특수한 프로그램을 짜서 영업할 수 있는 방법도 가능한 것입니다.

흥행선전론

다음은 선전 쪽으로 옮기겠습니다. 이것은 선전에 관한 전문적 이야기라고 생각하니 영화관 선전에 대해 조금만 이야기해두겠습니다. 오늘날은 자재 관계 및 그 외로 선전이 매우 제한되고 선전이라기보다 어디어디에서 어떤 영화를 하고 있다는 안내 정도의 것이 됐습니다. 일찍이 영화선전이라고 하면 큰일이어서 모든 수단을 통해서 선전을 했었습니다. 예전 이야기를 해도 어쩔 수 없지만 어떤 종류의 선전방법이 있었는지를 말하자면, 이것은 참고로 말씀드리겠습니다. 뭐니 뭐니 해도 가장 큰 것은 신문광고 및 일반 저널리즘의 선전입니다. 그 다음이 포스터 및 전단지 종류입니다. 전단지는 여러분이 아실 텐데 종이에 여러 문장을 써서 배포하는 것입니다. 신문 사이에 끼워 넣기도 합니다. 또 보통 프로그램이라고 하여 입구에서 나눠주는 것입니다. 그것은 일본의 독특한 것이라고 합니다. 거기에는 다음 주 대공개라는 식으로 여러 선전법이 있습니다. 그중에는 디저트(ミツ豆) 가게나 화장품 영업안내처럼 하는 것도 있습니다. 그다음은 장내에서의 예고입니다. 무대 양 끝에 긴 천을 드리우고 다음 주에는 무엇이다라는 문장을 써서 보여주는 그것입니다. 환등을 사용하는 곳도 있습니다. 최근에는 마이크로폰을 사용하여 여직원이 아나운서가 돼서 선전하는 곳도 있다고 합니다. 또 전차나 버스나 성영철도선(省線)[107]이라는 ▶35쪽 이런 것을 이용하는 광고, 정류장에 내는 광고, 애드

---

107) 성영철도선은 1920년에서 1949년까지 현재의 JR(Japan Railway)에 해당하는 일본의 철도를 가리킨다. 이 철도의 주무부

벌룬 같은 것도 있습니다. 이는 기구에 무언가 문자를 써서 하늘로 올리는 것입니다. 목욕탕에 가면 포렴(暖簾)에 써져 있기도 합니다. 그리고 남탕과 여탕 경계선에 액자 비슷한 것을 맞춰서 내놓습니다. 이렇게 이 방법 저 방법 여러 가지 방법이 있습니다. 혹은 여러 제휴광고법 등도 있습니다. 오늘날에는 그런 여러 가지 자유스러운 방법을 대부분 사용할 수 없게 되어 공동선전이 조금씩 나오고 있습니다. 영화관을 몇 개나 열거하지만 상영하는 작품이 같으니 그것으로 된 것입니다. 예를 들면 〈모자초(母子草)〉[108]를 몇 월 며칠에 상영하며 그리고 상영하는 관을 쭉 열거해두면 어엿한 광고가 되는 것입니다. 광고란 정말 그 영화가 잘 만들어졌고 그래서 보려는 사람들이 많이 있다면 그 안내만으로 충분할 것입니다. 그러나 실제로 자신이 없는 영화가 많기 때문에 침소봉대하는 엄청난 광고를 내는 것입니다. '영화사상 공전!'이라고 했는데 보면 조금도 공전이 아닙니다. 지금까지는 그런 허세선전이 매우 많았습니다. 실로 종이 낭비에서 보나 수고의 낭비에서 보나 또 악덕에서 보나 큰일이었습니다. 배급통제가 되고 나서 그것이 조금씩 없어졌다는 것은 오히려 매우 좋은 경향이라고 생각합니다. 손님을 속이게 되는 것입니다. 스스로도 조금도 공전이라고 생각하지 않는데도 불구하고 공전의 초대작 운운하며 광고한 것입니다. 마치 '양치기소년' 이야기가 됩니다. 저도 영화관에 있으면서 자주 광고를 쓰고 있어 창피한 부분이 있습니다. 이런 것은 점점 없어져서 매우 좋은 경향이라고 생각합니다.

아까 프로그램 이야기가 나왔는데 그것에 대해서 조금 말씀드리겠습니다. 영화관의 프로그램은 아까 말씀드린 것처럼 외국에서는 별로 없다고 합니다. 그러므로 프로그램이란 명확히 일본식 영어입니다. 저는 영화관주보(館週報)라고 부르고 있습니다. 예를 들면 소련연방 같은 나라에서는 영화관주보를 안에서 팔고 있다고 합니다. 돈을 내면 살 수 있는가 하면 종종 품절이 되어서 좀처럼 손에 넣을 수 없다고 합니다. 미국 같은 화려한 나라에서도 그것을 내지 않습니다. 신문에 광고를 조금 내는 정도입니다. 일본에서는 언제부터인가 생겨나서 입구에서 건네는 습관이 있습니다. 그것은 일본의 영화흥행의 특징이라고 생각합니다. 기특한 연구자가 그것을 기초로 하여 장래의 참고자료로 삼거나 혹은 메모 대신에 간직하는 것 같은 이용방법도 있었습니다. 또 지금의 선전 이야기인데 선전효과로서도 충분하고 기사 여하에 따라서는 매우 유익한 읽을거리도 됩니다. 그것을 건네주면 아무래도 휴식시간에 읽게 됩니

서가 철도성(1920~1943), 운수통신성(1943~1945), 운수성(1945~1949)이어서 성선이라고 칭했는데, 주로 도쿄와 오사카의 2대 대도시에 집중적으로 차량이 배치됐다.

108) 〈모자초(母子草)〉(쇼치쿠 우즈마사[松竹太秦], 다사카 도모타카, 1942)

다. 꼭 읽고 싶은 기사라도 있다면 매우 유효한 것입니다. 최근에는 문화영화가 매주 있습니다. 문화영화는 아무튼 딱딱하고 이해하기 어려운 영화가 많은데 그것이 해설 역할을 할 수 있습니다. 더 나아가 조금 더 사용방법을 생각하여 예를 들면 정보국이 어떤 국책적 방침을 일반에게 알리고 싶다고 생각할 때 5전의 주보에 발표함과 동시에 영화관의 무료주보에 무언가를 써서 그것을 대중이 읽게 한다는 방법을 취하면 매우 효과적이라고 생각합니다. 이는 앞으로 무언가 훌륭한 이용방법을 생각하면 된다고 생각합니다. 현재 정보국에서는 전국의 영화관주보를 모아 그 통제방법을 생각하고 있다고 합니다. 매우 좋은 일이라고 생각합니다. 이는 제 경험인데 신주쿠에 있을 때 주보를 이용해서 관객의 반향조사의 실마리로 삼았습니다. 투서란 등을 만들어 말하고 싶은 것을 전부 거기에 쓰도록 했습니다. 그렇게 하니 아까 말한 이 사회[일반인 사회]의 반향을 잘 알 수 있었습니다. 일본인은 겸손한 사람이 많아서 단지 의자에 앉아 있는 것만으로는 표정이 확실히 나타나지 않고 재미있다고도 웃기다고도 아무것도 말하지 않는 경우가 많습니다. 그러나 종이를 건네주고 쓰게 하면 쓰는 사람이 비교적 많습니다. 주보에 자신이 쓴 것이 실리면 기뻐하며 또 써주는 사람들이 있습니다. 이런 것은 이 사회를 아는 하나의 실마리가 됩니다. 그래서 이를 활발하게 사용하여 여러 조사를 한 적이 있습니다. 더 나아가 그 주보를 이용하여 그런 투서란을 만들어두고 관객과 접촉할 기회를 조금씩 만들어나가면서 가끔 어떤 때에는 좌담회를 하거나 여러 용지를 나누어주고 감상을 쓰게 하거나 혹은 관객들이 베스트 텐을 뽑거나 하여 올해는 어떤 영화가 가장 좋았다는 조사를 그 주보를 통해서 할 수도 있습니다. 그렇게 주보의 이용법은 끝이 없다고 생각하는데 이 정도로 해두고 다음으로 넘어가겠습니다.

영업영출론

다음은 영업영출론입니다. 영화관의 영업이라고 하면 어떤 것을 하는가 하면, 우선 영화흥행은 대체로 일주일을 단위로 영업해갑니다. 이번 통제가 되고 나서는 평판이 좋다고 해서 지나치게 계속상영(續映)을 많이 하는 것은 불가능하게 됐습니다. 이렇게 된 것은 개봉관에서 계속상영만 하게 되면 나머지 영화관은 상영할 작품이 없게 되기 때문입니다. 그래서 계속상영은 현재로서는 많이 할 수 없습니다. 미국이나 러시아는 관객이 오는 한 계속합니다. 몇 주일이든지 계속합니다. 한쪽은 전혀 돈을 벌지 않아도 좋은 나라입니다. 한쪽은 돈을 버는 나라이니 재미있는 대조인데, 객석이 지정석제도입니다. 전매를 하고 있으니 일정한 기간이 오면 어느 정도의 수입이 될 것인지 예상할 수 있습니다. 현재 영화를 영사하고 있는 주에 대체로 다음 주가 계산됩니다. 그러니 안심하고 계속상영을 할 수 있습니다. 전매를 하여 영업이 성립하지 않으면 흥행을 하지 않습니다. 그러니 일주일을 생각하지 않아도 되는 것입니다. 일본의 흥행은 대체로 일주일을 기준으로 합니다. 그중에는 10일 한다든가 4주, 5주간 했다는 기록이 있는데 그런 경우는 적습니다. 특히 4월 1일 이후 그런 것은 없습니다. 그리고 그 일주일 동안 영화의 교체는 대체로 수요일이나 목요일이라고 훨씬 예전부터 정해져 있습니다. 어떤 이유로 수요일이나 목요일에 교체하는지에 대해서는 아무런 근거가 없습니다. 월요일부터 시작하면 이상하고 토요일부터 시작해도 이상합니다. 어떤 관은 일요일부터 시작하고 어떤 관은 조금 더 빨리 하려고 하여 토요일에 시작합니다. 그런 버릇이 생기면 또 조금 더 앞에서부터 해보자고 하여 이번에는 금요일에 시작합니다. 이번에는 경쟁심을 불러일으켜 또 앞당깁니다. 언제까지나 끝이 없습니다. 뭐니 뭐니 해도 토요일, 일요일이 대목인데 이를 중요시해야 하는 관계로 지금까지는 역시 시작점을 잘 끊는 초반 전력질주를 잘하기 위해서 역시 수요일 정도가 좋지 않을까 하는 것에서 나온 게 아닌가 합니다. 그것이 틀렸을지도 모르지만 왠지 모르게 수요일 또는 목요일 교체가 습관이 돼온 것입니다. 그래서 주의 중간부터 영화를 교체하여 일주일 동안을 단위로 흥행하는 것이 현재의 상태입니다. 이 기준을 무시하여 예전에 〈대스모일보(大相撲日報)〉[109]라는, 매일 교체하는 영화를 만들었는데 제작, 배급만의 독선기획으로 결과는 실패였다고 생각합니다.

흥행을 하기 위해서는 어떤 절차를 밟아야 하는가 하면 상세한 이야기가 되는데, 여러분이 관을 나와서 실습을 하시면 잘 알 수 있을 거라 생각합니다. 이것은 직원 분들은 이미 잘 알고 계실 테고 이런 이야기는 바보 같다고 생각되지만 영화를 흥행하기 위해서는 흥행신고서를 갖추어 관할 경찰에게 신고하게 되어 있습니다. 이는 영화법 중에 규정되어 있습니다. 관할 경찰의 영업담당에게 흥행신청서를 내고 그곳에서 허가를 받고 나서 비로소 흥행할 수 있는 단계가 ▶36쪽 됩니다. 그 신청서 안에는 어떤 것을 기입하는가 하면 상영월일과 흥행 책임자, 책임자는 지배인입니다. 지배인을 영화법에서는 흥행관리인이라고 합니다. 흥행관리인의 생년월일 등을 쓰고 상영 프로그램 등을 열거하여 상영시간을 씁니다. 이렇게 해서 시간을 만드는 것입니다. 그 시간표를 만드는 방법인데 현재 영화법에서 평일은 정오부터 개시할 수 있습니다. 그리고 오후 10시까지 영업하는 것이 허용되어 있습니다. 일요일과 공휴일은 이에 한하지 않고 아침부터 해도 좋다고 되어 있습니다. 그런 규칙을 먼저 생각합니다. 영화필름에

---

109)　원제는 〈국기관 봄대결 대스모일보(国技館春場所大相撲日報)〉(도호배급, 대일본스모협회[大日本相撲協会]・만국영화합자회사[万国映画合資会社], 1940.1.11). 〈여름대결 대스모일보(夏場所大相撲日報)〉(도호・만국상사[万国商事] 배급, 대일본스모협회, 1940.5.10)로 이어졌다.

는 검열 대본이라는 것이 전부 있습니다. 그 검열 유효 연월일이 적혀 있습니다. 그리고 미터 수가 적혀 있습니다. 권 수가 적혀 있습니다. 그런 것을 상영신청서에 전부 적어 넣습니다. 그리고 몇 시간이 걸릴지를 산정합니다. 산정방법은 미터를 봅니다. 토키 표준속도의 1분간 27 미터 4의 비율로 계산을 합니다. 1천 미터의 영화는 몇 분 걸리는지 계산하는 것입니다. 27.4 로 나누어 시간을 산출합니다. 몇 시부터 몇 시까지 무엇을 하고 그다음에는 뉴스가 몇 시부 터 몇 시까지라는 식으로 시간표를 만들어갑니다. 그 시간표를 만들 때 생각해야 하는 것은 겸용(兼用)영화입니다. 겸용영화라는 것은 직원 분들은 잘 알고 계시겠지만 어느 극장과 극장 에서 같은 필름을 겹치기로 사용하는 것입니다. 그러니 양쪽 극장에서 시간표를 만들어 그 시 간이 겹치지 않도록 해야 상영할 수 있습니다. 그 겸용필름의 상대 영화관이 가까운 곳이면 괜찮습니다. 대체로 가까운 곳을 고르기는 하지만 그래도 운반하는 시간이 걸립니다. 이 운반 하는 동안의 시간을 계산하여 이를 만들어두지 않으면 난처해집니다. 예전에는 겸용필름을 상영할 때 이를 상영하는 사람이 자전거로 운반하여 시간에 맞지 않거나 다쳐서 운반할 수 없 거나 하여 영화가 중간에서 끊겨 영사할 수 없었던 비극이 자주 있었는데 지금도 있을지 모르 겠습니다. 아무튼 겸용상영을 고려하여 시간표를 만들어야 합니다. 겸용이 A관 B관만의 문 제라면 비교적 간단합니다. A에서 B까지 가는 데 자전거로 달려 10분 걸린다고 하면 10분 이 상의 차이를 두고 조금씩 필름을 운반하면 시간에 맞는다는 계산입니다. 그런데 극영화는 A 관이 B관과 겸용으로 상영하고 문화영화는 C관과 겸용상영하는 방법을 써야 할 경우가 있습 니다. 그러면 시간표가 복잡해집니다. 그런 기술이 영업담당의 고심을 필요로 합니다. 그것은 실습 시에 여러분이 경험해주셨으면 합니다.

이렇게 시간표를 만들고 상영신청서를 만들고 허가를 얻어 흥행하는 것인데, 그런 경찰 과의 관계가 흥행에서는 매우 중요합니다. 경찰이 안 된다고 하면 흥행은 불가능하며 1엔 택 시(圓タク)[110]와 교통경찰과의 관계처럼 흥행의 지배인은 경찰을 매우 무서워합니다. 시간표 에서 1분 1초라도 틀리게 되면 이는 엄밀하게 말하자면 영화법 위반이며, 도중에 프로그램을 마음대로 바꾸어 상영하는 것도 물론 위반이고, 영화법에서 정해져 있는 문화영화를 상영해 야 하고 뉴스영화도 돌려야 합니다. 여러 상영상의 규칙이 있습니다. 그 외 영업 관계는 매우 자세한 것이 많이 있습니다. 그 대체적인 것은 여러분에게 건네준 '영화법 시행세칙' 중에 적 혀 있으니 시간이 날 때 읽어주시면 좋겠습니다. 이것은 발췌이니 정말 필요하다고 생각되는 부분을 인용하겠습니다. 흥행은 이에 따라 행해지고 있다고 해도 좋을 것입니다. 잠깐 간단하

---

110) 1엔 택시(圓タク)는 다이쇼 말기부터 쇼와 초기까지, 1엔 균일로 시내 특정 지역을 달리던 택시를 말한다.

게 살펴보도록 하겠습니다.

영화법 시행세칙 약술

처음에는 오로지 정의입니다. 제1조의 1은 '법이란 영화법, 규칙이란 영화법 시행규칙을 말한다'고 되어 있습니다. 2는 영화흥행의 정의입니다. 3은 '영화흥행자란 영화흥행을 하는 자를 말한다'고 되어 있습니다. 4는 영사기사의 정의입니다. 영사기사의 정의에 있듯이 기사는 경시청의 면허증을 가져야 영사할 수 있습니다. 이는 경시청에서 시험이 있습니다. 현장(實地)시험, 학과시험이 있어서 이를 통과한 자가 영사기사로 인정받는 것입니다. 그리고 이를 몇 명 이상 둬야 한다는 상세한 세칙도 있습니다. 이는 생략하겠습니다.

다음에는 많이 건너뛰어서 제39조입니다. '영사실의 구조는 다음 각 호에 의한다'는 항목이 있는데, 이것 하나만 예로 들고 나머지는 생략하겠습니다. 영사실의 구조는 까다롭습니다. 아시다시피 필름은 폭발성이 강한 것으로 화재를 일으키기 쉬우므로 따라서 영사실 구조가 엄중해지는 것입니다. 설비의 세칙이 그다음에 서술되어 있습니다.

제40조에는 '영화흥행자 또는 흥행관리인의 사무실은 주요 출입구 부근에 설치해야 한다'고 쓰여 있습니다. 입구는 아무튼 문제를 일으키기 쉬운 곳입니다. 예전부터 '지역 유명인(顏)'이라는 이들이 있어 잠자코 들어가는 경우가 있습니다. 그런 것을 취체하는 관계도 있고 경찰에서 현장검사(臨檢)를 나왔는데 지배인이 없으면 곤란합니다. 있어도 어느 구석에 있다가 경찰이 오면 도망가버리면 안 되니 입구에 두는 게 아닌가 생각합니다. 이것은 농담입니다만……

제40조에 '흥행장의 영화흥행자를 하려는 자는 경시총감(警視總監)의 허가를 받아야 한다. 영화흥행자가 흥행관리인을 두려고 할 때에는 또 전항과 같다. 흥행관리인은 흥행에 관해 영화흥행자와 동일한 책임을 맡는다'고 되어 있습니다. 흥행관리인이란 지배인입니다. 영화흥행자란 지배인을 더욱 좌지우지하는 어떤 종류의 계급입니다. 아까 말씀드렸듯이 직접 영화흥행자가 관리인으로 일하는 경우는 거의 없습니다. 대개 흥행관리인이 사무를 대행하고 있습니다.

제59조는 '흥행장에서의 영화흥행자는 흥행장마다 외국영화 상영대장을 구비하고 상설 흥행장에서 상영하는 극영화인 외국영화의 제목, 검열합격 연월일, 검열합격 기호 및 권 수, 길이 그리고 상영 연월일을 기재해두어야 한다. 흥행장에서 그 영화흥행자에게 이동이 생겼을 때에는 당해 흥행장에서 그 연내에 상영할 극영화인 외국영화의 편수를 기재한 신청서에 신구 흥행자가 연서(連署)한 후 전항의 대장과 함께 지체 없이 소관 경찰서장에게 제출해야 한

다', 외국영화 상영대장은 외국영화를 무턱대고 상영하는 일의 폐해를 피하기 위해 제한을 한 것입니다. 그리고 상영대장을 갖추어두고 언제 언제 어떤 영화를 상영했다는 기록을 남겨둡니다. 거기에 상영 편수의 제한이 있습니다. 1년에 50편 이내입니다.

제60조는 '영화흥행은 오후 10시 이후 이를 행할 수 없다. 단, 특별한 사유가 있는 경우에는 소관 경찰서장의 허가를 얻어 오후 10시 30분까지 연장할 수 있다.' 여기에는 오전에 대해서는 적혀 있지 않은데 아까 말한 대로 오전에는 상영할 수 없습니다. 정오부터 오후 10시까지이고 특별한 사유란 관청이 지정한 영화를 상영할 경우라든가 그런 특수한 경우이며 관의 사정에 따라 운운하는 것은 있을 수 없습니다.

제61조는 '규칙 제43조의 영화흥행자 흥행 중 연극, 연예 등을 같이 상연할 경우라고 해도 그 흥행시간은 규칙 제43조의 규정에 따라야 한다. 상연시간이 영사시간보다 길 때에는 연극 또는 연예 등의 흥행으로 간주한다. 규칙 제43조 및 앞 2항의 규정은 규칙 ▶37쪽 제43조의 영화흥행자 이외의 영화흥행자에게 이를 적용한다.' 점점 까다로워집니다. 이렇게 규칙은 매우 까다로운 것인데 이 중에 '상연시간이 영사시간보다 길 때에는 연극 또는 연예 등의 흥행으로 간주한다'는 항목이 있습니다. 이는 니치게키 등의 경우 그곳은 영화보다 오히려 레뷰 쪽을 상품으로 하고 있는 극장이며 따라서 이것은 연극흥행이라고 간주되는 것입니다. 그러므로 규칙의 2시간 반보다 긴 경우가 있는 것입니다.

제62조는 '영화흥행에서 영사시간이 2시간에 걸칠 때에는 그동안에 5분간 이상의 휴식시간을 1회 이상 마련해야 한다. 1일 2회 이상의 영화흥행을 행할 경우에는 1회의 흥행 종료 후 10분 이상의 휴식을 행한다. 그렇지 않으면 다음 흥행을 행할 수 없다. 단, 한 흥행 1시간 30분 이내로 하는 것은 5분간 이상으로 할 수 있다. 앞 2항의 휴식시간은 규칙 제43조의 흥행시간에 합하지 않는다.' 이에 따라 알 수 있듯이 앞에서 말한 시간표를 만들 때 휴식시간을 고려해야 합니다. 왜 휴식시간을 두는가 하면 국민의 보건상 너무 긴 시간에 걸쳐 감상하는 것은 위생상 좋지 않기 때문에 이런 제도를 만든 것입니다. 제일 마지막에 '한 흥행 1시간 30분 이내로 하는 것은 5분간 이상으로 할 수 있다'는 것은 1회의 시간이 짧은 경우에는 5분간 정도로 좋을 것이라고 특례를 만든 것입니다. 따라서 뉴스극장과 같은 짧은 경우에는 '5분간 이상'이 적용됩니다.

제63조는 '영화흥행자는 간판, 깃발, 장식 및 그 외의 광고물을 제출하고 또는 배포하려고 할 때에는 관할 경찰서장의 검열을 받아야 한다.' 이것은 영화법 이후 까다로워진 것이며 아까 선전에서 말했듯이 너무 당치도 않게 터무니없는 것을 쓰는 것입니다. 초초특작이라고 초라는 글자를 더 이상 쓸 수 없을 정도로 사용한다든가, 공전의 영화라든가, 터무니없는 것

을 말하니 너무 통제 없이 두면 끝이 없으니 경찰서장의 검열을 받게 한 것입니다. 물론 사상적인 취체도 포함됩니다.

제65조는 '영화흥행자는 흥행장의 입구 또는 걸기 쉬운 장소에 다음 각 호의 사항을 게시해야 한다. 1. 규칙 제46조의 규정에 해당하는 경우에는 14세 미만의 자는 입장할 수 없다는 내용의 표시 2. 관람자가 준수해야 할 사항 3. 각 관람석별 정원 4. 관람료 및 그 외 명의 여하에 관계없이 요금을 받을 때에는 그 요금.' 이 '제43조의 규정에 해당할 경우에는 14세 미만의 자는 입장할 수 없다는 내용의 표시'의 46조는 어떤 것이냐 하면 영화에 일반용과 비일반용이 있습니다. 일반용이라는 것은 어린이나 어른이나 봐도 되는 영화입니다. 비일반용이라는 것은 14세 미만은 보면 안 되는 영화입니다. 그런 영화가 상영될 때에는 '이번 주에는 14세 미만인 분은 입장할 수 없습니다'는 문구를 밖에 걸어두어야 합니다. '관람자가 준수해야 할 항목'이란 장내에서 담배를 피우면 안 된다든가, 무료로 입장하면 안 된다든가, 그런 것이 적혀 있습니다. 그것을 휴게실이나 어딘가에 걸어두는데 여러분이 가시면 어딘가에 반드시 있을 것입니다. 정원도 어딘가에 반드시 걸려 있을 것입니다. 만약 걸려 있지 않다면 영화관의 실수입니다. 요금표도 반드시 내놓게 되어 있습니다.

제67조는 '영화흥행자는 영화흥행 중 다음 각 호의 사항을 준수해야 한다. 1. 정원 외에 관람자를 입장시키지 말 것. 단, 관할 경찰서장에게 보안상 지장이 없다고 인정받은 경우에는 정원 외 입장을 허가하는 일이 있다.' 이것은 '허가하는 일이 있다'고 되어 있는데, 대체로 허가를 받고 있습니다. 일요일이나 공휴일에 영화관에 가서 좌석 이외에 서 있는 사람이 없는 일은 거의 없다고 생각합니다. 때때로 관객을 너무 많이 밀어 넣어서 자주 화를 내게 되는데, 얼마나 밀어 넣어도 좋다는 것은 대체로 정해져 있습니다. 1평 20인이라든가 하는 제한이 있습니다. 그 나머지 것은 읽어주시면 아실 수 있으리라 생각하니 이쯤에서 생략하도록 하겠습니다. 이것으로 영업영출론[111]을 마무리하겠습니다.

감상비판에 대해

다음으로 감상비판은 시간이 없으므로 서둘러 이야기하겠습니다. 몇 번이나 말했듯이 이 세 가지 계통[제작, 배급, 흥행] 외에 감상비판이라는 것이 중요합니다. 흥행을 적어도 질적으로 향상시키기 위해서는 이 부분을 연구하는 일이 남겨진 유일한 길이라고 생각합니다. 이 '제작, 배급, 흥행'은 각각 전문가가 최선을 다해 연구하고 있습니다. 그런데 이쪽 미개척 분야

---

111) 원문은 영업영화론으로 오식되어 있다.

'감상'을 조금 더 연구할 필요가 있지 않나 생각합니다. 이에는 아까 말씀드린 것처럼 관객 좌담회를 개최하여 실제로 관객의 소리를 직접 듣는다거나 혹은 자신이 관객이 된 기분으로 객석 중에 앉아서 반향을 보거나, 방법은 매우 어렵지만 그것을 끝까지 해나가야 한다고 생각합니다. 그렇지 않으면 정말로 바른 사회적 반향이 안 나온다고 생각합니다. 이와 동시에 관객을 좀 더 훈련해가는 것이 필요하다고 생각합니다. 감상도덕입니다. 객석에서 담배를 피거나 큰 사람이 앞에서 모자를 쓰고 있는 일이 많은데 그런 것을 없애기 위해 노력하는 것도 필요하지 않나 생각합니다. 물론 여기에는 종업원 훈련부터 우선 시작돼야 하는데 여기에 하나의 에피소드가 있습니다. 아사쿠사에 후지칸(富士館)이 있습니다. 그곳의 지배인을 하던 미야케 이와오(三宅岩雄)라는 사람은 훨씬 이전부터 종업원 훈련을 매우 엄격하게 하여 그곳의 종업원들은 모범적이라고 지금도 말합니다. 어떤 것을 하냐면, 요컨대 접객법입니다. 접객법을 훈련하는 것입니다. 미야케 씨는 지금 우라와(浦和) 어딘가의 영화관 지배인을 하고 계시다고 하는데 기모노를 입은 여자 손님이 들어오면 안내담당이 스크린을 향해 오른쪽에서 왼쪽 자리로 안내합니다. 여자들이 잘 걸을 수 있게 하기 위한 세심한 배려입니다.

만사 그런 식으로 미야케 씨는 열심히 종업원을 훈련시켰다고 합니다. 아마 지금도 그 전통이 남아 아사쿠사의 후지칸은 종업원들이 뛰어나다는 특징이 있다고 생각합니다. 여러분이 한번 가시면 아실 거라고 생각합니다. 이렇게 해서 감상도덕 비슷한 것을 자연스레 배양해나가는 것이 중요하지 않나 생각합니다.

제5장 결어

이것으로 대략 이야기는 끝냈습니다. 4월 1일 이후 배급통제가 되고 나서 영화의 사회적인 역할이 점점 중대성을 발휘해나가고 있는데 흥행 면에서도 이것을 계기로 보다 잘 발전해가야 한다고 생각합니다. 그리고 영화배급사는 제작과 흥행과 일반 대중과의 사이에서 매우 중요한 역할을 하는데, 우리가 왜 배급만 통제했는가 하면 이곳을 통제하면 이것[제작]에도 연결되고 이것[흥행]에도 연결된다고 하여 우선 통제한 것입니다. 따라서 배급통제의 진의는 제작통제이며 흥행통제이기도 합니다. 그래서 더 나아가 제가 말씀드리자면 이것[감상]의 통제까지도 — 통제라고 하면 어폐가 있는데 여기까지 늘려야 합니다. 그 전제조건으로 흥행통제도 장래에 생각해야 하는 문제라고 생각합니다. 그만큼 흥행은 오늘날 중요한 문제가 되고 있습니다.

1942년 11월 1일 | 화북전영특집, 제64호 | 62~66쪽

일본문화영화 약사
[영화배급사 직원양성소 강연록]

무라 하루오(村治夫)

제가 오늘 말씀드리고 싶은 것은 일본에서의 문화영화에 대한 대략적인 역사적 전망입니다. 우선 문화영화 전사(前史)라고나 할까요, 일본에 영화가 들어와서 만주사변[112] 발발까지 문화영화의 전신인 실사영화, 교육영화, 시사영화 등이 어떤 상태였는지, 또 오늘날의 문화영화의 기초가 어떻게 탄생하여 발달해왔는지에 대한 것을 측면적으로는 독일, 소련, 적국 미국 등의 당시의 상태와 비교 대조하면서 고찰하고, 그다음으로 만주사변에서 지나사변 발발을 거쳐 영화법 제정에 이르기까지의 문화영화의 초기 시대를 잠깐 보고, 더 나아가 영화법 실시 후 대동아전쟁에 이르는 약진 시대를 검토해보도록 하겠습니다. 그리고 대동아전쟁을 계기로 하여 문화영화가 앞으로 어떤 변화 발전을 하고 또 발전해야 할 것인지를 생각해보도록 하겠습니다.

메이지 천황의 오랜 측근으로 일했던 구리하라 고타(栗原廣太) 옹이 쓰신 『메이지의 글(明治の御宇)』이라는 책을 보면 황송하게도 메이지 천황이 활동사진을 보시면서 즐기셨다고 합니다. 메이지 44년 가을에 규슈(九州)에서 거행된 특별대연습어통감(特別大演習御統監)을 위해 순행하던 도중에 다음 목적지인 야마구치현(山口縣) 보후초(防府町)의 숙소에서 11월 9일 밤과 환행(還幸) 때의 16일 밤의 두 번에 걸쳐 요시자와 상점(吉澤商店)에서 영사기를 불러 친히 보셨다고 합니다. 그때의 영화는 요시자와 상점 제작인 〈아오모리현 사메항 연안에서의 동양 포경회사의 포경작업 실황(青森県鮫港沖における東洋捕鯨會社の捕鯨作業の實況)〉[1권]이라는 실사영화와 〈너구리의 7가지 변화(狸の七變化)〉[1권]라는 희극, 그리고 프랑스 파테 제작의 〈아프리카산하의 풍경(アフリカ山河の風景)〉[1권]이라는 실사영화, 이렇게 세 편을 9일 밤에, 16일에는 프랑스 파테 제작의 〈중앙아프리카에서 프랑스 파리까지의 우편체송실황(中央アフリカから佛國パリまでの郵便遞送實況)〉이라는 희극 두 편을 보신 것입니다. 메이지 천황께서는 매우 기뻐하시며 '진기한 것이었다'고 말씀하셨다고 합니다. 야마가타 아리토모(山縣有朋) 공, 가쓰라 타로(桂太郎) 공, 데라우치 마사타케(寺内正毅) 백작, 모리 모토아키라(毛利元昭) 공, 스기마고 사

---

112) 1931년 9월 18일 류탸오후 사건(柳條湖事件, 만철폭파조작사건)으로 시작된 일본의 만주침략전쟁.

부로(杉孫三郎) 자작과 그 외 봉공(供奉)한 궁내대신, 시종무관장 등이 같이 봤는데 매우 흥미 깊게 보셨다고 쓰여 있습니다.

활동사진이 발명된 다음 해인 메이지 29년에, 우연히 활동사진 영사기가 4대 수입됐습니다. 프랑스에서 뤼미에르의 시네마토그래프가 2대, 에디슨의 바이타스코프가 2대였는데, 메이지 30년에는 각각 공개되어 당시로서는 파격적이었으리라 생각하는 1원이나 50전의 입장료로 대만원을 계속했다는 것을 봐도 당시 얼마나 경이적인 눈으로 받아들여졌는지를 잘 알 수 있습니다. 간다(神田) 덴키칸(電氣館)에서 처음 공개될 때의 프로그램을 보면 상영된 사진은 〈에디슨 전기공장 앞의 살수전차 주행의 그림(エヂソン電氣工場前の撒水電車疾行の圖)〉〈세계최대의 폭포 나이아가라의 진경(世界最大の瀑布ナイヤガラの眞景)〉〈뉴욕 실경(紐育實景)〉〈프랑스 여걸 잔다르크의 화형(佛國女傑ジャンダークの火刑)〉〈파리의 광경(パリスの光景)〉〈미국사관학교 생도 기마조련의 그림(米國士官学校生徒騎馬操練の圖)〉〈노도의 장관(怒濤の壯觀)〉〈러시아황제 제관식 광경(露國皇帝戴冠式の光景)〉〈메리여왕 미장취형의 비극(メリー女王美裝就刑の悲劇)〉〈소학생도 운동회(小學生徒運動会)〉〈가금과 집오리를 사육하는 농가의 광경(家禽と家鴨を飼育する農家の光景)〉〈이홍장 뉴욕 출발의 그림(李鴻章紐育出發の圖)〉〈미국절세미인 여배우 플라양 나비의 춤(米國絶美の女優フラー嬢胡蝶の舞)〉[113] 등이라고 적혀 있습니다. 또 프랑스에서 수입된 사진으로는 〈프랑스 용기병의 행군(フランス龍騎兵の行軍)〉〈밀라노의 수영(ミラノの水泳)〉〈세 명의 남자가 맥주거품을 불고 마시는 모습(三人の男がビールの泡を吹いて呑んでゐる様)〉〈런던소방대의 활동상황(ロンドン消防隊の活動狀況)〉 등이 있는데 모두 50자 정도의 짧은 것으로 필름의 처음과 끝을 이어 몇 번이나 회전시켜 보여줬다고 합니다. 아무튼 이들 사진의 제목을 듣고 알 수 있듯이 모두 스펙터클한 움직임을 주로 하는 것이었습니다. 또 진기한 것, 보기 드문 것이 선택됐습니다. 이들 사진에서 영화가 가진 매력이나 그 본질을 명확하게 느낄 수 있었다고 생각합니다.

우리 나라에서 처음으로 영화를 시험제작한 것은 메이지 30년입니다. 프랑스인인 지렐[114]이라는 기사가 시네마토그래프가 수입될 때 같이 왔는데, 풍경의 실사, 간지로(雁治郎),[115] 후쿠스케(福助)[116]의 〈돌다리(石橋)〉 등을 촬영했지만, 현상이 유치했기 때문에 모두 실패했습

---

113) 〈Annabelle Butterfly Dance〉(Edison Manufacturing Company 제작, William K.L. Dickson, 1894)로 추정된다.

114) 프랑수아 콩스탕 지렐(François-Constant Girel, 1873~1952). 뤼미에르 영화사의 기사. 원문에는 주레르(ジュレール)로 표기되어 있다.

115) 나카무라 간지로(中村雁治郎, 1860~1935). 메이지에서 쇼와 초기까지 한 시대를 풍미한 간사이 가부키의 간판스타. 통상 간지로라고 부른다.

니다. 그 후 고베의 부호 미쓰무라 도시모(光村利藻) 씨가 뤼미에르의 촬영기를 사서 기온 게이샤의 〈이타코데지마(潮来出島)〉, 검도, 인력거 인부의 싸움 등을 촬영했지만 대체로 흐릿한 작품밖에 만들어지지 않았고, 그래도 31년 1월에 가부키자(歌舞伎座)에서 당당하게 공개됐습니다. 그 무렵 미쓰코시(三越) 사진부의 시바타 쓰네키치(柴田常吉) 씨가 고니시(小西) 카메라점에서 수입한 프랑스의 고몽식 촬영기[렌즈는 F6·3으로 뤼미에르의 80자 필름을 넣을 수 있었다]를 사서 신바시 게이샤의 〈학과 거북이(鶴亀)〉, 요시초(葭町)[117] 게이샤의 〈갓포레(カッポレ)〉[118]를 찍고 현상을 고니시 상점(小西商店)의 아사노 시로(淺野四郎) 씨가 매우 고민한 끝에 겨우 성공하여 처음으로 명확한 영상이 완성됐습니다. 이를 '일본솔선활동사진(日本率先活動寫眞)'이라 칭하고 32년 6월 가부키자에서 공개했는데 큰 박수를 받았습니다. 이 무렵 빨간 덴구(赤天狗)로 유명한 담배 상인인 이와타니 마쓰헤이(岩谷松平) 씨가 번창(殷盛)하는 긴자를 배경으로 하여 우리 나라에서 처음으로 광고영화를 만들었습니다. 32년에는 요시자와 상점이 가이코인(回向院)[119]의 여름 스모대회를 찍었고 이듬해인 33년에 북청사변(北淸事變)[120]이 발발하자마자 일부러 출장을 가서 북경 연합군 입장식 광경을 촬영했습니다. 이것이 오늘날 뉴스영화의 시작이라고 생각합니다. 오늘날은 극영화, 문화영화, 뉴스영화로 각각의 취급방법, 형식이 명확히 구별되지만 영화 발명 당시에는 지금까지 말씀드렸듯이 이들의 구별이 없었던 것은 물론이고, 움직이는 현실을 앉아서 볼 수 있다는 이유에서 움직이는 것으로 감명을 주는 소재가 선택됐고, 그런 의미에서 결코 의식적이지는 ▶62쪽 않았겠지만 영화의 본질이 명확히 화면에 나타났다고 할 수 있습니다. 그리고 영화의 발명과 동시에 문화영화적 출발이 있었는데 극영화 이전에 문화영화적 맹아가 있었다고도 할 수 있습니다. 그런데 영화는 발명과 동시에 볼거리로서 일반 관중의 기호에 편승한 것이니 소위 말하는 실사영화는 결국 관중들이 질려버려서, 권총강도 시미즈 사다키치(淸水定吉) 체포 장면[121]이라는 시사물로 타락했는데, 이것이 갈

---

116) 후쿠스케는 가부키(歌舞伎) 배우의 명칭이다. 나카무라 후쿠스케(中村福助)라는 이름으로 계승됐지만 메이지에 들어서면서 도쿄와 오사카로 나뉘어 도쿄의 후쿠스케는 나리코마야(成駒屋), 오사카의 후쿠스케는 다카사고야(高砂屋)로 분리됐다. 여기서는 다카사고야 4대 나카무라 후쿠스케(1875~1948)를 말한다.

117) 요시초(葭町)는 현재 니혼바시 닌교초(日本橋人形町)를 말한다. 원래 늪지대였는데 에도 초기에 매립됐고, 1618년 각지에 산재해 있던 유곽을 모아 이 자리에 요시와라(葭町, 요시와라[吉原])를 만들었다.

118) 한자로는 活惚れ. 에도 말기부터 메이지 시대에 걸쳐 유행한, 민간가요에 맞춰 추는 춤을 말한다. 풍자적인 내용으로, 가부키나 라쿠고에서 이를 도입하기도 했다.

119) 도쿄 료코쿠(兩国)에 있는 사찰로 매해 봄과 여름에 공공사회사업 자금조달을 위한 스모대회가 열렸다. 1909년에 가이코인 근처에 국기관(国技館)이 만들어졌고 이후 스모대회는 국기관에서 열리게 된다.

120) 중국 청조 말기(1900)에 일어난 의화단사건을 말한다.

121) 시미즈 사다키치(1837~1887)는 일본 최초의 권총 강도범으로 알려진 메이지 시대의 사형수이다. 그의 이야기는 일본 최초의 극영화인 〈피스톨강도 시미즈 사다키치(ピストル強盗清水定吉)〉(고마다 고요[駒田好洋], 1899)를 시작으로 수차례

채를 받아 돈을 벌기 위해 또 관중을 감동시키려는 기호물이 됐고, 연극 무대의 묘사에서 신파비극, 구극의 이야기 본위의 것으로 변화해간 것입니다. 그 후 요시자와 상점 등은 러일전쟁의 실황으로 큰 성공을 거두었는데, 38년 말 무렵에는 〈로빈슨 크루소(ロビンソン・クルソー)〉 〈크리스트 일대기(キリスト一代記)〉라는 3천 2백 자나 되는, 당시로서는 장편인 이야기영화를 수입했습니다. 일반 대중은 한층 더 극적인 내용을 가진 영화를 요구하게 된 것입니다. 그리고 요시자와 상점은 마침내 우리 나라 최초의 스튜디오를 메구로(目黒) 교닌자카(行人坂)에 세웠고, 요코다상회(橫田商會), M. 파테상회, 후쿠호도(福寶堂)가 이어서 생겨나 초라하기는 했지만 스튜디오를 만들어 본격적인 신파극, 구극의 제작을 시작한 것입니다. 그리고 메이지 45년에는 4개사가 소자본으로 경쟁하는 것의 불리함을 깨달아 일본활동사진주식회사를 결성했습니다. 그 설립취의서(設立趣意書)가 정말 흥미로운 것인데 약간 장문이지만 일부를 인용하자면,

…… 본방(本邦) 활동사진 일이 최근에 많이 발달했지만 그 재료를 정확하게 함부로 다루지 않고, 이를 크게는 국민의 지향하는 바를 향상시키고, 이를 작게는 아동의 고상한 장난감으로 제공하여 풍기교육을 돕고 민의 지혜를 부지불식간에 유발하며, 진정으로 유익한 감흥을 충분히 야기하는 활동사진을 아직 많이 볼 수 없다. …… 교전의 실상을 봐도 이를 군과 전쟁에 관련된 이야기(軍談戰記)로 볼 뿐이었고, 지금은 평온할 시에 활동사진을 보며, 식민지의 사정은 문서나 도서로 개관할 뿐이었는데, 이제야말로 활동사진으로 척식(拓殖)의 업을 실시하는 것을 보여줄 수 있다. 군인이 이를 보고 일대의 활기를 고무시키며 도시에서는 이를 보고 일거에 천리를 개척한다는 큰 뜻을 일으킨다. 다시 말하자면 그 공익 또 크다. 유럽 서방 제국이 이 때문에 상설관을 만들고 주야로 공중의 관람에 제공하여 세상에서 통속대학이라 칭해지는 것도 다를 바가 없다. 백문이 불여일견이다. 읊는 것을 귀로 듣는 것은 천만 마디 말만큼 많지만, 활동사진을 잠깐 보고 그 개요를 터득하는 것과는 비교가 안 된다. 우리들 여기에 모여 일대 회사를 세우고…… 이로써 크게 당세(當世)의 풍교(風敎)에 이익을 주고 국운 발전에 이바지할 것을 희망하는 바이다. 그러나 구미 신진의 사업은 많지만 짧은 시일에 큰 이익을 봄과 동시에 많은 세월에 걸쳐 세상에 이익을 준 점이 많은 것은 이 활동사진에 비할 게 없다. 현재 금리저하인 우리 나라와 달리 프랑스에서 1년에 10할의 배당을 하는 파테형제상회의 일례가 있다. 우리는 무엇보다 한꺼번에 큰 이익을 보고 그만두는 모험자류를 흉내 내지는 않겠지만 활동사진이 세상에

영화로 만들어졌다.

주는 이익이 크고 이와 동시에 그 기업자에게 주는 이윤도 따라서 크다고 생각하여, 여기에 일대 회사를 합성하여 국운의 발전에 이바지하고 아울러 각자의 재물도 불어나기를 바란다. 바라건대 천하에 뜻을 같이하는 자들이 모여 찬동하기를

이라는 것인데, 취의서의 목적은 파테상회처럼 10할의 배당을 하는 유망한 활동사진사업에 투자하도록 역설하고 있는 것으로 그 다른 문구는 형용사에 불과하다고 생각합니다. 그래도 처음에 당시의 풍조를 한탄하여 '그 재료를 정확하게 함부로 다루지 않고…… 풍기교육을 도와 민의 지혜를 저도 모르게 유발하며, 진정으로 유익한 감흥을 충분히 야기하는 활동사진'이 적은 것을 말하고 있는 것은 스스로를 비판하고 있는 것인 만큼 재미가 있으며, 다음으로 활동사진의 장점을 국가목적과 연결해서 쓴 것은 생각건대 훌륭합니다. 이런 태도와 정신을 근본으로 잡고 영화사업이 진행되어왔다면 또 한편에서 정부도 보호지도하여 영화사업을 발전시켜왔다면 현재 영화신체제 등으로 굳이 떠들썩하지 않더라도 좋지 않았을까 하고, 매우 결과론적이고 뻔뻔한 이야기이지만, 생각하게 됩니다. 적어도 문화영화의 발전은 오늘날과 전혀 다른 좋은 방향으로 일찍부터 움직이고 있었지 않을까 하고 생각합니다.

아무튼 메이지 말년에 대동단결하여 '닛카쓰'가 생긴 것은 영화가 사업으로서 일단 궤도에 오른 것을 의미하며, 사업적으로 모험은 하지 않게 됐으며 따라서 실사영화 등은 계속할 수 없게 됐습니다. 자료 부족 때문에 명확한 것은 말할 수 없지만 다이쇼 초기 무렵은 기록영화의 쇠퇴 시대였다고 해도 좋을 것입니다.

이야기는 잠시 극영화의 변천이 중심이 되는데, 그 후 '덴카쓰(天活)'[천연색활동사진회사]가 닛카쓰에 대항하여 설립됐고, 두 회사가 그 패권을 경쟁했는데 제1차 유럽대전이 일어나자 원료를 손에 넣기 힘들어졌고 가격도 앙등했기 때문에 수입도 제작도 극히 곤란해졌습니다. 두 회사 모두 정리축소를 단행하여 궁지를 벗어났습니다. 다이쇼 7년 덴카쓰의 외국부원이었던 가에리야마 노리마사(歸山敎正) 씨가 블루버드영화 등에 자극을 받아, 우리 영화계의 진보가 지체되는 상태에 분개하여 영화예술협회를 조직하고 순영화극운동을 일으켰습니다. 덴카쓰가 이를 원조했기 때문에 일시적으로 큰 주목을 받았고 신파극, 구극에 대한 청량제로서 또 하나의 정화운동으로서 그 후의 영화극에 큰 발자국을 남겼습니다. 다이쇼 8년에는 덴카쓰가 매수하여 곳카쓰[국제활영주식회사]가 성립되어 닛카쓰에 도전했습니다. 당시 우리 재계는 제1차 유럽대전 중의 호황에서 반동기에 들어가 각종 사업은 부진으로 기울고 있었는데, 국민생활 면에서 상층부는 타격을 직접적으로 받았지만 중류 이하는 그렇지도 않았으며, 오히려 일반인들은 대전 중의 호황으로 생활수준이 높아져서 민중오락으로서 이미 큰 지반

을 닦은 영화사업에는 영향이 없어, 재계의 불황에 반비례하여 적극적인 방침을 지속할 수 있었습니다. 이 기운에 편승하여 다이쇼활동사진주식회사[다이카쓰(大活)], 데이코쿠키네마연예회사, 쇼치쿠키네마주식회사, 마키노교육영화제작소 등이 속출한 것입니다. 그 후 쇼치쿠키네마는 다이카쓰, 데이코쿠활동사진회사를 매수하고 닛카쓰는 곳카쓰를 매수하여 쇼치쿠와 닛카쓰 두 회사의 대항 시대가 생겼습니다. 그런데 수년 동안 쇼치쿠는 닛카쓰를 압도하여 업계의 제1위를 자랑하기에 이르렀습니다. 이로부터 일본영화의 전성기가 시작된 것입니다. 그리고 다이쇼 12년 9월 1일의 관동대지진은 제국 도시의 영화사업을 뿌리 채 흔들었는데, 일시적으로 촬영소는 교토로 옮겨졌고 데이키네, 마키노가 다른 이익을 얻어 활약하기 시작했습니다. 또 도아키네마(東亞キネマ)가 설립되어 배우 쟁탈전은 이후의 영화계의 명물이 됐습니다. 한편, 외국영화는 대전 후 미국이 세계시장을 독점하는 형태로 우리 나라도 미국영화전성시대가 나타나기 시작했습니다. 다이쇼 13년 배일이민법(排日移民法)[122]이 미 의회를 통과하자 미국영화의 불매상영을 단행했지만, 이것도 일시적인 것으로 그 후 점점 미국영화가 범람하게 됐고, 일본영화는 부녀자가 보는 저속한 것이라는 불문율조차 생겼으며 외국영화를 보는 것은 인텔리라는 현상을 낳기에 이르렀습니다. 외국영화가 당시의 유행을 지배하고 사상도 좀먹기 시작했고 미영숭배 풍조조차 생기는 동기가 됐다고 할 수 있습니다. 물론 일본영화의 내용도 미국영화의 나쁜 점을 무의식적으로 흡수하고 있었습니다.

이것이 당시 영화계의 상태인데, 한편 선전영화 및 교육영화는 제1차 유럽(歐洲) 대전 후 한동안 두드러지게 제작됐고, 정부 각 관청도 활발하게 이용하기에 이르렀습니다. 당시의 선전영화, 교육영화라고 해도 그 대부분이 극적 요소를 담은 것뿐이며, 특수한 작품으로 실사나 학술적 제재를 다룬 것이었습니다. 체신성에서는 ▶63쪽 저금 및 간이보험 장려, 내무성 사회국에서는 민력함양영화를, 농림성에서는 축산산림업을 위한 선전, 또 각 부현 경찰부에서는 방화선전, 교통선전, 수도선전 등의 영화를 만들었고, 철도성에서는 여행 유치를 목적으로 하여 외국의 기선회사, 호텔업자와 제휴하여 선전을 했습니다. 또 주목할 만한 것은 육군에서 교육용 영화를 만들기 시작한 것입니다. 도쿄 아자부(麻布) 3연대나 후지(富士) 보병35연대에서 처음 시도됐는데, 나중에 교육총감부(敎育總監部)가 적극적으로 이에 나서 영사기를 전국 각 사단에 배치했습니다. 이는 현재까지 계속되고 있습니다. 그리고 다이쇼 13년의 총선거에

---

122) 1924년 7월 1일에 시행된 미국 내 이민에 관한 법률로 정식 명칭은 이민법(Immigration Act of 1924) 혹은 존슨 리드법(Johnson-Read Act)이다. 1890년 인구조사를 기준으로 아시아계의 미국 이민자들을 2% 이내로 제한하는 법인데, 당시 미국 내 아시아 이민자의 대다수를 차지하고 있던 일본계 이민자를 실질적으로 배척하는 내용이 담겨 있어 일본 국내에서는 배일이민법이라고도 한다.

무토 산지(武藤山治)[123]가 영화를 이용하여 새로운 선전을 시도했습니다. 또 민간에서는 노사협조회(勞資協調會), 애국부인회가 선두를 다투어 선전영화를 만들었고 모리나가 캐러멜(森永キャラメル), 라이온치약(ライオン齒磨), 니혼전기(日本電気), 호시제약(星製薬) 등이 선전의 혁신적 방법으로서 선전영화를 만들어 순회영사대를 조직하고 전국을 돌았습니다. 또 종교 방면에서 동서혼간지(東西本願寺), 진언종(眞言宗), 일련종(日蓮宗), 금광교(金光教) 등이 그 포교의 한 수단으로 선전영화를 사용하고 있던 것은 주목할 만합니다. 당시의 호시제약 순회영사대가 쓴 기록을 보면 영사대는 변사 1명, 영사기사 1명, 조수 1명, 악사 5명의 계 8명으로, 영사기는 아쿠메(アクメ) 혹은 데브라이(デブライ)[124] 한 세트였고, 프로그램은 선전영화, 활극, 희극, 만화로 4시간 정도를 보여주는 양이었으며, 입장자는 애용자로 빈 약상자 지참이라든가 판매점이 초대한다든가 하는 방법으로 대체 한 번에 1천 명 정도를 모았다고 합니다. 10반의 영사대가 있고 한 팀을 편성하는데 4, 5천 원의 경비가 들었다고 적혀 있습니다.

한편 교육영화, 선전영화의 제작업자인데, 이는 저한테 자료가 적어서 상세한 것을 말할 수 없는 것이 유감인데, 다이쇼 6년경에 세리카와 마사카즈(芹川政一) 씨가 도쿄시네마상회를 만들었고, 문부성을 비롯한 다른 제 관청의 선전영화를 만들었습니다. 이것이 교육영화, 선전영화의 전문 제작업자로서는 가장 오래된 곳 중 하나라고 생각합니다. 또 러시아인 포로스키(ポロスキー)[125]라는 자가 도요(東洋)필름컴퍼니를 경영하여 실사영화를 제작했습니다. 이외에 다카마쓰 도요지로(高松豊次郎)[126] 씨의 활동사진자료연구회가 있습니다. 그 후 간토대지진의 실사영화를 촬영하고 또 재해를 주제로 한 영화극을 만들어 일약 졸부가 된 소프로덕션이 있습니다. 주요한 것은 간토(関東)에 십수 개사, 간사이(関西)에 10개사 정도인데 이것이 이후 교

---

123) 무토 산지(武藤山治, 1867~1937)는 일본의 방적(紡績) 왕으로 불리는 인물이다. 이런 경영자적 측면 이외에도, 노무관리 사상가, 언론인으로 활동했고, 정치가로서도 유명하여 세 번에 걸쳐 중의원을 역임했다.

124) DeVry 카메라.

125) 원문은 포로스키로 되어 있으나 벤자민 브로드스키(ベンジャミン・プロドスキー)를 지칭한다. 브로드스키에 관한 자세한 자료는 없으나, 영화사가 다나카 준이치로의 기록을 참고할 수 있다. 그에 따르면 브로드스키는 1916년에 요코하마 시내에 작은 스튜디오를 가진 도요필름컴퍼니를 만들었는데 "처음에는 게이샤의 춤이나 풍경 실사 등의 단편을 촬영하고 브로드스키 자신은 이 필름을 가지고 미국으로 건너가 영업을 했다"고 기록한다(다나카 준이치로(田中純一郎), 『비록 일본의 활동사진[秘録 日本の活動写真』, 와이즈출판[ワイズ出版], 2004, 212~215쪽). 그리고 도쿄시네마신샤(東京シネマ新社)의 홈페이지(http://tokyocinema. net/BJ07.htm)에 따르면 도요필름컴퍼니가 1917년에 설립됐다는 기록도 있다.

126) 다카마쓰 도요지로(高松豊次郎, 1872~1952). 메이지법학전문학교에서 법학을 전공한 후 노동운동 관련 르포르타주를 기고하거나 민중예술을 통한 계몽운동에 앞장섰다. 1900년 치안경찰법이 시행되어 노동운동과 정치집회, 결사가 금지되자 영화 순회상영을 했고 1904년에는 대만으로 건너가 영화 순회상영을 하며 이후 대만 영화흥행계의 실력자로 활약했다. 1918년에 일본에 귀국한 후 활동사진자료연구회를 결성했다. 대만에서 만든 영화 〈식민세계사(殖民世界社)〉는 식민지를 경제적으로 개척하는 일본의 식민지정책에 동조하는 영화다.

육영화나 선전영화 제작을 시작하고 있었으니 선전교육영화 제작이 활발해진 것은 지진 후입니다.

당시의 내무성 위생국이 공공단체, 학교에 빌려주는 영화목록을 보면 대체로 당시의 선전영화 내용을 알 수 있다고 생각하므로 일부를 예시해보겠습니다. 〈황태자전하 대람정구시합(東宮殿下臺覽庭球試合)〉〈스케이트(スケート)〉〈신슈 하쿠바등산(信州白馬登山)〉〈스키[니가타현(新潟県) 다카다(高田)]〉〈수영(水泳)[치바현 호쿠조(千葉県北條)]〉〈일본적십자사 하계 임간(日本赤十字社夏季林間) 아동보양소(児童保養所)〉〈신생아 취급[도쿄의과대학교 산과 부인과실]〉〈아동환자의 간호(病児の看護)〉〈아동건강상담소〉〈승마(乘馬)〉〈농촌 보건위생실시 조사상황(農村保険衛生実施調査状況)〉 등이며, 민간영화로 장려한 작품으로는 미야코상회(都商会) 제작 장티푸스 예방 〈불길한 구름이 퍼져(妖雲散じて)〉, 일본필름협회제작, 결핵 예방 〈생명의 창작(生命の創作)〉, 화류병 예방 〈저주받은 생존(呪はしき生存)〉 등. 또 미국에서 수입된 것으로 〈심장과 혈액(心臓と血液)〉〈귀의 구조(耳の構造)〉〈눈의 구조(耳の構造)〉〈탁아선(託児船)〉〈아가와 시골(赤坊と田舎)〉〈조정연습(操艇練習)〉 등이 있습니다. 물론 이상은 보건 위생, 스포츠를 주로 하는 것인데, 경향으로서 현재의 뉴스영화, 문화영화의 형식은 갖추고 있었으리라 예상됩니다. 이들 선전교육영화는 강연회의 여흥으로서 소학교나 공회당 등에서 무료로 공개됐는데, 당시에는 아무리 재미없는 강연회여도 영화를 덧붙이면 반드시 만원이 되는 현상이 있었습니다. 그래서 선전으로서는 영화가 가장 효과적이었던 셈이며, 그것이 내용 본위라기보다도 선전의 목적조차 달성하고 있으면 된다는 안이한 사고로 이런 내용을 그대로 받아들여, 교육 정도가 낮은 업자가 돈벌이를 가장 중요하게 생각하고 저속한 작품을 엉성하게 마구잡이로 만들어냈습니다. 내용을 어떻게 영화적으로 구성해서 효과적 표현으로 관객에게 호소할 것인가를 양심적으로 생각하지 않고 일단 형태만 갖춰져 있으면 된다는 태도로 임시변통적인 일을 한 것입니다. 그것이 현재의 문화영화계에 아직도 영향을 미치고 있습니다. 이는 정부에서 제작하는 입장에 선 사람들에게 확실한 지도성이 없었다는 것도 원인이지만, 공익을 목적으로 하는 선전교육영화를 오락영화와 혼동하여 사익의 대상으로 삼은 벌입니다. 크게 보면 자본도 없고, 설비도 없고, 교양도 없는 소제작업자에만 의존해서 교육, 선전영화가 제작돼왔다는 부분에 근본적인 결함이 있습니다. 또 일본 문화영화의 숙명이 잉태되어 있습니다.

우리 정부가 영화를 활발하게 선전, 교육에 이용하기에 이른 것도 유럽 대전 중에 독일의 영화 이용 등에서 자극을 받아서입니다. 독일에서는 대전 중에 덴마크, 스위스 등의 영화관에서 독일의 연승 결과를 보여줘서 제3국에 그 강대함을 자랑하고 독일 국내에서도 국민의 사

기를 고무하기 위해 의식적이고 계획적으로 영화를 상영했습니다. 이들 영화는 전부 육군성 직속의 영화선전반이 촬영, 편집, 배급을 담당했고, 어떤 경우에는 배우를 양성하기까지 했다고 합니다. 〈신이여 영국을 벌해주소서(神よイギリスを罰したまえ)〉라는 영화를 만들어 프랑스 군대, 특히 세네갈인 흑인병의 참혹상을 찍고, 더 나아가 태평양 지중해 방면의 U보트의 활약, 적의 전함의 침몰 등을 찍었으며 제1선에 3백 이상의 야전상설관을 만들어 전선의 병사들에게 오락을 제공하고 사기를 고무했으며, 당시 아직 제3국이었던 미국에 대해서는 모든 영화선전을 했습니다. 현재에서 보면 어느 나라나 하고 있는 것으로 진기함이 아무것도 없지만, 당시에는 그 어디에서도 하지 않았던 것으로 영화선전전에서는 단연 연합국을 이기고 있었습니다. 이렇게 영화를 국가가 의식적으로 정치적, 경제적, 사회적, 도덕적으로 이용하여 단순한 개인 이익 이외에 공익을 목적으로 하는 것은 획기적입니다. 그리고 대전 후 독일은 재빨리 영화통제를 단행하여 국민교육영화를 인정하고 보호하고 장려하고 있습니다. 이 국가적 배경을 토대로 하여 우파의 문화영화가 생긴 것은 필연적이라고도 할 수 있습니다. 독일의 이른바 문화영화는 니콜라스 카우프만 박사를 중심으로 하여 천문, 지리, 생리위생, 동식물 방면의 화학적인 것을 내용으로 담아 과학적인 관찰력을 영화의 기능에 고도로 이용하여, 예를 들면 미속도, 고속도 촬영이나 그 외 기술을 충분히 구사하여 흥미 깊게 자연현상을 설명하고, 〈미와 힘으로의 길〉〈우주의 경이(宇宙の驚異)〉[127]라는 장편물을 드디어 제작하여 극영화 만능시대에 절대적 성공을 거두었습니다. 여기에 독일은 선견지명이 있었다고도 할 수 있는데, 독일의 국민교육, 특히 과학적 사고력에 얼마나 공헌했는지 이루 다 말할 수 없을 정도입니다. ●

또 소련도 혁명 후 국립영화제작소를 만들어 민중 동원의 가장 강력한 무기로서 영화를 정치에 이용했습니다. 〈투르크시브(トルクシーブ)〉[128]는 그 대표적 작품입니다. 대전 후 프랑스, 독일에서 절대영화, 순수영화 운동이 일어났습니다. 이는 상업주의로는 성에 차지 않는 영화 예술가 그룹이 전후 데카당스한 오락영화가 범람하는 것을 증오하여 영화 자체가 가지는 예술적 특징을 최대한으로 가진 순수예술영화를 제작하는 운동입니다. 이 운동은 주관적이고 어느 면에서 보면 도피적인 작품이며 극영화에는 이렇다 할 영향은 나타나지 않았지만 이후의 문화영화 운동와 연결된 점에서 주목할 만한 현상입니다. 이 운동의 소산으로서 〈시간 외에 아무것도 없다(時の外なにものもなし)〉[129]〈조개껍질과 승려(貝殻と坊主)〉[130]〈베를린 대

---

127) 〈Wunder der Schöpfung〉(Colonna-Film GmbH · Ufa, Hanns Walter Kornblum,1925)
128) 〈Turksib〉(Vostokkino, Victor A. Turin, 1929)

도회 교향악(ベルリン大都会交響楽)〉[131] 〈불가사리(ひとで)〉[132] 등이 있습니다. 또 미국에서는 대전 중의 실황을 국내에 영화로 보도한 것이 큰 성공을 거두어 전후 조금씩 발달하여 세계의 대사건을 ▶64쪽 정리하여 현재의 주보적(週報的) 뉴스영화를 독자적으로 발전시켰습니다. 현재에서 보면 미국의 뉴스영화는 한편으로 첩보적 임무와 정치적으로 미국의 우위성을 보여주는 하나의 수단이었다고 볼 수 있습니다. 이탈리아, 영국 등에서도 이를 따라 각각 영화의 국가적 이용이 현저해졌습니다.

쇼와에 들어와서 도쿄니치니치 오사카마이니치가 신문사의 통신망을 이용하여 특종 기사를 영화로 보도하게 됐습니다. 자사의 선전이라는 견지이기도 했지만, 순회영사조직을 만들어 판매망을 이용하여 대대적으로 시작했습니다. 이에 대항하여 아사히신문도 시작한 것입니다. 처음에는 정기적인 것은 없고 폐하와 황후의 행차(行幸啓),[133] 육해군의 대연습, 대화재, 국가적 행사 등 이런 것이 주요 내용이었는데, 이를 양 사가 경쟁하여 서로 공개했던 것입니다. 쇼와 7년의 로스앤젤레스에서의 올림픽 때에는 촬영반을 보내 촬영한 필름을 모든 방법을 동원하여 하루라도 빨리 내지에 우송하기 위해 양 사의 기술을 다하여, 도착하는 당일 도쿄의 공원 광장에서 공개하는 경쟁을 일부러 했던 것입니다. 수영에 우승했을 때이니 국민들은 환호하며 이 경쟁에 올림픽 이상으로 흥미를 가지게 되어 한층 더 박차가 가해졌습니다. 당시 일본영화도 드디어 토키 초기였는데, 뉴스영화도 아나운스가 들어간 작품이 시작됐습니다. 이것이 만주사변 발발에 따라 뉴스영화의 가치가 절대적인 것이 됐고 국민의 사기를 고무하는 데 크게 도움이 되어 국민도 뉴스영화의 박진감(迫眞力)을 지금에 와서야 인정하고 극영화에서는 볼 수 없는 기록적 가치를 발휘한 것으로 기록영화의 발달은 만주사변을 계기로 새로운 출발을 시작하게 됐습니다. 지금까지 순회영사로만 볼 수 있었고 상설관에서는 전혀 환영받지 못했던 실사영화, 기록영화가 이후 상설관에 상영될 기회가 찾아온 것입니다. 이 무렵 만철영화제작소가 만주사정을 소개하면서 초기 기록영화를 위해 여러 가지 공헌하고 있습니다. 또 국제관광국이 후지산, 게이샤의 소개가 중심이기는 하지만 종래의 실사영화와 비교해서 기술적으로는 훨씬 뛰어난 작품을 만들게 됐습니다. 이렇게 해서 문화영화의 발전 시

---

129) 〈Rien que les Heures〉(Alberto Cavalcanti, 1926)

130) 〈La Coquille et le clergyman(The Seashell and the Clergyman)〉(Délia Film, Germaine Dulac, 1928)

131) 〈Berlin: Die Sinfonie der Großstadt(Berlin: Symphony of a Metropolis)〉(Deutsche Vereins-Film · Les Productions Fox Europa, Walter Ruttmann, 1927). 〈Rien que les Heures〉와 더불어 도시 교향악 영화의 대표작으로 뽑힌다.

132) 〈L'Étoile de Mer(The Starfish)〉(Man Ray, 1928)

133) 천황의 외출(행차)을 행행(行幸, 목적지가 여러 곳일 경우에는 순행[巡幸]), 그 이외 황후, 황태후, 황태자, 황태자비의 행차를 행계(行啓)라고 하는데, 천황과 황후가 같이 외출할 경우에는 이 둘을 합쳐 행행계(行幸啓)라고 한다.

대에 들어가게 됐습니다. 신문사의 뉴스영화는 정기적으로 상설관에서 상영됐고, 쇼와 10, 11년에는 요코하마시네마가 〈바다의 생명선〉[134] 〈북진일본〉의 두 편의 장편기록영화를 만들어 많은 호평을 받았습니다. 극영화만큼 돈벌이가 된다고는 할 수 없지만 영업적으로 충분히 성립한 게 아니었나 하는 생각도 하게 됐습니다. 또 아사히신문사에서 스즈키 시게요시(鈴木重吉)[135] 씨가 〈3월 10일(三月十日)〉[136] 〈이 일전(此一戰)〉[137]을 편집하여 계발선전영화로서의 본보기를 보였습니다. 쇼와 12년에는 도호에서 군함 아시가라(足柄)[138]가 영국황제 제관식에 열석하기 위해 카메라맨을 싣고 기항지의 풍속을 담아 우리 수병의 행동을 기록한 〈노도를 차면서(怒濤を蹴って)〉[139]를 제작하여 갈채를 받았습니다. 당시에는 제작업자는 관청, 민간 제 회사의 주문을 받아 제작한 것이었는데, 이후 자주적으로 제작업자가 제작할 기운이 양성됐고, 한편 만주사변 후 기록영화의 현저한 진출에 따라 정부의 적극적 지도, 보호를 해야 한다는 제창이 민간뿐만 아니라 관청 내에서도 대두되기 시작했습니다. 이 무렵 가장 두드러지게 제작을 했던 곳은 사진화학연구소[P. C. L] 및 요코하마시네마(横シネ), 도쿄시네마(東京シネマ) 등이어서 이전부터의 교육영화 제작업자 이외에도 새롭게 생긴 곳이 꽤 있고 숫자로 세면 50 가까이 됩니다.

지나사변 발발과 동시에 신문사는 재빨리 특파원을 보내 뉴스영화의 진가를 조금씩 높였고, 〈남경〉〈북경〉외에 〈양자강함대(揚子江艦隊)〉[140] 〈전우의 노래(戦友の歌)〉[141]를 당당하게 장편으로 발표했습니다. 또 각 제작업자도 군 지도하에 수많은 사변기록영화를 촬영하기 시작하여, 문화영화계는 여기에서 가장 활동해야 하는 무대를 발견하고 발전 일로를 걷게 됐습니다. 사변 후 얼마 되지 않아 만주국에는 국립영화제작소가 생겼고 계발선전을 위한 문화영화 부문도 극영화와 동등한 대우를 받기에 이르렀습니다. 이렇게 해서 쇼와 13년의 의회에서 영화법이 드디어 통과되어 쇼와 14년의 10월 1일부터 실시하게 됐습니다. 이 영화법은 문

---

134) 〈바다의 생명선〉(산에이샤 배급, 요코하마시네마상회 제작, 아오치 추조, 1933)

135) 한국영화사 기록에는 '스즈키 주키치'라는 독음으로도 알려져 있다. 1931년 이규환 감독이 일본 영화스튜디오인 데이코쿠키네마와 신코키네마에서 스즈키 시게요시의 연출부로 수련한 바 있다.

136) 〈3월 10일 (三月十日)〉(육군성신문반[陸軍省新聞班], 스즈키 시게요시 편집, 3권, 1933)

137) 〈이 일전(此一戰)〉(아사히신문사, 스즈키 시게요시 편집, 3권, 1933)

138) 아시가라(足柄)는 1929년에 제조된 일본해군의 대형 순양함인데, 그 이름은 가나가와현 하코네의 아시가라산에서 따온 것이다.

139) 〈노도를 차면서: 군함 아시가라도구일지(怒濤を蹴って: 軍艦足柄渡欧日誌)〉(도호영화 배급, P. C. L. 영화제작소, 시라이 시게루[白井茂] 촬영, 8권, 1937)

140) 〈양자강함대(揚子江艦隊)〉(도호영화, 기무라 소토지[木村荘十二], 1939)

141) 〈전우의 노래(戦友の歌)〉(도호영화, 마쓰자키 게이지[松崎啓次] 제작, Richard Angst 연출, 1939).

화영화를 위한 입법이라고 해도 과언이 아닐 정도이며 상설관에 문화영화를 지정상영시켰다는 것이 획기적인 것이었습니다. 여기에서 문화영화에 관한 조항을 간단하게 설명하면, 영화법 제15조에 '주무대신은 명령으로 영화흥행자에 대해 국민교육상 유익한 특정 종류의 영화상영을 시킬 수 있다. 행정관청은 명령이 정하는 곳에 따라 특정 영화흥행자에 대해 계발선전상 필요한 영화를 교부하여 기간을 지정하고 그 상영을 행하도록 할 수 있다'는 1조가 있습니다. 그리고 영화법 시행령 중의 제35조에 '영화법 제15조 제1항의 규정에 따라 상영해야 하는 영화는 국민정신의 함양 또는 국민지능의 계배에 이바지할 영화[극영화를 제외한다]로 문부대신이 인정하는 것으로 한다'는 항목이 있습니다. 그래서 법률상 규정한 문화영화란 국민정신의 함양 또는 국민지능의 계배에 이바지하는 것으로, 문부대신의 인정을 받은 것을 말하는 것입니다. 그리고 문화영화 인정의 범위 또는 표준으로 명시된 것에 의하면 문화영화 인정은 일반용 영화라고 인정되는 것으로 문화영화의 인정을 신청한 것에 대해 이를 행하므로 그 경우의 문화영화는 정치, 국방, 교육, 학예, 산업, 보건 등에 관해 국민정신의 함양 또는 국민지능의 계배에 이바지하는 것으로 극영화가 아닌 것이 조건입니다. 그러나 취재의 진실성을 부정할 수 없으니 부분적으로 극적 요소가 있어도 좋습니다. 단, 일관된 지도적 재능을 가지고 내용이 정확하며 영화적 표현이 적정하여 일반 관람자가 이해할 수 있는 정도의 것이어야 합니다.

여기에서 문화영화의 어원적인 것을 조사해보면 문화영화라는 말은 우파의 Ein Ufa Kultur Film의 직역에서 생긴 것이며 쇼와 8년 무렵부터 사용하고 있습니다. 그때까지는 앞에서 말한 것처럼 실사영화, 선전영화, 광고영화, 교육영화, 학술영화 등으로 그 목적에 따라서 불렀습니다. 그러므로 여기에서 말하는 문화는 일반적으로 말하는 문화와 다소 의미가 다른 것인데 보통 일반적으로 말하는 문화의 의미를 해석하면 극영화도 문화영화의 범위에 들어갑니다. 문화영화가 의미하는 것은 The Scientific Educational Film입니다. 이는 영국의『클로즈업』이라는 영화잡지에 Kultur Film의 각주로 붙여진 것인데 문화영화는 이 의미로 사용되고 있습니다. 원래 일본에서는 아까 말씀드린 대로 공식적으로는 인정된 작품만을 문화영화라고 부르는데 두 가지로 사용할 수 있습니다.

영화법이 생김으로써 문부성 내에는 문화영화 인정실이라는 것이 새로 설치되어 내각정보부가 정보국으로 승격하자 제5부 제2과가 영화에 관한 주무관청이 됐습니다. 영화법 실시 직전에는, 과연 영화법에 규정하는 대로 문화영화의 지정상영을 할 수 있는지 어떤지를 문부성이 우려하여 업자를 모아 여러 장려와 독촉을 했는데, 1년 후에는 1년 동안 8백 편, 1일 2편 반이라는 무서울 만한 숫자의 문화영화가 범람하여 그중 약 2할은 인정이 되지 않았는데, 이 엉성하게 제작되고 마구잡이로 만들어지는 것은 놀랄 만한 것이었습니다. 그리고 제작업자가 무려 2백을 넘는 성황을 이뤘습니다. 종래처럼 관청이나 민간회사에서 제작한 선전영화를 가산하면 1천 편 가까운 숫자가 나오는 게 아닌가 싶은데 이 숫자는 ▶65쪽 확실히 세계 제1위, 그것도 제2위와 비교하면 2배가 되는 천문학적 숫자라고 할 수 있을 것입니다. 그 때문에 이후 그 통제가 곤란한 상태입니다. 이 2백의 업자 중에서 표준 이상의 작품을 제작하고 있던 것은, 잘 봐도 2할 정도에 지나지 않으며 나머지 8할은 업자라고는 할 수 없을 정도입니다.

지나사변의 진전과 함께 당연히 사업통제가 일어나서 평화산업인 영화사업은 영화법 규정에 따라 허가제를 적용하여 쇼와 16년 초에 9개사가 공인됐습니다. 이보다 앞서 뉴스영화는 각 신문사가 통합되어 사단법인 니혼영화사를 결성했고 이것이 통제회사의 시작입니다. 그리고 쇼와 16년 8월 미영의 자산동결령을 선언했기 때문에 필름 자재의 부족을 고하고 소위 말하는 영화신체제를 위해 영화계가 재편성되어 현재의 상태가 된 것입니다. 그리고 문화영화계는 '니치에이(日映)'의 확대 강화와 그 외에 문화영화회사를 하나 설립하게 됐는데 새로운 문화영화회사는 1년 이상이 지난 오늘날 여전히 예측할 수 없는 상태에 있습니다. 이것도 문화영화업자가 너무 많아진 것이 원인 중 하나입니다. 또 문화영화를 너무 많이 제작한 결과 영화배급사에서는 여전히 1년 전에 완성한 영화를 소화하지 못한 채로 있습니다. 영화법 실시에 따라 뉴스문화 영화전문관이 50여 관 전국에 만들어졌고 이곳들이 괜찮게 영업할 수 있게 됐습니다.

문화영화를 대체적 경향으로 분류해보면 과학적 경향의 작품과 생활문화적 작품과 지리풍속적 작품과 계발선전적 작품으로 나눌 수 있습니다. 과학적 경향의 작품에는 동식물 관련이 가장 많고 다음으로 기술적인 것과 물리적인 것이 있습니다. 생활문화적 작품이란 조금 막연한데 우리의 최근의 생활에 관한 문제를 다룬 것입니다. 지리풍속적인 작품이란 진기한 토지, 풍속, 민속적인 것입니다. 계발선전적 작품이란 국책의 설명, 국민운동 등을 해설적으로 보여주는 것입니다. 이것이 현재까지의 문화영화가 시도한 작품의 대부분입니다.

그렇다면 앞으로 문화영화는 어떤 방향으로 갈 것인가, 또 가야 하는가인데, 대동아전쟁에 따라 국민이 나가야 할 방향이 명확해졌고, 장기전 태세의 각오도 생겼으므로 국내에서는 국민의 사기를 고무하는 제재가 당연히 선택돼야 할 것입니다. 또 국책 추진을 위한 계몽선전영화가 필요한 것은 두말할 필요도 없습니다. 그러나 문화영화로서 제일 먼저 해야 하는 것은 남방의 점령지, 지나에 대한 일본의 선전이며 계몽입니다. 또 내지 사람들에게 남방의 건설 상황을 보고하는 것입니다. 지금까지 문화영화는 국외에서는 거의 활약하지 못했습니다. 특히 남방에는 일본이 어떤 나라인지 아무것도 알려져 있지 않습니다. 일본의 강함은 충분히 알고 있을 테지만 모든 국력을 보여 앞으로의 건설에 충분한 신뢰를 가지게 함과 동시에 적극적으로 일본을 위해 대동아공영권 건설을 위해 일어서게 해야 합니다. 거기에는 영화를 이기는 무기는 없습니다. 극영화는 아직 다소 시간이 필요하지만 문화영화, 뉴스영화는 점점 더 많이 제작해서 보여주는 것이 필요합니다. 현재도 어느 정도의 효과는 거두고 있지만 아직 소규모입니다. 또 제작 내용에도 더욱더 검토를 더해 일발필중의 효과를 거둬야 합니다. 대동아전쟁이 시작되기까지는 남방 제 지역은 미국의 독점시장이었습니다. 점령 당시 군이 압수한 필름의 재고목록을 봐도 엄청난 양입니다. 그리고 미국이나 네덜란드나 영국은 교묘하게 일본의 실력을 호도하여 자국을 선전 시위(示威)하는 영화로 원주민을 기만하고 있었습니다. 또 우리는 기만하는 기술이나 영화기술에서 그들이 상당한 기술을 가지고 있다는 것을 인정하지 않을 수 없습니다. 그러기에 남방용 영화라는 것은 신중을 기하고 일본의 진정한 뜻을 명확하게 제시해야 합니다. 정보국, 군이 중심이 되어 현재 남방에 대한 영화정책의 근본을 연구하고 있는데 우리들의 임무는 이루 말로 다할 수 없는 중대함을 가지고 있습니다.

다음으로 관객층의 개척이라는 것인데, 영화배급사는 현재 순회영사 일에 꽤 힘을 기울이고 있습니다. 이는 앞으로 더욱더 대규모로 다뤄져야 하는데 상설관은 대체로 수만 이상의 대도회지에 집중되고 있으므로 농산어촌에는 상설관이 전혀 없습니다. 매년 수십억의 관람자가 영화를 본다고 통계에 나와 있는데, 이는 일본의 전 인구가 보는 것이 아니라 소도회지 이상의 상설관에서 동일인이 수회 보는 결과로, 전 인구와 비교하면 상설관에서 보는 인구는 전 인구의 2, 3할에 지나지 않으므로 나머지 7, 8할은 영화를 볼 기회가 거의 없습니다. 이 7, 8할의 인구에게 순회영사가 필요한 것입니다. 이상적으로는 열흘에 한 번은 보여주고 싶습니다. 그러나 현재의 영사기나 필름 자재로는 불가능합니다. 그러므로 어떻게든 한 사람이라도 많은 사람들에게 영화를 보여줄 수 있도록 모든 점을 연구하여 최대 효과를 거두어야 합니다. 공평한 배급은 영화의 경우에도 당연히 요청돼야 합니다. 또한 현재 상설관에서도 관객의 동원 방법이 충분히 연구되고 있다고는 할 수 없습니다. 국민에게 꼭 보여줘야 하는 영화에 대해서는 공개 방법이 더 많이 고찰돼야 한다고 생각합니다. 관객 동원에 대해서는 저에게도 더 구체적인 안이 있는데 시간이 없으니 이 정도로 하겠습니다.

아무튼 대동아전쟁으로 영화의 사명을 또 한 번 충분히 다시 생각하고 제작, 배급, 흥행이 일치하여 국가목적에 맞는 방법을 구체화하고 남방에 대한 정책도 눈앞의 이해에 지배되는 일없이 백년지대계를 세워야 합니다. [완]

1942년 11월 11일 | 제65호 | 15~20쪽

니혼영화사론

쓰무라 히데오(津村秀夫)

1. 지도자는 누구인가

니혼영화사(日本映画社)의 사장은 후로노 이노스케(古野伊之助)[142] 씨이다. 우리 나라의 국책통신기관으로서 독일의 D.N.B,[143] 이탈리아의 스테파니,[144] 소련의 타스[145] 등에 대항하며 일본을 대표하는 동맹통신사 사장인 후루노 씨이다. 후루노 씨의 사람됨은 자세히는 모른다. 그러나 후루노 씨를 만난 인상을 말하면 말 그대로 야인이다. 비범한 풍채를 지닌 현대의 호걸 같은 인물이다. 얼핏 보면 원외단(院外團)의 장정(壯士)[146]이 노숙해진 듯한 느낌도 있다. 예를 들면 이야기 중간에 "자식들"이라는 말이 자주 나온다. 누구를 일컫는 말인가 하면 부하들이나 임원들이나 영화회사의 중역에 대한 것이기도 했다. 후루노 씨의 자식들은 말버릇 같은 것이며 조금도 불쾌하지 않다. 미소를 띤 입가에서 거리낌 없이 이 말이 튀어나오는 것은 오히려 애교가 있다. 활발하게 이야기를 하면서도 유연하고 자연스럽게 동양의 대인의 풍격을 지니고 있다. 불가사의한 매력을 지닌 인물이다.

후루노 씨는 메이지 43년에 와세다대학교 전문부를 중도 퇴학하고, 당시 영국 루터통신사 및 미국 연합통신사의 도쿄지국에서 근무한 것이 시작이다. 다이쇼 3년에 국제통신사[신문연합사의 전신]로 옮겼고 나중에 북경지국장이나 런던지국장을 역임하여 명기자로서 두각을 나타냈다고 한다. 쇼와 6년, 즉 만주사변이 발발한 해에 신문연합의 총지배인이 됐고, 동 12년에 전 사장인 이와나가 유키치(岩永裕吉) 씨가 죽고 그 뒤를 이어서 이 무대에 등장했다.

---

142) 후로노 이노스케(古野伊之助, 1891~1966). 1939년부터 1945년까지 국책통신사인 동맹통신사 사장으로 활동했다.

143) 나치스 독일의 통신사인 Deutsches Nachrichtenbüro의 약자. 1934년 나치는 기존의 TU통신과 볼프콘티넨탈(Wolff-Continental)통신을 DNB통신에 합병시킨다. 개인 주주들이 모여 만든 유한주식회사였다.

144) 1853년 1월 이탈리아에서는 민영통신기관 텔레그라픽 노티치아리오 스테파니(Telegraphic Notiziano Stefani)사가 설립되는데 창립자는 1849년에 베니스에서 토리노로 망명한 굴리엘모 스테파니(Guglielmo Stefani)이다. 무솔리니 통치기에는 파시즘 정권의 최고 선전기관이 됐다.

145) 소련의 국영통신사인 TACC. 1925년 설립되어 기존 소비에트공화국의 각 뉴스통신사들을 포괄했다.

146) 원외단은 2차 세계대전 이전의 일본 정당정치에서, 의회 밖에서 정당 활동을 했던 의원 이외의 당원 및 그 단체를 일컫는다. 주로 낙선의원이나 장정(壯士)이라고 불리던 정치 청년들이 모인 원외단은 당 간부를 호위하거나 선거 시에는 유권자를 동원하기도 했고, 상대편 당의 연설회에서 폭력을 휘두르기도 했다.

후루노 이노스케의 과거는 모두 신문통신사업에 바쳐졌다. 앞으로도 그럴 것이다. 생각해보면 만주사변 이후 지나사변의 시작과 끝을 통해 후루노 씨는 제1선에 있었는데, 지금 또한 대동아전이라는 미증유의 무대를 얻었고 앞으로의 동맹의 통신전, 선전전에서의 중책은 예측할 수 없는 부분이 있다고도 할 수 있다. 루터나 AP, UP를 적으로 하여 점점 치열해져간다.

그러나 그 후루노 씨와 영화사업은 어떤 관계가 있을까. 일본을 대표하는 유일한 국책적 영화제작기관인 '니혼영화사'의 사명도 대동아전과 함께 조금 과장해서 말하자면 세계적인 것이 됐다. 실력은 아직 세계적이기는커녕 대동아적이 되기에도 더 많은 단계를 필요로 하는 것이 현 상황이지만, 아무튼 사명으로서는 세계적 규모가 요구된다.

이런 영화기관의 지도자로서 그의 존재는 어떤 의미를 지니고 있는 것일까. 그가 영화의 전문가가 아닌 것은 명료하지만 니치에이에는 그 외에 실질적 리더가 없는 것도 사실이다. 후루노 이노스케는 통신사업에 그 정력을 쏟아 넣어 매우 다망하여, 니치에이에 대해서는 상무이사들에게 맡겨놓은 것이 현 상황이다. 그럼 니치에이로부터 이 커다란 존재인 후루노 이노스케의 존재를 떼어놓더라도 지장은 없는가 하면 절대로 그렇지도 않다. 니치에이를 둘러싼 무언가 중대한 사건이 일어나면, 정부는 반드시 후루노 이노스케를 상대로 해야만 이야기를 진행시킬 수 있다. 니치에이는 후루노 이노스케의 신용에 의해 유지되고 있으며 오늘날까지 발전해왔다고 해도 좋다.

쇼와 15년 봄에 아사히, 도쿄니치니치 오사카마이니치, 요미우리의 세 신문사의 뉴스영화부가 동맹뉴스영화부로 통합됐고, 사단법인 '니혼뉴스사[나중에 니혼영화사]'를 창설했다. 그리고 보면 동맹이 주체가 된 이상, 동사의 사장이 이 새로운 영화기관의 지도자를 겸무하는 것도 결코 이상하지 않다고 할 수 있는데, 이는 그 후의 경과를 보면 바로 알맞은 사람을 얻었다는 느낌이 든다. 왜 이 영화사업의 아마추어가 '니치에이'의 책임자로 요청됐는가. 그것은 한편으로는 우리 나라의 영화정책의 급전환에 따른 것이라고도 할 수 있다. 한편으로는 그런 만큼 니치에이 책임자가 정치적인 면과 절충하는 것이 빈번해졌기 때문이라고도 할 수 있다. 생각해보면 국책적 영화기관이 만주사변을 계기로 하여, 만약 그 시대에 탄생하고 발생한 것이라면 지나사변 발발에 임해서도 우리 나라는 보다 정비된 체제로 문화전을 전개할 수 있었을 것이다. 당시에는, 뉴스영화제작은 민간의 손에 의해서만 겨우 발달했다. 쇼와 15년에 이를 한꺼번에 통합하여 반관적인 것으로 만들었기 때문에 그 지도자로서 전문가를 요구하는 일도 매우 어려웠다. ▶15쪽 다시 말하자면 이런 인재를 낳고 키울 토대가 아직 없었다고 할 수 있다.

시사영화의 강제상영에서 문화영화의 배급통제 문제 등을 거쳐 쇼와 16년의 영화신체제 발발, 대동아전, 남방영화공작으로 겨우 2년 동안에 니치에이를 중심으로 보더라도 우리 영화계는 큰 전환을 이룸과 동시에 재편성에 수반하는 각종 혼란을 초래했다. 그 발자취를 되돌아보면, 요컨대 영화계와 관계의 절충이 점점 빈번해졌고, 영화사업이 실질적으로 국가관리를 받는 도정이었다고 할 수 있는 것이다. 이런 영화사업계의 질풍노도의 시기에, 그 일각에 후루노 이노스케가 존재했다는 것을 상기하면 이 아마추어가 어떤 의미를 가지고 있었는지도 쉽게 상상할 수 있을 것이다. 하물며 앞으로는 남방영화공작의 전개를 앞두고, 니치에이 및 영화배급사의 대정부 관계는 더욱더 복잡해질 수 있다. 다른 면에서 남방영화공작은 육해군 당국과의 긴밀한 연락하에서만 발전을 꾀해야 하는 것이다. 그렇다면 니치에이의 지도자는 현실적으로 말하자면 영화사업의 전문가라는 자격보다도 우선 그 전에 쉽지 않은 정치적 수완이 요구된다고 해도 좋을 것이다.

영화배급사의 남방국장은 가나자시 에이이치(金指英一) 씨로 결정됐고, 동사의 남방정책은 주로 우에무라(植村) 사장과 가나자시 국장에 의해 앞으로 설계될 것이라고 생각된다. 그러나 앞으로의 남방공작에서는 니치에이와 배급사는 실질적으로 합체해나가야 한다. 그렇기 때문에 특히 영배에 관한 문제로서도 니치에이에 영향을 미치는 곳이 적지 않다는 게 당연하다. 당장 지사의 설치 등은 양 사 공통의 문제이며 재정상 자금 관계상으로도 긴밀한 협력이 필요하다. 남방을 겨냥한 문화영화, 뉴스영화의 기획 및 수출, 이출(移出)에서 또한 그렇다.

이 대사업의 육성에서는, 영배로서는 앞으로 많은 대외적, 대정부적 절충이 상상되기 때문에 우에무라, 가나자시 2명 이외에 후루노 이노스케 사장이 1명 추가되는 것은 적어도 무게를 더하는 것이라고 해도 좋다.

이렇게 생각하면 후루노 이노스케는 이렇듯 오늘날의 니치에이 지도자로서 불가결한 존재다. 그러나 이 일은 동시에 현 상황에서 결코 만족한 것이라고는 할 수 없다. 왜냐하면 후루노 사장의 존재는 그 정치적인 수완에서, 그 통솔자다운 박력에서, 또는 그 인격에서 불가결한 것이다. 그의 지도자로서의 자격은 실무상의 좋은 아내 역할을 담당해줄 이를 얻지 못한다면 만전을 기할 수 없기 때문이다. 그가 영화제작사업 전문가가 아니라는 결점을 보완할 만한 인재를 얻는 것은 보통 일이 아니다. 유감이지만 그의 밑에 있는 수 명의 니치에이 상임이사들 중에는, 이 적격자로서 특히 걸출한 중추적인 인물이 없다. 총명한 그가 이런 약점을 눈치채지 못한 것 같은 무심한 일은 없겠지만, 어찌됐든 오늘날 니치에이의 최대 약점은 여기에 있다고 할 수 있다. 원래 니치에이의 뉴스부는 각 신문사 뉴스반을 모은 집합세대(寄合世帶)였는데, 더군다나 그 문화영화부는 새롭게 도호 문화영화부, 주지야, 후지스튜디오의 각 인원을 흡수하여 막대한 것이 됐다. 이만큼의 인원과 조직을 원만하게 운영하고 그 힘을 결집하는 것은 원래 용이한 것은 아니다. 그리고 오늘날의 니치에이 내부가 어찌됐든 정비된 발걸음을 보여주지 못하고 있는 사정 또한 이를 숨길 수 없게 하는 것이다.

　지도자 후루노 이노스케의 사업에 대한 신조는 항상 '사람'에 있다. 그는 형식적인 것을 결코 존중하지 않는다. 조직이나 제도, 규정 같은 것은 추호도 의도하지 않는다. 그가 현대 일본에 대해 이야기하는 것을 보면 "통제상의 조직이나 규정이나 형식 같은 것은 각종 고심에 고심을 거듭하여 여러 가지로 틀이 만들어지고 있는데, 여전히 활력을 발휘하지 못하는 것은 왜일까. 사람이 없기 때문이다"라고 말한다. 나는 이를 들으면서 미소를 지었다. 내 가슴속에서는 의도하지 않게 니치에이의 내부가 떠올랐기 때문이다. 니치에이의 내부 조직이 어떤 상황인지는 잘 모른다. 그러나 그런 것의 결함이 있다고 하더라도 후루노류의 해석까지 갈 필요도 없이 **그것은 아무래도 좋을 것이다**.[147] 첫째도 둘째도 인물이다. 조직이나 형식은 인간이 창조하는 것이며 혹은 가감 없이 부술 수 있는 것이다. 인간이 조직이나 형식에 흔들리고 조종돼서는 본말전도일 것이다. 그러나 공평하게 봤을 때 일본의 영화사업계는 인재가 모자란다. 이는 니치에이에 한정되지 않고 어느 회사의 지도자를 보더라도 같은 상태이며 오십보백보인 것이다. 과거에 공적이 있던 인물은 있어도 현대의 과도기적 급류에서 중심을 잘 잡을 수 있고 많은 이들을 지도할 수 있는 기량을 지닌 사람은 적다. 그들이 꼭 평범하고 우매한 것이 아니라 시대의 급류가 너무 격심하기 때문이다. 현대 일본의 각 방면에 이런 현상은 나타나고 있지만, 그중에서도 영화계가 두드러지고 있는 것이다.

　단지 장래 니치에이의 운명을 생각하면 여기에서 한 가지 희망적인 점이 있다. 그것은 정작 과거는 모르지만 앞으로의 니치에이는 이미 한 인격을 요구하고 있으니 언제까지나 동맹통신사의 패권 밑에 있지는 않을 것이라는 점이다. 니치에이의 지도자는 어디까지나 후루노 이노스케라는 정치력 있는 인물의 겸무여야 하지만, 단 니치에이 상임이사의 구성은 이 영화국책에 정신(挺身)하는 전임자만으로 만들어져야 할 것이다. 과거의 '니혼뉴스'는 동맹이라는 큰 나무 밑에 보호돼서만 발육됐다. 그렇기 때문에 니혼뉴스사는 사회적 신용도 얻었던 것이다. 그러나 당장 오늘날의 세대와 활동의 규모를 지니기에 이르러서는 오히려 동맹의 패권에서 벗어나는 것이 오히려 동사의 발전에 기여하는 것이 되는 게 아닐까.

　패권이라고 하면 조금 이상할지도 모르지만 동맹계의 상임이사가 2명 있고, 그 권력은 생각 외로 큰 것이다. 가장 큰 이 영단의 전제에서도 역시 인물의 문제가 있다고 할 수 있다. 후루노 사장의 신임을 얻어서 '니혼영화사'에 관한 모든 실무를 통제하고 관리하며 제작, 경

---

147)　원문은 방점이 찍혀 있다. 이하 굵은 글씨는 원문의 방점을 표시한 것이다.

리의 양쪽에 정통한 인재를 얻을 수 있다면, 이 난관을 돌파하는 것도 의외로 자연스럽게 이루어지지 않을까 하고 생각한다. 오늘날의 영화계에도 그런 적격자가 전혀 없는 것은 아니다. 그러나 지금은 그 이름을 거론하는 것은 삼가해야 한다.

종래의 니치에이에는 일종의 침체 기분을 볼 수 있었는데, 이는 반드시 집합세대에 긴밀함이 결여돼서라기보다는 오히려 지도자로서는 세력균형을 꾀해야 했기 때문일 것이다. 동맹계 대(對) 3개 신문사 계통의 사람들에 관해서이다. 미온적인 부분을 미온적인 대로 두지 않으면 위험이 있기 때문이었을 것이다. 카메라맨과 그 외 제1선의 사람들의 융합은 비교적 자연히 성취됐다. 지금 '니치에이 정신'은 대동아전을 계기로 하여 서서히이기는 하지만, 새싹을 틔우고 있다고 해도 좋을 것이다. 단지 사무 계통의 방면에서는 매우 복잡하며, 약간의 대립이 있어 혼연한 결합이 이루어지지 않았다.

어떤 단체든 회사든 진실하게 전통적인 정신을 쌓아올리려면 5년이나 10년으로는 모자라다. 그렇다면 니치에이의 성장은 긴 안목으로 봐야 할 것이다. 그리고 이 대동아전에서의 동사의 사명의 중대함을 생각할 때에는 절박한 국가목적 완수를 위해서는 사사로운 정을 죽이고서라도 어느 정도의 개혁은 필수라고 할 수 있을 것이다.

지금 니치에이의 내면은 **미지근한** 물속에 있으며 아직 끓어오르지 않았다.

2. 뉴스영화의 진전

당국의 남방영화공작 처리대강의 발표에 따라 니치에이는 시사영화, 문화영화의 현지 제작을 담당하게 됐다. 이는 현지에서 제작하고, 또한 남방 각 지방의 중심으로서 원주민을 대상으로 하여 상영할 만한 작품이다. 그리고 이외에 니치에이로서는 내지에서 상영할 만한 〈니혼뉴스〉의 매주 발행이라는 근본 사업도 있으며, 따라서 영화배급사와 함께 남방 각 요지에 지사를 설치하고 영배와 협력하여 활동을 개시하게 됐다. 그 지사는 ▶16쪽 홍콩, 마닐라, 사이공, 방콕, 쇼난토, 양곤,[148] 바타비아,[149] 북보르네오 셀레베스[150]의 각 지역에 설치되어 지사원과 함께 카메라맨이 배속됐다. 그리고 쇼난토에는 따로 남방 총지사를 두게 된다. 지사의 활동이 본격적으로 되는 것은 아마 쇼와 18년도부터일 것이지만 이에 따라 종래에는 두절되

---

148) 미얀마 최대 도시로 정치, 경제활동의 중심지다. 2005년 11월까지 미얀마의 수도였다.

149) 바타비아(Batavia)는 인도네시아의 수도 자카르타의 옛 이름이다.

150) 인도네시아 중부에 있는 술라웨시(Sulawesi) 섬을 말한다. 영국이 인도네시아를 통치하던 시절에는 셀레베스(Celebes) 섬이라고 불렀다.

기 십상이었던 남방 관계의 재료도 어느 정도는 풍족해질 것이다. 오늘날 이후에는 이상적으로 말하자면 〈니혼뉴스〉의 각 넘버는 반드시 남방 관계 뉴스를 두 항목 정도는 수록해야 한다. 이 지령도 본사로부터도 나왔겠지만, 오늘날의 성적에서 보면 아직 철저하지 않은 느낌이 있다. 특히 마닐라 및 홍콩에 관한 재료의 부족함이 눈에 띄며 자바 또한 말하자면 두절되기 십상이었다. 비교적 공부를 하고 있는 것은 양곤의 특파 카메라맨이다. 원래 뉴스 촬영은 날씨 불량 등에도 영향을 받는 곳이 많은데 문제는 내지에서 어떤 뉴스를 요구하고 있는가라는 요점을 상대편이 파악하고 있는지 아닌지 하는 점이다. 이는 꼭 구체적인 건설 쪽 촬영이 아니어도 된다. 홍콩이나 마닐라의 시가 스냅이나 주민의 생활 자태여도 되는 것이다. 우리는 홍콩 함락이나 코레히도르[151] 함락 뉴스를 접한 후에 오랫동안 그 시가의 부흥 모습, 그 생활 묘사에 굶주려 있다. 이들의 시가가 어떤 분위기에 둘러싸여 있는지만이라도 알고 싶은 것이다. ●

중화영화사는 최근에 부흥하는 그 후의 홍콩을 재료로서 기록영화를 제작했다고 한다. 그러나 국민은 그때마다 뉴스영화에서도 단편적인 스냅을 접하고 싶은 것이다. 마닐라에서의 일본인(邦人)의 활동 모습, 다바오 시[152]의 모양 등은 미국, 필리핀 포로의 생활과 함께 우리가 원하는 것이라고 할 수 있다. 포로의 묘사는 싱가폴 함락 후의 뉴스에서 접한 것이 인상적이었고 그 이외에 〈쇼난토 탄생(昭南島誕生)〉[153]에도 많이 나타났다. 그러나 버마나 홍콩, 마닐라, 자바 등의 포로 생활에 이르러서는 거의 볼 수 없었다. 생각해보면 종군 카메라맨 입장에서는 점령 후의 시가 스냅 등은 그다지 관심을 가질 만한 것이 아닐까. 신경이 거칠어지거나 피로가 표출되거나 하는 일도 있을 것이다. 그러나 근본적으로 말하자면 장기간 남방에 주재하게 되어, 내지에서 요구하는 뉴스의 요점을 알 수 없게 된 것이 제일의 약점이라고 생각한다. 그러나 그 뉴스 감각에서 보면 일정한 사건의 묘사가 아니면 착수하지 않게 된다. 그러나 내지의 국민이 원하고 있는 것은 꼭 사건이 아니어도 되는 것이다. 그런 의미에서는 카메라맨의 교대도 필요한 방책이라고 할 수 있다. 현재의 〈니혼뉴스〉는 한 권짜리인데 장기전하의 건설이 활발해진 오늘날에는 매주 한 권만으로는 대동아 전국의 재료를 수용할 수 없는 것이 당연하다. 적어도 월 4회의 〈니혼뉴스〉의 정시호(定時號) 이외에 월 1회 정도는 **〈대동아의 실시간 행진곡(大東亞のマーチ・オブ・タイム)〉**이 임시 발행되는 것이 당연할 것이다.

---

151) Correhidor Island. 필리핀 루손 섬 남쪽 마닐라 만구에 있는 화산섬이다.

152) Davao City.

153) 〈말레 전기·쇼난토 탄생〉을 말한다.

니치에이의 해외국에서는 앞으로는 기획원 수 명을 쇼난토 총지사에 파견해서 현지에서 각종 건설 면을 보도하는 기록영화를 계속 제작하게 됐다. 그러나 이런 기록영화는 착수에서 제작 완성까지 아무래도 수개월을 필요로 하기 때문에, 그와는 별도로 공영권 각 지방의 한 달 동안의 정세를 정리하여 보여주는 대동아뉴스가 요구되는 것이다. 〈니혼뉴스〉는 국내뉴스 이외에 대륙 관계를 풍족하게 하니, 그것만으로 가득 차는 경우가 많다. 전하는 바에 따르면 니치에이에서는 가까운 시일 내에 이런 남방뉴스의 스페셜 넘버를 제작하기 위해 준비 중이라고 하는데, 그 준비에는 올해 말까지를 필요로 하는 게 아닐까. 매주 국내 뉴스가 많을 경우에는, 예를 들면 남방의 재료가 오더라도 사용 불가능할 경우도 있으니 아무래도 대동아뉴스의 특별호가 필요하게 된다. 또한 지사 설치와 함께 꼭 단행해야 하는 것은 동시녹음이다. 예전의 바모 박사(バ・モ博士)[154]의 스피치는 개전 이후의 현지촬영 뉴스로 동시녹음을 한 최초의 것이었다. 그 뒤에서의 노력은 막대한 것이었다고 들었는데, 그러나 동시녹음이 그것뿐이라는 것은 정말 유감이다. 원래 아직도 국내뉴스에 동시녹음이 극히 적은 것 같은데 남방뉴스에서도 또한 '소리'가 없는 뉴스영화로 시종일관하고 있어서는 일본의 뉴스영화의 치욕이라고 할 수 있다. 이것을 단행하기 위해서는 아마 동시녹음 관계요원을 다수 파견해야 하니 그 비용은 결코 적지 않을 것이다. 녹음기를 각 지사에 전부 보급하기에도 기재난이 수반될 것이다. 그러나 아무튼 이 시설은 중추를 이루는 지사만이라도 우선 실시돼야 하는 가을이다.

〈니혼뉴스〉가 개전과 함께 국민의 사기를 고무하고, 보도 임무로 활약한 업적은 진정으로 큰 것이었다. 여기에서 비로소 각 신문사의 뉴스영화를 통일한 의미도 명료하게 떠오르는 것이다. 자재난은 둘째 치고 항공수송 관계에서 말하더라도 뉴스는 일원적이어야 했던 것이다. 니치에이의 종군 카메라맨에서는 두 명의 숭고한 희생자도 나왔는데, 아무튼 대동아전의 전황 촬영은 지리적·풍토적 조건, 그 외는 대륙과 전혀 다르고 따라서 작전상으로도 상이한 점이 있으므로, 일본의 카메라맨으로서는 귀중한 체험을 얻었다고도 할 수 있다. 그만큼 제1선 카메라맨의 목숨을 건 고생은 상상하고도 남는다. 실상 항공촬영 같은 것도, 종래의 지상 폭격 이외에 해전의 체험을 얻은 것은 특필할 만하다.

사실 대동아전 뉴스영화를 계기로 진보하는 우리 나라의 기술은, 우선 이 항공촬영 기술이라고 할 수 있다. 이 땅에도 전황 뉴스에서는 약간의 진보를 보인 것은 확실하다. 예를 들면 〈홍콩 함락(香港陷落)〉〈마닐라 함락(マニラ陷落)〉의 각 호, 및 상해 첩보단 검거 뉴스, 알류산

---

154) 바모 박사는 당시 버마(현 미얀마)의 행정부 장관이었다. 그의 연설 〈일본 국민에게 인사(日本国民に挨拶)〉가 실린 〈니혼 뉴스〉 제113호는 1942년 8월 5일 상영됐다.

작전의 해군육전대 묘사, 혼마(本間) 카메라맨에 의한 메너드의 해군 낙하산부대 작전 묘사, 바탄 총공격의 포복 전진 묘사 등등에 의해서도 그것은 입증됐다. 그러나 내지의 사건 묘사에서는 아직 상투성에서 벗어나지 못한 것은 유감이며, 이것으로는 아직 진실한 진보라고는 할 수 없다. 예를 들면 제1차 및 제2차전 승리 축하 당일의 묘사 및 〈제121호〉[155]에 수록된 중앙협력회의 및 그 외의 묘사를 보아도 그 일단을 충분히 볼 수 있을 것이다. 일반적으로 대동아전 뉴스영화에서는 반주음악의 선곡에 진보가 보여, 이전처럼 아나운스를 방해하는 것 같은, 신경 쓰이는 점이 사라진 것은 단계적 의미가 있다고 할 수 있다. 편집기술 등도 신진의 적절한 활용, 쓰치야(土屋) 편집부장의 지휘 아래 놓이게 되고 나서는 점차 개량되고 있다고 해도 좋을 것이다. 그러나 그 편집기술도 〈제122호〉[156] 등은 양호했지만 〈제121호〉처럼 나열적이고 딱딱하며 기예가 없는 부분도 결코 적지 않았다. 생각해보면 내지의 재료를 촬영한 것이 대부분 좋지 않은 이유 중 하나는 소재의 선택에도 촬영 시 조건에도 제한과 속박이 있기 때문이 아닐까. 1주 1분의 뉴스를 편집하는 데에는 정보국의 의향도 실어야 하는데, 이 또한 정보국에 대해서는 각 부서에서 각종 요구도 나오는 것 같다. 생략할 수 있는 것은 될 수 있는 한 생략한다고 해도 정보국으로서도 각 부서의 체면을 세워야 할 경우도 있을 것이다. 따라서 한 편의 뉴스의 소재 선택, 그 배열 등에 관해서는 모두가 니치에이 당사자의 자유에 맡겨져 있는 것은 아니다. 오히려 상상 이상으로 속박이나 제한이 많다고 해도 좋지 않을까. 여기에 중점주의로 집점(集點)이 확실한 뉴스를 편집하는 것이 어려운 일부 이유도 있는 것처럼 생각된다. 아무튼 〈니혼뉴스〉를 보면 한 편의 시사영화로서 정리가 돼 있고 독창적인 아이디어가 번쩍이는 ▶17쪽 부분이 전체적으로 적은 것은 숨길 수 없는 현상이다. 의리로 찍은 것을 의리로 정렬한 것 같은 소극적 자세가 느껴지는 넘버가 자주 나타나는 것은 유감이다.

그렇다고 해도, 각 항목 간의 이음새나 한 편의 수미를 여는 방법과 닫는 방법 등에 대해서는 적어도 니치에이 당사자로서는 표현상에서 조금 더 기교를 부려야 할 필요가 있다.

장기전 체제에 들어가면서는 드디어 뉴스영화의 편집방침에도 전환이 필요한 것이며, 전황뉴스 및 그 외 국민정신의 진흥에 기여하는 것 같은 묘사와 더불어 그 반면에 될 수 있는 한 국민생활에 윤택함을 줄 수 있도록 신경을 쓰는 방법도 앞으로는 요청될 것이다.

요컨대 앞으로의 편집 간부는 남방의 각 지사의 카메라맨에 대한 지령을 내리고 이를 통

---

155) 〈니혼뉴스 제121호〉는 1942년 9월 29일 공개됐으며 내용은 하늘의 군신, 삼국동맹 체결 2주년을 축하, 제3회 중앙협력회의 등이다.

156) 〈니혼뉴스 제122호〉는 1942년 10월 6일 공개됐는데 내용은 쇼난토에 충혼비 건립, 그리고 포로는 일본의 무사도로 갱생한다, 송화강에 풍만댐 건설 등이다.

제하는 총감독다운 수완도 있어야 하니 그 중책은 상상하고도 남는다.

니치에이는 실제 커터[편집기술자]를 약 10명 데리고 있는데, 이를 통솔하는 것은 쓰치야 히토시(土屋齋) 편집부장이다. 한편 대동아를 무대로 하여 각 주재 카메라맨에게 지령을 발하고 이를 구사하는 것은 마쓰모토 고시로(松本小四郎) 촬영부장의 담당 영역이다. 이와 동시에 이 두 부문을 밀접하게 연결하고 전시하의 뉴스영화 방향을 지도하며 항상 새로운 생명을 창조해 나가는 중책은 이토 야스오(伊東恭雄) 국장의 두 어깨에 달려 있다.

전시하에는 신문, 라디오, 뉴스영화라는 이 세 가지가 국민 정신생활에 미치는 영향은 정말 막대하다. 시시각각의 전국의 움직임에 응해나가는 사회의식 또는 국민의식의 구성에 임해서는 이 세 가지는 민감하게 신경을 써야 한다. 시각과 청각에 호소해야 하는 감각적 수단으로서의 뉴스영화의 창조자는 특히 사회정세의 미묘한 진동을 스스로 체험하며 살아가야 할 것이다. 기술적일 뿐만 아니라 일종의 정치적 책임을 분담하기 때문이다.

3. 문화영화부의 활동

니치에이의 조직은 17년 10월에 이르러서 남방공작 발전을 기회로 약간의 개혁을 행했다. 앞에서 말한 시사영화 제작국[국장, 이토 야스오 이사]과 문화영화 제작국[국장, 호시노 다쓰오 이사], 총무국[국장, 오리하시 게이지(折橋慶治) 이사] 외에 새롭게 해외국이 신설됐다. 국장은 호시노 이사의 겸무이다. 종래의 뉴스, 문화영화, 총무의 3부제가 4국제로 확대됐다.

해외국의 사무로서 당면의 첫 번째 의의는 현지에서 촬영하는 기록영화의 제작 및 내지로부터 수출, 이출하는 문화영화를 제작하는 것이다. 종래 뉴스영화부 해외과에서 취급하던 해외를 지향한 뉴스영화 각 국어판[월 2회 발행]을 어느 국 사업에 귀속시킬 것인가는 민감한 문제다. 이는 미정인데 아무튼 이 해외국은 남방 각 지사가 정비되지 않는 한 전혀 미지수라고 할 수 있다. 이번 재편성에서 형식적 변화를 보인 또 하나는, 총무부 조사과에 속해 있던 지나사변 기록영화의 재료 수집 및 정리 사무가 문화영화국으로 옮겨진 것이다. 조사과장은 호시노 이사의 겸무이고 주로 곤다 야스노스케(權田保之助) 씨가 촉탁으로 이 일의 지도를 담당하여 오늘날까지 진행돼왔는데, 이 부문이 새롭게 문화영화 제작국의 특별과가 되어 '사변기록과(事變記錄課)'라는 명칭이 붙여졌다.

여기에서는 우리 나라에서 최초라고도 할 수 있는 필름라이브러리의 창조에 착수하고 있는데 원래 이 사변기록영화 제작은 정보국의 지령에 의한 것이라고는 하지만 아직 준비단계다. 정보국 촉탁인 다사카 도모타카(田坂具隆), 우치다 도무(內田吐夢)의 두 감독이 이 기록영화의 구성을 담당하도록 되어 있는데 착수는 아마 내년에 될 것이다.

문화영화 제작국은 그 밑에 3부제를 두었는데, 제작부[책임자 다나카 요시쓰구(田中喜次)], 기술부[시라이 시게루(白井茂)], 교육영화부[하이지마 에이지(配島央二)]로 되어 있다. 이 중에서 교육영화부는 아직 활발한 활동을 하고 있지 않다. 그러나 장래는 영화교육법이 국민학교에서 적극적으로 채용되는 시대가 반드시 올 것이니, 만약 국가가 교육영화, 교재영화의 대량 제작에 뜻을 두게 된다면 당분간 이 부의 활동은 중요한 것이 될 것이다.

여기에서는 주로 니치에이의 문화영화 제작 면에 대해서 고찰하도록 하겠다. 니치에이가 창설된 것은 쇼와 15년인데, 문화영화부의 활동 개시는 그보다 조금 더 늦었다. 처음에는 호시노 이사가 뉴스영화 제작을 담당하고 16년도에 문화영화부 창설에 즈음해서 동 씨는 이 부문으로 가고, 뉴스영화 쪽에 이토 이사가 가게 된 것이다.

도호문화 영화부, 주지야, 후지스튜디오의 세 프로덕션 통합 이전에 그 스태프가 주로 구 동맹 영화부의 멤버를 중심으로 했다. 그 시절의 니치에이 문화영화는 조악하고 결코 좋은 성적을 보여주지는 못했다. 문화영화부 또한 대동아전에 의해 활약 무대를 얻었다. 니치에이 문화영화부의 존재를 점차 천하에 알릴 수 있었던 것은 두말할 나위도 없이 17년 여름의 〈말레 전기〉와 〈하늘의 신병(空の新兵)〉[157] 발표에 따른 것이었다. 원래 〈말레 전기〉는 특히 이를 위해 신설된 전기반(戰記班)의 제작에 의한 것이다. 그렇게 해서 〈버마 전기(ビルマ戦記)〉는 구 뉴스영화부에 의해 제작·편집된 것이었다. 이는 양쪽 모두 전기반에서 편집을 통일해야 하는 것이 원칙이었는데, 단 당시의 전기반은 〈말레 전기〉[진격의 기록(進撃の記録)]에 몰두하느라 여유가 없어서, 〈버마 전기〉의 완성을 서둘렀기 때문에 임시적으로 뉴스부의 담당이 된 것이다. 그러나 흥행상의 호흡에서 보더라도 〈버마 전기〉는 조금 더 시일을 둔 후에 발표해야 해서 오히려 원칙대로 전기반에 담당시켜서 적어도 10월 말에 발표해야 했다고 생각한다.

〈버마 전기〉에는 〈버마 전기〉의 장점도 있지만 총체적으로 뉴스부의 제작이라고는 생각할 수 없는 문화영화적인 구상과 신경(神經)이 나타나 있어서[주로 2, 3권], 오히려 전기영화의 성격에 의문을 느끼게 하는 부분이 있었다고 할 수 있다. 역시 장편 기록영화의 편집과 뉴스영화의 편집기술로는 같은 뉴스영화의 재료를 취급해도 방향이 다른 것이다. 아무튼 이 두 작품은 니치에이의 개성을 명확하게 한 것인데 단지 여기에서 문제가 된 것은 문화영화부가 장래에도 전기영화를 제작하게 된다면 여기에 계획성이 요구된다는 것이다. 〈말레 전기〉와 〈버마 전기〉의 경우에는 특수한 사정도 있어서 결코 니치에이만을 추궁할 수는 없다. 그러나

---

157) 〈하늘의 소년병〉(대일본문화영화협회 배급, 게이주쓰영화사 제작, 이노우에 칸, 4권, 1941.4.25)을 말한다.

앞으로의 전기영화에 대해서는 만전의 준비를 필요로 한다. 단적으로 말하자면 단순히 뉴스영화국에서 옮겨온 재료 및 육해군 보도반 카메라맨이 촬영한 재료를 받아서 이를 편집, 구성한다는 것만으로는 충분하지 않다. 니치에이 카메라맨이 현지에서 촬영할 때 이미 뉴스영화만을 위해서가 아니라 장편 전기영화를 위한 전용 재료를 생각해야 한다는 것이다. 그래서 문화영화부 전기반의 구상과 지령이 미리 카메라맨에게 전달돼야 하는 것이다. 그러나 카메라맨은 주로 뉴스영화국 소속이니 이 점에 대해서는 뉴스영화국과도 긴밀한 연락을 사전에 도모해야 하는 것이다. 물론 문화영화국 소속의 카메라맨도 경우에 따라서는 출동해야만 주목적이 철저해질 것이다. 〈말레 전기〉와 〈버마 전기〉는 우리 나라에서 최초의 전기영화라고 해도 좋은데, 그 의미에서는 순수하게 전기영화 형식으로서 점검할 경우 각종 의문이나 불충분한 점은 있어도 아무튼 획기적인 업적이라고 할 수 있는 것이다. 적어도 17년 봄에 〈대동아 격멸전기〉[158]라는 조악하고 치졸한 작품을 편집, 발표하여 일반으로부터 지탄을 받고 국책기관으로서의 경중을 물었던 불명예는 이로써 씻어낼 수 있었다고 할 수 있다.

그러나 이 이상으로 니치에이 문화영화의 가치를 알린 것은 〈하늘의 신병〉이었다. 〈말레 전기〉는 ▶18쪽 단독 프로그램이었고, 〈하늘의 신병〉은 장편만화 〈서유기(西遊記)〉[159]와의 혼합 프로그램이었는데, 이 두 작품은 흥행성적으로 보더라도 극영화를 압도하는 기세를 보여 영화계를 경탄시켰다. 특히 직접 전쟁을 그린 작품은 아닌 〈하늘의 신병〉의 성공은 순수한 의미에서 문화영화의 가치를 수립한 기념할 만한 작품이었다고 할 수 있다. 그 촬영기술은 충분히 17년도의 수확이었고 사상전의 수단으로서 〈하늘의 신병〉이 국민정신에 미치는 영향력도 또한 적지 않은 부분이 있었다.

우리 나라의 문화영화계는 16년 여름부터 과제였던 영화신체제에 따른 통합 문제를 아직도 해결하지 않은 채 1주년을 넘긴 것인데, 연내에 그것이 어떻게 결착될 것인지는 별도로 하더라도 여기에 명확한 것은 장래에는 니치에이 문화영화와 민간 측 프로덕션이 경쟁 상태에 들어간다는 것이다. 민간 측은 매달 3편을 만들고 니치에이는 1편을 만든다는 원칙인데, 이는 군 관계가 위촉한 영화제작이라는 특별한 작품을 고려에 넣으면 반드시 이 수량으로 양쪽이 경쟁하는 것은 아니다. 또한 양적 문제뿐만 아니라 질적 문제에서도 이 양쪽 영역이 꼭 한정되지는 않는다. 다시 말하자면 사실 오늘날까지의 실상으로도 순 민간 프로덕션인 리켄(理研)은 〈승리의 기초(勝利の基礎)〉[160]를 만들었고 예술영화사도 〈바다독수리〉[161]를 만들고

---

158) 자세한 내용은 앞의 106쪽 75번 각주를 참조할 것

159) 〈서유기(西遊記)〉(애니메이션, 중화영화[中華映画], 만뢰명(万籟鳴)·만고섬(万古蟾) 연출, 9권, 1942)

있으니 군사적인 것이 반드시 니치에이의 독점기획이라고는 할 수 없기 때문이다. 단지 장래에 예상되는 니치에이 측의 명료한 성격은 남방 관계의 기록영화 촬영에 우선권을 가지는 것이다. 이는 이미 당국이 지정했고 또 각지에 지사를 가지는 관계상 니치에이가 사실상 유리한 기초에 서 있는 셈이다. 그래서 남방 관계의 실상을 내지에 또는 대륙 방면에 철저하게 하기 위해서 앞으로의 니치에이 문화영화의 사명은 매우 큰 것이 된다. 니치에이는 또 현지에서 제작하고 각 원주민의 계발 및 선무공작에 사용하는 문화영화도 담당하게 되어 있는데 여기에서도 국책적 활동분야가 전개되고 있다.

그래서 여기서 당분간 니치에이 문화영화로서는 우선 이 방면에 전력을 기울여야만 그 성격의 중핵이 구성되는 것이다. 니치에이는 남방에 기초를 지니게 되니 당연히 일본의 국가 정세와 국력을 남방에 선전하고 소개하는 수출, 이출 문화영화 방면에도 뜻을 두어야 할 것이다. 그러나 이는 결코 니치에이뿐만 아니라 민간 프로덕션에서도 당연히 착수할 것이라고 보이며 이미 국제문화진흥회의 위촉으로 구 도호문화 영화부가 만든 시리즈도 나오고 있다. 그 중에는 〈제철(製鐵)〉[162] 같은 가작도 있다. 이 방면에서는 민간 프로덕션 쪽처럼 기량이 꼭 니치에이에 뒤처지지 않는 작품이다. 따라서 니치에이 문화영화의 장래를 생각하면 문화영화 제작국과 해외국의 활동은 거의 일심동체 같은 것이며, 굳이 말하자면 해외와 관계한 제작 쪽에 중점이 옮겨진 것이 당연한 기세라고 해야 할 것이다. 그런 의미에서는 두 국장을 한 사람이 겸하는 것은 오히려 필연적이라고 할 수 있다. 다만 남방 관계는 영화배급사의 남방국과 밀접한 연계 및 합작이 요청되니, 이 방면에 관한 한 영화배급사 가나자시 남방국장의 협력이 필수인 것이다.

니치에이 문화영화부가 이 1년 동안에 착수한 새로운 일로서는 정보국이 감수한 〈여기에서도 싸우고 있다(ここでも戦ってゐる)〉[163] 〈대동아전 서곡(大東亞戰序曲)〉,[164] 그 외 4편의 이른바 계발선전영화인 형식도 있다. 이들은 아직 시작품의 영역을 벗어나지 못하기는 했지만, 아무튼 우리 나라의 영화계에서는 이 방면의 개척이 독일, 소련, 미국, 영국에 비해 현저하게 늦어지고 있으니 이 방면은 전시체제하의 국책기관 니치에이로서는 18년 이후에 예의(銳意) 연

160) 〈승리의 기초〉(영화배급사, 리켄과학영화사, 나카가와 노리오, 5권, 1942)

161) 〈바다독수리〉(영화배급사, 게이주쓰영화사 제작, 이노우에 칸, 4권, 1942)

162) 〈제철(鉄鐵)〉(영화배급사, 도호문화영화부, 국제문화진흥회[國際文化振興会] 원안, 이세 초노스케[伊勢長之助] 구성, 3권, 1942.9.3)

163) 〈여기에서도 싸우고 있다 싸우는 일본 제5집(こゝでも戦つてゐる 戦ふ日本・第5輯)〉(영화배급사, 니혼영화사 제작, 니시테쓰 다이라[西鉄平] 연출, 3권, 1942)

164) 〈대동아건설의 서곡〉(영화배급사, 니혼영화사 제작, 나카노 다카오 구성, 2권, 1942)로 추정된다.

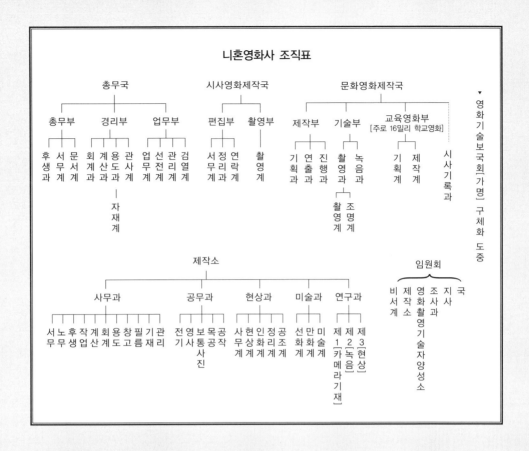

니혼영화사 조직표

구를 축적해야 하는 중요한 과제 중 하나다.

조직으로서의 니치에이 문화영화 제작국의 현 상황은 솔직하게 말하자면 아직 혼돈뿐이다. 그것은 세 프로덕션의 인원을 흡수하고 얼마 전에 후지 스튜디오의 공작소를 새롭게 인수했는데 통제에 조금 부족한 부분이 있다. 여기에서 남방 관계의 영화공작도 신규로 처리하게 되면 강고한 내부조직과 절묘한 인재 운용을 기하기까지는 약간의 시간을 조금 더 가져야 할 것이다.

4. 결론

니치에이가 당국의 의지에 따라 창설한 당초에는, 사실을 말하면 이 사단법인에 영화배급 ▶19쪽 통제 업무도 담당시키려는 구상이 있었다. 즉, 모든 의미에서 일본영화계의 중추적인 기관답게 만들려고 한 것이다. 일시적이기는 하지만 당국의 명령에 따라 문화영화의 배급을 담당시킨 것을 보더라도 명료하다. 그러나 그 후 정세의 추이는 이를 허용하지 않았고 결국 영화배급사가 창립되고 계획은 변경됐다. 이에 대해서는 그 당시 모방 면에 강경한 반대도 있었는데 니치에이는 결국 제작에만 매진하는 성격이 지당하지 않을까. 현재 두 사단법인이 병립하는 상태를 나는 오히려 실상에 근거한 것이라고 생각한다. 니치에이는 그다음에 남양영화협회(南洋映畵協會)의 주식의 대부분을 가져가서 대동아전과 함께 남방영화공작의 응급조치에도 착수했다. 그러나 다시 이 사업도 또한 영화배급사의 영역으로서 니치에이의 사업에서 삭제되게 됐다. 생각하면 니치에이의 운명에도 여러 우여곡절이 있었던 것이다. 남방공작에는 영배와 함께 방패의 양면처럼 제휴 활동을 하게 됐고, 니치에이는 제작주의에 전념하는 것으로 결착됐는데, 여기에서 동요가 컸던 우리 나라(本邦) 영화계의 구도도 일단 정비됐다고 할 수 있다. 결과에서 말하는 것은 아니지만, 그 실력으로 추측하더라도 전력으로 제작주의에 매진하는 쪽이 오히려 니치에이로서는 현명할 것이다.

앞으로는 하나로 연결되어 니치에이를 지도해야 하는 관청의 힘이 일원적으로 되기만을 나는 바란다. 특히 남방공작에서는, 정부에 중추적인 남방영화정책의 심의연구기관이 창설될 것을 바라 마지않는다. 이와 동시에 앞으로의 니치에이의 현안으로서는 우수한 현상소를 획득하는 것이리라. 현재의 후지스튜디오의 설비로는 물론 부족하며 문화영화부는 에이온토키(映音トーキー)의 스튜디오도 사용하고 있고 뉴스 제작에서는 요코하마시네마나 아사히영화(朝日映画)의 현상소의 능력을 차용하고 있는 셈인데, 이 국책영화기관이 아무튼 우수한 전용 현상소를 갖지 못한다는 것은 아무래도 준비 부족이라고 하겠다. [10.8]

1942년 11월 21일 | 제66호 | 39~47쪽

영화배급과 국토계획
[영화배급사 직원양성소 강연록]

영화배급사 아사오 다다요시(淺尾忠義)

1. 영화는 지역적으로 어떻게 배급되고 있었는가!

제가 이야기를 하려는 것은 장래의 영화배급계획에 대해서입니다.

본론에 들어가기 전에 지금까지의 영화배급이 어떻게 이루어지고 있었는지, 또 현재는 어떤지를 잠깐 말씀드릴 필요가 있다고 생각합니다. 그것은 배급조직이나 방법이 아니라 주로 지역적인 입장에서 말씀드리고 싶다고 생각하기 때문입니다.

영화신체제 이전의 배급이라는 것은 아시다시피 각 제작회사가 만든 작품을 각각 자유로운 입장에서 이를 배급하고 있었습니다. 내지에 대해서는 이미 여러분이 아실 거라고 생각되니, 이것이 해외에서는 어땠는지에 대해서 잠깐 말씀드리겠습니다.

우선 만주에서는 각 영화사가 만주영화협회를 통해서 만주에 판매하고 있었습니다. 만영(滿映)은 이 영화를 손에 넣은 후에 만주 전체에 배급하고 있었던 것입니다. 또 화북(華北)에서는 만영이 자신들의 조직 밑에 두고 이에 대해서도 자신들이 획득한 영화를 배급하고 있었습니다. 중화(中華)라든가 또는 남지나(南支)에서는 사변 전까지 배급이라는 것은 거의 실적이 없는 것과 마찬가지였습니다. 일본의 위임통치령인 남양제도(南洋諸島)에서는 간신히 일본인의 손에 의해 너덜너덜해진 영화가 매수되고 거기에 약간의 배급이 이루어지고 있었습니다. 현재의 남방권에 있는 각국에서는 어떤 영화도 배급되지 않았습니다. 또 미합중국에 대해서는 주로 하와이나 또는 캘리포니아라든가, 그 외 태평양에 인접한 곳의 미국 각 주 중에서 일본인이 비교적 많은 곳에 대해서는 일본인의 손에 의해 겨우 간신히 배급되고 있던 상태입니다. 캐나다 혹은 남미 각국에 대해서도 미국에 유출된 영화가 돌고 돌아갔고, 또 그곳의 일본인 손에서 손으로 거의 아무런 질서도 없이 그 영화가 흘러갔으며, 그래서 일본인을 상대로 그 영화가 배급되고 있는 상태였습니다. 그 외의 각국, 세계 각국에서는 일본의 영화는 거의 배급되지 않았습니다. 간신히 〈새로운 땅(新しき土)〉[165]이라든가 그 외 국제 콩쿠르에 출품한 것 같은 영화가 유럽 두세 곳에서 상영되는 정도였으며, 배급 면에서 생각하면 전무라고 해도 좋을 상태였습니다.

그것이 소위 말하는 전쟁 전의 배급 상태였는데, 이 시국에 직면하고 나서 이런 배급 상태가 변했습니다. 즉, 중화에 대해서는 역시 영화정책상 여기에 어떻게든 배급해야 하고 남방권에 대해서도 국가의 정책상 어떻게든 배급을 해야 합니다. 한편, 세계적으로도 일본의 영화가 진출해야 하는데 이 전쟁에 의해 지금까지 겨우 개척돼온 미국 시장도 폐쇄되고 만 셈이어서 이전보다도 시장이 매우 좁아졌습니다. 그러나 여기에 정치적으로도 문화적으로도 영화배급을 국가로서 생각해야 한다는 필연적 정세가 되면서 현재는 중화에 중화전영공사가 생겨서 일본의 영화를 배급하고 있습니다. 또 남방에서는 영배(映配)가 남방국(南方局)을 설치했습니다. 그리고 나서 한동안 일본의 영화배급에 대해서 조직화되려고 하는 정세를 지향하던 참이어서 웅대한 동아권 건설상에서 보면 영화배급계획은 아직 완성되지 않은 채 매우 빈곤한 상태에 있습니다.

2. 배급과 대조되는 영화에 대해서

그런데 지금부터 제가 말씀드리는 것은, 스스로 정리한 어떤 것이 있는 것은 아니고 현재 연구 중인 소재에 지나지 않으니, 여러분과 함께 연구해나갈 생각으로 말씀드리려고 합니다. 또 제 이야기는 하나의 이상이고, 그런 것이 과연 가능할지라는 질문을 받으면 꽤 곤란하다고 답하는 수밖에 방법이 없다고 생각합니다. 그런 생각으로 부디 잘 들어주셨으면 합니다.

(가) 인간생활과 문화생활

그래서 우선 먼저 오락의 본질에 대해서 살펴보는 관계상, 다소 사족이기는 하지만 인간생활에 오락이 왜 필요한지를 서술해보겠습니다.

우선 첫 번째로 인간생활과 그 문화생활에 대해서 생각해보면 여러 가지 인간생활을 분류할 수 있는데, 그러나 자신을 보존해나가는 것과 발전 확대해나간다는 것, 또 종족을 보존해서 발전 확대해간다는 현상이 인간생활의 모든 것이라고 생각합니다. 이 발전 확대라는 면 속에 문화생활이라는 것이 들어가 있다고 저는 생각하고 있습니다. 개인성과 사회성의 두 가지로 대체로 나뉩니다. 이 개인성의 문화생활을 더 나아가서 순수성과 대중성이라는 두 가지

---

165) 〈새로운 땅(新しき土)〉(도와상사[東和商事] 영화부 배급, Dr. Arnold Fanck-Film · J. O. 스튜디오 · 도와상사 G. K. 제작, 아놀드 펑크[アーノルド・ファンク] · 이타미 만사쿠[伊丹万作], 1937)

로 나뉩니다. 이 순수성의 문화생활의 내용은 학문이라든가 예술이라든가 정신이라든가 하는 것으로, 소위 말하는 창조한다는 ▶39쪽 내용을 가지고 있는 것이라고 생각합니다. 그리고 개인성의 순수성에 대한 대중성이라는 방면에서는, 이를 더 나아가 정상(正常)과 특이(特異)의 두 가지로 나눕니다. 정상에는 독서, 회화, 생리 감각 등, 소위 말하는 감상 면에 속하는 것이 이것입니다. 특이 측면에서는 기이, 모험이라는 것이 이 범주에 속한다고 생각합니다. 또 문화생활 중 개인성에 속하는 **사회성**을 역시 두 가지로 나누어 하나를 정상, 하나를 특이라고 합니다. 특이는 지적, 기술적인 소위 말하는 아까 말씀드린 개인성과 그 사회성의 정상적인 것과의 중간에 있는 하나의 측면입니다. 이 순수성 중에는 근린(近隣) 의식의 감상 및 창조성의 일부를 내용으로 하며, 마지막으로 정상의 순수성에 대한 위락성의 측면은 생리 감각, 교환(交歡) 감각, 정조(情操) 등이며 이 생리 감각의 범주에 속하는 것은 하이킹이 혹은 경기라고 하는 것입니다. 교환 감각에 속하는 것은 클럽에 모여 논다든가, 축제에 간다든가, 행사를 치른다든가, 혹은 번화가에서 위락을 찾는다는 것이 그 내용입니다. 정조 중에는 강연을 듣는다든가, 음악을 듣는다든가, 혹은 무대를 본다든가, 영화를 본다든가 하는 것이 이 범주에 속합니다. 대체로 이렇게 나누어보면 인간생활 중에 오락이라는 것은 절대로 필요한 것이며 떼어놓을 수 없는 것이라고 할 수 있습니다.

(나) 문화생활과 오락

그래서 그다음으로 지금까지 말씀드린 인간생활과 문화생활을 더 파헤쳐나가면 문화생활과 오락이라는 하나의 과제가 만들어집니다. 인간이 자신을 보존 발전시키고 나서 종족을 보존 발전시켜나갈 때 그 생활을 즐기면서 기분이 좋아지고 위안을 삼으면서 배우며 그럼으로써 조금씩 잃어가던 몸의 에너지를 보급하고 내일을 향한 생활감정을 고무하여 생활의 균형을 유지하면서, 민중을 감정적, 내적으로 결합해갑니다. 다시 말하자면, 개인의 생활을 그렇게 기분 좋게 만들면서, 더 나아가 사회적으로 이를 연결해가려는 곳에 오락이라는 것이 매우 큰 역할을 합니다. 이것이야말로 오락의 본질의 기능이며 사회성, 적극성의 진수입니다. 이런 기능을 가지고 있다고 해도 쉽게 또 안전하게 영위되는 것은 실로 민중오락이며 그 본질 중에 뿌리내린 부분의 특성이라고밖에 할 수 없습니다. 이런 곳에 오락과 문화생활의 관계가 있다고 생각하는 바입니다.

(다) 앞으로의 오락과 앞으로의 영화

그래서 앞으로 오락과 영화의 관계에 대해서 생각해보려고 합니다. 오락이라고 해도 많이 있는데 제가 일부러 이런 시시한 것을 다루고 있는 것은 왜 영화가 이렇게 중요한 것인가를 인식해두기 위해서 사족을 더하고 있는 참입니다. 그래서 근대생활에서 오락기관 중에 가장 대중적이며 가장 손쉽게 향수할 수 있고 가장 잘 효과를 나타내고 있는 것은 신문, 라디오에 이어서 영화입니다. 따라서 영화의 사명은 매우 중대하다고 할 수 있습니다. 지도에, 계몽에, 교화에, 위락에 가지고 있는 부분의 사명은 진정으로 무겁고 큰 것입니다. 이런 중대한 사명을 가지는 영화가 어떻게 배급돼야 하는가를 생각할 때 우선 배급의 대상이 되는 영화가 어떤 것이어야 하는가를 분류해보는 것도 쓸데없는 일은 아니라고 생각합니다. 첫 번째 국책영화, 이는 보도, 선전, 교화, 지도, 지식보급 등 주로 지성에 호소하는 것이며, 오락적 요소는 부차적입니다. 두 번째는 오락영화, 이는 정조, 예술, 위안 등 주로 감정에 호소하는 것으로 전자의 지성적 요소는 부차적인 것입니다. 이런 국책영화와 오락영화로 크게 두 가지로 나누어 생각해보는 것이 장래의 영화배급계획에 편리하리라고 생각하는 바입니다.

지금까지의 영화는 이른바 자연발생적인 소산이어서 단지 있는 그대로, 제작되고 있는 그대로 배급되며, 국책적인 의도는 아무것도 고려되지 않은 채 소위 말하는 상품으로서 배급되고 있었습니다. 따라서 그 내용은 오락 제일주의이며, 기획은 저열함에 빠져들기 쉬웠으며, 그리고 대중에게 영합한다는 작품이 많았습니다. 그러나 지금 이런 자연발생적인 역사적인 소산이라는 부분의 영화는 그 제작이 허용되지 않습니다. 따라서 배급은 이런 것을 배격해가야 하는 시대를 맞이했습니다. 다시 말하자면 생성발전적 소산으로서의, 소위 말하는 문화재로서의 영화를 만들고 그것을 국가의 의도에 따라 배급해간다는 방향으로 이를 지향해야 하는 시대가 된 것입니다. 제작자, 배급자, 혹은 흥행자에게 과거를 추궁한다는 것은 옳지 않다고 생각합니다. 왜냐하면 일본 정부는 이런 영화에 대해서 어떤 보호나 조장정책을 행하지 않았기 때문입니다. 거의 무관심했습니다. 따라서 제작자들, 혹은 배급자, 흥행자도 독립적으로 자위해갈 때 사익을 추구할 수밖에 없었습니다. 그러나 그것은 지금까지의 것이니 앞으로도 그걸로 된다는 것은 허용되지 않습니다. 정부도 너무 무관심했다는 것을 알고, 영화법을 제정하고 영화의 보호와 조장에 노력하여 오늘날에는 정보국이 중심이 되어 더 나아가 영화 신체제라는 대변혁을 시도하고 있는 상태가 된 것입니다. 따라서 앞으로의 배급대상이 돼야 하는 영화는 지금 말씀드린 국책적인 것 혹은 오락적인 것이어도 그 내용은 국민문화의 향상, 정신생활의 양식이 되는 건전한 것이어야 합니다. 또 동아공영권 내의 일본의 문화적 혹은 선전정책을 위한 하나의 기관이 만든 것이어야 합니다. 그리고 그 내용으로 삼는 부분은 국민영화이며 오락성과 지도성이 융화된 영화이며, 일본인으로서 자부심을 느끼는 또한 민족의 생활적 유쾌함을 느낄 수 있는 국민감정을 높일 수 있는 영화, 국민이 매일매일의 생활의 고투

중에 조금이지만 맛볼 수 있는 위락이 담긴 영화여야 한다고 생각합니다.

3. 생성발전적 소산으로서의 영화의 배급계획은?

장래의 영화배급계획은 어떻게 해야 하는가에 대해서는, 아까도 말씀드린 대로 이것도 아직 연구 중에 있는 것이며 여러분과 함께 연구할 생각으로 말씀드리도록 하겠습니다. 일본의 국가생활은 이 전쟁을 계기로 하여 일대도약을 이루었습니다. 그러나 지금까지의 행보는 아까 말씀드린 영화와 마찬가지로 자연발생적이며 모두 계획적이지 않았다고 할 수 있습니다. 그래서 최근 빈번히 말하는 부분의, 또 정부가 다루어 조금씩 실행에 옮기고 있는 부분의 이른바 국토계획, 이 국토계획이란 장래 일본의 국가생활을 어떻게 해야 하는가를 기초로 하고 있으며 따라서 일본의 국토계획이 세워지고 나서 비로소 동아의 민족이 계획적으로 진보 발전할 수 있는 기초를 만들 수 있는 것입니다. 그런 의미에서 국토계획은 장래 생활의 근간이 되는 것입니다. 따라서 영화의 배급도 이 국토계획에 수반되어 ▶40쪽 행해져야 한다고 하는 것은 당연하다고 생각합니다.

(가) 국토계획과 영화정책계획의 정의

국토계획이란 일본 민족의 생활 유지, 발전, 향상을 위해 국민생활상 및 국방상의 규정(基定)을 이루는 부분의 국토를 가지고 있지만 합리적으로 그리고 효율적으로 이용하기 위해 생산과 인구를 지리적으로 적극적으로 계획하고 배치를 행하는 것을 말하며 영화정책의 배급계획은 국토계획에 수반하여 민족생활의 유지, 발전, 향상을 위해 정조, 위락, 계몽, 지도, 교화적 문화정책을, 영화를 통해 행한다는 측면을 계획화하는 것을 말합니다.

(나) 국토계획의 이념과 영화정책계획의 이념 및 구상

국토계획의 이념과 영화정책계획의 이념, 및 그 구상에 대해서 말씀드리겠습니다.

국토계획을 진행하기 위해서는 그 이념이나 고매함에서 구상하는 부분이 원대하고 활달(闊達)한 것이어야 합니다. 다시 말하자면, 대동아의 각 국가, 각 민족이 각각 그 부분을 손에 넣어 제국을 핵심으로 하는 도의에 근거한 공존공영의 질서를 확립하고, 이로써 커다란 기개와 도량하에 종합적으로 계획을 행합니다. 즉,

1. 서양 문명, 백인 문화를 초극하고, 동아 문명을 새롭게 수립할 목표를 향해 최선을 다한다.

2. 백인의 압제를 배척하고, 동아 민족을 해방하는 목표를 향해 최선을 다한다.

3. 일본은 지도자로서 주로 군사, 정치, 문화적 방면의 역할을 담당한다.

4. 다른 동아 제 국가는 협력자로서 주로 경제적 방면의 역할을 담당한다.

이들을 국토계획의 일차적 이념으로 삼아야 한다고 생각할 수 있기 때문에 영화정책의 계획이념도 국토계획에 수반하여 그 구상도 원대하고 활달한 것이어야 한다고 생각하는 것입니다.

다시 말하자면, 안으로는 국민생활을 정조적으로 풍부하게 하며 위락으로 탄력을 주면서 동시에 국가의 요구에 맞춰 몽매함을 깨우치고 지도하며 교화하는 등의 문화정책의 한 부분을 담당하며, 영화상영이 현재처럼 도시에 편재, 집중되고 있는 것을 피해 농산어촌에 이르기까지 일반적으로 널리 영화가 이용되며, 게다가 그 영화 내용은 구미영화보다 우수할 정도의 것이어야 하도록 계획해야 한다고 생각합니다.

밖으로는 첫 번째 동아공영권 각국에 대해 대동아전쟁의 목적과 이유를 이해시키면서 동시에 일본과 협력하자는 심경에까지 제 민족을 이끌며, 두 번째 또한 일본영화를 통해 모든 동아의 제(諸) 원주민족들이 위락을 얻고 정조를 풍부하게 하는 것, 게다가 일본에 친화하게 됨과 동시에 구미영화를 배제하도록 도모하는 것, 그것을 각 민족에게 적용할 수 있도록 생각해야 합니다. 그리고 더 나아가 장래 크게 전 세계를 향해서도 일본영화의 진출을 꾀할 수 있도록 도모해야 한다고 생각합니다. 그리고 외부를 향해 발전해나가는 부분에서 일본 민족을 위안하고 그 토지에 정착시킬 방법을 영화에서 도모해야 합니다. 이런 사고방식을 국토계획에 순응하는 것이 필요하리라고 생각합니다.

영화를 배급할 때 대체로 이런 표에 따라 생각하는 것이 가장 좋습니다. 직접 배급할 수 있는 것은 일본 본토뿐입니다. 관동주(關東州)는 만주가 다루고 있습니다. 조선은 독립적인 배급회사가 만들어져 있습니다. 대만도 독립적인 배급회사가 만들어져 있습니다. 만주는 독립국가여서 일본이 직접 이곳에 배급할 수 없습니다. 일본에서 건너온 것을 자신의 독자적인 계획에 따라 배급하고 있습니다. 화북이나 중화나 몽골은 독립국가라고 해야 하며 일본의 영화사로는 아무것도 할 수 없지만 일본이 얼마간의 자본을 내고 일본사람이 가서 저쪽 사람들과 공동으로 영화 일을 하고 있는 영화회사가 있어서 이를 통해서 일본영화를 배급하고 있습니다. 그리고 지금 남방에서 획득한 토지를 어떻게 처리할 것인가. 예컨대 홍콩이라든가 말레이 반도는 일본의 영토로 삼게 되니 여기는 영화를 직접 배급합니다. 그러나 독립국가로서 인정하는 인도, 버마, 필리핀에는 어떻게 배급할 것인가. 그 외의 제국에 대해서는 어떻게 해야 할

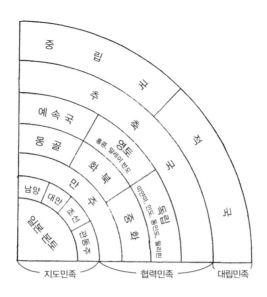

것인가. 이런 부분에 대해서는 일본이 지도적 입장에 있으며 각 민족으로 하여금 일본과 협력해가도록 만들고 그래서 일본이 영화를 통해 이 지역에 적합한 문화정책을 행해가도록 해야 한다고 생각하는데 그러기 위해서는 어떻게 배급해야 하는가. 그리고 독일이라든가 이탈리아라든가 그런 추축국가(樞軸國家)에 대해서도 일본영화가 어떻게 배급돼야 하는가. 그리고 물론 적국에는 일본영화가 가지는 않겠지만 그런 부분에 대해서도 장래의 일을 지금부터 생각해두어야 합니다. 또 물론 중립국은 지금이라도 갈 수 있으니 그런 곳에 대해서도 어떤 생각을 해야 하는가. 이런 많은 문제가 있으며 지금부터 여러분이 이 문제를 해결해나가야 하는 중대한 책임을 가지고 있는 것입니다. 저는 이런 소재를 제군들에게 예시하여 참고로 삼을 뿐입니다. 왜냐하면 이를 구체적으로 서술하면 두 번이나 세 번 이야기를 하더라도 다 못하기 때문입니다.

4. 위락시설의 지역적 분산과 소개(疎開)의 필요

일본의 국토계획이라는 것은 대외적으로는 국경, 해안 지대에 집약된 인구나 산업을 국토의 중앙을 향해 분산 소개하는 것 같은 대륙형이 아니라, 본토에 집약적으로 발달한 인구 및 산업을 해안에 위치한 다른 지역에 분산 소개하여 거기에 하나의 상대적 자급권을 구성하고 발전시켜나가는 해양형입니다. 더 나아가 이것이 국내적으로는 대도시, 중도시, 소도시,

농산어촌의 자연발생적 및 역사적, 발전적 형성에 의한 인구 및 산업의 무질서, 무계획적 상태를 합리적이고 더 나아가 효율적으로 지역적인 배치를 할 필요가 있습니다.

아까 말씀드렸듯이, 일본에서는 무질서하게 자연발생적, 역사적으로 분포되어 있는 인구, 따라서 이에 수반하는 영화관이라는 것은 어떻게 편재되어 있는지를 말씀드리겠습니다.

도쿄부, 가나가와현, 아이치현(愛知縣), 오사카부, 교토부, 후쿠오카현(福岡縣), 효고현(兵庫縣), 이 7개 부현의 총인구가 2550만, 그 외 39개 현 ▶41쪽 4750만이며, 일본의 전체 인구 비율을 보면 아까 말씀드린 7개 부현의 인구는 전체의 3할 5부. 다른 39개 현의 인구는 6할 5부에 상당합니다. 이에 수반되는 영화관, 이른바 흥행장은 아까 말씀드린 7개 부현에는 991개관, 그 외 39개 현이 1074개관, 전체 비율을 보면 7개 현의 흥행장은 48%, 39개 현의 흥행장은 52%에 지나지 않습니다.

더 나아가 이를 6대 도시에 대해서 보면 도쿄, 오사카, 고베, 교토, 나고야, 요코하마 이 6대 도시의 인구가 1440만, 그 외의 도시가 179개로 이것이 1420만, 흥행장이 6대 도시가 644개관의 44%, 그 외 도시가 828개관의 56%, 인구 비율이 6대 도시가 50.5%, 그 외 도시는 49.5%에 지나지 않습니다.

편재되어 있는 현을 들어보면 치바현(千葉縣), 사이타마현(埼玉縣), 시즈오카현(静岡縣), 미에현(三重縣), 나라현(奈良縣), 와카야마현(和歌山縣), 히로시마현(廣島縣), 오카야마현(岡山縣), 야마구치현(山口縣), 가가와현(香川縣), 에히메현(愛媛縣), 아이치현(愛知縣), 도쿄부, 가나가와현, 교토부, 후쿠오카현, 오사카부, 효고현, 대체로 이상의 18개 부현이 가지고 있는 도시는 96개 도시, 도시가 가지고 있는 흥행장은 1072개관, 그리고 이상의 부현이 가지고 있는 흥행장이 1365개관, 이 중에는 도시의 관 수가 포함되어 있는 셈입니다. 다른 28개 현의 도시는 89개 도시, 그 도시가 가지고 있는 흥행장은 4백 개, 부현이 가지고 있는 흥행장 수가 7백 개, 비율을 말씀드리면 18개 부현이 40%, 28개 현이 60%, 도시의 비율은 52%와 48%, 도시의 흥행장 비율은 72%와 28%, 그리고 부현이 가지고 있는 흥행장의 비율이 66%와 34%입니다.

더 나아가 이를 다른 측면에서 보면, 일본 전국의 도시 총인구가 2690만 명, 그가 가지고 있는 흥행장 수가 1472개관, 그리고 7천 5백 명 이상의 마을이 가지고 있는 인구가 1340만 명, 5천 명에서 7천 5백 명까지의 마을이 920만, 5천 명 이하의 마을 인구는 2350만 명, 이들 마을이 가지고 있는 흥행장의 총수는 593개관, 따라서 도시의 흥행장 비율과 마을의 흥행장 비율은 70%와 30%가 됩니다.

지금 말씀드린 숫자에 따라서도 일본의 국토가 얼마나 무질서하게 발전하고 무계획적으로 인구나 생산 및 영화관이 분포되어 있는가를 알 수 있습니다. 다시 말하자면 인구가 편재하고 있습니다. 인구가 편재하기 때문에 흥행장도 편재하고 있습니다. 더군다나 그 편재 상태는 치바 근처에서 후쿠오카 근처까지에 대부분 편재되어 있는 정말 웃지 못할 현상인 것입니다.

아까 말씀드렸듯이 7대 부현의 인구는 다른 39개 현에 대해서 약 3분의 1의 인구를 점유하고 있습니다. 흥행장에서도 거의 절반을 차지하고 있습니다. 그리고 6대 도시와 다른 179개 도시, 이를 합치면 185개 도시, 이는 국세조사의 통계인데 그 후 도시가 늘어나서 194개가 됐습니다. 국세조사에 의한 185개 도시를 표준으로 삼으면 6대 도시가 인구 5할 이상을 차지하고 있습니다. 흥행장이 약 4할 4부를 차지하고 있으니 이 6대 도시가 흥행장의 절반을 차지하고 있다고 해도 과언이 아닙니다. 아까 말씀드린 18개 부현이 약 3분의 2의 흥행장을 독점하고 있습니다. 18개 부현의 도시가 7할 2부이니 4분의 3 가까이 되는 영화관을 독점하고 있는 셈이며 실로 한심해할 만한 상태인 것입니다. 그리고 도시와 마을의 흥행장의 편재라는 것도 아까 말씀드린 대로 도시가 7할의 흥행장, 마을은 겨우 3할 밖에 가지고 있지 않은 이런 상태인 것입니다.

그렇다면 이런 편재된, 또 이 무질서하게 분포된 상태를 어떻게 계획화할 것인가에 대해 여러 가지로 정부에서는 — 영화관에 대해서는 아니지만 — 국토는 현재와 같은 상태로는 안 된다고 하여 여러 가지를 계획하고 고려하고 있습니다. 그렇다면 우선 어떤 상태가 이상적인지 그 이상을 말하자면, 특히 도쿄라든가 오사카라는 대도시를 분산시키고, 그 인구 및 산업을 지방의 이상적 도시로 소개시킵니다. 그 이상적 도시는 대도시를 중심으로 50킬로미터 정도의 구역에 있도록 도모합니다. 이를 거꾸로 말하자면 — 이것은 제 생각이 아니라 선배들이 말하는 것인데 — 가장 이상적인 국가구성은 우선 하나의 마을이 있다고 하면 한 집당 경지면적이 1정보(町步)[166] 반, 여기에 사는 인구는 2천 명을 단위로 합니다. 한 집당 5명이 평균이니 4백 호, 이런 것이 농촌의 가장 이상적인 구성 상태라고 말합니다. 더 나아가 이 마을에서 반경 5킬로미터, 여기에 인구 2만의 마을을 중심으로 하여 그 주위에 이상적으로 구성되는 인구 2천 명의 농촌을 모읍니다. 그리고 그 위에 인구 20만 명의 도시를 만들어 이를 중심으로 하여, 지금 말씀드린 인구 2만 명을 중심으로 하는 지방 구성을 취합합니다. 그리고 정치문화 면에서 필요에 응해 이 중도시[2만 명의 도시] 여러 개의 중심이 될 만한 최대 50만 명의 인구의 대도시를 가지게 합니다. 이것이 가장 이상적인 국가형세의 상태라고 일반적으로 말합니다. 이렇게 일본의 국토를 계획적으로 집중되어 있는 인구를 분산하고 집중되어 있는 산업을 분산하고 인구가 희박한 도호쿠(東北), 호쿠리쿠(北陸), 산인(山陰) 방면으로 소개하여 여기에 지

---

166) 1정보(町步)는 3천 보, 약 9917평방미터를 말한다.

금 말씀드린 이상적인 구성을 한다면 일본 민족이 생활적으로도 국방상으로도 문화적으로도 혜택 받는 생활을 해나갈 수 있게 된다는 것이 일반적인 통설입니다.

그러나 지금 만들어진 도시라든가 혹은 생산기구를 하루아침에 그런 이상을 향해 재편성할 수 있는가 하면, 그것은 꽤 곤란한 일이며 만든다고 해도 시간을 들여 해야 합니다. 따라서 우리가 살아 있는 동안에 그런 이상적인 것이 형성될지는 의문이지만 그런 계획과 목적을 향해 일본의 국토계획이 앞으로 행해져야 합니다. 따라서 영화의 배급도 이에 수반돼나가야 한다고 할 수 있습니다.

현재 중소 상공업의 정리가 이루어지고 있다는 것도, 하나는 도시에 집중된 인구를 소개한다는 목적도 포함되어 있는 것이며, 그런 것의 정리에 의해 도시는 재편성을 행하고 농산어촌은 종래의 개인적 집약적 농경법을 새롭게 통제적, 집단적인 것으로 하며, 더 나아가 기계 및 가축의 힘을 충분히 이용하며 이로써 인구의 재편성을 해야 합니다. 현재 과연 농촌 인구라는 것이 저것으로 적당한지 어떤지, 매우 집약적으로 이루어지고 있는 현재의 농경법은 과연 적당한가 아닌가. 일본의 국토계획에서는 인구의 4할을 농촌에 확보하여 농산어촌을 유지해나가자는 계획을 세우고 있지만, 인구는 매해 증가하는 것이니 4할이라는 계획이 과연 타당한지 어떤지 의문이 듭니다. 지금 말씀드린 것처럼 기계나 가축의 힘을 이용하고 더 나아가 더더욱 집단적 농경법을 채용해간다면 농촌의 일본 인구가 조금 더 정리돼가지 않을까 싶습니다.

그리고 농업과 공업과의 조화를 꾀하여 공장을 분산하고 더 나아가 국내의 중요 자원을 난잡하게 개발시키지 않을 정도에서 일본 내지의 공업을 발달시켜나갑니다. 내지의 고갈된 자원을 개발하고 그리하여 무리하게 공업을 유지시켜나가는 ▶42쪽 방식은 취하지 않는 편이 낫다고 생각합니다. 도시 농촌을 식량 자급 혹은 인적 자원의 양과 질을 보급할 수 있도록 조화를 잘 이루게 하는 것. 그리고 남아도는 인구를 만주라든가 혹은 남양이라든가 남방 제국을 향해 일본의 인구를 소개시켜가는 현재의 일본의 국토계획이 그런 방향을 지향해야 합니다. 따라서 일본의 영화도 이에 수반되도록 지금부터 태세를 정비해야 한다고 생각합니다. 따라서 점점 더 영화배급은 통제를 필요로 하며 또 계획을 필요로 한다는 것을 자연히 생각할 수 있습니다.

5. 내지와 외지의 2대 구분

국토계획의 이념과 영화정책계획의 이념 및 구상 중에 내지에 대한 문제와 외지에 대한 문제가 있습니다.

내지에 대해서는

1. 국민의 정조생활의 충실, 순화, 향상
1. 위락시설의 지역적 분산

외지에 대해서는

1. 동아 민족의 일본에 대한 협력 유도, 친화력 증진
1. 동아 민족에 대한 정조생활에 대한 기여[그것은 각 민족에 적합하도록 도모하는 것을 전제로 한다]
1. 구미문화의 배제
1. 일본문화의 세계적 진출 기도
1. 일본 민족의 외지 발전, 정주를 위한 위락시설

이런 것에 대해서 서술하도록 하겠는데, 이는 물론 간단히 말씀드릴 수 없으니, 단순히 내지의 위락시설의 지역적 분산에 대해서만 말씀드리고, 장래에 또 어떤 기회가 있다면 나머지를 말씀드리도록 하겠습니다.

(가) 영화흥행장의 수량 및 지역적 분포

첫 번째로 영화흥행장의 수량, 두 번째로 영화흥행장의 지역적 분포가 어떻게 돼야 하는지에 대해서 말씀드리도록 하겠습니다.

인간이 항상 부단한 창조발전의 생활을 하는 중에, 오락이라든가 위안이라는 하나의 생활양식을 가지고 있는 이상, 영화의 관객은 해마다 증가해가는 것은 자연의 추세입니다. 그렇다면 이 추세에 순응하여, 영화흥행장의 수량은 어떻게 해야 하는가, 또 이것이 지역적으로 어떻게 분포돼야 하는가라는 점이 국가의 문화정책으로 항상 계획적으로 고려돼야 한다고 생각합니다. 그럼에도 불구하고 이에 관해서는 오늘날까지 정부는 어떤 근본적인 정책을 가지고 있지 않았고, 또 현재도 가지고 있지 않은 게 아닌가 하고 생각하며 굉장히 유감이라고 생각합니다.

영화흥행장의 수량에 대해서 고찰할 때, 우리 나라에서는 흥행장이 1912년에는 149개관

뿐이었던 그것이 1932년, 약 20년 동안 1464개관, 다시 말하자면 10배 가까운 증가율을 보이고 있습니다. 더 나아가 현재는 약 2350개관 이외에 가설극장으로서 영화를 위해 임시로 사용되는 극장이 상당수 있습니다. 이 수치는 과연 일본의 사회적 수요를 만족시키고 있을까요? 또 그것이 포화 상태가 되리라는 것도 진지하게 고려할 필요가 있다고 생각합니다.

당국은 현재 흥행장의 증설을 원칙적으로 인정하지 않고 있습니다. 그것은 전시(時局)하의 물자 관계라든가, 오락의 제한이라든가, 흥행장은 포화 상태에 달성했다는 견해 등에 이 억제방침의 근거가 있다고 생각됩니다.

그러나 이 물자 관계라는 것, 다시 말하자면 건축, 설비, 그 외에 필요한 자재라는 것은, 이것은 전시하에서는 나중에 고려하는 것이라고 생각되더라도 어쩔 수 없다고는 생각하지만, 오락을 억제해야 한다는 사변 당초(當初)의 위정자의 머리는 어떻게 된 건지 하는 생각이 듭니다. 물론 현재는 그것을 반성하여 오락이 전시하에서도 필요하다는 것, 특히 산업상 필요하다고 생각되는 곳에는 증설조차 허용하고 있습니다.

그렇다면 마지막 흥행장이 포화 상태에 달하고 있는지 아닌지를 실제적으로 숫자에 대해서 고찰해보도록 하겠습니다. 일본, 영국, 미국, 프랑스, 독일, 5개국의 영화상설관 수 및 1개관당 인구수, 그리고 인구 1명당 유료관람 횟수를 1932년도의 조사에 대해서 말씀드려보겠습니다. 이 오래된 숫자는 현재 어떻게 되어 있는지에 대한 숫자를 손에 넣지 못하여 어쩔 수 없는 결과이니 옛날 숫자를 그대로 여러분에게 이야기하는 것이며 그런 생각으로 들어주시길 바랍니다.

나라별	상설관 수[개관]	1개관당 인구[명]	인구 1명당 유료관람 횟수
일본	1,464	47,300	3.3회
영국	4,950	9,430	20회
미국	19,311	6,580	26.6회
독일	5,071	12,800	9회
프랑스	3,950	10,006	불명

지금 이 영화사업이 가장 발달한 미국을 표준으로 검토해보면 일본의 영화흥행장이 미국의 영화관에 비해서 7배를 조금 넘는 인구를 보유하고 있는 것을 이 표에서 알 수 있으리라고 생각합니다. 더 나아가 유료관람 횟수를 보면 일본과 비교해서 미국은 실로 8배를 조금 넘습니다. 인구에 비해 일본의 흥행장수가 미국 정도에 다다르기 위해서는 현재보다도 약 8배

증가시켜야 합니다. 다시 말하자면, 일본의 영화흥행장 수가 아직도 증가해야 한다는 또는 그런 가능성이 있다는 것을 나타내고 있습니다.

더 나아가 세계 7대 도시에 대해서 이를 고찰해보겠습니다.

	흥행관 수[개관]	1개관당 인구[명]
뉴욕	580	12,200
도쿄	244	22,000
런던	448	9,000
베를린	420	10,000
시카고	350	9,000
오사카	117	23,000
파리	180	15,000

이렇듯 표에서 보더라도 뉴욕에 비해 도쿄나 오사카는 약 2배의 인구를 하나의 흥행장이 보유하고 있습니다. 런던, 시카고에 비해 약 3배의 인구를 가지고 있습니다. 따라서 일본의 대도시에는 아직 흥행장이 늘어나도 좋다고 할 수 있습니다. 다시 말하면, 도쿄가 뉴욕 그 외 도시와 동일한 정도에 ▶43쪽 다다르려면 현재의 관 수보다도 290개관이 증가해야 한다고도 할 수 있는 것입니다. 최근 도쿄의 숫자는 350개관이니 이를 미리 참고로 말씀드려 놓겠습니다.

그리고 일본의 인구증가에 비해서 흥행장이 어떻게 증가했는가라는 것을 고찰하는 것도 쓸모없는 일은 아니라고 생각합니다.

연대	총인구수[천 명]	흥행장 수[개관]
1920	55,936	472
1925	59,726[1920년에 비해 380만 명 증가]	952[1920년에 비해 480개관 증가]
1930	64,450[1925년에 비해 471만 명 증가]	1,398[1925년에 비해 446개관 증가]
1935	69,254[1930년에 비해 480만 명 증가]	1,824[1930년에 비해 426개관 증가]
1940	72,876[1935년에 비해 387만 명 증가]	2,350[1935년에 비해 526개관 증가]
평균	64,449[1년 평균 증가수 85만 명 증가]	1,175[1년 평균 증가수 94개관]

인구는 매년 이렇게 85만 명이 증가했고 영화흥행장이 매년 94개관이 증가해가니 대체로 인구 1만 명의 증가에 대해 흥행장이 1개관이 약간 넘는 수로 증가하고 있습니다. 그리고 영국, 미국, 독일, 프랑스의 4개국의 평균 1개관당 인구가 1만 명이니 구미 각국의 비율에 다

다르기 위해서는 지금과 같은 증가율로는 도저히 따라갈 수가 없습니다. 따라서 이들 각국의 표준에 다다르기 위해서는 다음과 같은 숫자를 예상해야 합니다.

	추정 인구[천 명]	소요 영화흥행장 수[개관]	매년 소요 영화흥행장 증가수[개관]
5년 후에 달성하기 위해서	77,226	7,700	1,070
10년 후에 달성하기 위해서	81,376	8,100	400
15년 후에 달성하기 위해서	85,626	8,500	400
20년 후에 달성하기 위해서	89,876	8,900	400

위를 현재의 일본에서의 영화흥행장의 매년 증가 수에서 생각하면 많은 거리감이 있으며, 앞으로 갈 길이 요원하기 때문에 20년 후에 구미 각국의 같은 비율로 달성시키기 위해서는, 현재 증가해가는 매년 증가율 94개관의 4배 정도인 400개관씩 증가시켜나가야 합니다. 우리 나라에는 1912년에 149개관의 관이 있었습니다. 그것이 1940년에 2354개관이 됐습니다. 독일에서는 1913년에 2300개관이 있었습니다. 그것이 1936년에 5473개관이 됐습니다. 그리고 영국이 1931년부터 1년에 150개관씩, 프랑스는 1931년부터 1년에 650개관씩 증가하고 있습니다. 세계 각국의 현황 및 일본의 도시 중에서 비교적 관이 많은 도시를 관찰하여 대도시는 물론 소도시, 마을에서도 인구 1만 명에 1개관의 영화흥행장이 존립할 수 있다는 것을 증명하고 있습니다. 물론 여기에는 수용력이라는 것도 고려해서 생각해야 하지만 이 경우 그것은 생략했습니다.

다음으로 1936년의 내지 도시별 영화흥행장의 인구수를 보겠습니다.

도시별	대도시 [70만 명 이상]	중도시 A [15만 명 이상]	중도시 B [5만 명 이상]	소도시 A [2만 명 이상]	소도시 B [2만 명 이하]	그 외 마을
1개관당 인구[명]	24,000	27,000	17,000	12,000	15,000	74,000

이 표로 보면 아까 말씀드린 1만 명에 1개관이라는 표준에서 보더라도, 2만 명에서 5만 명까지의 소도시 A가 가장 표준 숫자에 가깝습니다. 그다음이 중도시 B와 소도시 B, 이것이 표준 숫자에 조금 가깝습니다. 중도시 A라든가 대도시라든가는 아직 더 증가해도 좋으며 그 외 마을에 이르러서는 극장이 거의 없다고 할 수 있습니다. 그러므로 더 많이 증가시켜야 한다는 것을 나타내고 있는 것입니다. 그러나 이 인구는 단순히 그 도시 자체가 가지고 있는 인구이며 실은 영화흥행상 대상이 되는 인구는 그 도시를 포위하고 있는 4킬로미터 정도의 주

위 마을의 인구도 포함해서 생각해야 합니다.

이상의 숫자에 의해 명료해졌듯이 일본의 영화흥행장이 아직 그 수요를 따라가고 있지 않습니다. 따라서 장래에 인구 1만 명 내지 1만 2천 명에 대해서 1개관 정도로 증가시키는 것이 필요하다는 결론에 달하게 됩니다. 특히 극영화관뿐만 아니라 문화영화극장이라든가 혹은 뉴스극장이라든가 하는, 또 장래에는 부녀자나 어린이 전문 영화관이라든가 혹은 특수목적을 지닌 영화관이 증가해야 합니다. 단순히 현재와 같은 극영화를 보여주는 흥행장만 증가시키는 것이 아니라 조금 더 여러 가지 전문적인 또 성별 연령별의 영화흥행장이 증가해야 한다고 생각합니다.

그러나 지금 말씀드린 숫자가 구미 각국과 같은 정도가 되기 위해서는 장래에 이렇게 해야 하리라는 숫자를 가정해서봤을 뿐이며 이 영화흥행장의 증가는 한편으로는 관객의 수적 증가를 포함해야 합니다. 관객이 증가하지 않으면 흥행장이 성립할 수 없습니다. 다시 말하자면, 관객의 확대 증가를 필요로 하는 셈입니다. 이 확대 증가는 국민의 경제력을 강대하게 하는 것, 그리고 문화 정도를 향상시키는 것으로 기대할 수 있습니다. 이와 동시에 영화의 질적 향상이 가장 중대한 요소를 이룬다고 생각합니다. 좋은 영화, 좋은 프로그램의 제공, 그리고 명랑건전하고 미려한 영화흥행장의 새로운 증가는, 건전하지 못하고 유쾌하지 못한 오래된 영화흥행장의 개선을 촉진하여 한 발 한 발 영화관의 개선 진보를 기대할 수 있게 한다고 생각합니다. 그렇다면 이 수량적으로 본 영화흥행장을 어떻게 계획적으로 분포시킬 것인가에 대해서 다음에 서술해보겠습니다.

(나) 영화흥행장의 지역적 분포

영화흥행장의 지역적 분포에 대해서 말씀드리겠습니다. 앞에서 도시가 편재하고 있고 인구가 편재하고 있으며 또 흥행장이 편재하고 있는 것은 이상적 국토 상태가 아니라는 것을 ▶44쪽 말씀드렸습니다. 현재의 상태로는 이들은 모두 무계획적인 자연발생적·역사적 분포 상태라고 해야 합니다. 그래서 이는 새로운 구상과 국가의 백년지대계하에 재편성시키고 소개 분산시켜야 한다고 믿습니다. 따라서 영화흥행장도 이 국토계획에 수반하여 아까 말씀드린 영화흥행장의 수량이 새로운 구상하에 정리되고 분포돼야 한다고 생각합니다. 그렇다면 국토계획에 따른 도시, 산업, 인구의 재편성, 소개(疏開) 계획적 분포의 구체안 여하, 그리고 국토계획에 수반하는 영화흥행장의 재편성, 소개 계획적 분포의 구체안 여하라는 두 가지 명제가 여기에 중대한 문제가 됩니다. 그러나 이는 여기에서 전반적으로 논의할 시간적 여유가 없으니 제군들에게 과해진 근본적 숙제로 연구해주길 바라며 단순히 현실적으로 봐서 도시

마을의 흥행장은 어떻게 분포되어 있는지가 현재 우리 나라의 사정에서 이상적일까 하는 것부터 시간이 허용하는 한 순차적으로 말씀드리겠습니다. 도시마을(都市町村)에서의 영화흥행장 분포는 어떤 숫자가 현상에서는 가장 이상적일지 다음에 이 표준표를 제시해보면

1개관당 인구수	도시마을 인구별	A형	B형	C형	D형	E형	F형
8,000이하	8,000이하					○ 또	는○
15,000이하	8,000이상				○		
15,000이상	15,000이상		○			△	
〃	22,000이상		○		○		
16,000이상	30,000이상	○○ 또	는 ○○				
〃	40,000이상	○○ 또	는 ○○		○		
〃	50,000이상	○○		○○			
17,000이상	60,000이상	○○○		○			
〃	72,000이상	○○○○		○			
〃	85,000이상	○○○○○		○			
18,000이상	110,000이상	○○○○○○		△			
〃	115,000이상	○○○○○		○			
〃	130,000이상	○○○○○ ○○		○			
19,000이상	147,000이상	○○○○○ ○○○		○			
〃	165,000이상	○○○○○ ○○○○		△			
〃	185,000이상	○○○○○ ○○○○○		△			
20,000이상	200,000에서 226,000까지	○○○○○ ○○○○○		○			

A형 전문관에서 매일 밤낮으로 흥행을 행하는 관
B형 전문관에서 평일은 밤에만, 일요일과 휴일에는 밤낮으로 흥행을 행하는 관
C형 연예장과 영화흥행장을 겸하여 매일 밤낮으로 흥행을 행한다
D형 연예와 영화를 겸하며 평일은 밤, 일요일과 휴일은 밤낮
E형 연예와 영화관을 겸하는데, 매일 흥행할 수 없는 곳
F형 가설흥행장
○는 1개관, △은 반관(半館)

이 표에서는 인구 22만 6천까지 나와 있지만 그다음에는 인구 2만 명마다 A형이 1개관씩 늘어납니다. 이는 현재 일본의 경제력과 문화 정도, 현재의 흥행장의 실정에서 생각하여, 실

제적으로 이런 표준이 좋지 않을까라는 표준 수치표입니다.

　현재 일본의 도시는 전국적으로 195곳입니다. 그리고 영화흥행장이 약 1500개관, 이 도시가 국토적으로 볼 때 어떤 분포 상태에 있는지는 앞에서 대체로 설명한 대로입니다. 따라서 그 분포 상태가 그다지 이상적이지 않다는 것을 말할 수 있으니, 이는 장래 국가가 어떻게 계획해서 분산 소개할까는 영화배급 문제에도 중요한 영향을 미치며, 이는 오직 국가에만 맡겨두는 것이 아니라 영화사업상에서도 문화정책상 어떻게 해야 하는가에 대해 지금부터 여러분이 연구해두는 일이 필요하다고 생각합니다. 그러나 여기에서 말할 수 있는 것은 현재 흥행장이 없는 장소에 흥행장을 늘리고 더 나아가 도시에 편중되지 않도록 농산어촌까지 철저하게 꾀하며 그리고 군사상 산업상 중요한 지역을 제일로 고려하여 배급양 및 속도를 계산하며 그래서 국토계획의 지방계획이 구체화됨과 동시에, 이에 수반하도록 꾀해야 하지 않을까 하는 것입니다. 농업 인구를 4할 보유할 것을 기준으로 하여 입지계획이 이루어지고 있으며, 중소상공업자는 정리하여 그 인구의 일부는 대공장으로 흡수시키고, 일부는 대륙이나 신 점령지를 지향하여 소개하고 있는 현상을 충분하게 연구하여 흥행장의 분포를 계획하지 않고, 단지 현재 있는 그대로의 상태를 대조로 배급해나가는 것은 너무 무계획적이라고 하지 않을 수 없습니다.

　따라서 이런 무계획적 배급은 약진하고 있는 또 전체적으로 대개혁이 이루어지고 있는 우리 나라의 실상에 맞지 않는 현재 있는 그대로의 상태에 대해 영화흥행장의 분포의 계획성을 부여하기 위해서 우선 제일 먼저 흥행장이 있는 마을과 없는 마을에 대해서 이야기해보도록 하겠습니다.

　도쿄 관할하의 1부 16현을 조사하면, 흥행장이 있는 마을을 인구별로 보면 인구 1만에서 3만까지는 평균 100%, 인구 1만에서 1만 5천까지는 80%, 8천에서 1만까지의 곳은 57%를 나타냅니다. 이를 시즈오카(静岡), 도치기(栃木), 군마(群馬) 세 현으로 보면, 1만 5천에서 3만까지는 역시 100%, 1만에서 1만 5천까지는 73.5%, 8천에서 1만까지 64%, 5천에서 8천까지 38.2%, 5천 이하는 11%입니다. 오사카, 주부, 규슈, 홋카이도는 정확한 숫자가 없으니, 상당 부분 추정 숫자가 들어가 있으니 양해해주시길 부탁드립니다.

　그렇다면 흥행장이 없는 마을 중에서 어느 정도의 흥행장이 필요한지도 앞에서 말씀드린 것을 참고로 이것도 연구 문제로서 생각해주셨으면 합니다. 흥행장이 없는 마을은 인구 1만 5천에서 3만까지 7곳, 1만에서 1만 5천까지 71, 8천에서 1만인 곳은 152, 5천에서 8천까지는 1026, 5천 이하는 7474, 합계 8730개 마을이라는 개산(槪算) 수치가 나옵니다. 어느 쪽이든지 제가 말씀드리는 숫자는 가능한 한 정확성을 기하려고 노력은 했지만 완전무결한 정확함은 아닙니다.

인구 1만 5천에서 3만까지

	도쿄 관할	오사카 관할	주부(中部)	규슈	홋카이도	합계
마을(町村) 수	54	41	19	55	27	196
흥행장 있는 마을 수	52	40	18	53	26	189
흥행장 없는 마을 수	2	1	1	2	1	7

인구 1만에서 1만 5천까지

	도쿄	오사카	주부	규슈	홋카이도	합계
마을 수	120	50	42	94	43	349
흥행장 있는 마을 수	96	40	33	75	34	278
흥행장 없는 마을 수	24	10	9	19	9	71

▶45쪽

인구 8천에서 1만까지

	도쿄	오사카	주부	규슈	홋카이도	합계
마을 수	138	66	30	86	36	356
흥행장 있는 마을 수	79	37	17	49	22	204
흥행장 없는 마을 수	59	29	13	37	14	152

인구 5천에서 8천까지

	도쿄	오사카	주부	규슈	홋카이도	합계
마을 수	730	331	157	237	69	1,524
흥행장 있는 마을 수	240	108	51	77	22	498
흥행장 없는 마을 수	490	223	106	160	47	1,026

인구 5천 이하

	도쿄	오사카	주부	규슈	홋카이도	합계
마을 수	3,317	2,840	1,213	950	77	8,397
흥행장 있는 마을 수	365	312	133	105	8	923
흥행장 없는 마을 수	2,959	2,528	1,080	845	69	7,474

그렇다면 이 흥행장이 없는 마을에서는 반드시 영화흥행장이 필요한가, 또는 순회흥행을 필요로 하는가를 생각하면 반드시 필요한 것은 아니라고 할 수 있습니다.

이는 우선 아까도 말씀드렸듯이 각 도시는 주위의 인접 또는 근린 마을을 흡수하고 있는 것, 다시 말하자면 이들 마을의 흥행 인구는 그 도시에 흡수된다고 생각할 수 있습니다. 이것도 특별히 과학적 숫자는 아닙니다만 관이 경제적으로 존립할 수 있다는 사실에서 그 수치는 대략 각 도시당 평균 5개 마을이라고 생각해보는 것이 좋을 것 같습니다. 아까 195개 도시가 있다고 말했습니다. 거기에 5개 마을이 걸쳐진 곳인 만큼 흥행장은 필요 없습니다. 195개 도시의 주위에 있는 5개 마을은 그 도시의 흥행장에 인구가 흡수되니 그 어떤 흥행장을 만들 필요가 없습니다. 또 순회흥행을 할 필요가 없습니다. 아까 말씀드린 흥행장이 없는 마을의 개산 8730개 중에서 필요 없는 마을을 빼면 되는 것입니다.

두 번째로 인구가 1만에서 1만 5천까지의 마을에서 흥행장이 있는 곳은, 주위 마을의 흥행 인구를 흡수하고 있습니다. 이것은 도시의 경우와 마찬가지로 생각할 수 있습니다. 다시 말하자면 하나의 작은 흥행장을 가지고 있는 마을이 주위의 마을을 3개 마을 정도 흡수하지 않을까. 현재 흥행장이 있는 마을이 1만에서 1만 5천까지의 곳으로 467개 마을이 있습니다. 이에 걸쳐진 3개 마을, 따라서 1401개 마을은 흥행장이 필요하지 않다는 것을 생각할 수 있습니다.

세 번째는 인구 1만 이하의 마을에서 흥행장이 있는 곳은 앞의 두 경우와 마찬가지로 부근의 마을을 흡수합니다. 다시 말하자면, 하나의 흥행장을 가지고 있는 마을이 주위의 2개 마을 정도의 마을을 흡수하고 있습니다. 이렇게 생각하면 흥행장이 있는 마을은 498개 곳이 있으니 498곳에 2개 마을이 걸쳐져 있습니다. 이렇게 나온 숫자도 흥행장이 필요 없습니다. 흥행장이 없는 8730곳에서 지금 필요 없는 숫자를 빼면 얼마가 남을까요.

이것을 제 수중에 있는 숫자로 193개 도시로 계산한 곳에 대해서 말하자면, 흥행장이 필요하지 않은 곳은 도시 주위 965, 마을 중에서 1만에서 1만 5천까지의 곳은 1401, 그 이하 2852, 합계 5280개의 마을은 흥행장이 필요하지 않습니다. 바꿔 말하자면 3512개 마을은 흥행장이 필요하다는 것을 말할 수 있습니다.

그런데 이 순수한 3512개 마을이 그렇다면 절대로 필요한가 하면, 이것도 지리적으로 여러 제약을 받는 곳도 있고 또 교통기관 등으로 절대 필요하더라도 불가능한 곳도 있으니 이런 것도 일단 고려하는 것이 좋지 않을까요. 이런 것을 생각하면 제 추정으로는 앞에서 말씀드린 8730개 마을 중에서 정말로 흥행장을 필요로 하는 마을은 대체로 이런 수치 정도가 아닐까 생각합니다. 인구별로 말하자면 1만 5천 명에서 3만 명까지가 2개 마을, 1만에서 1만 5천까지의 마을에서는 16개 마을, 8천에서 1만까지가 35개 마을, 5천에서 8천까지의 곳은 235개 마을, 5천 명 이하 1712개 마을, 합계 2천 개 마을 정도가 절대로 필요하지 않을까, 이렇게 추정하는 것입니다. 그러면 현재 흥행장이 있는 마을과 그리고 장래 절대로 필요하지 않을까 추정하는 마을을 합쳐서 이를 인구별 표로 만들면 이렇게 됩니다.

인구별	1만 5천에서 3만	1만에서 1만 5천	8천에서 1만	5천에서 8천	5천 이하	합계
흥행장이 있는 마을	189	278	204	498	923	2,092
흥행장이 없는 마을 중 흥행장을 필요로 하는 마을	2	16	35	235	1,712	2,000
합계	191	294	239	733	2,635	4,092

　　현재의 상태를 생각하면 대략 배로 늘리는 것이 절대로 필요하지 않을까 하고 생각할 수 있습니다. 아까 제가 천문학적 숫자를 말씀드린 것은 우리 나라의 경제력, 문화의 향상, 인구의 증가 등에서 생각해서 장래 이렇게 있어야 하지 않을까 하는 것이며 지금 말씀드린 것은 현실에 입각한 관찰입니다.

　　그래서 이런 상태에 있는 마을을 지역상, 교통상, 가장 편리한 지점에 있는 마을을 각 지역에서 선정해서 이를 중심으로 3개 내지 5개 마을을 걸치게 만드는 것, 그렇게 하기 위해서는 첫 번째 상영장소가 ▶46쪽 있는 곳은 문제가 없지만, 없는 곳은 상영할 수 있는 장소 및 건물을 선정합니다. 오늘날은 자재 관계상 새롭게 짓는 것은 곤란하니 선정한 토지에서 이용할 수 있는 적당한 장소 및 적당한 건물을 미리 지방자치단체 또는 공공단체로 만들어 설정시켜놓고 그들 단체가 스스로 이를 경영하든지 혹은 또 개인이 할 수 있는 곳은 개인업자에게 시킵니다. 그리고 개인도 할 수 없고 단체도 할 수 없는 곳은 영배가 대신 직접 경영하는 것이 필요하지 않나 싶습니다. 이런 흥행장을 적당한 지역적 블록으로 모아서 하루나 이틀이나 사흘이나 필요 일수의 흥행을 순서대로 할 수 있는 영화배급을 계획화해야 할 것입니다. 이에 대해서 가장 자세히 말씀드리고 싶고 또 정책적으로 필요한 장소 및 도시의 이 문제를 이야기하며 더 나아가 흥행 이외의 상영지[순회영사지]에 대해서 말씀드리고 싶지만 시간이 없으니 이는 또 다음 기회로 미루겠습니다.

　　요컨대 너무 대상이 넓어서 이야기가 끝나지 않았던 점은 유감이지만 그러나 지금까지 말씀드린 세세한 숫자 등에 특별히 신경 쓸 필요는 없으니 높은 견지에서 장래에 여러분이 배급사업에 관련되고 영화사업에 관련해갈 때 가능한 한 높은 이상을 가지고 더 나아가 이를 계획적으로 실현해간다는 의미에서 조금이라도 참고가 되면 매우 다행이라고 생각합니다.

1942년 11월 21일 | 제66호 | 42~44쪽

영화배급사의 관재사무
[영화배급사 직원양성소 강연록]

영화배급사 관재부장 나가이 긴타로(長井金太郎)

영화배급사의 관재(管財)사무에 대해서 말씀드리겠습니다. 관재부는 관리과, 용도과, 창고과의 3개과로 나누어져 있습니다. 창고과의 사무에 대해서는 다른 시간에 창고과장이 설명을 하니 오늘은 관리과와 용도과의 사무 개략을 말씀드리도록 하겠습니다. 관리과는 관리계와 영선계(營繕係)로 나뉘는데,

> 재산의 관리에 관한 사항
> 영선[167]에 관한 사항
> 화재보험에 관한 사항
> 불용품 처분에 관한 사항

등의 사무를 다루고 있습니다.

재산의 관리에 관한 사항을 당사의 감정체계 과목에 근거해서 말씀드리자면, 관리과의 관리에 속한 재산은 '토지건물', '기계기구', '집기비품'입니다.

우선 토지건물인데, 토지에는 사무소, 창고 등의 부지는 물론 직원의 후생시설로서의 운동장 등도 이에 포함됩니다. 건물에는 사무소, 창고 등의 건축물은 물론 이에 부속되는 설비, 예를 들면 인접건물을 연결하는 이음 복도, 엘리베이터 장치, 냉난방 장치, 냉온수의 급수 장치, 가스 전등 전력의 배선배관설비 등도 건물에 포함됩니다.

토지건물은 매입대금 외에 취득까지 필요했던 제 비용을 계산하여 취득원가로 삼고 있습니다. 다시 말하자면 토지에 대해서는 매입대금 외에 토지매입에 필요했던 중개수수료, 땅 고르기, 땅 모으기, 매립, 돌담(石垣), 호안(護岸), 하수 등의 가공비 및 개량비, 도로 개정을 위한 수익자 부담금, 매수한 토지의 타인 소유 물건의 이전비, 철거비, 또는 지상권자에 대한 보

---

167) 영선(營繕)은 건축물의 신축과 수리를 의미하는 일본어다.

상금 등을 계산하여 취득원가로 삼는 것입니다. 또한 건물의 취득원가에는 매입 또는 신축을 하고 나서 실제로 사용할 수 있기까지의 제 비용을 포함한 것이며, 건물을 매입할 시에는 건물의 이용 이전에 행한 수선비, 변경비용 등, 또 건물을 신축했을 시에는 건물을 이용하기 전의 화재보험료, 구 건물의 철거비 등이 건물의 매입대금 또는 건축비로 합산되어 취득원가로 삼습니다.

토지건물의 구입, 개수 등은 관리과에서 직접 다루고 있습니다.

토지건물에 대해서는 토지건물대장을 만들어 상세하게 기장정리를 하고 있는데 그 보전 개량에는 영선계에서 끊임없이 주의를 기울이고 있습니다. 그리고 토지건물의 임차계약 및 그 관리도 관리과에서 다루고 있습니다.

다음으로 토지건물의 감가상각을 말씀드리는데, 순서는 우선 고정자산 일반의 감가상각의 개략을 말씀드리고 싶습니다. 이는 정액법이라고 해서, 미리 고정자산의 수명[내구(耐用)연수]와 잔존가격[잔해(殘骸)가격]을 측정하여 취득원가에서 잔존가격을 뺀 잔액, 다시 말하자면 상각액을 수명(耐用命數)으로 등분하여 매기(每期) 일정액을 상각하는 방법을 채용하고 있습니다.

잔존가격이란 고정자산이 수명을 경과해서 폐기될 즈음에 그 고정자산을 매각처분할 수 있는 견적액을 가리키는데, 이는 될 수 있는 한 낮은 금액으로 책정하도록 되어 있습니다.

고정자산의 수명을 정하는 데에는 사용 또는 시일의 경과에 따른 물질적 감모(減耗) 또는 효용의 감퇴, 기술의 진보 발달에 따르는 진부화, 사용목적 또는 경제사정의 변화에 의한 이용가치의 감소 등을 고려에 넣어 결정하는 것입니다. 그리고 상각의 중도에서 처음으로 정한 수명이 부적당하다고 판단되면 이를 개정하는 것입니다. 또 개량이나 대수선에 의해서 수명이 눈에 띄게 연장됐을 때에는 이 또한 개정하는 것입니다.

그런데 토지는 원칙적으로 취득원가를 그대로 두고 원가상각을 행하지 않는데, 경제사정의 변화 또는 그 외의 원인에 의해 시가가 취득원가 이하로 떨어지게 되어 그 하락이 장기간에 걸친다고 생각될 때에는 특별상각을 행하여 그 가격을 깎는 경우가 있습니다. 그리고 수목 및 그 외 부가물 등에서 취득한 토지 부가물을 매각했을 때에는 그 순수 수취금을 토지의 원가에서 공제하게 되어 있습니다.

다음으로 그 건물과 건물부속설비의 상각에 대해서 그 수명을 말씀드리자면, 철근 콘크리트제 혹은 철골 콘크리트제 건물은 사무소와 주택이 60년, 창고가 50년이라고 되어 있습니다. 목조건물은 사무소와 주택이 25년, 창고가 15년으로 정해져 있습니다. 건물부속설비의 수명은 종류에 따라 적정하게 이를 정하게 되어 있습니다. 건물 및 건물부속설비의 장부가격이 경제사정의 변화 및 그 외의 원인에 따라 시가에 비해서 현저하게 고액이 될 때에는 토지의 경우와 마찬가지로 특별상각을 해서 그 가격을 절하하는 경우가 있는 것입니다.

다음으로 기계기구인데, 이에는 영사기, 발성장치, 그 외 이에 부수(附隨) 관계하는 기계기구 내 수명 1년 이상의 물건이 포함되어 취득원가에는 매입대금 외에 운반비, 공사비를 산출하게 됩니다.

다음은 집기비품인데, 이에는 사무용 제 집기 및 비품 내 수명 1년 이상의 물건이 포함됩니다.

다음으로 기계기구 및 집기비품의 청구, 구입수속에 대해서 말씀드리자면, 우선 이들 청구는 각각 청구부과(請求部課) 전표기록(起票)의 '집기비품·기계기구·청구전표'에 따른 것입니다.

청구부과에서 이 전표가 관리과로 돌아오면 이를 접수장에 기입하고, 청구사항을 검토하고 수배를 착수할 시에는 관리과장, 관재부장의 허가를 얻는 것입니다. 허가를 받은 사항에 대해서는 각각 신속하게 수배를 합니다. 청구물건이 관리과 창고의 재고품 중에 있을 때에는 이를 즉시 청구부과로 배치하고 책임자의 보관인을 찍습니다. 청구물건이 신규구입을 요하는 것일 때에는, 이 구입방법을 용도과에 '물품구입 청구전표'에 따라 청구합니다. 이 물건이 납입되면 이에 자산번호를 붙이고 청구부과에 배치하여 책임자의 보관인을 찍는 것입니다. 단, 청구물건의 성질 또는 금액 정도에 따라 품의(稟議)를 필요로 하는 것이 있으니 이 경우에는 품의 규정에 따라 결재를 거친 후에 수속을 행합니다.

다음으로 기계기구, 집기비품의 기장(記帳) 정리에 대해서 말씀드리면, 토지건물과 마찬가지로 각각 대장을 설치하고 더 나아가 또한 기계기구에 대해서는 보조카드를 계기비품에 대해서는 보조장부(補助簿)를 만들어 기장정리를 합니다.

대장에는 품명, 재질형상길이, 수량, 금액, 납입일, 자산번호, 주문처, 잔존가격, 수명, 상각액 등의 칸을 만들어 보조카드 ▶42쪽 보조장부에는 납입일, 요점(摘要), 자산번호, 배치(配備) 월일, 배치장소 등의 칸을 만듭니다.

이상의 대장 및 보조카드, 보조장부에 근거해서 토지건물, 기계기구, 집기비품의 각각에 대해서 종류별 및 소재별의 일람표를 매달 말에 작성해서 현물과 비교하여 그 이상이 없는 것을 확인한 위에 회계과의 장부와 대조하여 그 관리보전에 대해 누락 없이 만전을 기하고 있습니다.

다음으로 기계기구의 상각에 대해서 그 수명을 말씀드리면, 기계류는 그 성질상 수명의 측정이 아직 곤란하여 하나씩 예시하는 것도 매우 번잡하니 우선 영사기의 수명만을 들어보도록 하겠습니다. 다시 말하자면 영사기의 수명은 휴대용, 표준형 모두 10년입니다. 그리고 앞에서도 말씀드렸지만 기계류는 기술의 진보 발달에 의해 금세 진부해지는 물건이 있어서, 이 수명의 측정은 특히 주의를 요하는 바입니다. 또한 집기비품은 그 종류가 매우 다수이며 그 수명도 한꺼번에 설명하기 힘드니 우선 가구의 일단에 대해서 말씀드리도록 하겠습니다. 다시 말하자면 의자류는 5년, 책상류는 8년, 선반류는 10년의 수명입니다.

그런데 회기 말(期末)이 되면 앞에서 말씀드린 토지건물, 기계기구, 집기비품의 기말일람표를 작성하여 현물과 대조하고 각각의 기정(既定) 상각을 행하여 대장의 기장정리를 합니다.

다음으로 영선에 관한 사항이란 건물설비의 신설, 수리, 개조 및 토지의 개수 등입니다.

영선에 관한 사항의 청구는 각각 청구부과가 기표한 '공사수선 청구전표'에 의한 것입니다.

이 전표가 관리과에 돌아오면 이를 접수부에 기입하고, 청구사항을 검토하여 수배를 착수하는 데 관리과장, 관재부장의 허가를 얻는 것입니다. 허가를 얻은 사항에 대해서는 각각 신속하게 필요한 수배를 합니다. 단, 공사수선의 성질 또는 금액의 정도에 따라 품의를 요하는 것이 있으니 이 경우는 품의규정에 따라 처리합니다.

영선공사에 관해서는 공사 완성 후에 각각의 성질에 따라 토지건물, 집기비품으로 대체 가능하면 이를 행하고 토지건물대장 또는 집기비품대장에 기장정리를 합니다.

다음으로 화재보험에 관한 사항을 말씀드리겠습니다.

물질 부족의 오늘날, 만일의 경우 방재설비는 특히 엄중한데, 많은 필름을 보관하고 있는 창고는 물론 건물, 설비, 집기비품, 기계기구 등에 대해서도 각각 일류 보험회사와 화재보험을 체결하고 있습니다. 계약기간이 다 됐는데도 재계약을 하는 것을 잊어 공교롭게도 그 사이에 화재가 일어나 큰 손해를 입었다는 이야기도 들어서 그 점에 신중을 기하고 있습니다. 그리고 보통 화재보험계약으로는 전쟁으로 인한 손해보상을 하지 않으니, 시국하에 전시보험 계약에 대해서도 고려해야 합니다.

다음은 불용품 처분에 관한 사항인데 돈보다 물건이 중요하게 된 오늘날, 재산은 가능한 한 소중하게 관리하여 될 수 있는 한 처분 등은 하고 싶지 않다는 방침입니다.

이상 관리과의 사무 개략을 말씀드리는 바인데, 업무를 개시하려면 제일 첫 번째 건물설비가 선결 문제인데, 오늘날의 정세하에서는 이는 용이하지 않습니다. 건물 같은 것은 신축매매는 물론 수선조차도 그 정도에 따라 자금조정령, 그 외 법령의 제한을 받고 있습니다. 아울러 임대건물의 품귀(拂底) 때문에 본사 사옥 같은 것은 10개소에나 분산을 해야 하며, 이것이 연락상 적지 않은 불편을 느낄 뿐만 아니라 경제상의 낭비를 면하지 못하고 있습니다. 이에 대해서는 목하 대책을 서두르고 있음과 동시에 한쪽에서는 일의 능률, 건강 문제 등에 유의하며 영선계가 사옥 개조, 수선에 노력하고 있습니다.

전화에 대해서도 자재난 때문에 신설은 시국상 중요한 사업에 한정되어 있어 이 사업표준 이외의 일반 신청은 수리하지 않을뿐더러 급하지 않은 산업의 기설(既設) 임시전화 같은 것은 회수 경향조차 있습니다. 또한 양도에서도 양수인의 자격에 엄중한 제한이 있어서 팔고 사는 쪽 모두 자유롭지는 않습니다.

다행히 당사는 배급통제기관으로서뿐만 아니라 공익법인으로서도 이 사업표준에 들어가 있으니 보통 신청, 임시전화 신청 외에 공익수리 신청의 자격도 있으며 가능한 수단과 방법을 다하고 있는데, 이 사업표준 중에도 시국상 중요 정도에 따라 순위가 있어 가설이 매우 곤란한 사정에 놓여있습니다. 기계기구, 비품류에 이르러서도 금제품(禁制品)이 있고 판매금지품이 있으며 또한 가구류로서도 재료통제 때문에 입수가 곤란한 것이 많아 좀처럼 생각한 대로 되지는 않습니다. 당사는 사단법인인 관계상 모든 점에서 일반과 비교해서 우선권이 주어졌는데 그래도 지금 말씀드린 장애(障碍)를 면하기 어렵고, 따라서 보유재산의 적정한 관리보전에 아낌없이 매진하는 것은 물론이거니와 더 나아가 이를 활용하여 그 능력, 이용가치를 최고로 발휘시키도록 노력하고 있는 것입니다.

요컨대 관리과는 토지건물 설비수리, 개조, 그 외 고정자산에 속한 모든 물건을 다루며 이것이 완전한 관리와 운용입니다.

다음으로 용도과의 사무에 대해서 말씀드리면,

용도과의 사무는 모두 물품구입전표를 기본으로 하여 구입수속, 지불수속 및 그 외 필요한 통계를 기록하는 것입니다.

물품구입 청구전표의 경로는 각 부과에서 물품구입 청구전표를 발행하여 용도과에 제출하고, 용도과는 인수계(受渡係)에서 앞에서 말한 전표를 접수, 용도계를 거쳐 용도과장의 날인을 받아 구입수속 및 지불수속을 하여 인수계가 청구전표를 보관합니다.

구입수속은 용도과장 날인이 끝난 전표를 용도계에서 소정의 담당자에게 수배를 합니다.

집기비품, 기계기구, 사무용품 및 그 외는 구매 담당자에게

인쇄물, 인장의 작성 등은 인쇄 담당자에게

필름, 약품 등의 배급은 필름 담당자에게

각 담당자는 위 구입을 위한 수속을 하고 외상 시에는 원칙으로서 거래처에 견적서 제출을 요구하여 검토한 위에 주문서를 발행합니다.

단, 주문서는 주문 담당자가 발행하고 과장 인 및 용도과 발주의 인을 받아 거래처에 넘깁니다.

이 경우에 주문 담당자는 수배 중 전표 및 견적서를 납품까지 보관해둡니다. 또한 현금으로 구입할 때에는 각 담당자는 과장, 계장과 연락한 후에 현금으로 구입합니다.

단, 소액현금구입 상비금으로서 약간을 용도회계 담당자가 보관하고 각 건별로 출금전표를 발행하며 출납과가 보충합니다.

그리고 예산 외의 물품구입에 관해서는 품의서를 제출하고 결재한 후에 구입수속을 합니다.

지불수속에 대해서는 납품된 물품을 각 수배 담당자가 검수한 위에 전표납품서 및 외상전표 또는 영수서를 일괄하여 인수계 기록 담당자에게 돌립니다.

납입된 물품 또는 인쇄물은 인수계로부터 각 청구부과로 건넵니다. 납품서 및 외상전표는 인수계 기록 담당자에게 구입일지, 매입장에 필요사항을 기입하고 외상전표는 계장, 과장을 거쳐 회계과로 돌립니다.

또한 납품서는 계장, 과장을 경유하여 인수계에서 보관해둡니다. 영수서는 필수사항을 구입일지, 매입장에 ▶43쪽 기입한 위에 용도회계 담당자에게 출금전표를 첨부하여 계장, 과장을 경유하여 출금과로 돌립니다.

그때 완료한 전표는 인수계가 보관해둡니다.

조사·통계에 대해서는 인수계 조사·통계 담당자는 각 거래처의 업무 상태, 신용 상태, 거래 능력 등에 관한 조사 및 각 청구부과의 물품, 인쇄물 등의 소비 상황을 조사하여 구입품 소비 등에 관한 통계를 기록합니다.

단, 통계자료로서 전표, 납품서, 구입일지를 사용합니다.

저장품 입출고 수속 중, 입고에 대해서는 인수계 저장품 담당자는 물품구입전표를 발행하여 일반적 경우와 같은 취급으로 구입·지불수속을 완료하는 것입니다.

위의 담당자는 납입물품을 입고하고, 입고일람표를 매년 작성하여 회계과와 연락합니다.

입고기록 계통은,

납품서→입고장→입고보조장부→입고전표→저장품수불장→입고일람표→회계과

출고는 각 부과에서 저장품 청구전표를 발행하여 용도과에 제출하고, 저장품 담당자는 접수(受付)를 하며 과장의 날인을 받아 출고수속을 행합니다.

출고수속 완료의 출고전표는 저장품 담당자가 대장에 기입하고 매주 일괄하여 출고주계
표(出庫週計表)를 작성, 이를 첨부하고 계장, 과장을 거쳐 회계과로 돌립니다.

출고기록 계통은,

출고전표→전표접수장부→출고보조장부→저장품수불장→출고주계표→회계과

그 외에

월별 출고일람표
과별 출고일람표
과별 출고통계표
저장품 명세표

등을 작성하고 있습니다.

현재 당사에서 필요로 하는 대체적인 물품명을 말씀드리면,

책상, 의자, 선반, 정리함, 칸막이, 사다리, 시계, 금고, 자동차, 자전거, 전기기구, 일문 타이프
기, 영문 타이프기, 등사판, 번호기, 주소(名宛) 인쇄기, 계산기, 저울, 각도기, 테스터 등

기계기구 종류로는,

영사기, 필름 접합기, 필름 감는 기계, 그 외

약품 및 정밀 기름으로서는

아세톤, 아밀,[168] 알콜, 벤진, 빙초산 등
카본, 전구

---

168) amyl alcohol.

카본, 익사이터 램프,[169] 영사 전구, 진공관 등

의류(衣料) 관계로서는

침구류, 작업복, 사무복, 비옷, 우산, 필름 운반 백(袋) 등

인쇄물 일식
종이류 일식
사무용품 문구 등
신문, 서적, 잡지 등
방공 자재 일식

그 외로 주된 물품만으로도 천 점 이상에 미칩니다.

이 천 종류의 물건을 다루는 용도과의 고뇌도 보통이 아닙니다.

이전에는 전화 한 통으로 금세 채워졌던 물품이 오늘날에는 빌듯이 해서 몇 번이나 가야만 충당이 되는 경우도 있으며 몇 개의 물품을 찾는 데 종일 걸을 때도 있습니다.

그러나 용도과는 당사의 업무수행상 절대 지장을 초래하지 않겠다는 듯이 자재 확보에 전력을 기울이고 있으며 이것이 용도과에 부과된 직무인 것입니다.

다행히 중요 물자는 계속해서 배급제도가 확립되고 또한 대용품도 꽤 우수한 물건이 속속들이 만들어지고 있어서 정말 잘된 일이라고 생각하고 있습니다.

이전에 종이, 못, 철사, 빙초산, 목재, 옷감, 목장갑, 기재기구 등 너무나도 바보 같은 높은 가격으로 거래가 이루어졌다는 둥 어떻다는 둥 이렇다는 둥의 소문이 있었던 시기에는 일부의 소문이라고 하나 정말 불쾌해서 참을 수 없었지만, 오늘날에는 통제 강화와 국민의 깊은 인식에 따라 이런 풍문조차도 귀에 접하는 일이 없어졌습니다.

아무튼 이전의 영화계와 비교하면 오늘날의 영화계에서 물품에 대한 소비 관념은 놀랄 만한 자각인데 이 변화에는 감사할 만한 부분이 있습니다. 예를 들면 못에 대해서도 실적의 2할 정도의 배급임에도 불구하고 형태가 남아 있는 한 늘리거나 두드리거나 하여 활용하여 사용하고 있습니다.

---

169) exciter lamp.

자재에 있어서도 어떤 자투리 조각이어도 낭비 없이 사용하고 필름도 재생에 현명하게 노력하고 있고 연구를 거듭하고 있습니다. 또한 탄소봉[카본]도 눈에 띄게 절약되고 있습니다. 종이류도 지폐를 다루는 것처럼 소중하게 사용하고 있습니다.

그 외 모든 것에 대해서 소비 통제가 이루어지고 있는데 여전히 연구의 여지가 많이 남아 있는 것 같습니다.

말할 나위도 없이 물품 없이는 어떤 사업의 기획도 입안도 만들 수 없습니다.

따라서 용도과는 물자의 확보에 전력을 기울임과 동시에 다른 면으로는 소비의 절약에 만전을 기하고 있는 것입니다.

1942년 11월 21일 | 제66호 | 44~46쪽

영화배급사의 창고사무
[영화배급사 직원양성소 강연록]

영화배급사 창고과장 아라이 요시타케(新井義武)

본사의 창고사무 이야기를 하겠습니다. 총무과 안의 관재부, 그 관재부 안에 창고과가 있습니다. 관재부 안에는 관리과, 용도과, 창고과의 3개과가 있습니다. 다시 말하자면 영화배급사 총무국 관재부 창고과입니다.

창고의 사무는

1. 영화 및 대본의 교환, 인수 및 그 조사에 관한 사항
2. 영화의 가공에 관한 사항
3. 영화의 창고에 관한 사항
4. 영화창고에 속하는 임시직원, 고용원 감독에 속한 사항

이렇게 됩니다. 이를 요약하면 창고계, 인가대본계, 그리고 가공계의 3개계입니다. 현재의 창고과는 7개의 계로 나뉘는데, 그 제1부터 제5까지가 지금 말씀드린 창고계, 제6이 가공계, 제7이 인가대본계로 되어 있습니다. 이렇게 해서 본사창고에는 제1계와 제5계가 있습니다. ××에 있는 창고는 제2계와 제3계, ××창고는 제4계, ××에 있는 ××가공소가 제6계, 인가대본계가 제7계.

제1계는 창고과의 참모본부로 되어 있으며, 여기에서는 개봉된 문화, 극영화 및 니혼뉴스의 취급, 그 외 연락 일반, 사내, 사외, 그리고 내무성에 모여 있는 각사의 검열계와의 연락, 영배의 각 지사와의 연락, 촬영소와의 연락 등입니다.

본사 창고에 있는 제5계는 2번관부터 11번관까지 문화, 극영화 및 ▶44쪽 닛카쓰영화 및 그 브로마이드의 취급. 제2계는 12번관 이후 상영되는 도호영화 및 그 브로마이드의 취급. 제3계는 12번관 이후 상영되는 쇼치쿠영화 및 문화영화, 그리고 그 브로마이드의 취급. 제4계는 12번관 이후 상영되는 다이에이 및 신코, 다이토, 고바야시 키네마(小林キネマ)영화 및 그 브로마이드의 취급. ××가공소는 영화의 가공 및 조사. 단, 가공만이 아니라 필름의 여러 상태의 조사도 행하고 있습니다. 그리고 인가대본계는 인가대본 및 복본(副本)의 전반 취급, 이것

이 대체로 창고과의 기구입니다.

창고에 필름이 들어가는 것은 영화배급사가 위탁자로부터 프린트를 위탁받고, 위탁자는 프린트의 위탁서를 만들며, 영배 본사는 프린트의 수탁서를 만들어 각각 서로 교환하여 본사가 필름을 맡습니다. 신체제 이전에는 영화회사가 제작회사이자 배급회사이며 흥행회사이기도 했습니다. 그러나 이번에 배급을 일괄통일하여 영화배급사가 이를 진행하게 됐습니다. 그리고 이 수탁한 것을 장부에 기입하여 이것이 대장이 됩니다. 수탁서의 사본을 창고과에서는 보관해둡니다. 맡긴 이상은 창고과가 절대적인 책임을 가집니다.

지금 영화배급사에는 ××창고, ××창고, ××창고 등이 있습니다만, 이들 창고에 현재 어느 정도의 필름이 저장되어 있는가 조사해보면 4만 2천 권. 도쿄 본사의 필름이 밖으로 얼마나 나와서 상영되고 있는가 하면 1만 4천 권 정도입니다.

그럼 창고를 더 많이 지으면 좋지 않을까 하는 문제가 일어나는데, 현재는 물자 부족은 물론이거니와 경시청의 취체가 엄격합니다. 어쨌든 폭발물이니 주택가에는 절대로 지을 수 없습니다. 지금 경시청에서는 소량저장창고, 대량저장창고의 두 가지로 나누어 1천 5백 킬로그램 이하를 소량저장창고, 그 이상이 대량저장창고입니다. 대량이 되면 보유 거리가 30미터 이상이어야만 지을 수 있게 되어 있습니다. ××창고는 그 규칙으로 지은 것입니다. 두 방향이 강이니 매우 유리합니다. 6백 평 정도 있으니 어지간한 땅에서는 지을 수 없습니다. 또한 교통편도 고려해야 하고 부지는 아무래도 1천 평 이상 필요합니다.

어떻게 필름을 배급할 것인지 간추려서 말씀드리겠습니다.

영업부 내의 선정과, 예전의 '프로그램계(番組係)'입니다. 그 선정과에서 '프로그램 결정 통지'라는 것이 오는데 흔히 '결제'라고 합니다. 이것이 돌아오면 우선 창고과의 인가대본계가 이를 복사하여 제1계로 돌립니다. 제1계는 각 창고에 배부합니다. 제목에 따라 판별하여 각 창고로 나눕니다.

필름의 발송에는 지방에 대한 발송과 시내의 교환, 다시 말하자면 '지방발송'과 '시내교환'의 두 가지가 있습니다. 지방에 대한 발송은, 목요일이 영화를 교체하는 날이니 거리가 먼 현은 월요일에 필름을 발송하고, 가까운 곳은 화요일에 하고 있습니다. 철도사고가 있거나 무슨 일이 있더라도 원활하게 갈 수 있도록 하고 있습니다. 그렇다고 해서 너무 빨리 보내면 폐해가 일어납니다. 또 거꾸로 시간에 임박해서 보내면 사고가 일어나기 십상입니다. 거리가 먼 현이라는 것은 아오모리(青森), 아키타(秋田), 야마가타(山形), 니가타(新潟), 이와테(岩手), 미야기(宮城), 후쿠시마(福島), 나가노(長野)이고, 가까운 현이란 군마(群馬), 사이타마(埼玉), 이바라키(茨城), 도치키(栃木), 치바(千葉), 야마나시(山梨), 시즈오카(静岡)입니다. 이들 지방에 발송하는데 재고 필름이면 좋지만, 시내 관에서 하고 있는 것이면 수요일 밤 10시경까지는 상영하고 있으므로 창고계가 그 관에 발송 재료를 가지고 가서 관이 폐장하면 재빨리 그것을 발송하러 역으로 갑니다. 철야를 하는 일로 여간 힘든 일이 아닙니다. 필름 수가 풍부하지 않으니 프로그램으로 무리한 편성을 하면 나중 일 처리는 창고계가 하는 것입니다.

지방에서 필름이 돌아오는 것을 '반송'이라고 합니다. 창고에서 지방으로 필름이 나가는 것뿐만 지방관에서 관으로 보내는 것을 '전송'이라고 합니다. 밤에 영화관에 가서 필름을 역으로 가지고 가는 것을 '징수(取立)'라고 합니다. 목요일 아침 본사 앞에 영화관 사람들이 많이 모여 있으면 이것이 '시내 교환'입니다. 이는 ××에서도 ××에서도 하고 있습니다. 2백 명 정도의 사람들이 모여 필름을 돌려주거나 가져가는 것이니 큰일입니다.

시내 교환은 도쿄부 이하 전부인데 성영철도선(省線) 전차가 가는 가나가와현, 치바현, 사이타마현의 일부, 이 지역의 영화관에서 교환에 오는 분들은 다행인 셈입니다. 그러나 역시 이런 것은 예외 등을 두지 않고 정황과 실제에 입각하여 정하지 않으면 아무래도 잘 운용되지 않습니다.

필름배급 발송방법은, 간사이지사에서는 시내 교환을 하지 않고 관들끼리 필름을 취급하고 있다고 들었는데, 잘 들어보면 전부가 아니라 어느 부분이었습니다. 그렇다면 왜 관들끼리 교환하냐면 오사카의 창고는 매우 불편한 장소에 있습니다. 게다가 창고가 하나입니다. 따라서 배급상에도 여러 가지로 곤란이 있고, 그래서 어느 부분을 관들끼리 교환하도록 했다고 합니다. 그러나 실제는 관들끼리 교환을 하지 않고 필름을 일단 창고에 가지고 와서, 창고에서 인수하는 쪽이 좋다고 생각합니다. 왜 내가 그렇게 하냐면 프린트의 상태를 조사하는 것이 관들끼리의 교환제도에서는 불가능합니다. 필름은 파손되기 쉬운 것이므로 창고에 가지고 와서 한 번은 깡통의 뚜껑을 열어서 조사해보는 쪽이 좋습니다. 그것이 관들끼리의 교환이라면 불가능합니다. 그리고 필름의 창고 반송이 매우 늦어져버립니다. 교환하는 필름은 서로 서둘러 하지만, 창고에 반송하는 필름은 관들끼리의 교환제도라면 늦어지기 십상입니다. 또 배급사와 상설관과의 친밀함이 희박해집니다. 관들끼리 하고 있으면 필름의 본래의 보관자는 누구인가 하는 관념이 사라지고 결국 필름 취급을 소홀히 하게 됩니다. 그런데 반드시 창고에 가지고 오게 하면 필름의 보관자는 창고라는 관념이 명확해집니다. 필름은 파손되기 쉽고 특히 최근에는 영사기계가 자재 부족 및 그 외로 좀처럼 수리하기 힘들어서 필름을 자주 훼손하게 됩니다. 관들끼리 하고 있을 때에는 책임을 다른 관에 전가하기 쉽습니다. 연중 필름이 바깥으로만 돌아다녀 창고로 전혀 돌아오지 않으니 장부, 카드에 기록만 되어 있어 정말 좋지 않습니다. 또 브로마이드 등이 훼손된 것을 발견하는 것도 매우 늦어집니다. 필름도 일찍 고

치면 고칠 수 있는데 내버려두면 결국에는 어쩔 수 없게 됩니다. 어디에서 어떻게 됐는지 전혀 생각할 수 없습니다. 브로마이드 같은 것도 관들끼리 하고 있으면 점점 없어져버릴 우려가 있습니다. 그러나 창고과에 와서 교환하면, 늦으면 영화관에 재촉하고 또 영화관에서 가져오면 주의도 잘 줍니다. 이런 점들이 이 시스템의 특징인 것입니다.

필름이 어디로 갔는지를 알기 위한 카드를 정리하여 색인 식으로 상자에 넣어두는데, 따로 필름의 원장부가 있습니다. 그러나 이것으로는 아직 부족하므로 필름을 주로 하는 원장부, 상설관을 주로 하는 원장부의 두 종류를 만듭니다. 이것이 영화배급사의 창고의 대장, 카드의 근본 시스템입니다. 4월 1일 이전의 것은 닛카쓰는 닛카쓰, 쇼치쿠는 쇼치쿠대로 다른 방식으로 하고 있었으므로 지금 서둘러 이를 고칠 여유가 없어서 닛카쓰의 필름, 쇼치쿠의 필름 식으로 이전의 카드, 장부 시스템으로 움직이고 있습니다.

극영화의 뉴스프린트는 현재는 22편입니다. 홋카이도(北海道)의 삿포로(札幌)지사가 1편, 규슈(九州)지사가 2편, 간사이지사가 7편, 주부(中部)지사가 3편, 도쿄 본사가 9편, 이런 할당입니다. 문화영화도 22편입니다. 오사카가 11편, 도쿄가 11편입니다. 개봉 다음 주부터는 오사카 7편, 도쿄 9편, 규슈 2편, 주부 3편, 삿포로 1편 할당으로 진행됩니다.

이상으로 창고과의 소위 창고계라는 ▶45쪽 일에 대해 이해하셨으리라고 생각합니다.

필름교환일의 혼잡함과 검열대본.

다음으로 인가대본계의 이야기를 하겠습니다. 인가대본이란 내무성 검열합격 대본을 말합니다. 통상 '검대(檢臺)'라고 합니다. 간사이 쪽에서는 '인가증'이라고 하고 있지만, 이는 검열이 전국적으로 통일되지 않았을 때 이전 각 부현에서 검열을 할 때 인가증이라는 것을 줬는데, 간사이에서는 지금도 이렇게 말하고 있습니다. 대본에는 내무성의 검열 합격 인이 있으면 대만과 조선을 제외한 일본 내지라면, 3년 동안은 상영할 수 있습니다. 그리고 문부성 일반용영화의 인정 인이 있습니다. 아시다시피 영화관 앞에 "어린이들은 볼 수 없습니다"라고 되어 있는 것은 비일반용영화인 셈입니다. 그러나 관청에는 '비일반'이라는 말은 없습니다. 이 검열대본을 필름과 함께 영화관에 둡니다. 대본의 인가번호와 필름의 인가번호가 다르면 그것은 부정이나 잘못입니다. 이것은 영화상영에 중요한 것이니 봉투에 넣어서 소중하게 다룹니다. 대본 중에는 한 장이라도 찢어지거나 낙서를 하거나 하면 효력이 없어집니다. 발송할 때에는 특히 소중하게 다루며 보냅니다.

이 대본 외에, 또 하나 인가대본과 같은 것이 있습니다. '복본'입니다. 이는 예를 들면 영화관에 필름이 있으면 반드시 그 흥행장에 인가대본이 있어야 합니다. 그러나 한 편의 필름으로 두 관 이상 돌 때에는 일반의 인가대본으로는 곤란합니다. 결국 이와 같은 내용의 것을 만들어 관할 경찰에서 비교합니다. 비교가 끝났다는 도장이 있으면 '복본'이 되어 인가대본과 같은 효력을 가지게 됩니다. 세 관의 영화관이 같은 필름을 돌릴 경우에는 '복본'이 2권 필요합니다. 현재 인가대본은 필름이 22편이니 22권이 있는 셈입니다. 복본은 현재 1편의 필름에 대해 대체로 5권 받아둡니다. 복본은 현재 내지 외지 163권 있습니다.

다음으로 가공계는 예전에는 '줄 맞추기 담당(目直し)'이라고 하여 중년의 여성이 창고 한 구석에서 일을 하고 있었습니다. 지금은 그런 미온적인 일은 시대가 허용하지 않습니다. 영화 배급사로서는 ××에 약 440평의 평수 중에 55평의 가공소가 있습니다. 기사 면허증을 가지고 있는 이가 5명, 가공계 22명, 서기 2명, 잡역 담당 2명, 거기에 계장 1명, 합계 32명입니다. 필름이 훼손된 곳을 고치거나 세척(洗滌)하는 것이 주입니다. 그리고 가공계는 필름의 가공뿐만 아니라 필름의 조사 일을 맡고 있습니다. 업무부 중의 기술과는 기계 조사를 다루는데, 가공계는 필름의 가공뿐 아니라 필름에 대한 조사를 합니다. 이는 단지 영화관을 도는 것뿐만 아니라 '상영필름 상태조사 보고표'라는 것을 상설관에 보내어 필름이 훼손되면 바로 보고표에 기입하게 합니다. 또 검열인가번호 펀칭인(檢閱認可番號打拔印), 다시 말하자면 '검번(檢番)'[필름 상영 초에 보이는 하얗게 번쩍이는 반점]과 '검인'의 유무, 리더['표제'라고 흔히 말합니다]의 자수(尺數), 세로로 상처가 있는지 아닌지, 퍼포레이션의 훼손 유무, 오일의 부착 상태, 기름을 많이 묻혔는지 아닌지를 조사하고, 사고가 있으면 사고적요란(事故摘要欄)에 적습니다. 이에 따라 즉시 오퍼레이터의 면허증을 가지고 있는 사람이 출근하여 필름을 보고 리더를 붙이거나 잘 조사해서 상태가 안 좋은 것은 창고에 같은 재고품이 있으면 그것과 바꿉니다. 그렇게 해서 창고에 가지고 와서 고쳐서 돌려주는 일을 하고 있습니다.

8월에 필름애호주간을 합니다. 필름은 자원 애호를 위해 또 국민문화를 위해 소중하게 다뤄야 합니다. 40주나 하자고 했으니 프로그램의 마지막을 생각하여 서로 소중하게 다뤄나가야 합니다. 상대편 영화관 소속 기사가 잘 조사해서 이쪽으로 보고표를 보내줍니다. 배급사 쪽에서는 잘 조사해서 가공소에서 고칩니다. 22편의 추가 인화 외에 가공용 필름을 1편씩 만들고 있습니다. 이는 커다란 희생인데 매우 도움이 되고 있습니다. 그리고 본사에서 일정한 시기가 지나면 간사이지사로 보냅니다. 여기에서 또 같은 일을 하고 주부 지사로 보냅니다. 그런 이유로 가공계의 일은 매우 중요한 것입니다. 그러므로 가공계에서 필름 상태가 나쁜 곳을 '필름 파손상황 조사보고서'에 기입하여 선정과로 보고합니다. 선정과에는 역시 필름의 대장이 있으니 파손 사태를 기입합니다. 이렇게 해서 필름이 너무 훼손되어 있다면 상영하지 않도록 카드에서 빼고 가공계에서 수리합니다. 이런 연락을 합니다.

다음으로 브로마이드에 관한 이야기인데, 지금까지는 현재처럼 작은 게 아니라 큰 것이 있었습니다. 현재는 영화배급사가 각사를 통일한 규격으로 만들었습니다. 창고계 중에 브로마이드를 다루는 담당(係)이 있습니다. 브로마이드의 자수는 세로가 1자 4촌(寸),[170] 가로가 9촌인데, 16매를 한 세트로, 110세트를 만듭니다. 그 수는 본사 40세트, 간사이지사 35세트, 주부지사 15세트, 규슈지사 10세트, 홋카이도지사 10세트, 그래서 개봉물의 브로마이드는 프린트 1편에 대해서 5세트의 브로마이드의 비율로 만들어지니 상당히 풍부합니다. 이것은 훼손됐을 때를 예비해 만든 것입니다. 선전을 고려해서 발송은 먼 곳은 토요일, 가까운 곳은 월요일입니다. 도쿄 등은 쇼윈도우에 넣거나 하여 도안적이고 미술적으로 하고 있지만, 시골로 가면 문을 떼어내고 못을 박는 일이 가끔 있다고 합니다. 지방에서 돌아오면 참담한 게 있습니다. 스틸은 '선재(宣材)'[선전재료]라고 하여 선전부에서 취급하고 있는데 창고과의 일은 아닙니다. 창고과에서 다루는 것은 필름과 인가대본과 브로마이드로 창고로 반드시 돌아오는 것뿐입니다. 도쿄에서는 분산창고제도를 취하고 있는데, 창고가 또 하나 있다면 일이 정비되리라고 생각합니다.

*이 강연은 7월 10일 현재의 것으로, 그 후 프린트 배급 수량, 복본의 수 등은 약간 변경됐습니다.

---

170) 1촌은 약 3.03센티미터를 말한다.

1942년 12월 11일 | 제67호 | 23~30, 48쪽

추축국의 영화체제
[영화배급사 직원양성소 강연록]

사사키 노리오(佐々木能理男)

1.

추축국(樞軸國)인 일본, 독일, 이탈리아 3개국은 현재 도의에 근거한 세계 신질서의 건설을 지향하여, 미영의 야망을 분쇄하는 정전(征戰)에 국가의 총력을 기울여 싸우고 있는데, 싸움은 전선뿐만 아니라 총후에서도, 또 경제전, 생산전, 과학전, 사상·문화전의 형태를 취하고 있습니다. 주야로 격투(激鬪)가 되풀이되고 있고 추축국이 이들 총후의 싸움에 이기지 않는 한, 세계 신질서의 건설도 한조각 몽상이 되어버립니다. 이번 대전은 세계관의 대립이라고 하는데, 그런 의미에서 사상·문화전의 임무는 실로 중대하며 싸움도 또 격렬하기 그지없습니다. 사상·문화전의 수행에 있어서 추축국의 공동 목표는 미영적 유태문화의 일소와 격멸인데, 이 목적 완수를 위해 추축국은 또 사상·문화전에서도 절대불패의 태세를 정비하고 있습니다.

지금 대동아전쟁은 드디어 장기전의 단계에 돌입했는데, 이를 영광스러운 승리의 이상향으로 싸워 이기기 위해서는 일본의 문화도 또한 총력을 들어 전선으로 동원돼야 합니다. 실로 순수(純乎)한 일본문화의 확립, 선양이야말로 대동아전쟁의 흥폐를 결정짓는 열쇠 중 하나인데, 여기에는 동시에 또한 국민 마음속 깊이 침투하고 있는 미영의 자유주의적인 개인주의 사상의 마지막 잔재를 일소해야 합니다. 그러나 이것은 극히 곤란한 일이며 과거 수십 년에 걸쳐 미영문화의 예속하에 있던 일본에게는 사상 전반에 걸친 유태화, 유럽문화를 하루아침에 불식하고 극복할 수 없는 것이며, 오히려 미영문화[복귀하는 여지조차 충분히 남아 있다고 해도 과언은 아닙니다] 이런 여지를 일소하고 미영적 사상의 잔적(殘敵)을 소탕하며 여기에 진정한 일본문화를 확립하고 성전 완수에 불가결한 사상적 귀일을 실현하려고 해온 것이 만주사변, 지나사변을 통해 오늘날에 이르렀습니다. 이는 우리 나라 문화정책의 근본 목표이며, 쇼와 14년 영화법의 제정으로 이후 급속히 실현된 우리 나라의 이른바 영화신체제도 또한 이 심원한 목표를 실현하기 위한 공작이었던 것입니다.

이 점에서 독일과 이탈리아의 영화신체제 또한 우리 나라의 그것과 마찬가지인 취지에

서 출발한 것입니다. 단, 다른 점은 독일은 전후의 쇠퇴에서 일어서서 오늘날 같은 민족적·국가적 고양의 시대를 맞이하기까지 십수 년에 걸친 혼란과 내란과 혁명의 전화를 경험하고 문화정책마저도 전화(戰火)로 단련됐다는 점입니다.

베르사유조약은 세계평화의 이름으로 6천만의 독일인을 자멸시키는 것을 목적으로 하며, 또 전후 독일의 국가질서를 정비하던 바이마르체제는 모든 것을 통틀어 극단적인 자유주의의 도량에 빠져, 독일을 정치적으로도 경제적으로도 문화적으로도 극도의 쇠퇴, 혼란에 빠지게 했습니다. 이렇게 해서 패전 독일은 열강, 특히 영불의 압박과 내정의 실패에 따라 멸망에 직면했고, 이제 인간 가치의 원천으로서 국가의 존재이유를 상실한 것처럼 보였습니다. 이런 운명에 빠진 국가에 대한 불신, 이런 국가의 암담한 앞날에 대한 절망은 전후 독일의 민중에게 인간의 존재와 가치의 원천을 오로지 자아에 요구하게 하고, 자유주의, 개인주의의 이름 하에 국가 및 민족협동체에 대해 개인의 자유와 우위를 주장하게 했습니다. 사람들은 국민이기보다도 인간일 것을 원하고 의무보다도 권리를 주장하며 사익을 공익에 우선시합니다. 같은 입장에서 모든 분야의 고립과 자기법칙성을 절대시하고, 전체와의 관련은 잊혀지고 사라져갔습니다. 이렇게 해서 문화에서는 정신생활의 비정치성, 초국가, 초민족성이 강조되고, 또 국민문화를 부정하며 세계문화가 강조됐습니다. 그 결과는 어땠을까요? 개개의 전체에 대한 우위와 타율성에 대한 자율성의 우위란 단순하게 전체의 희생에 따라 보상을 받는 것으로 끝나는 게 아닙니다. 본래 그 존위와 가치의 원천이라고 할 만한 전체와의 관련을 잃음으로써 개개도 또한 그 존재의 가치를 희생해야 합니다.

이렇게 해서 유태인 프로이스가 기초한 바이마르 헌법상의 독일은 패전의 절망의 틈을 타서 침식한 유태적 사상모략에 완전히 교란되어 베르사유조약의 속박에 따라 주어진 것 이상의 치명상을 입었습니다. 철학, 예술은 물론이고 민중오락에 이르기까지 게르만 독일의 정신은 빛이 바래졌고 단지 유태문화의 악의 꽃과 천박나태한 아메리카니즘의 현세적 향락의 도량에 맡겨졌습니다.

이런 가운데 국가의 쇠퇴 혼란의 한가운데에서 독일 재건을 지향하여 일어선 아돌프 히틀러가 시종일관, 민족사회주의운동의 진두에 서서 '우리 투쟁'을 싸워나가기를 실로 14년, 1933년 1월 30일 숙망의 정권을 장악하여, 당정령 25개조에 근거한 독일 재건의 위업에 착수, 우선 정치, 경제, 문화 등 모든 영역에 걸쳐 반독일적·반나치적 세력을 철저하게 소탕하고 민족사회주의적 세계관에 근거하여 모든 가치 전환을 단행함과 동시에, 내정에서는 유태 세력의 격멸과 함께 '피와 흙'의 실현과 '민족협동체'의 결성을, 외교에 ▶23쪽 있어서는 베르사유조약의 파기에 이은 세계 신질서의 건설을 주안으로 하는 적극적 국가경영(經論)에 의해 신독일

민족국가의 건설에 매진, 드디어 독일을 위해 오늘날과 같은 민족적·국가적 고양의 시대를 초래한 것입니다.

> 1918년, 즉 독일 재기를 위해서 마지막 정신적 여력을 모아야 했던 그 순간에 우리가 아는 것은 무엇이었는가. 거의 모든 국가의 사회의 문화의 지배권이 다른 종족(異種族)의 수중에 있었다는 것이다. 그래서 유태인 외상 라테나우는 후안무례하게도 만일 독일 황제가 승리를 얻게 된다면 세계사는 그 의미를 잃을 뻔했다는 등 폭언을 내뱉어도 아무렇지 않았다.

고 하여 알프레드 로젠베르크는 일찍이 소리 높여 유태인의 무절조(無節操)를 규탄했는데, 당시 독일은 독일을 생각하지 않은 독일인에게 용단을 내리게 한 것이며 독일 재건 위업은 우선 이들 비독일인의 손에서 정치, 경제, 교육, 문화의 모든 것을 빼앗는 것부터 착수해야 했습니다. 유태인적 체제의 숙청은 진정으로 엄준함 그 자체였고 마찬가지로 미영적 유태인 사상의 소탕에 전력을 들인 우리 나라에게도 충분히 모범을 보일 부분을 많이 보여줬습니다.

독일영화의 유태인화도 또 눈살을 찌푸리게 하는 부분이 있었습니다. 1937년의 출판인데 알프레드 잉게마르 베른트[171]는 『우리들에게 4년의 시일을 주어라』(게프트 미르 비어 야레 짜이트)[172]라는 나치 독일의 신체제 확립을 위한 투쟁을 소개한 책 속에서 독일영화의 유태인 폐해에 대해서 다음과 같이 말했습니다.

> 모든 영화사업의 85%가 유태인의 손에 들어가 있다는 사실은 1933년 이전의 독일의 영화예술 및 영화경제의 상태를 보여줄 뿐만 아니라 어떤 통계, 어떤 서술보다도 설득력이 있다. 영화는 이윤 추구를 위한 순전한 경제기업 이외의 아무것도 아니었다. 영화의 경제 면만이 중시되고 경제에 종사하는 자들만이 좋은 대우를 받으며, 영화제작에 종사하는 자는 권리가 없고 대부분은 심한 대우를 받고 있었다. 영화의 제작에 종사하는 자에 대한 사회정책적 시설 등은 전혀 없었다. 이에 반해 소수의 스타급 배우는 동화 속 이야기처럼 고액의 월급을 받고 있었다. 유태인 중역과 연출가가 수익의 반을 독점하고 있었다. 이렇게 해서 영화는 모두 투기의 대상이 돼버렸다. 일단 영화가 흥행적으로 성공하면 금방 비슷한 영화들이 우후죽순처럼 속출했다. 이

---

171) 알프레드 잉게마르 베른트(Alfred Ingemar Berndt, 1905~1945). 괴벨스의 부하 직원으로 28세의 젊은 나이에 선전부 언론 국장에 오르면서 주목을 받았다.

172) Alfred Ingemar Berndt, 『Gebt mir vier Jahre Zeit! Dokumente zum ersten Vierjahresplan des Führers』, Zentralverlag der NSDAP., München, 1937.

익에 편승하고 싶은 마음에서 똑같은 테마가 계속해서 롤러에 걸리고, 질질 끌면서 얄팍한 내용에, 결국에는 그런 것이 어딘가로 날아가버리게 돼도 또 계속됐다. 경제적 이유에서 영화제작은 2, 3개월로 단축됐다. 그동안 영화제작 종업원, 특히 다수의 조수나 하급 배우들은 한 푼의 수입도 없이 방치될 수밖에 없었다. 영화제작에 대해서는 어떤 제한도 없었기 때문에 끊임없이 제작회사는 신설되고 또 붕괴됐다. 3백의 배급회사가 제작회사를 서로 빼앗았다. 제작자는 계속되는 배급회사의 파산에 따라 일에 대한 보수조차 받을 수 없는 일이 비일비재했다.
[198~199쪽]

그래서 민족사회주의는 독일의 문화생활의 신체제 수립에 있어서 두 가지 과제를 전면에 내걸었습니다.

하나는 독일의 문화생활에서 완전히 유태인을 쫓아내는 것이고 이것은 100% 실현됐습니다.

나머지 하나는 모든 문화생활의 새로운 담당자로서 대규모의 짜임새 있는 작용력의 절대적 조직체를 구성하는 것이었습니다.

이 조직체가 독일문화원이며, 영화에 대해서 말하자면 그 하나인 독일영화원(映畵院)인 것인데 나치스 독일의 문화공작을 더 조직적으로 알기 위해서는 아무래도 이 조직체를 낳게 하고 기른 국민계발선전성의 설립 이유와 활동 범위에 대해 일단 소개가 필요하리라고 생각합니다.

2.

1933년 3월 13일의 힌덴부르그 대통령의 고시에 따라, 나치스 정부는 '정부의 정책 및 조국 독일의 민족적 재건에 관해, 국민 사이에 계발선전을 행할 목적으로 국민계발선전성(Reichsministerium fur Volkaufklarung und Propaganda)'을 신설하고 당(黨) 전국선전지도자 닥터 요제프 괴벨스[173]를 국민계발선전대신에 임명했습니다.

위의 대통령 포고는 '국민계발선전성의 개개의 임무는 총리대신이 이를 정한다'고 되어

---

173) 파울 요제프 괴벨스(Paul Joseph Goebbels, 1897~1945). 나치스 정권하에서 선전장관으로 보도통제, 문화통제, 조직적인 유대인 박해를 실행했다. 대중을 최면 상태로 몰고 가는 기술을 개발한 20세기 최고의 정치 연출가로 기록된다. 제2차 세계대전이 끝나기 직전인 1945년 5월 1일 권총 자살했다.

있으므로 이 포고에 근거하여 1933년 6월 30일 히틀러 총통은 외무대신, 내무대신, 경제대신, 식량농업대신, 체신대신, 교통대신 및 국민계발선전대신과 협의하여 '국민계발선전성의 임무에 관한 명령'을 공포했습니다.

이 명령에 따라 국민계발선전대신은 '국민에 대한 정신적 영향, 국가, 문화 및 경제에 관한 선전, 이들의 것에 관한 국내 및 국외 공중의 계발 및 이들 목적을 위해 사용되는 모든 시설 관리에 관한 모든 임무를 관할'하게 됐습니다.

그 결과, 각 성에서 다음과 같은 사무가 국민계발선전대신의 업무 범위로 이행됐습니다.

1. 외무성의 업무 범위에는
   외국에서의 정보사무 및 계발, 외국에서의 예술전람회, 영화 및 운동경기에 관한 사무.

2. 내무성의 업무 범위에는
   일반 국내정책에 관한 계발, 정치대학, 내무대신의 관여하에 행해지는 국민축제일 및 국가적 제전, 신문지[신문과학에 관한 연구소를 포함합니다], 라디오, 국가, 라이프치히의 독일 도서관, 예술[이라고 해도 주의를 요하는 것은 플로렌스의 예술사연구소, 문학 및 예술작품에 관한 저작권보호, 국민적으로 귀중한 예술작품의 목록, 예술 수출에 관한 독일과 오스트리아의 협정, 예술작품 및 기념비의 보호, 풍치(風致) 및 천연기념물의 보육 및 자연보호공원, 특별한 역사적 의의를 가지는 건축물 보존, 국민적 기념물의 보존, 독일민족지연맹, 국가적 명예물에 관한 사무는 제외되는 것이고 이는 동 성 설치의 목적에서 생각해도 당연한 것이라고 생각합니다]. 그리고 아마추어 관현악단을 포함한 음악 보호, 연극, 영화에 관한 사항, 조악품 및 불결물 일소(一掃)의 사항이 이관됐습니다.

3. 경제성 및 식량농업성의 업무 범위에는,
   경제선전, 박람회, 상설시장(常設市) 및 광고사무가, 또한,

4. 체신성 및 교통성의 업무 범위에는
   교통선전, 체신성에서는 더 나아가 라디오에 관한 사무의 일부

가 이관됐습니다. 다시 말하자면 종래 체신성에서 행해지던 라디오에 관한 사무 중 독일 라디오회사 및 일반 라디오회사의 방송국 외에서의 기술적 관리에 관여하지 않는 사항도 이

관됐습니다. 기술적 관리사무 중에서 국민계발선전대신은 그 임무를 수행할 시에 필요한 범위 내에서 특히 라디오시설에 대한 대출조건의 결정 및 청취료 통제에 관여하는 외에 특히 독일 라디오 회사 및 일반 라디오 회사에 대한 국가의 대표행위는 전부 국민계발선전대신으로 이관됐습니다.

국민선전계발대신은, 이상에서 내건 분야에 대해서 입법사무를 포함한 모든 임무의 지도에 임하는 것입니다.

업무수행을 위해 국민계발선전성은 다음과 같은 조직구조를 가지고 사무 분담을 ▶24쪽 행하고 있습니다.

제1부는 행정으로, 재정, 인사, 법률의 3개과로 나뉘고 있는데, 문화 면에서 중요한 것은 법률과입니다. 법률과는 입법, 법률조직에 관한 사항을 소관하고 더 나아가 국문화원(國文化院) 조직을 감독하고 있는 곳입니다. 여기에서 다뤄지는 중요한 법령은 1933년 10월 4일의 편집인법, 34년 2월 16일의 영화법, 33년 5월 10일의 국민상징보호법, 32년 6월 23일의 외국영화상영에 관한 법령, 33년 6월 4일의 잠정적 영화원 설립에 관한 법령 등을 들 수 있습니다.

제2부는 선전이고,

제3부는 라디오,

제4부는 신문,

제5부가 영화입니다.

그 소관사항은 영화법규의 제정, 영화의 검열, 국내외의 필름 및 영화에 관한 사항, 영화공업·영화경제, 영화기술, 영화검열소 및 영화상급검열소, 영화극고문(映畵劇顧問), 시사영화의 8개 항목입니다.

제6부는 연극이고,

제7부는 외국부,

제8부가 저작,

제9부가 조형미술,

제10부가 음악,

제11부가 국민문화노작입니다.

선전성에는 지방국이 설치되어 있는데, 지방국은 국내의 일정 구역을 담당하고, 그 임무에서 언급하는 모든 문제에 대해 선전대신을 보조하며 또 그 명령을 실행하는 것입니다. 선전성의 지방국 지휘자는 1934년 11월 12일의 '국내에서의 국문화원의 활동에 대한 계발선전성 지방국 지휘자의 감시에 관한 명령'에 따라, 그 담당 구역에 대해서는 문화원의 지방관리관을 겸무하고 있는데, 이에 대해서는 나중에 자세히 서술하도록 하겠습니다.

3.

그런데 앞에서 서술한 것처럼 국민계발선전성은 독일문화의 적극적 촉진 및 독일민족 그리고 국가생활에서의 독일문화의 정신적 정돈을 행하는 것을 임무로 합니다. 그런데 이 중대하고 더욱이 광범위한 임무를 수행하기 위해서, 계발선전대신은 1933년 9월 22일의 국문화원법(Reichskulturkammergesetz)에 따라 국문화원을 설립했습니다.

동법에 따라, 국민계발선전대신은 그 임무 범위에 속하는 활동분야의 소속자를 공법단체로 통합하는 임무와 권한을 수여[1조]받았는데, 이에 대해서는 두세 가지 주목할 만한 사항이 있습니다. 다시 말하자면 33년 9월 15일의 독일문화원 개설에 즈음해서 괴벨스 선전상이 설명한 것처럼, 독일문화원은 '정신적 문화통일에서의 모든 창조자의 결합'이며 이에 한해서 하나의 문화활동 조직체입니다. 그런데 문화창조 및 문화생활의 중요한 부분인 과학 및 교육, 종교의 영역은 이에 포함되지 않으니 그 의미에서는 모든 독일문화를 포함하는 조직체가 아니라 어디까지나 문화원이 대상으로 삼는 범위는 국민계발선전성의 임무 범위와 일치하며, 그 이외의 것을 포함하지 않는다는 것이 그 하나입니다. 다음으로는 국문화원은 국민계발선전성의 임무 범위에 속하는 활동분야의 소속자를 공법단체로 통합하는 것이라는 점입니다. 당시 문화의 영역계발에서는 1933년 7월 14일의 '잠정적 영화원의 설립에 관한 법률'[Gesetz über die Errichtung einer vorläufigen Filmkammer]에 따라 잠정적 영화원이 공법단체로서 설립된 이외에 문화관계업자는 모두 사적 조직을 다수로 형성하고 있었음에 지나지 않는데, 1933년 11월 1일의 '국문화원법 제1시행명령'에 따라

독일음악가동맹이 국음악원으로,
전국조형미술동맹이 국조형미술원으로,
전국연극회의가 국연극원으로,
독일저작가연맹이 국저술원으로,

독일신문동맹이 국신문원으로,

국민사회주의라디오회의가 국라디오원으로 개칭됨과 동시에, 공법단체인 성격이 주어져[1조]

이들 6개의 공법단체는 1933년 7월 22일의 '잠정적 영화원의 설립에 관한 시행명령' 제1조에 근거하여, 당시 베를린에 있었던 독일영화사업최고조직[Dach-Organisation]에 공법단체의 성격을 부여하여 설립한 잠정적 국영화원을 국영화원으로 개칭함과 동시에, 이를 하나의 공법단체로 통합하고 여기에 국문화원인 명칭을 붙인 것입니다[법5조 제1시행명령 2조].

이들 각 원을 설립함에 있어서는 위에서 서술한 잠정적 영화원 설립에 관한 법률 및 그 시행규칙이 준용됐는데, 이에 대해서는 나중에 상세하게 언급하겠습니다.

아무튼 이런 과정을 거쳐,

국저술원

국신문원

국라디오원

국연극원

국음악원

국조형미술원

국영화원

의 7개원이 설치됐고, 이들이 국문화원으로 통합됐습니다. 단, 국라디오원은 1939년 10월 28일의 국문화원법 제5시행명령에 따라 폐지됐습니다.

국문화원은 '그 포괄하는 모든 활동분야의 소속자의 협력에 따라, 국민계발선전대신의 지도하에 국민 및 국가에 대해 책임 있는 독일문화를 촉진하고 문화직업의 경제적 및 사회적 사항을 규제하며 이에 소속하는 단체의 모든 활동에 균형을 줘야 하는 임무를 가진다'[문화원법 제1시행명령 3조]고 되어 있습니다.

국문화원 총재는 국민계발선전대신입니다[문화원법 제1시행명령 11조]. 다시 말하자면 괴벨스는 대신 자격과 동시에 국문화원의 총재 자리를 받아들인 것이며, 이 동안의 사정에 대해 괴벨스는 1935년 11월 15일의 문화원로원의 개설에 즈음하여 다음과 같이 말하고 있습니다. 즉, '국문화원 총재는 한 사람이 겸하며, 당의 전국선전지도자의 직무와 국민계발선전대신의 자리를 받아들였는데, 이 삼위일체 속에서야말로 직업직분적 조직과 당과 국가와의 협동에 대한 보증이 주어지고 있는 것이다. 이런 기구에 입각한 삼위일체의 정책이야말로 진정하게 나치스적 세계관을 담당하는 자만이 우리들의 문화생활에 영향을 미칠 수 있다는 것을 보증하는 것이다'라고.

다음으로 국문화원의 구성을 그림으로 해보면 다음과 같습니다.

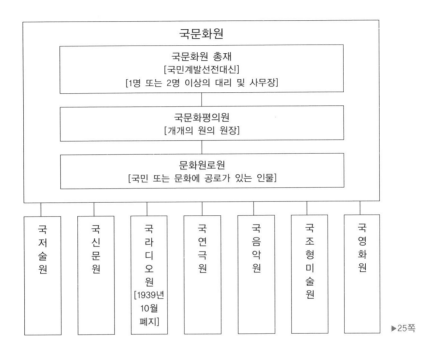

국문화원

국문화원 총재
[국민계발선전대신]
[1명 또는 2명 이상의 대리 및 사무장]

국문화평의원
[개개의 원의 원장]

문화원로원
[국민 또는 문화에 공로가 있는 인물]

국저술원 / 국신문원 / 국라디오원 [1939년 10월 폐지] / 국연극원 / 국음악원 / 국조형미술원 / 국영화원

▶25쪽

이에 대해 간단히 설명하면 국문화원 총재는, 이미 서술했듯이 국민계발선전대신이며 동 대신은 1명 또는 2명 이상의 대리 및 사무장을 임명할 수 있습니다. 개개의 원의 원장은 국문화평의회를 조직하고 총재를 보좌합니다. 국문화원 총재대리 및 그 사무장은 이 평의회의 평의(評議)에 참가할 수 있습니다. 또 국문화원에 문화원로원을 만들어 총재는 국민 및 문화에 공적이 있는 탁월한 인물을 그 소속원으로 임명할 수 있습니다. 이 문화원로원은 1935년 11월 15일에 설립됐습니다.

총재는 개개의 원에 1명의 원장을 임명합니다. 총재는 국문화원의 법률적 대표자인데, 국문화원 및 각 원과 정부와의 사이의 교섭은 국민계발선전대신을 통해서만 허용됩니다.

국문화원 비용은 각 원에 부과하여 이를 징수하는 것으로, 국문화원의 소속자는 직접 소속원과 간접 소속원에 상관없이 갹출금(醵出金) 갹출의 의무를 지게 됩니다. 갹출금 징수에 대해서는 국민계발선전대신이 재정대신과 협의한 위에 재가한 규칙이 있는데 국문화원의 소속자로 두 개 이상의 원에 소속하는 자는 그중 하나의 원에 지불해야 하는 최고 갹출금보다 높은 갹출금을 지불할 필요가 없다고 되어 있습니다.

그럼 예를 들면 신문원이라든가 영화원이라든가 이런 각 원의 조직과 임무는 어떻게 되어 있을까, 이에 대해 다음에 그림으로 설명해보도록 하겠습니다.

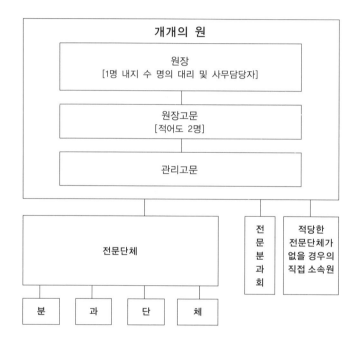

우선 각각의 원에는 1명의 원장이 있습니다. 원장을 임명하는 것은 국문화원 총재입니다. 인선의 범위는 총재의 자유에 맡겨지지만 실제 문제로서는 그 원에 따라 포괄된 직업에 종사하는 자 중에서 임명하는 경우가 많고 또 그 분들이 목적에 맞다고 생각할 수 있습니다.

원장의 보좌기관으로서는 최소한 2명부터로 구성되는 원장고문이 있고 원장고문은 국문화원 총재에 의해 임명되는 것입니다. 국문화원 총재는 1명 또는 2명의 총재대리 및 사무장을 임명한다고 하는데, 이는 이 원장고문 중에서 인선하는 것입니다.

그리고 개개의 원의 원장은 그 원에 포괄되는 각 분야 단체의 대표자로 되는 관리고문회에 의해 보좌됩니다. 관리고문회는 중요한 문제에 대해 원장의 자문에 답신하고 또 원장에 대해 제안을 하는 것을 임무로 하는 것이고 동 고문회의 구성원은 개개의 원장이 임면하는 것입니다.

그런데 개개의 원은 각각의 활동분야에 상응해서 분과단체로 나누어져 있는데, 이들 개개의 원에 설치된 분과단체에 소속함으로써 그 소속원은 개개의 원 및 국문화원에 대한 간접 소속권을 획득하는 것입니다. 다시 말하자면 속된 말로 국문화원의 소속원은 직접적으로는 각 원의 분과단체의 직접 소속원이며 개개의 원 및 국문화원에 대해서는 간접 소속원인 것이 원칙입니다. 단, 적당한 분과단체가 없을 경우에는 원장의 결정에 따라 각 원에 대한 직접적 소속 관계가 인정되지만 이런 자가 많을 경우에는 이런 직접 소속원에 대해서는 가능한 한 분과 단체를 조직하는 것을 요구하고 될 수 있는 한 간접적 소속 관계를 유지하도록 하고 있습니다. 국문화원 그 자체에 대한 직접적 소속은 처음부터 인정되고 있지 않습니다.

국문화원법 제1시행명령 4조에 따르면 생산, 재생산, 정신적 또는 기술적 가공, 보급[기술적 보급 수단의 생산 및 제공도 보급으로 간주됩니다] 및 유지에 따라 문화재 제공 또는 제공의 중개에 협력하는 자는, 그 자의 활동을 관할하는 개개의 원의 구성원이어야 하며 그렇지 않으면 적법하게 일에 종사할 수 없게 되어 있습니다. 이 4조에서 열거한 문화활동의 범위는, 그 후 1934년 5월 15일 독일문화원법 보충법에 따라 더 확대됐고 독일 국내에서 유지되는 연극, 음악 또는 조형미술 시설 또는 이들 예술의 하나를 교수하는 시설은 각각 개개의 원에 가입해야 하도록 했습니다.

만약 개개의 원의 소속원이 되지 않은 채 그 원의 관할에 속하는 일을 하는 자가 있으면 원은 이에 대해 질서벌(秩序罰)을 부여할 수 있습니다[제1시행령 28조]. 그러나 그 경우에도 그 자의 활동 정도가 아주 적거나 일시적인 것일 경우에는 일부러 원의 소속원이 될 필요가 없다는 규정을 개개의 원의 원장은 규정할 수도 있습니다[동 9조].

또 문화재의 제공 중개에 협력하는 자여도, 순수한 상인적 활동인 한, 혹은 또한 국부조직적 활동 또는 기구적 활동이라면 물론 원의 구성원일 필요는 없지만, 그렇지 않을 경우에는 절대로 원의 구성원이어야 하며, 그 경우에는 그 활동이 영업적으로 이루어지고 있는가, 공익적으로 이루어지고 있는가, 개인으로 이루어지고 있는가, 회사로 이루어지고 있는가, 사법단체 또는 사법적 시설에 의해 이루어지고 있는가, 공법단체 또는 공법적 시설에 의해 이루어지고 있는가, 독일 국적 소유자에 의해 이루어지고 있는가, 외국인으로 이루어지고 있는가, 또는 기업으로 이루어지고 있는가, 고용 관계에 있는 개인으로 이루어지고 있는가, 그런 사정은 모두 문제가 되지 않는 것입니다[동령6조].

그런데 문화재라는 것은 예술의 창작물 또는 업적으로 공공에 전달되는 것, 그 외의 정신적 창조물 또는 업적으로 인쇄, 필름 또는 라디오에 의해 공공에 전달되는 것을 말하는 것입니다[동령5조].

다음으로 앞에서 잠깐 언급한 문화원의 지방지부와 국민계발선전성의 지방국과의 관계에 대해 말씀드리겠습니다.

문화원의 개개의 원 및 분과단체는, 지방적으로는 선전성의 지방국에 대응하여 31의 관구에 각각 지방지부를 만들고, 이들 지방지부는 개개의 원의 원장 및 분과단체의 지도자의 지휘명령에 따라 활동하고 있는데, 아까도 말씀드렸듯이 1934년 11월 12일의 '독일 국내의 국문화원의 활동에 대한 선전성 지방국 지휘자의 감시에 관한 총재명령' ▶26쪽 에 따라, 선전성 지방국 지휘자가 지방문화 관리관의 직분을 겸무하여 국문화원 지방지부의 활동을 감시하게 됐습니다.

이 총재명령에 따르면, 지방문화 관리관은 국문화원 총재에만 종속되는 것이며, 이에 지휘명령을 주는 권한을 가지고 있는 것은 국문화원총재 또는 그 대리로 한정되어 있습니다. 물론 문화원의 개개의 원 및 분과단체의 지방지부는 지방문화 관리관의 감시에 따라 방해를 받는 일없이, 종전처럼 개개의 원의 원장 및 분과단체의 지도자에게 종속되어 활동하는 것이며, 이들 지방지부의 지휘명령의 권한에도 아무런 변화가 없는 것인데, 단 개개의 원의 원장은 그 명령 중 중요한 것을 지방문화 관리관에 보고할 의무를 지고 있습니다.

이렇듯 국문화원의 개개의 원 및 분과단체의 지방지부의 활동을 지방문화 관리관의 감시에 굴복시키는 목적은 인적 및 물적 사정 그리고 지방의 특수사정에 정통한 이들 관리관을 참가시킴으로써 중앙정책을 지방에 철저하게 시킴과 동시에 지방에 근거한 유효 적절한 시책을 실시하기 위해서입니다. 문화관리관의 임무는 무엇보다도 우선 각각의 관할에서의 문화활동의 통일과, 일관된 민족사회주의적 문화정책의 실현을 선전대신의 지휘하에 확보하는 것에 있습니다.

4.

그런데 국영화원의 설립사정인데 1933년 7월 14일의 '잠정적 영화원의 설립에 관한 법률' 동년 7월 22일의 동법 시행명령은 1934년 2월 16일의 '영화법'[Lichtspielgeset]과 함께, 우리나라의 '영화법'의 초안 및 영화신체제의 구상에 큰 자극을 줬으며, 이에 대해서는 조금 상세히 설명하도록 하겠습니다. 그러나 독일의 영화신체제도 또 그 대부분이 하루아침에 완성된 것이 아니며, 극히 독창적으로 보이는 시설이나 규정의 내용도 그 역사를 찾아보면 꽤 오래된 시간과 시련을 경험해왔다는 것이 간과되고 있습니다.

대체로 독일은 영화국책에 대해서는 선구를 달린 나라이며, 앞의 대전 직후부터 독일은 영화에 대해 관심을 가지고 국산영화 보호와 지도에 힘을 기울여 우선 1916년의 전시특별법, 1925년의 할당법 및 그 후 수차에 걸친 개정법으로 외국영화에 대한 수입을 제한하고, 국내 시장에서의 국산영화의 지위를 안정적으로 만듦과 동시에 정부는 영화제작에 대한 보조금제도를 만들어 금융난에 고민하고 있던 독일의 영화제작자에 대해 일정한 조건하에 보조금을 교부하여 국산영화진흥책을 취했습니다. 나치스 정부가 되고 나서 이것이 영화은행제도까지 발전한 것입니다.

또 1915년에 베를린에 중앙교육협회가 설립되어, 이것이 연방 및 각 주에서 공공적 시설로서 공인됐고 교육상의 지도기관으로서 또 필요에 따라 문부성 자문기관으로서도 활약했습니다. 1919년이 되어 마찬가지로 베를린에 중앙영화국이 설치됐고, 협회의 분신으로 오로지 교육영화의 인정에만 임했으며 학교에서는 이 영화국이 인정한 영화관람만 허용됨과 동시에 1923년 6월 7일의 흥행세 규칙은 영화국의 설명서를 지니는 영화상영에 대해서는 그 수량에 따라 흥행세를 감면하며 소위 말하는 양화(良畵) 보급 장려책을 강구했습니다. 또 인정 또는 검열을 통과하지 않는 영화에 대해 이를 어떻게 변경 수정하면 인정 또는 검열을 통과할 수 있는가라는 점에 대해서 조언을 하거나, 또 예술적·교육적 영화에 관한 모든 자료를 제공하거나 하는 것도 영화국의 중요한 임무였는데, 우리는 나치스의 영화극 고문제도의 맹아를 여기에서 발견할 수 있습니다.

또 1920년에는 베를린과 뮌헨에 연방영화검열국이 설치됐고, 베를린에 있는 것은 북부 13방(邦)을 관할하며 뮌헨에 있는 것은 남부 각 지역인 바바리아, 비텐베르크, 바덴 및 헤센을 관할하여 두 검열국의 검열도 전국적으로 유효하게 됐습니다. 게다가 검열은 검열주사 1명에 배심 4명으로 한 단위를 구성하고 배심 4명 중 1명은 영화업자, 1명은 예술가, 나머지 2명은 사회사업, 국민교육 또는 소년보호사업에 특수한 경험이 있는 자로부터 선임하게 하였고, 그 외 수출영화에 대한 검열, 18세 이하의 자에게 관람시키는 영화의 특별허가제[우리 나라에서 말하자면 일반용 영화의 인정]도 엄중하게 행하고 있습니다.

이상이 1933년 이전의 독일영화국책의 대략인데, 나치가 정권을 장악한 당시 독일에는 영화관계자단체로서 슈피첸 오르가니사치온[슈피오, Spitzenorganisation, Spio]과 다흐 오르가니사치온[다호, Dachorganisation, Dacho]이라는 두 가지 큰 단체가 있었습니다. 슈피오는 당시 독일영화사업의 기초적 조직으로서 중요한 것인데, 여기에는 영화제작자협회, 독일문화교육영화제작자협회, 독일촬영소협회, 독일영화무역연합, 독일영화대부(貸付)업자사업연합회, 독일영화관주협회의 6개 단체가 가맹하고 있습니다. 잠정적 영화원은 이 슈피오를 모체로 설립된 것입니다[시행명령 1조]. 이 슈피오와 어깨를 나란히 하며 중요한 지위를 차지하고 있었던 것이 다호, 다시 말하자면 독일영화제작예술가보존협회로, 전 독일의 감독, 촬영기사, 배우, 각본가 등이 여기에 참가했는데, 이는 독일문화옹호투쟁연맹의 회장 한스 힌켈[174]이 다호의 명예회장에 취임하고 나서 얼마 안 되어 1933년 5월 8일의 다호 총회에서 해산이 결의됐고 따라서 종래의 소속원은 앞에서 말한 투쟁연맹 또는 나치 경영세포에 소속하게 됐습니다. 나치 경영세포란 히틀러 총통의 위탁으로 경영체를 나치스적 세계관 측으로 이끌고 더 나아가 경영체 내에 나치스적 사상을 확보하는 것을 임무로 하는 것이며, 다호의 해산도 나치 경영세포의 활약 결과인데 경영세포 소속원은 영화의 모든 부문에 들어가며 유태인은 물론이고 자유주의적 영화인을 내쫓는 한편, 세포조직의 소속원에는 모든 편의를 제공하는 방법으로 신체제 수립의 지하공작에 진력했습니다.

1933년 6월 1일에는 주로 제작금융을 목적으로 하는 유한책임회사 영화신용은행이 설립됐습니다. 이 은행은 자본금은 20만 마르크인데 그 외에 1천만 마르크의 신용보증이 있었고 일류영화회사 외에 토키특허회사, 생필름제조회사, 은행 등을 망라했고 정부도 약간의 출자자가 됐습니다. 금융의뢰는 앞에서 말한 슈피오 소속의 영화제작자에 한정됐고, 그 영화제작자가 금융을 받으려고 할 때에는 완성된 영화각본, 배역표 및 그 저작권을 은행에 제시하고 그 승인을 받을 필요가 있었습니다. 제작자에 대해서는 제작비의 70%에 상당하는 외상신용이 주어지고 생필름 제조회사, 녹음장치 대부업자, 촬영소 및 현상공장의 임대인(賃貸人) 등에 대한 지불에 대해서도 마찬가지로 70%에 상당하는 외상신용이 주어졌습니다. 외상신용이 주어진 제작자에 대해서는 그 제작의 진행과 그 작업의 합리화에 대해서 제작자와 같이 일하게 하기 위해 은행은 숙달된 사람을 골라 이를 피신탁자(트러스티)[175]로 임명하는 방법을 취했습니다.

---

174) 한스 힌켈(Hans Hinkel, 1901~1960)은 독일의 언론인이자 나치 독일의 관료였다. 나치가 1933년 정권을 잡은 후, 그는 독일문화 군사연맹의 라이히(Reich) 조직장, 그리고 라이히 문화국의 부장이 됐다. 1942년 말 인민 계몽과 선전 라이히 부의 영화국 과장이 됐고, 1944년 3월 국립영화교육감으로 임명됐다.

175) Trustee.

5.

이와 같은 여러 단계의 준비공작이 끝나고 1933년 7월 14일, 드디어 '잠정적 영화원 설립에 관한 법률'이 공포됐습니다. ▶27쪽

동법에 따라

(가) 잠정적 영화원은 독일영화사업 통일을 위해 설립된 것이며[1조]

(나) 그 임무는 독일영화사업을 총체경제 내에서 촉진하며, 영화사업 각 단체의 서로 간 또는 그 나라, 주 및 지방자치단체[지방자치단체연합]에 대한 요구를 대표하며, 더 나아가 이 분야에서 활동하는 자들 사이에 적정한 조정을 초래하는 것이며[2조]

(다) 영업적으로 또는 공익적으로 기업가로서 영화를 제작, 판매 또는 상영하는 자, 또는 영화제작소로서 영화의 제작에 협력하는 자는, 잠정적 영화원에 가입하지 않으면 적법하게 활동할 수 없음을 명백히 하고, 특히 영화제작자의 범위를 명시하며 단순히 '제작지도자, 영화연출자, 편집자, 각본작성자, 음악지도자, 음악연주자, 촬영기사, 촬영감독, 장치담당, 음악담당, 연기자 등'에 그치지 않고 '영화의 촬영소 또는 가공소의 관리에 임하는 자 또는 영화 부문에서의 저작권 또는 특허권을 가지는 자도' 이를 영화제작자로 간주하고 원에 가입할 의무를 부여한 것입니다[3조].

국민계발선전대신은 동법 7조의 규정에 근거하여 1933년 7월 22일 동법 시행명령을 공포했는데, 동 시행명령에 따라

(가) 베를린에 있던 앞에서 말한 독일영화사업최고조직[슈피첸 오르가니사치온]에 공법단체의 성격이 부여되어 '영화원'이라는 명칭을 가지게 됐고 국민계발선전대신의 감독하에 법 2조 규정의 임무를 수행하게 됐습니다[명령 1조, 2조].

(나) 영화원은

1. 유한책임회사 영화신용은행

2. 영화제작소[극영화, 교육영화 및 선전영화의 제작소, 촬영소의 경영, 필름소재 제작자)

3. 영화가공소

4. 영화판매소[국내 및 국외판매소]

5. 영화상영소[영화극장 경영체]

6. 영화제작소, 영화판매소, 영화상영소에 대한 저작권 및 특허권의 행사소(所)

7. 영화제작에 종사하는 예술가 및 기술가

8. 그 외 영화사업에 속하는 모든 직업군을 포괄하게 됐습니다[명령 3조].

이들 직업군은 분과단체로 조직되어 영화원에 소속되는데 명령 4조 이하의 규정은 거의 전부 1933년 9월 22일의 '국문화원법' 및 11월 1일의 '동법 제1시행명령' 중에 채용되어 실질상 '국문화원'의 전반적 규정으로 됐으며, 그 내용은 이미 설명한 것과 같습니다.

그런데 국영화원은 다음 10부로 구성되어 있습니다.

1. 총무부로, 여기에는 법률, 회계, 인사의 3개과가 있습니다. 왜 법률과를 만들 필요가 있는지, 의문을 가지는 분도 있을 텐데, 영화원 즉 국문화원을 구성하는 개개의 원은 모두 그 관할분야에서의 사업의 경영, 개최 및 폐쇄에 관한 조건을 결정하고, 이런 분야에 속하는 중요한 문제 특히 그 포괄하는 활동 부문 간의 계약 종류 및 구성에 관한 규정을 만들 수 있게 되어 있고[제1시행명령 25조], 또 원장은 개개의 원의 규정을 정하여[동 19조] 소속 분과단체의 규정에 동의하는 일을 맡기고 있으며[동 30조], 이들 일을 각 원이 법률과에 맡기고 있습니다. 영화신체제의 수많은 추진규정이 이 과에서 초안된 것은 이후 서술하는 대로입니다. 게다가 개개의 원이 앞에서 이야기한 25조에 근거하여 발포한 명령에 대해서는 경찰 관청은 요구에 근거하여 시행의 의무를 지는 것입니다[동29조].

2. 정치·문화부로, 이는 국내 신문보고소, 외국 신문보고소, 전국 영화문서과의 3개과로 구성되어 있습니다.

3. 영화창작의 예술적 보호부로, 여기에는 영화고문국과 할당국이 속해 있습니다.

1934년 2월 16일의 영화법은 '독일에서 제작되는 극영화는 영화화에 앞서 극영화각본심사관에게 그 기획 및 촬영대본을 제출하고 사열(査閱)을 받아야 한다'고 규정하여 사전사열제도를 확립하고, 극영화각본사열관으로 하여금 영화제작자에 대해 (가) 각본에 관한 모든 문제에서 원조를 하고 (나) 그 기획[각본] 및 영화의 정정에 조언을 하며 (다) 영화제작업자가 제출한 필름, 각본 및 촬영대본이 영화법 규정에 합치하는지 아닌지에 대해 사열을 진행하며 (라) 금지된 영화에 대해서는 개정하라는 조언을 하고 (마) 시대정신에 위반되는 소재를 다루는 작품을 적시에 저지한다는 임무를 맡기며, 동시에 영화검열소에 대해서는 끊임없이 자신이 허가한 각본 및 촬영대본의 표제(標題)를 통지하여 사무 연락을 취하게 했습니다. 게다가 1934

년 12월 13일의 개정법에 따라 '사열을 받아야 한다'는 '사열을 받을 수 있다'고 개정됐습니다.

다음으로 할당국의 일인데, 1936년 7월 12일의 외국영화 상영에 관한 명령은 독일의 영화제작을 보호할 목적에서 할당국을 설치하여 외국영화 수입을 통제하고, 매해에 수입해야 하는 극영화 수량을 확정합니다. 그리고 그 7분의 4는 전년도 독일 극영화의 배급량에 따라 배급업자에게 분배하며, 7분의 2는 영화상영권을 외국에 매도한 자에 대해 수출판매 수입금의 비율에 따라 주며, 나머지 7분의 1은 완화(緩和) 준비 수량으로서 국민계발선전대신의 자유로운 처분에 유보했습니다. 여기에서 외국영화란 독일의 혈통 및 국적을 보유하는 자 이외의 자가 제작한 영화를 가리키며 독일영화이기 위해서는 독일인 또는 독일법에 따라 설치된 독일 국내에 소재하는 회사가 독일 국내에서 제작하여 그 구상, 각본, 음악을 독일인이 창작한 작품이며 제작지휘자, 연출자 및 그 협력자가 전부 독일인이어야 해서, 결국 아리아인이 아닌 자가 제작에 참가하는 것을 금지한 조항이라고도 볼 수 있는데, 예를 들면 위대한 외국의 예술가 등을 독일영화의 제작에 참가시키는 일이 문화적으로 또 예술적 견지에서 지당하다고 인정될 경우에는 국민계발선전대신이 이 요건을 임의로 완화할 수 있습니다.

4. 영화경제부로, 여기에서는 경제 문제 외에 외환(外國爲替), 저작권, 노동법규 및 세법에 관한 제 문제가 다뤄집니다. 노동법규에 관해서는 34년 1월 12일의 '국민노동의 정비에 관한 법률', 34년 7월 26일의 '노동시간규칙', 34년 4월 26일의 '독일민족국민국경일의 월급지불에 관한 법률', 특히 35년 1월 17일의 '노동조건준칙', 38년 4월 30일의 '소년보호법' 등이 활용됩니다.

5. 영화전문 분과부로, 여기에는 영화제작지휘자[제작지휘자 조수], 영화연출자[연출조수를 포함한다], 영화미술가, 촬영감독[동 조수를 포함한다], 촬영기사[조수, 스틸맨을 포함한다], 녹음기사[조수를 포함한다], 편집자[조수], 배우, 메이크업담당, 대도구, 소도구, 의상담당의 단체가 소속되어 있습니다. 단, 영화각본작가는 국저술원에 소속되고, 영화작곡가는 국음악원에 소속됩니다.

6. 영화제작 전문단체로, 여기에는 극영화의 제작, 영화의 대외무역, 영화촬영소의 세 곳이 소속되어 있습니다.

7. 국내영화배급 분과단체로, 이 분과단체는 베를린, 함부르크, 뮌헨 등 5개의 지역 집단으로 나뉩니다. 이 부에서는 부정흥행자에 대한 거래 거절, 최저입장요금의 장려, 영화임대요금의 통제, 분분한 의견의 조정, 더 나아가 2편 상영흥행의 금지, 뉴스영화 및 문화영화의 강제 상영에 관한 제 규정을 내고 있습니다.

8. 영화극장 분과단체로, 여기에는 베를린 이외 14개의 지역 집단이 있습니다. ▶28쪽

9. 기술분과단체로, 여기에는 필름가공, 필름특허 및 영화기술연구의 세 가지가 있습니다.

10. 문화영화, 선전영화.

이외에 유한책임영화신용은행, 유한책임일반영화수탁회사, 독일영화기술회사, 영화소개소 등의 시설이 속해 있습니다.

이런 조직으로 구성되어 있으니 독일 영화법은 우리 나라 영화법보다도 훨씬 내용이 좁고, 앞에서 설명한 사전 사열(査閱), 검열, 영화의 일반 및 비일반의 인정, 그리고 벌칙이 주요 부분을 이루고 있습니다.

영화상영 허가는 베를린 소재의 검열소가 내리며, 그 결정은 전국에 대해 유효하고 영화 상영허가 및 평가는 관리인 검열관이 결정합니다. 그런데 극영화에서는 4명의 배석을 더하여 진행하고, 의문이 있는 경우에는 전문가, 특히 국민계발선전자의 전문가를 검열에 참가시켜야 합니다. 배석 중 각 1명은 각각 영화사업, 예술 및 저술 등의 소속자일 필요가 있고 각각의 원의 원장이 필요한 수에 따라 배석을 추천하여 국민계발선전대신이 이를 임명합니다. 상급 검열소 구성도 마찬가지인데, 단 여기에서는 불복을 신청한 사람에게 불이익이 되는 판결을 내릴 수 있습니다. 또 일단 허가한 영화여도 계발선전대신은 상영을 금지하고 재검사를 명할 수도 있으며 35년 6월 28일의 제2개정법에서는 허가, 재검열 허가에 상관없이 '공공 안녕의 긴급한 이유에 근거하여' 수시로 영화상영을 금지할 수 있게 했습니다. 그리고 검열소는 영화 검열 외에 교육영화로서 교육에 사용할 수 있는지 아닌지의 결정, 18세를 기준으로 하여 일반용, 비일반용 영화도 결정합니다. 일반적으로 영화상영에 대한 불허의 이유는 '국가 사활적으로 중요한 이익 또는 공적 질서 또는 보안을 해하며, 국민사회주의적, 종교적, 도덕적 또는 예술적 감정을 해하거나 또는 이를 난폭하게 다루거나 거칠게 다뤄, 독일의 위엄 또는 그 대외 관계를 해할 우려가 있다고 인정될' 경우이며, 아동 및 소년영화에 대한 불허의 이유는 앞 이유 외에 그 영화가 '연소자의 도덕적, 정신적 또는 보건적 촉진 혹은 국민적 교육 또는 연소자의 공상을 과도로 자극할 우려가 있을 경우'입니다.

검열은 영화의 화상(畫像), 표제, 이에 부속하는 언어 및 문자에 의한 본문, 영화의 예고편, 광고전단지 등에 미치며, 특히 광고에는 그 영화가 이전(以前)에 금지됐다든지 개정을 명받았다는 것을 밝히는 것이 금지되어 있습니다.

다음으로 영화배급 흥행사정에 대해 한마디 하자면, 1939년 3월 1일 현재의 조사에 의하면

	영화관 수	좌석 수
구 독일	4,938	2,173,564
오스트마르크	787	241,851
주데텐란트[176]	370	139,690
단치히	24	9,616
메멜	4	1,712

즉 영화관 총수 6123관, 좌석 총수 256만 6433석이 되며, 영화관의 82%는 개인 소유입니다. 또 과거 7개년 동안의 구 독일 국내에서의 영화관 입장자는 [각 연도는 4월~3월 31일]

1932~33년	23,840만
33~34년	24,490만
34~35년	25,940만
35~36년	390만
36~37년	36,160만
37~38년	39,640만
38~39년	44,160만

이 되며, 나치스의 정권 장악 이후 국민의 대다수가 조금씩 그 수를 늘리면서 영화관으로 흡수되고 있음을 알 수 있습니다. 이 외에 히틀러 유겐트 주최의 청소년 영화시간의 입장자는 1940년에는 350만으로 증가, 또 독일 근로전선이 주관하는 K. D. F(크래프트 둘히 프로이데)[177]의 영화 이용수는 막대한 수에 이르고 있습니다. 나치스 정부 이전에는 매해 평균 5백 편의 장편 극영화가 시장에 공급됐지만, 33년 이후 영화의 공급 편수를 근본적으로 제한함과 동시에 개개인이 영화를 완전하게 이용할 수 있게 노력한 결과, 1936년에서 39년에 걸친 4개년의 실적은, 1년에 필요로 하는 장편 극영화의 평균 수량을 160편 내지는 180편이라는 수치로 나타내고 있습니다.

---

176)   Sudetenland.
177)   Kraft durch Freude. 나치의 주요 인사인 로베르트 레이 박사가 주도한 KdF 프로그램(Kraft durch Freude, 환희를 통한 힘) 은 여가와 노동의 세계를 일치시킴으로써, 심지어 휴가 중에도 독일 노동자를 제어하고 교화하는 것이 그 목적이었다.

그리고 독일에서는 약 60개의 제작회사가 해마다 140~160종의 극영화, 약 40종의 문화영화, 교육영화, 약 600종의 공업선전영화를 제작하고, 독일영화기업에는 오늘날 최저 5억 라이스마르크의 자본이 투하됐으며, 총계 5백 명이 영화에 종사하고, 영화극장에는 약 4억 5천만 라이스마르크의 자본이 투하됐고 대략 2만 5천 명의 사람이 일하고 있다고 전합니다.

뉴스영화는 더 나아가 독일 영화사업의 발전을 초래하고 있습니다. 독일영화는 지금 베를린, 뮌헨, 빈, 프라하의 어디서나 제작되고, 빈에서는 전시임에도 상관없이 영화도시 '로젠휴겔'[장미의 언덕][178]이 건설되어 같은 장소에 유럽 최대의 동시녹음 스튜디오가 완성됐고 뮌헨, 베를린에는 소형 스튜디오가 만들어져 새로운 제작소가 창설됐습니다.

그리고 38년 3월 18일의 총통령에 근거하여 '영화, 특히 영화예술의 나치적 정신에 의한 발전을 확보하기 위해 베를린 근교 노이 바벨스부르크의 소유지에 건설된 국영독일영화아카데미에 대해서는 상세하게 언급할 여유가 없으니, 독일은 이 정도로 하고 이탈리아로 넘어가겠습니다.

6.

이탈리아는 앞 대전 당시부터 이미 마르크시즘, 아나키즘, 볼셰비즘에 편승하여 전후 베르사유 조약의 실패와 맞물려 정치적·사회적 불안이 점점 높아져 전후 독일과 마찬가지로 정치, 경제, 사상의 혼란을 초래했고 국가의식, 국민감정 역시 현저하게 위축(萎微)됐습니다. 그런데 파시스트당의 당수 베니토 무솔리니가 군주제 지지, 파시스트혁명을 성명, 1922년 12월 28일 구국의 열성 넘치는 역사적인 로마대진군을 감행한 지 벌써 20년, 파시스트 이탈리아는 이미 시험실에서 당당하게 세계로 진출할 수 있습니다.

파시스트 이탈리아의 사상에 따르면 국가는 개인이나 계급을 초월한 존재이며 국민 전체의 이익을 대표하는 것이고, 개인의 권리, 계급의 권리는 단지 국가의 이익과 일치하는 경우에만 진리이며, 모든 자유는 국가의 의지와 일치하는 내에서만 자유입니다. 거기에는 또 자본가도 없고 노동자도 없으며, 있는 것은 단지 파시스트뿐이며 파시스트가 국가를 운전하고 국가를 키우고 국가를 이끌어간다고 생각한 것입니다.

이탈리아는 나치스 독일에 앞서 파시스트적 계발선전에 성공한 나라입니다. 원래 1922년부터 1924년까지 준의회주의 시대에는, 파시스트도 자기 당의 기관신문이나 당조직을 통해

---

178) Rosenhügel-FilmStudios. 오스트리아 빈의 외곽에 세워진 스튜디오로 1919년에서 1923년까지 운영됐다.

행해지는 선전지도만으로 만족해야 했고, 일반 언론 등에 대한 파시스트의 검열도 조금 덜하기는 했습니다. 그런데 예의 의회 반대파가 일소된 마테오티[179) 사건 후에는 파시스트는 공연히 정치, 경제, 문화 등 모든 영역에서 적극적인 통제에 나서, 1929년에는 일단 그 목적을 달성하기에 이르렀습니다. 이런 적극책에 따라 사회주의는 물론 개인주의, 자유주의 입장에 있는 것, 국가적 세균이라고도 할 만한 유태인은 공적 생활 면에서 일소되기에 이르렀습니다. ▶29쪽

파시스트정부가 문화 면에서 가장 힘을 기울여 통제한 것은 교육, 신문, 라디오이며, 문예, 미술, 연극, 영화도 물론 그 예시 중에 누락된 것은 아닌데, 이 통제방식에 대해서는 근본에 깔려 있는 파시스트국가의 구성원리와 파시스트의 문화이념이 문제가 됩니다.

하나는 파시스트 이탈리아는 농업, 공업, 상업, 해상, 항공운송, 육상, 내지 수운, 은행, 보험의 직업을 가진 이들, 더 나아가 저널리스트나 학자 등의 자유직업을 가진 이들이 국가를 영위하는 원동력이라고 생각하고, 앞의 6개의 직업을 대표하는 자본가와 노동자의 각 하나씩의 조직 외에 자유직업의 조합을 하나 공인하여, 이 13개의 국가공인조합 위에 파시스트국가의 경제와 입법조직이 세워졌고 정부는 이들 공인조합을 통해서 통제를 하고 있는 것입니다.

다음으로 파시즘의 문화관인데, 이를 이론으로 보면 사상적으로는 비코[180)나 크로체[181) 등의 철학, 파레토[182)등의 사회학자의 고전주의이자 역사주의이며, 젠틸레,[183) 알리오타,[184) 마리네티[185) 등의 행동주의나 다이너미즘이고, 그리고 이들에게 일관하고 있는 것은 고대 로마인의 이상을 현대적으로 재창조하는 것입니다. 다시 말하자면 현대 이탈리아의 문화의 근본은 이론으로서는 고대 로마의 세계사적 관념, 형식으로서는 풍토적으로 융합 통일된 종합적 체제, 정신으로서는 민족적인 발전을 목표로 하는 행동적인 사상, 이 세 가지를 주요한 원칙으로 삼고 있습니다. 따라서 파시즘 문화라고 해도 결코 독특한 고정적인 문화단위를 창조하는 것이 아니라 고금(古今) 내외의 문화를 파시스트적 세계관에 근거하여 총합하고, 현대 이탈리아의 이상으로 삼는 입장에 따라 이를 발전시키고 표현하는 곳에 그 성격이 있는 것입니

179) 자코모 마테오티(Giacomo Matteotti, 1885~1924). 1924년 파시스트들에 의한 이탈리아의 사회당 당수 마테오티의 피살 사건으로 파시스트들의 몰락을 가져오는 듯했으나, 결과적으로 무솔리니가 이탈리아의 절대적인 독재자로 군림하게 됐다.

180) Giambattista Vico(1668~1744).

181) Benedetto Croce(1866~1952).

182) Vilfredo Frederico Damaso Pareto(1848~1923).

183) Giovanni Gentile(1875~1944).

184) Antonio Aliotta(1881~1964).

185) Filippo Tommaso Emilio Marinetti(1876~1944).

다. 단, 파시즘 문화는 앞에서 말했듯이 젠틸레 철학의 행동주의, 알리오타 철학의 정신적 현실주의, 파레토 사회학의 선량순환설 등의 철학적 업적을 엿보고 나서, 문학이나 미술이나 연극이나 영화에 세계적 수준에서 봐서는 물론 파시즘문화의 입장에서 봐도 이른바 시험작 기간에서 한발도 나오지 못한 채, 앞으로 완성되리라고 약속하는 것에 지나지 않는 것이 일반적 정평인 것 같습니다. 일찍이, 이렇게 말을 해도 오래된 1933년의 일입니다. 무솔리니는 이탈리아연극의 부진의 원인을 둘러보고, 장래의 방향을 제시하면서 이렇게 말했습니다. 이것은 동년 5월 '저작가협회'에서 행한 연설의 요지인데, '현대 이탈리아의 연극은 너무나도 반성적이어서 어렵게 느껴지며 또 비현실적인 작품이 너무 많아 현대의 희곡가는 어떻게 써야 할 것인가를 모두 망각하고 있다. 이것이 현대 이탈리아연극이 비극에 처한 가장 큰 원인이다. 소위 말하는 '연극의 위기' 등은 만약 극작가가 눈을 크게 뜨고 현대 혹은 고대 이탈리아의 위대한 추진력을 자각한다면 여기에서 일소될 것이다. 실로 연극이란 것은 거대한 총합적 열정을 이끌어내야 하며, 인간의 활력 있는 더 나아가 심원한 의식으로 영감을 받고 이리하여 이를 재현해야 하는 것이어야 합니다. 이 의식이야말로 인간정신과 인간극복을 솔직하게 인정하는 것입니다'라고. 생각건대 이탈리아영화의 장래 방향을 암시한 말이라고도 할 수 있다.

이탈리아영화의 역사는 유구하며 1906년경부터 영화가 조금씩 제작되기 시작했는데, 이탈리아영화가 가장 화려했던 시대는 1914년부터 1919년 말까지로, 대전 후에는 미국, 독일의 세력에 의해 압도됐고, 이탈리아영화 옹호를 위해 이탈리아영화업조합[U·C·I][186]이 창립되어 기존 영화회사의 트러스트화를 진행하여 제작, 배급의 독점화를 꾀하는데 이에 대항하여 페르토[187] 회사가 설립됐고 전자는 〈쿠오 바디스〉[188]의 재영화화로 큰 손실을 불렀으며 후자도 또한 〈폼페이 최후의 날〉[189]로 경제적 파탄을 보였다. 이탈리아영화의 모든 제작기능은 1926년을 경계로 거의 중지 상태에 빠졌습니다. 단, 1911년경부터 영화사업에 편승한 스테파노 피탈루가의 피탈루가 회사가 미국자본과 제휴하여 작품을 제작하여, 겨우 이탈리아영화의 여명을 이었고, 토키 부흥시대에 토키제작에 종사할 수 있었던 것은 치네스[190]를 합병한 치네스 피탈루가[191] 1개사뿐이었습니다.

---

186) Unione Cinematografica Italiana(UCI).

187) Ferto사. 1919년 로마를 중심으로 설립된 이탈리아영화연맹사가 각 회사 간의 트러스트화를 강제로 진행했는데, 이에 대항한 페르토사는 토리노에 본사를 만들었다. 이 두 회사는 방만한 경영 탓으로 1920년대 둘 다 문을 닫고 말았다.

188) 〈Quo Vadis?〉(Unione Cinematografica Italiana, Gabriellino D'Annunzio · Georg Jacoby, 1925)

189) 〈Gli ultimi giorni di Pompeii〉(Società Italiana Grandi Films, Carmine Gallone · Amleto Palermi, 1926)로 추정된다.

190) Società Italiana Cines.

191) Cines-Pittaluga.

한편 오래전부터 이탈리아는 넓은 의미에서 문화영화 제작에 종사해온 루체[LUCE][192]가 닥터 데 페오에 의해 설립됐습니다. '루체'는 교육영화연맹, 즉 L'Unione Cinematografica Educativa의 약칭입니다. 이 회사는 1914년부터 국가의 자금융통을 받아 급속하게 발달하였고, 1920년에는 이미 정부 관리를 받고 있었습니다. 그런데 파시스트 정권이 확립되자마자 영화를 정치선전, 민중계발의 무기로 이용하기 위해서 1926년에는 유럽에서 솔선해서 영화법을 제정함과 동시에 루체를 국립선전교화영화협회(Instituto Nationale per la Propaganda e la Cultura[193] a mezzo del Cinema)로서, 이를 통해 이탈리아영화의 신체제 수립을 단행한 것입니다.

루체는 관영이 아니라 준공공단체로 250만 리라의 자본으로 일을 하고 있었습니다. 루체의 모든 활동은 정부로부터의 보조금, 일반 제작영화의 판매, 정부의 선전사진, 영화제작에 대한 지불금 등으로 영위되고 있는데, 가장 중요한 수입은 역시 이탈리아의 모든 영화관에서 올리는 수입입니다.

무솔리니 수상은 루체의 정부위원을 지명합니다. 루체위원회는 무솔리니 수상의 개인 대표, 정부정보국 대표, 다섯 성(省)의 대표 및 파시스트당의 대표로 이루어지며 위원장도 또한 무솔리니 수상의 지명으로 임명됩니다. 이 루체위원회가 결정하는 각종 결의, 루체영화의 제작, 배급 및 외국영화와의 교환 등의 제 문제를 결정짓는 연차 프로그램 편성에 관한 결의 등은 모두 무솔리니 수상의 비준을 얻어야만 실시될 수 있습니다.

1928년에는 루체의 분신으로서 엔테[Ente Nationale]가 설립되어 이것 또한 선전교화 또는 문화영화 제작에 종사함과 동시에 국민영화 제작의 보호장려를 이루는 권한이 주어지는데 그 보호하에 있는 제작자가 적습니다.

루체는 엔테와 함께 이탈리아의 선전계발영화, 교육 또는 문화영화의 대부분 전부를 제작하고 그 외 보통의 극영화도 제작하고 있습니다.

루체는 영화배급사업을 독점하고, 독립 프로덕션의 영화배급은 루체의 손을 거쳐야 합니다.

루체는 국내 일류의 영화관을 그 세력 밑으로 모으고 있습니다. 영화관은 1926년의 영화법에 따라 그 상영 프로그램 중에 반드시 루체[나중에 엔테] 작품을 더해야 하며 이 규정에 위반한 영화관은 지방장관이 일시적 또는 영구적 폐쇄를 명할 수 있습니다.

루체 및 엔테의 제작영화는 검열을 받을 필요가 없습니다. 1923년 9월 4일에는 이탈리아의 대외관계에 악영향을 미칠 것 같은 영화의 수출을 금지하는 특별규정이 만들어졌는데,

---

192) 1924년 설립. 전국영화교육연맹 Istituto Nazionale LUCE(L'Unione Cinematografica Educativa).
193) 원문의 Eultra는 오식으로 보인다.

1928년 4월 9일에는 칙명에 따라 영화검열위원회가 설치됐고, 1931년에는 그 조직이 일부 개정되어 위원이름 중에 파시스트 당원이 1명 추가됐습니다. 검열규칙 및 검열방침이 극히 엄중하고 반국가적·반파시즘적 영화 상영이 절대로 허가되지 않는 것은 물론입니다. 그리고 이탈리아에서는 15세를 기준으로 하여 일반용, 비일반용 인정이 행해지고 있습니다. ▶30쪽

또 이탈리아 정부는 국민영화를 보호 장려하기 위해 1927년 10월 1일 영화할당법을 실시하여, 각각의 외국영화와 내국영화의 상영비율을 변경했는데 종래는 국산영화의 편수가 예상만큼 안 만들어졌고 오히려 독일, 프랑스 등과의 사이에 영화수출입에 대해 체결한 호혜조약에 따라 외국영화를 수입하여 그 부족함을 보충하던 시대가 있었습니다.

토키제작에는 이탈리아어 이외의 언어를 사용하는 것이 금지됐고, 1933년에는 더 나아가 외국영화는 이탈리아에서 이탈리아어로 재녹음하는 것이 원칙적으로 요구됐습니다.

한때 이탈리아 정부는 국민영화 제작에 대해 보조금을 지급할 것을 성명했는데, 1933년 10월에 이 제도를 폐지하고 우수한 국산영화에 대해 상금을 주는 제도를 확립했습니다.

더 나아가 1936년 초에는 치네시타 영화도시가 완성됐고 이탈리아영화에 르네상스가 도래했습니다. 이 촬영소에서는 이미 대사극(大史劇) 〈시피오네 아프리카노〉[194] 〈주세페 베르디 전기〉[195] 〈에토레 피아라모스카〉 〈크리스토퍼 콜롬보 전기〉가 속속 제작됐고, 치네스 피탈루가, 아스트라 등의 제작회사와 함께 2백 수십 편의 영화를 제작할 목표를 세우고 있었던 것이 1939년 말의 상황이었습니다.

그리고 1933년부터 베니스에서 개최되는 베니스국제영화전 ─ 이는 지금 대전에 의해 중단됐지만 ─ 이 세계 유일의 영화문화의 회합, 국제적 영화행사의 연중행사가 된 것은 여러분도 아시는 바입니다. 파시스트 정부는 이렇게 해서 영화문화 향상에 노력함과 동시에 영화에 의한 학교교수(敎授) 촉진에도 뜻을 두었는데, 특히 상급학교는 필름 라이브러리를 가지고 있어 그 수용에 응하는 것도 루체의 중요한 일 중 하나가 될 정도입니다.

그 외 파시스트의 대중문화시설인 '도포 라보로'[196]라는 것은 '일한 후'라는 의미인데, 노무자들에 대해 하루 일이 끝나고 나서 무절제 해지는 시간을 유리하게 사용하게 하여 생활의 향상을 꾀하는 운동으로 나치 독일의 '크래프트 둘히 프로이데'와 같은 취지의 것인데, 그 사

---

194) 시피오네 아프리카노(Scipione L'Africano, 236~183 BC)는 고대 로마의 장군이었다. 제2차 세계대전 중 이탈리아에서 그의 이름을 딴 순양선이 만들어졌다.

195) Giuseppe Fortunino Francesco Verdi(1813~1901). 19세기 이탈리아를 대표하는 낭만파 음악가.

196) 1925년 5월에 만들어진 전국도포라보로사업단(Opera Nazionale Dopolavoro)이 진행한 운동이다. 1927년에 정식으로 파시스트민족당기구로 편입됐다. 독일 나치의 KdF는 이탈리아의 OND의 영향을 받아 1933년에 만들어진 것이다.

업을 크게 나누면 (가) 민중·교육문화사업으로서는 연극순회차, 토요극장, 음악공개, 악대편성, 영화라디오반, 역사창작경기, 간이도서관, 향토무용 등을 하며 (나) 체육생 (다) 사회보건사업 등이 동시에 '도포 라보로'의 손에 의해 행해지게 됐습니다. 한마디로 말하자면 국민에게 휴양을 하게 함과 동시에 파시즘의 정신적 훈련을 주는 사업으로 '크래프트 둘히 프로이데'와 견주어 파시스트 문화정책 중에서도 가장 성공한 것입니다. 여기에서의 영화이용 상황을 상세히 알 수 있으면 좋은데 최근의 것은 자료가 없어 유감입니다.

이상으로 글이 전후로 되어 있거나 의도하던 바를 이루지 못하거나 매우 잡스러운 이야기로 끝나고 말았는데 장시간에 걸쳐 청취해주셔서 감사하며 이 이야기를 끝내도록 하겠습니다.

영화순보

映画旬報

1943년

1943년 1월 11일 | 신년특별호, 제69호 | 55~64쪽

영화흥행개론(1)
[영화배급사 직원양성소 강연록]

도호영화 영업부장 이세키 다네오(井関種雄)

영화흥행의 역사는 대략 40년 정도가 됐는데, 4월 1일에 사단법인 영화배급사가 생겨, 영화배급방법이 여기에서 혁신적으로 변해버렸습니다. 영화의 흥행방법도 많이 변화하고 있습니다. 그러나 흥행에 대해서는 일관적인 생각이 있으며, 또한 과거의 전통이 있으니 예전의 흥행방법이 전혀 도움이 안 되는 것도 아닙니다. 이런 의미에서 예전의 흥행방법, 다시 말하자면 4월 1일 이전의 흥행방법도, 배급방법이 바뀌었으니 오래됐다고 해서 버려버리는 것도 반드시 좋은 것은 아닙니다. 이 점을 특히 미리 양해해주길 바라며 이야기를 진행시키고 싶습니다.

영리를 목적으로 하여 영화를 공중 관람에 제공하기 위해 상영하는 것을 영화흥행이라고 합니다. 이 정의는 어디에 있는가 하면 경시청령의 영화법 시행세칙 제1조 제2항에 이 규정이 있습니다. '영화흥행이란 영리를 목적으로 하여 영화를 공중 관람에 제공하기 위해 상영하는 것을 말한다.' 다시 말하자면, 영화를 대상으로 하여 이를 관중, 일반 대중에게 보여주고 이로써 얻은 관람료 ― 수입 ― 이것을 우리들 쪽에서는 흥행수입이라고 합니다. 흥행수입과 그 흥행에 필요로 한 비용이라는 것의 차액(差引) 손익, 그로 인해 이윤을 얻는 기업, 그것을 영화흥행이라고 하는 것입니다.

이미 아시다시피, 영화사업은 제작, 배급, 흥행의 세 부분으로 크게 나뉘는데, 결국 흥행이 영화사업에서 최후의 마무리를 하는 부분에 해당합니다. 제작도 배급도 흥행이라는 과정을 거치지 않으면 영화사업으로서 성립하지 않습니다. 이것을 말을 바꾸어 말하자면, 영화흥행이 잘되는지 안 되는지에 따라 결국 제작도 배급도 좌우되는 것이 매우 많습니다. 그만큼 영화흥행은 중요한 것이고 영화를 대중에게 보여줘야만 처음으로 영화기업이 완성되는 것인데, 대중을 대상으로 하지 않고서 영화는 존재하지 않는다고 해도 과언이 아니라고 저는 생각합니다.

이 제작, 배급, 흥행 부문 중에서, 제작 쪽은 이번 4월에 있었던 영화신체제에 따라 쇼치쿠주식회사, 도호영화주식회사, 대일본영화제작주식회사라는 세 회사로 통합된 것은 여러분이 이미 들었으리라 생각합니다. 시사영화 쪽은 동시에 니혼영화사로 통합됐는데, 시사영

화는 니혼영화사에서 만들어집니다. 문화영화는 현재 당국과 여러 절충 중인데 이야기가 아직 정리되지 않았지만, 이것도 가까운 장래에 한 회사 또는 2, 3개사로 통합될 것입니다. 제작 방면은 간신히 지금 이야기한 4개 아니면 5개 회사로 통합됐고, 또 배급 쪽은 아까 말씀드린 사단법인 영화배급사가 일원적으로 배급하고 있습니다. 이는 극영화, 시사영화, 문화영화, 종류에 상관없이 전부 일원적으로 영화배급사가 배급하고 있는 것입니다.

제작 및 배급 쪽은 이렇게 이 기업을 경영하는 회사나 단체의 숫자가 매우 적습니다. 그런데 흥행은 어떨까요. 흥행에서는 현재 일본 내지 전국에 있으면서 영업을 하고 있는 영화상설관 수가 2524개관이 있습니다. 이 2524개관이라는 숫자는 배급사가 배급을 개시하고 나서 6월의 실적에 따라 나온 숫자입니다. 영화배급사가 업무를 개시하기 이전의 원래 상태에서의 영화관 수는 대략 일본 전국에서 2천 3백 개 정도일 것이라고 했었는데, 영화배급사가 새로운 방법으로 영화배급을 시작하고 나서 3개월째인 6월에는 영화상설관 수가 2524개관 있었습니다. 그래서 지금 말씀드린 2천 5백 개의 영화상설관이 전국에서 인구 약 1만 명 이상의 소도시에서 도쿄, 오사카 같은 대도시를 중심으로 하고 있으며 전국에 마치 고기를 잡는 그물처럼 이 상설관이 망을 뻗고 있는 것입니다.

이를 통해서 아까 말씀드린 세 극영화 제작회사에서 만들어진 작품과 시사영화 및 문화영화가 어떤 일정한 방식으로 대중에게 제공되고 있는 것입니다. 이외에 영화를 대중에게 보여주는 방법으로는 영화상설관을 통하지 않고 집회장에서 영화를 흥행하던지 혹은 현재 영화배급사라든지 대정익찬회에서 하고 있는 순회영사라는 것도 있는데, 아까 말씀드린 영화흥행과, 흥행이 아닌 영화상영으로 영화가 전국에 배포되고 있습니다. 상설관 방식의 상영방법으로 일반 대중에게 영화가 제공되는 것입니다. 그런데 아까 말씀드린 제작, 배급 부문과 달리 이 2천 5백 개관, 이것이 어떤 프로그램에 따라 경영되고 있는가를 말씀드리자면 제작회사인 쇼치쿠 등이 직접 흥행 부문에서 경영하고 있는 것, 이를 직영관이라고 합니다. 그런데 쇼치쿠가 전국에 약 140개관, 도호영화가 약 100개관, 그리고 닛카쓰가 약 50개관, 도쿄다카라즈카 및 그 방계회사가 약 35개관의 영화관을 경영하고 있습니다. 그 외에도 5, 6개관이나 7, 8개관인 영화관을 통합해서 경영하고 있는 회사도 있습니다만, 대체로 전국적으로는 지금 말씀드린 2천 5백 개관의 영화흥행장의 경영체는 지금의 큰 회사인 ▶55쪽 도호, 쇼치쿠, 닛카쓰, 다이에이, 도쿄다카라즈카, 그 외 2, 3개의 흥행회사를 넣어서 1천 이상이 되리라고 생각합니다.

이렇게 해서 그것이 각 지방의 사정 또는 경영체 자신의 사정으로 여러 가지 바뀐 이념하에 흥행을 하고 있으니, 이를 뭐라 할까 사회적 또는 국가적 성격을 부여하여 한 방향으로 향하게 하는 것은 매우 어려운 일입니다. 그래서 정보국이 제창해서 완성된 영화신체제도 제작 및 배급은 그렇게 무난하게 통제할 수 있었는데, 이 흥행만은 좀처럼 간단하게 손을 댈 수 없는 복잡함을 가지고 있습니다. 그래서 생각하는 것처럼 통제할 수 없고, 또 한 방향을 향해 국가목적으로 흥행을 가지고 가려는 것은 꽤 어려운 일입니다. 그러나 국책을 위해 또는 국민문화 진전을 위해 영화를 그 방향으로 향하게 하기 위해서는, 아무래도 일반 대중과 접촉이 많은 흥행을 어떤 한 방향으로 통제해나가야 영화의 신체제를 실현할 수 있지 않을까 하고 생각합니다. 그래서 이를 어떻게 하면 완성할 수 있을지에 대해서 정보국으로서도 또 영화배급사로서도 여러 가지로 고심했고, 그 업무규정 및 그 외에서 어떤 종류의 통제와 비슷한 것을 시행하고 있지만, 결국 이는 영화흥행자가 스스로 자각하고 그리하여 사회정세, 시국을 인식하여 국책 선에 맞추는, 소위 말하는 시국에 따른 흥행을 하지 않는 한 좀처럼 이 2천 5백 개관이나 있는 영화관을 한 가지 색으로 통제하는 것은 어려울 것 같다고 생각합니다.

영화흥행의 종류

영화흥행 종류는 이것을 흥행장으로 분류하면, 상설영화흥행장에서의 영화흥행이 그 하나입니다. 두 번째는 상설영화흥행장 이외의 장소에서의 영화흥행. 세 번째는 가설흥행장에서의 영화흥행, 대체로 흥행장에 의한 분류는 이 세 가지입니다.

상설 영화흥행장에서의 영화흥행은 나중에 말씀드리겠지만, 감독관청의 허가를 얻어 상시 영화를 상영하며 제일 처음에 말씀드린 영화흥행의 정의에 맞는 영리를 목적으로 하여 영화를 공중의 관람에 제공하기 위해 상영하는 것을 목적으로서 설치한 흥행장에서의 흥행입니다. 상설영화흥행장 이외의 장소에서의 영화흥행이란, 예를 들면 도쿄에서 말하자면 히비야 공회당이라든가 청년회관이나 군인회관 같은 집회장입니다. 그래서 임시로 영화를 상영하여 수익을 목적으로 하여 일반 관중에게 보여주는 흥행을 말하는 것입니다. 이는 나중에 말씀드리겠지만 상설흥행장 이외의 장소에서 흥행하는 경우, 예를 들면 집회장 같은 경우는 한 달 동안 영화흥행 일수는 10일로 한정되어 있습니다. 10일 이상은 영화를 흥행할 수 없습니다. 세 번째 가설흥행장에서의 영화흥행 — 가설흥행장이란 예를 들면 텐트를 친다든가 또는 발을 친다든가 옥외 등에서 하는 흥행인데, 이는 최근에는 도쿄와 같은 대도시에서는 거의 없습니다. 상당한 벽지인 시골 쪽에 가면 있을지도 모르겠지만 지금은 거의 없을 것 같습니다. 이것이 흥행장의 종류에 의한 영화흥행의 분류입니다.

그리고 이 영화흥행의 분류방법을 상영영화에 의한 분류라는 입장에서 이를 분류하면 그중 하나가 소위 말하는 극영화를 주 프로그램으로 하는 영화흥행, 이것은 원래 두 개로 나뉘어 있었습니다. 극영화를 주 프로그램으로 하는 영화흥행 중 외국영화를 주 프로그램으로 하는 흥행과 일본영화를 주 프로그램으로 하는 흥행의 두 가지로 분류할 수 있는 것입니다. 이것은 아까 말씀드린 것처럼 4월 이후에는 영화배급사의 배급방법 변혁에 따라 외국영화 흥행은 없어졌습니다. 가령 극영화를 주로 하는 프로그램에 의한 영화흥행을 나눈다면 외국영화를 주로 하는 것과 일본영화를 주로 하는 것의 두 가지로 나눌 수 있습니다. 그리고 새로운 배급방법으로 바뀌고 나서 지금 외국영화를 전문으로 상영하는 소극장이 없어졌다고 말씀드렸는데, 이것은 나중에 말씀드리겠지만 변선외극장에서 아직 외국영화를 전문으로 상영하고 있는 곳이 있습니다. 외국영화의 수입도 역시 감독관청의 허가를 얻어 수입해야 하기 때문에 그 편수가 제한되어 있으니 앞으로는 아마 외국영화를 주 프로그램으로 하는 영화흥행은 없어지지 않을까 합니다.

다음은 뉴스영화, 문화영화를 주로 하는 프로그램이라는 영화흥행, 이것은 세간에서 뉴스관이라고 하는 극장이며 주로 대도시에 존재하는 흥행법입니다. 지금은 뉴스는 일주일에 1편밖에 없지만 뉴스 1편과 문화영화, 그 외 단편, 또는 문화영화 2, 3편과 단편영화 2, 3편을 한 프로그램으로 하고 있는 흥행이 소위 말하는 뉴스극장이라고 하는 부류에 속하는 방법입니다.

이것이 대체로 흥행장을 주로 하는 입장에서 분류한 영화흥행의 종류 및 상영하는 영화에 따라 나눈 영화흥행의 분류입니다.

영화흥행의 연혁

원래 영화흥행은 어디에서 발달해온 것인지를 생각해보면 대체로 영화흥행의 가장 처음은 볼거리(見世物), 축제 등에 가면 자주 볼 수 있던 볼거리 흥행에서 점점 영화흥행으로 발달해온 것이 아닐까 하고 생각합니다. 그래서 일본에서의 영화흥행의 가장 처음이 무엇일지는 여러 문헌 그 외에 실려 있는데, 이것은 외국에서도 마찬가지라고 생각합니다. 영화가 오늘날까지 발달한 가장 처음은 여러분이 알고 있는 토마스 에디슨의 키네토스코프로 움직이는 사진이 발명되어 처음에는 배가 달리는 모습이라든가 또는 기차가 달리는 모습 같은 것을 찍었고, 사진으로 그림이 움직이는 것이 하나의 볼거리 대상이 된 것입니다. 그러므로 미국 등에서도 아직 흥행을 하는 사업을 쇼비지니스라고 하며, 이를 기업으로 하면서 그 사업에 관련하는 사람을 쇼맨이라고 부르고 있습니다. 일본에서도 토마스 에디슨이 발견한 키네토스코프가 처음 들어왔는데 매우 진귀한 것이라고 하니 이를 볼거리의 대상으로 삼은 것입니다. 그 이전에는 결국 '엿보기'라고나 할까, 엿보기 식의 물건이었습니다. 대체로 볼거리의 대상이었습니다. 이것이 점점 발달하여 오늘날의 영화흥행이 된 것입니다. 이것이 오늘날까지 발달하는데 여러 변혁을 거쳐 오늘날에 이른 것입니다.

대체로 이 시기를, 지금 말씀드린 볼거리의 소위 말하는 흥행사가 다룬 시대, 그 후 조금 기업화됐고 그 당시에는 주로 프랑스나 이탈리아의 외국물 같은 매우 짧은 단편을 수입하여 흥행하던 시대, 이어서 영화가 정말 오락의 대상으로 하나의 극적 요소를 그 안에 넣어 지금 말하는 영화가 성립한 이후의 흥행에서 무성영화 전성시대로, 그 후 토키가 발명되어 이것이 일본의 영화흥행에 많은 변혁을 주었던 시대, 그것이 가장 최근까지인데 아까 말씀드린 4월 1일의 영화신체제 이후의 흥행은 대체로 이 네 가지로 나눌 수 있다고 생각합니다. ▶56쪽

이런 과정을 거쳐 영화흥행이 발달해온 관계상, 특히 가장 처음에 취급한 사람 — 전체적으로 지금 말씀드린 볼거리라는 것을 취급한 사람이 이것을 자연적으로 다루게 됐고 그것이 점점 발달해서 영화흥행으로서 하나의 기업으로 성립되게 된 것입니다. 그러니 영화흥행이 영화사업 중 가장 구체제인 것입니다. 구체제의 원인은 대체로 이런 부분에 있었으리라고 생각합니다.

또 하나의 구체제 — 이렇게 구체제라고 말씀드리면 이상하지만, 사업으로서 사회적으로 그다지 좋은 지위가 아니었던 원인은, 이전의 영화흥행은 비교적 소자본으로 경영할 수 있었습니다. 그리고 영화흥행장에서 마루노우치 방면에 있던 니혼극장이라든가, 히비야영화극장이라든가, 또는 그런 극장이 만들어진 것은 극히 최근의 일이며, 지금으로부터 20, 30년 전에는 대체로 목조였고, 매우 적은 자본으로 그런 극장이 지어졌습니다. 게다가 지어진 그런 흥행장을 임대하고, 다른, 소위 말하는, 흥행주가 이것을 빌려서 영사기를 갖추면 그것으로 가능했습니다. 특히 대도시 이외의 지방도시 등에 가면 매우 적은 돈으로 영화흥행을 할 수 있었습니다. 이 때문에 누구라도 영화사업에 손을 내밀었고 매우 적은 자본이어도 영화흥행을 할 수 있다는 것이 어떤 의미에서는 영화사업이 발달하지 못한 원인 중 하나일 것 같습니다.

또 하나는 무성시대의 영화흥행 — 그 이전의 볼거리 시대부터 그렇습니다만, 일본의 흥행 특유의 변사, 다시 말하자면 설명자라는 사람들과 악사 — 소위 말하는 시중음악대(ジンタ 樂隊)[197]입니다. 이것이 없으면 영화흥행은 불가능했습니다. 대체로 설명자라든가 음악사라는 사람들은 어떤 의미에서 예술인에 들어갑니다. 매우 다루기 힘든 사람들이며 이를 다루기 위해서는 보통 사람들로는 할 수 없습니다. 아무래도 이런 방면에 널리 알려진 사람이라든가

---

197) 1887년에 해군군악대 출신이 모여 도쿄 시중음악대(市中音樂隊)가 만들어졌는데, 이들은 서양음악을 서민층에 보급하는데 공헌했다. 1905년 이후 시중음악대는 전국에서 증가하여 난립하게 되는데 생계를 위해 본업인 음악활동보다 서커스나 영화관의 관객 동원 또는 선전에 치중했다. 1920년대 초기 쇠퇴하기 시작하여 1920년대 중반에는 완전히 소멸했다.

저명한 사람들이 이를 하지 않으면 좀처럼 이 사람들을 통솔해갈 수 없으니 이런 방면의 사람들이 흥행에 관련하면서 강세를 보여온 것입니다. 그러므로 지금까지도 어느 지방에 가면 영화흥행자는 대체로 그 주변의 유지입니다. 대부분 유지들이 이것을 하고 있는 상태입니다. 또한 이런 사람들이 이 흥행을 다루고 있기 때문에 영화흥행, 따라서 영화사업의 발달이 매우 늦어졌고 세상의 사업가들은 대부분 영화사업을 사업 축에 넣어주지 않습니다. 특히 신용을 많이 필요로 하는 은행 방면에서는 영화사업을 사업과는 전혀 다른 것으로 취급하고 있습니다. 사업이 아니라는 식으로 영화를 전혀 신용해주지 않았습니다. 따라서 영화는 자본을 다른 곳에 의존할 수 없기 때문에 발달하지 못한 것입니다.

그것이 결국 발성영화가 발명되고, 특히 일본에서는 발성영화가 조금씩 보급되면서 지금 말씀드린 설명자라든가 혹은 음악사라는 사람들이 필요 없게 됐으며, 모두 기계로 연출 및 그 외를 조작할 수 있게 돼서 영화흥행을 다루는 방식이 매우 간단해졌습니다. 그와 동시에 토키 이후, 영화흥행이 유망하다는 것 때문에 조금씩 사업계 방면의 사람들이 들어와서 흥행에 손을 대기 시작했습니다. 그중 가장 거물은 지금 은퇴해서 관계는 없지만 도쿄다카라즈카극장을 주재했던 고바야시 이치조(小林一三) 씨입니다. 고바야시 이치조 씨는 주식회사 도쿄다카라즈카극장의 사장으로서, **영화는 결코** 그 당시 항간에서 말해지는 것처럼 사업으로 신용이 없었던 것은 아니며, 또 경영방법 여하에 따라서는 다른 사업과 마찬가지라는 생각에 따라 영화는 사업으로서 성립할 수 있다는 생각에서 영화사업 중 영화흥행에 가장 먼저 눈을 돌렸습니다. 주식회사 도쿄다카라즈카극장을 창설하고 6대 도시에 히비야영화극장을 포함하여 커다란 영화관을 건설하기 시작한 것입니다. 이 고바야시 이치조라는 사람이 영화흥행에 눈을 돌림으로써 항간의 사업가들도 비로소 영화흥행에 대한 생각을 바꾼 것입니다. 고바야시 이치조 씨가 대자본을 가지고 도쿄를 선두로 6대 도시에 커다란 극장을 건설했다는 것이 아무것도 아닌 것처럼 생각되지만, 이것이 꽤 큰일이었던 것입니다.

그리고 그 후 만주사변이 일어나고 지나사변이 일어나고, 국가가 여러 국책을 수행할 때 영화가 얼마나 중요한 것인가를 정부가 조금씩 생각하기 시작했고, 영화행정에 대해서 내무성 방면에서 연구를 하기 시작해서 마침내 쇼와 14년에 영화법이 발포된 것입니다. 의회의 협찬을 거쳐 영화법이 발포된 것도, 지금 말씀드린 것과 마찬가지로 영화사업으로서는 매우 큰 변혁이며 진보이며 영화의 사회적 지위가 영화법의 발포로 많이 진보한 것입니다. 단, 영화법이 발포됐으니 진보했다는 의미가 아니라, 영화법을 발포하지 않을 수 없었던 정세에 영화계가 진보했고 또한 국가의 정책을 시행함에 있어서 영화가 얼마나 중요한 것인지를 정부 당국자 및 일반 민중이 깨닫기 시작했다는 것이 매우 중요한 것이라고 저는 생각합니다.

네 번째로 앞에서도 말씀드린 대로 영화배급사의 설립이라고 할까, 업무 개시 이후를 말하는데 아마 4월 1일을 구획점으로서 영화흥행자나 영화흥행을 생각할 때, 이 또한 큰 변혁이라고 생각합니다. 이에 대해서는 다시 나중에 말씀드리겠습니다.

대체로 지금 말씀드린 것 같은 네 가지 시대를 거쳐 영화계 전반에 대해 사회 및 국가에서 인정한 것과 같이 병행하여 영화흥행이 확연한 사업으로서 사회로부터도 인정받게 됐고 또 인정받는 것뿐만 아니라 국책을 수행함에 있어서 신문, 라디오와 함께 빠뜨릴 수 없는 무기가 되기까지 영화의 지위가 향상돼온 것입니다.

영화흥행과 법규 일반

그런데 그럼 영화흥행을 여러 가지 이야기하기 위해서는 아무래도 영화법, 영화법의 시행규칙 및 경시청령에 의한, 역시 영화법 시행세칙이라는 것을 우선 일단 이해하지 않으면 영화흥행을 알 수 없을 것입니다. 일단 개략이지만 영화법, 영화법 시행규칙, 경시청령에 의한 영화법 시행세칙 중에서 영화흥행에 특히 관련 있는 조문에 대해서 말씀드리도록 하겠습니다.

영화법 중에는 영화흥행에 관한 규정은 비교적 적어서 제15조에 '주무대신은 명령으로 영화흥행자에 대해 국민교육상 유익한 특정 종류의 영화상영을 할 수 있다'고 나와 있습니다. 이것은 결국 현재 이미 행해지고 있습니다만 문화영화 및 시사영화의 강제상영을 지칭하는 것입니다. 이것을 바로 생각해보면 여러 가지로 이해하기 힘든 점이 있을지도 모르겠지만, 우선 조문에 대해서 여러 가지로 말씀드린 후 영화흥행의 전체적 방법에 대해 말할 경우에, 다시 이것을 반복해서 말씀드리겠습니다. 제15조의 제2항에 '행정관청은 명령이 정하는 곳에 의해 특정 영화흥행자에 대해 계발선전상 필요한 영화를 교부하고 기간을 지정하여 그 상영을 할 수 있다'는 규정이 있습니다. 이것도 역시 강제상영이며, 계발선전 또는 국책수행상 필요한 ▶57쪽 영화라고 인정한 경우에는 지정상영을 하고 있습니다. 앞의 시사영화, 문화영화라는 것은 강제상영이고 영화흥행을 하는 이상은 영화흥행 중에, 이는 나중에 세칙이 있습니다만 ─ 문화영화와 시사영화를 반드시 상영해야 합니다. 만약 이를 위반한 경우에는 벌칙이 다른 조항, 즉 22조에 있습니다. '5백 원 이하의 벌금에 처한다'고 영화법에 명확히 적혀 있습니다. 그만큼 강제력을 가지고 있는 강제상영입니다. 영화관은 일종의 시사영화와 문화영화를 반드시 프로그램 중에 넣어서 상영해야 하며 이것을 문화영화 및 시사영화의 강제상영이라고 합니다. 제2항에 있는 지정상영은 어느 일정 기간을 제한하여, 예를 들면 해군기념일이라든가 육군기념일이라든가, 이런 일정한 때를 선택하거나 또는 해군에 기인한 영화를 강제적으로 지정하여 어느 극장에서도 며칠부터 며칠까지 이것을 특히 상영하라는 지방장관의 명령으로 지정 상영할 수 있는 것입니다. 이것이 영화법에 있는 첫 번째에 나오는 흥행에 관한 규정입니다.

그다음은 제16조에 있습니다. 제16조는 '주무대신은 필요하다고 인정할 때에는 명령이 정하는 곳에 의해 영화흥행자에 대해 외국영화의 상영에 관하여 그 종류 또는 수량 제한을 행할 수 있다.' 이것은 지금은 거의 관계없는 것이며 대체로 영화법이 발포될 당시에는 아직 영화배급이 지금처럼 배급일원화가 아니어서 각 제작회사, 쇼치쿠, 도호, 닛카쓰, 신코, 다이토, 그 외 외국영화라는 식으로 각각 수입한 회사라든가 또는 제작한 회사가 직접 배급을 행한 관계상 이런 규정이 생긴 것입니다. 지금은 외국영화의 수입도 일정한 제한 ─ 이것은 물론 영화법에 의한 제한을 받고 있습니다. 그 배급도 아까 말씀드린 배급사로 일원화돼서 그에 의해 통제되고 있으니 우선 16조의 규정은 거의 의미가 없는 것 같습니다.

다음에는 제17조입니다만 17조에는 '행정관청은 위해예방, 위생, 교육 및 그 외 공익보호상 필요하다고 인정할 때에는 명령이 정하는 곳에 의해 영화흥행자 및 그 외 영화의 상영을 행하는 자에 대해 흥행시간, 흥행방법, 입장자의 범위, 그 외 영화상영에 관한 제한을 할 수 있다.' 이 법문에 '영화흥행자 그 외 영화상영을 하는 자'라고 분류되어 있는데, '영화흥행자'란 제가 제일 처음에 이윤을 목적으로 하여 영화를 공중의 관람에 제공하기 위해 상영하는 자를 영화흥행자라고 한다고 정의를 말씀드렸는데 이를 지칭합니다. '그 외 상영을 하는 자'라는 것은 영화흥행자가 아닌 자가 영화를 상영하여 단지 이윤뿐만 아니라 어떤 의미에서 무료로 공개할 경우도 있고, 또는 어떤 집회를 열어 그 여흥에서 영화를 상영할 경우도 있으며, '그 외 영화상영을 하는 자'란 이를 지칭하는 것입니다. 그 '영화흥행자 및 그 외 영화상영을 하는 자에 대해 흥행시간, 영사방법, 입장자의 범위, 그 외 영화상영에 관해 제한을 행할 수 있다'는 것은 흥행시간의 제한입니다. 흥행시간의 제한은, 이것도 나중에 나오는데 한 흥행을 2시간 반으로 제한하고 있는 것입니다. 2시간 반을 넘어서는 안 됩니다. '입장자의 범위'는 것은 14세 미만, 만 6세 이상의 어린이는 영화 종류에 따라서는 그 영화관에 입장하는 것을 제한하고 있어서, 우리 쪽에서는 일반용, 비일반용 영화라는 식으로 부르고 있는데 이것을 지칭하고 있는 것입니다.

그다음 18조에도 흥행에 관한 것이 들어 있습니다. '주무대신은 공익상 특히 필요하다고 인정할 경우에는 영화제작업자, 영화배급업자 또는 영화흥행자에 대해 제작해야 하는 영화의 종류 또는 수량의 제한, 영화의 배급, 조정설비의 개량 또는 부정경쟁 방지에 관해서 필요한 사항을 명할 수 있다'고 되어 있습니다. 이 중 '설비의 개량 또는 부정경쟁 방지에 관해'라는 것이 영화흥행자와 관련 있는 규정입니다.

대체로 영화법의 본칙에 나오는 것으로 흥행에 관한 규정은 그 정도인데 나중에는 제14조에 '영화는 명령이 정하는 곳에 의해 행정관청의 검열을 받아 합격한 것이 아니면 공중의 관람에 제공하기 위해 이것을 상영할 수 없다'고 되어 있습니다. 이것은 영화사업에 관한 상식이고 영화는 모든 검열에 합격한 것이 아니면 상영할 수 없습니다. 물론 흥행일지라도, 단지 보는 것뿐일지라도, 상영할 수 없습니다. 이는 영화흥행자에게는 거의 상식입니다. 검열을 받은 작품을 상영하는 것에 대해서 또 여러 가지 방법이 있지만 그것은 나중에 나오니 그때 일괄해서 말씀드리겠습니다.

　　경시청령의 영화법 시행세칙에 대해서는 이전의 하야시 고이치(林高一)[198] 군의 강의를 참조해주시기 바랍니다.

　　다음으로 영화법 시행규칙이 쇼와 14년 9월에 내무성·문부성·후생성령에 따라 나왔으므로 그중에서 흥행에 관계한 것을 두세 가지 예시하고 간단하게 이것을 설명해드리겠습니다.

　　시행규칙 제19조에 아까 말씀드린 외국영화의 규정이 있습니다. '영화법에서 외국영화라고 칭하는 것은 다음 각 호의 1에 해당하는 것을 말한다. 1. 외국에서 제작한 영화, 단 제국 신민 또는 제국법령에 의해 설립된 법인이 제작한 영화로 제국 신민을 주 연출자, 연기자 또는 촬영자로 더 나아가 자막 또는 발성에 외국어를 주로 사용하지 않는 것을 제외한다. 2. 우리 나라(本邦)에서 외국인 또는 외국법인이 제작하는 영화, 단 제국 신민을 주 연출자, 연기자 또는 촬영자인 영화로 자막 또는 발성에 외국어를 주로 하지 않는 것을 제외한다.' 제20조에 '영화배급업 업자는 내무대신이 할당하는 수량을 넘어서 극영화인 외국영화를 배급할 수 없다. 전항의 할당은 내년 중에 배급하려는 극영화인 외국영화에 대해 이를 행한다. 단, 새롭게 극영화인 외국영화를 배급하려는 자에 대해서는 당해 연도에 배급하려는 수량에 대해 이를 행할 수 있다'는 규정이 있습니다. 외국영화에 특히 이런 규정을 만든 것은 예를 들면 만주국 및 중화민국 국민정부 ─ 지나의 신정부입니다. 신정부도 외국입니다. 여기에서 만들어진 영화, 다시 말하자면 만주에서는 만주영화협회, 중화에서는 중화영화주식회사, 화북에서는 화북영화주식회사가 있어서 여기에서 영화를 만들고 있습니다. 이것도 역시 외국영화 속에 들어갑니다. 이는 특히 지금 영화법 규정 편수라는 입장에서 생각할 경우에 이것도 외국영화 속에 들어가니 외국영화라고 해도 반드시 미국영화라든가 또는 독일, 이탈리아, 프랑스뿐만 아니라 역시 만영 작품, 중화 작품이 이 외국영화 속에 포함되는 것입니다. 또 특히 이런 규정이 있는 것은, 예를 들면 지금은 그런 일은 없지만, 제국 신민인 연출자, 연기자 및 촬영자가 독일

---

198)　이 책의 134~154페이지에 수록된 「영화관에서의 흥행」(1942년 10월 21일[제63호], 31~38쪽)을 말한다.

에 가서 영화를 찍는 경우가 있을 수 있습니다. 이럴 경우에 이것을 외국영화로 취급할 것인가 일본 내지에서 제작한 영화라고 할 것인가에 매우 혼란을 가져온다는 생각에서 이렇게 규정한 것입니다. 예를 들면 만영에서 제작하고 만주인의 연출자, 연기자 및 촬영소에서 촬영하고, 외국어를 주로 하며 소위 말하는 만주어로 발성하거나 또는 이중인화한 자막에 만주어가 사용되고 있는 작품은 외국영화라고 인정합니다. 그럴 경우 만영에서 만든 것이어도 지금 말한 일본의 연출자, 연기자 ▶58쪽 및 촬영자가 가서 영화를 만들고 일본어를 말합니다. 다시 말하자면 내지어를 말하고 내지의 자막을 사용하는 영화는 외국영화로 인정하지 않습니다. 이런 경우를 규정한 것입니다.

아까 말씀드린 강제상영인데, 시행령의 35조에 있는 '영화법 제15조 제1항의 규정에 따라 상영을 해야 하는 영화는 문부대신이 인정하는 문화영화 및 시사영화로 한다'고 하는 규정이 있어서 아까 말씀드린 강제상영 규정을 여기에서 명확히 지칭하는 것입니다. 여기에서 제2항에서 '전항의 문화영화라는 것은 국민정신의 함양 또는 국민지능 계발배양에 이바지할 영화로서 극영화가 아닌 것을 말한다'는 것으로 문화영화의 정의를 여기에서 규정한 것입니다. 다시 말하자면 문화영화는 국민정신의 함양 또는 국민지능의 계발배양에 이바지할 영화이며 더 나아가 극영화가 아닌 것을 규정한 것입니다. 게다가 문화영화라는 것은 제1항에 있듯이 문부대신이 인정한 문화영화라는 것입니다. 대체로 당국은 문화영화에 대해 인정을 받은 문화영화를 문화영화라고 한다고 해석하고 있습니다. 그 예 중 하나로서 도호영화에서 원래 가메이 후미오(龜井文夫)가 만든 〈고바야시 잇사(小林一茶)〉[199]라는 문화영화가 있습니다. 이것을 상영할 때 문화영화라는 타이틀(傍題)을 붙여 신문광고를 한 적이 있습니다. 그때 당국이 불러서 〈고바야시 잇사〉는 문부성이 인정하지 않았으니 문화영화가 아니며 그것을 문화영화라고 칭하여 공개하는 것은 위법이라는 질책을 받았습니다. 결국 문화영화는 문부성이 인정한 문화영화라는 식으로 당국은 생각하고 있는 것입니다. 게다가 그것은 국민정신의 함양 또는 국민지능의 계발배양에 이바지할 영화이며 극영화가 아닌 영화라는 식으로 규정하고 있습니다. '시사영화라는 것은 시사를 촬영한 영화로 국민들이 내외의 정세에 수요(須要)한 지식을 얻을 수 있어야 하는 것을 말한다.' 이것은 요컨대 뉴스입니다. ●

이 강제상영방법으로서 '영화흥행자는 한 번의 흥행에 대해 제1항의 영화 각 1편 이상을 상영해야 한다.' 이것은 명령입니다. 영화흥행의 한 번 흥행에 대해 반드시 시사영화, 문화영화 각 1편 이상 상영해야 한다고 명령하고 있습니다. '단, 영화흥행자 영화법 제15조 제2항의

---

199) 〈고바야시 잇사(小林一茶)〉(도호영화 배급, 도호문화영화제작소, 가메이 후미오, 1941, 3권)

규정에 따라 영화를 상영할 경우 제16조의 추천을 받은 영화를 상영할 경우에는 문화영화를 상영하지 않을 수 있다.' 이것은 아까 말한 영화법의 제15조 제2항에 있던 지정상영을 관청에서 명령한 경우에는 문화영화를 생략해도 좋다는 것이며, 또한 극영화 또는 문화영화가 아닌 단편으로 — 단편영화라면 예컨대 아동영화 같은 작품, 아동영화도 극영화 속에 들어갈지도 모르겠지만 이런 작품으로 문부성 추천을 받은 영화를 상영하며 그럴 경우에는 지금의 규정에 의한 문화영화를 생략할 수 있다는 규정입니다. 이것은 영화흥행에서 매우 중요한 규정이므로 특히 잘 기억해주셨으면 합니다. 잠깐 여담이지만 도호영화를 상영하고 있는 어느 극장에서 1년 정도 전에 어트랙션을 하기 위해 시간이 많이 지체됐고 그 때문에 영화법을 모르는 것은 아닌데도, 괜찮겠지 하며 문화영화를 1편 뺐습니다. 이것이 경찰에게 발각되어 큰 문제가 된 적이 있습니다. 이는 영화법 위반이어서 상당한 처벌을 받았습니다. 이것은 반드시 기억해주셨으면 합니다. 게다가 이 문화영화의 길이를 규정하고 있습니다. 문화영화의 길이는 '전항의 규정에 따라 상영해야 하는 문화영화의 길이는 250미터를 밑돌 수 없다.' 1편의 문화영화가 1백 미터 밖에 안 되는 그런 작품은 아마 없을 것입니다. 250미터 이하라면 인정하지 않으리라 생각하는데 영화법이 발포되기 전의 문화영화로 250미터 이하가 있었습니다. 그런 작품을 상영하여 시간을 단축하려고 하는 방법도 있는데 결국 문화영화의 길이는 250미터를 밑돌아서는 안 된다고 규정하고 있는 것입니다. 이것이 아까 말한 영화법 제15조 규정의 세칙입니다.

그리고 제15조의 제2항의 지정상영에 대해 제41조에서 규정하고 있습니다. '지방장관영화법 제15조 제2항의 규정에 따라 영화상영을 하려고 할 때에는 한 번에 일주일 이내로 그 기간을 정해야 한다. 단, 1년을 통틀어 한 영화흥행장에 대해 6주간을 넘을 수 없다'는 규정이 있습니다. 대체로 지정상영이라는 것은 지방장관의 명령에 따라 지정상영을 하는 것인데 너무 빈번해지면 흥행자가 매우 곤란해지므로 이것은 1년에 6회, 6주간이라는 식으로 제한을 만들었습니다. 게다가 6주간 중 1회의 기간을 일주일 이내라는 식으로 나누고 있습니다. 1주간 이상을 넘지 않는 규정을 제41조에서 규정하고 있습니다.

다음 42조의 규정은 예전에는 필요했지만 지금은 거의 필요 없습니다. '상설영화흥행장에서 흥행을 행하는 영화흥행자는 한 영화흥행자에 대해 1년을 통틀어 50편을 넘은 극영화인 외국영화를 상영할 수 없다'는 이런 규정이 있었습니다. 이것도 아까 말씀드린 영화관의 종류에 따라 외국영화를 주로 흥행하는 극장에서는 이 규정을 아직도 여전히 지켜야 합니다. 그다음으로 '전항의 영화흥행자가 당해 영화흥행장에서 이미 상영한 극영화인 외국영화를 상영할 경우에는 이를 전항의 편수로 계산하지 않는다.' 앞의 것은 1년을 통틀어 한 흥행장에서 50편을 넘는 외국영화를 상영할 수 없다는 규정인데, 이는 흥행장에서 처음으로 상영하는 외국영화를 1편으로 계산한 것입니다. 이미 그곳에서 한 번 상영한 적이 있는 영화를 다시 그곳에서 상영할 경우에는 이 50편에 넣지 않습니다. 이는 1년에 새로운 외국영화가 50편 이상 배급되는 일은 없으니 대부분 그 규정은 필요가 없으리라 생각됩니다. 단지 이런 것이 있다는 것을 일단 기억해두시길 바랍니다.

　　제43조는 앞에서 말한 영화법에 있던 제한규정을 규정한 것입니다. '상설영화흥행장에서 흥행을 하는 영화흥행자는 한 번의 흥행시간 2시간 30분을 넘을 수 없다' 이것이 시간의 제한규정입니다. 한 흥행시간은 2시간 30분을 넘어서는 안 된다는 규정입니다. 최근의 프로그램의 조합은 대체로 극영화 1편, 문화영화 및 시사영화 1편으로 되어 있어서, 대체로 2시간 30분을 넘지 않는 것이 보통인데 가끔 극영화에서 2시간 이상에 걸치는 것이 있으며, 또, 영화배급사가 되면서 이런 것도 없어졌지만 그 흥행방법에 따라 전에 많았던 것은, 예를 들면 극영화를 2편 프로그램으로 편성하는 경우가 있습니다. 그럴 경우에 1편이 1시간이고 다른 1편이 1시간 20분이라는 식으로 됐다고 가정하면, 합계 2시간 20분이 됩니다. 2시간 20분이 지나면 나머지가 10분밖에 없습니다. 이렇게 되면 강제상영인 문화영화와 시사영화를 상영해야 하니 그때는 2시간 20분 걸리는 극영화는 무슨 일이 있어도 이를 나누지 않으면 안 되는 상태가 됩니다. 그러므로 관의 사무 관계자는 그 점을 고민하게 됩니다. 영화법은 전국의 영화흥행에 대한 영화규정이니 한 흥행의 2시간 반이라는 것은 절대 움직일 수 없는 규정이며 그 점도 특히 기억해주시길 부탁드립니다. 단, 이 경우에 문화영화로서 그 길이가 250미터를 ▶59쪽 넘는 부분을 상영하기 위해 필요한 시간을 30분에 한정한 것을 전항의 시간에 넣지 않기 위해 제2항에 이 규정이 있는 것입니다. 그것은 문화영화로서는 반드시 250미터나 3백 미터 정도의 작품만 있는 게 아니라 긴 작품일 경우 1시간이나 걸리는 것이 있습니다. 그 문화영화를 상영하기 위해서 지금의 규정의 2시간 30분을 넘었을 경우에는 그 문화영화에 의해 초과한 시간을 30분만 연장하며 문화영화의 시간을 30분만 연장할 수 있다는 규정입니다. 이는 특히 문화영화는 조금 전에 규정에 있던 것처럼 국민정신의 함양 또는 국민지능의 계발 배양에 이바지한다는 목적으로 만든 것이므로 그 문화영화의 상영을 장려하려는 의도에서 이런 규정이 만들어진 것입니다. 그러므로 극영화에 대해서는 그 2시간 30분을 초과하는 것은 이유를 막론하고 인정하지 않지만 문화영화를 상영함에 있어서 2시간 30분을 넘을 경우에는 그 문화영화의 초과분을 30분만 인정한다는 규정입니다.

　　그다음의 제44조는 '영화흥행자 그 외 영화상영을 행하는 자는 1분간 27미터 4의 속도를 초과하여 영사를 행할 수 없다.' 이것은 필름의 회전속도를 규정한 것입니다. 이를 규정하지 않으면 앞의 2시간 30분을 초과할 수 없다는 것을 아무리 규정해도 아무것도 안 됩니다. 그런데 영사기 및 발성장치는 대체로 1분간에 27미터 4라는 속도로 돌리지 않으면 음이 매우 이상해지거나 대사가 빨라지거나 하기 때문에 우수한 영사기라는 것은 전부 27.4의 규정회전으로 되어 있는 영사설비로 만들어져 있습니다. 그러나 좀처럼 간단하게 이 회전을 바꿀 수 없는 것입니다. 그러나 규정으로서 1분간에 27.4라는 길이를 규정하고 있는 것입니다. 예전에 무성영화 시절에는 회전속도의 1분간 27미터 4라는 규정은 없었습니다. 흥행시간에는 어느 정도의 제한은 있었지만 이 회전속도의 규정이 없었기 때문에, 예를 들면 이것은 훨씬 이전의 일입니다만 아사쿠사 방면의 극장 같은 곳에서는 특별한 대목(物日)이 되면 관객들이 매우 많이 들어오기 때문에 회전속도를 영사기사 쪽에서도 움직이면서 매우 빨리 회전시켰습니다. 예를 들면 1시간 걸리는 것을 30분 정도로 돌리고 만다라든지 회전을 빨리 해서 그날 온 만큼의 관객을 전부 수용해버리는 정책에서 회전속도를 매우 빨리 돌려 흥행한 적이 있습니다. 우리들도 그런 것을 봤지만 그런 작품은 사람들이 걷고 있는지 뛰고 있는지 모를 정도의 속도입니다. 더 심한 흥행사일 경우 관객이 많이 들어오면, 예를 들면 8권물 영화가 있다면 그중의 2권 정도는 상영하지 않거나 2권째에서 5권째 정도로 뛰어버려 무슨 이야기인지 모르거나 그러는 사이에 돌아가시는 길은 이쪽이라며 쫓겨나고 마는, 예전에는 이런 일들이 있었습니다. 지금은 여기에도 규정이 있고 영사기의 구조가 이렇게 되어 있으며 특히 토키가 되고 나서 회전을 빨리 하면 대사를 전혀 알 수 없게 되니 이 규정이 없어도 전부 모두 이에 따르게 되기는 했지만, 제44조에서 1분간의 속도 27.4로 규정한 것입니다. 영화와 관련 있는 사람들은 상식으로서 영화는 1분간에 27.4미터로 돈다는 것은 꼭 기억해주셨으면 합니다. 이를 피트로 고치면 대체로 1분간에 90피트 도는 셈입니다. 이것은 이상하지만 촬영소 방면에서는 영화가 완성된 길이를 잴 경우에 피트로 계산하고 있습니다. 예를 들면 영화배급사가 우리들 쪽 제작회사에 대해서 영화의 길이를 규정할 경우에는 극영화는 대체로 8천 5백 피트 전후라고 자주 말합니다. 촬영소에서도 이번의 무슨 영화의 완성은 약 9천 피트라는 식으로 말합니다. 피트로 말하는 경우에 이를 상식으로 대체적으로 1분간에 돌아가는 속도가 90피트라고 생각하신다면 틀림없으리라 생각합니다. 그러니 9천 피트의 영화는 이를 영사하기 위해서 100분이 걸립니다. 100분이란 1시간 40분입니다. 일만 피트의 영화는 대체로 1시간 50분 정도 걸립니다. 이런 식으로 생각해주면 됩니다. 미터로 말할 경우는 1분간 27.4미터의 속도로 계산합니다. 더 상식적으로 계산할 경우에는 소수점 이하를 버리고 27이나 28로 계산해버리면 대체로 영사되는 시간이 나옵니다. 그러나 규정에는 1분간 27.4라는 규정으로 되어 있습니다. 경찰 방면, 감독관청 방면에 여러 서류를 제출하기 위해 영사시간을 산정할 경우에는 1분간 27.4라는 속도로 계산의 기본을 세우고 있는 셈입니다. 아까 말씀드렸듯이 27.4미터라는 것은 상식적으로 기억해주시길 바랍니다.

다음으로 제46조를 읽어보면 '영화흥행자 및 그 외 영화상영을 행하는 자는 영화법 제14조 제2항의 규정에 의한 검열에 합격한 영화로서 문부대신이 연소자의 교육상 지장이 없다고 인정한 것을 상영할 경우를 제외하고 이외 14세 미만을 영화상영 장소에 입장시킬 수 없다. 단, 보호자가 동반하는 6세 미만은 이에 한하지 않는다.' 이것은 아까 말한 입장제한 규정을 여기에서 다시 영화법 시행규칙에 따라 규정한 것입니다. 아까 잠깐 말씀드렸는데 일반용, 비일반용 영화의 구별을 여기에서 규정하고 있는 것입니다. 그래서 검열에서 일반용 영화라고 인정받은 영화에 대해서는 14세 미만의 어린이라고 해도 들어갈 수 있는 것입니다. 검열에서 비일반이라고 인정받은 영화에 대해서는 14세 미만의 어린이는 입장할 수 없습니다. 또한 이것은 영화관에서 규정에 따라 입장시킬 수 없는 것입니다. 이 경우에는 '이번 주는 어린이는 볼 수 없습니다'는 식의 간판을 내걸고, 이렇게 어린이들을 입장시켜서는 안 된다는 규정으로 되어 있습니다. 이것은 소위 말하는 소국민의 교육상 및 후생성 관할의 국민체위(體位)의 향상을 목표로 이 규정이 생긴 것입니다. 단, 이 경우에는 보호자를 동반하는 6살 미만의 어린이는 이 제한을 받지 않는다는 규정이 있습니다. 6세 미만의 어린이를 집에 두고 영화관에 갈 수 없습니다. 그렇기 때문에 6세 미만의 어린이는 보호자의 동반이 있으면 된다는 규정입니다. 이것은 일반용 영화인가 비일반용 영화인가는 인정판결을 내무성의 검열에서 확실하게 표시하니 이에 따라 판정하는 셈입니다.

제48조는 영사기사의 규정입니다. '영화흥행자 및 그 외 영화상영을 하는 자는 지방장관이 행하는 영사면허를 받지 않은 자에게 영사기의 조작을 시킬 수 없다. 단, 완연성(緩燃性) 영화를 상영할 경우에는 이에 한하지 않는다.' 결국 이것은 영사조작을 행하는 자는 반드시 영사면허를 가진 자에게 영사시키라는 규정입니다. 이 경우에는 영사기를 2대 사용하는 극장일 경우에는 면허증을 가진 영사기사를 최소한 3명 고용해야 한다는 규정입니다. 1대일 경우에는 2명 이상이라는 규정입니다.

아직 그 외에 여러 가지 세세한 것이 있는데 대체로 영화법에 의한 영화흥행에 관한 주요한 규정을 살펴봤다고 생각합니다. 지금 말씀드린 것은 꼭 상식으로 기억해주셔야 합니다. ▶60쪽

아까도 말씀드린 것처럼 이외에 경시청에 의한 영화법 시행세칙이라는 것이 있습니다. 이것은 영화법 및 영화법 시행규칙을 더 부연하여 지방관청의 영화법 시행세칙으로 된 것입니다. 그리고 이 시행세칙에 대해서는 도쿄는 경시청 관할이기 때문에 경시청령으로 나와 있습니다. 지방은 모두 지방관청 명령에 따라 나오는 것입니다. 이것은 각 행정구역(道府縣) 별

로 나오는데 행정구역의 세칙은 대체로 경시청령에 준거하여 만든 것입니다. 그래서 이 경시청령을 이해해주시면 전국 세칙에 거의 적용할 수 있으리라 생각합니다. 혹은 객석의 넓이라든가 정원 문제라든가 입구를 어떻게 할 것인가라든가, 여러 문제가 있는데 이런 문제에 대해서는 각 지방에 따라 조금 차이가 있지만 대체로 경시청령의 정신을 잘 이해해주면 지방의 영화법 시행세칙도 즉시 알 수 있으리라고 생각하니, 우선 경시청령을 제일 먼저 이해해주셨으면 합니다.

그리고 영화흥행에 실제로 관련되어 있는 영화흥행자, 예컨대 큰 회사의 직영관일 경우 거기에서 임명된 지배인, 혹은 주임들은 영화의 규칙을 잘 알고 있을 것처럼 보입니다. 그런데 현장에 가서 너 이것은 어떻게 된 거야라며 여러 가지 질문을 해보면 대부분 영화법 시행세칙에 대한 지식을 가지고 있지 않습니다. 그 때문에 여러 위반이 일어나고 그때마다 경시청이나 또는 관련 경찰에 불려가서 여러 가지 질책을 받았습니다. 그러니 특히 흥행에 대해서 연구하실 경우에는 무엇보다도 우선 첫 번째로 영화법 시행세칙에 대해서 연구를 하시는 것이 가장 중요하다고 생각합니다. 이것을 대체로 이해하신다면 극장에 가신 후에는 상식만으로도 처리할 수 있습니다. 내일 내가 설명하려고 생각하는 소위 말하는 영화정책이라는 것은 한 달 정도 극장에 가시면 대체로 알 수 있습니다. 그렇게 어려운 것은 아닙니다. 가장 어려운 것은 영화법, 영화법 시행규칙 및 영화법 시행세칙이며 이것을 충분히 이해할 수 있다면 영화흥행은 매우 간단한 것이라고 생각합니다. 그 외의 것은 최근의 영화흥행은 보통의 장사와 같습니다. 그렇게 어려운 것이 아닙니다.

몇 번이나 말씀드린 것처럼 세칙은 상당히 장문인데 이것을 천천히 읽어보시면 흥행장은 어떻게 하는 것인지 흥행장의 건축은 어떤지 흥행자는 어떤지 관리인은 어떤지, 예컨대 정원 문제라든가 여러분이 일요일이나 대목에 극장에 가시면 통로에도 복도에도 관객이 가득 입장해 있는데, 이런 것은 사실을 말하자면 위반입니다. 적어도 세칙에 따르면 물론 정원 내의 좌석에는 관객을 넣어도 되지만 그 외에 대기석(待見席)으로 허가를 받은 자리가 있습니다. 입석(立見席)이 아니라 대기석이라고 합니다. 그 자리에 대해도 한 사람이 차지하는 장소의 넓이도 0.3평방미터라는 식으로 하나하나 규정하고 있습니다. 이에 따라 정원 그 외가 결정되는 것입니다. 그 이상은 사실을 말하자면 관객을 넣어서는 안 되는 것입니다. 넣어서는 안 되지만, 이것을 뭐라고 할까, 나중에 말씀드리겠지만 일본에서의 영화흥행이 오래된 습관에서 의자 좌석만을 가득 채워서는 장사가 되지 않는 것입니다. 그 때문에 이것을 잘 빠져나간다고 하면 심한 말이겠지만 어느 정도 너그럽게 봐주어서 저렇게 관객을 넣고 있는 것입니다. 저것은 사실은 영화법 시행세칙에서 보면 그뿐만 아니라 영화법에서 봐도 위반입니다. 영화법에

'입장제한을 할 수 있다'고 적혀 있습니다. 영화법에서 보더라도 안 되는 일입니다. 물론 시행세칙 및 그 외에서 보면 저것은 모두 위반이 되는 것입니다. 그러나 그 시행세칙을 잘 알고 그 후에 관계 당국의 이해를 얻는다든가, 그렇게 할 경우에는 어느 정도 영화흥행의 특이성이라는 것을 관계 당국이 인정하고 허용해주고 있는 것입니다. 허용되고 있으니 그 규칙은 아무래도 좋다는 식으로 생각하지 말고 우선 규정세칙을 제일 처음에 염두에 두는 것이 제일 중요한 일이리라고 저는 생각하고 있습니다.

영화흥행의 실제와 흥행취체규칙

처음에 영화흥행상의 인적 배치에 대해서 말씀드리겠습니다.

흥행자	–	지배인	–	사무원	–	영사기사	–	잡역(雜役)
‖		‖		영업계		전기계		출표계
경영자		관리인		회계계		기관계		(出札係)
				선전계		(汽罐係)		안내인
								청소계

이런 식으로 영화흥행장의 인적 배치는 우선 영화흥행자, 그 밑에 지배인, 이것은 극장에 따라 주임이라고도 부릅니다. 그 밑에 사무원, 이것을 나누어서 영업계, 회계계, 선전계, 그 밑에 현장 일을 하는 영사기사, 전기계, 기관계, 그 밑에 잡역, 출표계, 안내계, 청소계, 이렇게 되어 있습니다. 그래서 영화흥행자는 경영자를 겸하고 있다고 할까, 경영자가 다시 말하자면 영화흥행자입니다. 또한 대체로 관리인이 지배인을 하고 있습니다. 영화법의 경시청령에 따른 시행세칙 제49조 제4장은 영화상영에 관한 규정이며 제1절에 영화흥행자에 대해 여러 가지 서술하고 있는데, 거기에

흥행장의 영화흥행자가 되는 이는 경시청 총감의 허가를 받아야 한다. 영화흥행자, 영화관리인을 두려고 할 때 또한 전항과 같다.

역시 이는 경시총감의 허가를 받아야 한다.

흥행관리인은 흥행에 관해 영화흥행자와 동일한 책임을 갖는다.

다시 말하자면 영화흥행자는 허가제도에 따른 것이라는 것을 규정하고 있습니다. 그 허가를 받으려고 할 경우에는 어떻게 하면 허가할 것인가를 그다음의 제50조에 규정하고 있습니다. 그 허가 서류에는 여러 가지 있지만 본적, 주소, 직업, 이름, 생년월일 및 경력의 개요, 관리인의 본적, 주소, 직업, 이름, 생년월일 및 경력의 개요, 그리고 흥행장의 명칭 및 소재지, 그리고 흥행장의 소유자의 주소, 이름 이만큼의 서류를 도쿄부에서는 경시총감에 제출하고, 또 다른 부현에서는 이를 지방장관에 제출하고 허가를 받아야 흥행자의 자격을 받을 수 있습니다. 이 서류를 제출하면 그 관련에서 그 본적 및 현주소, 그 외 그 본인의 현재의 자산 상태, 혹은 과거에 전과가 없었는지 등, 여러 가지를 조사해서 적당하다고 인정한 자에게는 흥행장의 허가를 주는 것입니다. 이것으로 비로소 허가가 떨어지는 셈입니다. 이 경우 제4의 흥행장의 소유자의 주소, 이름이 있습니다. 그런데 이것은 대체로 흥행하는 사람이 그 흥행장을 다른 사람 소유인 것을 빌려서 경영을 하는 경우에 필요한 것인데 자신이 흥행장을 소유하고 있는 경우에는 이것은 동일인이므로 그것을 제출할 필요는 없습니다.

다음의 제51조에 흥행자의 허가를 받지 않는 경우를 세 가지 들고 있습니다.

첫 번째가 타인에게 자신의 흥행자의 명의를 빌려준 적이 있다고 인정할 때, 두 번째가 사상, 소행 불량이라고 인정할 때, 세 번째가 그 외 부적당하다고 인정할 때

입니다. 세 번째의 그 외 부적당하다고 인정할 때라는 것이 매우 광범위한 규정인데 흥행인으로서 부적당하다고 해서 허가를 주지 않는 것은 관청의 판정에 의한 것이므로 그 판정에 따라 불허할 권리를 감독관청이 보류하고 있는 것입니다. 흥행인이 된다는 자격에 대해서는 지금의 ▶61쪽 세 가지 조건만 구비하고 있으면 대부분의 경우에는 허가를 받을 수 있습니다. 무엇보다 대중을 상대로 하는 일이므로 사상상의 문제, 또는 소행상의 문제를 매우 중요시하여 만약 그런 일이 조금이라도 있다면 그럴 경우에는 허가를 하지 않습니다. 그러나 지금까지는 대부분의 사람들은 허가를 받았습니다. 이것은 대체로 흥행인은 어떻게 해서 되는 것인지, 또한 그 흥행인은 어떤 책임이 있는지에 대한 시행세칙의 규정이며 그 외에 따로 흥행에 대한 규정은 없습니다. 그래서 흥행인은 24시간 내내 그 흥행장에 틀어박혀서 흥행의 중심역할을 행하는 것은 좀처럼 불가능하며 또 혼자서 2, 3관이나 가지고 있다면 그렇게 한 곳에만 틀어박혀 있는 것도 불가능하니 이 흥행자와 같은 책임을 맡을 관리인을 둔다는 규정이 49조에 있는 것입니다. 결국 이 흥행의 마지막 책임은 영화흥행자와 관리인이 지게 되는데 흥행상의 세세한 일들, 그 외 대체로 감독관청에 대한 책임을 맡긴다는 의미이며 그 흥행자의 대리를 지

칭하기 위해 관리인을 두는 것입니다. 관리인은 어떤 일을 해야 하는가 하면 여기에는 규정이 있는데 우선 영화흥행자는 법률―규정에 따라 허가된 사람이며 흥행인은 그 허가 받은 흥행장에서의 전반적인 책임을 맡을 의무가 있는 것입니다. 이 경우에 지금 말씀드린 것처럼 영화흥행자는 대체로 경영자와 같은 사람입니다. 같은 의미에서 영화흥행장의 관리인이 지배인이 되는 셈입니다. 영화흥행자는 영화법의 시행세칙에 의한 법적 인격이며 경영자 및 지배인이라는 명칭으로 불리는 입장은 경영상에서 불리는 이름이 되는 것입니다. 그러나 지배인의 경우에 관리인과 반드시 동일하지 않는 경우가 가끔 있습니다. 그것은 무엇인가 하면 큰 회사에서는 많은 소극장(小屋)―극장을 경영하고 있는 경우 인사 관계에서 이동, 전근, 그 외의 일들도 있기 때문에 여러 상황 때문에 1년이나 혹은 1년 반, 심할 경우 6개월 단위로 빈번히 전근을 명받는 경우가 있습니다. 그 때문에 영화흥행의 관리인을 일일이 그때마다 신고서를 내서 허가를 받는다는 것이 귀찮기도 하고, 또한 감독관청도 관리인이 그렇게 자주 바뀌는 것을 너무 한심하게 생각할지도 모르고, 또 실제 문제로서 관리인이 계속 바뀐다는 것은 일을 하면서 연락사항이 있을 때에도 매우 곤란한 관계상 관리인과 지배인을 따로따로 해두는 극장도 있습니다. 그러나 대체로 관리인과 지배인은 동일인이라고 생각해도 지장없으리라 생각합니다.

지배인은 대체로 어떤 일을 하는가를 말씀드리면 지배인은 경영자, 다시 말하자면 영화흥행자의 감독 밑에 흥행의 실제의 모든 것을 처리합니다. 또 한편으로는 관리인으로서 흥행자의 대리 행위를 행하고 흥행자와 함께 그 당해 흥행에 관한 책임을 맡는 사람입니다. 이것이 대체로 흥행관리인의 정의입니다. 지배인은 흥행장에서 어떤 일을 하는지 말씀드리면,

1. 인사(人事)‐임면(사무원, 영사기사, 잡역 등의 인사입니다)
2. 영업에 관한 규격
3. 회계 처리의 감독
4. 연출의 지휘[연출이라는 것은 영사입니다. 최근의 영화흥행에서는 주로 영사이니까]
5. 대외 절충
　가) 영화배급회사와의 연락 및 교섭
　나) 흥행자 혹은 흥행본부, 혹은 연출자와의 연락
　다) 흥행조합과의 연락
　라) 감독관청과의 교섭
　마) 그 외 흥행에 관한 명의 이외의 대외 관계의 절충

6. 관객에 대한 봉사 및 통제의 지휘

7. 선정방법에 관한 규격 및 지휘

　대체로 이상의 7개 항목입니다. 지금 쓴 영화관의 인적 배치란 보통 일반적으로 이렇게 이루어져 있다는 대체적인 모델형·표준인데, 수용인원·정원이 매우 많은 영화흥행장에서는 지배인 외에 부지배인을 두는 경우가 있습니다. 이 경우에 부지배인은 지배인을 도우면서 지금 말씀드린 7개 항목의 일을 하는 것입니다. 지배인 밑에 사무원―사무 관계의 영업계, 회계계, 선전계의 세 가지 일이 있습니다. 이 경우 정원수가 매우 많은 극장에서는 예를 들면 영업계가 3명, 회계계가 2명, 선전계가 3명이라는 식으로 매우 많은 인원수로 사무 관계 일을 하고 있는 곳도 있고 또 작은 곳에서는 이 영업계, 회계계, 선전계 일을 사무원이라는 명칭하에 전부 혼자서 하고 있는 극장도 있습니다. 이 중에서 선전계는 이름대로 영화흥행장에서의 프로그램 및 그 영화관 자체의 선전에 관한 사항을 전부 쥐고 있습니다. 회계계는 수입 및 지출에 관한 회계처리, 금전출납, 예산을 세워서 결산을 행하는 외에 구매에 관한 사항 및 관람권 출납 등의 일을 합니다. 영업계는 흥행장 내의 인사통제, 서무사항, 연출관계일, 대외사항 등의 사무를 처리합니다. 이 영업계, 회계계, 선전계는 전부 모든 일이 지배인의 지휘에 따라 행해지는 것은 물론이며 이 세 담당자는 지배인을 도와서 지배인의 일을 완전하게 수행시키는 보조를 행합니다. 영화관 내의 모든 일은 역시 지배인에 의해 통수(統帥)되고 있습니다. 그런데 극장에 따라서는 회계계를 지배인 밑에 두지 않고 완전히 별개의 입장으로 세우는 조직을 만들고 있는 곳도 있습니다. 왜 이렇게 하는가 하면 금전에 관한 사항을 쥐는 회계계가 지배인 밑에 종속하게 되면 회계처리에 관해서 회계의 여러 입장과 지배인의 입장이 의견의 차이를 초래하는 경우가 있습니다. 만약 회계가 지배인의 명령의 지휘하에 있게 되면 아무래도 그 회계계는 지배인의 명령에 따라야 하게 되고 회계상 회계계가 회계계로서 당연히 처리해야 하는 것을 지배인의 명령에 따라야 하는 경우가 생길 우려가 있기 때문에 회계계를 지배인 밑에 종속시키지 않는 조직을 만드는 곳이 있는 것입니다. 그러나 대체로 보통 조직에서는 지배인 밑에 예속(隷屬)시키고 있습니다.

　다음은 현장인데, 여기에서 가장 중요한 일을 하고 있는 것이 영사기사입니다. 영사기사는 영사기 및 재생기[발성기]를 기술적으로 조작해서, 미리 정해진 상영시간표에 따라 연출진행을 하니, 일을 나누면 두 가지가 되는 셈입니다. 영사기 및 재생기를 기술적으로 조작해서 영화를 영사기에 비추는, 다시 말하자면 이것이 영화관에서의 연출입니다. 이것을 시행함과 동시에 그다음에 하는 것은 연출 중 하나인데 미리 정해진 시간표에 따라 연출을 진행합니다. 물론 그 감독은 사무원 다시 말하자면 영업계, 혹은 지배인이 그 지도명령을 내리는데, 일일이 몇 시부터 몇 시까지 해라, 여기에서 몇 분 동안 휴식해라 하는 것을 사무 관계자가 명령할 수도 없습니다. 그래서 대체로 미리 영사시간표가 명확히 정해져 있으니 그 시간표에 따라 영사계가 연출을 진행해가는 것입니다.

다음으로 전기계, 기관계인데, 전기계는 대체로 관내에 있는 전동 관계, 동력 관계의 일을 취급하며, 기관계는 난방, 혹은 냉방장치가 있는 극장의 난방, 보일러[기관]의 고장 등을 취급합니다. 특히 이런 식으로 이런 담당을 만들고 있는 것은 역시 규칙이며 그런 설비를 가지고 있는 곳은 아무래도 전기계와 기관계를 두지 않으면 안 되는 것입니다. 이 경우에 전기계는 역시 전기기술자의 면허증이 필요합니다. 기관계도 기관사의 면허증을 가지고 있는 사람이어야 합니다. 다시 말하자면, 난방기관의 책임자, 전기의 책임자를 반드시 두지 않으면 전기 취급도 기관을 조작하는 것도 규칙에서 허용되지 않습니다. 또한 영사기사도 마찬가지로 영화법의 시행세칙에 따라 영사기사의 면허증을 가진 사람이 아니면 영사 조작은 불가능합니다. 영사계, 전기계, 기관계는 전부 특수기술자가 여기에 해당합니다.

다음에는 잡역, 이것은 오래된 영화흥행 용어이며 관객석 담당직원(表方)이라는 이름으로 불리고 있는데, 흥행장 내외의 잡무, 청소, 장내의 정리, 그 외의 일을 하는 것입니다. 말하자면 남자 사환의 역할이며, 또 하나의 일은 안내원, 소위 말하는 여급, 간사이에서는 **차배달원(おちゃこ)**이라고 합니다. 이것은 아시다시피 여러 가지로 관객들을 돌보고 장내의 여러 배치나 그 외에 대한 안내를 하며 관객 상담에 응하는 일을 합니다. 대체로 젊은 부인들이 이 일을 하고 있습니다. 이 안내원 중에서 또 특히 선정을 해서 입장권, 관람권의 판매를 담당하는 일을 하는 출표계를 두어야 합니다. 이것은 출표라는 이름에 나타나듯이 관람권 판매를 담당함과 동시에 또한 표를 개찰하는 역할을 맡는 사람이 필요한데, 이는 대체로 여자 안내원 중에서 적당한 사람을 골라서 이 일을 맡깁니다. 이 출표계를 흥행 용어로는 일반적으로 테켓이라는 관용어가 있습니다. 테켓이라는 것은 영어의 티켓의 사투리라고 생각합니다. 또한 개찰계의 일을 표를 찢는 사람이라고 합니다. 대체로 영화흥행장은 아까도 말씀드렸듯이 볼거리 방식에서 발달해왔기 때문에 이런 여러 관용어가 매우 많습니다. 예를 들면 시작알림(打込)[200]이란 대체로 표를 팔기 시작해서 관객을 입장시키는 시간을 말합니다. 어제 니치게키의 시작알림은 어땠는가 하는 식으로 말합니다. 멍석올림(跳ね)이란 소극장이 종연됐을 때를 말합니다. 어디어디의 소극장의 멍석이 오른 것은 몇 시였다 등으로 말합니다. 이 멍석올림이란 아

---

200) 시작알림(打込)은 가부키에서 막을 열고 닫을 때 큰 북을 기운차게 두드리는 것을 말한다.

마도 흥행자가 미신을 믿어서 종연했다, 끝나버렸다는 말을 싫어하여, 오르다라는, 모든 이런 접객업은 좋지 않은 말을 꺼려하여 이런 말을 사용하고 있는 것입니다. 마감(あがり)이란 밤 8시경에 표의 발매를 정지하는 것입니다. 사무원이 마감이라고 소리치면 표를 파는 것을 중지하고 그때부터 마감계산을 하는 의미라고 생각합니다. 마감수입은 그날의 흥행수입의 합계액을 말합니다. 흥행계에는 그런 특수한 단어가 있는데 이와 관련되어 있으면 조금씩 알게 되리라 생각합니다.

대체로 영화흥행장에서의 인사의 배치는 이상과 같습니다. 이런 배치를 하여 이 배치에 위치한 사람이 모두 각각 지금 말씀드린 일을, 각 직장 직장에서 자신의 일을 해나간다면 하루의 흥행이 지극히 간단히 이루어질 것입니다. 흥행은 어려워 보이지만 결국 이만큼의 사람들이 있고 그 사람들이 서로 자신이 해야 하는 일을 해나가면 그것으로 하루의 일을 끝낼 수 있고, 즉시 그 결과가 그날에 지금 말씀드린 마감수입을 알 수 있고 또한 경비도 알 수 있으며 이 흥행으로는 얼마를 벌었고 얼마를 손해봤다는 것을 명확히 알 수 있는 장사로, 기업으로서는 실로 간단한 일입니다. 단, 여기에서 가장 머리를 쓰는 것은 영화흥행자와 지배인[관리인]입니다.

이상 흥행장의 조직과 인적 배치라는 것을 말씀드렸는데, 흥행장에서 아무래도 규칙상 해야 하는 설비만 간단하게 말씀드리겠습니다. 흥행장의 구조에 대해서는 대체로 구조는 건축 시에 영화법 시행세칙에 있는 규정에 따라 설계를 하거나, 그 완성된 것을 감독관청의 이 흥행을 다루고 있는 흥행담당 및 감독관청의 건축담당이 전부 검사를 하고, 이에 따라 합격을 해서 처음으로 흥행장으로서의 허가가 내려지는 것입니다. 그래서 대체로 규칙에 따라 구조설비가 완성되므로 이는, 예를 들면 극장을 새롭게 건설하려는 계획이 있다든지, 혹은 극장이 조금 오래 돼서 설비구조를 개조하자, 수선하자고 할 때 처음으로 필요한 규정이어서, 예를 들면 비상구는 어떻게 해야 한다든가, 계단은 어떻게 한다, 정원 몇 명의 곳은 화장실은 몇 개 갖추어야 한다는 규정이 있는 것입니다. 사실을 말하자면 이것은 가장 필요한 것이어서 지배인이나 사무원은 충분히 알고 있어야 하는 것인데 대부분 잘 모릅니다. 그래서 가끔 건축이 흥행장으로서 허가를 받은 후에 여러 설비구조가 부서지기 때문에 부지불식간에 위반이 되는 경우가 매우 많고, 대체로 흥행장에 대해서는 감독관청이 1년에 한 번이나 두 번 검사를 하러 갑니다. 그때 이를 몰라서라는 것만으로는 핑계가 되지 않으며 경우에 따라서는 처벌받으니 이런 규칙은 충분히 알아두셨으면 좋겠습니다. 그중에는 예컨대 구조설비의 장에서 흥행장은 폭 몇 미터의 도로를 따라 건축해야 한다는 규정이 있는데, 이것은 고정적인 것이기 때문에 건축할 때에 모두 법에 따라 하고 있다고 생각하니 특히 구조설비에 대해 기억해 둬야

한다는 것을 거듭 말씀드립니다. 제26조에

> 비상구 상부에는 비상구를 명시한다. 그리고 적색등을 점멸하고 흥행장 내외 적당한 위치에 피난 방향을 명시해야 한다.

고 되어 있습니다. 이는 어떻게든 해야 하는 일입니다. 다음으로 관람석 의자에 관한 규정인데 대체로 의자는 마루에 고정시키는 것이 규칙입니다. 고정시키지 않고 이동할 수 있도록 되어 있는 극장도 꽤 있는 것 같은데 그것은 전부 규칙위반입니다. 또 앞 의자의 등받이와 그 뒤의 의자의 등받이까지의 거리가 반드시 결정되어 있는데 그것은 80센티미터 이상이라고 되어 있습니다. 콘크리트 바닥일 경우에는 블록을 끼워 넣었다면 위반이 되지 않지만 가끔 빠지거나 혹은 의자가 고정식이 아니라 벤치식의 의자이기 때문에 그것이 이동해서 두 의자 사이가 굉장히 가까워지는 일로 위반이 되어 시말서를 내는 일이 있습니다.

다음은 관객석의 통로입니다. 이것도 대체로는 우선 아까 말씀드린 건축과 마찬가지로 모든 관의 구조는 완성되어 있으니 일단 문제는 없지만, 관객이 매우 혼잡해지면 이 통로에 관객을 입장시키는데, 이는 사실은 규칙위반입니다. 특히 의자와 의자와의 사이의 세로 통로에는 아무리 관객이 들어오더라도 절대로 넣어서는 안 됩니다. 이 통로는 관객을 안내하기 위한 통로이기 때문에 넣어서는 안 되며, 만약 관객을 넣은 것을 관련 경찰관이 발견한 경우에는 대체로 시말서를 내던지 영업정지를 당하거나 벌금을 징수당하는 처벌을 받습니다. 양끝의 통로에 관객을 넣는 일에 대해 엄격하게 말하지는 않습니다. 원칙으로서 옆 통로라고 해도 관객을 넣는 곳은 아니지만 이것은 규칙은 규칙이라고 해도, 규칙에도 하나의 융통성이 있기 때문에 양끝의 통로에는 넣어도 됩니다. 그러나 안의 세로 통로는 절대로 비워둬야 하며 이것은 보안상 관객의 비상구가 되는 것입니다. 이 비상구에 관객이 들어가 있으면 돌발사건이 있을 때 피할 길이 없어져서 관객이 많이 들어와 있으면 모두 독 안에 든 쥐 신세가 되니 이것을 경찰이 가장 엄격하게 말하고 있습니다. 영화흥행자로서도 많은 사람들을 관객으로 다루면서 일을 하고 있는 이상 이 정도는 해야 한다고 생각합니다. 세로 통로의 규격은

> 횡렬 8석을 초과할 때마다 양측에 세로 통로를 만들 것.
> 단, 4석 이하일 때에는 그것을 한쪽에만 둘 수 있다. 세로 통로의 폭은 그것을 사용하는 관람석 양측에 있을 때에는 80센티미터 이상, 한쪽에만 있을 때에는 60센티미터 이상 1미터 이하로 행할 것.

이라고 되어 있습니다.

다음으로 입석, 대기석인데, 이것은 장내의 뒷부분의 벽에 대해서 철책, 또는 목책으로 나누고 이를 대기석으로 하는 것으로 허가를 받으면 허용된다는 것입니다. 이곳에서는 관객이 서서 보는 것입니다. 이 대기석이라는 것은 일단 관객이 들었지만 의자가 만석이므로 이곳에서 보면서 자리가 비는 것을 기다린다는 것입니다. 이 대기석에서의 한 사람의 관객이 차지하는 ▶63쪽 면적이 0.2평방미터로 되어 있습니다. 이것은 2등석에도 1등석에도 설치되어 있습니다. 이 자리는 관람석의 마지막 부분이 되며 깊이는 1.5미터 이하로 되어 있습니다. 물론 세로 통로는 비워두지 않으면 안 되고 이 경우 대기석은 다른 관람석에도 있는데 남녀동반의 자리를 구별한 좌석이어야 합니다. 보통의 관람석에서도 역시 남, 녀, 남녀동반 자리는 구별될 필요가 있지만 그 설비의 모양에 따라서는 신고서를 제출하면 경찰관청의 허가에 따라 남녀혼합이어도 좋다고 되어 있습니다. 그러나 그 허가를 받지 않은 채 남자석이라고 표시되어 있는 자리에 여자가 들어온 것이 발견될 경우에는 상당한 처벌을 받게 됩니다. 이것도 특히 주의해주셨으면 합니다.

그리고 변소인데, 이는 남자와 여자를 구별해야 합니다. 그래서 관람자의 정원 1백 명에 대해서 변소를 3군데 설치합니다. 5백 명 이상의 정원에 대해서는 1백 명에 대해서 2군데씩 설치하고 1천 5백 명을 넘을 시에는 1백 명에 대해서 한 군데 이상을 설치한다는 규정으로 되어 있습니다.

다음에는 극장 내의 밝기인데, 극장에 따라 매우 밝은 곳과 어두운 곳이 있는데 그 밝기에 대해서도 대체로 규정이 있습니다.

관객석에는 영사 또는 영사 중이어도 0.2룩스 이상의 조도를 가지는 조명설비를 행해야 한다.

1룩스라는 것은 1촉광의 전기의 빛이 1미터 떨어진 조명도를 말합니다. 2룩스란 그 2배의 밝기입니다. 0.2룩스이므로 글자도 거의 읽을 수 없는 밝기입니다. 이것도 가끔 밝기가 0.2룩스 이상 되지 않는 경우가 있기 때문에 많이 질책을 받는 경우가 있습니다. 이는 흥행자로서도 관객이 프로그램을 읽거나 또 너무 어두워지면 풍기상에도 좋지 않으니 그 정도의 밝기를 유지해야 하는 게 아닌가 싶습니다.

그 밖에 관람석, 영사실, 그 외에는 반드시 소화기를 설치해야 합니다.

흥행장의 관람자 정원수 50명마다 약액(藥液) 소화기 1개 이상을 구비하고 또한 이것과 동등이상의 효과가 있는 소화설비를 설치하며 적당한 장소에 배치해야 한다.

라는 규정이 있는데 이것도 엄격합니다.

그리고 이 규칙 중에 일상에서 주의해야 하는 것은 영사실 설비입니다. 영사실은 여러분도 알고 있듯이 영화관 중에서 가장 인화되기 쉬운 필름을 다루는 곳이기 때문에 이에 대한 규정이 매우 엄격한 것입니다. 이는 사실 재해방지 때문에 흥행자 및 지배인으로서는 이 점에 매우 주의해야 하는 것입니다.

영사실이 목조일 경우에는 장벽의 벽을 불연성액으로 덮을 것, 출입구는 반드시 바깥 방향으로 열 수 있게 하고, 방화문을 설치할 것. 그 외의 출구에는 방화문을 설치할 것.
모두 방화문이어야 한다면 환기구를 반드시 설치해야 한다.
영사실 내에는 소화기 2개 이상과 마른 모래를 채운 양동이 2개 이상을 반드시 설치해야 한다.

이런 것들은 영사기사 등은 알고 있을 테지만 좀처럼 이런 것을 실행하지 않습니다. 이는 역시 지배인이나 사무 관계자가 무엇이든 계속 신경을 써서 이 규칙에 위반이 없도록 설치하는 것이, 단지 규칙을 위반하지 않기 위해 이를 하는 것이 아니라, 실제 문제로서 이 규칙은 여러 가지 재해를 방지하기 위해 정해져 있는 것이니, 지시를 받기 전에 이런 것은 자신들을 위해 소위 말하는 흥행자 및 흥행인으로서 당연히 해야 하는 것을 규정하고 있는 것입니다. 이러한 것은 전부 지시할 필요도 없이 그만큼의 설비는 아무래도 재해방지를 위해서 해둘 필요가 있으며, 이 규정을 모두 지키고 있으면 대체로 흥행자로서 영화흥행장을 운영해나가는 데 실수는 일어나지 않을 것입니다. 가끔 그것을 귀찮다고 하거나 그런 것을 할 필요는 없다고 하여 위반하는 사람이 있는데, 모두 흥행자를 위한 것이라고 생각하여 이런 규정이 있으니 이 규정을 지키기만 한다면 관객에 대해서는 물론 자기 자신에 대해서도 결코 나쁜 일은 되지 않을 것입니다. 그러니 흥행자는 단지 자신들을 취체하기 위해 이 규칙이 있다고 생각하지 말고 자신들을 위해 이 규칙이 있다는 식으로 생각하면 아무것도 아닌 일인데 이를 위반하는 영화관이 매우 많으며, 실제 문제로서 극장에 가도 이 규칙대로 하고 있는 곳은 거의 없습니다.

규정에 관한 이야기는 대략 끝내도록 하겠지만 흥행할 때 주의해주셨으면 하는 것이 또 하나 있습니다. 영화는 내무성의 검열을 거친 것만 상영할 수 있습니다. 검열대본을 상영할 경우에는 반드시 극장에 1부를 비치해야 한다는 규정이 있습니다. 그런데 1편의 경우에는 반드시 검열대본이 1권밖에 없습니다. 그래서 프린트를 아끼기 위해 1편의 프린트를 2관 내지 3

관에서 돌려 보는 일이 있습니다. 그때에는 반드시 검열대본을 프린트와 함께 가져가서 이를 구비해두는 것은 불가능하니 복본(副本)을 갖춰놓습니다. 이는 대체로 이번 새로운 조직의 영화배급사에서는 복본을 내무성에서 받아 승인을 받은 작품을 반드시 프린트에 덧붙여서 영화관에 배부하니, 흥행 중에는 반드시 그 검열대본을 사무소에 구비해둬야 하는 규정입니다. 가끔 이 검열대본을 구비하지 않는 경우가 있어서 위반이 되어 이를 지적당하는 일이 있으니 반드시 영화를 상영할 경우에는 관청의 승인이 있는 검열대본을 극장에 비치해두어야 합니다. 검열대본이 없는 경우에는 그 복본을 비치해야 합니다.

이상으로 대략 흥행을 할 때 필요한 관계법규, 규칙, 대략적 영화의 흥행은 어떤 조직에서 하는가에 대해 개략적으로 말씀드렸다고 생각합니다. 그리고 나중에 경시청 흥행계의 경부 분의 영화취체규칙에 관해서라는 강의가 있을 테니 그쪽에서 상세하게 이야기가 있으리라고 생각합니다. 그러나 지금까지 제가 서술한 규칙은 대략 상식적으로 아무래도 흥행할 때 기억해두어야 하는 규칙을 발췌해서 말씀드린 것입니다. 앞으로 구체적 문제로 들어가서 흥행의 정책적인 부분을 설명하도록 하겠습니다. [미완]

1943년 1월 21일 | 제70호 | 28~36쪽

영화흥행개론(2)

[영화배급사 직원양성소 강연록]

도호영화 영업부장 이세키 다네오

신영화경제의 확립

영화통제를 완전한 것으로 마무리하기 위해서는 아무래도 흥행통제를 해야 한다고 저는 생각하고 있지만, 간단하게 할 수 있는 것은 아닙니다. 이는 1천 개 이상이나 있는 경영체가 각각 크고 작은 자본을 투하해서 흥행을 경영하고 있는 것이며, 또 그 자본의 투하방법, 혹은 각종 잡다한 사정에 따라 경영되고 있기 때문에 이를 하나의 형태로 끼워 맞춰서 통제를 하거나 혹은 통합을 한다는 것을 간단하게는 실현할 수 없는 것입니다. 그 때문에 작년 8월의 영화 신체제는 결국 영화의 제작회사와 배급과 문화영화의 통제에 우선 손을 댄 것입니다. 그리고 새로운 배급방법에 따라 어느 정도의 흥행통제를 하는 것이 대체로 영화배급회사의 목표가 아닐까 하고 저는 생각하고 있습니다. 그래서 그 흥행통제를 하는 하나의 수단으로 정해져 있는 방법이 바로 영화배급의 업무규정입니다. 그 2장에 영화배급 관계에 관한 규정이 있는데, 그 제4조에

> 배급의 계통, 번선, 종류 및 관람요금 등은 영화흥행상의 소재지, 위치, 설비, 수용력, 흥행자의 능력 및 관객층의 종류 등 각 종 상황을 공정하게 고려한 위에 본사[즉 영화배급사]에서 이를 결정한다.

이 규정에 따르면 대체로 이 영화배급 계통이라든가 번선이라든가 종류라든가 그 흥행장에서의 입장료, 관람료 등은 여러 조건을 고려해서 영화배급사가 정한다고 되어 있습니다. 그래서 영화배급사의 설립 이전에 영화배급방법은 어떤 식으로 행해졌는가 하면, 예를 들면 쇼치쿠라는 제작회사가 있는데 이곳에서 영화를 만듭니다. 이것을 배급할 경우에는 그 제작 회사가 직접 배급을 하고 있었습니다. 그래서 쇼치쿠나 도호나 닛카쓰 등이 영화관의 계통을 가지고 있었고, 그 계통을 만들기 위해서는 혹은 직영관을 감독한다든가, 혹은 보합(步合) 흥행에 따른 특약관을 만든다든가, 혹은 일정요금에 따른 특약관을 만든다는 상태여서 확연히

쇼치쿠나 도호나 닛카쓰의 계통관의 형태를 만들어왔습니다. 도호의 영화는 도호 계통관으로 유통되도록 조직합니다. 또 예를 들면 어떤 지방에서 도호영화를 상영하고 싶다고 생각하는 흥행자가 있다고 해도 이미 도호영화라면 도호영화 계통관이 있어서 그곳에 끼어드는 것은 불가능합니다. 영화는 그 영화의 계통관에만 배급한다는 방법을 취하고 있었던 것입니다. 이를 배급하는 방법에는 또는 장소에 따라서는 이를 '황보(あらぶ)'[201]라고 하는데 흥행수입의 40%나 35%를 가져가는 보합흥행 배급방법, 혹은 한 달 동안의 영화제공료를 5백 원이나 3백 원이라는 일정요금에 따라 정하는 방법, 그 외 협동조합식을 따르는 경영 — 흥행에 필요한 경비를 원천징수(天引)[톱오프(トップオフ)][202]하여 그 나머지를 이런 어떤 비율에 따라 나누는 방법이라든가 혹은 직접 제작회사가 쇼치쿠라면 쇼치쿠 자신이 흥행장도 스스로 경영하는 식의 방법에 따라 배급을 하고 있었습니다. 이것을 이번에는 영화배급회사가 만들어져서 다 바뀌고 말았습니다. 예를 들면 도호의 영화 혹은 쇼치쿠의 영화라고 해도 대체로 원칙적으로는 어디에서도 상영할 수 있게 하고, 게다가 이를 상영하는데 이 규정에 있는 대로 그 흥행장의 소재지, 위치 혹은 설비, 수용력, 흥행자의 능력 등을 생각해서 검토하여 영화를 냅니다. 그 순서라든가 혹은 그 영화는 어디에서 상영해야 하는가에 대해서는 영화배급사에 결정권이 있습니다. 그러나 이를 정할 경우에는 대체로 내무성의 감독지휘를 받아 가능한 곳의 흥행자 단체의 의견을 우선 수렴하고 그 후 배급의 계통이나 영화의 종류, 관람료를 정하는 방법을 취하고 있습니다. 그래서 대체로 프로그램의 단위는 극영화 1편, 문화영화 1편, 시사영화 1편을 원칙으로 합니다. 여기에서 흥행자에게 가장 중요한 것은 제10조에 있는 영화배급요금 문제입니다.

1. 당해 흥행기관의 모든 수익의 5할 7부 5리를 일단 본사가 받는 배당금(步金)으로 하고 4할 2부 5리를 흥행자의 수입으로 할 것.
2. 당해 흥행기간의 실제 경비는 본사와 영화흥행자에게 이를 절반 부담하는 것으로 하며, 앞 호의 본사 수익금에서 그 총액을 한도로 하여 본사가 부담해야 하는 경비액을 흥행자에게 지불할 것.

이라고 되어 있는데, 이는 흥행자에게 중요한 규정이며, 이에 따라 영화상영료를 지불하

---

201) 황보(荒步) 계약을 말한다.
202) 지급 전에 미리 일정액을 제하는 '공제'를 말한다.

는 것입니다. 4월 이전은 영화상영조건이 각각의 절충에 따라 여러 가지로 정해져 있었습니다. 그런데 이번 영화배급사는 그 여하를 막론하고 어떤 보합극장(小屋)이라고 해도 모두 이 원칙에 따라 시행한다고 되어 있습니다. 그러므로 영화상영조건은 지금 전국에 2천 5백 채(軒)의 영화흥행장이 있는데 전부 같은 조건에 따라 영화를 배급하고 있는 셈입니다. 게다가 별도의 규정에 있는 한 달 동안의 수익 중 3천 원 미만의 곳은 지금의 흥행수입의 5할 7부 5리를 일단 취득하고, 흥행자는 4할 2부 5리를 취득하며, 실제 경비액을 제외한 실제 경비의 절반을 되돌려준다는 규정에는 따르지 않고, 원래 하고 있었던 정액요금을 배급한다는 규정이 있는데, 이것 등은 역시 지금 말씀드린 5할 7부 5리 운운이라는 규정·기준에 따른 요금에 의해 정액요금으로 배급되고 있는 것입니다. ▶28쪽

　이 요금 결정방법이 어떤 목적으로 이런 규정이 됐는지, 말하자면 결국 영화흥행자와 영화제작자 사이에 서로 공평하게 받은 흥행수입을 나누자는 목적하에 비율이 정해져 있는 것입니다. 어떻게 해서 이 할당법이 공평한가 하는 것은 대체로 표준적인 보통 흥행장에서 예를 들면 그 극장이 1만 원의 흥행수입이 있을 경우 5할 7부 5리는 5750원이 됩니다. 그래서 예를 들어 어떤 극장을 경영해서 그 흥행을 경영한 결과 경비가 3할 5부 든 경우에는 실제 경비의 반환 금액이 1750원이 됩니다. 이렇게 되면 3할 5부의 절반이니 결국 1할 7부 5리인데 이 1할 7부 5리를 빼면 영화요금이 4할이 되는 셈입니다. 이것을 황보로 계산하면 영화요금은 4할이 됩니다. 그 계산에 따르면 결국 흥행자가 지불해야 하는 — 영화료를 포함해서 지불해야 하는 돈은 집세를 별도로 하고 7할 5부가 되는 셈입니다. 흥행장의 표준적정집세를 대체로 1할 5부라고 가정하면, 그 7할 5부에 덧붙여 1할 5부의 집세를 지불하면 나머지가 1할이 됩니다. 그 1할이 결국 흥행자의 이익금, 흥행을 한 사람의 이윤이 되는 것입니다. 이것이 표준형의 흥행일 경우의 사례입니다. 대체로 집세롤 별도로 한 경비라는 것은 흥행수입의 많고 적음에 따라 그 비율은 많이 바뀌게 됩니다. 예컨대, 한 달에 20만 원이나 올리는 극장도 있고 그중에는 3천 원 혹은 2천 원밖에 올리지 못하는 극장도 있습니다. 그 20만 원을 올리는 극장의 경비는 아마 그 20% 정도가 대체로 이윤이 됩니다. 3천 원의 수익을 올리는 극장에서는 경비비율이 매우 높아져서 이것이 4할에서 4할 5부가 됩니다. 이렇게 되면 어떻게 되는가 하면 경비의 반을 돌려준다는 것은 경비의 반을 결국 부담하는 셈이며, 5할 7부 5리에서 경비의 절반 비율만큼 뺀 것이 결국 영화료가 되는 셈입니다. 지금 이를 실례로 대입해보면

$$\underset{10{,}000}{\overset{\text{[흥행수입]}}{}} \times \frac{57.5}{100} - \frac{\text{경비}}{2} = \text{영화료}$$

라는 식으로 됩니다. 흥행수입이 1만 원인 극장의 영화료는 이렇게 됩니다. 그래서 경비 3할 5부는 3천 5백 원입니다. 따라서 영화료는 4천 원이 됩니다. 흥행수입 2만 원의 경우에는

$$\underset{20,000}{\overset{원(圓)}{}} \times \frac{57.5}{100} - \frac{3,500}{2} \overset{[영화료]}{= 9,750원}$$

이 됩니다. 3만 원의 경우에는

$$\underset{30,000}{\overset{원(圓)}{}} \times \frac{57.5}{100} - \frac{3,500}{2} \overset{[영화료]}{= 15,550원}$$

이 됩니다. 이것으로 손익계산을 하면 흥행수입 1만 원일 경우에는 흥행장은 영화료 4천 원과 경비 3천 5백 원을 지불해야 하니 이를 더한 금액을 총수익에서 뺀 2천 5백 원이, 이것이 집세를 포함한 흥행자에게 남는 돈입니다.

　1만 원일 경우에는 6,750원
　3만 원일 경우에는 11,000원

이것이 집세를 포함한 흥행자에게 남는 금액입니다.

집세는 흥행수입의 대체로 15%에 해당하니 1만 원의 경우에는 1천 5백 원, 따라서 2천 5백 원에서 1천 5백 원을 뺀 1천 원이 흥행자의 이익금[흥행이익]이 됩니다. 마찬가지로

　2만 원일 경우에는 3,750원
　3만 원일 경우에는 7,500원

이 됩니다. 즉 순익은 흥행수입

　1만 원일 경우에는 1할
　2만 원일 경우에는 1할 5부
　3만 원일 경우에는 2할 5부

이 됩니다. 이처럼 경비가 3천 5백 원이라고 고정할 경우에 흥행자의 수익은 1할에서 흥행수입이 증가할 때마다 1할 5부, 혹은 2할 5부, 이렇게 올라가게 됩니다. 같은 의미에서 영화료도 흥행수입

> 1만 원일 경우에는 4할
> 2만 원일 경우에는 4할 7부
> 3만 원일 경우에는 5할

이 됩니다. 여기에서 보시는 것처럼 5할 7부 5리를 취하고 경비의 반액을 배급자가 부담해서 이를 흥행자에게 되돌려주는 법규에 따르면, 이 경비라는 것을 안전장치로 삼아 영화료도 흥행이익도 때마침 흥행수입에 비례하여 올라가거나 내려가거나 하게 됩니다. 원래의 배급방법에 따른 배당흥행일 경우 그 배당이 예를 들면 4할이라고 하면

$$
\begin{array}{ll}
\text{[흥행수입]} & \text{[영화료]} \\
10{,}000원 \times \dfrac{40}{100} = 4{,}000원 \\[6pt]
20{,}000원 \times \dfrac{40}{100} = 8{,}000원 \\[6pt]
30{,}000원 \times \dfrac{40}{100} = 12{,}000원
\end{array}
$$

이 됩니다. 그러나 이 새로운 방법의 보합(步合)으로 가면 이렇게 변하게 됩니다. 이것은 결국 영화료의 흥행수입에 대한 비율이 올라가는 셈입니다. 물론 앞의 경우에서 흥행수입이 증가한 경우에 40%로 가게 되니 2만 원이 되면 8천 원, 3만 원이 되면 1만 2천 원이 되는 식으로 이에 정비례해서 영화료가 대체로 올라가는 것에는 변함없습니다. 그러나 이번의 법칙에 따르면 수익이 올라가면 물론 그 영화료는 올라가고, 금액은 증가하지만 그 올라가는 방식이 일정비율까지 올라가게 되는 것입니다. 이것은 예컨대 1만 원일 경우에는 40%이지만 이 극장이 3천 5백 원일 경우에 고정되어 있다고 생각할 경우에 3만 원 오르면 영화료의 배당비율이 50%에 올라간다는 것입니다. 이것이 결국 같은 의미에서 이익 비율도 올라가는 것입니다. 새로운 방법일 경우에도 이익의 비율은 올라가지만 종래의 방법이라면 이익의 증가율은 매우 많아집니다. 그렇게 하면 결국 영화배급사에서 제공한 영화는 원래의 방법에 따르면 항상 40%밖에 취하지 않습니다. 10만 원이 되더라도 수익은 40%밖에 취하지 않습니다. 그러나 이

방법에 따르면 흥행수입이 올라가면 그에 따라 영화료의 배당비율이 올라가게 되어 있습니다. 따라서 이쪽의 흥행자가 얻은 이익의 비율은 물론 올라가지만 종래의 배당비율에 따르는 수익보다도 매우 적습니다. 그 원인은 경비의 절반을 돌려준다는 것에 원인이 있습니다. 결국 경비의 절반을 돌려주는 것에 따라 흥행자의 부당한 이윤을 이곳에서 제한하고 있는 셈입니다. 이에 따르면 흥행수입 3만 원일 경우에는 여기에 서술한 것처럼 만 1천 원의 흥행이익[집세를 포함하여]이 있습니다. 집세를 제외하면 7천 5백 원이 흥행자의 순이익이 됩니다. 그런데 4할로 고정하면

$$30,000 \times \frac{40}{100} = 12,000$$

$$12,000 \times 3,500 = 15,500$$

$$\begin{matrix} \text{[본사 지출]} & \text{[흥행자 지출]} \end{matrix}$$

$$30,000 - 1,500 = 14,500$$

$$14,500 - 4,500 = 10,000$$

$$\text{[흥행이익]}$$

{4,500원은 집세

집세는 흥행수익[30,000]의 3할로 계산}

다시 말하자면 흥행자의 순이익은 1만 원이 됩니다. 그 차액의 2천 5백 원은 어디로 갔는가 하면 영화료 쪽에 갔는데, 이것은 결국 보통 영화를 제공하면 1만 원의 수익을 올리지만 대작이라면 3만 원의 수익이나 올립니다. 그만큼 흥행가치가 있는 영화를 제공한 것이니 이에 대해 당연히 이쪽에 돌려줘야 합니다. 물론 그에 비례한 그만큼 상영했으니 그만큼의 이익을 얻고 있는데 지금까지는 그 이익을 대부분 흥행자가 취하고 있었습니다. 이것을 이번에는 영화배급사를 거쳐 그것을 제공한 제작회사에도 돌려줘야 한다는 것으로 공정하게 이익을 나누려는 생각에서 이렇게 됐습니다. 이것은 수익이 올라갈 경우의 예인데 1만 원의 수익을 올린 극장이 만약 어떤 영화를 내서 5천 원밖에 수익을 내지 못하면 어떻게 되는가 하면, ▶29쪽 경비는 3천 5백 원이니

$$5,000 \times \frac{57.5}{100} - \frac{\text{경비[3,500원]}}{2} = \overset{\text{[영화료]}}{1,125원}$$

이 되며, 이 경우 영화료는 흥행수입에 대해 약 2할이 됩니다. 2천 원의 수익일 경우에는 어떤가 하면

$$2,000 \times \frac{57.5}{100} - \frac{\text{경비[3,500원]}}{2} = 150 - 1,750 =$$

이 되어 이것은 뺄셈이 되지 않으니 업무규정에 따라 경비의 반을 5할 7부 5리를 한도로 돌려주게 됩니다. 이 경우 영화배급사는 1,150원 부담하게 되므로 이를 5할 7부 5리를 빼게 되면 영화료는 0이 됩니다. 이렇게 하면 예컨대 평상시에 1만 원의 수익이 있는 극장에서 3천 5백 원의 경비가 든 곳이 그 영화는 흥행가치가 없다라든가 혹은 흥행방법이 나쁘다는 것 때문에 수익이 2천 원 내려갔다고 하면 그 경우의 영화배급료는 한 푼도 없다는 계산이 되는 셈입니다. 이를 만약 종래의 배당방법으로 하면 2천 원의 4할인 8백 원이라는 영화료를 지불해야 합니다. 이 경우 흥행자는 어떨까 하면 경비의 3천 5백 원에 영화료의 8백 원, 계 4천 3백 원을 지출합니다. 그리고 수입의 2천 원을 빼면 결국 마이너스 2천 3백 원이 됩니다.

그런데 이번 방법으로 하면 영화료는 전혀 지불하지 않아도 되니 경비의 3천 5백 원에 플러스 0으로, 결국 3천 5백 원의 손해입니다. 보통이라면 당연히 1만 원의 수익이 오른 이 극장에서 그 영화를 상영할 때 흥행가치가 매우 없었기 때문에 2천 원밖에 수익이 없었다는 것은, 이것은 역시 영화제작회사의 책임이니 영화료는 돌려주지 않아도 된다는 생각이며, 다시 말하자면 이 방법에 따르면 영화료는 0이 되고, 8백 원은 지불하지 않아도 되니 손해는 손해이지만 결국 그만큼 경감되는 것입니다. 당연히 그 위험은 영화제작자와 흥행자가 둘 다 분담해야 하며, 이 경우에 제작자는 이를 제공하여 한 푼도 돌아오지 않게 됩니다. 결국 이를 결론지으면 이 경비의 2분의 1을 흥행자에게 돌려준다는 것이 안전장치가 되어 이에 따라 수익의 상하에 의해 영화료의 배당비율이 오르락내리락 하는 것입니다. 지금 말씀드린 것처럼 1만 원의 수익이 있어 40%인 곳이 2만 원의 수익이 있으면 47%가 되고 3만 원의 수익이 있으면 50%가 되며 흥행수입이 증가함에 따라 영화료는 증가합니다. 거꾸로 흥행수입이 5천 원이 되고 3천 원이 되고 2천 원이 되는 식으로 줄어들면 영화료는 0이 됩니다. 이것이 내려감과 동시에 흥행수익도 위험도 적어지고 경비의 반이 돌아오는 것을 안전장치로 삼아 그 배당비율을 올리거나 내릴 수 있게 되어 영화흥행자와 영화제작자에게 그 흥행수입의 위험손익을 어느 정도 균등하게 양쪽에 균등하게 나누려는 생각에서 이런 비율이 나온 것입니다. 영화배급회사가 업무를 시작하고 나서 이런 예가 얼마든지 있는데 되돌려주는 경비가 흥행수입의 5할

7부 5리 이상이 되는 예는 많이 있습니다. 예컨대 〈어머니여 탄식하지 마라(母よ歎く勿れ)〉[203] 〈오사카 마을사람(大阪町人)〉[204]처럼 개봉흥행에서 반환경비도 채우지 못한 예가 많이 있습니다. 단, 이는 영화만의 책임이 아닌 경우도 있습니다. 예컨대 배급방법의 결함에 의한 경우도 있습니다. 마루노우치(丸之内) 지구에서는 호라쿠자, 히비야(日比谷)영화극장, 아사쿠사 6구에서는 후지(富士), 다이쇼(大勝), 데이코쿠(帝国) 등이 즐비하여 같은 영화를 하고 있으니, 그 때문에 아무래도 분산되고 마루노우치에서는 히비야극장이 압도적으로 좋은 설비를 갖추고 있기 때문에 호라쿠자에 가기보다는 히비야에 가려는 관객이 많아 히비야의 수입과 호라쿠자의 수입이 크게 벌어졌으며 같은 정도의 경비가 들었는데도 불구하고, 한쪽은 2, 3만원이나 수익을 올렸음에 비해 한쪽은 6, 7천 원밖에 수익이 오르지 않았던 사례도 있습니다. 이런 것은 장래 영화배급사 및 흥행자가 시정하리라고 생각합니다. 그러나 그렇지 않다고 하면, 예를 들면 〈어머니여 탄식하지 마라〉〈오사카 마을사람〉 같은 전혀 흥행가치가 없는 경우에는 단지 호라쿠자뿐만 아니고 다른 영화관에서도 영화료가 전혀 없는 결과를 초래했습니다. 이것은 이런 영화를 만든 영화회사가 그 책임을 지는 것은 당연한 일입니다. 지금까지의 배급방법인 경우에는 가령 그 영화가 흥행가치가 없는 영화라고 해도 이에 50, 60만 원이나 제작비를 들였다는 영화라면 그것이 1천 원, 2천 원밖에 흥행수입이 없더라도 1천 원, 2천 원의 상영료를 취하는 매우 바보 같은 배급방법도 행해지고 있었는데, 이번 새로운 업무규칙의 배급방법에서는 이런 것은 모두 없어지게 됐습니다.

실제 경비의 2분의 1을 돌려준다는 이 규정의 목적은 무엇인가 하면 이에 따라 매우 어려운 흥행통제를 하려는 것입니다. 실제 경비의 반액을 부담하는 것에서 시작해서 그 흥행자가 실제 경비를 보고하거나 혹은 담당직원이 일일이 출장을 가서 그 경비의 실제에 대해서 여러 가지를 조사합니다. 또한 영화배급사 쪽에 고사부가 있어서 경비의 고사를 하고 그 증거서류를 일일이 상세하게, 그 경비가 과연 적정한 것인지, 부적정한 것인지 하는 것을 일일이 조사하는 셈입니다. 그리고 만약 부적정한 것이 있다면 이를 거부할 뿐만 아니라, 예를 들면 그것이 적정이었음에도 불구하고 다른 흥행장, 그 외와 비교해서 경비가 너무 많이 들어간 경우에 대해서는 그곳에 일일이 지도자가 가서 그 극장에 이렇게 돈이 들어간 것은 흥행법으로서 그다지 바람직하지 않다, 혹은 흥행은 이래야 한다는 것을 지도해서, 예를 들면 3할 5부로 끝나야 할 경비가 4할 5부나 들어가 있으면 그 1할을 어떻게든 경감하도록 경비에 간섭을 함으

---

203) 〈어머니여 탄식하지 마라(母よ嘆く勿れ)〉(영화배급사, 신코 오이즈미[新興大泉], 후카다 슈조[深田修造], 1942)

204) 〈오사카 마을사람(大阪町人)〉(영화배급사, 다이에이 교토[大映京都], 모리 가즈오[森一生], 1942)

로써 흥행을 어떤 형태에 들어맞도록, 이른바 흥행통제까지 가지 않더라도 흥행통제를 하자, 영화배급사를 통해서 흥행통제를 하자, 이런 목적이 이 업무규정의 영화료 비율을 정하는 방법에 있습니다. 그러니 이 10조의 비율 결정방법은, 첫째는 제작자와 흥행자와의 사이에 있는 흥행수입에 대한 수익의 위험 및 이윤 분배를 균등하게 하려는 것이 목적 중 하나입니다. 또 하나는 실제경비의 반액을 돌려준다는 방법에 따라 흥행을 어느 정도 하나의 형태에 맞춰 흥행통제의 제1보로 하자는 이 두 가지 목표에서 이 규정은 시작된 것입니다. 또 하나는 흥행자가 아무 통제없이 이윤을, 흥행수입의 3, 4할이나 돈을 벌게 해서는 이 시국에서 또 영화사업으로서도 안 됩니다. 그만큼 벌어들인다면 그것은 제작회사나 혹은 영화배급회사에 저축해두고 다른 국책적 일을 하는 제작회사에 돌려주며, 그 돌아온 돈을 제작비 쪽에 투자하여 보다 좋은 국책적인 국민문화의 진전에 기여하는 좋은 작품을 만들려는 목적에서 흥행자의 이윤을 1할 정도, 흥행자는 영화배급사가 생기고 나서는 적어도 옛날처럼 5, 6할이나 돈을 번다는 것은 바랄 수 없게 됐습니다. 그것은 당연한 것이며 지금까지는 5천 원의 수익으로 3천 원이나 벌어들이는 것 같은 일이 있었습니다. ●

　　이 돈을 벌기 위해서는, 예를 들면 설비를 개선하지 않거나 혹은 관객에 대한 봉사도 아무것도 하지 않고 단지 수익을, 얼마나 경비를 적게 들이고 자신이 얼마나 많은 이익을 취할 것인가만을 지금까지의 흥행자는 생각해왔습니다. 이번 배급방법에 따르면 이런 것은 하려고 해도 불가능합니다. 노력을 하루 게을리 하면 하루 뒤처지고, 나란히 즐비한 영화관에서 같은 영화를 상영하므로 방심(油斷)하면 즉시 시대에 뒤떨어지게 되는 상황입니다. 이런 상태에서 흥행이 이루어지고 있습니다. 게다가 이윤은 대체로 1할이나 1할 5부 정도의 상태가 되므로 이 영화배급사가 설립되고 영화배급의 신체제가 행해진 후 처음으로 흥행계가 하나의 궤도에 ▶30쪽 오르는 게 아닌지 또는 오르고 있는 게 아닐까 하고 생각합니다. 우리로서는 영화배급사의 업무가 하루라도 빨리 궤도에 올라 영화계의 신체제가 진정으로 완성돼주기를 기대합니다. 무엇보다 과도기이니 흥행자와 영화배급사, 제작자와 영화배급사와의 사이에는 여러 가지 마찰이 있다고 생각하는데, 그러나 이것은 매우 작은 일이며 영화배급사가 생기고 이런 새로운 이념, 스스로를 버리고 스스로의 이윤을 생각하지 않고 하고 있는 영화배급사가 수장이 돼서 일을 하고 있으니, 이 영화배급이 하루라도 빨리 궤도에 오르도록 노력하는 것이 영화계 전체가 할 일이 아닐까 하고 생각합니다.

흥행정책의 제 문제

영화행정을 행하기 위해서 필요한 여러 정책이 있는데 여기에서는 그중 극히 개략적인 것을 말씀드리도록 하겠습니다.

그 전에 근본 문제로서 특히 주의를 부탁드리고 싶은 것은 영화흥행의 흥행정책이라고 하더라도 지나사변 발발 이후 특히 작년의 대동아전쟁이 시작됐고 영화신체제가 실시된 이전과 이후, 다시 말하자면 재작년의 12월을 기한으로 하여 영화계 전체의 생각이 완전히 달라져 현 상황이 일신됐습니다. 예전의 소위 말하는 구체제 시대의 영화에 관한 흥행에 대한 생각과 신체제 이후의 흥행에 대한 생각이 거의 180도의 전환을 가져온 것입니다. 이전에는 흥행이, 단지 흥행으로 관객을 모으고 그렇게 해서 이에 따라 흥행자가 이윤을 얻는다는 것에만 중점을 두고 흥행을 하고 있었는데, 그러기 위해서는 어떤 경우에는 아무 수단도 가리지 않고, 아무렇게나 관객을 그 영화관에 흡수하는 일조차도 강행하고 있었습니다. 그러나 신체제 이후는 일본의 사회정세가 그것을 허용하지 않게 됐고, 영화흥행장은 그 흥행장에 따라 일반 대중에게 오락을 부여합니다. 결국 영화제작자가 제작하고, 영화배급사가 배급하는 영화를 일반 대중에게 직접 제공하며 이로써 국가목적에 따르는 것을 제1목표로 해야 하는 것입니다. 그래서 지금도 말씀드리는 것처럼 영화흥행에 관한 생각이 많이 변하기 시작했습니다. 그러니 영화신체제 실시 이전의 영화흥행에 관한 생각이 거의 통용되지 않게 됐고, 새로운 입장에 서서 영화흥행을 해야 합니다. 앞에서도 말씀드린 대로, 예를 들면 영화흥행자의 이윤이 영화배급사에서는 대체로 1할 전후로 한정되어 있는 것도 그 하나의 두드러진 예인데 영화흥행자로서는 영화 총수입의 1할 전후의 이윤으로 모든 경영을 충당해야 하는 셈입니다. 흥행자 자신도 단지 이윤만을 위해서는 안 되고 어떤 의미에서의 사회봉사적 흥행도 생각해야 하게 된 것입니다.

(1) 입장료에 대해서

우선 첫 문제로서 영화흥행장에서의 입장료 문제에 대해서 잠깐 말씀드리겠습니다.

영화흥행장에서의 수입은 대부분 그 99%까지가 영화 관객이 지불하는 관람료, 다시 말하자면 입장료입니다. 이것은 여러분이 이미 알고 있듯이 영화관에 들어가기 위해서는 출입구에서 입장권을 사서 그것으로 안으로 들어가는데, 이 입장료가 대부분 영화흥행장에서의 수입의 대부분을 차지하는 것입니다. 이 입장료의 액수의 결정 방법이 영화흥행에서 — 더 나아가서는 영화기업에서 큰 역할을 하고 있는 것입니다.

자유경제 시대에는, 대체로 수요와 공급의 원칙에 따라 보통의 경제이론과 마찬가지로 결정되는 것이며, 수요가 매우 많을 경우에는 입장료는 높게 책정됩니다. 수요가 적을 경우에는 입장료는 점점 내려갑니다. 이는 일반적인 사물의 가격과 같은 원리에 따라 올라가거나 내려가게 됩니다. 대체로 입장료가 30, 40년 전에는 일반 물가와 마찬가지로 2, 3전이던 시대가 있었지만 옛날 일은 차치하고 극히 최근의 입장료의 동향은 대체로 80전 정도가 최고입니다. 입장료는 관람석에 따라서 특등석, 1등석, 2등석이라는 식으로 세 가지로 나뉘는 곳, 1등석과 보통석이라는 두 가지로 나뉘는 곳, 그리고 균일 입장료를 받는 곳의 대체로 세 가지로 나뉩니다.

이 입장료 문제에 대해서 극히 최근 — 이라고 해도 지금으로부터 10년 전인데, 도쿄다카라즈카극장주식회사가 영화흥행 방면에 나타나서 우선 히비야극장이 입장료를 50전 균일로 하는 것으로 흥행을 시작했습니다. 이는 당시로서는 매우 색다른 방식이었는데 당시는 대체로 극장은 역시 앞에서 말씀드린 계급제도로 특등석, 1등석, 2등석이라는 구별을 만들어 흥행을 하고 있었습니다. 그런데 마루노우치에 새로운 설비의 좋은 극장이 생겼고 게다가 50전이라는 매우 싼 요금으로 선착순이며 아무리 좋은 자리여도 50전입니다. 50전 균일로 입장료를 결정한 것은 영화흥행에서 아마 위협적인 것이었고, 그 이후 다카라즈카는 니혼극장을 개장하고 그 외 전국 6대 도시에 크고 설비가 좋은 극장을 만들었는데 이들 모두 50전 균일로 흥행을 시작한 것입니다. 이것이 입장료의 역사에서 가장 특필할 만한 일중 하나입니다. 지금까지의 입장료에 대한 생각은 보통석과 특별석 두 가지를 만들어 대체로 보통석이 가득 차면 그보다 5할 혹은 7, 8할 비싼 곳의 특별석에 손님을 수용한다는 뭐라고 할까 소위 말하는 흥행사적 입장료 징수 방법을 취했습니다.

그래서 흥행장이라고 한다면, 균일제도는 예를 들면 그 극장이 1천 명의 수용력이 있다고 할 경우는 균일이면 1천 명의 입장자가 그대로 그곳에 가득 차게 됩니다. 하지만 이를 계급을 나누어두면 1천 명의 정원이 있다고 했을 때 보통석이 6백 명, 위가 4백 명, 이것은 입장료의 차이가 있으니 아무래도 입장료가 싼 쪽으로 관객은 들어가게 되며 우선 6백 명의 보통석이 만원이 됩니다. 싼 좌석이 만원이 됐으니 어쩔 수 없이 비싼 좌석으로 가는 경우가 많아서 물론 처음부터 특별석으로 가는 사람도 있지만 그 비율은 매우 적었고 대체로 관객은 보통석을 일단 목표로 합니다. 보통석이 만원이 될 경우 처음으로 위로 올라갑니다. 또한 의자석이 만원이 돼도, 대체로 일본의 영화흥행에서는 입석 관객이 매우 많아, 위로 올라가려고 하지 않고 아래가 만원이 되며 입장료가 비싼 특별석 쪽은 아직 자리가 비어 있습니다. 이런 기현상을 보였는데 이것은 아까 말씀드린 새로운 생각에서, 말하자면 그만큼의 공간을 단지 요금이 비싸기 때문에 비워두는 것은 매우 비경제적인 방법이라는 것입니다. 영화흥행에서 단지 이윤만을 목적으로 할 경우에 상영되고 있는 프로그램이 매우 인기가 있어 관객이 쇄도하는 것 같은 영화라면 한쪽의 균일요금일 경우에는 이것을 50전 균일이라고 한다면 1천 명이 들어와서 만원(滿員)이 되어 5백 원이 됩니다. 계급을 만든 경우에는 대체로 균일요금과 마찬가지인 밑은 50전이라고 정하고 위를 80전이라고 하면 6백 명이 3백 원, 위가 4백 명으로 320원, 합계 620원이 됩니다. ▶31쪽 만원이 된 경우에는 계급을 만드는 쪽이 수입에서 득이 되는 셈인데, 이를 위해서 특별석을 만들었습니다. 또한 특별석이 아니면 안 오는 일부 관객도 있습니다. 뭐라고 할까 유산계급이라고나 할까 매우 허영에 젖은 화류계의 관객은 붐비든지 붐비지 않든지 처음부터 특별석에 들어갑니다.

그러나 결국 최근처럼 사회 전체가 인플레이션으로 돈에 여유가 있어 경기가 좋을 경우에는 입장료가 싸고 비싼 것이 그다지 흥행에 영향을 미치지 않지만 4, 5년 전의 아직 그렇게 호경기가 아닌 상태에서는 입장료는 관객수를 결정하는 데 매우 중대한 것이었고, 예를 들면 50전의 입장료와 80전의 입장료일 경우에 아무래도 싼 쪽으로 관객은 흘러가게 되는 결과가 되어, 50전의 입장료조차도 관객에게 큰 지출이었던 것입니다. 그래서 그 경우에 50전 균일로 어느 장소에도 들어갈 수 있게 되면 관객은 매우 편안한 느낌을 가질 수 있습니다. 누구나가 같은 돈을 지불해서 영화를 보고 있다는 그런 느낌이 매우 편안한 것입니다. 예를 들면 니치게키에 간다고 해도 그 당시 50전 균일의 입장료의 이익이라면 여자라도 니치게키에 유카타(浴衣)만으로 편하게 들어갈 수 있습니다. 어디에 가던지 각종 잡다한 사람들이 어수선하게 들어가는 것이 그 흥행장에 들어가기 편하다는 장점이 있었던 것입니다. 계급을 만들어두는 극장이 되면 아무래도 거기에 가기 위해서는 옛날처럼 옷이라도 한 번 더 갈아입고 들어가야 할 듯하여 내키지 않은 기분이 됩니다.

그래서 구체제적인 사고방식으로 보면 이 균일제 입장료가 과연 이익일까 혹은 계급을 만드는 쪽이 이익인가 하는 점에 대해서는 갑론을박이 있고, 아직 어느 쪽이 이익인지는 결정적으로 의견이 통일되어 있지 않습니다. 대체로 균일제 요금을 하고 있는 것이 도호인데, 다카라즈카 계통의 니치게키, 히비야, 도요코(東橫), 뉴스관, 그리고 번선외극장, 예를 들면 도게키(東劇)의 5층에 있는 주오극장(中央劇場)이라든가 신주쿠에 있는 고온좌(光音座)라든가 신주쿠문화뉴스극장, 이런 특수흥행장에서 균일요금을 채택하고 있습니다. 이는 대체 균일요금 쪽이 득일까 손일까 하는 문제에 대해서는 여러 가지 논의가 있지만, 현실적으로 흥행수입을 많이 올리기 위해서는 지금 말씀드린 구체제적 사고방식으로 계급별 좌석을 만드는 쪽이 수입을 올리는 데에는 편리합니다. 그러나 단기적으로 보면 그렇지만 긴 안목에서 보면 4년, 5

년, 6년 차분한 흥행이 되면 오히려 균일요금 쪽이 득일 것 같습니다. 이것은 아직 명확하게 어느 쪽이 좋고 나쁘다고 하는 것은 말씀드릴 수 없습니다.

입장료에 대해서는 8·11정지령(八·一一停止令)이라고 하여 재작년의 8월 11일 현재 그 당시에 받고 있던 입장료로 가격을 정지시켰습니다. 이것은 입장료뿐만 아니고 여러 가지 다른 것도 정지됐는데, 작년 8월 11일의 입장료 실적으로 입장료가 거기서 정지되고 그 이상 입장료를 받아서는 안 된다고 전국적으로 정해진 것입니다. 여기에서 이 입장료를 그 당시의 실적보다도 높게 받고 싶을 때에는 감독관청 — 이것은 주로 도부현(道府縣)의 감독관청의 허가를 받아 특별흥행으로 입장료를 올릴 수 있습니다. 그래서 일일이 그 흥행마다 가격을 당국에 대해 신청을 하는 일의 번잡함과 또 관청 측에서도 일일이 어느 수준이 적정한 입장료인가 하는 것을 결정하는 데에도 수속이 번잡했기 때문에 최근에 도쿄의 경시청 관내의 도쿄흥행자협회라는 곳에서 입장료위원회라는 것을 만들어 입장료 협정가격을 결정하고 있습니다. 그 협정가격은 관청이 인정한 것이며 경시청 관하 — 도쿄부 관할의 것을 결정한 것입니다. 이를 결정한 원인은 역시 다른 물가와 비교해 공정가격을 결정함과 동시에 영화의 입장료도 최근 정세에서는 점점 등귀(騰貴)해가는 경향이어서 내버려두면, 이른바 물가정책의 입장에서도 매우 곤란하게 되니 작년 8월 11일로 이를 정지한 것입니다. 그런데 8월 11일로 멈춘 가격이 과연 적정한가 어떤가 하는 점에 대해서는 의문이 있으므로 흥행자협회에 전문위원회를 만들어 협정가격을 만든 것입니다. 그 전에 과연 입장료가 물가 속에 포함되는지 어떤지에 대해서도 아직 이것도 논의가 분규(紛糾)하고 있어 입장료가 과연 물가인지 어떤지, 관람료가 물가인지 어떤지 하는 점인데 정부 당국, 상공성으로서는 입장료도 역시 물가 속에 포함된다는 입장하에 물가국(物價局)이 이를 다루고 있는 것입니다.

그래서 이번에 결정한 입장료의 협정요금에 대해서 잠깐 말씀드리면, 이것은 흥행장을 세 개로 나누고 하나는 보통 영화흥행장, 이것은 극영화를 흥행하는 곳입니다. 그리고 번선외 영화흥행장, 이것은 어려운 전문용어인데, 영화를 배급사에서 배급하는데 개봉 2번, 3번, 4번 이라고 순서를 정해가면서 순서를 전부 끝내는데, 이 순서에 따르지 않는 영화흥행장을 번선외라고 합니다. 이는 외국물이라든가 매우 오래된 일본영화를 자유 선정하여 상영하는 극장입니다. 이것과 시사영화 흥행장, 이것은 뉴스 및 문화영화를 흥행하는 장소입니다. 이 세 가지로 나뉘어 요금을 여러 가지로 결정합니다.

가장 처음의 보통영화 흥행장의 입장료를 결정하는 방식은 이것은 지금 말씀드린 영화의 번선, 개봉이라든가 2번이라든가 3번이라든가 하는 번선에 따라 가격을 결정합니다. 물론 협정요금은 최고의 가격을 정합니다. 이 이상 받으면 안 되고 여기까지 받을 수 있다는 것이며, 그 경우에는 경찰관청의 허가를 받지 않은 채 여기까지 받을 수 있다는 가격을 결정해왔습니다. 최저입장료에 대해서는 따로 영화배급회사의 영화배급기술이 있어서 영화배급사, 흥행자협회가 상담을 하여 최저 입장료도 결정하는 것입니다. 그 최고 가격에 대해서 말씀드리자면, 이것은 9개로 나누는데 특급, 1급, 2급, 3급~9급까지 결정되어 있습니다. 특급이라는 것은 특별한 경우이며 도쿄에서는 고쿠사이극장(国際劇場)과 니혼극장, 이 두 곳을 특급 영화흥행장이라고 결정했습니다. 그리고 1급이라고 하지만 그 이외의 고쿠사이 및 니치게키를 제외한 개봉관을 1급이라고 결정했습니다. 그리고 2급, 3급, 4급과 그 번선에 따라 4급까지는 결정되어 있습니다. 5급 이하는 ─ 5급이란 5번선에서 8번선까지, 6급이란 9번에서 12번까지, 7급이란 13번에서 16번까지, 8급이란 17번에서 20번까지, 9급이란 21번 이하라고 되어 있는데, 이 입장료를 대체로 말씀드리자면 특급 영화흥행장에서는 77전을 받을 수 있습니다. 77전 여기에 세금을 더하게 되니 딱 1원이 됩니다. 그런데 최근에 이 2, 3주 전에 니치게키는 1원 20전을 받았는데, 1원 20전을 받는 ▶32쪽 것은 영화흥행으로서 받는 것이 아니라 이 경우에는 연극흥행이라는 신청을 하여 이에 따라 연극입장료로 받은 것입니다. 니치게키, 고쿠사이의 두 극장은 큰 수용력을 가지고 있고 극단을 가지고 있으며 연극과 영화의 양쪽 허가를 받았습니다. 그래서 연극흥행을 하고 영화흥행을 하는 것입니다. 영화와 연극을 함께 하는 셈인데 연극의 상연시간이 영화의 상영시간보다 많을 경우에는 이를 연극흥행이라고 관청은 인정합니다. 그러니 영화흥행의 경우에 니치게키는 1원밖에 받을 수 없지만 연극흥행으로 고친 경우에는 1원 20전을 받을 수 있습니다. 최고액이 70전으로 최저가 21전입니다. 9급으로 되어 있는 곳이 21전 정도입니다.

그리고 영화입장료의 최저가격을 억제하는 것은 영화배급상 아무래도 필요한 일입니다. 이렇게 말하는 것은 지금 말씀드린 번선에 따라 니치게키, 그다음이 예를 들면 시바조노칸(芝園館), 3번선이 예를 들면 시네마긴자(シネマ銀座)라는 식으로 내려가는 영화입장료의 최저가 여러 가지이고, 니치게키의 최저 입장료보다 그다음에 오는 2번선의 시바조노칸의 입장료가 비싼 것은 아니지만, 가장 처음에 개봉을 한 곳의 입장료가 아래 번선의 입장료를 결정하는 데 여러 영향을 미치는 것입니다. 여기에서 이 번선에 따라 입장료를 규약에 따라 일정 수준으로 정해두지 않으면 영화배급이 어수선해지고 또한 흥행장끼리 서로 경쟁하는 것을 방지할 수 없게 됩니다. 이것은 지금으로부터 십수 년 전에 지방에서 일어난 이야기인데, 영화흥행장끼리의 경쟁이 매우 격심하여 결국에는 감정 문제로 번졌고, 50전이나 받았던 입장료가 점점 낮아져 10전이 되고 2전이 되고 종국에는 1전, 서로의 경쟁에서 이렇게 된 것입니다. 마침내 감정이 격화하여 종국에는 찾아온 관객에게 돈을 안 내도 좋으니까 무언가 경품(景品)을

주겠다는 식으로, 단순한 감정 문제로 그런 경쟁을 해서 입장료가 공짜가 돼버리는 예도 있습니다. 공짜가 된 사례는 많이 없지만 심한 경우에는 지금으로부터 10년 전의 화폐가치로 말하자면, 지금의 3배 정도였는데 1전, 2전의 입장료가 됐습니다. 그때의 일반적 입장료의 기준이 20, 30전이었던 것이 1전이나 2전의 입장료까지 내려갔습니다. 서로 감정적으로 경쟁했기 때문에 이렇게까지 내려간 것입니다. 특히 최근에는 영화배급사가 공평한 배급을 하려고 합니다. 그 공평을 기하기 위해서는 영화의 번선 순서에 따른 일정한 입장료의 최저요금을 정하지 않으면 영화흥행 및 영화배급이 혼란에 빠지니 번선에 따라 최저 가격을 결정한 것입니다. 예를 들면 아까 말씀드린 니치게키의 최저 가격은 세금포함 1원, 그다음의 호라쿠자라든가 히비야라든가 보통의 개봉장의 최저요금이 80전, 2번선이 55전, 3번선이 45전으로 순서대로 내려가게 되는 것입니다. 흥행은 난립하고 있으니 여러 경쟁이 있는데 상대방의 뒤통수를 친다는 의미에서 2번선의 극장이 그다음에 그 영화를 상영하리라고 생각되는 곳의 영화관의 가격보다 낮게 책정합니다. 다시 말하자면 정해져 있는 최저요금인 55전보다 가격을 낮추어 흥행하게 되면 그다음을 잇는 극장, 다시 말하자면 3번선의 극장이 영향을 많이 받게 됩니다. 이런 일들은 결국 공평한 영화배급이라는 의미에서 보면 매우 곤란한 것이어서 영화배급사와 도쿄흥행자협회 사이에 상담을 해서 최저입장료를 합의하게 된 것입니다.

그러니 영화흥행에서는 입장료를 이른 시기에 고정시켰으므로 입장료를 어떻게 결정할 것인가 하는 점에 대해서는 그다지 머리를 쓸 필요가 없었던 것입니다. 단, 최저와 최고 사이에 5전이나 10전의 차이가 있었습니다. 그 차이 폭이 있으니 그 폭의 범위 내에서 올리거나 내리는 일은 관객들의 그 영화에 대한 수요가 많고 적음에 따라 가능한 일이었습니다. 그러나 흥행장은 일정한 장소에서 1, 2년이나 계속해서 흥행을 하고 있으니 한 주 한 주마다 영화에 따라 입장료가 변동하는 것은 관객의 신용을 잃는 원인이 됩니다. 그러니 될 수 있는 한 입장료는 영화의 좋고 나쁨, 관객이 그 영화를 보고 싶어 하는 정도의 높고 낮음에 상관없이 입장료를 일정한 수준으로 결정해둡니다. 예를 들면 〈말레 전기〉에 관객이 들든지 말든지, 〈오사카 마을사람〉에 관객이 들든지 말든지, 전부 일률적으로 같은 가격으로 결정해둡니다. 그렇게 하면 저 영화관은 언제나 30전이면 30전, 30전을 가져가면 저 영화관에 들어갈 수 있다는 신용을 만들어둡니다. 관객이 많이 오니 많이 받자는 생각이 아니라 어떤 영화에 대해서도 일정하게 정해진 입장료를 받는 것이 관객에 대한 신용을 얻는다는 의미에서 가장 필요한 것 같습니다. 입장료 문제는 대체로 이 정도로 해두겠습니다.

(2) 흥행가치에 대해서

다음에는 흥행가치에 대해 잠깐 말씀드리겠습니다. 흥행가치라는 말은 영어의 '박스 오피스 밸류(ボックス·オフィス·ヴァリュウ)'를 직역한 단어라고 생각합니다. 박스 오피스란 표를 끊는 매표소입니다. 매표소의 가치입니다. 이것이 흥행가치가 됩니다. 흥행가치는 조금 더 자세하게 말하자면, 영화관에서 상영하는 그 영화가 관객을 얼마나 모을 수 있는가입니다. 그러니 관객이 영화를 많이 보고 싶어 하여 그 영화관에 많이 오는 영화는 결국 흥행가치가 있는 영화가 됩니다.

앞에서도 말씀드렸듯이, 영화는 대체로 제작과 배급 과정을 거쳐 극장이라는 관객을 흡수하는 장소에서 관객들이 감상하는 것에 의해 비로소 영화의 가치가 나오는 것입니다. 예를 들면 영화를 예술이라는 식으로 볼 경우에 영화예술은 종합예술입니다. 종합예술이어서 한 사람에 의해 완성되는 예술이 아닙니다. 아마도 영화 그 자체가 장사용으로 제공되는 것을 전제로 하고 있으며 다른 예술작품처럼 한두 사람에 의해 완성되고 그것이 일반 대중에게 제공되는 것을 최고의 목적으로 하지 않는 것이 아니라, 일반 대중에게 보여준다는 것이 영화에 대한 근본적인 생각입니다. 일반 대중이 영화를 봐야 비로소 영화의 존재가치가 있습니다. 영화가 어떻게 촬영되고 또 배우의 연기, 감독연출 수법이 아무리 좋아도 그것이 필름에 담겨 있는 것만으로는 아무런 가치가 없는 것이며, 역시 영사기에 걸리고 스크린에 비춰지며 그렇게 해서 일반 관중이 봐야 비로소 영화의 본래 사명을 달성하는 것입니다. 대체로 영화는 열 명보다도 백 명, 백 명보다도 천 명, 천 명보다도 수만 명의 관객, 일반 대중이 보는 쪽이 그 영화의 존재가치가 보다 많이 나오는 것입니다. 결국 흥행가치가 없는 영화는 아무리 그것이 예술적으로 뛰어나다고 해도 가치가 없는 것이라고 나는 생각합니다. 아무리 예술적으로 뛰어난 작품이어도 그것을 일반 대중이 거의 보지 않았다면 최근의 국가목적에 부합하는 영화신체제라는 입장에서 생각해도 흥행가치가 없는 영화는 아마 의미가 ▶33쪽 없으리라고 나는 생각하는 것입니다.

그럼 흥행가치를 결정하는 요소는 무엇일까요? 이것을 결정하는 것은 여러 가지가 있습니다. 예를 들면 그 영화에 출연하는 배우가 인기가 많은 배우라든가 연출자가 매우 인기가 있는 사람이라든가, 영화가 매우 잘된 명화라든가 혹은 다루고 있는 제재가 그 시대의 사회정세, 민중의 취미에 합치한 것이라든가, 여러 요인에 따라 영화의 흥행가치가 결정됩니다.

여기에서 실례에 대해서 그것을 말씀드리면 영화신체제가 되고 나서 영화배급사에 따라 배급되는 영화를 흥행가치의 순서에 따라 보면 여러분도 대체로 이미 알고 있다고 생각하는데 전국 83개관의 개봉장이 있고 극히 최근까지 도호영화의 〈기다리고 있던 남자〉[205]가 개봉

흥행수입에서 64만 7천 원이며 이것이 최고였습니다. 그런데 8월 넷째 주에 상영된 〈말레 전기〉가 이것을 훨씬 뛰어넘어 70만 6천 원인데, 약 6만 원이나 이를 뛰어 넘어서 〈말레 전기〉가 지금은 최고가 됐습니다. 이 순서는 9월 11일호의 『영화순보(映画旬報)』의 49쪽, 흥행잡담이라고 되어 있는 곳의 가장 마지막에 있는데, 〈이가의 물에 비친 달〉까지의 28개편이 나와 있으니 보시면 알 수 있습니다. 제가 여기에 가지고 있는 표에는 〈말레 전기〉까지 들어 있지 않은데, 그 표에 따르면 〈기다리고 있던 남자〉가 최고이며 이를 만약 100%로 가정하여 비율을 정한다면 개봉 흥행수입에서 최저는 무엇이냐면, 구 신코영화(新興映畵) 작품인 〈어머니여 탄식하지 마라〉입니다. 이것이 18만 7천 원입니다. 그러면 〈기다리고 있던 남자〉를 100이라고 한다면, 〈어머니여 탄식하지 마라〉는 28.9%가 됩니다. 만약 흥행가치로 점수를 매긴다면 가령 〈기다리고 있던 남자〉에 백 점의 가치가 있다고 하면 〈어머니여 탄식하지 마라〉는 28.9점밖에 없습니다. 결국 〈기다리고 있던 남자〉의 28.9밖에 수익이 없습니다. 이것은 개봉에 한한 이야기입니다. 그렇다면 개봉 흥행수입에서 어느 정도의 흥행수입이 과연 제작자로서도 또 흥행자로서도 특별한 사례를 제외하고 그럭저럭 이 정도라면 됐다고 하는 수치일까. 우선 개봉 흥행수입에 대해서 40만 원이라는 수치를 올린 곳이 흥행적으로 봐서 합격점을 줄 수 있는 영화가 아닌가 하고 생각합니다. 그렇다면 제가 가지고 있는 표 ─ 『영화순보』의 표여도 좋습니다만 ─ 에 따르면 40만 이상의 영화는 여기에 있는 28편 중 14편입니다. 14편의 이름을 여기에서 말하자면, 〈기다리고 있던 남자〉〈부계도(婦系圖)〉[206]〈일본의 어머니(日本の母)〉[207]〈속 부계도(續婦系圖)〉[208]〈이가의 물에 비친 달〉〈모자초〉〈아버지 있어〉〈유신의 노래(維新の曲)〉[209]〈간첩 아직 죽지 않아(間諜未だ死せず)〉[210]〈고하루교겐〉[211]〈수호전(水滸傳)〉[212]〈고원의 달(高原の月)〉[213]〈제5열의 공포(第五列の恐怖)〉[214]〈형제자매 회의(兄妹會議)〉[215] 이것들만이 합격점의 영화입니다. 이하의 〈초록 대지(綠の大地)〉[216]〈용신검(龍神劍)〉[217]〈영원한 웃는

---

205) 〈기다리고 있던 남자〉(영화배급사, 도호 기누타, 마키노 마사히로, 1942). 이하 극영화들은 영화배급사 배급작이다.

206) 〈부계도〉(도호 기누타, 마키노 마사히로, 1942.6.11)

207) 〈일본의 어머니(日本の母)〉(쇼치쿠 오후나, 하라 겐키치[原研吉], 1942)

208) 〈속 부계도(続婦系図)〉(도호 기누타, 마키노 마사히로, 1942.7.16)

209) 〈유신의 노래(維新の曲)〉(다이에이 교토, 우시하라 기요히코, 1942)

210) 〈간첩 아직 죽지 않아(間諜未だ死せず)〉(쇼치쿠 오후나, 요시무라 고자부로[吉村公三郎], 1942)

211) 〈고하루교겐〉(도호 기누타, 아오야기 노부오, 1942)

212) 〈수호전(水滸伝)〉(도호 기누타, 오카다 다카시[岡田敬], 1942)

213) 〈고원의 달(高原の月)〉(쇼치쿠 오후나, 사사키 게이노스케, 1942)

214) 〈제5열의 공포(第五列の恐怖)〉(닛카쓰 다마카와, 야마모토 히로유키[山本弘之], 1942)

215) 〈형제자매 회의(兄妹会議)〉(쇼치쿠 오후나, 시미즈 히로시, 1942)

얼굴〉〈도쿠간류 마사무네(独眼龍正宗)〉〈난카이의 꽃다발(南海の花束)〉[218]〈무지개길(虹の道)〉[219]은 30만 원에서 40만 원의 개봉 흥행수입을 올린 영화인데, 이 수준의 영화가 되면 어떤 영화흥행장에서는 이것으로 대체로 만족할 수 있는 숫자를 올린 것이 되고 어떤 극장에서는 이에 따라 손해를 내기도 하는 정도의 영화입니다. 그 이하 쇼치쿠의 〈남자의 의기(男の意気)〉[220]〈맹세의 항구(誓ひの港)〉,[221] 다이에이의 〈괭이갈매기의 항구〉, 도호의 〈남쪽에서 돌아온 사람〉, 다이에이의 〈추억의 기록(思ひ出の記)〉[222]〈산의 참배길(山参道)〉[223]〈오사카 마을사람〉〈어머니여 탄식하지 마라〉의 30만 원에서 17, 18만 원이라는 수준에 이르러서는 대체로 흥행자는 우선 손해를 보고 있는 사람이 많지 않을까. 그리고 제작자로서도 영화상영료를 극장에 따라서는 거의 받을 수 없게 됩니다. 지금의 영화배급사의 상영료 결정방법인 5. 7. 5,[224] 경비를 절반 돌려준다는 방법에 따르면 영화상영료를 거의 대부분 제작회사로서는 받을 수 없는 극장도 있다고 생각됩니다. 그렇게 되면 그럭저럭 만족할 만한 흥행가치가 있는 영화는 〈형제자매 회의〉에서 〈기다리고 있던 남자〉까지의 40만 원에서 65만 원, 물론 그 이상은 얼마여도 상관없지만 그 정도의 영화라면 우선 흥행가치가 있고 흥행가치로서는 상위에 속합니다. 그리고 지금 말씀드린 〈초록 대지〉에서 〈무지개길〉까지의 40만에서 30만 정도의 영화는 우선 흥행가치로서는 보통입니다. 30만 이하의 〈남자의 의지〉〈맹세의 항구〉, 그 외의 작품은 흥행가치가 없는 영화라고 생각해야 합니다.

그래서 이 글 처음에 영화에 대한 신체제 이후의 생각이 많이 달라지기 시작했다고 잠깐 말씀드렸는데, 〈말레 전기〉가 최근 영화배급사의 배급이 된 이후 극영화의 모든 기록을 깨는 흥행성적을 올렸습니다. 지금까지는 대체로 문화영화나 시사영화, 시국물적(際物的)이면서 소위 말하는 극영화가 될 수 없는 영화작품의 흥행은 대체로 극영화 흥행의 6할이나 5할, 심할 경우에는 2, 3할밖에 흥행가치가 없었습니다. 극영화가 아닌 문화영화라든가 장편 시사영화에 대해서는 대부분 흥행가치적으로 말하자면 성립하지 않는 것입니다. 그런데 〈말레 전기〉

---

216) 〈초록 대지(緑の大地)〉(도호 기누타, 시마즈 야스지로[島津保次郎], 1942)

217) 〈바이리 선생님 행장기 용신검(梅里先生行状記 龍神劒)〉(도호 기누타, 다키자와 에이스케[瀧沢英輔], 1942)

218) 〈난카이의 꽃다발(南海の花束)〉(도호 기누타, 아베 유타카[阿部豊]·이노우에 신[井上深], 1942)

219) 〈무지개길(虹の道)〉(다이에이 도쿄, 이가야마 마사노리[伊賀山正徳], 1942)

220) 〈남자의 의기(男の意気)〉(쇼치쿠 오후나, 나카무라 노보루[中村登], 1942)

221) 〈맹세의 항구〉(쇼치쿠 오후나, 오바 히데오, 1942)

222) 〈추억의 기록〉(다이에이 도쿄, 오자키 마사후사, 1942)

223) 〈산의 참배길(山参道)〉(다이에이 도쿄, 시마 고지, 1942)

224) 5할 7부 5리를 말한다.

입니다. 이것은 싱가포르라는 매우 큰 화젯거리가 있었고 이것이 인기가 있는 하나의 원인입니다. 대동아전쟁이 일어나고 나서 아직 7, 8개월입니다. 게다가 세계의 강적 미국과 영국을 적으로 돌리고 일본의 육해군이 그만큼의 큰 전과를 올리고 있는 것에 대해서 국민 모두가 매우 관심을 가지고 있습니다. 그 관심을 가지고 있는 전과 중에 육군에서는 말레이 반도에서 싱가포르의 공략이 가장 큰 작전이고 해군에서는 하와이의 진주만 공격이 가장 큰 작전이라고 생각합니다. 국민 전체로서도 이 말레이 반도에서 싱가포르 함락에 매우 큰 관심을 가지고 있고 그 전과에 대해서 특히 흥미 ─ 라고 하면 좀 이상하지만 관심을 가지고 있는 것이 이 〈말레 전기〉가 흥행적으로 히트한 원인이었다고 생각합니다. 이와 동시에 지금은 영화관 안의 일반 대중들은 바로 지금의 비상시국에 대한 생각이 12월 이후 많이 변화하기 시작했습니다. 예를 들면 영화든 무대극(芝居)이든 모든 오락이라고 하는 것, 이런 방면의 것에 대해서 의미가 없는 경박부조하기만 한 오락에 대한 흥미는 물론 있습니다. 그러나 이 시국하에서 이런 오락을 향수하는 것은 전선의 장병과 그 외 전쟁을 수행하는 의미에서 열심히 일하고 있는 사람들에게 미안하다, 이런 것을 지금 생각해야 하는 시대가 돼야 한다는 생각이 부지불식간에 잠재적으로 모두의 뇌리 속에 있습니다. 그러니 영화제작자도 영화흥행자도 예전의 영화흥행가치 요소에만 집착하는 영화를 만드는 것은 큰일입니다. 만약 제작자나 흥행자가 예전의 생각으로 하고 있었다면 시대에 뒤처지게 되는 현상이 나타나리라고 생각합니다. 이런 말이 다시 말하자면, 제가 오늘 강의를 시작하는 제일 처음에 정세가 많이 변화하고 있다고 말씀드린 것입니다. 흥행자도 배급자도 제작자도 영화신체제, 대동아전쟁 이후 일반 대중의 사물을 생각하는 방식이 많이 변화하고 있다는 것을 특히 주의해주셨으면 하는 것의 일례입니다.

영화의 흥행가치는 영화를 제작하고 배급하고 흥행하는 것이 얼핏 보면 이를 만들어내는 것처럼 보입니다. 그러나 ▶34쪽 일반 대중과 사회정세가 결국 영화의 흥행가치를 만들어낸다고 저는 생각합니다. 그러니 여러분도 아시다시피, 예를 들면 문학 그 외에서도 그 작품을 통해서 그 작품이 발표되는 당시의 사회풍조를 대체로 추측할 수 있습니다. 세상이 매우 평화롭고 안일하게 흐르던 때에는 지금 제가 말씀드린 소위 말하는 안이한 방식을 취하게 되고 경조부박한 여러 작품이 반드시 나타나게 됩니다. 최근의 사회정세는 그런 경조부박한 것이 반드시 세상의 일반 민중에게 받아들여지는 것은 아니며 아무튼 사회정세는 이런 것을 배격하는 시대가 됐습니다. 영화제작자로서는 이런 것에 대한 생각을 많이 해야 하지 않을까. 단지 세상이 이렇게 긴장하고 있기 때문에 자유주의가 화려했던 시대의 소위 말하는 연애지상주의 작품이라든가 뭐라고 할까 경조부박한 작품의 자취가 사라진 결과, 그런 것에 반동적으로 관중이 모이는 것처럼 보이는 것일지도 모릅니다. 그러나 그것은 일반 대중, 사회정세가 정말 요구하고 있는 게 아니며 그것을 마치 현대의 일반 대중이 그런 것을 바라고 있다는 듯이 오인하는 일이 영화제작자 흥행자에게 매우 위험한 일이 아닐까 하고 생각합니다.

(3) 흥행선전에 대해서

다음으로 영화선전에 대해서 극히 간단히 말씀드리겠습니다.

영화와 선전은 대체로 영화의 기획이 세워지고 그것이 흥행장에서 상영되기까지의 사이에 여러 방법으로 선전하는 것입니다. 그런데 선전을 제작선전과 개봉선전의 두 가지로 나눌 수 있다고 생각합니다.

제작선전은 영화의 기획이 세워지고 그것으로 준비가 되어 영화를 촬영하고 있는 기간 중에 제작회사에서 선전합니다. 그 기간 중의 선전을 제작선전이라고 합니다. 예를 들면 쇼치쿠에서 〈모자초〉를 다뤄 이를 제작하기로 결정하고 그 준비를 시작할 때부터 대체로 영화의 선전을 시작하는 것입니다. 그 시대에서는 〈모자초〉를 제작한다는 것을 신문 그 외 통신기관을 통해 일반 대중에게 선전하고 그 제작 상태가 어떤지 그 제작의도가 어떤 것인지를 예비적으로 선전하는 것입니다. 그 방법으로는 각 촬영소에는 선전부가 있어서 그것이 통신 혹은 구두, 혹은 인쇄물을 만들어 각 상설관에 이런 것이 다음에 촬영된다는 것을 예비적으로 선전하는 것입니다.

제작이 완성되고 이를 영화배급사에 넘겨서 프로그램과 개봉일이 결정되면 그 영화의 흥행에 대한 개봉선전을 행합니다. 개봉선전은 현재는 각 제작회사가 선전부를 가지고 있어서 여기에서 선전을 담당하고 있습니다. 그러기 위한 선전의 매체물로는 아까 말씀드린 제작선전과 마찬가지로 통신, 구두, 그 외의 선전방법이 드디어 구체적으로 되고, 예고적으로 포스터, 신문, 잡지, 그 외의 것을 사용하여 그 영화의 내용 및 제작의도를 일반 대중에게 알립니다. 그리고 드디어 개봉 일주일이나 이주일 전이 되면 제작회사가 부담하는 영화선전은 최고조에 달하고 모든 선전 매체물을 이용하여 이것이 며칠에 어디에서 개봉된다는 것을 제작회사에서 선전합니다. 물론 이에 대해 배급을 담당하는 영화배급사가 협력하지만 흥행장으로서의 선전은 이런 과정에 의해 제작회사가 제작선전 및 개봉선전에 전력을 바칩니다. 그리고 선전의 마지막 마무리를 각 흥행장이 흥행선전으로서, 각 흥행장의 선전을 하는 것입니다. 이 선전의 매체물도 제작회사가 다루고 있는 것과 마찬가지로 매체물을 사용하는 것이며 개봉관에서는 주로 그 경우에 신문광고에 최대 중점을 둡니다. 신문광고 이외에 사용하는 것은 포스터, 전단지, 입간판, 혹은 전차 등의 교통기관 내의 게시광고를 이용하며 영화제작회사에 의해 선전되는 그 영화가 자신의 흥행장에서 며칠부터 상영된다는 흥행기간, 게다가 그것은 자신들의 장소에서 상영된다는 것에 중점을 두고 흥행선전이 행해집니다.

그래서 아시다시피 영화흥행은 일주일을 기간으로 하고 있으니 그 흥행선전에서는 실제로 그 영화가 일주일 동안의 흥행을 하기 약 한 달 전부터 조금씩 선전에 들어갑니다. 제일 처음에는 자신들이 발행하는 프로그램, 그 외에 예고를 내고 영화제작회사에서 제작된 그 영화가 자신들의 장소에서 가까운 시일 내에 상영된다는 것을 그 소극장에 오는 관객에게 예고합니다. 그렇게 해서 드디어 일주일 전 즈음부터 그 영화가 자신의 장소에서 상영된다는 것에 대한 선전에 주력을 기울이고 마지막에는 개봉 전날에 신문광고로 명확하게 자신들의 장소에서 상영된다는 것을 관객에게 알립니다. 이 선전에 대해 당사자는 아까 말씀드린 그 영화의 흥행가치를 선전에 들어가기 전에 여러 가지 이론적 근거 혹은 오랫동안의 경험에 의한 감으로 대체로 예견하게 됩니다. 예견한 후에 그 흥행장의 지배인 혹은 선전을 담당하는 선전부 사람들이 그 영화의 일주일 동안 흥행에서의 흥행수입 예산에서 선전비 예산을 대략 받게 됩니다. 흥행수입 예산에 대한 선전비는 비율이 대체로 정해져 있습니다. 그 비율은 흥행수입의 1할에서 1할 5부를 선전비에 투자하는 것이 상식입니다. 예산을 받은 선전비에 따라 지금 말씀드린 신문이라든가 포스터라든가 그런 선전 매체물을 사용하여 그 영화가 자신의 극장에서 상영된다는 것을 고지합니다. 그러면 어느 영화가 관객을 많이 불러올 것이라는 예견하에 선전비를 매우 많이 들였으니 이에 따라 그 극장에는 관객이 많이 오는가 하면, 이를 결정하는 것은 선전의 많고 적음에 따라 관객이 드는 것이 아니라 결국 아까 말씀드린 그 영화가 근본적으로 가지고 있는 흥행가치에 대해 관객의 많고 적음이 결정되는 것입니다. 그러니 선전에 따라 관객이 증가하는 것은 비율적으로는 매우 적다고 저는 생각합니다. 그렇다면 선전비용을 될 수 있는 한 적게 잡아도 되지 않겠냐는 논의도 나올 것입니다. 그러나 그 선전에 들이는 비용이 과연 어떤 형태로 흥행장으로 돌아오게 되는지에 대해서는 수학적으로 그 결과를 측정할 수 없습니다. 이는 모든 선전에 대해서 말할 수 있다고 생각합니다. 예를 들면 1천 원의 선전비를 썼으니 5백 원의 선전비를 썼을 때보다 2배의 관객이 오는 일은 절대 없으며, 5백 원 들였을 때가 1천 원을 들였을 때보다도 많은 관객이 오는 상태가 가끔 있습니다. 게다가 선전이라는 것의 어려움이 있는데, 이는 비단 흥행선전뿐만 아니라 영화의 일반 선전의 경우에도 같은 말을 할 수 있다고 생각합니다.

예전의 생각에서 말하자면, 선전은 어떤 의미에서는 과대광고를 해서 관객이나 구매자를 끌어모으는 것 같은 일이 일종의 선전을 잘하는 사람 ▶35쪽 이고 선전이 매우 좋다고 하던 시대가 있었습니다. 그러나 이런 선전은 우선 최근에는 받아들여지지 않는다고 저는 생각합니다. 왜냐하면 선전이란 실제 문제에서 영화선전이라면 그 영화가 가지고 있는 진정한 가치를 널리 알리는 것이 선전이라고 생각하기 때문입니다. 내용이 매우 빈약한 작품을 아무리 선전해도 이것은 결국 역효과를 낳고 그 영화를 역으로 선전하는 결과가 됩니다. 그 영화의 선전이라고 한다면 그 영화가 가지고 있는 진정한 장점, 그 영화가 가지고 있는 가장 좋은 특징을 될 수 있는 한 널리 일반 대중에게 알리는 일이 영화선전의 본질입니다.

　단, 영화선전의 경우에 한 가지 주의해야 하는 것은 무엇인가 하면 영화흥행은 과연 그 영화 자체에서는 일주일 일주일의 프로그램으로 하나씩 결과가 나타나서 그 주간의 흥행선전이 끝나버리게 되는데 영화흥행장은 아무튼 2년, 3년, 4년, 혹은 영구히 그곳에 존재하니, 그 흥행자가 흥행하고 있는 동안은 그 극장 자체, 예를 들면 니혼극장은 마루노우치에서 다카라즈카가 흥행하고 있는 동안에는 니혼극장에 대한 하나의 신용을 유지해야 합니다. 그래서 어떤 한 프로그램에 대해서 선전을 한 결과 그다지 바람직한 결과는 얻을 수 없었을지도 모르지만 이에 따라 니혼극장의 존재를 선전했다는 효과가 있는 것입니다. 예를 들면 〈모자초〉라면 〈모자초〉를 일반 제작회사에서 행하는 선전에서는 〈모자초〉에 한해 이에 관련한 선전을 합니다. 이것이 제작자 및 영화배급회사에서 행하는 선전인데, 니혼극장에서 〈모자초〉를 상영하여 그 선전을 할 경우 이는 단순히 〈모자초〉를 상영하기 위한 선전이 아닙니다. 영화와 동시에 니혼극장을 선전하고 있는 것입니다. 이것이 보통의 일반제작회사에서 행하는 선전과 흥행선전과의 차이입니다. 그 점을 특히 주의해주셨으면 하는데 흥행장의 영화선전은 영화에만 국한된 선전이 아니라 이와 동시에 이를 상영하는 그 흥행장의 선전을 하고 있다는 것을 생각해주셨으면 합니다. 예를 들면 선전비가 많이 불어났습니다. 그런데 흥행수입이 이에 미치지 못하는 것을 보고 즉시 선전비가 조금 많지 않은가 하여 그 선전비를 축소하거나 소극적으로 하는 것은 흥행 그 자체, 다시 말하자면 상영하고 있는 프로그램에 의한 일주일 동안의 영화관 흥행에 대해 악영향을 미칠 뿐만 아니라 일반 대중에게 흥행장의 존재를 자연스럽게 점점 잊게 만드는 결과를 초래합니다. 그러므로 항상 흥행장으로서는 그 흥행장 자체를 일반 대중에게 선전해야 합니다. 그러기 위해서는 단지 니혼극장은 설비가 매우 좋다라든가 니혼극장은 매우 시원하다든가 니혼극장은 수용력이 많다는 선전을 해도 그런 추상적인 선전은 좀처럼 효과가 나타나지 않습니다. 일주일 일주일의 흥행 자체를 선전할 때 이와 함께 끊임없이 하나하나를 선전해나감에 따라 계속해서 그 흥행장을 선전하게 됩니다. 결과는 그 흥행에 즉시 나타나지 않을지도 모릅니다. 또한 어떤 의미에서 선전비를 들여 손해를 입은 것처럼 보이지만 그것이 긴 안목에서는 그 극장 자체를 선전하는 것이라고 생각해야 하지 않을까, 이것이 흥행선전에서 특히 주의해야 하는 것이라고 생각합니다. ●

　이것은 지금 말씀드린 대로, 선전은 좀처럼 결과를 수학적으로 측정할 수 없으니 단지 피상적인 것의 관찰에 따르면 선전비가 많이 들었는데 그것이 생각한 만큼 돌아오지 않았다고 생각하기 마련인데, 흥행의 경우에는 1주일, 2주일 사이에 돌아오지 않더라도 1년, 2년, 3년 이 지남에 따라 그 투자하는 선전비가 흥행수입의 형태로 돌아옵니다. 이것은 다시 말하자면 그 극장에 신용이 생기는 것입니다. 실제 문제로서 그 극장의 설비가 좋고, 또 영화감상에 적합한 극장이라면 그 극장을 관객들 머릿속에 항상 주입시켜둔다는 것이 선전흥행에서 가장 중요한 일이 아닌가 생각합니다. [끝]

1943년 2월 1일 | 제71호 | 43~51쪽

영사과학상식
[영화배급사 직원양성소 강연록]

사카이화학연구소(堺化學研究所) 다구치 류자부로(田口柳三郎)

부여받은 제목은 영사과학상식이라고 알고 있습니다. 지금까지 과학과 영화와의 교착은 많이 있었다고 생각하는데, 교착에는 여러 가지 교착방법이 있습니다. 하나는 선이 교차하는 경우 그리고 어떤 경우에는 이 선이 병행하면 결국 시간이 아무리 지나도 이 둘은 교차하는 일이 없거나 또는 양쪽이 구부러져 있어도 쌍곡선이 되면 쌍곡선은 서로 맞지 않는다면서 이쪽이 과학이고 이쪽이 영화라고 하면서도 그동안은 영구히 서로 맞지 않는 상태도 있을 수 있습니다.

그래서 서두에서 제가 영화과학을 시작할 즈음의 이야기를 좀 드리겠습니다. 이를 시작한 즈음에 일본의 여러 평판은 어떤가 하면 우선 제가 하고 있던 음향학은, 대체로 물리학과를 졸업하고 나서 그 외에 아무것도 할 수 없는 자가 음향학을 한다는 나쁜 평판을 가지고 있었습니다. 저는 실은 그것을 모르는 상태로 음향학을 시작했기 때문에 매우 다행이었지만, 시작해서 조금 지나자 음향학을 하는 자는 쓰레기라는 말을 듣게 됐습니다.

그런데 오늘은 무슨 말인가 하면, 음향학은 라디오라든가 특히 여러분과 관계가 있는 토키 방면에서 매우 중요한 학문이 되어 있습니다. 음향병기의 문제는 오늘 시간이 없으니 생략하겠지만 소리가 귀에 들리지 않아도 물속이라든가 흙 속이라든가 여러 방면에서 소리는 많이 활약하고 있습니다. 그리고 음향학은 오늘날 문화생활에서도 그리고 군사과학에도 실로 중요한 학문이 됐는데, 제가 시작한 쇼와 6, 7년경과 비교하면 운니(雲泥)의 차이가 있습니다.

그즈음에 리켄(理研)에서 저와 또 한 사람, 제 선배가 되는 셈인데 리켄과학영화사의 와타나베 슌페이(渡邊俊平) 씨와 두 명이 영화 연구를 시작한 것입니다. 그래서 아무튼 그즈음에는 새로운 녹음방식을 연구해야 했습니다. 당시 웨스턴식이라든가 R. C. C식이라든가[225] 여러 가지가 있었습니다. 독일 쪽에서는 유명한, 광학기기에 의한 크랑그 필름,[226] 이것은 빛의 학문상에서는 매우 중요한 방식 중 하나이며, 이것이 독일 계통의 녹음방식으로서 유명해졌고

---

225) R. C. A의 오식으로 추정된다.

226) Klang film.

와타나베 슌페이 씨가 이에 대항해서 X선 녹음방식을 발명했습니다. 이것은 확실하게 녹음방식으로서는 이상의 것과 비교해서 전혀 다른 계통의 독립한 한 부문을 이룰 정도의 훌륭한 것이었습니다.

그래서 녹음방식이 완성됐기 때문에 드디어 녹음을 시작하자고 해서 녹음을 해보니 좋은 소리가 조금도 나오지 않았습니다. 왜 이렇게 됐는지 조사를 많이 해봤지만 알 수 없었습니다. 그런데 녹음방식을 여러 가지 개량해서 X선 방식에서는 1만 5천 사이클까지는 들어갈 수 있게 됐습니다. 1만 5천 사이클의 파동이 확실하게 들어가 있음에도 불구하고 이 녹음된 필름을 귀로 들어보면 소리가 매우 좋지 않았습니다. 이것은 왜일까 하고 생각해서 여러 가지를 해보는 중에 겨우 녹음방식과 관계없는 곳에서 토키과학에는 실로 중요한 것이 있다는 것을 알 수 있었습니다.

그것이 무엇인가 하면 이미 여러분은 오늘 충분히 알고 있으리라 생각하는데, 필름속도를 일정하게 만드는 필름속도정수[227]라는 것을 알게 됐습니다. 그래서 필름의 속도정수방식을 연구해보니 그즈음에 있었던 기계는 과학적으로 보면 매우 불합리하고 바보 같은 작업을 하고 있다는 것이 밝혀졌습니다. 그 후로 녹음방식도 여러 가지가 만들어졌고, 지금은 이 X선을 사용하지 않고 리켄에서는 다조식(多條式) 다면적식을 사용하고 있는데, 녹음방식과 전혀 관계가 없는 일정한 필름속도가 매우 중요하다는 것을 이 당시에 알 수 있게 된 것입니다.

물론 지금 제가 말씀드린 목적은 녹음 쪽이 아니라 영사 쪽에도 같은 말을 할 수 있다고 말씀드리고 싶습니다. 그런데 녹음, 영사 모두 일정한 필름속도가 일본의 영화과학에서 가장 나중에까지 알 수 없었던 사실 중 하나였습니다.

그래서 우선 소리는 좋아졌습니다. 여러 내 친구들의 녹음기사, 그 외 분들도 이렇게 이야기하고 있고, 확실하게 느껴지는 차이가 음질 쪽에서 만들어져왔다고 저는 제 귀로 들어왔습니다.

그런데 잠시 시간이 지나자 미국의 책이라든가 S.M.P.E[228]의 잡지에 필름속도를 일정하게 하는 내용이 게재되기 시작했습니다. 그러나 일정한 필름속도는 그때까지 미국에서도 발표되지 않았습니다. 다시 말하자면 스스로 연구하지 않고 외국 문헌에만 의존하면 이런 일이 자주 있는데, 가장 중요한 것은 각국 모두 비밀로 하여 좀처럼 발표되지 않았던 것입니다.

진공관 기술 등에서도, 지금은 전쟁이 나서 적국이 됐지만 그전에 서로 사이가 좋은 시절

---

227) Film speed constant.
228) Society of Motion Picture Engineers. 현재 명칭은 Society of Motion Picture and Television Engineers이다.

에 제 선생님 등이 미국에 가시면 진공관 연구소 등 많은 부분을 보여줬었다고 합니다. 예전의 유럽 대전 즈음에 미국에서 진공관이 처음 발명되어 이것이 트랜스 아틀랜틱의 장거리전화가 되고 그리하여 처음으로 오늘날 라디오의 전조인 먼 거리까지 소리를 운반하는 장치가 발명됐습니다. 그런데 그즈음에도 가장 중요한 부분의 ▶43쪽 다음 부분까지는 갔던 사람들에게 잘 보여줬다고 하는데 마지막 부분까지는 아무래도 보여주지 않았다고 합니다. 그런 점이 모든 부문에 있어서 발표된 문헌에 따라 학문이나 또는 무언가 한 기술을 발달시키려고 하면, 가장 중요한 곳만은 가르쳐주지 않는 일이 있었던 것 같습니다.

이렇게 잡담만 말씀드렸는데 또 하나 일본에서 지금 철도에서 시간표를 만들고 있습니다. 시간표를 만드는 것을 다이어[229]를 짠다고 하는데 다이어를 짜서 기차를 운전하는 기술을 가지고 있습니다. 그런데 일본에 철도가 수입된 처음에는 다른 기술은 전부 일본인끼리 가능했지만 시간표를 짜는 것만은 아무래도 영국인들이 가르쳐주지 않았습니다. 그래서 시간표를 변경하는 일은 매우 비싼 돈을 지불하던 고용 영국인에게 일일이 부탁하여 시간표를 짜고 시간표 변경을 했습니다. 그것이 그 고용된 외국인의 유일한 생계수단이었고 이를 알려줘 버리면 쫓겨나리라고 생각했는지 결국 이를 가르쳐주지 않았다고 합니다. 어떤 사람이 드디어 그 비밀을 탐지하여 ― 역원들이 잘 가지고 있던 사선을 그어 기차 시간표를 만드는 계산 방식입니다 ― 지금 같은 시간표를 일본인이 짤 수 있게 된 것입니다.

지금의 필름의 일정 속도라는 것도 아마 이 마지막 부분의 요령을 파악했다고 할 수 있지 않을까 싶은데 이것으로 소리가 매우 좋아졌습니다. 이것이 얼마나 필요한 것이었는가 하는 것이 이번에는 영사 방면과 많은 관련을 가지고 있다고 생각합니다.

필름속도가 얼마나 좋아져야 했는지를 말씀드리자면 이것은 귀의 문제이며, 귀라는 것은 심리학의 문제입니다. 현재 5백 사이클의 진동수에 대해 한 사이클의 진동수의 변화가 있다면 이것은 귀로 명확하게 알 수 있습니다. 단지 이 변화가 일어나는 시간에 조금 증감이 있고, 이렇게 변화가 일어나는 것을 음성학 쪽에서는 비브라토[230]라고 합니다. 그림을 그리자면

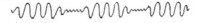

500파에 한 번씩 기복이 있다.

---

229) 다이어그램(diagram)의 준말로 열차 운행표를 말한다.

230) Vibrato.

이런 파형이 됩니다. 가는 선이 5백 사이클의 파동이고 이것이 5백에 대해 하나씩의 비율로 떨리는 파동을 가지고 있습니다. 더 자세히 말씀드리자면, 앰플리튜드[231][진폭]의 비브라토와 프리퀸시[232][진동]라는 비브라토의 두 종류가 있는데, 이 변화가 있으면 귀로 확실하게 알 수 있습니다.

그래서 이 한 사이클이 무엇인가 하면, 5백 분의 1의 필름속도가 고르지 못하면 이런 현상이 일어납니다. 그래서 5백 분의 1의 필름속도가 일정하도록 하는 것이 영화를 올바로 영사하는 일의 가장 중요한 방식입니다.

이를 시행하기 위해서 웨스턴에서는 임피던스 롤러[233]를 사용하고 있습니다. 그리고 R. C. A에서는 로터리 스태빌라이저[234]라는 방식을 사용하고 있습니다. 또 하나 유명한 것으로 독일 시멘스의 에우로파[235] 방식이 있습니다. 이것이 다시 말하자면 오늘날의 영화 중에서 순수한 기계공학 방면에서 가장 중요한 것이 영화과학이라고 할 수 있습니다. 이외의 것은 대부분 전기과학 쪽의 중요성을 지니고 있습니다.

귀에 의한 기계의 정밀도(精度) 판별

이것으로 알 수 있는 소리는 제일 좋은 것이 피아노입니다. 피아노의 테누토 소리[댐퍼를 빼고 피아노 키를 치는 소리]를 녹음해보면, 이것은 정확하게 녹음해야 하는데 그것을 녹음한 음파를 보면 피아노 소리가 점차 작아집니다.

이것이 귀에 매우 확실하게 들려오는데 미국에서는 영사기가 좋은지 나쁜지를 시험하기 위해 피아노 소리가 들어간 테스트필름이 있습니다. 미국에서는 영사기의 좋고 나쁨의 테스트에서 가장 큰 문제는 필름의 일정한 속도에 있습니다.

또한 3천 사이클 정도의 깨끗하고 일정한 파동을 녹음한 필름이 있는데 이런 필름을 영사기에 걸면, 이것 역시 지금의 피아노처럼 고르지 않게 들립니다. 이것으로 매우 잘 알 수 있습니다. 이것이 지금의 진동 변화가 매우 적을 경우의 검출기[디텍터][236]입니다.

그런데 필름속도가 더 고르지 않게 되면 이것은 극히 간단히 알 수 있습니다. 바이올린

---

231) Amplitude.
232) Frequency.
233) Impedance roller.
234) Rotary stabilizer.
235) Europa-Klarton.
236) Detector.

의 높은 소리가 조금 축소되어 들립니다. 더 나아가 필름속도가 고르지 않게 되면 이번에는 사람의 단어로 이(イ)라는 소리를 길게 끌면 축소되어 들립니다. 이 정도가 되면 그 영사기는 대부분 가장 나쁜 쪽이라고 생각해도 좋을 것입니다. 인간의 목소리가 축소되어 들릴 정도로 나쁜 영사기는 오늘날은 매우 적지만, 예전에는 매우 많이 있었습니다. 지금까지도 휴대용 영사기에서는 이런 일이 자주 일어납니다.

그리고 또 하나 다른 검출법이 있습니다. 이것은 조금 숙련이 필요한데, 소인원의 오케스트라 음악이 있는데 그것이 매우 많은 인원의 오케스트라처럼 들리는 경우가 있습니다. 다시 말하자면, 어떤 작은 단체의 오케스트라 소리가 조금씩 축소되기 때문에 그 축소가 많은 사람들의 연주처럼 들리는 경우가 있는 것입니다. 일본의 토키 초기에 많은 인원의 오케스트라를 넣으면 소리가 들리지 않게 되며, 그래서 소인원의 오케스트라를 넣으면 매우 많은 인원의 오케스트라처럼 들려서 대단히 싸게 먹혀서 좋다는 말을 자주 했었습니다. 그런데 많은 인원의 오케스트라가 들어가지 않는다는 것이 녹음기나 영사기의 나쁜 점을 증명하고 있는 것입니다. 그 많은 인원의 오케스트라와 소인원의 오케스트라의 차이를 알 수 있는 것이 녹음기의 좋은 점을 증명하기 위한 매우 좋은 검출기가 됩니다.

이것이 필름속도에 따라 일어나는 귀에 대한 들림의 변화입니다. 그리고 부연하자면 전기와 관계가 있는데 여러 소리가 들리는 방식으로 영사나 영사기의 전기회로의 좋고 나쁨을 시험하는 방법이 있는데 이것을 좀 정리해서 말씀드리겠습니다. 이것만 있으면 대부분의 일을 알 수 있습니다.

첫 번째 육성과 비슷하지 않다는 문제가 있습니다. 이는 주로 2백 사이클 내지 3백 사이클 사이의 진동수 특성이 좋지 않을 경우에 일어납니다. 그리고 목소리가 육성과 비슷하지만 소위 말하는 라디오 소리, 기계소리, 나팔에서 나오는 소리를 학문과 관련 없는 사람들이 솔직하게 말할 때 라디오 소리라고 자주 말합니다. 그런데 이를 분석해보면 음향적 이유가 있는데 이는 음향분석에서 제2번 배음[237]이 매우 증대되는 경우입니다. 전기와 관련 있는 분들은 아마 알고 계실 텐데, 전기에서는 두 번째 배음이 커져서 음이 안 좋아지는 디스토션[238] 이 있다고 말합니다. 그런데 이와 마찬가지로 토키의 경우에는 지금처럼 전기회로가 나쁠 경우에 농담형(濃淡型) 현상(現像)인 감마를 잘못 인화했을 때 일어납니다. 농담형 현상일 때에는 여기에 골드버그[239][이는 사람 이름인데]의 조건이 필요합니다. 이것은 토키 책에 쓰여 있고 많이 길

237) Harmonic. 배음(倍音)을 말한다.
238) Distortion. 소리, 화상 등의 일그러짐을 말한다.

어지니 지금은 말씀드리지 않겠지만, 이 조건을 빗나가면 지금의 두 번째 배음이 ▶44쪽 커집니다. 토키는 전기와 현상 양쪽에서 온다는 것만 주의해주셨으면 합니다. 그리고 왠지 모르게 확실하지 않은 느낌이 드는, 부드러운 소리가 들리지 않을 때에는 세 번째의 배음이 크게 됩니다.

다음으로 여담을 잠시 말씀드리자면, 미국에 하몬드 오르간[240]이라는 전기악기가 있습니다. 이는 일본에서는 방송국에 있어서 가끔 들으실 수 있었을 것입니다. 이 전기악기를 발매소에서는 피리 소리, 나팔소리, 바이올린 소리 등을 전기로 흉내 내어 만들었다고 생각하는데, 관악기 소리를 흉내 낼 때에는 세 번째 배음과 다섯 번째 배음을 크게 하면 관악기 소리와 매우 많이 비슷해진다고 합니다. 그래서 우리는 보통 관악기 소리라든가 바이올린 소리라는 식으로 구별하고 있지만 이런 것은 배음의 비중에 따라 대체적으로 결정되는 것이며, 일본에서는 아직 이런 연구가 전혀 발달하지 않았지만 미국에서는 몇 번째 배음이 크게 되면 어떤 느낌이 드는지에 대한 연구가 나오고 있습니다. 지금은 토키와 관계되는 부분에 대해 말씀드리고 있습니다.

그리고 이것은 지금도 매우 많이 영화에서 들려오는 말인데, 남자 목소리가 왠지 모르게 목에 걸려서 강하게 울려, 영화관에서 가장 뒤쪽 벽 쪽에 서 있으면 뒤쪽 벽에 반사되어 강하게 늘리는 듯한 느낌이 들 때가 있습니다. 이럴 때에는 남자 목소리 중 특히 아(ア) 음이 울리는 일이 있습니다. 이는 녹음의 스케일 아웃[241] 혹은 오버 모듈레이션[과변조(過變調)]입니다. 인간은 아이우에오(アイウエオ)라고 말하면 아 소리가 가장 크므로 아 소리가 과변조인지 아닌지 조사해보면 간단히 과변조를 알 수 있습니다. 아이우에오 소리 이외의 모음에서 과변조가 일어난다는 것은 일단 없다고 생각해도 좋을 것이므로, 이렇게 여기가 듣고 알 수 있는 부분이라는 식으로 귀로 듣고 있으면, 귀를 통해서 매우 많은 것을 알 수 있습니다.

그리고 서문에서 말했는데 아이우에오의 진폭을 비교해보면, 아라는 소리를 5라고 할 때 오와 에는 4 정도, 이와 우가 2 정도의 비율로 진폭의 폭이 있습니다. 사람에 따라 에가 매우 강하게 울리는 사람도 있습니다. 그러면 에가 오보다 크게 되는 경우도 있습니다.

그다음에는 조금 음향학을 떠난 말인데 딱딱한 소리라든가 날카로운 소리라든가 하는 것들이 자주 있습니다. 그런데 날카로운 소리라고 할 때에는 대부분 1천 5백 사이클 부근이

---

239) 미국의 만화가 루브 골드버그(Rube Goldberg)가 고안한 연쇄 반응에 기반한 기계 장치를 말한다.

240) Hammond Organ. 전기오르간의 일종

241) Scale out.

커집니다. 그리고 딱딱한 소리일 때에는 2천 5백 사이클이 커집니다. 그리고 잡음 소리가 매우 많아졌다고 할 때, 또는 축음기의 바늘소리가 크다고 할 때에는 3천 사이클이 커진 상태입니다.

참고로 진동수는 대체 몇 사이클까지 나오면 좋은지를 말씀드리면 5천 사이클까지 나오면 음악은 대부분 알 수 있습니다. 또한 귀의 명료도에 영향을 전혀 미치지 않게 하기 위해서는 7천 사이클까지 나오지 않으면 곤란합니다. 7천 사이클 이상은 귀의 명료도(明瞭性)가 없어도 좋다는 것을 알 수 있습니다.

역시 참고인데, 인간의 귀가 대체 몇 사이클까지 들을 수 있는지에 대해 이야기하겠습니다. 인간의 귀는 1만 8천 사이클까지 들을 수 있습니다. 낮은 쪽은 대체로 2천 사이클 정도입니다. 그리고 3천 사이클보다 낮은 소리는 귀 이외에 피부로 느끼거나 몸으로 느끼게 됩니다.

이는 여담인데, 미국에 헬렌 켈러라는 보지도 듣지도 말하지도 못하는 사람이 있었습니다. 일본에 온 적도 있는데, 이 사람이 스토코프스키[242]의 음악을 많이 칭찬했다고 합니다. 그런데 헬렌 켈러가 어떻게 음악을 느꼈는가 하면 오케스트라도 피아노도 바이올린도 들을 때 그 사람을 만지거나 혹은 그 악기를 손가락으로 만져서 그 손가락에서 음악을 느꼈다고 하는데, 손가락으로는 30사이클 이상은 느낄 수 없습니다. 그래서 이것은 매우 흥미로운데 칭찬 받아서 과연 고맙다고 말하는 쪽이 나은지 3천 사이클 이상을 느낄 수 없는데도 칭찬을 받은 음악이란 음악인지 아닌지 생각하게 됩니다.

또 하나 우리가 잘하는 일인데, 소리가 나오고 있다고 생각해서 무언가를 조금 만져보는 경우가 있습니다. 그렇게 해서 조금 손가락으로 느껴져서 아 소리가 나오는구나 하고 안심하는 일이 있습니다. 그런데 이는 매우 위험한 일로 손가락으로 만져서 움직이고 있구나 하고 느껴질 때에는 반드시 30사이클 이하로 나올 때입니다. 매우 좋은 진동체로 30사이클보다 낮은 소리를 내지 않도록 하는 훌륭한 것이 있는데 이것은 손가락으로 만져서는 전혀 움직임을 느낄 수 없는 경우가 있습니다. 느끼지 못하고 매우 좋은 소리만을 내는 발음체가 있습니다. 그러므로 손가락으로 만져서 움직이고 있다고 생각할 때에는 오히려 나쁜 소리를 내고 있다고 해도 좋을 것입니다. 이것만은 참고로 말씀드리겠습니다.

테스트필름에 대해

이상이 귀로 시험하는 방법입니다. 다음으로 미국에서 하고 있는 시험필름에 대해 말씀

---

242) Leopold Stokowski (1882. 4. 18~1977. 9. 13).

드리겠습니다. 이 시험필름에는 35밀리와 16밀리의 두 가지가 있습니다. 16밀리 쪽 시험필름은 사운드와 비주얼의 테스트필름 양쪽 모두 S. M. P. E[소사이어티 오브 모션 픽처 엔지니어즈] 협회에서 만들고 있습니다. 그리고 35밀리 그림 쪽은 S. M. P. E에서 만들고 소리 쪽은 예전에는 S. M. P. E에서 만들었지만 최근에는 아카데미 오브 모션 픽처 아트 앤드 사이언스[영화예술과학원이라고 번역하면 될 것 같은데][243]에서 제작하고 있습니다.

그리고 이 테스트필름의 목적을 말씀드리면, 이 테스트필름으로 영사기의 영사능력의 좋고 나쁨, 음향 재생의 좋고 나쁨, 극장 음향의 좋고 나쁨, 이 세 가지를 시험할 수 있습니다. 다시 말하자면, 귀로 듣고 이것은 좋을 것 같다든가 이것은 나쁠 것 같다는 것은 과학에서 통용되지 않습니다. 지금 제가 귀로 이만큼 들을 수 있다는 것을 말씀드린 직후에, 이번에는 귀라는 것은 통용되지 않는다는 것을 말씀드리는 것은 많이 이상합니다. 그렇지만 이런 시험필름을 사용해서 어떤 시험을 계속 하고 있으면, 이번에는 이 시험필름을 사용하지 않아도 어떤 영사기 혹은 축음기, 그리고 극장 음향의 좋고 나쁨 등을 경험으로 알 수 있습니다. 그렇지만 이는 누구나가 사용할 수 있는 것이 아니라 많은 경험을 필요로 합니다. 그 경험이 전혀 없는 경우에는 이런 테스트필름으로 누구나 기계적으로 좋고 나쁨을 결정할 수 있습니다. 더불어 숫자로 이를 결정할 수 있습니다.

오늘날 모두 이런 식으로 기계의 좋고 나쁨을 숫자로 결정할 수 있으니 이는 제 생각인데 가령 이렇게 해서 영화관을 예컨대 여러 급으로 나누고 이로써 입장료를 바꾸는 것도 가능하지 않을까, 그리고 또 영화관 입구에 간판을 세우고 이것은 몇 급 영화관이라고도 말할 수 있지 않을까 하고 생각합니다. 이를 결정하는 데 사람의 귀나 눈으로 하는 것은 아무래도 영화관 경영자에게는 아무래도 실례이니 이를 전부 숫자로 나타낼 수 있습니다. 숫자는 매우 정직하니까. 여기에서는 이런 일이 가능하다는 가능성만을 말씀드리겠습니다.

첫 번째는 그림의 상하 움직임을 시험합니다. 이는 새까만 화면에 하얀 색으로 [그림 A] 같은 것을 ▶45쪽 가로로 6개, 세로로 3단 배치했는데 이 그림을 걸면 영사기의 상하 움직임을 매우 잘 알 수 있습니다.

그다음에는 영사기의 고스트[244]라고 하는데 이것은 셔터와 크로스의 위상(位相)이 맞지 않을 경우에 이것을 테스트합니다. 여기에는 [그림 B] 하얀 장방형이 대각선으로 줄 서 있습니다. 이것으로 어느 코너에서 고스트가 일어나는지 이렇게 해서 셔터와 크로스의 위상 관계를

---

243) Academy of Motion Picture Arts and Sciences. 미국 아카데미상을 주관하는 단체.
244) Ghost. 화면의 이중상 혹은 난상을 말한다.

수정할 수 있습니다.

그다음은 역시 그림의 상하 움직임과 스크린의 좌우 끝 렌즈의 애블레이션[245]이라는 것이 있습니다. 이 애블레이션을 이해하기 위해 [그림 C] 이런 식으로 수평으로 매우 가는 선을 많이 그려 놓습니다. 스크린 가득 이 수평선이 나오는 영화가 있습니다. 만약 영사기가 상하로 조금이라도 흔들린다면 이 선을 볼 수 없으니 흐릿해집니다.

그리고 그다음에는 이 수평선이 전부 가로선으로만 이루어집니다. [그림 D] 이것은 영사기가 가로로 흔들리는 것을 시험하는 것입니다.

마지막으로 [그림 E] 화면 가득 전체 한 면에 매우 많이 있는 것인데 이것으로 아나스티그마트[246] 그리고 영사기의 부안(俯眼)[247] 각도의 좋고 나쁨을 시험할 수 있습니다.

이상이 그림의 시험장치인데, 소리 쪽의 16밀리 쪽은 진동수의 여러 가지가 들어가 있었습니다. 낮은 쪽은 40사이클에서 높은 쪽은 9천 사이클까지 이 사이에 어느 부분에서 영사기를 시험하는 경우가 있습니다. 시험필름을 건다는 것에 대해 영사기를 제출한 쪽은 전혀 몰랐던 것입니다. 그런데 해보니 제조자 자신이 깜짝 놀라서 이렇게 좋지 않았나라는 것을 스스로 인정하고 돌아간 후에 고쳤으리라 생각합니다. 지금까지는 이런 시험을 하지 않아

그림 [A][B][C][D][E]

서 나쁘다고 해도 결론이 나지 않는 논쟁이 되어, 열을 올리게 되고 강하게 밀고 나가는 쪽이 이기는 식이었으니 영사기나 그 나머지가 좋아지지 않았던 것입니다.

이번에는 35밀리의 소리 테스트필름에 대해 말씀드리겠습니다. 사실을 말하자면 다른 테스트필름의 테스트 후에 이것을 걸게 되어 있는데 이에 대해 첫 번째로 말씀드리겠습니다.

그 내용은 1천 자 중에 미국 회사 8개 회사의 대표적인 필름이 들어 있습니다. 여기에는 그림과 소리 둘 다 들어가 있는데, 그 안에는 농담형, 각종 면적형, 고(高)영역[248] 프린트, 그리

---

245) Ablation.

246) Anastigmat.

247) 높은 곳에서 내려다보는 부감(俯瞰) 각도를 말한다.

248) High range.

고 아까 말씀드린 피아노 소리와 3천 사이클의 떨림에 대한 시험이 이 안에 포함되어 있습니다. 이를 걸면 각 회사의 대표적 필름을 건 게 되는데, 이것으로 시험할 수 있게 되고 또 각사에서는 이 시험 필름을 샘플로 삼아 그 범위에서 자신의 영화를 공급하는 관계가 됩니다. 이 테스트필름을 걸었다면 절대로 안심하고 어느 영화라도 걸 수 있게 됩니다.

지금 일본에서 필름이 매우 빨리 상해버려 곤란해하는 것 같은데, 그중에 한 원인으로 각 영화관에서 테스트를 하는 것을 꼽는 경우도 있다고 합니다. 관객이 보지 않은 상태에서 영사기사가 혼자 테스트할 경우가 있는데 이 횟수가 무시할 수 없을 정도로 많습니다. 그래서 필름이 더 상해버리는 것인데 이 횟수가 필요한지 필요하지 않은지 하는 문제가 하나 있습니다. 이러한 테스트 필름으로 반드시 시험을 하고, 영화관에서 어떤 회사든지 모두 필름을 걸어서 시험하고 있다면 필름이 돌아올 때 일일이 이것을 테스트로 걸 필요가 없게 됩니다. 이렇게 하면 지금의 테스트 횟수만큼은 줄일 수 있게 됩니다. 이 테스트에 따라 기계적으로 어떤 영화를 걸고 그것으로 절대로 틀림없다고 할 수 있습니다. 이 점에서 지금 일본의 시스템은 사람의 귀에 너무 많은 비중을 두고 있습니다. 게다가 기계성이 부족하다는 것을 말할 수 있으리라 생각합니다.

두 번째는 필름에는 여러 진동수의 필름이 있는데, 이것은 40에서 1만까지의 소리가 들어가 있습니다. 또 하나 보조적으로 제2기준[249]이라는 것이 있는데, 이것은 40에서 8천까지 들어가 있습니다. 이 필름을 걸어서 영사기 음량계의 바늘이 얼마를 가리키는가를 커브로 측정하면 영사기 진동수 특성이라는 것을 측정할 수 있습니다. 이 진동수 특성을 그 기계에 붙여두거나 또 가끔 테스트를 하면 기계의 좋고 나쁨을 어느 정도 알 수 있습니다. 이것은 농과 담이 각각 생성되어 있어 좋은 쪽이 450자, 제2기준이 3백 자의 길이를 가지고 있습니다. 그리고 미국의 가격인데 앞에서 이야기한 첫 번째 필름이 25달러, 제2기준 쪽이 17달러 반입니다.

세 번째가 극장의 테스트필름입니다. 이것은 진음[250]이라는 것이 붙어 있습니다. 진음이란 앞에서 이야기한 비브라토가 붙어 있는 주파수 테스트필름입니다. 이것은 왜 이런 것을 하는가 하면, 극장 안에서 삐 하는 필름 소리를 걸면 보통 방에서도 그렇지만, 나중에 음향 쪽에서 말씀드리겠지만, 방에서 공명이 일어나 시험할 수 없습니다. 그래서 지금과 같은 진음이라는 키(音健)를 사용해서 극장 음향을 시험합니다. 이는 일본에서는 텔레폰켄[251]에서 이와 비슷

---

249) Secondary standard.

250) Warble Tone. 진음(振音), 주파수가 어느 범위 내를 연속적, 주기적으로 변화하는 음.

251) Telefunken. 1903년 지멘스(Siemens)와 아에게(AEG)의 합작으로, 독일 베를린에 설립한 무선과 텔레비전 기술회사다.

한 테스트 레코드를 내놓았습니다. 이것도 극장의 테스트에 사용하는 것입니다. 진음의 주파수[252] 필름을 걸고 극장 곳곳에 소음측정기를 가지고 와서 곳곳의 눈금을 측정합니다. 그러면 관의 진동수 특성을 측정할 수 있습니다.

그리고 그다음 네 번째의 테스트 필름은 소리의 애퍼츄어[253]를 빛으로 비추어 이 비추는 방법의 ▶46쪽 좋고 나쁨을 테스트하는 필름입니다. 이 실제 치수는 그 폭이 약 0.025밀리, 긴 쪽 폭이 약 2.5밀리로 되어 있습니다.

그래서 이를 어떤 식으로 만드는지 말씀드리면 이 2.5밀리 사이를 17개(本)로 나눕니다. 그리고 이 17에 각각 1천 사이클의 음파가 들어가 있습니다. 1천 사이클이 삐 하는 소리를 내면 두 번째는 그 17분의 1만큼 가로(橫)로 어긋나게 하여 삐 하는 소리를 내게 합니다. 이하 이

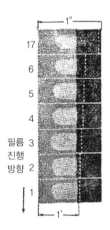

런 식으로 17분의 1씩 어긋나게 하여 소리를 내게 합니다. 그래서 음량계를 보고 3데시벨의 차가 난다면 개조를 필요로 합니다. 개조를 필요로 한다는 것은 사운드 애퍼츄어의 각 부분에 빛이 고르지 않은 부분이 있다는 것을 나타냅니다. 최대 허용 에러[254]가 3데시벨이라고 썼는데, 이런 시험을 하면 일본의 영사기는 모두 낙제할지도 모르지만 이런 일을 하고 있습니다.

그리고 나머지 여러 테스트가 있는데, 이것은 조금 도움이 되는 것들이니 말씀드리겠습니다. 다섯 번째는 무엇인가 말씀드리면, 사운드트랙이 새까맣게 칠해져 있고, 사운드트랙 외측에 3백과 1천 사이클이 들어 있습니다. 스프로켓[255] 구멍은 1천 사이클 측의 구멍에 있습니다[그림 참조]. 필름이 이렇게 있으면 스프로켓 측에 1천 사이클, 그림 쪽에 3백 사이클이 들어가 있어, 새까맣게 되어 소리가 나지 않게 됩니다. 3백 사이클이 들리면 그림(畫) 쪽에 사운드 애퍼츄어가 튀어 나와 있고 천 사이클이 들리면 스프로켓 쪽에 사운드 애퍼츄어가 튀어나와 있다는 것을 알 수 있습니다. 그런데 이것으로 사운드 애퍼츄어가 정규 크기가 아니라는 것을 알 수 있습니다. 들으면 곧 알 수 있으니 이것은 극히 간단합니다.

그 외에 나머지 세 가지 테스트필름이 있는데, 이것은 생략하겠습니다. 그리고 마지막 테스트필름은 일본에서 그다지 주의하지 않는데 영사기를 2대 세워두면 2대의 음량의 밸런

---

252) Frequency.

253) Aperture. 구경(口徑)을 말한다.

254) Maximum allowable error.

255) Sprocket. 필름을 감기 위해 필름의 끝 구멍에 걸리게 만든 사슬톱니바퀴.

스[256]를 모두 무시하고 있습니다. 그래서 1천 사이클의 어떤 필름 루프를 2대의 영사기에 각각 걸고 음향조절기[257]를 바꾸어 양쪽 양이 똑같이 나오도록 조절하는 2대의 영사기의 균형을 맞추는 시험이 마지막 필름의 목적입니다.

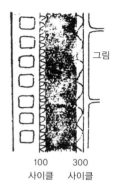

그림

100 300
사이클 사이클

이상 미국에서 이루어지고 있는 현재의 시험 필름의 전체에 대해 말씀드렸습니다. 비슷한 목적은 아직 여러 종류가 있는데 이 정도 시험하면 대체로 영사기와 영화관을 알 수 있으리라고 생각합니다.

호감석

다음은 방향을 많이 바꾸어 잘 보이는 자리, 호감석(好感席)에 대해서……. 지금까지의 설명으로 영사기의 좋고 나쁨을 확실히 이해하게 됐으니 이번에는 극장에 대해서입니다. 잘 보이는 석이라는 것은 약 90도 정도[그림 참조] 이 스크린 폭의 1.5배, 스크린의 폭을 L이라고 하면 1.5L이 가장 앞자리, 그리고 6L이 가장 뒷자리가 됩니다. 어느 건축 책에서는 가장 뒷자리를 12L까지 연장해도 어떻게든 참을 수 있다고 합니다.

좌우의 폭은 90도이니 이것이 45도가 되는 셈입니다. 이것이 일반 영화관에서 잘 보이는 자리입니다. 그리고 가장 앞자리에서 이 스크린의 중심을 보는 각도는 여러 결성방법이 있어서 아무래도 명확한 것은 알 수 없습니다. 잘 보여도 머리가 아파온다는 것과 머리가 아파오

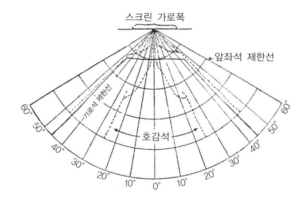

스크린 가로폭

앞좌석 제한선

가로석 제한선

호감석

60° 50° 40° 30° 20° 10° 0° 10° 20° 30° 40° 50° 60°

---

256) Balance. 균형.

257) Fader.

는 것은 괜찮다는 두 가지가 있으니 그다지 명확한 것은 없는 것 같습니다. 제일 앞자리에서 한눈에 볼 수 있는 각도가 35도라는 것도 하나의 기준이 되어 있는 것 같습니다.

　미국에서는 교육영화에 많은 비중을 두고 있습니다. 교육영화는 어떻게 하냐면 영화로 교육을 하는 것이니 학교 교실에서 영화를 상영하는 것입니다. 그러면 이 호감석과 다른 제한이 필요해집니다. 이것은 왜냐하면 제일 먼저 온 사람은 항상 오른쪽 구석이라고 정해져 있는데, 이 사람은 항상 똑같은 자리에서 보고 있습니다. 영화관에서는 어느 자리로 들어가든지 마음대로이지만, 이곳에서는 자신의 자리는 정해져 있고 항상 같은 자리에서 보는 것입니다. 그러면 예컨대 이곳에 앉은 사람은 언제나 이 방향에서 봐야 합니다. 그래서 이런 방식은 좋지 않으므로 이 경우에는 가장 앞자리를 2L로 계산합니다. 이 각도를 이 변에서는 30도로 계산하는 것이 평판이 좋은 것 같습니다. 그러면 언제나 이 자리에서 이렇게 보더라도, 이는 한가운데 자리보다는 좋지 않지만 어떻게든 참을 수 있는 이것이 교실의 경우입니다.

　그리고 밝기인데 밝기에서는 휘도[258]라는 단위를 사용하고 있습니다. 이것으로 화면 중심을 측정하여 $10+4-1$이라는 것은 9에서 14까지 괜찮다는 의미입니다. 이것이 35밀리를 볼 경우 가장 적합한 밝기입니다. 이 경우에는 셔터를 회전시켜두고 필름이 걸리지 않은 상태라는 조건이 붙어 있습니다.

　이는 도쿄전기(東京電氣)의 밝기 계산에 휘도의 기준이 있으니 그 기준으로 시험하면 될 것입니다. 다음으로 이 스크린 표면에 여러 도료를 발라 하얗게 만듭니다. 이 도료의 반사 종류라는 것이 있는데 이 반사 종류가 가장 좋은 것이 산화마그네슘입니다. 이것을 재는데 중심을 0도로 하고 0도에서 15도, 45도, 60도라는 식으로 측정합니다. 그런데 15도 범위의 산화마그네슘을 백으로 하면 60도에서 83이 됩니다. 흰 석회벽(白堊)이 95.6에서 78로 밝기가 조금 좋지 않으며, 백지가 85에서 67, 연백(鉛白)이 89에서 80, 일본의 스크린은 대체로 연백인데 이것은 꽤 좋은 것 같습니다. 아연백(亞鉛白)이 89에서 77, 흰색 모슬린이 73에서 67, 흰색 모슬린에서는 반사일 경우 73에서 67, 야외에서 자주 투과 영사하는 경우가 있는데 투과할 때에는 39에서 30, 미러 스크린이나 금속 스크린이나 ▶47쪽 불투명유리 투과라는 것이 있는데, 이런 것은 30도 정도까지는 어떻게든 볼 수 있는데 옆으로 가면 잘 보이지 않게 됩니다. 예를 들면 불투명유리를 투과해서 보면 15도인 곳이 3백이고 마그네슘보다 훨씬 밝지만 60도에서는 14로 되어 이미 볼 수 없습니다. 미러 스크린이라는 알루미늄을 도장한 스크린이 있는데 이것이 반사하여 15도가 210, 60도가 18, 이런 것은 60도에서는 잘 볼 수 없습니다.

---

258)　Foot-lambert. fL로 표기한다.

그리고 이번에는 스크린의 음향적 성질을 말씀드리겠습니다. 스크린은 지금 토키가 됐고 여러분도 아시다시피 조금 두툼한 천에 고무 같은 물질이 붙어 있고 그 위에 수성도료가 칠해져 있습니다. 그런데 스크린 뒤에 나팔이 있어서 스크린을 통해 소리를 내야 하는데 그 때문에 스크린에는 화면 가득 구멍이 뚫려 있습니다. 매우 많은 구멍이 뚫려 있는데 5.5밀리마다 1밀리의 구멍이 뚫려 있습니다. 중심거리 5.5밀리, 직경 1밀리, 웨스턴은 정삼각형, 야나기야(柳家) 사운드의 스크린은 정방형으로 되어 있는데 구멍의 면적은 웨스턴 쪽이 큽니다. 그리고 이것은 영화관은 아니지만 도니치칸(東日館)[259]에 플라네타륨[260]이라는 것이 있는데, 그 천장에 역시 철판에 토키 스크린처럼 구멍이 뚫려 있는 것을 사용하고 있습니다. 하얀 페인트를 칠하고 별을 비춥니다. 그리고 이 스크린 뒤에 나팔이 있어서 설명을 하고 있습니다.

이런 스크린은 나팔 앞에 방해물이 되는 셈인데, 대체 얼마나 소리를 줄이는지 말씀드리면, 스크린이 없는 경우의 소리를 백으로 하고 다른 쪽에 진동수를 2백에서 5백 사이클까지 측정해보면 한가운데가 50선(線), 그 위가 75선인데 이 정도의 특성을 지니고 있습니다.

대체로 2할 정도의 음량을 스크린 때문에 손해를 봅니다. 빛은 어떤가 하면 구멍 면적만큼 빛을 손해 보는데, 빛으로 말하자면 구멍은 작은 쪽이 바람직하며 또 소리로 보면 많은 쪽이 바람직한데, 단 이것이 가장 많아도 7% 정도라고 생각합니다. 구멍 면적이 7% 정도이고 그때 소리 쪽은 약 80% 나오게 되니 양쪽에 좋은 지점이 있는 것입니다.

이것으로 영사 관계의 음원 부분이 끝났고, 이번에는 극장 음향이라는 것인데 그 전에 영사기술은 대체 어느 정도까지 장래가 있는 것인지 좀 말씀드려볼까 합니다. 이것은 극장설비와 관계가 있으니 이런 것을 말씀드려볼까 합니다.

극히 예전에는 표백한 하얀 천 앞에서 설명자가 말을 했습니다. 영화관 수용인원도 그렇게 많지 않았는데, 지금은 많을 때에는 1천 명 이상 들어갑니다. 매우 많을 때에는 5천 명도 들어가는 상태가 되니, 설명이 토키로 된 후 지금처럼 스크린에서 소리가 납니다.

1877년에 에디슨이 축음기를 발명했습니다. 그리고 1889년에 발성영화를 만들었습니다. 이것은 레코드식의 발성영화입니다. 그런데 그 발성 부분이 발달이 많이 늦어져서, 그림 부분만 발달한 것이 사일런트 영화로 나타났고 그 후 1922년경에 웨스턴의 전기 레코드녹음(吹込) 식의 근대 토키가 만들어졌습니다. 이것이 처음으로 소리가 좋은 토키로 성공한 역사

---

259) 도니치칸은 천문 보급 시설인 도니치덴몬칸(東日天文館)의 약자다. 1938년 10월 30일에 유라쿠초(有楽町)의 도쿄니치니치신문회관 내에 개관했으며, 관내에 플라네타륨관이 설치되어 있었다.

260) Planetarium. 천상의(天象儀)라는 뜻으로, 둥근 천장에 영사기로 천체의 운행 상황을 비춰 보이는 장치를 말한다.

입니다.

그리고 31년 정도까지는 레코드 필름 토키가 나왔습니다. 무잡음 방식은 아직 없었지만 이즈음에서 무잡음 방식이 행해지게 됐고 그것이 39년 정도까지 계속됐습니다. 일본에는 아직 나오지 않았지만 39년에 미국에서 입체토키라는 것이 나타났습니다.

입체토키란 무엇인가 하면, 사람의 귀는 예를 들면 비행기가 위를 지나가면 그쪽에 소리가 나는 것을 알 수 있습니다. 그쪽이라는 그 방향을 알 수 있는 것이며 그것을 입체적으로 알 수 있습니다. 이를 사람의 귀의 입체감이라고 말합니다. 그리고 현장에서 오케스트라를 연주하는 것을 들으면 소리가 여기저기에서 나오는 그런 소리의 음원의 위치를 알 수 있습니다. 그 음원 위치를 발견하는 능력과 그런 안목을 가지고 있는 것을 귀의 입체감이라고 합니다. 이 입체감이란 토키나 라디오에서는 나오지 않는다고 하는데 좌우 방향, 상하 방향을 나타내기 위해서 마이크로폰을 두 가지 사용하는 방법이 생각되고 있습니다. 그래서 마이크로폰에서 앰플리파이어[261]에서 나팔까지 전부를 두 세트 둡니다. 이런 두 가지 마이크로폰을 인공 귀라는 이름으로 부릅니다. 로봇 등을 만들어서 미국에서 실험하고 있습니다. 예를 들면 공중청음기 또는 전기청음기에 사용되고 음향병기 쪽과 여러 관계를 가지고 있는데, 이를 가장 많이 사용하고 있는 곳은 미국의 벨 라보라토리[벨연구소]입니다. 그 경험으로 39년에 디즈니의 〈환타지아〉[262]가 만들어졌습니다. 그 시작은 33년까지 거슬러 올라갑니다. 〈환타지아〉는 입체토키가 아니지만, 입체토키를 채용한 작품 중 하나가 〈환타지아〉입니다.

입체토키는 33년에 처음 나타났습니다. 이 토키는 사운드트랙이 두 개인데 이 두 개의 트랙으로 각각의 마이크에서 소리가 나옵니다. 이 각각의 사운드트랙 소리를 두 가지 광전관, 두 가지 앰프, 두 가지 나팔로 내고 이를 스크린 좌우에 두고 여러분들이 들으신다면 소리가 좌우로 움직이는 것을 알 수 있습니다. 33년의 테스트에서는 무엇을 했는가 하면 탁구 등에서 공이 움직이는 소리를 잘 알았고, 또 실내악에서 몇 명인가 줄 서 있는 그 위치를 잘 알 수 있다고 합니다.

이보다 조금 전부터 미국에서는 푸시풀 트랙이라고 하여 소리를 좋게 하기 위해 소리대를 두 개를 넣는 것을 발명했는데, 이것을 푸시풀로 하지 않고 두 개로 한 것이 입체토키의 시작입니다. 39년에 〈환타지아〉가 나왔습니다. 이를 본 사람들의 말을 들었는데 천연색으로 매우 예쁜 그림이었고 실로 황홀하게 봤다고 하는데, 이는 세 개의 트랙으로 구성되어 있습니

---

261) Amplifier. 증폭기.

262) 〈Fantasia〉(Walt Disney Pictures, Norman Ferguson, 1940)

다. 그리고 좌우로 두 개, 객석의 후방에 하나인데 이렇게 하면 소리가 전후좌우로 움직이는 것을 알 수 있다고 합니다. 천연색 영화에 반주가 있어 스토코프스키가 지휘합니다. 스토코프스키 지휘의 슈베르트가 작곡한 아베마리아의 음악을 들으면서 그림을 보는 것입니다. 그래서 입체토키가 만들어졌습니다.

이 입체토키 기술을 극복하기 위해 다른 방면이 발달했습니다. 이는 아까 말한 1926년에서 1931년까지 사이는 소리 크기 쪽의 변화가 30데시벨 사이까지밖에 없었습니다. 그런데 무잡음이 되면서 이를 45데시벨까지 올릴 수 있었습니다. 이것은 그 안에 들어가 있는 가장 작은 소리와 100%의 변조와의 비교입니다. 이는 수음량(收音量)이라는 이름으로 하면 좋을 것입니다. ▶48쪽 〈환타지아〉에서는 85데시벨까지 이를 올렸습니다. 85가 되면 가장 큰 소리가 110데시벨 가장 작은 소리

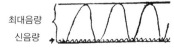

가 25데시벨로 재생할 수 있었다고 합니다. 그리고 110데시벨이란 비행기의 폭음 정도이니, 큰 북의 가장 큰 소리를 충분히 낼 수 있다고 합니다. 그리고 25데시벨이란 제가 지금 말하지 않고 있을 때의 조용함이 35데시벨 정도이니 이보다 더 조용합니다. 매우 조용한 곡으로 모두 숨죽여 듣고 있을 때 겨우 들을 수 있을 정도의 소리입니다. 이 범위의 음량을 낼 수 있었다는 이것이 현재 토키의 최고기술입니다.

그리고 이것은 언제였는지 잊었는데, 냄새를 덧붙이는 영화가 독일 기사(技師)에 의해 스위스에서 발표됐다는 것을 신문에서 봤는데, 어떤 것인지는 모르겠지만 이것은 매우 간단히 가능한 일이라고 생각합니다.

이것은 소리의 입체인데, 이번에는 그림 쪽 입체로 〈날아오르는 영화(飛び出す映畵)〉[263]를 전에 데이게키에서 상영했습니다. 최근에는 리켄의 〈공중사진측량(空中寫眞測量)〉[264]이라는 영화가 있습니다. 이것 등은 적과 청의 안경을 눈에 끼고 보는 영화로 공중사진측량으로 산을 보고 그 산이 입체적으로 보이도록 사진을 찍었습니다. 이것이 일본에서 만들어진 입체영화의 시작이라고 생각합니다.

미국에서 최근에 주목 받고 있는 것은 천연색 입체영화입니다. 천연색 입체영화를 상영하기 위해서는 어떻게 하면 좋을지를 말씀드리면 이것은 편광필름이라는 것을 사용합니다.

263) 〈Audioscopiks〉(Metro-Goldwyn-Mayer, Jacob Leventhal · John Norling, 1935)
264) 〈공중사진측량(空中写真測量)〉(영화배급사, 육군성 보도부 후원, 리켄과학영화사 제작, 다케다 미치하루[武田通治] 감수, 이리에 마사루[入江勝] 연출, 1942)

이 편광필름이란 상품광고를 하는 것 같지만 이스트만에서 폴라로이드라는 것을 만들었습니다. 일본에서는 미쓰비시 전기에서 다이크롬이라는 것이 나왔습니다. 편광필름은 사진의 스크린에도 사용하고 있는데 이는 촬영기사의 기능심사 시험문제에 한 번 나온 적이 있습니다.

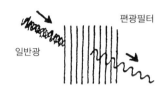

여러분이 창문을 향해 책상을 보시면 책상이 반사되어 반짝이는데 이를 보면 그 반사가 전부 사라집니다. 또 예를 들면 연못 속에 잉어가 헤엄치고 있고, 연못 표면반사로 속을 볼 수 없을 때, 폴라로이드를 걸면 속을 잘 볼 수 있습니다. 이것은 어떤 이유인가 하면 빛의 파도, 즉 횡파라는 것을 들으셨으리라 생각합니다. 횡파는 파동이 우주 간의 어떤 확대된 곳을 움직이는 것을 말합니다. 면은 여러 방향이 있습니다. 그 움직이는 면을 이 방향에만 한정하면 그 빛은 이런 식으로만 나옵니다[그림 참조]. 한정하기 전까지는 여러 파동이 있었지만 그것이 통일되어 이런 파동만 나오게 되는 이것을 편광이라고 합니다.

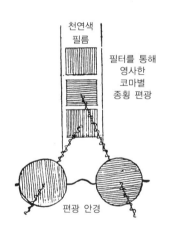

편광이 되면 지금의 표면반사의 한 부분이 없어집니다. 표면반사가 된 것도 편광성을 지니고 있습니다. 그러므로 편광필터를 걸어 편광하는 것을 차단하면, 연못 표면에서 반사되는 빛이 보이지 않게 되는데 이를 입체영화에 사용할 때에는 한쪽 눈에 이런[그림 참조] 필터를 쓰고, 그리고 다른 한쪽 눈에 다른 필터[그림 참조]를 씁니다. 그렇게 되면 이쪽에서는 옆으로 들어오는 빛을 차단할 수 있게 되고 이쪽에서는 앞에서 오는 파동을 차단할 수 있습니다.

이는 어떤 색의 빛이어도 좋은데, 한쪽을 차단하고 한쪽을 차단하지 않는 장치가 만들어집니다. 이를 위해서 오른쪽과 왼쪽에서 천연색 입체영화가 만들어지는 셈입니다. 이는 영사기 앞의 셔터 구멍에 하나씩 이것과 이것을 바꾸면서 내보내는 식으로 걸어나갑니다. 그리고 관객이 역시 이것과 맞춰서 안경을 씁니다. 그런 장치로 천연색 입체영화가 보이는 것입니다. 이것이 현재의 천연색 영화입니다.

그리고 또 하나 러시아에서 안경을 쓰지 않는 입체영화가 나왔다고 하는데 이것은 저는 잘 모르겠습니다. 다만 매우 가는 구리선을 많이 모아서 영사막이 생겼습니다. 스크린에 비단으로 된 하얀 천을 두 장 겹쳐놓으면 파동이 생기는데 그 파동 같은 현상에 의해 입체를 만든다고 합니다. 단, 그 스크린이 구리선으로 만들어진 관계로 무게가 6톤이나 한다고 합니다.

니혼극장

데이코쿠극장

히비야영화극장

요철형
벽면

원형
골격

이상 지금의 새로운 토키를 영사기 혹은 재현하기 위해 필요한 여러 기술의 범위를 대체적으로 말씀드렸습니다. 그런데 그중 빛 쪽에서 지금 가장 좋은 영사라는 것이 있는데, 이것이 무엇인가 하면 영사막이 밝아지거나 어두워지는 장면에 따라 바뀌는데 그때 일본에서는 새까만 벨벳 천[265]을 사용하고 있습니다. 이것이 이 밝기의 평균치와 비례하여 조금 변화하는 쪽이 좋다는 것이 미국의 심리 계통의 위원회에서 발표됐습니다. 이 주위를 이들 빛에 호응하여 변화를 주듯이 조명을 주는, 단 이 조명이 관객들 눈에 직접 닿으면 안 된다고 적혀 있습니다. 이는 장치가 많이 어려워서 장치에 대해서는 여러 논의가 있다고 합니다. 단지 어둡게 하는 것 이외에 이런 연구가 있다는 것만은 말씀드리고 싶습니다.

이번에는 소리 쪽인데 소리 쪽은 꽤 복잡하여 우선 형태를 말씀드리면 이것은 평면도인데 [1]은 니치게키의 형태입니다. [2]는 데이게키 등의 형태입니다. 그리고 [3]과 같은 원형 골격을 지니고 있는 히비야영화, 유라쿠자 같은 형태, 이 설계자는 사토 다케오(佐藤武夫)라는 와세다의 건축 선생님인데, 이렇게 시어보니 소리가 매우 좋아 일본영화계에서 건축 관계 사람이 이런 것을 나중에 스스로 연구하여 도면 위에서 지었다고 합니다.

사토 씨는 이것은 음향에 가장 나쁜 극장이니 어떻게든 해야 한다고 하여 여러 가지 생각하고 고민한 끝에 이런 건물을 지었다고 하는데 이것은 이상적인 형태와는 훨씬 동떨어진 것이었다고 고백했습니다. 그런데 이것이 좋았기 때문에 일본에서는 이 형태가 많이 유행하게 됐습니다. 사토 씨는 가능한 한 피해왔다고 하는데 현재 나쁜 형태라고 해도 연구에 따라 일본 제일의 음향이 ▶49쪽 나오는 시설이 음향적으로 만들어졌다는 것을 이것으로 설명할 수 있습니다. 이것은 형태가 나쁘다든가 소리가 좋지 않다든가 하는 것으로 비관하지 않아도 되는 매우 좋은 예가 아닐까 싶습니다. 단, 제일 좋은 이상적 형태가 무엇인가 하면 이런 것에서 훨씬 동떨어진 것을 사토 씨는 말하고 있습니다.

그리고 이번에는 천장의 형태인데, 도호 계통의 영화관에서는 한가운데에 홈을 파고 양 끝에 공기가 빠지는 곳을 만들었습니다. 최고부에는 천장으로 공기가 빠질 수 있게 되어 있습

265) Veludo.

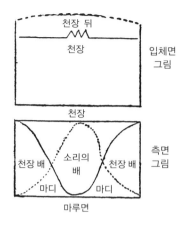

니다[그림 참조].

이것은 [그림 2] 측면 그림 무대 쪽을 들여다본 형태입니다. 벽 쪽과 한가운데에서 매우 큰 소리가 납니다. 그리고 또 앞뒤 쪽에서도 이것이 일어나고 있으며, 위에서 보면 한가운데의 변과 뒤의 변에 펑펑하는 매우 낮은 소리가 증대하는 경우가 있습니다. 여기가 소리의 공명점입니다. 이런 경우에는 어떻게 하면 좋은가 하면 우선 뒤의 천장을 열고 구멍을 크게 하여 여기를 통해 소리를 흘려보내야 합니다. 여기에 아까 말한 구멍이 뚫려 있는 스크린을 걸면, 그 스크린은 소리를 꽤 잘 흡수하기 때문에 이것으로 이 소리가 잠시 멈추는 경우도 있다고 하지만, 아무튼 이는 매우 잘 소리를 흡수하는 게 아니면 좋지 않습니다.

가장 앞자리에서는 극단적으로 소리가 커야 하는데, 어느 정도인가 하면 80데시벨 정도가 좋으며 마지막 자리에서는 65데시벨은 필요하고 토키의 경우에는 70데시벨 정도 필요하다고 생각합니다. 그러면 제일 앞과 제일 뒤가 10데시벨이나 15데시벨 정도의 작은 차이가 생깁니다. 극장 안에서는 될 수 있는 한 소리를 같은 음량으로 한꺼번에 내는 게 좋고 이것이 이상적이라고 합니다.

같은 소리의 음량을 내기 위해서는 소리를 조금 흘려보내지 않으면 똑같이 되지만, 소리를 흘려보내지 않으면 이번에는 공명현상을 일으켜 펑펑하는 소리가 납니다. 그래서 소리를 조금씩 흘려보내면서 될 수 있는 한 각각의 음량을 내리지 않는다는 것이 음향설계의 요점입니다.

앞과 뒤의 차이를 적게 해야 한다는 것은, 야외영사가 그 예입니다. 이것은 앞에서 뒤로 갈수록 소리가 점점 작아지므로 매우 듣기 힘듭니다.

여기에서 음향학 이야기를 조금 하겠는데 우선 첫째 소리의 대소, 강약, 고저, 이 세 가지의 차이를 조금 말씀드리겠습니다.

소리의 고저란 진동수의 많고 적음입니다. 진동수가 많은 것이 높은 소리이고 진동수가 작은 것이 낮은 소리입니다. 목소리를 작게 한다든가 목소리를 높게 한다는 것은 음향녹음 시에는 절대로 말해서는 안 된다는 것을 부탁드립니다. 음향조절기를 움직일 때에는 소리를 높이라든가 혹은 소리를 조금 더 낮추라는 것을 사용하지 않았으면 합니다. 음향학에서는 소리의 강약이 지금의 음향조절기와 관련한 것입니다.

경시청에서 고음취체령이 나왔는데, 이 말은 음향학과 반대되는 것이어서 좋지 않습니다. 고음은 진동수가 많은 소리이니 예를 들면 천 사이클, 2천 사이클, 1만 사이클의 음은 진동수가 많은 다시 말하자면 높은 음입니다. 저음이라는 것은 2백 사이클, 1백 사이클의 소리, 그래서 고음 취체는 의미가 전혀 없어지고 높은 음을 취체한다는 것입니다. 물리학 쪽에서는 그것은 강약이라고 하고, 귀에 들릴 크기 쪽을 대소(大小)라고 하며 그렇게 구분하고 있습니다.

이 세 가지가 아무래도 필요합니다. 귀의 특성은 예를 들어 음량이 강한 60데시벨의 소리를 귀로 듣는데, 귀에는 여러 가지 특성이 있어서 이 특성의 커브를 합한 것이 크고 작음을 나타낸다는 식으로 생각해주셨으면 합니다. 물리적·전기적으로 말할 때에는 강약과 크고 적음 사이에는 귀의 특성을 통해 생각해주셨으면 합니다. 높고 낮은 것은 진동수 하고만 관련이 있습니다.

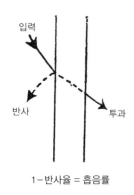

입력

반사   투과

1-반사율 = 흡음률

이것이 첫 번째, 그리고 두 번째의 문제는 소리의 흡수, 흡음입니다. 흡음률이라는 것이 있는데, 벽이 있으면 이 벽에 소리가 반사돼서 한쪽 방향으로 나오는데, 그 반사율을 뺀 것이 흡음률, 벽에 소리가 부딪혔을 때 하나는 반사합니다. 이 소리는 안으로 들어갑니다. 이는 투과하는 소리입니다. 나오게 되면 이것이 투과하는 소리입니다. 1 마이너스 반사율이라고 하니 흡음률이라는 숫자로 나타낼 수 있는 것은 투과해 나오는 소리와 그리고 이 속에 실제로 흡수되는 소리, 이 두 가지를 포함하고 있습니다. 이 때문에 예를 들면 방음 텍스[266]라는 것이 있습니다. 이것은 흡음률은 비교적 크지만 투과하는 것이 매우 크고, 그 때문에 외부 소리가 들어와서 어쩔 수 없을 정도로 시끄러운데, 이것을 피해야 해서 방음 텍스를 치는 것은 큰 실수입니다. 왜냐하면 소리 투과율이 커서 방음 텍스를 쳐도 외부 소리는 남김없이 들어옵니다.

이 외부 소리가 안 들어오게 차단하기에는 차음치(遮音値)라는 것이 있습니다. 차음치도 역시 데시벨로 나타냅니다. 예를 들면 창문 등을 하나 닫으면 소리가 10데시벨이 작아집니다. 2장을 닫으면 20데시벨이 작아집니다. 콘크리트와 벽돌 벽은 소리를 매우 잘 차단합니다. 30데시벨에서 두꺼운 것은 60데시벨까지 내려갑니다. 외부 전차 소리가 보통 장소에서 80이고 교차점에서는 90데시벨, 그런데 영화관 안에는 어느 정도까지 해야 하는가 하면 30데시벨 정

266) 방음텍스는 방음용으로 천장에 붙였던 펄프 압착 널빤지다. 1장에 30센티미터 정도의 크기로 서양식 주택의 천장, 특히 영화관에 많이 사용됐다. 가연성 물질이 포함되어 있어 최근에는 사용되지 않는다.

도로 하면 작아지는데 일본의 토키에서는 이것으로 좋습니다. 그러면 80 마이너스 30으로 차이가 50이 됩니다. 그것으로 벽 두께라는 것은 어쨌든 50데시벨을 밑도는 것이 필요합니다.

이 차음치는 매우 좋은 조건에는 이런 벽의 단위 면적 무게의 제곱근으로 나타냅니다. 그러므로 재료에 상관없이 무게가 무거운 것을 사용하면 소리는 차단할 수 있다는 식으로 생각하면 가장 간단합니다. 그만큼 뭐라도 도움이 됩니다. 흡음률로는 차음치는 절대로 생각할 수 없다는 것을 주의해주셨으면 합니다.

방 안에서 사용하는 것은 지금의 흡음률이 큰 것을 뒤 쪽에, 흡음률이 작은 것을 앞쪽에 둡니다. 대리석을 깎은 것 등은 매우 잘 반사해서 거의 99% 반사합니다. 그러니 흡음률은 1% 정도가 됩니다. 콘크리트가 1.5 정도, 가장 잘 소리를 흡수하는 것은 무엇인가 하면 사운드 스크린은 소리를 8할 투과합니다. 좋은 것은 9할의 소리를 투과합니다. 그러면 흡음률은 80 또는 90이 됩니다. 이는 투과하는 것은 고려하지 않으니 흡음률로서는 매우 좋다고 할 수 있습니다.

마지막으로 영사기계를 만든 사람들로부터 들은 예전 이야기를 잠깐 말씀드리겠습니다. 영사기계가 토키로 되어 정밀해졌는데 정밀한 기계는 기름을 칠하지 않아도 좋다고 생각한 사람들이 있었다고 합니다. 기계가 정밀해졌다는 것은 기름도 아무것도 필요 없는 것이라고 생각한 사람들이 있었던 것 같습니다. 그래서 기름을 전혀 칠하지 않은 채 사용하여 금방 ▶50쪽 태워버렸다는 이야기를 듣습니다. 이런 것은 매우 보기 드문 사례인데, 어떤 기계가 정밀해졌다는 것은 예를 들면 여기에 축이 있는 부분이 덜 헐거워지는 것이 정밀해졌다는 것입니다. 이 사이에 기름이 들어가는데 정밀해졌다는 것은 기름 양이 적어졌다는 것과 같습니다. 그래서 기름을 많이 칠하지 않고 자주 기름을 조금씩 칠하는 것이 정밀 기계에 가장 필요하다는 것입니다. 이것이 기계 사용방법 문제의 하나입니다.

그리고 이것은 필름을 상하게 했을 때 영향이 있는 문제인데, 지금은 필름을 보내기 위해서는 스프로켓을 사용합니다. 이 스프로켓을 제작하는 것은 꽤 정확함을 필요로 합니다. 앞에서 이야기한 기계병기의 정밀함과 가장 처음에 말씀드린 토키의 소리가 떨리는 문제가 있었는데, 여기에서 가장 큰 것은 이 스프로켓의 부정확함, 그리고 이 스프로켓을 감는 방법의 부정확함입니다. 이 시험을 위해서는 이것의 편심오차라는 것을 계산해야 한다고 합니다. 그림 쪽에서는 100분의 1밀리 정도까지 괜찮다고 합니다. 그래서 지금의 정밀기계 중에서도 꽤 정밀한 부문에 속합니다.

거친 면으로
높아져 있다.

이 제작도 더욱더 개량해야 하는데, 지금까지는 실은 개량하지 않은 채 방임돼왔다는 것을 알게 됐습니다. 이처럼 개량되지 않았던 원인 중 하나에는 주문자의 생각이 포함되어 있습니다. 이 사슬을 옆에서 보면 매우 정밀하게 만들어져 있습니다. 미국 것은 톱니의 안쪽이 바깥보다 조금 작게 깎여 있는데 이것이 매우 정확한 규격이어서 표준규격으로 정해져 있습니다. 그런데 일본에서 톱니와 톱니 사이가 높습니다. 매우 잘 깎여 있는데 톱니와 톱니 사이가 거칠거칠합니다. 가장 좋지 않은 것은 이 사이가 높다는 점입니다.

아무리 정밀하게 만들어져도 이 사이가 높아서, 필름을 내보낼 때 여기에서 보내는데, 이런 상태는 아주 안 좋으니 여기는 꼭 깎아달라고 했더니, 깎으면 스프로켓 제작에 수고가 더 많이 들어가 가격이 비싸지는데, 깎은 것이 하나에 30원 단위이고 깎지 않은 것은 하나에 17원 정도의 정가이며, 깎지 않으면 들어가는 수고가 많이 달라진다고 합니다. 그래서 여기에서 필름을 걸면 필름에는 퍼포레이션[267]이 있어 잡아당기게 되는데, 톱니에 걸어서 잡아당기게 된다, 그러면 여기에 힘이 들어가게 되는데 거친 부분이 필름을 가장 상하게 하니, 제일 잘 걸리는 곳에 거친 부분이 있어 안 좋은 것이라고 말했더니, 이 거친 부분이 없어졌다면 여러 손님께서 사용한 오래된 스프로켓일 거라고 합니다. 그러나 거친 부분이 있으면 이는 사용한 적이 없는 스프로켓이라고 하며 사간다고 들었다고 합니다. 그래서 손님들이 사이가 높은 쪽을 희망하니 자신들은 수고를 덜 들이고 손님들은 기뻐하니, 이런 좋은 일은 다시없어 이 사이를 높게 한다고 어디에 가도 만드는 쪽에서 말을 합니다. 그래서 많이 곤란한데 여기를 높게 하는 스프로켓은 필름을 많이 상하게 합니다. 지금 일본의 필름이 많이 상하는 원인의 대다수가 여기에 있는 것 같습니다.

기계적으로 계산하면 여기가 찢어졌다든가 상하는 원인은 숫자로 금방 나옵니다. 매우 큰 숫자가 되리라고 생각합니다. 이를 바로 증명할 수 있는 문제가 있습니다. 그것은 지금 어떻게 해도 깎는 것을 기뻐하지 않는 측에 있고 이것이 아무래도 좋지 않은 상황을 만드는 첫 번째 문제입니다.

이번에 여러분의 스프로켓을 측정해봤지만 미국의 규격, 독일의 규격 등과 비교하면 일본의 것은 매우 좋지 않습니다. 마지막으로 여러분이 이런 점을 이해하셔서 영화기계가 좋아지는 분위기를 만들어줬으면 좋겠다는 것을 사족이지만 한 가지 덧붙여 부탁드리는 바입니다.

---

267) Perforation.

1943년 2월 11일 | 제72호 | 28~33쪽

국민오락과 영화
[영화배급사 직원양성소 강연록]

곤다 야스노스케(權田保之助)

오락에 대한 일반적 개념을 이야기해보겠습니다.

대동아전쟁의 성격

대동아전쟁이 발발한 이후 국민생활은 그 이전과 비교하면 매우 놀랄 만한 변화입니다. 다시 말하자면 대동아전쟁이 국민생활에 요청하고 있는 부분은 매우 큰 것입니다. 이를 조금 자세히 생각해보면 첫 번째 대동아전쟁의 성격은 지금까지의 전쟁과는 다른 특별한 성격을 지니고 있습니다.

다시 말하자면 대동아전쟁의 성격의 하나는 근대전이라는 것입니다. 근대전이란 그 특색을 세 가지만 생각할 수 있는데, 그 하나는 대군대의 작전이며 대군대가 작전을 하기 위해서는 그런 대규모의 ― 지금까지는 꿈에서도 생각하지 못했던 것 같은 큰 규모의 전쟁을 할 만큼의 군수품을 조달해두어야 합니다. 즉, 대군대를 움직이기 위해서는 그 군대의 질이 우수할 필요가 있고 양이 충분할 필요가 있으며 또 전쟁을 할 수 있는 장소의 풍부한 군수품이 필요하며 충분한 양식을 필요로 하는 것입니다. ●

또한 근대전의 두 번째 특색은 무엇인가 하면 과학전이라는 것입니다. 그를 위해서 모든 국민들 사이에 과학적인 사상, 과학적인 지식이 필요합니다. 이 점에서 특히 최근에 과학이 왕성하게 제창되고 있는 것입니다. 문부성에서도 이미 전문학무국 안에 과학과를 설치하여, 우리 나라의 자연과학 관련 권위자들이 빠짐없이 동원되어 과학지식을 함양하기 위해 크게 활약하고 있다는 것은 이미 알려진 바이며, 여러분이 관련하고 있는 영화에서도 문부성이 인정한 250미터 이상의 문화영화를 1편 추가해야 흥행할 수 있다고 영화법에서 규정되어 있습니다. 그런데 이 문화영화는 대부분이 과학영화인 것입니다. 다시 말하자면, 영화를 통해서 국민 전반에 과학지식 함양, 과학이라는 것에 대해 흥미를 가지게 한다는 큰 역할을 담당하고 있는 것입니다. 이것 역시 근대전을 싸우기 위해 필요한 것입니다. ●

세 번째 특색은 경제전이라는 것입니다. 제1차 세계대전에서 독일이 전쟁에서 이겨 한 줌의 토지에조차 외국병사들이 발을 들일 수 없었음에도 불구하고 오히려 저런 비참한 패전을 초래한 것은 하나는 국내의 사상적 혼란에 있었는데, 그 사상전에서 진 여러 원인은 경제적 파멸에 있습니다. 근대전은 아무래도 경제전입니다. 이 경제전을 끝까지 이기기 위해서는 될 수 있는 한 물자를 만들어내야 합니다. 외국에 의존하는 것을 버리고 자국에서 만듭니다. 경제의 자급자족을 위해 아무래도 생산능률을 올려야 합니다. 다시 말하자면, 노동능률을 최고로 올리고 노동력을 유지하며 이를 배양해나가며, 농업이나 공업 방면에서도 될 수 있는 한 증산을 합니다. 이런 것에 의존하여 될 수 있는 한 많은 군수에 대응함과 동시에 또 일반 국민의 수요에 대해서도 조금도 우려하지 않게 하는 것이 필요합니다. 이런 식으로 증산계획, 생산능률의 증진이 왕성하게 제창되어, 경제전에서 플러스 방면, 흑자 방면을 점점 증대해나가려고 노력합니다. 이와 동시에 한편에서 물자를 사용하는 소비 방면에서는, 다시 말하자면 경제의 마이너스 방면, 적자 방면의 요소를 될 수 있는 한 줄여가면서, 고도의 국방국가 체제를 충분히 유지하기 위해 플러스 쪽을 될 수 있는 한 많게 함과 동시에 마이너스 쪽을 될 수 있는 한 줄여나가야 합니다. 그것이 경제전인 근대전이 국민생활에 대해 제기하는 요구입니다. 이렇게 대군대 작전, 과학전, 경제전이라는 세 특색을 지닌 근대전이 이 대동아전쟁의 첫 번째 성격입니다. ●

　　두 번째 성격으로는 장기전이라는 것입니다. 대동아전쟁의 지나사변과는 다른 제3의 성격은 건설전이라는 것입니다. 건설전에 의해 대동아전쟁의 성격이 현저하게 나타나고 있습니다. 근대적인 싸움을 장기에 걸쳐 계속함과 동시에, 한편에서는 창조 건설을 행해나간다는 부분에 대동아전쟁의 큰 성격이 있는 것입니다. 결국 12월 8일 이전과는 다른 상태에 우리가 처해 있다는 것은, 즉 일본 국민이 10억 대동아공영권의 민족의 지도자인 지위에 놓여 있다는 것입니다. 10억 대동아공영권의 민족의 지도자이며 그 선달(先達)이 되는 위치에 놓이고 만 것입니다. 세계사적 입장에서 일본 국민의 위치가 높아진 것입니다. 이것이 대동아전쟁하에 있는 우리 국민의 생활에 가장 다른 의의를 부여하고 있으며, 또한 다른 요구, 위대한 요구를 불러들이게 하고 있습니다. 다시 말하자면 장기에 걸친 근대전을 싸우는 한편, 창조 건설의 행위를 늠름하게 해나가며, 게다가 대동아 10억 민중의 지도적 지위를 유지하여 대동아의 찬란한 여명을 가져온다는 커다란 사명, 커다란 임무가 일본 국민에게 주어진 것입니다.

전쟁과 국민생활

　　이를 위해서는 우선 근로 부분의 능률을 증진시키고 증대시키는 것이 무엇보다 필요합니다. 이와 동시에 국민의 생산력, 국민의 노동력, 근로의 힘이라는 것을 언제까지나 유지하고 배양하여 이를 키우고 길러나가야 합니다. 게다가 이를 위해서는 국민의 총친화, 국민 전체가 명랑하고 유쾌하며 웃으며 친화하고 서로 편안하게 지내는 것이 필요합니다. 또 하나는 국민문화를 앙양해야 합니다. 이런 ▶28쪽 것이 서로 어울려서 능률 효율을 높이고 노동력을 유지 배양합니다. 그렇게 해서 이 대동아전쟁을 끝까지 싸울 수 있습니다. 그런데 국민문화의 수준을 높이기 위해서는 우선 과학적 지식이 국민 전반에 퍼져 있어야 합니다. 또한 국민생활이 강인하고 합리적으로 돼야 합니다. 국민생활이 합리적이고 강한 것임과 동시에 더 나아가서는 일본 국민이 지도적 지위에 서 있어야 합니다. 지금까지의 일본 국민만의 생활을 해온 것에서 더 나아가 대동아 10억 민족의 지도자가 되는 선달이 된다는 지위로 높여야 한다는 데 따라 국민문화의 수준을 높여나간다는 생활의 각오까지 높여나가는 것이 필요합니다. 이런 식으로 돼가면 우선 물질적으로 말씀드리자면, 노동력을 증대시키고 능률을 증대하고 노동력을 유지 배양한다는 것, 다음으로 정신적으로 말하자면 국민 전체가 편안하게 서로 이어져 국민 총친화를 가져옴과 동시에, 더 나아가서는 국민문화 수준을 높입니다. 이런 물질적 방면과 정신적 방면이 서로 어울려 여기에서 비로소 대동아전쟁이 요청하는 국민생활의 태도가 생기게 되는 것입니다.

여기에서 한발 물러서서 생각해보면, 지금 말씀드린 것 같은 것을 하기 위해서는 매우 좋지 않은 조건이 오늘날 국민생활 사이에 퍼져 있다는 점에 주의해야 합니다. 이렇게 말하는 것은 무엇보다 노동생활이 격해지고 있고, 노동이 강화되어 일하는 시간이 훨씬 길어졌고 쉴 수 있는 시간을 가능한 한 줄이고 있습니다. 국민의 생활 면에서 소모가 매우 많은 것입니다. 한편으로는 일하는 방면에서 그로부터 오는 부분의 피로가 매우 증가하는, 다시 말하자면 생활 쪽의 마이너스 부분이 매우 많아지고 있습니다. 그러나 국민이 일을 많이 해서 피곤해지고 그 피로를 풀기 위한 소비생활이 충분하지 않기 때문에, 혹은 계속 줄을 서거나 배급표제가 되거나 암시장이 형성되거나 하는 매우 곤란한 상태입니다. 이런 식으로 소비생활이 통제규정이 이루어진 후 아무래도 충분하지 않은 경향이 있기 때문에 일한 후의 피곤함에서 오는 부분의 마이너스를 보완해나가는 부분이 매우 불충분합니다. 여기에서 생활 쪽에서는 점점 소모가 많아지고 마이너스 요소가 많아지고, 적자가 점점 늘어나고 있습니다. 그렇게 되면 국민 전반이라고는 하지 않겠지만, 일부 국민들은 아무래도 규율이 서지 않는 생활을 하게 됩니다. 노동에 따른 돈이 이전보다 많이 들어오고 이를 사용하려고 해도 규칙적으로 사용하는 것이 꽤 불편합니다. 그리고 주어진 돈을 사용할 여가시간도 적습니다. 휴일도 적습니다. 돈은 있지만 시간은 짧습니다. 게다가 보통 천천히 음미하려고 해도 좀처럼 그것을 음미할 시간과 여유가 없습니다. 주어진 매우 적은 휴식을 건전하게 올바른 규율로 사용하기 힘들어집니다. ●

이렇게 되면 국민 전반이라고는 하지 않겠지만 국민의 어느 방면은 사려가 깊지 않고 특히 젊은 일꾼들, 근로 청소년들의 생활 속에는 규율이 서지 않는 생활이 들어가기 쉽습니다. 그리고 일반 국민생활 속에도 규율이 서지 않는 생활이 들어가기 쉽습니다. 이런 위험이 매우 많아지고 있는 것입니다. 그래서 생활이 점점 불합리해지고 또 불건전해지며 더 나아가서는 점점 부도덕한 생활에까지도 전락하는 것 같은 위험이 있습니다. 결국에는 퇴폐적 기분이 일어나고 국민생활 중에 바람직하지 않은 부도덕한 경향이 숨어 있다는 것을 우리는 많이 두려워하고 있습니다. 이런 식으로 국민에게 요청되는 부분의 큰 임무가 있음에도 불구하고 한발 물러서서 생각하면 이를 방해하고 여기에 매우 좋지 않은 조건이 나옵니다. 이것은 국민의 각오가 나쁘다는 것이 아니라 어떤 점에서 말하자면 당연한 기세로서 이런 경향에 빠지기 쉽습니다. 앞에서 이야기한 것처럼 많이 일해야 합니다. 그리고 그 노동이 초래하는 피로를 푸는 부분의 소비향락생활은 그 내용에서 말하더라도 시간에서 말하더라도 매우 궁핍한 상황입니다. 여기에 생활의 균형이 무너집니다. 그 생활의 균형이 무너져서 왜곡될 때 이를 올바르고 씩씩하고 늠름하게 인내하는 국민이라는 것이 바람직한데, 이 중에는 젊고 사고가 깊지 않은 국민이면 생활의 균형이 잡히지 않기 때문에 결국 탈선하게 됩니다. 이는 두려운 상태인데 이를 만약 그대로 방치해두면 대동아전쟁의 요청에는 도저히 끝까지 응할 수 없게 됩니다. 그래서 아무래도 여기에 국민생활 속의 오락이라는 것을 생각해야 하는 것입니다.

오락의 가치

생산생활과 소비생활, 일하는 생활과 즐기는 생활 사이의 플러스와 마이너스의 조화가 매우 좋지 않은 부분을 원활하게 잘 조사하기 위한 필요에서 말하자면, 국민생활을 원활하게 운전시킬 수 있는 하나의 훌륭한 윤활유로서 우리는 아무래도 여기에 오락을 생각해야 하며, 아무래도 오락이라는 문제에 부딪혀야 합니다. 이런 의미에서 말하면 대동아전쟁이 일어난 후에 오락이라는 문제가 한층 더 커졌습니다. 지나사변 발발 초기에 오락을 국민 일반 및 지도자 쪽에서도 그다지 중요시하지 않았는데, 지나사변이 끝날 무렵이 되자 오락이 매우 중요하다는 것이 제창됐습니다. 도조(東條) 씨가 육군대신으로 계실 때 건전오락이 필요하다고 한 것을 제창해서 항간에 매우 큰 시사점을 주었으며 주의를 환기시켰습니다. 대동아전쟁이 일어나자 이 생각은 한층 더 나아가 오락이 필요한 것, 말하자면 오락에 적극적인 성격이 있다는 것을 조금씩 인정하게 됐습니다.

그러면 오락이란 모두 좋은 것인가 하면 오락에는 선악의 두 가지 면이 있다는 것에 주의해야 합니다. 저는 이를 오락의 양면성이라고 부릅니다. 잘 사용하고 생활 속에 잘 흡수된 오락은 국민생활상에 다른 것과는 비교할 수 없을 정도의 효과가 있습니다. 훌륭한 오락이 국민생활상에 잘 섭취되면 근로생활, 노동생활에서 오는 부분의 소모를 제거할 수 있습니다. 매우 피곤한 뒤의 유쾌한 영화감상이 어느 정도는 정신적으로 훌륭한 정양제로서 훌륭한 강장제로서 국민정신상에서 역할을 수행하는지, 이는 말할 필요도 없는 부분입니다. 그러나 오락은 그것뿐만 아니라 오락의 좋은 효과로서는 생활의 순서를 정비해주는 역할을 가지고 있습니다. 생활을 개괄해서 나눠보면 대체로 두 가지가 됩니다. 하나는 일하는 생활, 하나는 즐기는 생활입니다. 일하는 쪽의 생활이라는 것은 대체로 외부에서 규정하고 있습니다. 몇 시부터 몇 시까지 일하고 몇 시에 휴식을 한다는 식으로 근로생활은 확실하게 순서가 정해져 있습니다. 그렇지만 즐기는 생활, 여가생활은, 이것은 각각 자유롭게 이를 구성할 수 있습니다. 저는 이를 여가의 구성이라고 하고 있는데 여가를 구성해나가는 것을 각자의 자유에 맡기고 있습니다. 이 여가의 구성을 터무니없이 변변치 않게 사용하거나, 혹은 변변치 않게 사용하는 것은 아니더라도 비능률적으로 지내버리고 있다면 여가생활 그 자체가 의미가 없으며 흐트러질 뿐만 아니라, 노동생산의 생활 방면에까지도 침식하여 그 생활을 어지럽히게 됩니다. 그러나 여가생활을 잘 구성하고 순서를 잘 정하면 생활 전체 질서가 잘 잡히고, 조화가 이루어져 국민들 사이에 매우 조용하고 온화한 마음가짐이 생깁니다. 좋은 여가생활을 즐기는 사람은 실제로 정돈된 ▶29쪽 생활을 하고 있습니다. 이에 반해서 이를 변변치 않게 보내고 있는 사람의 생활을 보면 그 근로생활, 생산생활까지 어수선하여, 바꿔 말하자면 생활 전체의 균형이 흐트러져 있습니다. 이런 생각에서 여가생활은 매우 중요합니다.

오락의 양면성
　더 나아가 또 하나 잘 받아들여지고 잘 사용되며 잘 섭취되는 오락이 인간생활 속에 있어서 잊을 수 없는 효과가 있습니다. 다시 말하자면, 오락이 인간생활에 대해 지니는 세 번째 효용으로, 이것은 그 사람의 생활 내용을 풍부하게 한다는 것입니다, 좋은 오락을 잘 적절하게 음미함으로써 그 사람의 생활 내용이 풍부해지고 적극적으로 됩니다. 단지 피곤을 푸는 것뿐만 아니라 또 생활을 규칙적으로 행할 뿐만 아니라, 한발 더 나아가 적극적으로 그 생활내용을 점점 증대해나갑니다. 바꿔 말하자면 그 사람의 문화적인 내용을 증대할 수 있다는 부분에 오락의 훌륭한 면이 있습니다. 이것 등은 오락의 좋은 면인데, 이에 반해 잘못 사용되는 오락의 폐해란 매우 큰 것입니다. 잘못된, 상황에 맞지 않는, 터무니없는, 오락의 악용, 이 해악에 대해서는 특히 말할 필요가 없을 정도로 매우 감미로운 마비적인 작용을 지니는 것으로, 이는 실로 아편의 해악과도 견줄 수 있습니다. 이렇게 오용되고 악용된 오락이 굳이 말하자면 잘 사용되고 잘 조화를 이루는 부분의 오락보다 오히려 더 많이 사람들이 받아들이기 마련이며 그동안 잘못된 방향으로 기울어버리기 마련입니다. 그리고 잘못 사용된 오락이라는 것의 화를 당하는 경우가 아직 많습니다. 특히 앞에서 말한 사고가 천박하거나 또 생활경험이 깊지 않은 근로 청소년에 대해서는 아무래도 오락이 악용되고, 잘못 받아들여질 우려가 매우 많습니다. ●

이렇게 오락에는 한편에는 매우 훌륭한 면이 있음과 동시에 한편에는 곤란한 면이 있습니다. 한편에는 야차(夜叉) 같은 무서운 모습을 지니고 있습니다. 오늘날의 대동아전쟁을 훌륭하게 이겨내기 위해서 국민들이 훌륭한 생활을 하기를 원하며 그를 위해 여러 방책을 생각하고 있는데, 가장 가까이에서 가장 효과가 있는 것으로 이 오락이라는 것을 생각할 수 있는데, 이때 아무래도 오락의 양면성을 생각해야 합니다. 다시 말하자면 오락이 오늘날 어떻게해서 이렇게 잘못 이용되고 있는가를 사고해야 한다고 생각합니다. 그것은 세상 사람들, 세상의 식자들이 오락에 대해 매우 관심이 없고 오락의 중요성을 인정하고 있지 않기 때문입니다. 이런 식이니 국민을 위한 오락에 대해 신중하게 대책을 세우고 이에 대해 훌륭한 일을 한다는 것도 결국 등한시하게 되기 마련입니다. 이것이 오락을 세상의 일반인들에게 잘못 인식시키고, 국민 일부에게 오락을 잘못 파악시키는 원인 중 하나입니다. 세상의 지도자와 유식자가 이 문제를 더 철저하게 생각하고 철저하게 시책한다면 어쩌면 이런 힘든 경험은 하지 않은 채끝났을지도 모릅니다. 세상의 식자, 지도자들이 오락 문제 따위 아무래도 좋다고 생각하고 있듯이 국민 일반이 오락에 대해 그다지 신경 쓰지 않는 것은 극히 최근까지 있었던 오락에 대한 낡은 개념에 따른 것입니다.

오락의 성질

지금까지 오락이라고 하면 왠지 좋지 않은, 무사안일한, 성실하게 일하는 생활과는 관계가 없는, 일종의 특별한 취미생활을 즐기는 사람들이 하는 것이라고 생각되어 왔습니다. 성실하게 일하는 사람들이 생각할 만한 문제가 아니라고 생각돼왔습니다. 이를 나는 오락의 특권성이라고 말합니다. 다시 말하자면, 오락이란 무사안일하게 시간이 있고 돈이 있어 자유롭게마음대로 생활을 보내는 사람들만이 음미할 수 있는 것, 이런 사람들에게만 문제가 되는 것이오락이었습니다. 바쁘고 돈도 없는 사람은 오락 따위 생각할 자격이 없다는 식으로 생각돼왔습니다. 오락을 생각하는 것은 어떤 특권을 가지고 있고, 시간과 돈에 여유가 있는 사람만이오락이라는 것을 생각하고 있으며, 이런 일종의 특권을 지니는 사람들에게만 오락이라는 것이 문제가 됩니다. 실제로 오락은 일반인의 생활과 가장 관련이 있는 것인데 오히려 일반인이오락 따위 생각하는 것은 지나치다고까지 생각돼왔습니다. 이것이 오락의 특권성입니다. ●

또 하나는 오락의 소비성이라고 하는데 생산, 근로의 생활을 버리고, 소비향락 생활 면에 나타나는 것, 이것이 오락입니다. 다시 말하자면 일하는 생활, 근로하고 생산하는 생활 끝에 오락을 생각하는 것이 아니라 아무래도 소비향락 면에서 생각하는 것입니다. 한마디로 말하자면, 무사안일한 놀이의 생활에 나타나는 것이라고 생각했습니다. ●

그리고 또 하나 제3의 성질로서는 오락의 개별성, 오락이라는 것은 각각의 취미이며 취향에 따라 개개인이 음미하는 것이라는 식으로 생각됐습니다. 어떤 점에서 보면 오락을 음미하는 것은 될 수 있는 한 한 사람 한 사람, 한 사람이 아니더라도 자신과 마찬가지인 생각이나 자신과 마찬가지 취미를 가지고 있는 사람들만이 음미할 수 있는 것, 이런 식으로 생각돼왔습니다. 다시 말하자면, 오락은 개인주의적인 것이라는 식으로 생각돼왔습니다. 이것이 지금까지의 오락입니다. ●

그리고 제4의 성질로서 오락의 자유성이라는 것을 생각할 수 있습니다. 다시 말하자면 오락에는 자유로운 성질이 있습니다. 자유롭고 마음대로인 생활 속에서 오락이 만들어진다고 생각돼왔습니다. 이것이 지금까지의 오락에 대한 생각입니다. 다시 말하자면 오락은 여유가 있고 돈이 많은 특수한 특권을 가진 계급의 사람들이 일은 안 하고 무사안일하게 천천히 놀 수 있는 사람들의 생활에 나타나고, 게다가 이것이 개별 취향에 따라 음미되고 더 나아가 자유분방한 태도 사이에 완성된다는 것이 지금까지의 낡은 생각…… 아니 오늘날에도 이런 식으로 오락을 생각하는 경향이 많습니다. ●

이런 생각이 지도자, 식자들에게 화를 가져오고, 그래서 오락 문제 따위를 말하는 것은 무사안일한 생활을 보내고, 소비생활을 하는 무리들이 각기 마음대로 생활을 음미하는 그것이 오락이니, 우리가 특히 문제 삼지 않는다고 해도 각기 마음대로 맡겨두면 된다는 식으로 지도자는 그 오락을 그대로 방임했습니다. 그러나 일반 국민도 오락이란 일을 하지 않고 칩거하는 무리들이 무사안일하게 마음대로 음미하는 것이어서 자신들도 그런 경우에 처해지면 생각해보자, 지금은 자신들과는 관계가 없다는 식으로 오락에 대해 명확하지 않고 철저하지 않은 생각을 하고 있습니다. 그렇기 때문에 잘못된 헛걸음을 하게 된 것입니다.

이런 오락에 대한 낡은 생각에 의해 낡은 태도가 나오게 됐습니다. 어떻게 하는 태도인가 하면 오락을 음미하는 사람, 오락 향락자 측에서는 오락에 대한 개인주의적·자유주의적 태도가 생겼습니다. 다시 말하자면, 돈이 있고 여유가 있을 때에는 자유롭고 마음대로 음미하는 개인주의적·자유주의적 태도가 나타납니다. 또 오락을 돈벌이로 삼는 공급자·흥행자, 예술가들은 어떤 태도를 취했는가 하면 영리주의적인 자유주의, 돈을 벌기만 한다면 된다는 영리주의적 자유주의가 나타나 일반에게 널리 퍼져나간 것입니다. 그리고 오락에 대한 일반 식자,

지도자는 어떤 태도를 취했는가 하면 그런 것은 놔두면 된다는 자유방임주의를 취했습니다. 오락을 음미하는 사람들은 개인주의적 자유주의, 오락 공급자는 ▶30쪽 영리주의적 자유주의, 세상의 지도자는 방치해두면 된다는 자유방임주의를 세웠던 것입니다.

국민오락의 개념

그런데 대동아전쟁이 요구하는 부분의 국민생활의 새로운 체제는 드디어 이런 오락에 대해 이런 상태로 저회(低徊)하는 것을 허용하지 않게 됐습니다. 이 대동아전쟁이 새로운 요구를 오락 위로 초래했고, 새로운 사명을 오락 위로 가져오게 됐습니다. 이것은 어떤 것인가 하면, 지금까지의 낡은 오락 관념을 타파하고 오락에 대한 낡은 태도를 버리는 것입니다. 다시 말하자면, 하나는 오락의 특권성을 타파해야 한다는 것입니다. 오락은 어느 일부의 특권을 타파하고, 오락을 일반 국민의 생활의 중요한 사항으로 삼아야 한다는 것입니다. 오락에 대한 개인주의적 자유주의 관념을 버려야 합니다. 각기 마음대로, 각각의 취향으로 자유로운 기분으로 오락을 음미하던 방법을 버려야 합니다. 그리고 또 오락이 소비향락의 생활에 나타나는 것이라는 생각도 버려야 합니다. 그리고 또 지금까지처럼 자유방임주의를 버리고 오락에 대한 새로운 국가적·국민적 대책을 진지하게 생각해야 한다는 것이 하나의 요구로 나타났습니다. ●

이에 대해 새로운 오락이념이 나타났습니다. 어떤 것이 나타났는가 하면, 우선 전반적인 국민생활상에 오락을 구축해야 합니다. 특권계급의 생활상에 구축된 오락을 국민 전체의 생활상으로 구축한다는 생각입니다. 더 자세히 말하면, 일하는 생활, 근로생산의 생활 속에 오락이라는 씨를 뿌리고, 이를 배양하고, 전체주의적·협동주의적·통제주의적 지도하에 이를 키워나가야 합니다. 돈도 있고 여유도 있는 사람들이 자유롭고 마음대로, 각자의 취향으로 좋아하는 것을 맘껏 음미하는 것에 맡겨져 있던 관념을 버리고, 땀투성이가 된 저 근로생활상에 씨를 뿌리고 게다가 이를 자유롭고 마음대로가 아닌, 자유방임이 아닌, 국민 전체가 어깨를 나란히 하며, 팔짱을 끼고 나가는 부분의 협동주의로, 게다가 각기 나를 버리고 커다란 국민의 복지를 지향하는 부분의 통제주의적인 지도하에 오락을 생각해야 합니다. 지금까지 국민 전반적 생활에서 떨어져 특권계급의 생활만 생각해온 것을 국민 전체의 생활, 생산노동의 생활이라는 것과 굳건하게 손을 잡아야 합니다. 오락이야말로 대동아전쟁을 이기기 위한 양식을 주는 것입니다. ●

국민생활과 오락을 악수시켜 서로 껴안게 하여, 여기에서 나온 것이 국민오락이라는 것입니다. 국민오락이란 극히 새로운 생각입니다. 더 자세히 말하자면, 작년 12월 8일 이후의 대동아전쟁이 낳은 국민의식이라는 것과 그 위에 만들어진 새로운 오락이념, 이것이 국민오락입니다. 국민 전체의 노동생산의 생활 사이에 씨를 뿌리고 그렇게 해서 전체주의적·협동주의적·통제주의적인 지도하에 키우고, 국민 전체의 생활과 연결된 부분의 오락, 이것이 국민오락입니다. 국민오락이란 매우 새로운 산물이며 새로운 이념이라는 것을 알아주셨으면 좋겠습니다.

그런데 지금까지의 자유주의적·개인주의적·퇴폐적인 오락과는 다른 이 새로운 국민오락기능의 하나는 위락적(慰樂的)이라는 것입니다. 이것은 물론 필요합니다. 오락인 이상 재미있어야 합니다. 일하는 국민, 생활에 종사하는 국민, 근로에 관계하는 부분의 국민생활을 유쾌하게 하는 부분의 위락적인 것이어야 합니다. 위락적인 것에 따라 국민의 생산능률의 증대가 기대됩니다. 다시 말하자면, 노동생활에 따라 초래되는 부분의 피로를 회복시켜야 합니다. 우선 이 생활의 마이너스를 해소하기 위해 국민오락이 위락적인 요소로서 국민생활 속에 들어가야 합니다. 그러나 단지 재미있다는 것만으로는 국민오락이라는 이름에 어울리지 않습니다. ●

두 번째로서는 이것이 후생적이어야 합니다. 다시 말하자면, 소비향락 생활을 잘 조정해 나갑니다. 소비향락 생활이라는 것을 규율 없이 두지 말고, 이를 통제하고 규정하여 여기에 훌륭한 생활의 적극적인 면을 세워나가는 것이 필요합니다. 단지 피곤한 생활을 풀기 위해 오락을 위락적으로 사용한다는 것뿐만 아니라 그 사이에 규칙·질서를 줍니다. 그러면 그 사람의 생활에 새로운 후생 기분이 나오고 그래서 생산력을 유지 배양할 수 있습니다. 오늘 생긴 피로를 풀 뿐만 아니라, 더 나아가 기쁨을 통해 내일의 창조 건설을 위해 일할 힘을 키운다는 것이 필요합니다. 그를 위해서 소비향락 생활이라는 것을 잘 조정해나가고, 그래서 그것을 매우 잘 구성하여 국민의 힘을 유지해나가는 것이 필요합니다. 이것이 후생적이어야 한다는 이유입니다. ●

또 하나 국민오락에는 세 번째 역할이 있습니다. 이것은 문화적이라는 것입니다. 위락적·후생적임과 동시에 더 나아가 문화적이어야 합니다. 피곤한 몸을 쉬게 하여 내일의 노동에 대비하는 것 이상으로, 더 나아가서는 일하는 사람들의 인격을 대성(大成)시키는, 다시 말하자면 근로자의 인격의 대성, 더 나아가서는 근로문화, 국민문화를 완성시키기 위해 이 국민오락이 역할을 수행해야 합니다. 근로에 관련 있는 사람들의 문화를 완성시키는 것으로 앞에서 이야기한 국민문화의 향상, 국민문화의 수준을 높일 수 있고 이것이 드디어 대동아전쟁이 우리들 1억 국민에게 요구하고 있는 부분인 대동아의 지도자적 인격의 대성이라는 것을 기대할 수 있습니다. 이런 식으로 국민오락은 위락적인 것이 필요한데, 이뿐만 아니라 후생적이며,

나아가서는 문화적이어야 합니다. 이 세 가지 큰 기능을 국민오락이 지니고 있습니다. 따라서 국민오락은 꽤 큰 역할을 지니고 있는 것이며, 여기에는 큰 기대가 걸려 있다고 하는 것을 알 수 있습니다.

오락에 대한 생각이 이런 식으로 바뀌어왔으니, 국민오락의 범위도 많이 확대됐습니다. 지금까지의 오락이라고 하면 뒤에서 수근 대는 듯한 생각으로 장기판을 생각하거나, 극히 작은 범위에서 협소하게 돌려 표현하는 듯한 태도를 생각해왔습니다. 그러나 국민오락이 되면 매우 달라집니다. 매우 큰 천지(天地)를 생각하지 않으면 안 됩니다. 광활한 천지를 생각해야 합니다. 다시 말하자면, 건전 명랑한 즐거움이고 같은 즐거움이라고 해도 몰래 즐기면서 돌려 표현하는 태도가 아니라 광활한 천지의 밝고 산뜻하고 명랑한 즐거움을 생각해야 함과 동시에, 더 나아가 건강한 스포츠도 오늘날에는 이미 국민오락 속에서 생각되고 있습니다. 바로 얼마 전까지 스포츠를 오락이라고 하면 스포츠 관계자는 스포츠는 오락 따위와는 다르다며 화를 냈었습니다. 화를 내는 것도 무리는 아닙니다. 오락이 낡은 관념으로 이루어져 있어서, 스포츠는 그런 것과는 다르고 그런 퇴폐적인 것이 아니라고 한 것입니다. 그런데 국민오락이라는 새로운 이념에 서면 아마 스포츠 관계자도 스포츠를 오락이라고 해도 화를 낼 부분이 없고, 오히려 기뻐해주지 않을까 싶습니다. 여행이라든가 하이킹이라든가 하는 것까지 국민오락으로 헤아려지고 있습니다. 이렇게 매우 넓은 범위로 확대되고 있는 것은 오락이 국민 선반의 생활, 게다가 일하는 국민의 생활에 ▶31쪽 기초를 두게 됐기 때문이라는 증거입니다.

독일의 국민오락체제

그렇다면 국민오락에 대해 어떻게 하면 좋을까. 국민오락이라는 낡은 오락 관념을 버리고, 새로운 오락이라는 생각에 서 있어야 하는데, 단지 그것만으로는 수행될 수 없으며, 이에 대해 어떤 방책을 강구해야 한다는 것이 큰 문제입니다. 그런데 국민오락은 어떻게 해서 건설해야 하는가, 국민오락을 완성하기 위해서는 어떤 시설대책을 강구해야 하는가 하는 참고로서, 저는 여기에 나치스 독일의 국민오락의 큰 흐름을 이야기하고 싶습니다. 왜 나치스 독일의 국민오락체제를 이야기하는가 하면, 그 이유 중 하나는 나치스 독일에서는 나치스가 정권을 획득한 그날부터 이미 임전체제에 들어갔습니다. 나치스가 정권을 잡은 것이 1933년의 1월 30일이며 지금으로부터 약 10년 전입니다. 그런데 그때 이미 오늘날의 제2차 유럽전쟁을 하지 않으면 안 된다는 예상을 하여, 정권을 획득한 그날부터 전쟁 준비를 한 것입니다. 그러므로 나치스 독일이 행한 부분의 국민오락체제도 이미 10년 전부터 행해온 것입니다. 다시 말하자면 10년 전부터 이미 전쟁에 임한다는 각오로 오락에 대해서도 태세를 갖추어온 것입니

다. 이것이 오늘날 대동아전하의 우리 나라에도 큰 참고가 됩니다. ●

두 번째는 나치스가 정권을 장악함과 동시에 국민의 문화체제를 정비하고, 그 국민문화체제라는 큰 생각 속에 국민오락체제를 구축하여 눈부신 활약을 했으며 훌륭한 시설을 만들어왔습니다. 다시 말하자면 개인주의와 자유주의를 버리고 전체주의적인 통괄(統制)을 크게 제창하고, 그 기조하에 국민문화체제를 확립하고, 그 위에 국민오락체제를 구축하여, 이에 대한 시설대책을 순조롭게 실행해온 것인데, 여기에서 크게 배워야 할 점이 있습니다. 게다가 독일은 국민성으로서 매우 조직적이며 철저하고 계통적인 국민이며 국민오락체제에서도 매우 조직적이어서 우리들에게 많이 참고가 되리라 생각합니다.

1933년 1월 30일, 지금으로부터 겨우 10년 전인데 이날에 나치스 정권이 확립됐습니다. 그 전에 독일의 정황을 말하자면, 매우 참담한 상태였고 제1차 유럽대전 후의 베르사유조약에 따라 식민지라는 식민지는 남김없이 빼앗겼습니다. 또 국내에서도 동쪽 농업지도 서쪽 라인랜드[268]의 공업지대도 빼앗겨버렸습니다. 육군은 겨우 10만 명으로 제한됐습니다. 그리고 해군은 겨우 1만 5천 명을 내는 것도 허용되지 않았습니다. 근대전의 꽃이라고 하는 비행기 제작은 모두 금지됐고, 단지 상업용 비행기만 허용됐습니다. 또 발동기가 있는 비행기는 만들어서는 안 되고, 여기에서 발동기가 없는 글라이더 연구가 성행하여 훌륭한 글라이더가 만들어졌습니다. 이뿐만 아니라 2천 560억 마르크[5천억만 원]이라는 놀랄 만한 거액의 배상금을 40년 동안에 갚아야 한다는 비참한 상황에 놓였습니다. 나치스가 천하를 잡은 1933년의 2월 15일의 조사에 따르면 실직자 수는 실로 647만 명이었고 지금 한 집을 4인 가족으로 치면 2천 4백만 명이라는 국민이 굶고 있었습니다. 일하던 주체가 일자리에서 멀어졌기 때문에 가족 전체로 2천 4백만의 사람들이 굶고 있다는 비참한 상태에 있었던 것입니다. 이것이 지금으로부터 겨우 10년 전의 독일입니다. 1월 30일에 히틀러가 정권을 장악하자마자 임전체제에 들어갔습니다. 정치에, 경제에, 군사에 새롭고 늠름한 발족을 한 것입니다. ●

이와 동시에 정치, 경제, 군사 외에 독일의 문화정책을 생각했습니다. 국민문화를 향상시키지 않으면 도저히 훌륭하고 유망한 독일 국민의 장래는 없습니다. 정치에, 군사에, 경제에 우수할 뿐만이 아니라 문화적으로 우수해야 한다고 하여 정권 확립 8개월 후인 9월 22일에 '독일국문화국법(獨逸國文化局法)'이라는 법률을 냈습니다. 이 법률은 7개조로 만들어진 매우 간단한 것이었는데, 여기에 기초하여 문화에 관계하는 사업에 종사하고 있는 것을 7개로 나누고 7개의 국을 설치했습니다. 그 하나는 독일 도서국, 두 번째는 신문잡지국, 세 번째는 라

---

268) Rhineland. 독일의 라인 강 서쪽 지방.

디오국, 네 번째는 연극국, 다섯 번째는 음악국, 여섯 번째는 미술국, 일곱 번째가 영화국입니다. 이런 7개의 국으로 구성된 부분의 문화원[269]을 만든 것입니다. 그 전에 임시로 영화국을 설치하여 이 영화 일을 하는 와중에 그 외 미술, 음악, 연극이라는 문화와 관련한 모든 것을 모은 7개의 국으로 구성된 커다란 문화국을 만든 것입니다. 그것은 문화업무에 종사하는 사람들이 개인주의적·자유주의적 기분으로, 각기 마음대로 행동해서는 이 새로운 국가의 문화정책을 달성할 수 없습니다. 그래서 아무래도 이들 문화업무에 관계하는 사람들을 모아 전체주의적인 통제주의, 민족협동의 정신에 철저한 하나의 조직을 만들어야 한다는 필요에서 생긴 것입니다. ●

문화업무에 관련하는 사람들을 두 가지로 나누어 하나는 문화를 만드는 사람들, 다시 말하자면 국민문화의 창조자, 또 하나는 국민문화재의 공급자인데, 국민문화 창작자란 작가, 예술가이며, 영화에서는 연출자, 카메라맨, 배우, 각본가 등이었고, 그 외에 작곡가, 음악가 등등이 국민문화 창작자들입니다. 그리고 다른 하나는 극장, 영화관을 경영하고 신문사를 경영하거나 혹은 촬영소를 경영하는 종류의 사람들이 이런 문화재의 제조와 배급에 해당하는 국민문화 기업자입니다. 여기에서 이 두 가지를 모아 국민문화국 밑에 두고 그것들을 국가 통제주의적 생각하에 가지고 오려는 것입니다. 이런 창작자라든가, 문화재 공급자라든가 하는 것은 나두면 어쨌든 개인주의석·자유주의적 혹은 영리주의적 생각이나 행동으로 치우치기 쉬운 성질을 가지고 있습니다. 그런데 이런 문화업무 관계자를 모아 국가가 지향하는 부분의 방향으로 나아간다는 것은 매우 큰 가치가 있는 것입니다. 이런 국민의 생활사상, 생활감정에 매우 강력하게 일하는 사람들에게 손을 대는 일과, 문화 관계의 사람들을 강제적으로 데려와서 국가적인 방향을 잡는 것이 문화국이 하는 일입니다. 일본으로 말하자면 정보국이 하는 일과 대체로 많이 비슷합니다. 영화업 통합을 하고 또 국민영화의 제작을 장려하며, 또 영화감독, 배우, 또는 카메라맨을 모아 새로운 방향으로 지도해나간다는 것을 정보국이 하고 있는데, 이 정보국의 일이 나치스의 문화국의 일과 비슷합니다. ●

그런데 독일에서는 또 하나 새로운 일을 하고 있습니다. 그것은 무엇인가 하면 9월 22일에 이 문화국법이라는 법률을 내고 실행함과 동시에 그로부터 겨우 2개월이 지난 11월 27일에 K. D. F[270]라는 것을 만든 것입니다. 이것은 새로운 독일에서 새로운 노동체제를 정비한 것으로, 여기에서는 자본가도 노동자도 없이 모두 산업에 종사하는 사람들을 통틀어 하나로 만

---

269) Kulturkammer.
270) Kraft durch Freude. 자세한 내용은 앞의 237쪽 177번 각주를 참조할 것.

들어 국가 전체 생산에 종사시킨다는 것입니다. 지금까지의 노동조합을 남김없이 해산시켜 '노동전선'을 하나 만들었는데, 이 노동전선 안에 K.D.F를 둔 것입니다. 근로하는 ▶32쪽 국민, 다시 말하자면 공장이나 광산에서 일하는 노동자, 농민 생활 속에 풍부한 문화재를 넣어주고 훌륭한 문화를 음미하게 해주는 일이 필요하다는 의도에서 만들어진 것이 이 K.D.F입니다. 이것은 어떤 역할을 하는가 하면, 여기에는 5개의 국을 만들었습니다. 그 하나는 스포츠국, 두 번째가 여행국 — 이 중에는 하이킹도 포함됩니다, 세 번째는 위안오락국, 네 번째는 사회교육사업국, 다섯 번째가 노동환경미화국. 다시 말하자면 첫 번째는 스포츠국으로, 스포츠를 가능한 한 국민들이 받아들이게 한다는 생각. 여행국은 독일인이 좋아하는 여행을 일하는 국민들이 할 수 있도록 해줍니다. 세 번째는 연극이라든가 영화를 전 국민에게 퍼뜨립니다. 네 번째 사회교육사업국은 사회교육을 철저하게 하기 위한 것이며, 다섯 번째는 일하는 사람들의 환경을 미화합니다. 공장미화라든가 농촌미화라든가를 행하는 것입니다. 이들 각 국에 대해서 각각의 업적을 상세하게 이야기할 시간이 없으니 생략(割愛)하겠지만, 예를 들면 여행국 같은 곳은 해양여행을 하기 위해 특별히 그 목적으로 설계 건조한 2만 5천 톤의 배를 세 척 만들었습니다. 이 배는 2등, 3등 따위의 등급은 없이 모두 1등입니다. 여기에 노동자 농민을 태워 영국해협을 돌고, 지브롤터[271]를 통해 지중해여행을 시키고 있습니다. 그 해양여행을 한 사람수는 1년에 15만 명에 달하고 있습니다. 그리고 북해의 뤼겐[272]이라는 섬에는 큰 해수욕장이 있습니다. 그 설비는 이만 명의 침대를 구비해놓고 있는데 2인용 방, 4인용 방이라는 식으로 훌륭한 호텔설비가 갖추어져 있는 침대가 2만 개 있습니다. 여기에는 훌륭한 음악당이 있고 강당이 있고 도서실이 있으며 지금 말한 2만 5천 톤의 배가 즐비해 있는 잔교(棧橋)[273]도 있습니다. 그리고 국내여행을 한 사람이 5백만 명, 하이킹이 수백만 명입니다. 1년에 6백만 명이 여행국의 손을 거쳐 여행을 즐기고 있는 것입니다. 6백만 명이라고 하면, 그 사람들이 손을 잡으면 베를린에서 도쿄까지 이어집니다. 연극, 영화에 대해서는 K.D.F 순회영사대, 혹은 순회연극대라는 것이 큰 설비를 갖추고 있습니다. 정부는 이 때문에 1년에 3천만 마르크의 거액을 사용하고 있습니다. 일본 돈으로 하면 약 5천만 원을 사용하고 있는데, 이를 봐도 얼마나 큰 규모의 것인지를 알 수 있을 것입니다.

---

271) 지브롤터 해협(Strait of Gibraltar). 대서양과 지중해 사이의 해협을 말한다.

272) Rugen.

273) 부두를 말한다.

국민문화재로서의 오락을 바란다

그런데 여기에서 국민오락에 대해 그렇다면 어떤 것을 하면 좋을지 생각해보면, 앞에서 말한 독일 문화국처럼 영화에 제한하지 않고 오락업무에 관련된 사람들 — 예술가는 말할 필요도 없고 오락을 영업으로 하는 사람들, 이런 사람들을 통제하고 영리주의적·개인주의적·자유주의적 태도를 지양시키는 것이 필요합니다. 그런데 이와 함께 국민 전체 층이 국민적 오락재를 풍부하게 받아들인다는 것을 생각해야 합니다. 한편 오락을 제작하여 공급하는 방면의 영리주의적·개인주의적·자유주의적인 생각을 버리고 훌륭한 것을 제공하도록 함과 동시에, 국민 전체 층 안에 국민적인 문화재, 국민오락재를 풍부하게 삽입시켜가는 것을 생각하지 않으면 안 됩니다. 이렇게 새로운 국민오락시설, 대책을 생각해야 합니다. 단지 단속을 하고 단지 오락에 관련된 예술가들을 지도하는 것만이 아니라 이와 동시에 국민 전체 안에 훌륭한 오락재를 넣고 문화재를 통달해야 합니다. 일본의 상태를 돌아보면 단속을 하거나 지도를 하는 것은 꽤 열심입니다. 이는 돈이 들지 않기 때문인데 그러나 정말 일을 하려고 하면 아무래도 돈이 필요합니다. 독일처럼 1년에 5천만 원을 사용할 정도가 아니더라도, 적어도 그 10분의 1인 5백만 원 단위여도 좋겠는데, 이로 인해 문화재를 국민 전 층 속에 받아들이게 한다는 것을 꼭 생각해서 실행했으면 합니다. 지도하고 통제함과 동시에 국민오락재를 국민생활 속에 받아들이게 하지 않은 채 국민오락대책은 완성될 수 없다고 저는 확신합니다. 이것이 꼭 하나 생각해주셨으면 하는 부분입니다. ●

영화배급사라는 훌륭한 공익법인의 일에 관련되어 있는 여러분, 국민오락재인 영화를 국민 전 층에 통달시킨다는 매우 큰 기구가 여러분에 의해 운영되고 있습니다. 국민오락에 대한 지도통제라고 해서 명령하거나 지도하는 것도 물론 필요하지만, 진정으로 실행기관으로서 지금까지의 영리주의적·자유주의적인 생각을 버리고 국가의 법인으로서 국민의 전 층에 이 훌륭한 문화재인 영화를 통달시킨다는 것이야말로 일본의 문화정책을 대성시키는 큰 사업이라고 해야 합니다. 새로운 오락의 이념상에 선 영화의 사명과 지위가 지금까지 서술해온 부분에 따라 충분히 명확해졌다고 생각하는데, 이것은 제가 말씀드리는 것보다 여러분이 충분히 잘 고려하여 앞으로 크게 연구해주셨으면 하는 부분입니다. 이 영화의 사명을 달성시키기 위해서는 영화기업의 각오나 영화제작자의 태도가 훌륭해지는 것이 필요하다는 것은 말할 필요도 없는데, 제일 필요한 것은 국민 사이에서 훌륭한 문화재, 오락재인 영화가 받아들이는 일이 필요합니다. 지금까지의 주판알에 따라 행해진 영화의 배급이라는 일이 여기에서 전혀 새로운 이상 밑에서 여러분의 용감하고 늠름한 체험에 의해 수행되리라는 것을 생각하면 유쾌할 따름입니다. 여기에서야말로 진정으로 일본의 국민오락정책이 완성되는 것이라고 생각합니다. 그를 위해서는 영화관에 배급하는 영화에 대해서도 각 지방의 문화적 특징을 충분히 생각해주심과 동시에, 영화관이 없는 농산어촌, 따라서 특히 영화와 같은 훌륭한 오락재를 요구하고 갈망하는 농산어촌에 대한 영화 공급 일같이 여러분의 수완을 많이 기다리고 있는 것이 있는 상태입니다. 이 대동아전쟁을 완수하기 위해서는 국민문화를 향상시킬 필요가 있고, 그를 위해서 영화와 국민생활이라는 문제가 매우 큰 역할을 행하고 있을 때를 즈음하여, 이 영화배급이라는 훌륭하고 중요한 일에 종사하고 있는 여러분의 건투와 건강을 빌며 제 이야기를 끝내겠습니다.

1943년 3월 11일 | 제75호 | 20~25쪽

영화행정 30년
[영화배급사 직원양성소 강연록]

정보국 제5부 제2과장 후와 유슌(不破祐俊)

제가 지금까지 영화행정 일에 관련해온 것에서, 대체로 우리 나라의 영화행정이 어떤 방향을 걸어 오늘날에 이르렀는지, 또 앞으로 어떤 방향으로 걸어가야 하는지에 대해 오늘은 말씀드리고, 그 후 여러분으로부터 여러 가지 질문을 받거나 혹은 좋은 의견을 들었으면 좋겠습니다.

1. 초기의 영화행정

이미 아시다시피 영화가 우리 나라에 들어온 것은 메이지 29년인데, 이것이 발명된 것은 미국과 프랑스이며 대체로 메이지 26년과 때를 같이해서 발명됐습니다. 그로부터 약 3년 정도로 영사기가 몇(數) 종류의 필름과 함께 우리 나라에 수입됐습니다. 그러므로 영화가 발명되고 나서 수입되기까지의 기간은 매우 짧았다고 할 수 있습니다. 활동사진이라는 이름은 후쿠치 오치(福地櫻痴)²⁷⁴⁾거사(居士)가 지었다고 하는데 도쿄의 가부키자에서 최초의 활동대사진 공개시사를 했습니다. 물론 그때 영사기에 있던 필름은 실사물 정도이고 오늘날과 같은 극적 구조를 가진 것은 아니었다고 합니다. 그런데 사진이 움직이는 것을 당시의 사람들은 크게 무서워했고 여러 가지를 신기하게 여겼습니다. 일본의 기업가들도 이 활동사진에 눈을 돌리게 됐고 일본에서 활동사진을 제작하게 됐습니다. 특히 메이지 40년대의 호경기에 따라 각 활동사진회사가 촬영소를 가지고, 극영화를 찍어 흥행관에 걸게 됐으니 흥행적으로 또 기업적으로 매우 진보하게 된 것입니다.

그런데 기업 면으로 발달해온 것인데, 종래의 흥행이라는 관념과 마찬가지로 활동사진 흥행도 이를테면 영리만을 추구하는 흥행방법이었습니다. 그러므로 당시 활동사진의 흥행

---

274) 후쿠치 오치(福地桜痴, 1841~1906)는 막부 말기부터 메이지기에 걸쳐 무사, 저널리스트, 소설가, 극작가, 정치가 등으로 활동한 인물이다. 본명은 후쿠치 겐이치로(福地源一郎)이며, 메이지 7년(1874년) 도쿄니치니치신문에 입사, 주필에서 사장까지 역임했고, 퇴사 후에는 소설가로 활동했다. 이후 1889년부터는 가부키 배우 겸 극작가로 활약하면서, 가부키 개량운동에 힘썼다. 1904년에는 중의원에 당선됐다.

은 변화무쌍한 것이었습니다. 이 영화가 흥행이 잘됐는지 아닌지에 따라 그 기업적 가치를 판단했던 것입니다. 그래서 정치에서도 이 활동사진이 어떤 역할을 했는지에 대해서 아직 주목하지는 않았고, 이를테면 방임적 태도였습니다. 단지 흥행취체의 면에서 많이 일탈하는 부분을 약간 방지하는 정도였습니다.

이와 같은 관계에서 보면 메이지 40년대에 우리 나라에 수입된, 이미 아시는 〈지고마〉, 이 탐정모험활극이 들어와서 도회지의 아이들에게 영향을 줬습니다. 다시 말하자면 〈지고마〉를 봄으로써 탐정과 도적과의 격투 혹은 당시의 도쿄 근처의 어린이들 ― 우리들도 당시 소학교의 생도여서 그 〈지고마〉를 본 사람 중 한 명이었는데, 어린이들 사이에 지고마 장난이라고 할까요, 지고마 놀이라고 칭하여, 탐정과 도적의 쫓고 쫓기는 놀이가 유행했습니다. 이것이 더 심각해지면 그것을 흉내 내서 불량 범죄 행위를 하는 것 같은 소위 말하는 불량소년 등이 나왔습니다. 이래서 영화의 영향력은 매우 위협적이라고 할 만합니다. 방임해두면 어떤 일이 될지 모른다는 것을, 특히 교육계 방면이 〈지고마〉 문제에 자극을 받아 통절하게 느낀 것입니다.

2. 제국교육회(帝國敎育會)의 건의

그래서 제국교육회가 중심이 돼서 활동사진에 대한 대책을 강구해야 한다고 하여 여러 위원회를 만들어 대책을 협의했습니다. 그 결과, 다이쇼 6년 2월에 제국교육회에서 활동사진 흥행취체 건의가 문부, 내무 양 성 및 경시청에 제출됐습니다. 이것은 〈지고마〉의 영향, 또 일본영화도 조금씩 일반 대중들에게 받아들여지고 있고, 특히 일본영화 초기의 신파비극 같은 것이 점점 많은 관객을 끌어들이고 있습니다. 그렇기 때문에 당시 젊은 자녀들에게 미치는 영향도 결코 간과할 수 없다고 교육계 방면에서 생각한 것입니다. 그래서 활동사진 흥행취체 건의를 내무성, 문부성 및 경시청에 제출하기에 이르렀습니다.

그 활동사진 흥행취체 건의의 내용을 말씀드리면

1. 활동사진 취체에 관해서 관계 관청, 특히 교육 관청과 경찰 관청과의 사이의 연락을 한층 더 친밀하게 하고 일정 방침에 따라 취체를 엄중히 할 것.
2. 중앙, 지방 각 관청에서의 필름검열은 될 수 있는 한 그 표준을 일정하게 할 것.
3. 각 관청에서는 활동사진 필름검열에 관해서는 특히 교육상의 의견을 받을 만한 기관을 설치할 것.

4. 활동사진 설명자가 되기를 원하는 자는 그 인물의 성품과 행동(性行) 등을 조사한 후에, 여기에 허가증(鑑札)을 줄 것.

5. 설명자의 설명요령은 필름과 함께 검열할 것.

6. 활동사진에 관해 위생상의 취체를 한층 더 엄중하게 할 것.

7. 관계 관청에서 특히 아동생도 등에 적합한 교육적 활동사진의 흥행 및 이에 필요한 필름의 제조를 보호 장려할 것.

8. 어떤 활동사진에서도 16세 미만인 자를 야간에 입장시키지 말 것. ▶20쪽

9. 학교 재학 아동에 대해서는 교육 관청으로부터 학교 당사자가 훈령하여 활동사진 관람을 취체시키도록 하며, 그리고 경찰 관청은 이에 협력할 것.

10. 관계 관청, 관공서, 교육회, 학교 등에서 활동사진의 교육상 영향을 조사하고 아동 생도의 학부모 등에게 주의를 할 것.

이 10개 항목으로 이루어진 흥행취체 건의를 낸 것입니다.

3. 영화에 대한 경시청령의 공포

이런 정세에 자극을 받아 경시청은 경시청령을 발포하여, 다이쇼 6년 8월 1일부터 새롭게 활동사진에 대한 취체규칙을 제정 실시하기에 이르렀습니다. 당시에는 활동사진 검열은 오늘날처럼 전국적으로 통일되어 있지 않았고, 게다가 경시청령이 나오기 이전에는 도쿄 시내에서도 각 경찰서에서 활동사진 검열이 행해지고 있었습니다. 활동사진 프로그램 교체 전날 밤, 흥행이 끝나고 난 후 그 극장에 경찰관이 출장을 나가 거기에서 그다음 날부터 상영되는 영화를 검열했습니다. 여기는 안 된다, 저곳은 자르라는 식으로 그때마다 명한 것입니다. 그러므로 아사쿠사에서 허용된 것이 혼고(本鄕)에 오면 허용되지 않습니다. 그리고 거꾸로 아사쿠사에서 허용되지 않은 것이 혼고에서 허용된다는 여러 모순이 일어났습니다. 게다가 거기에 출장을 간 경찰관의 판단에 따라, 그때마다 판단이 내려지는 것이므로 이런 모순이 일어나는 것도 당연합니다. 이런 것이 제국교육회에 건의되고, 게다가 이런 건의를 내게 된 일반 정세에도 맞춰 경시청은 그 관할 구역인 도쿄부 밑의 활동사진 검열을 통일한 것입니다.

그때 이미 아시다시피 영화를 갑을의 두 종으로 나누고, 다이쇼 6년 8월 1일부터 갑종 흥행은 15세 미만의 어린이는 들어갈 수 없게 됐습니다. 이를테면 오늘날의 일반용 영화와 같은 방법이 여기에 처음으로 설정된 것입니다. 단, 이 제도는 2년 지속됐는데 다이쇼 8년의 12월

에 폐지됐습니다. 이는 당시의 정세가 을종 흥행에 적합한 것 같은 아동 대상의 영화가 없고 이런 아동들을 대상으로 한 영화를 만들지 않았기 때문인데, 을종 흥행은 그 외의 원인도 있습니다. 예를 들면 갑종 흥행보다 입장료를 싸게 책정해야 했으므로 배급상 채산이 조금 맞지 않았다는 점도 있어서 이 제도는 폐지에 이르렀습니다. 어찌됐든 제국교육회의 건의에 자극 받아 경시청이 활동사진 검열을 통일한 것입니다.

그런데 여기에서 우리가 생각해봐야 하는 것은 제국교육회가 건의한 이 어떤 항목에도 적극적인 면은 하나도 보이지 않는다는 것입니다. 전부 활동사진은 나쁜 것이고 활동사진을 취체해야 한다는, 다시 말하자면 활동사진은 나쁜 것이라는 전제하에 건의된 것입니다. 이는 단순히 제국교육회의 건의뿐만 아니라 당시 사회의 유식자들의 일반적 생각이 또 여기에 있었던 것입니다. 다시 말하자면 영화는 도움이 되지 않으니 지능이 아직 정해지지 않은 어린이들에게 보여주거나 하면 매우 나쁜 영향을 주는 것이며, 또 어른들에 대해서도 일종의 오락물이니 향락 또는 소비생활의 대상이 될 뿐이다, 이렇게 생각하는 것이 이 당시의 활동사진에 대한 일반적 풍조였습니다.

4. 우리 나라의 문화행정이 걸어온 길

여기에서 우리는 일본의 문화행정이 어떤 발전의 길을 걸어왔는지를 한번 뒤돌아볼 필요가 있습니다. 이것도 유감스럽게도 우리는 문화행정스러운 것은 최근까지 볼 수 없는 것이었습니다. 문화행정스러운 것을 가까스로 찾아보면 음악 부분에서 국립음악학교가 설립됐습니다. 메이지 30년경입니다. 그리고 마찬가지로 국립미술학교가 설립됐습니다. 이것들이 미술교육 및 음악교육에 이바지하고 있는 것은 인정하지만, 이것들이 나라의 문화행정으로 얼마나 역할을 수행하고 있는지를 말씀드리면 단순히 음악 및 미술의 학교 교육행정에 그치고 있다는 느낌이 듭니다. 원래 미술행정에서는, 문부성이 메이지 40년 이후 문부성 주최에 의한 미술전람회를 개최하고 있습니다. 이는 아주 조금이지만 미술에 대한 문화행정의 발현인데, 이것도 그 설립 당초부터 오늘날에 이르기까지 아까 말한 진전을 보이고 있지는 않습니다. 또한 제국예술원이 생겼는데, 회원의 대부분은 미술계 사람들입니다. 여기에 문학 방면과 음악 방면의 약간의 사람들이 더해졌는데, 우리들과 원래 관계가 깊은 영화라든가 연극 분야 사람들은 한 사람도 회원이 되지 않았습니다. 영화라든가 연극이 제국예술원에 채용된 적이 없는 것을 봐도, 유감스럽게 일본에서는 없는 것보다는 낫지만 최근까지 정부로서 문화정책을 적극적으로 시행했다고는 말할 수 없다고 생각합니다.

그래서 영화라든가 연극이라든가 하는 예능문화 면에 대해 이를 잘 키우려는 발현은─유식자 중에는 여기에 원조하고 이를 키우려고 하는 사람들은 있지만─나라가 이들 예능문화의 육성 향상을 도모하는 생각을 행정상으로 나타낸 것은 최근에 이르기까지 없었다고 해도 좋을 것입니다. 이는 나라의 행정이 일반 풍조를 반영하여 행해지고 있는 견지에서 봐도, 영화에 대해 지금 말씀드린 소극적인 취체 면을 강조하는 것 같은 당시의 풍조는 민간 측도 당국 측도 문화행정이라는 부분까지는 아직 나갈 수 없었던 실정을 말해주는 것이라고, 저는 매우 유감이라고 생각하고 있습니다.

그런데 이 문화행정에 대해 정부로서는 적극적으로 문화행정을 해야 합니다. 특히 영화와 같은 대중적 영향력을 지닌 것에 대해서는 이를 훌륭하게 키워서 국민에게 좋은 영향을 주도록 해야 합니다. 국민을 계발하는 부분의 큰 지도적 역할을 주어야 합니다. 이런 생각은 극히 최근에 이르러 일어난 것입니다. 정부에 대해서 영화에 대한 적극적인 조장정책을 취하지 않는다는 목소리가, 이를테면 민간에서 팽배하게 일어나고 있습니다. 이것이 우리 나라에서의 문화행정에서 영화야말로 우선 취급돼야 한다는 민간의 요청으로 나타난 것이며, 나라에서 문화행정의 최초로 영화를 취급해야 할 운명에 있었다는 것을 이야기해주는 것입니다.

그것은 언제부터였는가 하면 쇼와 8년입니다. 쇼와 8년의 제64의회에 중의원의 대의사(代議士)[275] 이와세 아키라(岩瀬亮)[276] 씨가 영화국책 수립에 관한 건의안을 제출했습니다. 정부는 속히 영화의 조사통제를 위한 적절한 기관을 만들고, 그 발달을 기함과 동시에 미리 이에 수반하는 제반 대책을 강구하기를 바란다는 것으로 건의안이 제출되어, 3월 4일의 중의원 본회의에서 가결됐습니다. 이것이 민간 측에서 영화국책을 속히 수립해야 한다는 최초의 요망이었습니다.

이때까지 영화에 대한 행정은 아까 말씀드린 것처럼 대략 소극적인 경찰행정 분야에 중점을 둔 것으로 아까 말씀드린 다이쇼 6년 이후 영화에 대한 행정은 ▶21쪽 약간 진보를 보였는데, 예를 들면 다이쇼 14년에 내무성이 영화검열을 다루고 영화검열의 전국적 통일을 도모하기는 했습니다. 다시 말하자면 그 당시까지는 각 부현이 각각 영화를 검열하고 있었습니다. 각각 행하고 있던 영화검열을 다이쇼 14년이 되면, 내무성이 통일하여 오늘날 보는 것같이 내무성 검열에 의해 전국에서 그 영화는 상영할 수 있게 됐습니다. 그것이 다이쇼 14년입니다.

---

275) 중의원(衆議院) 의원을 칭하는 말이다.
276) 이와세 아키라(岩瀬亮, 1898~1944). 대일본영화협회 이사를 역임했다. 1939년에는 난오영화(南旺映画)를 설립했지만 영화기업통제로 2년 뒤 도호로 흡수됐다.

물론 영화검열 면에서도 시대의 요구가 영화를 하나의 문화재라고 보게 돼서, 영화에 대한 검열태도도 약간의 문화적 색채를 더해왔다는 것은 말할 필요도 없습니다. 또 적극적인 방면에서는 쇼와 3년경부터 문부성이 학교에 대해 영화를 이용하는 것을 장려해왔습니다. 지금까지 영화는 보여줘서는 안 되는 것이었으며 학교의 어린이들에게는 보여주면 안 된다는 금지적 태도를 취해온 문부성이 쇼와 3년경부터 영화를 학교교육에 이용하면 효과가 크다는 것을 인정하고 그런 방향으로 진행해온 것입니다. 이와 함께 문부성 자체에서 영화를 만들고 오늘날 말하는 문화영화적 형식의 선구를 이룬 영화를 문부성이 제작하기까지 이르렀습니다. 또 학교에서 생도에게도 보여줘도 되는 영화를 인정하는 제도를 만들거나, 혹은 적극적으로 민중오락을 위해 좋다고 생각되는 영화를 추천한다는 제도를 취하거나 하여, 영화에 대한 약간 좋아진 행정의지가 나타나고는 있었습니다.

그러나 영화국책으로서 취급된 것은 쇼와 8년의 이와세 대의사의 건의안부터입니다. 이 건의안이 중의원 본회의에서 가결된 이후에 이 건의에 근거하여 정부는 하나의 완성안을 얻은 것입니다. 그것은 영화통제위원회로 나타났습니다. 이 영화통제위원회는 쇼와 9년 3월 13일 각의에서 결정됐고, 당시의 내무대신 야마모토 다쓰오(山本達雄) 씨를 회장으로 하여 성립한 것입니다. 이는 관계 관청의 직원들로부터 위원이 나와서, 영화 통제, 그 외 영화에 관한 중요한 사항을 조사 심의하는 기관이 생긴 것입니다. 이렇게 되니 그때부터 영화에 대한 법제를 정비하는 게 좋다는 소위 말하는 영화입법의 기운이 나왔고, 이에 정부는 영화법 입안을 준비하게 된 것입니다.

5. 영화법 제정

대체로 우리 나라의 영화행정 방향으로서 영화법이 생기기까지의 과정은 지금 말씀드린 것과 같습니다. 그런 기운에서 영화법을 이미 아시다시피 쇼와 14년 의회에 제출하게 된 것입니다. 영화법은 우리 나라 최초의 문화입법이며, 지금까지 법률의 대체적 생각은 소극적인 취체 법규였습니다. 이에 대해서 영화법이 지향하는 것은 적극적인 영화문화를 향상시킨다는 역할로 입안된 것이므로, 이 점이 영화법이 우리 나라 최초의 문화입법이라고 하는 이유입니다. 이에 대해서는 영화법의 제1조에 영화법의 목적을 명확하게 서술해놓았는데, 이것도 여러분이 이미 알고 있는 대로라고 생각합니다. 제1조에 따르면 '본 법은 국민문화의 진전에 이바지하기 위해 영화의 질적 향상을 촉구하고 영화사업의 건전한 발달을 도모하는 것을 목적으로 한다.' 우리 나라의 국민문화를 진행시키는 데 도움을 주기 위해 영화의 질적 향상을 촉구하고 영화사업의 건전한 발달을 도모하는 것이 이 법률의 목적입니다. 다시 말하자면 우리 나라의 영화사업을 건전하게 발달시키고, 그리하여 이 사업상에 만들어지는 영화를 우수한 영화로 만들고, 이런 영화가 국민 일반에게 상영되게 함으로써 일본의 국민문화의 진전의 한 부분을 맡는 것이 영화법에 바라는 우리의 의도입니다. 그러니 이 영화법의 제1조의 조문이 영화법 전체, 제2조 이하에 규정된 여러 항목에 대한 근본정신이어야 합니다. 영화법 제2조 이하는 실제적 규정이므로 무엇을 해야 한다든가, 무엇을 해서는 안 된다, 혹은 그것을 위반한 자는 벌칙을 더한다는 표현은 있습니다. 이는 일본의 입법 기술(技術)에서 어쩔 수 없는 표현방법입니다. ●

독일의 영화법을 보면 꽤 잘된 문장을 표현하고 있습니다. 작문을 했는데, 나치스의 세계관에 근거하여 이런 판정을 내려야 한다는 식으로 매우 문장을 잘 만들었습니다. 그런데 일본의 법률은 표면적으로 법률이 아니면 행할 수 없는 사항을 적어놓았습니다. 그 외의 군더더기는 없습니다. 일본 법률 기술에서 말하자면, 제한적인 표현방법을 취하고 있는 것입니다. 이것은 종래방법과 아무런 변화가 없고, 변화는 없지만 그렇게 무엇 무엇을 해야 하고 무엇을 하지 말아야 한다는 정신 속에는, 영화를 잘 만들어 국민문화의 진전에 기여한다, 이런 정신으로 허가하거나 불허하는, 이런 정신이 담겨 있는 것입니다. 또 이 영화법안에는 다른 법률에서 볼 수 없는 하나의 적극적인 면을 보여주는 조문이 있습니다. ●

이것은 이미 아시다시피 문부대신상을 주는 규정의 근거가 된 부분의, 국민문화의 진전에 도움이 된다고 인정한 우수한 영화에 대해서는 국가가 이를 선정할 수 있다는 규정입니다. 제16조인데 '주무대신은 특히 국민문화 향상에 이바지한다고 인정하는 영화에 대해 선정할 수 있다.' 이는 일본의 지금까지의 어떤 법률에도 없던 것입니다. 좋은 영화가 만들어졌으니 칭찬해준다는 것은 일본의 입법의 생각에서 보면, 이런 것을 법률로 정하지 않더라도 문부대신이 하겠지라고 생각하면 할 수 있는 것이었습니다. 이는 사실을 말하자면 입법을 필요로 하는 사항이 아니었다고 할 수 있습니다. 그런데 우리는 우리 나라 최초의 문화입법에서 법률규정에 따라 문부대신이 훌륭한 영화를 칭찬해줄 수 있다고 결정한 것은 일본의 지금까지의 제한적인, 무엇 무엇을 해서는 안 된다는 법률에 대해 매우 적극적인 의도를 나타낸 것이므로 이 조문을 꼭 그냥 두었으면 하는 것이 우리들의 염원이었습니다. 다른 법률에서 보면 이 점은 파격입니다. 이것이 문화입법다운 형식을 조금 갖춘 유일한 조문입니다. 나머지는 전부 종래의 법률적 표현을 취하고 있습니다. 그러나 그 운용에 임해서는 지금 말씀드린 제1조의 정신으로 나가야 합니다.

6. 영화법의 정신

여기에서 대체 영화법은 어떤 구체적인 것을 지향하고 있는지 말씀드리면, 이 조문의 여러 항목이 구체적으로 이를 나타내고 있는데, 그 근본은 당시 일본의 영화사업이 영화제작 면과 배급 면과 흥행 면의 주요 부분을 영화제작회사가 경영하고 있었습니다. 영화제작회사가 스스로 자신들은 영화배급을 하고 있었으므로, 흥행관에 영화를 배급할 때 직영관 이외에는 흥행관과 자신의 장소에서 만든 영화를 상영한다고 계약했습니다. 그래서 이른바 직영관을 우선 획득한다는 생각이 한 가지 있었고, 그리고 직영관이 아니더라도 자신들의 회사제품을 상영하는 특약관을 획득하는, 소위 말하는 계통관을 획득하는 방법으로 ▶22쪽 경영했던 것이 영화법 시행 전의 상황입니다. 그런데 이래서는 아시다시피 새로 영화제작회사가 생긴다고 해도, 그 새롭게 만들어진 영화제작회사가 자신의 계통의 영화관을 가지고 있지 않으면, 아무리 우수한 영화를 만들어도 그것을 영화관에서 상영할 수 없습니다. 그래서 가장 단적인 예를 말씀드리자면 도호영화입니다. 도호영화가 P.C.L로 탄생했는데, 자신이 만든 영화를 상영하는 영화관이 적어서 아무리 영화를 만들어도 그것을 널리 퍼뜨릴 수 없어 기업적으로 좀처럼 성립하지 않았습니다. 이렇게 되면 필연적으로 당시의 자유기업의 입장에서 보면 상설관을 획득하기 위해 당시 유명한 곳의 스타도 자신들 쪽으로 데리고 와야 하고, 이런 스타가 자신들 쪽에 오니 상설관에 대해 자신들이 제작한 영화를 상영할 수 있도록 계약했으면 한다는 식으로 가지 않으면, 지금까지 만들어진 각 제작회사의 지반이 있기 때문에 발전할 수가 없습니다. 이런 식이니 여러 문제가 발생합니다. 배우 빼돌리기라든가 여러 문제가 당시의 자유기업 형태에서는 필연적으로 일어난 것입니다.

이런 일을 생각해보면 아무래도 우리는 영화제작과 영화배급과 영화흥행이라는 세 가지 부문을 확실히 구별하여 생각해야 합니다. 영화제작에 종사하는 회사는 훌륭한 영화를 만들어야 하는 것을 본 취지로 삼았으면 합니다. 그리하여 그것을 영화배급 부문이 받아 이를 공평하게 상설관에 배급해나가는 조직이 일본의 영화계에 요청돼야 하는 최대 문제라고 우리는 생각한 것입니다. 그래서 일단 영화법에서는 영화제작업의 허가제도, 영화배급 등의 허가제도를 취했습니다. 영화제작을 사업으로 하는 자는 신고하여 허가를 받아야 합니다. 그리고 영화배급업을 하려는 자는 역시 신고하여 허가를 받아야 한다고 제2조에 썼습니다. 이렇게 해서 일단 제작업과 배급업으로 구별하는 것을 생각한 것입니다. 흥행 방면에서의 허가는 이는 지방적으로 분포되어 있어서 지방의 특수사정이 있으므로, 그 허가는 영화법에서는 허가제도로 하지 않고 지방청의 허가사항으로 하도록 지시했습니다. 여기에서 흥행허가는, 도쿄에서는 경시청이 이 허가를 합니다. 영화를 제작하고 영화를 배급한다는 사업으로서의 허가에 대해서는, 당시 제출관청인 문부성과 내무성에서 합의하여 허가를 주기로 결정하고 일단 영화통제가 가야 할 방향에 맞춰 이런 조문을 규정한 것입니다.

그 외의 조문은, 예를 들면 당시의 정세에서 보면 외국영화가 너무 많았습니다. 그것을 어느 정도 억제하고 일본영화가 진출할 기회를 부여하도록 하고 싶었습니다. 외국영화에 의해 부지불식간에 이를 본 사람들이 외국적인 사고, 특히 당시 미국영화의 영향은 커다란 부분을 차지했는데, 부지불식간에 미국적 사고방식이 스며드는 것을 막아야 한다는 것에서 외국영화의 상영제한, 혹은 배급제한이라는 항목도 영화법에 만들었습니다. 그것은 일본영화의 나은 발달을 원하는 조문입니다.

이렇게 해서 영화법은 쇼와 14년 10월 1일부터 시행됐습니다. 단, 제작업, 배급업 허가제도에 관해서는 이것은 영화기업의 근간이므로, 이를 우리가 생각하고 있는 것처럼 급격히 실행하는 것은 매우 곤란하고, 또 영화기업 면에서 매우 혼란을 초래한다는 이유로 그 당시까지 업무를 하고 있던 사람들은 일단 신청을 하여 업무를 계속할 수 있었습니다. 게다가 훌륭한 제작기구를 가지고 있거나 또는 훌륭한 배급조직을 지니고 있던 곳에 대해서는 점차 허가해 나간다는 방침을 취해, 이미 영화법 시행 이후 몇몇 회사에 대해서는 영화제작 허가를 부여해 왔습니다.

영화법이 이런 정신하에 나왔고 이렇게 해서 그 정신에 따라 우리들로서는 여러 기회가 있을 때마다 영화를 조금씩 나아지게 하려고 하는 적극적 조장행정, 영화에 대한 문화행정 방향을 향해왔으며, 우리가 영화법 입안 당시에 실현하려고 했던 것을 기회가 있을 때마다 관민의 노력하에 실현하려고 해왔던 것입니다.

7. 뉴스영화의 통합

그리고 영화법이 시행된 후 제일 처음에 다루어진 것이 뉴스영화의 통합이었습니다. 당시 동맹통신사와 아사히신문, 요미우리신문, 니치니치신문, 이 4개사가 각각 뉴스영화를 제작하고 있었습니다. 꽤 경쟁적으로 하고 있었는데, 이들을 한 회사로 통합하여 사단법인 니혼뉴스영화사(日本ニュース映畵社)가 정부의 알선으로 만들어졌습니다. 이는 당시 뉴스영화가 지닌 역할이 국민 일반에게 조금씩 좋은 영향력을 준다는 것을 인정한 것입니다. 특히 지나사변 발발 이후 뉴스영화가 가진 위력은, 우리가 총후(銃後)에서, 황군이 제1선에서 분투하는 모습을 눈으로 볼 수 있어 매우 감격스러운 이런 일들이 국민 일반에게 주는 영향은 큽니다. 그러

나 종래 4개사가 자유경쟁을 했기 때문에 같은 전선에 나가도 여러 가지에서 선두를 다툽니다. 또 예를 들면 전선의 폭격에 갈 경우에 4개사가 있기 때문에 4개사의 카메라맨을 비행기에 태우는 것은 불가능합니다. 한 회사라면 그 카메라맨을 태우고 폭격의 화려한 활약 모습을 카메라에 담을 수 있습니다. 이런 견지도 물론 고려돼야 할 문제입니다. 뉴스영화의 사명이, 단순히 지진이 있었다든가 철도가 출동했다든가와 같은 돌발적 사건을 다루는 것만을 뉴스영화의 사명이라고는 생각하지 않습니다. 지금까지의 뉴스영화의 사명은 대체로 이런 3면 기사적 방법[277]을 취해왔습니다. 이는 지나사변 이전의 뉴스영화에서는 특히 그랬다고 할 수 있습니다. 국가가 요망하는 뉴스영화는 국민에게 알려야 할 여러 행사가 있습니다. 그런 것을 알리고 또 우리가 오늘날의 전쟁하에서 싸우는 일본의 모습, 전선 총후를 막론하고 이런 것을 올바로 국민들에게 영화로 전달한다는 사명을 가지는 것이므로 정부의 보호지도하에 일원적 제작기구가 생긴다는 것은 매우 바람직합니다. 이런 의미에서 니혼뉴스사는 공익법인이면서 사단법인으로 탄생했고, 일본에서의 정부의 힘을 직접 반영하는 기관으로서 뉴스영화제작업이 처음으로 생겨난 것입니다. 이를 제일 처음 채택한 셈입니다.

8. 극영화의 제작 편수의 제한

그리고 당시 극영화회사가 매우 많은 영화를 만들고 있었습니다. 소위 말하는 극영화의 범람이었습니다. 당시 일본이 1년 동안 만든 극영화 종류는 580편이 넘습니다. 세계 제일의 영화생산국이라고 하는 미국이 종류로 말하자면 5백 편 내외였습니다. 독일, 영국, 프랑스, 이탈리아 같은 곳은 2백 편 내외였습니다. 이에 비해 일본은 580편 종류의 극영화를 제작했습니다. 게다가 시장은 매우 좁았으니 그 580편을 소화하기 위해 ▶23쪽 한 종류의 영화에 프린트 편수는 많으면 15, 16편 내외였습니다. 미국 영화기업은 전 세계를 상대로 하고 있으므로 한 종류의 영화프린트 편수가 2, 3백 편을 넘는 것이 보통입니다. 이를 보면 작품이 범람하면 영화기업가가 충분히 제작에 시일을 들여 양심적으로 제작하는 것이 불가능합니다. 이런 실정이었던 것입니다. 그래서 영화법 조문에서도 제작 제한을 둘 수 있다고 적혀 있고, 그 방향에 따라 각 극영화회사와 상담을 하여 일본의 극영화를 만드는 회사 규모에 따라 제작 편수를 어느 정도 결정한 것입니다. 지금까지 2편 동시상영 또는 3편 동시상영의 극영화 흥행을 하고

---

277) 3면 기사란 일간신문의 사회면을 말한다. 1면이 정치, 2면이 경제 기사이므로, 이외의 기사라는 의미로도 사용된다. 주로 센세이셔널한 기사를 지칭할 경우가 많다.

있었는데 그 제한과 흥행시간 제한에서 한편 흥행이 될 수 있도록 하는 방도를 강구해온 것입니다. 이는 형식적으로는 극영화 제작 편수의 제한이며 흥행시간의 제한인데, 그 취지는 다름 아닌 일본의 영화를 향상시킨다는 생각입니다.

9. 영화신체제 문제

이런 방법을 취해 조금씩 일본영화의 질적 향상을 도모해왔는데, 제작업 허가에 임해서도 신중을 기해 충분히 훌륭한 작품을 만들 수 있는 회사만을 허가하는 방침으로 여러 가지를 검토하고 있습니다. 그런데 이것이 작년 8월에 이미 아시다시피 생필름 자재의 급격한 감소라는 사태에 직면하여 우리가 영화법에서 해온 영화통제의 방향을 급히 실행하지 않으면 생필름 자재의 격감이라는 새로운 사태에 대처할 수 없게 됐습니다. 그래서 작년 이후 영화신체제 문제가 일어났고, 그 결과로 영화제작 면은 영화제작에 전념하게 하자고 하여 영화제작기구라는 것은 강력한 것을 만든다는 데에서 오늘날 볼 수 있는 쇼치쿠, 도호, 다이에이의 세 극영화회사가 생긴 것입니다. 그리고 배급 부문에서는 종래의 제작회사가 배급업을 겸업하는 것은 그만두고 배급을 하나로 해야 한다, 하나가 되어 일본의 영화를 공익적 견지에서 배급해야 한다는 목적에서 여러분이 관계하고 있는 사단법인 영화배급사가 생긴 것입니다. 흥행 면에서는 종래의 흥행은 변화무쌍한 것이라는 사고방식에서 벗어나, 흥행관의 역할은 국민에 대한 사회교육의 도장이 돼야 한다고 생각하여, 흥행에 대해서는 고도의 공익성을 지녀야 한다는 사고를 지녀왔습니다. 대체 흥행 면에 대해서는 어떤 방법으로 고도의 공익성을 지니도록 했는가 하면, 이것은 여러분이 아시다시피 영화배급사의 업무규정에서 흥행경비의 반을 영화배급사 분 중에서 환원하는 방식을 정한 것입니다. 이것은 영화배급사가 공익적 견지에서 영화를 배급하고 그 공익적 견지에 서 있는 영화배급사가 영화관의 흥행경영에 협력하는 태도입니다. 경비의 반을 책임진다는 생각은 협동경영적 생각이 됩니다. 이런 견지에서 말하자면 흥행관과 협동경영하는 영화배급사는 공익적 사업을 하고 있으므로 영화관에 대해서는 그 운영방법에 따라서는 고도의 공익성을 유지할 수 있는 구조가 만들어지는 것입니다.

다행히 관민협력일치, 영화신체제가 만들어지고, 쇼와 17년 4월 1일부터 여러분의 영화배급사의 탄생과 함께, 이를테면 영화신체제 기구가 기분 좋게 출발했습니다. 우리가 영화법 입안 당시부터 오랫동안 생각해온 사항들이 이렇게 빨리 정비되리라고는 우리들도 생각하지 못했습니다. 영화법 시행 이후 마침 만 3주년을 맞이했는데, 3주년에 임해 되돌아보면 우리는 영화법 기안 당시에는 이 3년으로 영화법이 지향하는 대부분의 사항이 달성되리라고는 꿈에도 생각하지 못했던 것입니다. 이는 우리가 지금 대동아전쟁을 치르고 있고, 이 국가의 큰 사명하에서 시대가 요청한 결과, 이렇게 빨리 가능했다고 우리는 생각하고 있습니다. 우리가 대동아전쟁을 치르고 있고 이 전쟁을 무슨 일이 있어도 이겨야 한다는 기분으로 치르고 있으며, 그 기분이 영화기업 부분 전체에도 반영됐고 영화기업 부분도 새롭게 단장했으며, 여기에 영화신체제는 관민협력 일치의 열매를 맺고 오늘날과 같은 조직이 만들어졌다고 생각하여 저는 매우 참을 수 없을 정도로 기쁩니다. 또 영화법 시행 만 3주년을 맞이하기까지의 이 3년 동안은 저에게는 10년이나 세월이 흐른 듯한 기분이 듭니다. 그만큼 영화기업 부문, 영화계 전체는 스스로의 몸에 딱 맞는 새로운 옷을 입고 여기에서 화려하게 출발하게 됐다고 생각합니다.

단지 이 영화의 새로운 조직이 만들어지고 자신의 옷에 딱 맞는 옷을 입었지만, 이번에는 입는 사람의 영혼, 이것을 훌륭하게 살리지 않으면 이 영화신체제는 만들어져도 영혼은 들어가지 않게 될 것입니다. 영화신체제는, 기구는 완성됐습니다. 완성됐지만, 지금부터는 이 새로운 체제에 종사하는 사람들 — 여러분도 우리들도 모두 영화신체제에 종사하는 사람들인데, 이 사람들이 진정으로 영화문화 향상을 지향하고 영화를 통해 국민문화진전에 도움이 된다는 발전에 기여한다는 사명을 자각하고 진정으로 좋은 영혼을 지녀 이 일에 종사해야만 영화신체제가 좋은 결실을 맺을 수 있게 됩니다. 영화의 새로운 조직은 완성됐다는 것으로, 이것으로 안심해서는 안 됩니다. 우리는 여러분과 손을 잡고 관청이 응원하여 매우 잘된 곳은 관청이 충분하지는 않지만 응원하겠습니다. 또 여러분이 적극적으로 점점 더 많이 일을 하여 관청을 채찍질하고, 채찍질하지 않으면 관청이 움직이지 않는 부분은 더 많이 관청을 채찍질해주셨으면 합니다. 이렇게 해서 진정으로 좋은 의지를 가지고 영화신체제의 결실을 맺었으면 합니다.

10. 영화배급사의 사명

게다가 여러분께서 관계하고 계신 영화배급사는 영화신체제의 근간이라고 생각하고 있습니다. 왜냐하면 왜 영화배급사가 공익법인인 사단법인의 성격을 지니고 생겨났는가, 이를 잘 생각해주셔야 합니다. 며칠 전에도 영화배급사의 지방 지사 분과 간담회를 했을 때 이야기가 나왔습니다. 영화는 상품입니다. 제작 면에서 생각하면 상품인데 그 상품을 공익법인인 영화배급사가 배급한다, 우리는 상행위를 하고 있는가 아닌가, 장사를 하고 있는가 아닌가 하는 질문이 있었습니다. 이것은 영화계의 여러분과 신체제에 대해 상담할 때에도 공익법인은 민법규정에 따라 상행위를 할 수 없다는 규정이 있고, 그렇기 때문에 영화를 배급한다는 상행위를 하는 이상 새롭게 만들어진 영화배급사는 영리법인이어야 하며 공익법인에서는 그럴 수 없다는 것입니다. 이런 의견도 있었습니다. 우리는 여러 가지로 신중하게 생각했습니다. 물론 법률론도 검토했습니다. 그 결과, 영화배급의 일원화는 공익법인에서 해야 한다고 여러 견지에서 그런 결론에 이르렀습니다. 그래서 영화를 배급한다는 일은 종래의 배급에 대한 생각에서 보면 ▶24쪽 상행위였습니다. 장사로서 상설관에 영화를 배급하고 있었습니다. 그런데 이번에는 공익법인이 그 영화를 배급하게 되면 이것은 상행위가 아닙니다. 하는 일 자체는 똑같이 보이지만 그 정신이나 사업이 공익적 사업입니다. 다시 말하자면 이 영화관에 가지고 가면 돈을 벌 수 있으니 이 영화를 가져가자는 것은 2차적 문제입니다. 영화를 가능한 한 많은 사람들에게 보이도록 하는 생각, 또 그 영화는 각 회사에게 평등하고 공평하게 배급하기 위해, 그리고 영화를 공기업으로 발전시켜나가기 위해 여러 생각을 하는 것입니다. 따라서 영화배급사는 영화에 대한 공익적 일을 더욱더 해야 합니다. 영화기업이 건전하게 발달하기 위해서는 많은 사람들이 봐야 합니다. 많은 사람들이 봐야 한다는 것은 영화가 하나의 기업인 이상 흥행수입도 많이 얻지 않으면 영화기업은 활발한 움직임을 보일 수 없고, 영화흥행수입이 많아져서 그것이 영화제작회사로 돌아오며 영화제작회사가 돌아온 영화 수입, 이에 따라 더 훌륭한 영화를 만드는 자본금으로 썼으면 좋겠다는 것이 우리들의 염원입니다. 또한 흥행관도 될 수 있는 한 수입을 올릴 수 있도록 하여, 그 흥행수입에 따라 상당한 이익이 나온다면 그것으로 흥행관을 개선해주었으면 합니다. 아직 일본의 영화기업 부문에서 개선해야 할 필요가 있는 점들이 많이 있다고 생각합니다. 이런 점은 흥행수입을 상당히 올릴 수 있다면 가능하니 이것으로 일본의 영화기업은 활발해질 것입니다. 수입이 많으면 많을수록 영화제작 부분이나 영화흥행 부분의 개선에 사용했으면 하는 것이 우리들의 염원입니다. 우리는 결코 이익을 남기면 안 된다고는 말하지 않습니다. 많이 이익을 남겼으면 합니다. 그렇게 됐으면 좋겠는데 이익을 남겨, 더 우수한 영화를 위해 더 나아가서는 일본의 영화기업 발전을 위해 투자해주었으면 합니다. 그렇게 됐으면 합니다. 그 중간에 있는 영화배급사는 상품인 영화를 영화제작회사에서 더 많이 받아 그것을 공익성 있는 작품으로 배급해가는 역할을 수행한다고 저는 생각합니다. 그렇기 때문에 여러분이 하시는 일은 종래에 장사를 하는 사람들의 방법이지만 그 정신이 다릅니다. 여러분이 영화를 배급하는 일을 하고 있는 것은 결코 상행위가 아니라 공익적인 행위입니다. 영화배급사는 공익법인으로서 그 어떤 위법도 아무것도 아니라고, 우리는 강한 신념을 지니고 있습니다. 여러분도 이런 신념을 지니고 이 영화배급 일에 종사해주셨으면 합니다.

단, 여기에서 하나 노파심에서 말씀드리고 싶은 것은, 이 영화배급사를 공익법인으로 할 때 업계의 여러분이 걱정한 점은 공익법인이 되면 관청 같은 느낌이 들어 활발한 활동은 하지 못한다는 것이었습니다. 영화 일은 매우 민활하게 해야 하며 그것이 관청일이 되어 활동을 민활하게 하지 못하면 안 된다는 주의입니다. 실로 그럴 만한 주의라고 생각합니다. 여러분의 정신은 훌륭한 영화를 통해 나라를 위해 일하고 있고 게다가 한 공익기관에서 일하고 있다는 자신과 긍지를 지녔으면 하는데, 그 접촉하는 사람들이 종래의 기업계, 흥행계의 사람들입니다. 이 접하는 사람들 역시 일종의 단골 거래처입니다. 상대편 기분에서 보면 역시 단골 거래처로 대우해야 합니다. 필요 이상으로 비하할 필요는 없지만 이야기는 원만하게, 역시 겸손한 태도를 보였으면 좋겠습니다. 그래서 민활하게 해주셨으면 합니다. 영화배급사가 그렇게 해야만 공익법인으로 출발했지만 실로 훌륭한 상업 도의(商業道)를 확실히 지니고 있는 분들로 구성되어 있다, 그것을 배우거나 또는 접대하는 분들이 점점 그런 기풍이 됐으면 좋겠습니다. 필요 이상으로 비하할 필요는 없다는 점은 거듭 말씀드리고 싶습니다. 이에 따라 자신들은 좋은 일을 하고 있다, 이런 좋은 일을 하고 있는데도 불구하고 상대편은 알아주지 않는다, 이런 알아주지 않는다는 기분을 느끼게 되면 이야기가 잘되지 않습니다. 자신들은 좋은 일을 하고 있다는 신념을 가지고 상대편이 그 정신을 이해할 수 있도록 친절하게 간절하고 정중하게 설명해주셨으면 합니다. 이렇게 해야만 영화의 국가적 사명도 여러분의 입을 통해서 여러분의 태도를 통해서 다른 영화계 전체에 영향을 미친다고 생각합니다. 물론 우리 영화계에는 국가 목적에 즉응한 의견이나 행동이나 협력이 점차 명확해지고 있고 그런 분들이 다수 계십니다. 그런 기운과 사람들과 손을 잡아주었으면 합니다. 종래의 흥행은 변화무쌍이라는 관념 ― 그것은 나쁜 기풍인데, 그 나쁜 기풍을 여러분의 말 한마디 행동 하나, 태도, 그런 것으로 점점 좋은 기풍이 영화계에 스며들도록 여러분이 노력해갔으면 좋겠습니다. 이 영화배급의 일원화의 일, 게다가 공익법인으로 출발한 일이 아까 말씀드린 것처럼 영화계 신체제의 근간입니다. 이 일이 잘될지 아닐지는 영화신체제가 실패할지 어쩔지 하는 것입니다. 여기에는 조직은 완성됐으니 여러분의 좋은 의지와 영혼으로 일본의 영화기업을 위해서 여러분이 영화배급 부문을 통해 분투해주셨으면 합니다.

　우리들 관청(役所)이라고 해도, 앞으로 영화에 대한 적극적인 조장정책, 영화에 대한 문화행정은 점점 돌진해나가야 합니다. 아직 관청에서도 시정조정을 해야 할 필요가 있는 점들이 많이 있습니다. 예를 들면 영화행정을 담당하고 있는 관청이 내무성이고 문부성이고 정보국이고, 자재 관계에서는 상공성이며, 검열 관계에서는 세관 검열이라는 식으로 각각의 관청 권한하에 여러 조직이 있습니다. 이는 여러분에게 많은 폐를 끼치고 있다고 생각합니다. 그러나 우리는 가능한 한 관청들 사이에도 조정 시정을 도모하여 관민일체가 돼서 일본영화를 위해 노력해나갔으면 하는 열정에 대해서는 우리들도 여러분도 양보할 수 없는 열정을 지니고 있습니다. 성심성의로 이 일을 하고 싶다고 생각하고 있는데, 우리는 협소한 시야에서 국내 영화계를 보고 있습니다. 여러분은 꽤 넓은 시야에서 영화계의 움직임을 보고 있습니다. 모쪼록 넓은 시야에서 영화계를 보시고 또 여러 경험을 하셨다고 생각하니, 이런 경험도 우리들에게 들려주시고 넓은 시야에서의 판단도 제언해주셔서 우리가 영화행정을 진행해나가는 데 실수가 없도록 했으면 합니다.

아까부터 영화입법·영화통제라고 하여 그것이 영화신체제가 된다고 말씀드렸는데, 통제라는 말은 그다지 느낌이 좋은 말이 아닙니다. 통제라고 하여 닥치는 대로 몇몇 회사를 모으는, 그것이 통제라는 식으로도 이해할 수 있지만, 통제를 하기 위한 통제가 아니라 우리는 영화를 육성하기 위해 통제하는 것입니다. 이를테면 훌륭한 영화를 육성하기 위해 영화통제를 행하는 것입니다. 모쪼록 이런 의미에서도 여러분의 힘에 의해 일본영화계가 한발 더 활발한 활동을 개시하고, 좋은 의지를 가지고 일본의 영화문화향상을 위해 노력해주시도록 배려를 부탁드리고 싶습니다. [끝]

해제

통제와 관리 측면에서 본 영화국책

양인실 | 이와테대학 인문사회과학부

통제와 관리 측면에서 본 영화국책

양인실 | 이와테대학 인문사회과학부

1. 오락에 대한 통제와 관리

1930년대 말에서 1940년대 초 일본의 영화계는 격변하기 시작했다. 영화신체제(이하 신체제)가 발동한 1941년 8월 이전부터 영화계는 신체제를 준비하고 있었는데, 같은 해 12월 일본군이 미국 하와이 진주만을 기습 폭격해 발발한 태평양전쟁은 영화계에 큰 충격을 안겨주었다. 신체제는 8월 "민간수급용 필름 1척도 없음"[1]이라는 유명한 말로 시작되었고, 관민간담회 등을 거쳐 극영화, 문화영화, 배급계 각각의 분야에서 통합협의회가 열리면서 구체화되기 시작했다. 그러던 중에 태평양전쟁이 일어났으며 영화계에서는 난항을 거듭하며 아직 구상단계에 있었던 신체제안의 모든 문제들을 서둘러 해결하게 되었다.

여기에서 생각해야 할 점은 일본의 영화연구자 가토 아쓰코가 지적하듯이 영화와 국책을 논할 때, 국책 다시 말하자면 국가가 영화를 통제한다는 것은 '취체'와 '관리'라는 두 가지 의미를 가진다는 점[2]이다. 그리고 신체제에서 시작된 '취체'와 '관리'는 영화제작이 쇼치쿠, 도호, 대일본영화제작주식회사(약칭 다이에이)의 3개사로, 그리고 1942년 4월 1일부터 공익법인의 일원적 배급기관으로 설립된 사단법인 영화배급사(이하 영배)가 배급 업무를 맡으면서 본격적으로 시작되었다고 할 수 있다.

이번 자료집에 실린 기사들은 이 배급 업무를 맡은 영화배급사 직원양성소에서 각계각층의 인사들이 영화국책에 대해 강연한 내용이다. 영화국책이 영화에 대한 통제와 관리라고 한다면 영화국책의 중심에 있었던 영배 직원양성소의 직원양성교육도 통제와 관리에 중점을 둔 내용이었음을 알 수 있다. 그리고 여기서 말하는 통제는 본 자료집이 수록한 『영화순보(映画旬報)』 기사 중 제일 마지막 강연록인 후와 유슌의 말처럼 "통제를 위한 통제가 아니라 훌륭

---

1)　「영화신체제 1주년 약사(映画新体制1周年略史)」, 『영화순보(映画旬報)』 1942년 9월 1일호, 18쪽(이 책의 20~27쪽)..

2)　가토 아쓰코(加藤厚子), 『총동원체제와 영화(総動員体制と映画)』, 신요샤(新曜社), 2003, 4쪽.

한 영화를 육성하기 위한"[3] 통제였다는 점에 주목할 필요가 있다.

1941년 8월 신체제에 맞춰 영화산업계가 재편되는데, 극영화 제작 부분은 앞에서 서술한 3개사로 통합되었고, 영배는 각 회사가 기존에 가지고 있던 유통망, 즉 배급 부분이 폐지되면서 각 영화사의 배급부를 통합하여 만들어진 사단법인이었다. 배급체제의 변경은 각 영화사의 수익체계 및 관객의 영화관람 형태도 달라졌음을 의미한다. 개개인이 좋아하는 영화를 기호대로 골라 각각의 사정에 맞는 시간대에 보는 개인적 오락이었던 영화는 신체제 이후 선택의 폭이 좁아졌고 시간대도 한정된다. 영화배급체제의 변경은 다시 말하자면 "기호품적 오락"이었던 영화의 성격을 "필요물자로서 배급되는 국민오락"으로 전환[4]시켰음을 의미하는 것이다. 그러나 여기에서 유의할 점은 "기호품적 오락"이 "국민오락"으로 변화되었지만 '오락'에 대한 정의는 모호한 채였으며, 이 때문에 전시 중의 '오락'영화에 대한 의미도 애매한 상태였다. 이후 자세히 살펴보겠지만 본 자료집에 실린 강연록의 내용이 '오락'의 의미나 '오락'의 본질에 대해 지면을 할애하고 있는 것은 그 정의나 개념이 문화영화만큼이나 확실하지 않았기 때문일 것이다.

2. 어떻게 통제하고 관리할 것인가

오락과 영화의 본질에 대해 구체적으로 논하기 전에 우선 이번 자료집에 실린 강연록이 누구를 대상으로 했는지에 대해서 알아보겠다. 영배는 앞에서도 말했듯이 1942년 4월 1일에 발족했는데, 직원양성소에 대해서는 『영화순보』 1942년 6월 21일호[5]에 자세히 나와 있다.

> 앞으로의 비약과 발전에 대비해 일반층에서 폭넓게 인재를 구해 장래에 동사의 중견 간부가 될 만한 인물을 육성하게 되었으며, 정보국, 내무성의 관계자, 각 대학교 교수, 영화계 권위자를 강사로 하는 강습기간 3개월의 직원양성소를 설치, 영화사업에 관한 지식 함양 및 강습을 하고, 강습이 종료된 후에는 정식 직원으로 등용, 각 과에 배속하게 하며 강습[견습] 중에도 월급을 지급한다.

---

3) 후와 유슌(不破裕俊), 「영화행정 30년(映画行政30年): 영화배급사 직원양성소 강연록」, 『영화순보』 1943년 3월 11일호, 20~25쪽(이 책의 332~346쪽).

4) 가토 아쓰코, 앞의 책, 113쪽.

5) 「순간시사: 영배가 직원양성소 개설(旬間時事: 映配が職員養成所開設)」, 『영화순보』 1942년 6월 21일호, 27쪽.

여기서도 알 수 있듯이 영배의 강연록은 영화 관계자들이 대상이 아니라 앞으로 영화계에 몸담게 될 '일반층의 인재'를 대상으로 한 것이었다. 그래서 강연록은 일본영화의 역사부터 영사과학상식에 이르기까지 폭넓은 내용을 대상으로 하며 더 나아가 일본뿐만 아니라 독일이나 이탈리아와 같은 추축국의 영화행정까지 자세하게 설명하고 있는 것이다.

그런데 통제와 관리의 측면에서 보면 영배의 직원양성소 강연록의 첫 번째가 '영화신체제의 정신'이라는 점은 주목할 만하다. 쓰무라 히데오는 이 강연록에서 극영화회사가 3개로 통합된 이후 영화신체제의 가장 큰 성공이 배급통제라고 하면서 "이번 배급통제는 그 역사상에서 수 페이지를 사용해도 좋을 정도의 대사건"이라고 표현한다.[6]

영배는 극영화뿐만 아니라 모든 배급 부문의 일원화를 꾀했는데, 영배의 "업무 개시에 즈음하여"라는 당시 신문광고[7]를 보면 다음과 같은 내용이 실려 있다.

(전략) 당사는 극영화, 문화영화,[8] 시사영화 그 외 각종 영화를 일본 전토는 물론이고 널리 해외에 일원적으로 배급하는 것을 목적으로 하며 앞으로 이 신배급 기능을 충분히 발휘하여 국가적 요청에 응해 영화계의 향상과 발전에 공헌할 것을 기대하는 바입니다.

이처럼 영배는 일본 내에 배급되는 영화의 일원화뿐만 아니라 공영권 영화정책에서도 배급의 일원화를 담당할 목적으로 만들어졌다. 그러나 본 자료집에 실린 강연록에서도 알 수 있듯이 해외에 일원적으로 문화영화의 배급을 맡았던 기관은, 특히 남방 쪽을 담당한 남양영화협회였다. 남양영화협회는 1940년 12월에 쇼치쿠, 도호, 도와상사, 중화전영이 공동 출자를 한 주식회사였는데, 태평양전쟁 이후 일본군 점령지가 증가하면서 그 조직도 확대되어 동 협회 주식의 대부분을 니혼영화사가 분담했다.[9] 동 협회는 처음에 기존의 일본영화를 프랑스령 인도차이나와 태국에 배급하는 것을 목적으로 만들었지만, 점차 뉴스영화와 문화영화 제작이 더 비중을 차지하게 되었다. 니치에이는 제작과 배급을 담당했고 동 협회는 남방 지역에서의 문화영화를 배급하려는 의도도 강했지만, 결국 영배가 생기면서 남방 지역의 배급도 영

---

6) 쓰무라 히데오(津村秀夫), 「영화신체제의 정신(映画新体制の精神): 영화배급사 직원양성소 강연록」, 『영화순보』 1942년 9월 1일호, 39쪽(이 책의 28~47쪽).

7) 「업무 개시에 즈음하여(業務開始に際して)」, 『아사히신문(朝日新聞)』 1942년 3월 31일자 조간.

8) 실제로 문화영화의 배급은 니혼영화사가 담당할 예정이었지만 결국 영배가 담당하게 되었다. 자세히는 쓰무라 히데오(津村秀夫), 「니혼영화사론(日本映画社論)」, 『영화순보』 1942년 11월 11일호, 15~20쪽(이 책의 169~182쪽).

9) 쓰무라 히데오, 앞의 글, 『영화순보』 1942년 9월 1일호, 39쪽.

배가 담당하게 되었다. 그리고 1942년 9월 발표된 「남방영화공작대강(南方映画工作大剛)」에 따라 니혼영화사가 제작을, 영배가 배급과 선전 등을 맡게 되어 동 협회는 해체되었고 영배의 남방국으로 흡수되었다.[10] 이로써 영배는 업무 개시 공고에 있던 일본 국내외 배급을 일원화한다는 목적을 달성하게 된 것이다.

그런데 여기서 문제는 극영화, 문화영화, 시사영화, 그 외 각종 영화 각각에 대한 개념정의가 확실하게 이루어지지 않았다는 점이다. 이미 앞에서 서술했듯이 영배의 직원양성소는 '일반층의 인재'를 모아 3개월 동안 교육을 시키기 위해 만들어진 곳이기 때문에 이런 개념에 대한 인식을 확실히 해둘 필요가 있었다. 따라서 영배의 직원양성소 강연록에서는 신체제에 대한 인식을 교육시킴과 동시에 각각의 영화에 대한 개념을 정리할 필요가 있었다.

구체적으로 예를 들면, 뉴스영화에 관해서는 니혼영화사의 이토 야스오가 어떤 소재가 뉴스영화의 재료가 되는지, 그리고 촬영과 편집은 어떻게 해야 하는지에 대해 다른 나라의 뉴스영화와 비교하여 설명하고 있다. 이토는 촬영기술이나 표현방법, 편집방법에 있어서 미국이나 영국을 따르지 않고 "일본을 주체로 하는 대동아적인 편집법"[11]을 주창한다. 또한 문부성의 사회교육관 미하시는 어떤 것이 문화영화인지에 대해 설명한다.[12] 그 내용을 보면 문화영화는 "정치, 국방, 교육, 학예, 산업, 보건 부분에 관한 사항을 다루며 국민지도에 이바지한 영화"라고 하면서 정확히 규정하기는 어렵다고 한다.[13]

이렇듯 강연록은 모호했던 개념을 그 역사적 배경과 더불어 하나씩 정리하기 시작했는데 영화의 장르뿐만 아니라 오락에 대해서도 다른 의미를 부여하기 시작했다. 앞에서 이야기했듯이 영화배급체제의 변경은 개인의 오락이었던 영화가 공공오락으로 변환되었음을 의미하는데 우선 오락이란 무엇인가에 대해 그 본질부터 생각하기 시작한 것이다.

3. 오락영화를 통제하고 오락으로서의 영화를 장려하다

1940년의 7·7금지령(7·7禁令)[14] 이후 일상생활에서 오락이나 사치는 바람직하지 않으며

---

10) 쓰무라 히데오, 앞의 글, 1942년 11월 11일호.

11) 이토 야스오(伊藤泰夫), 「뉴스영화의 제작(ニュース映画の製作): 영화배급사 직원양성소 강연록」, 『영화순보』 1942년 10월 1일호, 48쪽(이 책의 94~107쪽).

12) 미하시 아이요시(三橋逢吉), 「문화영화의 인정(文化映画の認定): 영화배급사 직원양성소 강연록」, 『영화순보』 1942년 10월 11일호, 32~38쪽(이 책의 108~123쪽).

13) 미하시 아이요시, 위의 글, 32쪽(이 책의 108~109쪽).

14) 고노에(近衛文麿) 내각이 실시한 '사치품 전폐운동'을 말하며 1940년 7월 7일에 발표되었다. 이후 "사치는 적이다(贅沢は

적으로 간주되었는데 이때 영화에 대한 검열도 강화되었다. 그 내용을 보면 다음과 같다.[15]

1. 각본의 사전조사를 강화하여 필요하면 몇 번이라도 정정을 명한다.
2. 건전한 국민오락영화로 적극성 있는 테마를 희망한다.
3. 희극배우, 만담가 등의 출연은 현재는 제한하지 않겠지만 지나칠 경우에는 제한한다.
4. 소시민영화, 개인의 행복만을 그리는 작품, 부호들의 생활을 그린 작품, 여성의 흡연, 카페의 음주 장면, 외국스러운 언어, 경조부박한 동작 등은 모두 금지한다.

이와 더불어 "단순히 보면서 웃고 우는 영화"를 "오랜 시간 보는 것은 사치로 간주되"[16]며 영화는 "국가적 유용성이 없으면 존속할 수 없"[17]게 되어 오락영화 제작에 제한을 두었다.

그러나 7·7금지령 이후 2년이 지난 1942년 『영화순보』는 각계 인사들의 오락영화에 대한 글을 모아 '영화의 예술성과 오락성' 특집을 꾸몄다. 여기에는 문학평론가, 영화평론가, 정부의 관료 등이 투고했고, 주 내용은 오락영화와 오락으로서의 영화가 반드시 일치하지 않으며 적어도 전시하에서 오락영화가 아닌 오락으로서의 영화는 허용되어야 한다는 입장을 보인다. 즉, 오락으로서의 영화는 "관객을 즐겁게 해줌과 동시에 자극하고 격려하여 내일 살아갈 힘"을 준다는 것이며 따라서 '건전한' 영화는 허용해야 한다[18]는 것이다. 또한 재미없는 영화가 만들어지는 것은 "통제의 결과라거나 지도성을 너무 많이 요구했기 때문이라고 생각하기 전에 오히려 지금까지 일본영화의 빈곤을 반성해야 하며" 종래의 오락영화의 개념을 재검토할 필요가 있음[19]을 주창한다. 이외에도 도호의 대표이사였던 모리 이와오는 『영화순보』 1942년 5월 1일호에서 영화의 오락성의 필요성을 주장하고 오락의 재생과 활성화가 필요하다고 주장하며, 사람들은 영화 안에서 자신들의 일상생활의 힘든 현실에서 벗어나 쉬고 싶어 하니, 오락영화의 제작은 한 나라의 훌륭한 정책영화의 제작과 마찬가지로 중요하다고 했다.[20]

敵)"나 "이길 때까지는 아무 것도 원하지 않겠습니다(欲しがりません 勝つまでは)" 라는 표어도 등장했다. 그리고 영화 포스터에도 이들 표어가 자주 사용되었다.

15) 「시보(時報)」, 『키네마순보(キネマ旬報)』 1940년 8월 하순호(제724호), 5쪽.

16) 후루카와 다카히사(古川隆久), 『전시하의 일본영화: 사람들은 국책영화를 봤는가(戦時下の日本映画: 人々は国策映画を観たか』, 요시카와고분칸(吉川弘館), 2003, 134쪽.

17) 후루카와 다카히사, 위의 책, 135쪽.

18) 혼다 아키라(本田顕彰), 「예술은 곧 오락(芸術即娯楽)」, 『영화순보』 1942년 4월 21일호, 6쪽.

19) 곤다 야스노스케(権田保之助), 「국민오락과 영화(国民娯楽と映画)」, 『영화순보』 1942년 4월 21일호, 16쪽.

20) 모리 이와오(森岩雄), 「대국책영화와 대오락영화를(大国策映画と大娯楽映画を)」, 『영화순보』 1942년 5월 1일호, 20~21쪽.

오락 혹은 오락영화에 대한 담론은 영화계나 정부 관료들이 어느 정도 오락으로서의 영화의 필요성을 인정했다고도 생각할 수 있지만 어떤 오락영화를 허용할 것이며 '건전한' 오락영화는 무엇인가에 대한 구체적인 논의는 없었다. 『영화순보』의 강연록 기사를 보면 이에 대한 고민과 오락에 대한 정의를 둘러싸고 각계각층의 전문가가 논의하고 있음을 알 수 있다.

구체적으로 오락으로서의 영화, 즉 국민적 오락을 위한 영화에 대한 강연록의 내용을 보면 내무성 영화검열관 쓰카하라는 "일본 민족의 향상 발전을 위해 충실한 국민생활을 그리고," 더 나아가 "일본인이 아니면 할 수 없거나 또는 일본 민족이 아니면 감지할 수 없는 국민생활"을 그린 영화가 바람직하다고 기술한다.[21] 즉 "애정, 화합, 고매한 정신, 애국심, 희망, 환희"가 담겨 있으되 "대중에게 아부하는 영화"는 배격해야 한다[22]는 것이 오락으로서의 영화에 대한 쓰카하라의 생각이었다.

오락에 대한 이런 모호한 정의는 오락영화를 금지한 1940년의 7·7금지령 자체의 모호함이기도 했다. 이 금지령에 따라 사회 전체에서 사치품과 사치스러운 행동은 금지되었지만 여러 틈새가 있었다. 예를 들자면 오락을 목적으로 하는 스키는 금지되었지만 건강을 위한 스키는 국민의 건강을 증진시키므로 허용되었다. 당시 일본을 방문한 어떤 독일인 저널리스트는 그 틈새를 이용하는 일본인을 직접 목격하고 망연자실하며 일본이 파시즘 국가는 될 수 없다고 말하기도 했다.[23]

한편 앞서 서술한 『영화순보』 1942년 4월 21일호의 '영화의 예술성과 오락성' 특집에서 '국민오락과 영화'를 게재한 곤다 야스노스케는 『영화순보』 1943년 2월 11일호의 강연록에서 같은 제목의 글[24]을 실었다. 곤다는 여기에서 지금까지의 오락은 퇴폐적이고 자유주의적이고 개인주의적이었지만 앞으로는 국민오락이라는 새로운 개념이 필요하다면서 다음과 같이 정의한다.

국민 전체의 노동생산의 생활 사이에 씨를 뿌리고 그렇게 해서 전체주의적, 협동주의적, 통제주의적인 지도하에 키워지고, 국민 전체의 생활과 연결된 부분의 오락, 이것이 국민오락입니

---

21) 쓰카하라 마사쓰네(塚原政恒), 「영화검열제도의 연구: 영화배급사 직원양성소 강연록」, 『영화순보』 1942년 10월 21일호, 27~30쪽(이 책의 124~133쪽).

22) 쓰카하라 마사쓰네, 위의 글, 30쪽(이 책의 133쪽).

23) 이노우에 도시카즈(井上寿一), 『이상뿐인 전시하 일본(理想だらけの戦時下日本)』, 치쿠마신쇼(ちくま新書), 2013, 223~231쪽.

24) 곤다 야스노스케(権田保之助), 「국민오락과 영화(国民娯楽と映画): 영화배급사 직원양성소 강연록」, 『영화순보』 1943년 2월 11일호, 28~33쪽(이 책의 317~331쪽).

다. 국민오락이란 매우 새로운 산물이며 새로운 이념이라는 것을 알아주셨으면 좋겠습니다.

여기서 곤다가 제창한 국민오락이라는 개념은 "대동아전쟁이 낳은 국민의식"과 "그 위에 만들어진 새로운 오락이념"을 말한다. 그리고 그가 참조한 것은 나치스 독일의 오락이었다. 곤다는 1920년대부터 아사쿠사 등지에서 오락에 대한 조사 연구를 하는 등 일본 민중오락에 관해 일인자로 불리던 연구자였다. 그는 1924년 독일로 건너가 유학하던 시절에 독일 민중이 점차 나치스적인 부분에 통제돼가면서 자유주의적이고 퇴폐적이었던 오락을 시정하는 것을 보고 실망하여, 일본에 돌아온 후에 민중은 지도를 받고 통제되어야 하는 대상이라고 생각하게 된다.[25] 그리고 1937년 중일전쟁 이후 오락의 본질에 대한 문제를 생각하게 되는데, 1930년대 말에서 1940년대 초에 곤다는 '국민오락론'을 주창하여 이전의 '민중오락론'과는 다른 '전향'에 가까운 논리를 전개했다. 즉, 그가 말하는 국민오락론이란 민중의 자주성과 자율성을 높게 평가했던 이전의 민중오락론과는 다른 통제와 관리하의 오락이었다.

그는 국민들이 태평양전쟁 발발 이후 생활에서 오는 피곤함이 쌓여 "생활이 점점 불합리해지고 또 불건전해지며 더 나아가서는 점점 부도덕한 생활에까지도 전락"고 있으므로, "통제주의적인 지도하에 오락이라는 것을" 생각해야 한다고 주장한다. 여기서 좋은 예로 그는 독일을 들었는데, 문화국법을 만들어 신분의 차별 없이 국민의 전체 각양 각층이 누구나 영화나 연극이나 여행까지 즐길 수 있도록 국가가 통제하는 시스템을 만들어낸 부분을 일본도 도입해야 한다고 생각한 것이다. 이렇듯 곤다의 논의는 영화의 오락성 혹은 오락영화의 내용뿐만 아니라 영화를 보는 관객들의 행동과 그들의 여가도 통제해야 한다는 강력한 국가통제론적, 다시 말하자면 국민의 모든 생활방식을 국가가 통제하려는 국민오락론이었다.

그러나 이런 오락으로서의 영화, 혹은 어떤 오락이 국민들에게 교훈을 주는가, 혹은 어떤 오락이 유익하며 어떻게 통제해야 할 것인가에 관한 논의는 이루어지지 않은 채였다.

4. 정보국과 영배

한편 강연록의 강사 중 곤다 야스노스케 이외에 눈에 띄는 인물은 후와 유슌이다. 1940년 12월에 프로파간다와 사상 취체 강화를 목적으로 내각 정보부와 외무성 정보부, 육군성 정보

---

25) 오시로 쓰구미(大城亜美), 「근대 일본사회정책사에 있어서의 곤다 야스노스케의 국민오락론(近代日本社会政策史における権田保之助の国民娯楽論)」, 『경제학잡지(経済学雑誌)』 114(2), 2013년 9월호, 68~88쪽.

부, 해군성 정보부, 내무성 경보국 도서과, 체신성 무선국 무선과에 있던 정보사무를 하나로 통합하여 설치한, 정보국 제5부 제2과장이었다. 정보국은 제1부(기획), 제2부(정보), 제3부(대외), 제4부(검열), 제5부(문화)로 구성되었는데, 후와가 소속된 곳은 제5부의 제2과로 영화나 연극, 연예단체의 선전과 지도를 감독하는 곳이었다. 제5부의 부장은 가와즈라 류조(川面隆三)였다.

본 자료집에 실린 「영화신체제 일지」에서도 알 수 있듯이 정보국은 영화신체제와 꽤 밀접한 관계가 있다. 태평양전쟁 발발 이전의 영화신체제는 정보국의 가와즈라 제5부장의 "민간수급용 필름 1척도 없음"이라는 앞에서도 언급한 유명한 말로 시작되었기 때문이다. 이후의 일정은 신체제 일지와 약사에서 확인할 수 있으니 여기에서는 생략하도록 하겠다. 참고로 덧붙이자면 가와즈라는 오락으로서의 영화 혹은 영화에서의 오락의 기능에 대해 부정적인 생각을 가지고 있었다. 그는 전시 중의 영화는 문화공작의 도구이며 그 안에 오락은 배제되어야 한다고 생각했다.

그런데 1942년 4월부터 본격적인 업무를 개시한 영배는 1945년 6월에 전시체제가 긴박해지면서 관민 합동의 통제지도기관이었던 대일본영화협회와 재단법인 대일본흥행협회의 영화부 등의 단체와 함께 통합되어 '영화공사(映畵公社)'로 흡수되었다. 이 공사는 1945년 6월 1일에 업무를 개시하여 1945년 11월 30일에 해산했다. 영화공사는 "제작, 배급, 흥행의 일원적 지도성을 공사가 가지고, 경영 면에서는 영화의 획일구입제도를 채용"했는데, 그 기본은 영배였으며 "영배의 기구인사를 계승하여 각지의 영배지부를 하부조직으로"[26] 삼았다. 또한 1945년 2월에 정보국이 영화공사에 대한 원안을 제시했는데, 가토 아쓰코의 연구에 따르면 도호의 모리 이와오는 이 영화공사 설립 당시를 이야기하면서 "'지금까지 영화를 좌지우지 하던 군인도 정부 관료도 기운이 없었고 통제를 시작했을 때의 기력도 실력도 없이 거의 손을 든 상태여서' 관료 없는 민간인만으로 영화를 지킬 방안으로 '영화공사'를 방패 삼기로 하고 우리들이 관청에 제안했다"[27]고 서술했다. 이어서 가토는 영화공사가 "영화업자에 의한 자주통제 시스템으로서 영화업자가 영화에 관한 제반의 권리를 회수하고 경영한 것"[28]이라고 분석하면서 영배가 영화공사로 가는 과정에 대해 "영화국책의 종말적 상황은 영화에 의한 국민 동원이, 관객 기호에 근거한 시장 논리 앞에서 좌절한 과정이었다고 할 수 있다"[29]고 결론을 내렸다.

---

26)   가토 아쓰코, 앞의 책, 263쪽.

27)   가토 아쓰코, 앞의 책, 263쪽.

28)   가토 아쓰코, 앞의 책, 264쪽.

29)   가토 아쓰코, 앞의 책, 264쪽.

남양영화협회의 야마네 마사요시(山根正吉)가 말하듯이 '대동아영화'가 성공하려면 "아무리 수입이 적"고, "아무리 손실이 크다고 해도" "동아권 구석구석에까지 철저하게" 그 내용이나 의도를 알리기 위해서는 상영을 하고 선전을 할 "강력한 선전본부를 필요로" 한다. 또한 "공영권 내 각 인종의 배우를 모아 연기나 영화 일반의 교육을 시행"하고 "외국인 배우에게는 일본어를, 일본인 배우에게는 지나어나 말레이어 등을" 가르치고 "대규모의 배우 학교, 기술자 양성소 등을 설치"할 필요[30]가 있었다. 그리고 남방에서 이런 양성소들이 설치되기 위해서는 우선 일본 내에 설치된 직원양성소가 어느 정도 성과를 거둘 필요가 있었다고도 생각해볼 수 있다.

한편 가토가 이야기한 "관객의 기호에 근거한 시장 논리"에서 더 나아가 생각해보면, 제국 일본이 확대되면 될수록 영배의 일원화 시스템은 많은 자본과 기술과 인재를 필요로 했고, 바로 강연록은 그런 인재를 양성하기 위한 필수조건이었다고도 할 수 있다. 또한 영배의 직원양성소는 강연록에 그치지 않고 1943년 3월 1일부터는 매달 1일과 15일 사보[31]도 편찬하기 시작했다. 영배의 사보는 영화오락의 통제와 관리라는 측면에서 많은 시사점을 주는데, 예를 들면 새로운 극영화를 소개하면서 줄거리와 영화에 대한 전반적인 소개 이외에 「선전요목(宣傳要目)」을 따로 덧붙여 각 영화관에서 영화를 선전할 경우에 강조해야 할 점을 항목별로 정리하고 있고, 더 나아가 선전문을 예시하고 군과 각 분야 전문가들의 추천문까지 게재했다. 영화오락의 통제와 관리는 배급의 일원화에서 한걸음 더 나아가 선전의 형식과 선전문의 내용까지도 영향을 주고 있었던 것이다.

영배의 직원양성소강연록은 『영화순보』에 실린 내용을 기반으로 『사단법인 영화배급사 제1회 직원양성소강연록(社團法人映畫配給社 第1回職員養成所講演錄)』이라는 제목의 책자 형태로 출판되었다. 이 책은 현재 도쿄필름센터에 보존되어 있는데, '1942년에 출판된 것으로 기록[32]되기도 하지만 확실한 발행연도와 출판사 등은 명확하지 않은 형편이다. 주목할 만한 점은 책자에 실린 강연록의 순서가 잡지의 연재순과는 다르다는 점이다. 단행본에서는 1943년 3월 11일호에 게재된 「영화행정 30년」이 가장 처음에 배치되어 있고, 「국민오락과 영화」「영

30)   야마네 마사요시(山根正吉), 「대동아영화권 확립의 급무(大東亜映画圈確立の急務)」, 『영화순보』 1942년 2월 11일호, 5쪽. 한글 번역본은 한국영상자료원 한국영화사연구소 편, 『일본어 잡지로 본 조선영화 3』, 2012, 203쪽 참고.

31)   『영화배급사 사보(映画配給社報)』는 1943년 4월 1일부터 발행되었지만, 현존하는 사보는 1943년 6월 15일호부터 1944년 4월 1일호까지이며, 이 가운데 1943년 2월 1일호와 15일호가 결호여서 현재 모두 18권이 남아 있다.

32)   쓰치 교헤이(辻恭平)는 『사전 영화의 도서(事典 映画の図書)』(기후샤[凱風社], 1989, 322쪽)에서 이 책자의 출판연도를 1942년 무렵으로 기록하고 있다. 하지만 『영화순보』 1943년 1~3월호에 게재된 강연록도 책자에 수록되어 있는 것으로 보아, 쓰치 교헤이의 기록과 달리 적어도 1943년 이후에 출판되었다고 추정할 수 있다.

화행정에 대해서」「영화신체제의 정신」「영화배급의 본질과 실제」「영화흥행개론」「영화관에서의 흥행」「일본문화영화 약사」「문화영화의 인정」「영사과학상식」「이동영사의 사명」순으로 구성되어 있다. 이는 영화신체제의 정신을 우선적으로 인식시켜야 했던 '일반층의 인재' 대상의 강연록이 나중에 책자 형태로 만들어지면서 영화신체제의 구상보다는 영화배급사의 사명, 즉 실제적인 행정 진행과 그간의 과정을 먼저 인식시키는 게 중요하다고 생각했기 때문일 것이다.

부록

기사 목록

『영화순보』 1942년

원본 호수	원문 쪽수	기사 제목	필자	『영화배급사 제1회 직원양성소 강연록』 수록 기사	자료집 내 쪽수
9월 1일 (영화신체제 1주년 특집, 제58호)	10	영화신체제 일지			17~19
9월 1일 (영화신체제 1주년 특집, 제58호)	18~19	영화신체제 1주년 약사			20~27
9월 1일 (영화신체제 1주년 특집, 제58호)	39~46	영화신체제의 정신 [영화배급사 직원양성소 강연록]	쓰무라 히데오	✓	28~47
9월 11일 (제59호)	6~7	기획심의회에의 대망(待望)	미즈마치 세이지		48~53
9월 11일 (제59호)	27~34	영화행정에 대해서 [영화배급사 직원양성소 강연록]	이토 가메오	✓	54~71
9월 21일 (제60호)	31~34	이동영사의 사명 [영화배급사 직원양성소 강연록]	호시노 지로키치	✓	72~80
9월 21일 (제60호)	35~40	영화배급의 본질과 실제 [영화배급사 직원양성소 강연록]	우다 다쓰오	✓	81~93
10월 1일 (제61호)	45~50	뉴스영화의 제작 [영화배급사 직원양성소 강연록]	이토 야스오		94~107
10월 11일 (제62호)	32~38	문화영화의 인정 [영화배급사 직원양성소 강연록]	미하시 아이요시	✓	108~123
10월 21일 (제63호)	27~30	영화검열제도의 연구 [영화배급사 직원양성소 강연록]	쓰카하라 마사쓰네		124~133
10월 21일 (제63호)	31~38	영화관에서의 흥행 [영화배급사 직원양성소 강연록]	하야시 고이치	✓	134~154

11월 1일 (화북전영특집, 제64호)	62~66	일본문화영화 약사 [영화배급사 직원양성소 강연록]	무라 하루오	✓	155~168
11월 11일 (제65호)	15~20	니혼영화사론	쓰무라 히데오		169~182
11월 21일 (제66호)	39~47	영화배급과 국토계획 [영화배급사 직원양성소 강연록]	아사오 다다요시		183~203
11월 21일 (제66호)	42~44	영화배급사의 관재사무 [영화배급사 직원양성소 강연록]	나가이 긴타로		204~212
11월 21일 (제66호)	44~46	영화배급사의 창고사무 [영화배급사 직원양성소 강연록]	아라이 요시타케		213~218
12월 11일 (제67호)	23~30, 48	추축국의 영화체제 [영화배급사 직원양성소 강연록]	사사키 노리오		219~243

『영화순보』 1943년

원본 호수	원문 쪽수	기사 제목	필자	『영화배급사 제1회 직원양성소 강연록』 수록	자료집 내 쪽수
1월 11일 (신년특별호, 제69호)	55~64	영화흥행개론(1) [영화배급사 직원양성소 강연록]	이세키 다네오	✓	247~271
1월 21일 (제70호)	28~36	영화흥행개론(2) [영화배급사 직원양성소 강연록]	이세키 다네오	✓	272~294
2월 1일 (제71호)	43~51	영사과학상식 [영화배급사 직원양성소 강연록]	다구치 류자부로	✓	295~316
2월 11일 (제72호)	28~33	국민오락과 영화 [영화배급사 직원양성소 강연록]	곤다 야스노스케	✓	317~331
3월 11일 (제75호)	20~25	영화행정 30년 [영화배급사 직원양성소 강연록]	후와 유슌	✓	332~346

일제강점기 영화자료총서 12

일본어 잡지로 본 조선영화 5

초판 인쇄	2014년 12월 16일
초판 발행	2014년 12월 24일
기획 및 발간	한국영상자료원(KOFA)
펴낸이	이병훈
펴낸곳	한국영상자료원
주소	서울 마포구 월드컵북로 400
출판등록	2007년 8월 3일 제 313-2007-000160호
대표전화	02-3153-2001
팩스	02-3153-2080
이메일	kofa@koreafilm.or.kr
홈페이지	www.koreafilm.or.kr
편집 및 디자인	현실문화연구 (02-393-1125)
총판 및 유통	현실문화연구

2014 ⓒ 한국영상자료원, 양인실, 정종화

값 25,000원

ISBN 978-89-93056-49-5 04680
      978-89-93056-09-9 (세트)